35 ANOS

CB022084

TUDO OU NADA

MALU GASPAR

Tudo ou nada

Eike Batista e a verdadeira história do grupo X

Copyright © 2022 by Malu Gaspar

Grafia atualizada segundo o Acordo Ortográfico da Língua Portuguesa de 1990, que entrou em vigor no Brasil em 2009.

Capa e caderno de fotos
Violaine Cadinot

Fotos de capa
Fred Prouser/ Reuters/ Fotoarenna
Paulo Whitaker/ Reuters/ Fotoarena

Preparação
Cacilda Guerra

Revisão
Clara Diament
Márcia Moura

Índice onomástico
Luciano Marchiori

Dados Internacionais de Catalogação na Publicação (CIP)
(Câmara Brasileira do Livro, SP, Brasil)

Gaspar, Malu
　　Tudo ou nada : Eike Batista e a verdadeira história do grupo X / Malu Gaspar. — 1ª ed. — São Paulo : Companhia das Letras, 2022.

　　ISBN 978-65-5921-222-4

　　1. Batista, Eike, 1956- 2. Empresários – Brasil – Biografia I. Título.

22-100410   CDD-926.58

Índices para catálogo sistemático:
1. Empresários brasileiros : Biografia   926.58

Cibele Maria Dias – Bibliotecária – CRB-8/9427

[2022]
Todos os direitos desta edição reservados à
EDITORA SCHWARCZ S.A.
Rua Bandeira Paulista, 702, cj. 32
04532-002 — São Paulo — SP
Telefone: (11) 3707-3500
www.companhiadasletras.com.br
www.blogdacompanhia.com.br
facebook.com/companhiadasletras
instagram.com/companhiadasletras
twitter.com/cialetras

Para Vinícius, Gabriel e Marina

One minute I held the key
Next the walls were closed on me
And I discovered that my castles stand
Upon pillars of salt and pillars of sand
　　　　　　　　　Coldplay, "Viva la vida"

Sumário

Agradecimentos 11
Nota da autora 13
Prólogo 15

1. A tempestade perfeita 19
2. Na corrida pelo ouro 38
3. De volta ao jogo 60
4. Rumo ao topo da cadeia alimentar 85
5. Vamos ao leilão 104
6. O passeio: Eterna metáfora do Brasil de Cynthia 125
7. *Feed the ducks* 139
8. O Midas acuado 157
9. *La garantía soy yo* 172
10. *Señorita* 184
11. Nada será como antes 201
12. A bolha 220
13. Déjà-vu (e uma solução das Arábias) 250
14. *Hellou!* 261
15. O Serrador é uma festa 278

16. *One man road show* 299
17. "Meu Deus, onde é que isso vai parar?" 321
18. Uma vela para São Lula 340
19. Esteves toma conta 374
20. Barata-voa 386
21. Crash 409
22. Salvador da pátria número dezoito 425

Epílogo: De volta ao começo 451
Posfácio: Eterna metáfora do Brasil 463

Notas 485
Créditos das imagens 509
Índice onomástico 511

Agradecimentos

Ninguém consegue colocar de pé um trabalho como este sem o apoio de uma família extremamente compreensiva, disposta a perdoar as ausências, escutar as angústias, emitir opiniões sinceras e dar aquele toque tão necessário (mas sempre bem-humorado) quando estamos indo longe demais. Tenho a sorte grande de ter ao meu lado o marido, Vinícius, meu irmão, João, e meus pais, Alberto e Maria, incentivadores, terapeutas, ombudsmen e piadistas desde o início.

Lauro Jardim e André Petry, dois dos profissionais mais competentes e generosos que conheci, doaram bem mais do que tempo e inteligência. Deram uma prova de desprendimento e amizade à qual temo nunca poder retribuir.

Monica Weinberg e Eurípedes Alcântara contribuíram com algo fundamental: o tempo e o apoio inestimáveis de que todo repórter precisa para alçar voos maiores.

Léia Rabello Alves foi meu grilo falante, parceira de conversas intermináveis, risadas e brainstormings que tornaram a travessia muito mais leve, prazerosa e produtiva. Samantha Lima e Renata Agostini, companheiras fiéis não só dos anos de travessia pelo mundo X, mas para toda a vida. Ana Soter, amiga nova e querida, surgiu em hora providencial, com um reduto perfeito para a minha labuta.

Daniel Haidar, Roberta Abreu e Lima, Denise Menchen e Simone Costa foram incansáveis olhos, ouvidos, braços e consciência crítica sem os quais eu nunca teria chegado até aqui.

Meus colegas da redação de *Veja* — especialmente Gilda Castral, Alexandre Reche, Paulo Bianchi, Gilson Passos, Claudio dos Santos Silva, Alexandre Alves e Edvar Lima e Souza, o Eder — compareceram com a retaguarda ponta firme e uma disponibilidade infinita. Rodrigo Rangel e Leslie Leitão, os homens das dicas e palpites.

Juliane, Paula, Lenny, Sandra e Cris deram aos meus filhos carinho e atenção quando eu não podia estar com eles e me deram o sossego de que eu precisava para me concentrar.

Felizmente, tenho muitos amigos. Poderia tê-los incluído todos nesta página, pelos mais variados motivos. A eles, muito obrigada.

Nota da autora

Embora tenha tomado forma em 2012, este livro começou de fato a ser escrito lá atrás, em abril de 2006, quando fiz minha primeira entrevista com Eike Batista. Desde então, acumulei pilhas de cadernos e blocos de anotações, gravações de entrevistas e teleconferências e inúmeras pastas de material sobre as empresas X. Executivos, funcionários, consultores, assessores, analistas, banqueiros, advogados, concorrentes, desafetos, amigos e aliados políticos do empresário fizeram parte da minha rotina de jornalista ao longo de todo esse tempo. Ainda assim, para relatar os bastidores da ascensão e da queda do império X, entrevistei 106 pessoas, muitas delas várias vezes, durante incontáveis horas. Recebi fotos, documentos, relatórios, cópias de e-mails e de correspondências que me ajudaram a reconstruir a trajetória do grupo em detalhes.

Eike, apesar da minha insistência, optou por não falar a este livro. Dada a controvérsia em torno de sua figura e dos acontecimentos dos últimos anos, e também porque vários dos personagens aqui mencionados são alvo de investigações de órgãos reguladores, do Ministério Público e da Polícia Federal, quase todos os entrevistados só concordaram em falar desde que não fossem identificados como fontes. Por causa disso e pela grande quantidade de pessoas consultadas para confirmar cada cena ou diálogo, o leitor não deve supor que seus personagens foram, necessariamente, as fontes daquela informação. Em alguns casos, sim, em outros, não.

Quem conheceu aquele ambiente sabe que, no mundo X, não havia segredo imperscrutável. Telefonemas eram com frequência testemunhados por outras pessoas ou ouvidos do outro lado da linha, pelo viva-voz; reuniões fechadas logo se tornavam assunto de conversa em rodas mais amplas; e mesmo os diálogos mais privados de uma forma ou de outra chegavam ao conhecimento de terceiros.

A história da ascensão e da queda de Eike Batista é o epítome de um período do capitalismo brasileiro. Esses personagens estavam mergulhados na história enquanto ela ocorria. Graças a eles, podemos, agora, observar pelas frestas dessa janela e entender melhor as engrenagens que possibilitaram a glória e o fracasso do fenômeno X.

Prólogo

Eike Batista entrou na ampla sala de reuniões acompanhado de dois assessores. Vestia terno e tinha a barba por fazer. Sua expressão estava carregada, porém estranhamente tranquila. O sorriso de garoto-propaganda de creme dental se transformara num esboço no canto da boca, macerado pelos últimos meses de agonia pública.

Depois de cumprimentar alguns dos conselheiros, sentou-se à mesa e passou os olhos ao redor. Sabia que aquele encontro fecharia um capítulo de sua trajetória. Estava preparado para perder poder na companhia. Já havia vendido um bom naco de suas ações nos últimos meses. Tinha consciência de que o momento era péssimo, mas, no íntimo, até já fazia planos para retornar com toda a força. Só não foi capaz de antecipar o que viria a seguir. "Eike, você está fora. A partir de hoje, você não manda mais nesta companhia. Os credores vão assumi-la e eu vou representá-los. E, se você ousar reivindicar qualquer indenização, vamos te processar."

Ele arregalou os olhos verdes e encarou o interlocutor, mas não opôs resistência. Pelo contrário. Baixou a cabeça e ficou em silêncio. Não havia mesmo nada a ser dito. O Midas brasileiro, o homem que tinha a incrível capacidade de multiplicar o dinheiro dos acionistas, chegara ao fim da linha. De nada adiantava, ali, diante de credores e acionistas furiosos, argumentar que, antes daquela crise, ele já fizera muita gente rica; que vários de seus empreendimentos haviam sido comprados por grandes e poderosas companhias; que sua ousadia abrira campo para inúmeros outros empreendedores; ou, ainda, que fora tão vítima das circunstâncias quanto todos eles. Para quem tinha assistido impotente ao valor de seus papéis ser reduzido a centavos, parecia óbvio que, enquanto Mr. Batista estivesse à frente, a sina da companhia seria derreter até a completa desintegração.

O outrora celebrado toque de Midas se transformara em maldição. Ninguém mais ria de suas piadas nem o cortejava com regalias. Ninguém mais lhe pedia conselhos de negócios. Já havia algum tempo que ele parara de dar entrevistas, porque, nas últimas, os jornalistas que antes o incensavam o tinham retratado como um lunático. Suas aparições públicas, outrora frequentes e exuberantes, verdadeiros shows de audiência, estavam restritas a ambientes seguros, protegidos de possíveis apupos de descontentes. Parecia óbvio que era preciso tirá-lo do comando antes que não sobrasse mais nada a ser vendido para pagar as dívidas. Depois daquele ultimato, Eike Batista assinou uma carta de renúncia e deixou o conselho da empresa que criara do nada e que transformara em fenômeno, símbolo de seu poder e de sua genialidade. Ladeado pela meia dúzia de escudeiros que ainda lhe eram fiéis, rumou de volta para casa — e de volta à estaca zero.

Embora pareça incrivelmente atual, o episódio acima não aconteceu no Brasil. Ocorreu em Toronto, capital financeira do Canadá, no nem tão distante ano de 2001.[1] Foi nesse país estrangeiro que Eike experimentou pela primeira vez a glória e o fracasso, com a mineradora de ouro TVX. O enredo canadense de sua ascensão e queda guarda uma impressionante semelhança com a novela empresarial testemunhada ao longo de 2013 por milhões de brasileiros estarrecidos. Quando o império X — o conglomerado de empresas de mineração, logística, energia e petróleo criado por Eike ao longo da década anterior — tombou à bancarrota, causando um estrago na bolsa de valores brasileira, a perplexidade foi geral. Como Eike Batista — o homem que personificara um momento de esplendor do capitalismo nacional, que construíra uma das maiores fortunas do planeta e fora celebrado pelos maiores nomes do mercado financeiro mundial, e cuja queda no primeiro ano do século XXI era desconhecida — pôde ir à lona de forma tão fragorosa?

Para grande parte do público, era ao mesmo tempo surpreendente e frustrante que as empresas X — construídas a partir de planos ambiciosos e com uma rara combinação de visão de longo prazo e faro apuradíssimo para oportunidades — fossem afinal apenas projetos incompletos e repletos de problemas. As explicações de praxe foram dadas. Eike era fruto de uma bolha e estourava com ela. Ou seria produto do farisaísmo petista, dissolvendo-se de mãos dadas com a economia brasileira. Para uns, era simplesmente um estelionatário que roubara os acionistas e queria sair ileso da história.[2] Para outros, vítima de seu complexo de grandeza e de sua fé no Brasil, um barão de Mauá dos tempos modernos, alguém a quem não se podia atribuir qualquer laivo de má-fé.[3]

Nenhuma das possibilidades anteriores basta para explicar a ascensão e a queda do grupo entre 2006 e 2013. Só esmiuçando os bastidores dessa saga empresarial alucinante e única — produto de um momento inédito na história do país, mas também de uma personalidade complexa e controvertida — é que se pode formar uma compreensão mais completa do fenômeno.

Pela primeira vez em décadas, o Brasil concentrava os holofotes no palco econômico mundial. O mercado do país — o melhor palpite para aqueles que acreditavam na emergência de um novo e poderoso ator econômico — foi um dos mais irrigados pelo excesso de liquidez que tomou conta do mundo até 2008 e um dos mais privilegiados protagonistas do superciclo de valorização das commodities e das economias emergentes que se seguiu à crise daquele ano.[4] O Brasil, ademais, elegera um presidente de esquerda que se dava bem com o mundo financeiro. O país estava com tudo.

Eike Batista, com sua insaciável sanha empreendedora, era o homem certo, no lugar certo e na hora certa. Tinha projetos para vender a quem não encontrava o que comprar, sabia jogar o vale-tudo dos mercados, operava segundo a lógica dos mais ousados apostadores de Las Vegas e não se submetia aos mesmos filtros que a maior parte dos empresários tupiniquins. A crônica de seu fracasso canadense mostra que ele sempre foi o mesmo. O Brasil é que mudou. Quando a janela histórica favorável se abriu, Eike pulou para dentro e fez o que sabia fazer.

Confiava tanto no próprio poder que imaginava ser possível parar o tempo ou conseguir, na última hora, uma reviravolta que impedisse as duras verdades de virem à tona. O tempo, contudo, não parou, o portal se fechou, e a realidade o castigou de novo, como na década anterior.

Contar a história de Eike e do império X é desnudar um dos personagens mais ricos e controversos de nossa história recente. Uma história que é ao mesmo tempo metáfora de um país e lição para o futuro. Um país que se pretende especial, moderno e sofisticado, mas que se apoia em vícios de todo tipo para seguir adiante.
Quem é Eike Batista? Um mentiroso compulsivo ou um empreendedor genial? Um nacionalista empenhado no progresso do país ou um egocêntrico sem limites e sem moral? Um homem à frente do seu tempo ou um estelionatário?
São essas as perguntas a que busquei responder nas páginas a seguir.

1. A tempestade perfeita

"Quanto nós vamos ganhar com essas minas?", perguntou Eike Batista, interrompendo o interlocutor. O geólogo canadense Rik Visagie abriu o relatório que levara e fez menção de entregá-lo a Eike, mas o empresário não tinha paciência para documentos técnicos. O que lhe interessava eram os lucros, a última linha do balanço. Então interrompeu o geólogo e ordenou: "Escreve no quadro".[1] Visagie começou a rabiscar na lousa branca de fórmica suas estimativas de ganhos para uma produção de 100 mil onças de ouro (ou 2,8 toneladas) por ano. Eike balançou a cabeça, impaciente. Não era ainda o volume de produção que queria. "Duzentos mil. Quanto ganhamos se fizermos 200 mil?" Visagie estacou. Seria uma produção tão espetacular para as minas em questão que ninguém nunca se havia arriscado a projetá-la. Na verdade, suas 100 mil onças já eram bastante otimistas. Além do mais, chegar ao patamar almejado por Eike exigiria investimentos de, no mínimo, 120 milhões de dólares e a adoção de várias inovações tecnológicas ainda não testadas. Mas, como o objetivo era vender as minas, o canadense caprichou no chute: "Se produzirmos 200 mil onças, teremos lucro de 70 milhões de dólares por ano". Era uma cifra sedutora. Representava metade da produção da companhia administrada por Eike, a TVX Gold, e o triplo do lucro que ele esperava ter naquele ano.

As minas Cassandra, nos arredores de um vilarejo praiano cem quilômetros a leste de Tessalônica, a segunda maior cidade da Grécia, operavam desde 300 a.C. Segundo a história grega, haviam ajudado a financiar a vitoriosa campanha persa de Alexandre, o Grande. Sempre se soube que ali havia ouro, prata e zinco, mas sua exploração era quase artesanal e permanecera assim por séculos. Em 27 de outubro de 1993, quando Visagie e um sócio, o advogado Jim Stephenson, aterrissaram no Rio de Janeiro,[2] cheios de mapas e planos exploratórios, elas operavam no vermelho. Só produziam zinco, chumbo e pirita, um mineral de tom dourado fosco comumente usado na indústria papeleira, que os entendidos chamam ouro de tolo. E a empresa que detinha a concessão do governo grego para explorá-las, uma pequena mineradora chamada Curragh Resources Inc., estava em recuperação judicial. Logo teria de devolver a concessão.

Visagie trabalhara para a Curragh e tentara convencer o antigo patrão a produzir ouro em larga escala, sem sucesso. Depois de sair da companhia, fez várias visitas à Grécia com outro sócio, um negociador de metais chamado David Lean, e acabou conseguindo de um funcionário do estatal National Bank of Greece uma carta prometendo preferência na venda das minas à sua empresa recém-criada, a Alpha Group. O documento, porém, não obrigava o governo a vendê-las. E vencia ao final de dezembro de 1993.

Os olhos de Eike se iluminaram à medida que Visagie expunha seus planos. O canadense e seus sócios nunca tinham posto de pé a operação de uma mina. Mas as Cassandra, disseram, eram aquilo que haviam procurado a vida toda. Eike, eles pensaram, era o homem certo para financiá-los. O brasileiro era conhecido no Canadá como um empresário ousado, que não tinha medo de correr riscos. Distinguira-se de milhares de outros proprietários de pequenas mineradoras listadas na bolsa de Toronto depois de várias associações com grandes multinacionais, que fizeram de sua TVX uma das mais badaladas mineradoras médias do país.

O quartel-general de Eike no Rio de Janeiro era um ambiente de trabalho descontraído e primordialmente masculino. Com exceção dos dois cunhados — Zé Maria, que vinha do meio publicitário, e Mem, um ex-empresário de atrizes da Rede Globo —, quase todos os trinta funcionários haviam sido recrutados em bancas e fundos de investimento cariocas pelo braço direito de Eike, o advogado Flávio Godinho. Jovens e ambiciosos, admiravam o chefe e adoravam ouvir suas histórias, contadas nos almoços diários nos restaurantes dos arredores, como o boêmio Lamas ou o tradicional japonês Miako, redutos de boa comida e nenhum glamour. Aos 37 anos, com um estilo informal e por vezes de gosto duvidoso ao se vestir, Eike frequentemente passava despercebido entre os rapazes. Quem o visse de relance, trajando calça jeans, blusa de moletom e blazer, ou combinando calça camuflada e camisa social, não teria como adivinhar quem ele era, e muito menos o tamanho de sua conta bancária.

Desde o final dos anos 1970, quando abandonara o curso de engenharia metalúrgica na Alemanha e voltara ao Brasil para procurar ouro na Amazônia, Eike construíra uma fortuna de 200 milhões de dólares descobrindo minas de ouro e vendendo participações às gigantes do ramo. Era sócio de todas as grandes mineradoras estrangeiras em atividade no Brasil. Loiro de olhos verdes, era tão vidrado em mulheres quanto em motores. Seu brinquedo eram as superlanchas capazes de cortar o oceano a cem milhas por hora, com as quais participava de corridas internacionais.

Depois de um início atrapalhado, em que sua lancha quase virara com a marola de outra embarcação mais potente,[3] Eike passara a investir nas melhores e mais caras máquinas do mercado e a contratar os melhores mecânicos, porque não entrava em nenhuma disputa para perder. Ao final de cada prova, os motores das lanchas fundiam e precisavam ser trocados. Com isso, torrava 200 mil dólares por corrida,[4] mas nunca se importou. Era o preço a pagar para se tornar um campeão. Na década de 1990, conquistou o título brasileiro, americano e mundial de motonáutica na categoria offshore. No circuito das corridas, fez amigos entre celebridades aficionadas do esporte, como o ator Don Johnson, e disputava com os hollywoodianos Chuck Norris e Kurt Russell. E conheceu a mãe de seus filhos.

Luma de Oliveira — modelo, atriz e rainha de bateria — era, no início dos anos 1990, uma das mulheres mais desejadas do Brasil. Seu corpo voluptuoso, o cabelão negro encaracolado e o rosto delicado de boneca tornavam impossível ignorá-la aonde quer que fosse. Com Eike, ela foi além. Ao lhe entregar o primeiro prêmio de uma corrida que ele mesmo patrocinara, em 1990, sapecando um beijo e um abraço apertado, cheio de segundas intenções, ela o hipnotizou.[5] Eike estava de casamento marcado com Patrícia Leal, uma morena de cabelos escuros, sobrancelhas grossas e sorriso largo que também tinha

21

muitos fãs. Seu sobrenome quatrocentão, o guarda-roupa recheado e os modos de princesa inspiraram a criação, pelo jornalista carioca Sidney Garambone, do termo "patricinha", até hoje usado para designar meninas ricas e bonitas que esbanjam roupas, sapatos e dinheiro.

Eike e Patrícia já haviam se casado no religioso e fariam uma cerimônia para a união civil. Depois de Luma, porém, a coisa toda perdeu qualquer sentido para ele. A uma semana de uma das bodas mais aguardadas do society carioca, no início de setembro de 1990, Eike rompeu com Patrícia sem dar explicações e refugiou-se em Nova York, enquanto o ex-sogro e a ex-noiva devolviam os presentes e lidavam com os comentários maledicentes.[6] Quatro meses depois, casou-se com Luma, já grávida do primeiro filho, Thor — o deus do Trovão na mitologia nórdica. Mudaram-se para a Barra da Tijuca, bairro para onde começavam a migrar, então, os novos-ricos do Rio.

Foi esse o Eike Batista que os canadenses conheceram em fins de 1993: rico, bonito, bem-sucedido e casado com a mulher com a qual todos os brasileiros sonhavam. Tinha uma das companhias mais badaladas da bolsa de Toronto, considerada aposta certeira entre os mais experimentados do mercado canadense. Apesar de tudo isso, nada aplacava a sua sensação de que algo lhe faltava.

Eike acabara de romper uma lucrativa e tumultuada sociedade com a gigante canadense Inco Gold, uma das mais antigas empresas do ramo. Três anos antes, quando se juntaram, ele imaginara que a associação seria seu passaporte para a elite global dos negócios. Sua TVX tinha então seis minas, mas não operava nenhuma. Pelos acordos de sociedade, cabia aos parceiros pôr a mão na massa, o que era bastante conveniente, porque rendia polpudos dividendos sem que ele precisasse esquentar a cabeça com o dia a dia. Só não lhe dava uma coisa: reconhecimento.

Ao juntar sua coleção de minas às da Inco, ficando com 11% das ações da nova empresa,[7] a TVX Gold Inc., Eike achou que teria autonomia para colocá-las em operação do seu jeito e assim mudar de status perante seus parceiros da indústria. Nada, contudo, saiu como ele imaginava. Ele vivia reclamando que os *jurassic partners* vetavam todas as suas iniciativas. Julgava-se sub-representado na sociedade e achava que se sairia melhor sozinho. A culpa de tudo aquilo, dizia, era dos banqueiros. "Eles me convenceram a entrar nessa. Eles me foderam. Banqueiros são putas. Só querem ganhar comissão."[8]

Os sócios, por sua vez, também foram se cansando do jeito afoito de Eike, a quem consideravam um criador de casos.

Com o fim da parceria, a obsessão do brasileiro por ascender à elite mundial da mineração só aumentou. Tinha de mostrar aos jurássicos do que era capaz. Dali por diante, ele mesmo tomaria as decisões. Empresas que dominam a operação, Eike sabia, têm mais controle sobre os custos, os preços e o fluxo de produção. Portanto, valem mais. Daí por que, todos os dias, do momento em que despertava até pôr de novo a cabeça no travesseiro, uma pergunta o atormentaria: *Em que lugar do mundo eu posso pôr as mãos em uma supermina?*

Naquela conversa em outubro de 1993, Eike se convenceu em poucos minutos de que as Cassandra eram tudo o que procurava. *A grande tacada. O passaporte para o clube das maiores mineradoras do mundo.* Seu pai, Eliezer Batista, ex-presidente da Vale do Rio Doce e um dos nomes mais prestigiados do setor, sempre dizia que a melhor forma de vencer nos negócios era apostar em ativos de custo baixo e vida longa, capazes de aguentar as crises mais brabas — à prova de idiotas, como resumia Eike.

Enquanto ouvia a apresentação dos canadenses, ele concluiu que aquelas minas eram justamente isso, à prova de idiotas. E ainda um ativo não disputado, um patinho feio. *Um diamante não lapidado.* Em nenhum momento, no entanto, se perguntou por que ninguém antes tivera a mesma ideia que Rik Visagie. Estava certo de que possuía um faro especial para os negócios, um dom único. Depois de um dia inteiro de reuniões, convencido de estar diante de uma bela oportunidade, Eike mandou a equipe tocar o negócio e fechar um acordo com os canadenses. A tvx bancaria o investimento necessário para a implantação e ficaria com 88% das minas. Os sócios ficavam com os outros 12% e o direito de comprar, no futuro, mais 12% das ações, tornando-se executivos e consultores da companhia.[9] Eike e o Alpha Group dos canadenses assumiam o compromisso de manter sigilo sobre as informações das Cassandra e de só usá-las nas negociações de compra, que seriam comandadas pela tvx.

O acordo deixou Eike eufórico. Sua confiança no sucesso da empreitada era tanta que, semanas depois, na primeira conferência anual da tvx após a saída dos "jurássicos" da Inco, no início de 1994, em Toronto, ele prometeu dobrar em três anos a produção de toda a companhia, então de 400 mil onças. "Do contrário, vocês, acionistas, podem me dar um tiro."[10]

Para Eike, as minas gregas seriam capazes de mudar a TVX de patamar. Mas ele não tinha a menor intenção de levar os sócios canadenses junto na escalada. Em julho de 1994, oito meses depois de fechar o acordo de sociedade com eles, declarou o contrato com o Alpha Group sem validade. A justificativa: como o governo da Grécia abrira uma licitação internacional para a concessão das minas, o acordo não tinha mais razão de ser.[11] Segundo Eike, a sociedade com o Alpha Group fora firmada justamente por causa da tal carta do funcionário do banco estatal que lhes dava direito de preferência na aquisição das Cassandra, o que perdera sentido depois que o papel deixou de ter validade. Podia até ser. Só que os documentos dos canadenses, todos entregues à diretoria da TVX, já informavam que o direito de preferência tinha prazo para terminar.

Em março 1995, a TVX ganharia a licitação. Ao se verem fora do negócio, os sócios do Alpha Group abriram um processo contra ela na corte de Toronto — ação da qual Eike, a princípio, mal tomou conhecimento.[12] Tinha assuntos mais urgentes com que se preocupar.

A produção de uma de suas principais minas no Brasil, a Novo Astro, caía, e ele precisava rapidamente adquirir novas áreas. Com o preço do ouro em alta, havia uma corrida global por ativos, que também ficavam cada vez mais caros. Eike então enviou seu vice-presidente de exploração, o geólogo chileno Jozsef Ambrus, à caça de novas reservas mundo afora. Ao longo dos meses seguintes, a TVX conquistou acesso a áreas de exploração nos Estados Unidos, Canadá, Equador, Chile, Peru, Venezuela, México, Nicarágua e República Tcheca. Ele iria até a Sibéria se fosse preciso. E foi.

Em novembro de 1994, um ano depois da visita dos canadenses, outra dupla apareceria no escritório do Rio de Janeiro com informações quentíssimas sobre minas de grande potencial. O americano Marc Defant e o russo Pavel Kepezhinskas, professores de geologia da Universidade do Sul da Flórida, diziam ter identificado duas minas espetaculares em Kamchatka, na Sibéria, uma península bem próxima ao Japão.[13] Haviam sido adquiridas recentemente por mineradoras locais, e eles procuravam um sócio para comprá-las.

Apesar da abertura conduzida anos antes por Mikhail Gorbatchóv, o país estava longe de ser um local amigável para estrangeiros, sobretudo na longínqua Sibéria, um reduto da máfia russa. Mas a dupla garantia ter um trunfo: seu consultor na Rússia era muito amigo do chefe do departamento de mineração local e facilitaria a aprovação das licenças e a transferência de propriedade. Deu-se, então, um replay da situação vivida pelos canadenses. Defant e Kepezhinskas fecharam um acordo de sociedade com a TVX e, em troca de uma participação minoritária no projeto, forneceram todos os dados colhidos na Rússia à equipe de Eike. Ele então contratou o russo amigo da dupla, desfez a sociedade e adquiriu sozinho 50% das minas Kamchatka.

Assim como os canadenses, os geólogos da Flórida ficaram furiosos e, sentindo-se enganados, partiram para a briga na Justiça. Acusaram Eike de roubar dados e de se associar à máfia russa — que, afirmavam, seria a verdadeira dona das minas. Sempre que questionado sobre o assunto, Eike se saía com uma resposta dúbia. Admitia que, na Rússia, seus sócios "eram vistos como da máfia", mas negava que soubesse disso quando se associou a eles.[14]

Aos poucos, os métodos expansionistas de Eike fariam surgir litígios também na Venezuela, no Equador e em vários outros locais onde sua TVX se instalara.

Todas essas disputas cobrariam um preço alto no futuro, mas, naquele momento, Eike só pensava em expandir suas operações. Em uma das primeiras visitas à Grécia, levou consigo o amigo Luiz Arthur Correia, o Zartha, a quem conhecera no final dos anos 1980 como corretor em uma das maiores administradoras de recursos do Rio, e que passara a administrar sua fortuna. Alto, magro, dono de um carregado e inconfundível sotaque carioca, e de uma rabugice quase patológica, foi logo apelidado pelo chefe de "profeta do apocalipse".

Depois da visita às minas, enquanto saboreavam frutos do mar em um restaurante de Atenas, Zartha emitiu um de seus característicos palpites. "Aquele lugar é uma espécie de Angra dos Reis, com barquinhos, pousadas, turistas. Você acha que aquele pessoal vai concordar com uma mina bem no meio da praia deles?" Eike respondeu: "Lá vem o cacique Nuvem Negra! Zartha, ali só vai búlgaro e alemão. Ninguém está ligando para isso. É tudo açougueiro!".

Para onde quer que Eike se voltasse, só conseguia divisar razões para confiar no futuro. Com a alta no preço do ouro, o Brasil entrara no radar dos caçadores de novas reservas. Todos queriam saber mais sobre o país, e não havia ninguém melhor do que ele para explicá-lo aos gringos, que o chamavam de Imperador do Ouro brasileiro.

Em 1995, Eike foi a principal atração de uma conferência mundial sobre mineração, a Investing in the Americas, realizada no luxuoso Sheraton Bal Harbour, em Miami. Falando sobre as potencialidades brasileiras para 1700 pessoas, mesclou a propaganda do Brasil à sua própria. "Tive de dividir muito filé-mignon para chegar aonde cheguei", afirmou. "Hoje, já divido com muitos sócios o risco e tenho empresas batendo à minha porta todos os dias querendo participação em projetos."[15] Em meio à sessão de autoelogios, abriu espaço para uma autoironia, provocando risadas na plateia. "Sou mais conhecido no Brasil por causa de minha esposa." A palestra foi um sucesso. Uma hora depois do final, ainda havia fila de pessoas esperando para conversar com ele.

Ao contrário de todos aqueles gringos, ávidos por aventurar-se no Brasil em busca de ouro, Eike já se dera bem uma década antes, ao descobrir um veio muito mais valioso no próprio Canadá: o mercado financeiro. Seus primeiros sócios canadenses, um trio de investidores jovens e sôfregos por lucrar com a corrida do ouro que se dava na Amazônia, descobriram o Rio de Janeiro nos primeiros anos da década de 1980. Naquela época, as imagens do formigueiro humano que extraía pedras douradas de Serra Pelada corriam o mundo.

Nessa época, Eike estabeleceu contato com um banqueiro canadense, que o indicou para investidores de Toronto interessados em uma vaga no sonho dourado brasileiro. Ele ainda usava botas de caubói e bolsa de couro pendurada no ombro — num visual arrematado pelo cabelo grande e desalinhado, calça jeans surrada e um ar confiante que o fazia parecer um figurante do musical hippie *Hair*. E porque recorria também a um chapéu, que lhe protegia do sol a pele muito branca, recebeu dos estrangeiros o apelido de "Indiana Jones brasileiro".

Jovem e audacioso, ele parecia ter sido feito para o mercado canadense. O país estava coalhado de pequenas mineradoras formadas por grupos de geólogos com um projeto ou uma dica imperdível de uma reserva de que ninguém mais sabia. As *junior mining companies*, que viviam buscando sócios para financiar seus projetos, eram parte do ecossistema financeiro do Canadá desde o século XIX. Na Bay Street, a Wall Street de Toronto, haviam-se gestado grandes empresas, mas também fracassos retumbantes. Os canadenses gostavam de quem assumia riscos e não viam problema quando os planos fracassavam. Os valores captados pelas *juniors* costumavam ser relativamente pequenos, de algumas dezenas de milhões de dólares, mas, quando acertavam no alvo, os retornos eram espetaculares. Perder fazia parte do jogo — desde que de forma limpa. Trapacear, sim, era imperdoável.

Por isso, quando os canadenses conheceram Eike, no início dos anos 1980, pensaram estar diante de um manancial de bons projetos. O filho de Eliezer era então dono do direito de exploração de diversas áreas que ele mesmo estimava somarem 8 milhões de hectares,[16] duas vezes o território da Holanda. Tudo o que tinham a fazer era constituir uma sociedade e lançar ações na bolsa para financiar a exploração das reservas — a tvx Gold Mining, formada em 1985, que transformaria o X em amuleto para Eike.

Talvez motivado pela crença na própria superstição, Eike saíra multiplicando as projeções antes mesmo de começar a exploração das Cassandra. Em 1996, um ano depois de vencer a licitação na Grécia, a tvx ainda não concluíra os estudos de viabilidade, de modo que não poderia dizer ao certo quanto as minas gregas conseguiriam produzir. Mesmo assim, como por mágica, as previsões feitas — sob pressão — por Rik Visagie um ano antes, no Rio de Janeiro, continuavam a engordar. Já na primeira assembleia de acionistas de 1995, Eike considerara superada a inacreditável produção de 200 mil onças por ano. Seu número agora era de no mínimo 300 mil onças por ano.[17]

Os investidores que se haviam associado a ele na tvx se preocupavam com seu pendor para o exagero, e viviam alertando-o sobre o risco de ser punido pela Ontario Securities Commission, o xerife do mercado local. Seu sócio e conselheiro mais antigo, Ian Telfer, costumava repetir uma frase sempre que o percebia animado demais: "*Let's not believe in our own bullshit*" — algo como "Não acreditemos em nossas próprias asneiras". Ainda assim, o otimismo das projeções de Eike levara a tvx a desenhar um plano de investimentos de 550 milhões de dólares para as Cassandra, o que encheu a vista dos gregos. Seria o maior investimento estrangeiro no país. Contou também a promessa de manter, por três anos,[18] os empregos dos 550 mineiros que já trabalhavam nas minas, embora o plano inicial apresentado pelos canadenses previsse *cortar* postos de trabalho. Manter os empregos custaria caro, mas Eike achava que, sem garanti-los, corria o risco de perder a disputa. Bancou a aposta e ganhou a concorrência.

E, afinal, o que eram alguns milhões de dólares diante da promessa bilionária das minas gregas? Dinheiro não era problema. O mercado canadense gostava do brasileiro e compraria seus planos pelo preço que pedisse.

Se havia outro responsável por isso além dele, era Michael Vitton, um americano de bochechas rosadas e sotaque de caubói. Vitton era banqueiro — e isso, apesar do que Eike dizia publicamente sobre a espécie, nunca foi de fato um problema. Podia-se dizer até que Vitton era o banqueiro preferido de Eike. Mike, como quase todo o mercado o chamava, comandava a área de investimento do americano BMO, bastante ativo entre mineradoras e muito forte no Canadá. Como se não bastasse ser o dono do dinheiro, era ainda um corretor carismático e experiente, de modos calorosos e trato de político. Chegava às reuniões abraçando e elogiando os clientes, rindo e falando alto, sabia o nome das esposas, conhecia as histórias dos filhos e tinha a invejável capacidade de sempre se lembrar de passagens agradáveis na hora certa. Fosse em outro setor, corria o risco de ser considerado um falastrão. Naquele, era um sucesso absoluto.

Eike e Vitton funcionavam bem juntos e gostavam um do outro. A parceria fez o dinheiro fluir. O primeiro empréstimo veio já em setembro de 1995: um financiamento de 38 milhões de dólares para pôr em operação uma mina em Manitoba, no Canadá. Quatro meses depois, em janeiro de 1996, a TVX arrecadou mais 150 milhões de dólares com um pool de investidores.

Vendo que não faltariam recursos, Eike partiu para reunir um time capaz de colocar de pé — ao mesmo tempo — vários empreendimentos. A maior mineradora do mundo era, então, a anglo-australiana Rio Tinto, e foi lá que ele recrutou seus principais executivos. Para dar lugar a novas estrelas, deslocou John Hick, o antigo CEO, para a vice-presidência do conselho. E trouxe da Rio Tinto o britânico David Murray — um nome em ascensão no mercado, que ostentava no currículo a medalha da Ordem do Império Britânico por seu trabalho na implantação de uma supermina de cobre em Portugal. Ofereceu-lhe a remuneração de 300 mil dólares por ano, mediana para os padrões da época, mas que previa um generoso pacote de ações. O novo CEO já chegou fazendo previsões fantásticas, como a de dobrar a produção de ouro em dois anos, colocando a TVX entre as dez maiores mineradoras do mundo. Esfuziante, Eike declarou aos investidores: "Encontrar Murray foi tão bom como descobrir uma nova mina".[19]

O conselho da TVX também tinha sua cota de celebridades corporativas.

Os mais reluzentes eram o já citado Ian Telfer, respeitado executivo do setor financeiro, e Paul Soros, empreiteiro irmão do megainvestidor George Soros que era amigo de Eliezer Batista desde os anos 1960.

O ano de 1996 começava cheio de bons auspícios. O segundo filho de Eike nascera poucos dias antes da virada do ano e recebera o nome de Olin, uma variação de Odin, o maior deus da mitologia nórdica e pai de Thor. Segundo a mãe, foi escolhido também para que os nomes da família continuassem tendo quatro letras.

Luma e o marido tinham interesse por esoterismo e cultivavam superstições variadas. Ambos frequentavam videntes e astrólogos e eram adeptos do feng shui. De vez em quando, ele encomendava o mapa astral das pessoas com quem estava prestes a fechar negócios. Quando finalmente assinava uma compra ou venda, os valores sempre tinham de terminar com 63, o número da lancha com que vencera a primeira prova de motonáutica — seu número da sorte desde então.

Foi de um antigo sócio da TVX que Eike comprou a mansão no bairro do Jardim Botânico onde se instalou com a família. O que a confortável casa de dois andares tinha de melhor era a vista panorâmica para alguns dos mais belos cartões-postais da cidade: do mesmo jardim amplo, com a grama cuidadosamente aparada, divisavam-se o Cristo Redentor, a lagoa Rodrigo de Freitas e as praias de Ipanema e do Leblon. Haviam chegado a passar um tempo em Miami, com medo de uma onda de sequestros que assolava o Rio de Janeiro, mas logo voltaram ao Brasil para ficar.

Viagens ao exterior eram frequentes, mas para diversão. Sempre que podiam, Eike e Luma iam para Nova York, onde mantinham um apartamento de mais de trezentos metros quadrados, de frente para o Central Park, e em que frequentemente cruzavam com vizinhos como a atriz Brooke Shields e o tenista Andre Agassi. Nessas temporadas, ela se fartava de comprar na Bloomingdale's, e ele, de comer espetinhos de frango satay em seu restaurante preferido, o chinês Mr. Chow.

Se estivessem de folga no Brasil, revezavam entre a casa que a própria Luma escolhera e reformara na orla de Búzios ou a recém-construída mansão em Angra dos Reis, onde Eike ancorava sua lancha de corrida.

Também nos negócios não havia do que reclamar. As ações da TVX estavam no auge, e a companhia valia então 1,7 bilhão de dólares.[20] Mesmo após a série de associações que fizera com as empresas que operavam suas minas, Eike mantinha 15% da TVX — o suficiente para continuar como presidente do conselho e poder indicar cinco de seus nove membros. Se tudo caminhasse como previsto, a mineradora poderia chegar a valer 3 bilhões de dólares em dois anos, quando as minas gregas começassem a produzir. O Midas brasileiro estaria então finalmente consagrado como um empresário completo, capaz de descobrir reservas fabulosas e, sobretudo, de colocá-las em operação com eficiência e rapidez — uma espécie de Jack Welch da mineração.

Parecia faltar muito pouco para que tudo isso acontecesse, graças a uma rara confluência de fatores benéficos, daquelas que só acontecem uma vez na vida. E, no entanto, o que se deu em seguida foi justamente o inverso — uma sucessão de reveses que pareciam emular o que os meteorologistas chamam de tempestade perfeita: uma tormenta pesadíssima, derivada de uma combinação única de fatores nefastos. Essa seria uma tempestade duradoura, que arrasaria com os planos de Eike Batista.

O primeiro sinal de que a escalada rumo ao topo seria mais difícil do que ele imaginava surgiu logo que chegaram as primeiras máquinas pesadas para iniciar os trabalhos nas minas. Imediatamente, os moradores das cidadezinhas do entorno começaram a se rebelar. Até então, as operações das Cassandra haviam sido discretas, quase artesanais. Já a TVX recorria a escavadeiras enormes, que, segundo os habitantes, abalavam a estrutura das casas do vilarejo.

A primeira reação da TVX foi minimizar o problema. Não havia ninguém do primeiro escalão da companhia morando na Grécia para avaliar a situação mais detidamente. O CEO David Murray, aquele cujo achado equivalia à descoberta de uma mina de ouro, preferira ficar em Bristol, na Inglaterra, de onde, dizia, poderia alcançar com facilidade a Grécia num voo comercial. Sua primeira avaliação foi a mais óbvia, a de que a revolta não duraria. Protestos são uma constante na rotina de mineradoras do mundo todo. Aquele caso não seria diferente. Logo o mal-estar passaria, apostava.

Mas a revolta dos moradores foi aumentando, e eles começaram a bloquear o acesso à mina de Olympias, a mais importante do complexo Cassandra. A TVX então começou a produzir em Skouries, a maior delas, alguns quilômetros adiante, onde trabalhavam os 550 mineiros herdados da antiga concessionária. A empresa avaliou que, começando logo a operar, o dinheiro que irrigaria a economia local arrefeceria os protestos. E simplesmente seguiu, fazendo previsões cada vez mais otimistas.

Em março de 1997, ainda sem qualquer novo estudo de viabilidade além dos herdados da administração anterior, a mineradora inflou ainda mais suas projeções. Em um comunicado, anunciou ter revisado os dados e concluído que a estimativa de produção não era mais de 300 mil onças, e sim de 500 mil.[21] Era um número impressionante, principalmente porque era mais do que a TVX produzia em suas cinco minas já em operação. Quem o observasse com olhar crítico, porém, perceberia que o comunicado era uma espécie de vacina para acalmar os acionistas. Na mesma ocasião em que aumentava as estimativas, a companhia admitia um prejuízo anual de 86 milhões de dólares.

Informes otimistas, contudo, não têm o condão de mudar a realidade, de modo que a situação na Grécia se complicava a cada dia. Naquele mesmo ano de 1997, logo que se mudou para os arredores da mina, o novo gerente, Tony Vlassopoulos, teve o carro novinho, que ganhara da companhia, todo pichado e amassado num ataque de vandalismo. Toda noite, antes de dormir, ele ouvia saraivadas de tiros dadas em algum lugar próximo. Em frente à sua casa, um aviso foi pichado no muro para não deixar dúvidas do que o esperava: "Bem-vindo ao inferno".[22]

Para dificultar ainda mais a situação, um grupo de arqueólogos descobriu, nos arredores de Olympias, as ruínas de Estagira, cidade natal de Aristóteles, e conseguiu na Justiça a suspensão das obras até que as escavações fossem concluídas. Ainda assim, a TVX manteve o discurso pró-minas. Revoltados, os gregos decidiram espalhar o movimento anti-TVX na Europa e ganharam o noticiário ao colher mais de 30 mil assinaturas de apoio aos tchecos — que também se opunham à presença da empresa em seu país.

Naquele mesmo ano, a companhia de Eike Batista foi multada nos Estados Unidos por catorze violações à qualidade da água pela operação de uma mina em Montana, ao lado do Parque Nacional de Yellowstone, o mais antigo do país. Havia ainda sérias dúvidas sobre a viabilidade de explorar ouro na fronteira do Equador com o Peru. A região era alvo de uma acirrada disputa territorial entre os dois países, e a TVX escolhera como sócio justamente o Exército equatoriano.

Com tanta coisa negativa em curso, o otimismo de Eike passava a sensação de que ele habitava outro planeta. Dias antes da assembleia anual de acionistas da TVX, em maio de 1997, um analista de banco resumiu em um relatório sobre a companhia o tom de ceticismo que tomava conta do mercado: "Eike vê o mundo em cor-de-rosa". O documento ainda repercutia quando o empresário e seus dois principais escudeiros, Zartha, o administrador de suas contas, e Godinho, o vice-presidente de sua holding, chegaram ao auditório do hotel Hilton Toronto para a reunião anual.

Escondidos na coxia, Zartha e Godinho observavam a cara fechada dos canadenses na plateia e comentavam, apavorados: "O Eike vai levar ovo podre desse pessoal!". O empresário então desapareceu por alguns minutos e voltou com uma sacola de farmácia. Ao abrirem as cortinas, lá estava ele, pronto para o discurso, usando óculos com lentes cor-de-rosa. "Dizem que eu vejo tudo cor-de-rosa. Vejo mesmo. E sabem por quê? Porque vejo as coisas adiante. Eu leio o jornal de amanhã."

Em seguida, ele apresentou um gráfico que mostrava a performance das ações da Barrick — uma mineradora de ouro que partira de patamares de produção muito semelhantes aos da TVX e chegara, três anos antes, a 2,3 milhões de onças. Com suas reservas promissoras e de baixo custo de produção, a TVX, garantia ele, era a Barrick amanhã. "Estamos prontos para ingressar no time das grandes", concluiu. Quando o encontro acabou, vários investidores, convencidos e encantados, juntaram-se em frente ao palco para cumprimentá-lo. Houve até quem lhe pedisse para autografar a capa do relatório anual da empresa.

Nos dias seguintes à performance dos óculos cor-de-rosa, Eike surgiu com uma solução para impulsionar a companhia e oferecer a resposta aos céticos. Tratava-se de um empréstimo de 250 milhões de dólares, concedido por um pool de bancos e fundos de pensão — à primeira vista, uma poderosa injeção de ânimo, que, com o tempo, se revelaria uma armadilha fatal. O lastro da dívida, fixado em ouro, fez com que os papéis ficassem conhecidos como *gold-linked notes*:[23] pelo contrato, quando chegasse a hora do pagamento, os credores poderiam escolher se queriam receber em ouro ou em ações. Fariam, é claro, o que lhes fosse mais vantajoso na data do vencimento.

Embora parecesse ótimo poder pagar com a própria produção, na prática a companhia ligara uma bomba-relógio. Com uma produção anual de pouco mais de 400 mil onças, a TVX estava muito aquém do necessário para sustentar o lastro de 710 mil onças de ouro. Além disso, a cotação do metal já começara a cair, o que prejudicaria também as receitas da companhia e seu valor na bolsa. Se o preço baixasse demais e os credores optassem por receber a dívida em ações, poderiam simplesmente tomar conta da empresa. Mas Eike — claro — tinha certeza de que nada aconteceria. Suas minas eram à prova de idiotas, assim como as da Amazônia. Dificuldades faziam parte do jogo. O ouro não tardaria a brotar das Cassandra.

A situação, no entanto, só piorava. Assim que compreenderam as implicações do novo empréstimo, os investidores começaram a se desfazer de suas ações, e o valor do papel despencou. Eike pedia paciência ao mercado, mas a realidade, essa estraga-prazeres, continuava a atrapalhar tudo. Poucas semanas após a emissão das *gold-linked notes*, todas as *juniors* do Canadá foram arrastadas por um tsunâmi. A mineradora Bre-X, que fizera grande fortuna ao anunciar a descoberta da maior reserva de ouro do planeta, nas florestas da Indonésia, teve de admitir que não havia ouro algum em suas minas e que um de seus executivos adulterara as amostras enviadas aos testes para enganar os investidores.

A Bre-X era a mais reluzente das promessas da mineração canadense, e o escândalo que se seguiu à revelação levou muita gente à falência. O tumulto azedou em definitivo o humor do mercado, que já vinha piorando com a queda no preço do ouro. Para completar a avalanche de más notícias, no final de 1997 os processos do Alpha Group contra a TVX começavam a se aproximar de um desfecho, e tudo indicava que Eike perderia as duas causas, porque canadenses e americanos estavam unindo esforços para provar que ele os havia enganado. Com um acordo de última hora, ele conseguiu anular os pesquisadores da Flórida: pagou-lhes 2,5 milhões de dólares para encerrar o caso e exigiu que nunca mais falassem sobre o assunto.[24] Mas os problemas continuavam a aparecer.

Na Grécia, os manifestantes que vinham bloqueando as estradas invadiram a mina de Olympias e incendiaram equipamentos. Uma bomba foi colocada no escritório do ministro de Estado responsável por supervisionar a implantação do projeto.[25] Ao tentar desarmá-la, um policial ficou ferido. A situação era extremamente tensa, mas o governo grego — que já dera à TVX subsídios de 140 milhões de dólares e usara sua força política para aprovar no parlamento o plano da empresa — tentaria um último recurso: decretou estado de exceção, proibiu manifestações públicas e emitiu diversas ordens sumárias de prisão, entre as quais a de cinco prefeitos de vilarejos próximos, acusados de incitar os protestos. Só então a TVX esboçou uma reação minimamente consistente com a crise e anunciou um pacote de investimentos de 130 milhões de dólares para diminuir o despejo de dejetos no entorno das Cassandra. Tarde demais. A batalha já estava perdida, e a Justiça grega suspendeu os planos da TVX por pelo menos dois anos.

Depois da Grécia, foi a vez de a Rússia banir a TVX de seu território, no início de 1998. Embora oficialmente a companhia afirmasse que se retirava em razão da dificuldade de fazer negócios em um país que acabara de dar o calote na dívida externa, jornais locais e publicações especializadas diziam que a razão da debandada era outra: Eike teria sido expulso pelos sócios mafiosos por não ceder a alguma de suas exigências.[26]

Uma a uma, as fabulosas e promissoras iniciativas da TVX foram sendo descartadas sem que a empresa conseguisse avançar um milímetro em seu programa de expansão. Para completar o infortúnio, depois de três anos de briga nos tribunais, a corte de Ontário deu ganho de causa à dupla de canadenses e determinou que a TVX os indenizasse.[27] A decisão era sem dúvida ruim para Eike, mas não pelos valores envolvidos, já que mandava apenas que a mineradora lhes restituísse a participação que tinham inicialmente nas Cassandra — ou seja, 12% de uma operação que, até então, só dera prejuízo. A questão que incomodou os investidores era outra. Ao reconhecer que o Alpha Group estava certo e merecia reparação, a Justiça canadense admitia que o brasileiro trapaceara, o que atingiu em cheio a já combalida credibilidade da TVX. A divulgação da sentença fez a companhia encolher 37% nos quatro meses seguintes, perdendo 275 milhões de dólares de seu valor na bolsa — e até mesmo o banco de seu amigo Mike Vitton começou a divulgar estimativas pessimistas.

Quando 1999 chegou, a operação grega da TVX já consumira 200 milhões de dólares sem que as minas sequer tivessem licença ambiental. Na melhor das hipóteses, começariam a funcionar em 2002.

O Canadá, que havia incensado Eike durante anos, acompanhou com interesse a derrocada. Numa reportagem da revista de negócios *Canadian Business* de abril de 1999, intitulada "Mayhem Man", ou "O homem caos", o jornalista Paul Kaihla escreveu que o Eike que emergia dos processos judiciais exibia uma "assustadora dualidade de caráter" e, mostrava ele, também de humor. Numa hora, estava profundamente abatido, pedindo desculpas aos investidores. "Fizemos mal aos acionistas, fizemos mal aos caras do Alpha Group. Quero dizer aos acionistas que vou eu mesmo me dedicar a resolver todos os problemas", disse à *Canadian Business*. Em seguida, mostrava-se revoltado com os executivos da TVX. De acordo com Eike, Murray, o CEO-mina-de-ouro, se revelara um "idiota de merda". "Gastos exagerados e escamoteados, engenharia demais, três escritórios em Atenas. Inacreditável", declarou ao repórter. Murray, já fora da companhia, contra-atacou: "Eike tem reputação de falar uma coisa e fazer outra. Por isso, em Toronto, ninguém acredita no que ele está dizendo".

A reportagem expressava perplexidade com o fato de Eike ainda acreditar que poderia vender na bolsa canadense uma empresa de água em que aplicara 33 milhões de dólares e que, segundo ele, valeria 10 bilhões em dez anos. Questionado a esse respeito, demonstrou que sua capacidade de alheamento não tinha limites: "A Bay Street me conhece. Os analistas e suas firmas me conhecem. Lá está Eike Batista, um empreendedor brasileiro que criou uma mineradora internacional". Afinal, ele garantia ser inocente: "Eu nunca vendi uma ação da empresa. Eu me preocupo com a TVX".

Com sua companhia derretendo na bolsa, Eike e seus conselheiros começaram a procurar algum investidor que injetasse dinheiro novo no negócio, ao mesmo tempo que buscavam aliados entre acionistas minoritários — como o investidor David Lifschultz, dono de uma empresa de prestação de serviços para o ramo do petróleo, com quem almoçou em Nova York naquela época. No encontro, ele se queixou dos banqueiros e disse que nunca teria contraído o empréstimo lastreado em ouro sem a insistência deles. Se tivesse podido escolher, teria preferido emitir ações. Apesar de um tanto baqueado, Eike insistiu na crença de que a empresa poderia se recuperar, porque tinha um plano. Ainda havia, àquela altura, quem continuasse a acreditar na força dos projetos da TVX — como a australiana Normandy Mining, que, em abril de 1999, comprou 50% menos uma ação da companhia.[28] O respiro, porém, não impediu que a situação continuasse a degringolar. No final do ano, a TVX teve um prejuízo de mais de 64 milhões de dólares só na Grécia.

Na entrada dos anos 2000, a pergunta que continuava a atormentar os investidores era se a empresa seria ou não capaz de honrar o empréstimo em ouro, o que lhes parecia impossível. O preço do metal caía sem parar e já voltara ao baixíssimo patamar do início da década de 1980. Como a cotação das ações também ia ladeira abaixo, o valor captado junto aos bancos já era suficiente, naquele momento, para comprar o controle da TVX. Era preciso encontrar uma solução que salvasse a companhia, e, para os executivos e um grupo de minoritários, isso só seria possível se Eike fosse afastado do comando. Criou-se, então, um comitê extraordinário, sem a presença do controlador, a fim de estudar saídas para a empresa.

Atordoado, Eike começou a consultar gurus e videntes. Uma delas lhe disse para ir a Cuzco, no Peru, a capital do império inca, e deitar-se num gramado à meia-noite — para "reordenar o cosmos" e "reajustar a linha da vida". Outra lhe ordenou que tomasse um conhaque de frente para o pôr do sol de uma cidade portuguesa. Se fizesse isso, tudo se resolveria. Ele seguiu as instruções, mas não adiantou. O comitê concluiu que o investimento na Grécia era insustentável e determinou que Eike renegociasse urgentemente a dívida das *gold-linked notes*. No final de fevereiro de 2001, ele foi a Londres conversar com os banqueiros. Do outro lado da mesa, representando os credores, estava o banco Rothschild, assessorado pelo jovem e ambicioso T. Sean Harvey, um gordão de riso fácil que Eike conhecia havia mais de dez anos, primeiro trabalhando para o BMO e, depois, para o Deutsche Bank. Graças à TVX, Harvey descobrira o Rio e se apaixonara pela caipirinha e pelas mulheres, em especial as do calçadão de Copacabana. Tornara-se ainda um dos mais assíduos anfitriões dos gringos que chegavam à cidade para reuniões de negócios com o Imperador do Ouro brasileiro. Depois de um almoço ou jantar com Eike, os visitantes eram levados a algum clube privê, como o Barbarella ou o Fantasy Island, muitas vezes ciceroneados por Harvey. Eike não ia. Ele até gostava das moças, mas não queria correr o risco de que alguém o visse. Luma, ele sabia, não perdoaria — e ele fazia tudo o que podia para agradar à mulher. O "ritual" de levar os estrangeiros para um *after hours*, porém, era tão recorrente que, entre os banqueiros, circulava uma piada segundo a qual a TVX fora financiada nos puteiros do Rio.[29]

Naquele momento de crise, porém, os tempos de cumplicidade entre Harvey e Eike de nada valeriam. Depois de uma semana conversando em Londres, concordaram que não havia saída senão converter a dívida em ações, o que fatalmente levaria os credores a tomar conta da empresa. O acerto final ocorreria na reunião de conselho da TVX, no Canadá.

Os dois voltaram juntos no voo de Londres para Toronto, num clima ameno, de camaradagem. Assim que Harvey assumiu a cabeceira da mesa e o comando da reunião, porém, tudo mudou. "Eike, você está fora. A partir de hoje, você não manda mais nesta companhia. Os credores vão assumi-la e eu vou representá-los. E, se você ousar reivindicar qualquer indenização, vamos te processar."

Em março de 2001, Eike Batista comunicou ao mercado sua renúncia ao posto de presidente do conselho, CEO e diretor da TVX.[30] Os cinco conselheiros que nomeara o acompanharam. Surpresos com o desfecho do caso, pequenos investidores desabafavam em fóruns de acionistas na internet. "Sou acionista da TVX há muito tempo. A questão sobre se a empresa é uma bosta ou uma joia me veio à mente quando acordei cedo esta manhã",[31] contava um deles. A resposta não tardaria.

Em 10 de julho, os credores por fim converteram as *gold-linked notes* em ações e tomaram conta da mineradora. No auge, as ações da TVX haviam sido negociadas por 74 dólares canadenses. Pouco antes da venda, eram cotadas a míseros 27 centavos.[32] O prejuízo causado pela aventura expansionista de Eike já somava 300 milhões de dólares. A companhia logo foi vendida à Kinross Gold Corp., que suspendeu as atividades nas minas Cassandra em 2003.

Com o fim da aventura canadense, Eike voltou para curar as feridas no Brasil, deixando para trás um rastro de investidores furiosos, algumas brigas judiciais e muito prejuízo. Parecia o seu fim. Mas só parecia.

2. Na corrida pelo ouro

Eike tinha 21 anos quando, em meados de 1978, se sentou em frente ao pai, Eliezer, no escritório da casa da família no Jardim Botânico, e comunicou que abandonaria a faculdade na Alemanha.

A família Batista voltara definitivamente ao Rio no ano anterior, depois de quase uma década vivendo na Europa, mas Eike tinha ficado no exterior com o irmão mais velho, Dietrich, o Dide, para estudar. Por dois anos, moraram numa república de universitários em Aachen, no oeste da Alemanha, e recebiam uma mesada dos pais. Dide, que cursava medicina, cultivava um estilo riponga e não tinha problemas em se sustentar. Mas Eike gostava de carros, roupas e mulheres caras, e não estava a fim de se enfiar nos livros do curso de engenharia metalúrgica. O que ele queria mesmo era ganhar dinheiro.

Em férias no Brasil, decidira ficar e montar uma empresa de comércio exterior — e era isso que tentava dizer ao pai. O soco na mesa e os gritos que Eliezer dava no escritório ao receber a notícia de que o filho deixaria a universidade podiam ser ouvidos de vários pontos da casa. "Idiota! Vou te dar um diploma de idiota!"

Se soubesse da história toda, "Papi", como Eike o chamava, provavelmente usaria um adjetivo ainda mais forte.

Desde o dia em que pisara na universidade, Eike se envolvera em variados negócios: venda de seguros, comércio de diamantes e, por último, venda de fardas para o governo de Angola. Ia muito pouco à faculdade, porque estava concentrado em enriquecer. Em quase todas as atividades em que se engajara, seu talento para cativar pessoas e convencê-las do que acreditava lhe fora muito útil e rendera dividendos. Até que uma combinação de fatos começou a tramar a sua volta ao Brasil. O negócio das fardas, justamente aquele em que empenhara algum capital, não foi bem. Seu parceiro sumira e o deixara com uma dívida, que Eike precisava pagar se quisesse ter sossego para pisar na Europa de novo. Foi quando soube, por um de seus contatos no comércio de diamantes, da febre do ouro que se espalhava pelo Brasil naquela época.

O metal vivia uma bolha na Europa, cotado a quinhentos dólares a onça, e os garimpos se alastravam na Amazônia na mesma proporção que o valor do ouro nos mercados estrangeiros. A fiscalização sobre quem entrava e saía com o metal da floresta era nula, assim como o controle das fronteiras — uma peneira por onde qualquer um passava facilmente, carregando quanto ouro quisesse. Aquele era o negócio dos sonhos para Eike. Ele tinha fascinação pelas histórias dos conquistadores espanhóis Francisco Pizarro e Hernán Cortés, que haviam capturado para si todo o ouro dos impérios inca e asteca. Por vezes, na adolescência, sonhara em ser o proprietário daqueles tesouros. Sonhara, também, em ter o mesmo padrão de vida que muitos de seus amigos, jovens ricaços com quem estudara no colégio alemão ou que conhecera por intermédio do pai, que tinha muitos amigos entre os maiores homens de negócios do Brasil.

Não que a família Batista fosse pobre, pelo contrário. Para os padrões da época, eram bem mais do que classe média. Eliezer, a mulher, Jutta Fuhrken Batista (pronuncia-se Iuta), e os sete filhos moravam numa ampla e confortável casa com piscina no Jardim Botânico. Os meninos esquiavam nas férias, estudavam nas melhores escolas e falavam pelo menos quatro línguas. Desfrutavam de tudo a que os jovens da elite daquela época tinham direito. Só não tinham mordomias — como roupas caras, carros importados com motorista e dinheiro à vontade para gastar em noitadas.

Eike era o preferido da mãe, alemã de traços fortes e sorriso cativante que Eliezer conhecera numa de suas viagens pela Europa. Dos sete filhos, dizia Jutta, ele era o mais carinhoso e o que mais se preocupava com ela. Por toda a vida, ela seria a maior referência afetiva do filho. De origem abastada e com formação rígida, dava muito mais valor à educação do que a roupas ou dinheiro. Nisso, pelo visto, Eike pensava diferente. Uma de suas companhias mais constantes, naquela época, era Clóvis Paes de Carvalho, filho do empreiteiro Gabriel Paes de Carvalho, um dos construtores da usina de Itaipu e grande amigo de Eliezer. Bonito e bem-nascido, o jovem Clóvis admirava a capacidade de Eike para ter ideias e tinha também seu lado impetuoso.

Foi com ele que Eike decidiu entrar no negócio de compra e venda de ouro. Naquela época, era razoavelmente fácil obter uma autorização do governo para comercializar o metal, embora, dada a natureza ainda incipiente daquele negócio, pouca gente se desse ao trabalho de conseguir o documento. Eike, porém, não perdeu tempo. Clóvis conhecia uns judeus que compravam ouro de todo tipo de intermediário e conseguiu, com eles, um adiantamento de cerca de 500 mil dólares. Alugaram uma sala no centro do Rio e trouxeram um irmão mais novo de Eike, Werner, e o português João Reino, um tipo simpático e inteligente que namorava a irmã dos dois, Monika.

As viagens se iniciaram imediatamente. No princípio, em aviões de carreira, levando malas ou sacos de lona verde quase vazios, com apenas algumas poucas roupas. Depois de uma escala em São Paulo e outra em Campo Grande, desembarcava-se em Cuiabá, capital de Mato Grosso, e partia-se de monomotor para um dos vários focos garimpeiros fincados na Amazônia. Depois, quando o dinheiro começou a girar, eles passaram a ir de aviãozinho alugado. O primeiro local em que Eike tentou a sorte foi a paraense Itaituba, onde passou algumas semanas hospedado no Sucupira Palace, um hotel cheio de teias de aranha e mosquitos, até conseguir fechar as primeiras compras.

Naquela época, a Caixa Econômica Federal adotava a cotação do ouro no mercado internacional, mas convertia para a moeda nacional pela cotação oficial, bem inferior à do chamado dólar no black, o do mercado paralelo, que na prática era o que vigorava no dia a dia dos brasileiros. O garimpo, é claro, não chegava a cobrar os preços achatados da Caixa, mas tampouco praticava os valores "europeus" das praças do Rio e São Paulo. Naquele fim de mundo, com poucas opções de consumo e raríssimas vias de comunicação com o mundo exterior, quem pagava à vista e comprava em maiores quantidades conseguia preços melhores — e Eike era mestre nesse tipo de negociação.

A cada visita, ele e seus sócios levavam um jornal da semana anterior com a tabela da cotação do ouro. Em tempos de bolha, com o preço em constante alta, já era um preço defasado, que o "Indiana Jones" pagava em cruzeiros, por um câmbio um pouco maior do que o oficial, para depois vender em dólares, pelo câmbio do mercado paralelo. Ganhava, assim, duas vezes — no preço do ouro e no câmbio —, vendendo facilmente a mercadoria pelo dobro do que pagara.

Naquela época, 70% do ouro extraído no Brasil deixava o país pela mão do contrabando,[1] transportado clandestinamente em pequenas aeronaves até nações vizinhas, como o Uruguai, ou mesmo escondido em aviões comerciais, numa ponte direta entre Brasil e Europa. O mais comum era o metal ser transportado em pó ou em pequenas pedrinhas até chegar a intermediários do Rio e de São Paulo, que lhe testavam a pureza e o fundiam em lingotes. Parte desse ouro era repassada à Caixa e ao Banco Central, mas outra parte saía do país por vias clandestinas. Quando o destino final era a Europa, o canal mais comum de exportação do ouro eram os compartimentos de carga ou as próprias cabines dos aviões de carreira. Inúmeros comissários de bordo prestavam tal serviço, levando o contrabando em suas maletas de mão ou na bagagem.

Os lingotes eram feitos sob medida para enganar a polícia, com a cópia da marca de alguma instituição estrangeira. Assim, caso o despachante ou o comissário de bordo fosse pilhado, poderia parecer que a carga estava entrando e não saindo do Brasil. Era contrabando de qualquer maneira, mas dificultava a identificação dos verdadeiros donos da mercadoria.

O esquema era pesado e milionário. Alguns dos maiores contrabandistas daquela época davam expediente em grandes e modernos escritórios alocados em prédios respeitáveis que nunca levantariam qualquer suspeita. Reportagens publicadas nos jornais da época davam publicidade ao fato de as reservas incrustadas no subsolo serem suficientes para pagar cinco vezes a dívida externa brasileira.[2] Eike e seus sócios representavam apenas um dos grupos que se aventuraram naquele mundo de promessas espetaculares. Não eram os maiores nem os mais capitalizados, mas tinham a vantagem de contar com o tal alvará, o que lhes dava segurança para atuar de forma mais ostensiva.

Para o filho de Eliezer, esse parecia o melhor negócio do mundo. Afinal, a cada três viagens empreendidas, o capital empregado triplicava. De modo que, assim que colocou uma quantia razoável no bolso, Eike decidiu realizar um sonho. Um dia, enquanto ainda não havia se mudado definitivamente, numa de suas estadas na Alemanha, entrou numa loja de automóveis importados e perguntou quanto custava o Porsche 928 zero quilômetro cor de petróleo que reluzia na vitrine. Um carro desses valia, na época, 28 mil dólares. Apesar da descrença inicial do vendedor sobre o cacife daquele rapaz de pouco mais de vinte anos, pagou à vista, em dinheiro, e saiu da loja dirigindo o possante — com o qual circulou orgulhoso por uns dias, mas que acabou vendendo quando retornou ao Brasil.

Ele e os sócios já faziam planos para o dia, não muito distante, em que ficariam ricos. Antes, contudo, haveria percalços.

Numa das primeiras viagens, antes mesmo que pudessem começar a esbanjar os lucros, ele e o parceiro Clóvis foram assaltados e perderam toda a carga que traziam do garimpo. De uma hora para outra, estavam quebrados e devendo 500 mil dólares aos judeus do ouro. Todo o frisson de haver descoberto aquele veio fabuloso se transformou, instantaneamente, em medo e decepção. Foi quando Eike teve uma lembrança providencial. Ele ainda guardava a procuração que o pai lhe dera para pagar contas e cuidar das pendências do apartamento da família em Bruxelas, na Bélgica, o último local onde haviam morado todos juntos. O documento seria sua salvação. Sem demora, embarcou para a Europa e hipotecou o imóvel por 700 mil dólares. Com o dinheiro, honrou o empréstimo obtido com os judeus e conseguiu novo adiantamento.

Eliezer nunca soube da tal hipoteca. Talvez por isso, Eike sempre tenha omitido esse detalhe de sua biografia. Ao contar essa passagem de sua epopeia empreendedora, dizia apenas que seu sócio sumira com o dinheiro da venda do ouro, e que lhe sobrara apenas a opção de confessar o calote e ainda pedir mais crédito aos judeus, que terminaram por confiar em sua palavra. O fato de Eike ser audacioso, empreendedor e muito vivo decerto contou a seu favor, mas os judeus do ouro não eram tipos de romance. O que lhe garantiu mais crédito foi tão somente o fato de tê-los pagado, apesar do infortúnio do assalto. Ficar devendo poderia ter lhe custado a expulsão daquele mercado em que reinavam uns poucos grupos, muito restritos e interligados por um código não escrito, porém mais respeitado que qualquer lei.

Com o caixa restabelecido, Eike pôde enfim fazer deslanchar o lucrativo negócio. Só que para isso precisava ficar de vez no Brasil. Não dava mais para manter a farsa da faculdade. A conversa com Eliezer fora bastante difícil, sim, mas a perspectiva de ficar rico em pouco tempo a fazia parecer coisa boba. Além do mais, apesar da contrariedade, "Papi" tinha coisas muito mais importantes com que se preocupar. Eliezer era, então, um dos homens mais poderosos do país. Estava construindo, no coração do Pará, o mais ambicioso projeto de mineração da história do Brasil: Carajás, até hoje a maior mina de ferro a céu aberto do mundo, com o minério da mais alta qualidade encontrado no planeta. Seus dias eram consumidos em reuniões com banqueiros, financiadores, empreiteiros e militares. O foco era em pôr o megaempreendimento de pé, de modo que, passando quase todas as suas horas úteis na Vale, Eliezer mal se dava conta do que acontecia em casa. Não tinha tempo para fiscalizar o que faziam os filhos.

Passada a discussão, portanto, Eike retomou sua rotina de idas e vindas ao garimpo. Dessa vez, incorporara ao negócio o suíço Felix Chillé, um ex-secretário de seu pai dos tempos em que haviam morado na Europa. Chillé, que trabalhava no banco UBS, tornou-se o "braço" internacional do grupo, responsável por comercializar o ouro no exterior. Ele e Eike eram bastante próximos, pois era o suíço — e não o pai — quem costumava levá-lo às aulas de natação e lhe ensinara a dominar uma bicicleta na infância. Eike nunca se esqueceria de que Eliezer não estava ao seu lado quando sofreu uma grave fratura nas pernas. Na ocasião, foi acudido pelo onipresente Chillé. Mesmo muitos anos mais tarde, sempre que passava por Genebra, fazia questão de se encontrar com o "segundo pai" para um jantar ou uma partida de tênis.

Em maio de 1980, com o dinheiro novo dos judeus, Eike, Reino, Werner e Chillé formaram a Autram Aureum, sediada num pequeno escritório na rua da Alfândega, no centro do Rio, e partiram para nova aventura amazônica.

Àquela altura, o alvo da atividade de Eike era Alta Floresta, em Mato Grosso, que ficava às margens do rio Tapajós, um dos afluentes do Amazonas, e era uma das principais cidades da febre garimpeira que se iniciara no final dos anos 1970. Formada por algumas poucas casas no entorno de uma pista de pouso (a única ligação com o resto do mundo), a localidade era uma espécie de Velho Oeste amazônico, onde as desavenças se resolviam à bala — ou então simplesmente atirando-se o inimigo de um teco-teco, em pleno voo, para a morte no meio da selva.

Ali quem mandava era Benedito Vieira da Silva, o Ditão, um negro alto que viera da Bahia a bordo de um projeto de colonização de uma empresa privada. Ele construíra a pista de pouso de terra batida e passara a abastecer o lugar com uma ampla gama de "víveres", de comida a refrigerante e mulheres. Com o cartaz de ser filho de quem era, Eike rapidamente se entendeu com o dono do pedaço, a quem pagava uma comissão pelas vendas que fazia. O beneplácito de Ditão seria decisivo. Em pouco tempo, Eike e seus sócios formaram uma rede de cerca de sessenta fornecedores garimpeiros, que o chamavam de "O Louro".

O arranjo, porém, não significava que pudesse prescindir de capangas, que logo provariam seu valor. O próprio Eike relatou o episódio à *Canadian Business*, em 1999: "Eu às vezes adiantava dinheiro para os garimpeiros comprarem mantimentos, e eles me pagavam em ouro. Mas tinha um que já não me pagava havia muitos meses. Peguei um avião, fui até lá e perguntei: 'Quando você vai me pagar?'. Cometi o erro de chamá-lo de filho da puta. Eu me virei e, quando estava a vinte metros de distância, ele atirou nas minhas costas. Meus dois capangas atiraram de volta e ele morreu. Foi sepultado no final da pista de pouso. Sem registro de ocorrência, nada".[3]

Aos poucos, a pujança do ouro foi agregando estrutura ao pequeno negócio. Depois de um tempo encarando os voos de carreira, Eike e os sócios conseguiram comprar o próprio aviãozinho. Faziam-se várias viagens por semana e colocavam-se no caixa da Autram, todo dia, mais de 10 mil dólares.

Boa parte do ouro era entregue a profissionais do ramo, para que fosse transformado em lingotes, e eventualmente saía em voos da Varig para a Suíça, onde Chillé o recebia. Eles eram uma pequena peça na enorme engrenagem em que se transformara o comércio de ouro. Pessoas que tomaram conhecimento dos números naquela época estimam que a Autram tenha vendido, em pouco mais de quatro anos, duas toneladas de ouro, arrecadando cerca de 84 milhões de dólares. Assim, em 1981 Eike já tinha mais dinheiro do que o pai.

Apesar de ter tomado o cuidado de conseguir os tais alvarás para compra e venda de ouro, a Autram não declarava tudo à Receita Federal, como quase todo mundo nesse ramo. Um dia, porém, um funcionário foi flagrado no aeroporto do Galeão trazendo mais ouro do que atestavam as notas. Em pouco tempo, descobriu-se para quem ele trabalhava. Aí surgiu um impasse. Afinal, era a empresa dos filhos de Eliezer Batista, o presidente da Vale do Rio Doce, o que resultaria num problemão caso alguém ficasse sabendo. Vivia-se a ditadura, de forma que logo a situação foi abafada. Mas não sem que os irmãos e os sócios fossem todos parar na sala de "Papi" para tomar uma bronca homérica, com direito a mais gritos, socos na mesa e muitos "idiotas" proferidos em sequência.

Eike, porém, não se fez de rogado. A culpa, disse ao pai, não era dele, mas sim do irmão, Werner, que não preenchera as notas de forma correta. Apesar da ira de Eliezer, os irmãos Batista seriam poupados de consequências mais graves.

Em dois anos levando e trazendo ouro da Amazônia, Eike e os sócios já tinham amealhado 6 milhões de dólares,[4] mas alguns fatores começaram a diminuir a lucratividade do negócio. A concorrência entre os traders aumentara muito. Além disso, a disseminação do contrabando, assim como o surgimento do fenômeno de Serra Pelada, que então já reunia mais de 30 mil garimpeiros, fizera o governo dar exclusividade no comércio de ouro à Caixa Econômica Federal nas principais reservas, pagando pelo metal um preço calculado pelo valor do dólar no black. Naquele cenário, só valeria a pena continuar se os retornos se mantivessem altos. O empresário, então, decidiu apostar ainda mais alto. Se os garimpeiros podiam tirar tanto ouro da lama na marretada, o que não se conseguiria com maquinário apropriado? Ele observara a maneira como a Paranapanema, a maior mineradora privada do Brasil na época, retirava o estanho de suas ricas minas na região e decidiu fazer mais ou menos o mesmo na Novo Planeta, em Alta Floresta.

A região onde Eike buscava ouro fora comprada, no passado, por uma empresa privada, a Indeco, que vivia em conflito com os garimpeiros.[5] Diversas tentativas de expulsá-los dali, com a ajuda da polícia, haviam terminado em sangue. Os donos das terras estavam, portanto, dispostos a vendê-las por qualquer preço. Eike então adquiriu o garimpo de Ditão, uma área de 350 mil hectares, por 200 mil dólares, e levou também o cargueiro militar antigo que o chefe do garimpo usava para abastecer o local. Sua função agora seria ajudar Eike a montar sua lavra mecanizada de ouro. Não era uma operação fácil, pois impunha que se desmontassem as máquinas, se colocassem todas as peças no avião e depois se remontasse tudo de novo no local. Sem falar nos riscos de invasão por garimpeiros, precariamente sanados com a instalação de um posto policial no entorno da mina. Sobre essa época, Eike diria, no futuro, que torrara o dinheiro, mas conseguira colocar a mina de pé. Diria também que, uma vez em operação, ela dera lucro de 1 milhão de dólares por mês.[6] A história, todavia, foi bem diferente, segundo relatos de pessoas que conviveram com ele naquela época. Em poucos meses, quase todo o dinheiro havia sido enterrado na lama e nenhum grama de ouro fora produzido. Eike acumulava dívidas e não tinha dinheiro para pagá-las.

Como vaticinara seu pai, estava quebrado. Mas foi o próprio Eliezer quem o ajudou a sair do buraco, ao procurar o amigo Octávio Lacombe, dono da Paranapanema, e lhe pedir que adquirisse a mina do filho. A relação dos dois era antiga, dos tempos em que Lacombe, ainda empreiteiro, prestara serviços à Vale. Lacombe tinha mesmo equipamentos abandonados naquela região, depois que conflitos com garimpeiros inviabilizaram a exploração de uma mina. Além disso, um pedido de Eliezer não se negava, pensou ele — um homem com seus 56 anos, alto e corpulento, cuja marca registrada era o vozeirão de forte sotaque paulistano.

Lacombe, contudo, não chegara aonde chegara sendo gentil com os aventureiros do mundo da mineração. E logo na primeira reunião de negócios, na avenida Paulista, imprimiu seu estilo às negociações, deixando claro a Eike que não estava ali para ser empulhado. "O.k., vamos fazer negócios. Só não venham me foder!", disse o magnata, demorando-se na pronúncia do erre.

Naquele mesmo ano de 1982, a Paranapanema compraria a mina Novo Planeta, num arranjo em que Eike ficaria com uma participação minoritária. Ele saiu do negócio com 1 milhão de dólares, que usou para saldar as dívidas. De quebra, ganhou a chance de acompanhar, de dentro, o funcionamento de uma grande mineradora. A Paranapanema ainda gastou mais 20 milhões de dólares em pesquisa e na implantação da mina,[7] que chegaria a produzir de oitenta a cem quilos de ouro por mês — mas sem nunca dar lucro.

Quando Lacombe tomou conta da exploração, percebeu o quanto Eike perdera ali. Até então, "Papi" ainda não se dera conta da dimensão que o negócio dos filhos tomara. Mas Lacombe, amigo fiel que era, se sentiu na obrigação de contar a Eliezer o que encontrara e o que mais sabia sobre a atuação dos irmãos Batista e seus sócios nos anos anteriores. Ao tomar ciência do que se passara na Amazônia enquanto ele próprio tentara expulsar uma legião de garimpeiros de Serra Pelada, Eliezer mais uma vez ficou irado. "Vocês estão malucos! O que vocês pensam que estavam fazendo? São débeis mentais ou o quê?"

Mais uma vez, o pai disse a Eike que lhe daria o diploma de idiota.

Eike e Eliezer tinham uma relação delicada. Apesar da admiração quase reverencial, o filho carregaria para a vida adulta uma mal disfarçada mágoa pela ausência em sua infância e adolescência. E não seria raro que a expressasse em público, ainda que sob a forma de piada carinhosa.

Quando lhe perguntavam sobre a influência de Eliezer em sua formação, fazia questão de registrar que seus valores haviam sido forjados pela mãe, Jutta. Ela tinha educação refinada, mas modos simples e despojados. Sua família fora muito rica durante o nazismo. O pai, Eduard Karl Gustav Fuhrken, um graduado funcionário de banco estatal, havia sido major da reserva do Exército regular alemão durante o regime. Embora o pai discordasse dos métodos sanguinários de Hitler, Jutta fora criada nos valores da juventude nazista, sob o império da disciplina e da obsessão com educação. Ela dizia aos filhos que, quando nova, no pós-guerra, uma noite dormiu rica e acordou no dia seguinte sem ter o que comer. Por isso, dedicava-se muito à filantropia, hábito que Eike também sempre cultivou — de início, muito discretamente, e depois, nos tempos de glória, com espalhafato.

Além da rígida educação germânica, "Mutti" ("mãe", em alemão), como os filhos a chamavam, impôs-lhes uma meta ambiciosa: todos tinham de ser melhores do que o pai.[8] Em nenhum dos outros membros da prole, contudo, essa "obrigação" calaria mais fundo do que em Eike. Ao longo da vida, ele seguiria a seu modo os passos do patriarca, buscando sempre ser mais realizador, mais célebre, mais visionário, mais genial. Queria superá-lo e descolar-se dele. Ainda assim, ancorava-se em sua imagem e em seu prestígio sempre que necessário.

Eliezer Batista era, na década de 1980, possivelmente o executivo mais ilustre e respeitado do Brasil, reconhecido como o artífice da transformação da Companhia Vale do Rio Doce de estatal esquálida e irrelevante em uma potência capaz de determinar o preço mundial do minério de ferro, graças a iniciativas como a construção do porto de Tubarão, no litoral do Espírito Santo, e a abertura de um profícuo canal de comércio com o Japão e com a Europa.

O salto tivera origem ainda na década de 1960. Começou a tomar forma em 1961, quando Eliezer assumiu a presidência da companhia e fechou, com um consórcio de siderúrgicas japonesas, um contrato para fornecer 5 milhões de toneladas de minério de ferro por ano, durante vinte anos.[9] Para que o acordo desse lucro, porém, era preciso reduzir brutalmente o preço do frete — o que só poderia ser alcançado se os navios utilizados pudessem carregar ao menos 120 mil toneladas de minério. Para fechar tal equação financeira, concluiu-se, as embarcações teriam de sair do país carregadas de minério e voltar com petróleo do golfo Pérsico. O plano era engenhoso, mas trazia um problema: esses navios não existiam. O maior graneleiro do mundo transportava, na época, 35 mil toneladas. Também não existia, é claro, um porto capaz de receber tais embarcações.

Enquanto arregimentava fornecedores para construir os navios, Eliezer começou a preparar o projeto do porto de Tubarão, em Vitória, onde a Vale já tinha um terminal menor. Em 1962, alçado a ministro de Minas e Energia do governo João Goulart, deu ao empreendimento o impulso que faltava. Teve a ajuda fundamental do colega da Fazenda, San Tiago Dantas, que mandou imprimir moeda para financiar o porto e baixou normas cambiais que favoreciam a exportação de minério. Com o suporte estatal, Eliezer fez sair do papel o que antes parecera uma miragem — e se tornou um dos homens mais influentes do Brasil durante o governo João Goulart.

Em 1963, Eliezer deixou o governo para voltar à Vale e, quando veio o golpe, foi um dos primeiros a ser afastado pela ditadura militar, em 1964, mesmo nunca tendo professado qualquer ideologia que não a da fé no minério. Os militares, porém, achavam que, como uma das sete línguas que falava era o russo, ele tinha vínculos com o comunismo. Alijado da empresa, foi se abrigar na Caemi, que naquele período era a maior mineradora privada do Brasil, dirigida pelo amigo Augusto Trajano de Azevedo Antunes. Ali, repetiu o percurso feito na antiga companhia, idealizando um novo porto e perseguindo clientes na Europa e no Japão.

Só em 1968, diante da evidência de que Eliezer não tinha qualquer ligação com comunistas e sim com rematados capitalistas, os militares decidiriam reabilitá-lo. A Vale enfrentava dificuldades para alargar seu mercado consumidor, e seu ex-presidente, que começara aquela jornada, parecia ser o único capaz de continuá-la. Convidado pelo então presidente da empresa, Antônio Dias Leite

Júnior, que no ano seguinte se tornaria ministro de Minas e Energia, Eliezer se tornou diretor de uma recém-criada subsidiária europeia da Vale, razão pela qual foi morar na Europa.

Eike era então um menino de doze anos, risonho, gordinho e tímido. Ao longo da década, a família Batista residiria em Düsseldorf, na Alemanha; em Genebra, na Suíça; e em Bruxelas, na Bélgica. Até que, em 1977, Eliezer foi chamado de volta pelo regime para conduzir a implantação da mina de Carajás — outra iniciativa épica, que tornaria a Vale ainda mais poderosa.

Quando Eike estreou nos negócios no Brasil, portanto, Eliezer era uma figura pública de imenso prestígio. Até então, o sucesso de seu filho no comércio de ouro não chamara muito a atenção. As iniciativas na mineração, sim.

No Rio de Janeiro, passara a circular o boato de que Eliezer havia franqueado a Eike um mapa com as minas que a Vale descartara, para que o filho as explorasse — especulação que nunca seria provada e que deverá passar à história de ambos como lenda. Mas o boato certamente teve origem no fato de os negócios de Eike, naquela época, sempre terem algum elo com o pai. Algumas das pessoas que conviveram com ele nesse período se lembram, ainda hoje, de vê-lo levar, debaixo do braço, um tubo de papelão em que sugeria haver informações estratégicas sobre o subsolo brasileiro. Para um jovem cheio de audácia, e com relativamente pouco capital para um negócio tão ambicioso, a boataria era até interessante.

Depois de se tornar um empresário bem-sucedido, contudo, Eike passaria a rejeitar com veemência qualquer insinuação a esse respeito, argumentando que, em toda a sua carreira, o pai nunca permitira que ele se aproximasse da Vale. Verdade. Eliezer exigia que Eike conduzisse seus negócios bem longe de sua seara. Mas nunca hesitou em ajudá-lo sempre que possível — principalmente naquele início turbulento.

Seus contatos seriam mais uma vez úteis a Eike depois que este passou adiante a mina Novo Planeta e começou a pensar em uma nova iniciativa. O patriarca então procurou o amigo Dias Leite, ex-ministro de Minas e Energia que o trouxera de volta à Vale, e Olavo Monteiro de Carvalho, jovem dono de um dos maiores grupos empresariais do Brasil na época, o Monteiro Aranha, em que Eliezer era conselheiro. E sugeriu que Olavo e o filho de Dias Leite, o Toninho, um profissional já conceituado no mercado financeiro, se associassem ao seu filho.

Ambos aceitaram a ideia de bom grado. Em 1982, os três jovens se uniram na Companhia de Mineração e Participações (CMP) e começaram a explorar uma mina na região do rio Parauari, onde Eike obtivera direito de lavra. Ele dizia que a mina era rica e que bastava ter paciência — mas nada dava certo. Eram sabotados pela precariedade do acesso e pela absoluta falta de mão de obra para operar os equipamentos. O maquinário não funcionava como esperado e, em menos de um ano, o dinheiro para a implantação da mina estava prestes a acabar sem que se tivesse conseguido produzir nem sequer um grama de ouro.

Era difícil e caro separar o ouro da lama que corria com as águas do rio, e a produção não pagava os custos. A logística era uma permanente dor de cabeça — e mais uma vez milhões de dólares seriam desperdiçados sem que a mina começasse a produzir. O dinheiro do trio minguava. Era preciso encontrar uma solução de emergência para evitar que perdessem tudo. Foi Eliezer, mais uma vez, quem a descobriu — dessa vez, no Japão.

Sua aliança comercial com o país resultara numa sólida amizade com John Aoki, um dos maiores empresários japoneses, dono de um conglomerado que incluía empreiteiras, empreendimentos imobiliários e hotéis em várias partes do mundo. Assim como muitos homens de negócios do Japão, Aoki fora beneficiado pela chegada do minério da Vale, que ajudou a reativar a economia nacional num período em que o país ainda se refazia do estrago provocado pela Segunda Guerra Mundial.

Aoki e Eliezer haviam convivido muito naquela época e se tornado grandes amigos. Portanto, quando o brasileiro disse que o filho precisava de financiamento extra para colocar uma mina em produção, o japonês se dispôs a recebê-lo e a avaliar o que o rapaz tinha em mãos. Naquele ano, os jovens Dias Leite, Monteiro de Carvalho e Batista foram duas vezes ao Japão expor à equipe de Aoki os balanços da CMP e o projeto da planta. Depois de examinar tudo, ele se declarou disposto a ajudar. "Agora só falta uma coisa", disse. "Mandar o Uri Geller ao Brasil para saber se as reservas são mesmo boas."

Uri Geller? O trio de empresários ficou intrigado. O israelense Geller era, nos anos 1980, uma estrela dos fenômenos paranormais. Bonitão, carismático e muito bem relacionado, estava sempre na televisão entortando garfos e colheres e movimentando carros com seu "dom" magnético. O que os brasileiros não sabiam — e de resto muito pouca gente, naquele tempo — era que o sensitivo ganhava um dinheirão prestando serviços a governos e empresas em caráter confidencial. Já se pendurara num helicóptero, contratado pelo governo mexicano, para rastrear o mar em busca de reservas petrolíferas, e afirmava ter trabalhado para a inteligência russa apagando fitas cassete. Fazia tantos trabalhos para o grupo de Aoki que se tornara não só amigo íntimo dele, mas também sócio em alguns empreendimentos. Não havia hipótese de o magnata fechar um investimento em mineração sem saber o que Geller "sentia" a respeito.

Em 1976, o paranormal — numa aparição de grande repercussão — estivera no Brasil entortando facas e garfos em rede nacional de TV. Na segunda vez, sua presença seria mais discreta. Ainda assim, quando desembarcou no Brasil, em agosto de 1983, hospedando-se no Caesar Park de Ipanema,[10] da rede de Aoki, o pop star sensitivo atraiu para o hotel diversas personalidades e famosos da época, curiosos para conhecê-lo. Os cicerones Olavo, Toninho e Eike também estavam interessadíssimos em checar a eficácia dos poderes de Geller. Antes mesmo de o paranormal começar a conferir os locais onde a CMP tinha suas minas, tiveram um aperitivo, num jantar com algumas damas da sociedade carioca. Além de entortar alguns garfos, seu número de praxe, Geller deu outra prova de seus dons. Pediu que todos fizessem, escondidos dele, um desenho qualquer. Depois reproduziu, um a um, de olhos fechados, nove dos dez desenhos, deixando a todos bestificados com a perfeição das cópias. Só não se dedicou ao décimo porque o considerou ridículo e muito infantil. "A senhora ficaria constrangida", afirmou, elegante.

E como se já não fossem poucas as demonstrações, Geller ainda deu um pequeno show no elevador. Disse que poderia fazer o ascensor parar, e em seguida o equipamento travou, parecendo ter sofrido uma pane momentânea. Geller pediu desculpas. "Isso é comum acontecer quando estou dentro." Concentrou-se e disse que estava fazendo uma mentalização. Logo o aparelho voltou a funcionar. Foi o suficiente para que todos se convencessem de que ele fizera, de fato, o elevador brecar.

Nos dias seguintes, durante o sobrevoo à região de Parauari, houve mais exemplos de que Geller não estava de brincadeira. Eike e os sócios fretaram dois jatos para levá-lo à floresta, onde buscaria verificar se o potencial aurífero da área em análise justificava o investimento. As aeronaves pousaram em Manaus para reabastecer e, enquanto todos aguardavam, um dos comandantes manifestou curiosidade e ceticismo sobre os poderes de Geller. O paranormal, que não perdia oportunidade de se exibir, propôs um desafio ao piloto. "O senhor conhece esse avião mais do que qualquer pessoa. Vá lá e esconda um objeto metálico, que eu o encontro." O comandante então escondeu sua aliança num canto da aeronave. Geller entrou lá sozinho e, em instantes, trouxe o anel, ainda que um pouco torto. Surpresa maior seria constatar que o avião não ligou na hora de dar a partida. A bateria se exaurira sem razão aparente. Geller se desculpou. Talvez a causa tivesse sido ele, enquanto esquadrinhava o veículo.

Uma vez na região da mina, Geller saiu em busca de evidências de ouro. Andou pelo local e pediu que todos os geólogos se reunissem em uma sala, diante de um grande mapa das áreas de Parauari. Enquanto olhava para a carta, mexia com as mãos um punhado de ouro e apontava os locais onde achava que o metal estaria.

Depois de um tour de três dias, finalmente recomendou a Aoki que fizesse o investimento. Pelo menos daquela vez, contudo, os dons extraordinários de Geller não evitaram que o amigo tivesse prejuízo, pois o dinheiro do japonês seria consumido sem que se tivesse retorno algum — até que os sócios decidiram suspender os trabalhos em Parauari.

Foi aí que Eike surgiu com uma nova área promissora: a mina Novo Astro, no Amapá, de que ouvira falar nas conversas com o pessoal da Paranapanema. O local era um dos que a grande mineradora considerava explorar, mas ele correu na frente e conquistou o direito de lavra — atitude que lhe rendeu a antipatia eterna do velho Lacombe, que, doravante, sempre se referiria a ele com impropérios. Se sabia o que o ex-sócio dizia a seu respeito, Eike nunca revelou. Pelo contrário. Sempre manifestou simpatia e admiração por Lacombe, que lhe dera o empurrão de que precisava para sua carreira empresarial deslanchar.

A Novo Astro ficava, literalmente, no meio do nada, quase na fronteira com a Guiana Francesa. Para chegar lá, fazia-se um voo comercial de quatro horas do Rio até Macapá, com escala em Belém, e depois se tomava um teco-teco — que percorria longos quarenta minutos, às cegas, sobre a floresta sem fim, confiando apenas na voz de um controlador que dava orientações pelo rádio. Pousava-se numa pista estreitíssima de terra batida, quase imperceptível quando se olhava de muito alto. Os operários moravam num galpão precário, em esquema de acampamento, e, assim como os gerentes e engenheiros, rezavam para sair logo daquele buraco.

Dessa vez, porém, o esforço seria recompensado. A mina era muito rica e os sócios conseguiram evitar os erros das iniciativas anteriores. Logo começou a dar ouro. Por lealdade e gratidão, convidaram Aoki para ser sócio e assim recuperar o dinheiro perdido. A Novo Astro passou a produzir em 1984 e se tornou o primeiro sucesso de Eike na mineração.

Em paralelo à sociedade com Toninho Dias Leite e Olavo Monteiro de Carvalho, Eike continuara tocando sua antiga empresa de ouro, a Autram Aureum, transformada de trading em companhia de mineração. Era uma firma pequena, resumia-se a uma sala com três mesas de escritório, mas possuía uma extensa lista de direitos de lavra em áreas na Amazônia, que, segundo o próprio Eike, somavam mais de 8 milhões de hectares.

Enquanto negociava ouro na região, ele comprara os direitos de outros mineradores e protocolara inúmeros pedidos no Departamento Nacional de Produção Mineral (DNPM). Na época, com imensos trechos do território brasileiro ainda por explorar, obter essas autorizações era bastante simples. Bastava pôr um portador na fila do DNPM com os formulários preenchidos e esperar para ter as licenças concedidas.

Em 1983, ao mesmo tempo que enfrentava seu segundo fracasso na mina de Parauari, Eike se uniu a um banqueiro conhecido então apenas como Bill — um funcionário da área de investimentos do banco inglês Hill Samuel que prestava assessoria financeira à Vale —, com o objetivo de encontrar investidores para a Autram. Por sugestão do banqueiro, contratou uma consultoria, a Watts Griffis and McOuat Ltd., que, usando imagens de satélite, fez um extenso relatório sobre o potencial aurífero da Amazônia. Com o documento nas mãos, Bill foi buscar interessados em Toronto, a meca dos investidores de alto risco em mineração.

Um dos primeiros a quem ofereceu a oportunidade de investir no Brasil foi Nigel Lees, que amealhara algum dinheiro trabalhando em bancos e consultorias financeiras. Lees aceitou vir ao país com alguns parceiros para conhecer o filho de Eliezer Batista. O presidente da Vale era uma referência para aqueles estrangeiros, e foi com ele que o grupo de investidores canadenses se reuniu antes de partir para conhecer as terras do "Indiana Jones". Sentados ao redor de uma mesa — no mesmo Caesar Park onde Geller impressionara as celebridades —, ouviram Eliezer discorrer sobre as vantagens de apostar no Brasil.

Escolados pelos conflitos travados na África e em outros locais inóspitos por causa de recursos naturais, eles questionaram o pai de Eike sobre o risco de tumultos semelhantes no país. Com seu jeito bem-humorado, Eliezer olhou pela janela, apontou para o mar e disse que não havia possibilidade de algo semelhante ocorrer no Brasil. "Os brasileiros só querem saber de ir à praia."

Eike também foi bastante convincente. Em sua primeira conversa com os canadenses, repetiu o discurso que ele e Fernando Cabral, o advogado que viria a se tornar seu sócio, haviam ensaiado sobre sua breve trajetória empreendedora. Começava sempre com "Eu sou engenheiro metalúrgico". Era a deixa para Eike explicar por que lhe ocorrera implantar uma lavra mecanizada de ouro, agregando tecnologia à exploração, enquanto convivia com os garimpeiros na selva. A autoria da ideia era genuína, mas diploma, mesmo, ele até então só tinha aquele conferido pelo pai. Ainda assim, durante muitos anos continuou se apresentando como bacharel pela Universidade de Aachen. Só bem mais tarde, quando já era uma celebridade global, mudaria a versão e assumiria não ter terminado o curso.

Títulos, contudo, importavam muito pouco para Lees e os dois parceiros canadenses, que afinal decidiram colocar dinheiro na Autram Aureum. Queriam ver o ouro. O trio, que os sócios brasileiros de Eike chamavam de "os russinhos", ficou muito bem impressionado com o faro daquele rapaz de apenas 27 anos, que tinha — como ele mesmo dizia — tantos "pedaços da Amazônia", falava várias línguas e possuía um carisma fora do comum. Visitando as áreas com Eike, também se surpreenderam positivamente com o fato de que, na floresta, os telefones funcionavam e os aviões chegavam e saíam sem qualquer problema.

Rapidamente, no mesmo ano de 1983, Eike e os canadenses formaram uma sociedade com vistas a explorar algumas minas no Brasil. Dois anos depois, transformaram a sociedade e seus direitos de lavra numa mineradora júnior, com a ideia de oferecer ações na bolsa de Toronto. Os canadenses já tinham uma empresa, a Treasure Valley Corporation, que fora listada, mas se encontrava inativa. Na parceria estabelecida, Eike entrava com as áreas, e os canadenses, com o dinheiro. Pelo acordo, os "russinhos" colocariam 10 milhões de dólares na empresa e ficariam com 70% do capital. Eike deteria os outros 30% — seus sócios brasileiros preferiram não integrar a empreitada, mantendo apenas a participação na mina Novo Astro — e, se tudo desse certo, receberia ainda uma parte dos dividendos das minas.

Para a captação de recursos na bolsa de Toronto, deu-se nova roupagem à Treasure Valley, acrescendo a seu nome um X, de Exploration, recurso razoavelmente comum em companhias do ramo. Anos depois, quando o negócio começasse a dar muito certo, Eike incorporaria o X a todas as suas empresas, e passaria a dizer que a letra lhe dava sorte, por ser o sinal de multiplicação.

Mas a primeira oferta de ações da TVX, formada em 1986, foi um fracasso, dada a absoluta falta de interesse dos investidores. Durante dois anos, ainda, a mineradora tentaria desenvolver as áreas de Eike, também sem sucesso. Nada disso, contudo, representou grande problema para a TVX, porque ele tinha um plano B.

Enquanto os canadenses montavam a operação na bolsa de Toronto, Eike descobria outra forma de capitalizar sua nova empresa. Por intermédio de um amigo de Fernando Cabral que trabalhava na Rio Tinto, ele soube que a multinacional então procurava um sócio brasileiro para uma de suas minas — uma reserva chamada Brasília, no município mineiro de Paracatu, a pouco mais de duzentos quilômetros do Distrito Federal. Naquela época, não havia restrição legal à presença de mineradoras internacionais naquele pedaço do território brasileiro, mas o assunto volta e meia se tornava objeto de debate — e companhias puramente estrangeiras não eram bem-vistas. Predominava o discurso nacionalista, que as via como usurpadoras da riqueza nacional.[11] Por isso, as multinacionais se calçavam recorrendo a um sócio local.

Os potenciais parceiros que a Rio Tinto avaliara, porém, estavam sempre querendo mandar demais na sociedade. Menos Eike e sua TVX. Ele foi o único a concordar em ser minoritário e se dispôs a colocar 30 milhões de dólares no negócio. Nos primeiros dias de 1986, ao final do prazo acertado, entretanto, só levantara 10 milhões, mas, como os parceiros não tinham outra opção, acabou ficando com os mesmos 49% da mina — que era de fato muito rica.

Com a Rio Tinto, Eike não só começou a capitalizar a TVX como percebeu que se associar a mineradoras experientes e com capacidade financeira para implantar as minas fora uma grande sacada. Ele, como minoritário, vivia no melhor dos mundos, pois não precisava correr o risco financeiro dos projetos; apenas participava das decisões e recebia os dividendos. A TVX contabilizava em seu balanço a fatia da produção e as receitas correspondentes à participação em cada mina. Dessa forma, em pouco tempo se converteria na maior empresa de ouro da América Latina sem produzir um grama do metal e tendo apenas cinco funcionários. Eike, contudo, queria sempre mais. E tanto buscou que encontrou a primeira grande tacada de sua carreira empresarial.

Num feriado de 1986, Eike Batista foi passar uns dias na estação de esqui de Portillo, no Chile, 164 quilômetros a nordeste de Santiago, quase na fronteira com a Argentina. Ele aprendera o esporte na Alemanha ainda criança e se tornara um esquiador habilidoso. Todo ano viajava para esquiar. Voltando de uma dessas temporadas, conheceu no avião o geólogo chileno Jozsef Ambrus, que dizia ter duas áreas sensacionais para a pesquisa de ouro.

Eike imediatamente gostou de Ambrus e o convidou para formar e administrar uma subsidiária da TVX no Chile. As tais áreas deram em nada, mas, em alguns meses, Ambrus traria a Eike uma nova ideia, que prometia ser ainda mais sensacional. Já fazia tempo que ele namorava a mina La Coipa, uma reserva de ouro e prata no deserto do Atacama, então operada pela Gold Fields South Africa, subsidiária da Anglo American, uma das maiores mineradoras do mundo. A empresa vinha pesquisando e minerando no local havia dez anos, mas não conseguia fazer a mina deslanchar, em parte devido a litígios com mais de quarenta proprietários de terra que, aproveitando-se de brechas da legislação chilena, se diziam os verdadeiros donos dos direitos de lavra. A Gold Fields calculara haver ali 1 milhão de onças de ouro, mas não conseguia vendê-la justamente por causa das ações judiciais. Ambrus achava que La Coipa deveria ser ainda muito mais rica. Pelas suas estimativas, uns 5 milhões de onças.

O mundo da mineração estava cheio de histórias de minas riquíssimas descobertas nos mesmos locais onde muitos já haviam procurado antes. Eike adorava esses relatos de triunfo e acreditava não só na decantada "sorte de geólogo", mas também na sua própria. Fazendo as contas, concluiu que, se La Coipa tivesse mesmo todo o ouro em que Ambrus apostava, os 30 milhões de dólares que a Gold Fields estaria disposta a aceitar pela mina eram uma pechincha. Claro, havia as disputas judiciais, mas esse era o tipo de problema que Eike saberia resolver. Afinal, enfrentara situações bem mais difíceis no garimpo.

O brasileiro, então, pôs na cabeça que a mina seria sua e arquitetou um plano: "comprar" a titularidade das ações de todos os litigantes, tornando-se o único a disputar com a Gold Fields a posse de La Coipa. Com todos os papéis nas mãos, faria à mineradora uma proposta de compra. Em poucos dias, ele desembarcou no Chile. Num restaurante de Santiago, encontrou com um pequeno minerador conhecido como El Chino Kong. Baixinho, atarracado e um tanto rude, El Chino se dizia o primeiro dono dos direitos de La Coipa. Todos os outros, afirmava, haviam chegado depois. Como prova de sua boa-fé, Eike deu ao homem, na hora, 500 mil dólares. Prometeu, ainda, entregar mais alguns milhões adiante. E se convenceu de que seria mais fácil do que previra.

Seus sócios na TVX e no Brasil discordavam de tudo isso. Achavam que o parceiro cometia uma grande maluquice. "Eike estava comprando de um desconhecido o direito de brigar pelos royalties de uma mina com a qual ele não tinha nada a ver, só porque Ambrus dizia, sem qualquer base concreta, que havia ali 5 milhões de toneladas de ouro", conta um deles. Por seu alto grau de risco e pela informalidade dos acordos, esse era um tipo de negociação que a TVX, sendo uma empresa com ações em bolsa, com regras de governança a cumprir, não podia fazer.

Os canadenses, portanto, se recusaram a embarcar na aventura, mas autorizaram Eike a seguir sozinho, sem a TVX. Se ele conseguisse de fato acabar com as disputas judiciais, a companhia entraria no negócio. Para ajudá-lo em seu plano, o empresário trouxe para a sociedade um parceiro de Ambrus, o vendedor de carros usados Roberto Hagemann, encarregado de fechar os outros acordos.

Enquanto Hagemann percorria o Chile negociando com os litigantes, Eike procurou a Gold Fields. Em outubro de 1987, conseguiu da empresa um compromisso formal. Se o brasileiro lhes apresentasse até dezembro a prova de que conseguira extinguir todas as ações judiciais relativas a La Coipa, a Gold Fields lhe venderia a mina por 45 milhões de dólares.

Ao longo de meses, Hagemann destrinchou o Atacama negociando a compra da titularidade nos processos judiciais e anulando os litígios um a um. Determinado, fazia o que fosse preciso para desatar os nós que os separavam de comprar a mina. E colecionou histórias que transformaram a aquisição de La Coipa numa experiência única na vida de todos. Como, por exemplo, o dia em que Eike doou 100 mil dólares para obras sociais de um padre bastante conhecido em Santiago.[12] Ou então a ocasião em que Hagemann saiu correndo pela estrada, no meio da noite, entre cidades minúsculas do interior do Chile, em busca de um casaco de vison. A peça era a última condição imposta por uma viúva que, depois de muito papo, concordara em repassar sua ação judicial para Eike. E faltavam poucos dias para expirar o prazo que a Gold Fields lhe dera. Hagemann não podia perder a oportunidade. Depois de horas rodando na estrada, achou, numa cidadezinha quilômetros adiante, uma vitrine com um casaco como o que a senhora queria. Era tarde da noite, mas ele tirou a comerciante da cama, comprou a peça e fechou o acerto com a posseira exigente.

Os dias que antecederam o acordo com a Gold Fields foram tensos, com os últimos proprietários pedindo sempre algo a mais na hora de fechar definitivamente o negócio, e com os advogados da mineradora tentando arrumar formas de melar tudo e se beneficiar eles mesmos do fim das ações judiciais. As cópias de todos os documentos necessários para sacramentar a compra chegaram às mãos da Gold Fields no último momento, depois de todos no entorno de Eike temerem pelo pior. Se o prazo passasse, a mineradora não teria mais qualquer compromisso de lhe vender La Coipa — e ele estaria na terrível situação de ter liquidado com todos os processos, gastando mais de 15 milhões de dólares do próprio bolso, para nada.

Mas Eike assistira a tudo impassível — nas palavras de uma testemunha, "como se estivesse na bolha", parecendo muito seguro de que daria certo. Apostou todas as fichas. E, daquele lance, saiu vencedor.

Em dezembro de 1987, Eike e a TVX compraram La Coipa por 30 milhões de dólares. Em seguida, associaram-se à canadense Placer Dome, a operadora experiente que ficou com 50% do negócio e com a responsabilidade de pôr a mina para produzir.[13] Ao final, a reserva chilena comprovaria ser melhor do que todos os prognósticos. O ouro não era tão abundante, mas La Coipa logo estaria produzindo quinze toneladas anuais de prata. A mais rica mina de prata da América Latina — um negócio, enfim, "à prova de idiota", na expressão que Eike cunhou na época, talvez em resposta à antiga provocação do pai. Com La Coipa, a TVX se transformou na sensação da bolsa de Toronto. E Eike, o "Indiana Jones brasileiro", numa espécie de pop star da Bay Street.

No final da década de 1980, com pouco mais de trinta anos, Eike Batista já era milionário. Passara a morar com uma jovem e linda modelo, Maria Cláudia Santos, mas a união duraria poucos anos. Ele estava sempre viajando. Quase todo o seu tempo era dedicado ao trabalho. Quando não estava lidando com os assuntos da TVX, estava apostando em ações — atividade que praticava com prazer. Nem nos momentos de lazer desgrudava do telefone, dando ordens de compra e venda aos corretores. Tinha fama de ser muito bom no mercado de futuros e gostava especialmente dos contratos de opções, um instrumento financeiro ligado às expectativas de preço de determinado papel. Anotava em detalhes tais movimentações, assim como vários outros pormenores de sua vida financeira, num caderno grande de capa preta, que mantinha sempre ao alcance. No entanto, apesar do sucesso nos negócios, era praticamente um desconhecido no Brasil. Na convivência com amigos e sócios, deixava escapar aqui e ali comentários e gestos que sugeriam certo ressentimento por não ter a mesma notoriedade que o pai.

Em décadas de carreira, Eliezer nunca se fizera tão rico como o filho. Mas era reconhecido e respeitado por feitos que mudaram os traços da economia brasileira. Realizações que haviam sido fruto de projetos grandiosos, pelos quais fora chamado de maluco. Eliezer, porém, tinha por trás de si o aval e os cofres estatais. Quando os projetos viraram realidade, o louco passou a ser chamado de visionário. Estava aí um aposto que nem todo o dinheiro do mundo podia comprar — e era justamente esse que Eike mais sonhava em agregar ao seu nome.

A experiência de Eliezer serviu de herança ao filho. Na Vale, "Papi" elaborara conceitos que Eike, mais tarde, aproveitaria em suas iniciativas. O mais importante era o que o patriarca chamava de concepção sistêmico-holística, segundo a qual a exploração de uma mina só fazia sentido econômico se tivesse um sistema de apoio logístico eficiente, que englobasse ferrovia, porto, navio e mercado consumidor. Uma mina, dizia Eliezer, nada mais é do que um empreendimento logístico, já que o minério nada vale sem uma maneira economicamente viável de chegar ao destino final.[14] Quanto mais se agregassem infraestrutura e logística à mina, maiores seriam os ganhos com o negócio.

Anos depois, Eike recauchutaria esse conceito e lhe daria o nome de "visão 360 graus". Alguns de seus empreendimentos futuros guardariam incrível semelhança com os executados pelo pai em termos de ambição, complexidade e gigantismo. Só não seriam parecidos nos resultados.

3. De volta ao jogo

Eike Batista entrou em sua sala sem cumprimentar as pessoas pelo caminho e fechou a porta. Nem sequer tirou os óculos escuros. Ficou lá, sentado, parado. Por um tempo, ninguém ousou incomodá-lo. Todos sabiam a razão do mau humor. Não se atreveriam a tocar no assunto — a não ser que ele o fizesse.

Em condições normais de temperatura e pressão, o chefe costumava chegar ao meio-dia, depois da malhação na academia de casa ou de uma corrida ao redor da Lagoa. Desde que fora ejetado da cadeira de chairman da TVX, porém, o mais comum era não sair para correr e nem aparecer no trabalho. Ninguém sabia exatamente o que fazia quando ausente, mas não restava dúvida de que estava deprimido. Os poucos que, por necessidade, batiam na porta — para levar-lhe um papel ou perguntar sobre alguma coisa — ouviam o mesmo lamento. "O mercado pune. O mercado pune. O ouro caiu, eu me dei mal."

As cotações do metal de fato estavam em queda. Em 2001, quando a TVX foi à lona, o valor médio do ouro tombara a níveis só registrados no final dos anos 1970.[1] Mas bastava uma passeada pelos gráficos das empresas do ramo em um terminal da Bloomberg para constatar que a maior parte das concorrentes estava lá, sobrevivendo. Nem todo mundo quebrara porque o ouro caíra. Para Eike, no entanto, a culpa de seu fracasso estava do lado de fora — em seus executivos, no excesso de confiança dos geólogos, nos políticos dos países onde seus projetos naufragaram.

Mesmo os poucos erros que admitia ter cometido estavam de alguma forma relacionados a algo fora de seu controle. Reconhecia que nunca deveria ter se aventurado em países onde era um completo estranho, subestimando as idiossincrasias políticas locais. Uma de suas tiradas preferidas, ao relatar o que se passara na TVX, era a frase que teria ouvido de um ministro grego, ao reclamar dos problemas que enfrentava para obter autorizações: "Você não sabe que nunca pode confiar em um grego?". Tratava-se de uma tremenda simplificação dos percalços vividos na Grécia, mas dava uma boa mostra de como Eike processava os acontecimentos. Outro equívoco, ele admitia, era ter deixado que as sucessivas associações com outras empresas tivessem reduzido sua participação a algo entre 11% e 14% da TVX, o que limitara seu poder. Se possuísse mais de 50% das ações, não teria sido expulso da direção e poderia resolver a situação.

Só não havia mágoa ou rancor com relação a Sean Harvey, justamente o homem que o pusera para fora do conselho — uma atitude que deixava revoltados os assessores mais próximos. "Ele não é um traidor. É meu sucessor", dizia.

No Brasil, os negócios que Eike criara em surtos escapistas — enquanto a TVX se afundava em problemas — tampouco iam bem. A JPX, fabricante de jipes que cometera um erro operacional atrás do outro, estava à beira da falência. A Clarity, de cosméticos, agonizava à espera de um incauto que a comprasse. Só as duas acumulavam um rombo de mais de 100 milhões de reais, e continuariam rendendo processos de clientes e franqueados muitos anos depois de vendidas.

A Geoplan — aquela companhia de água que Eike imaginara ser possível vender a investidores canadenses em plena crise da TVX — fora criada e repassada por 56 milhões de dólares à claudicante multinacional de energia Enron,[2] mas todo o dinheiro tinha sido aplicado na ebX Express, empresa de entregas expressas criada para concorrer com os Correios, que também faliria, com prejuízo de mais de 36 milhões de dólares.

Ou seja: aos 44 anos, Eike Batista havia quebrado, ao mesmo tempo, no Canadá e no Brasil.

Quem veio em seu socorro novamente foi Eliezer, o "Papi", que recorreu a seus contatos. Um deles, o amigo Roberto Hukai, professor da Universidade de

São Paulo, com passagem pelo Instituto de Tecnologia de Massachusetts, que participara da implantação do gasoduto Brasil-Bolívia e acabara de deixar o conselho da Enron. Ambos acompanhavam com interesse o desenrolar de uma crise que, em breve, incluiria a palavra "apagão" no vocabulário dos brasileiros.

Ao longo da década anterior, o governo tucano privatizara as distribuidoras de energia, mas o programa empacou ao alcançar as geradoras. As distribuidoras se expandiam, mas a capacidade de geração de energia continuava estacionada. Para resolver esse desequilíbrio, que, com o crescimento da economia, fatalmente chegaria a um ponto crítico, o governo de Fernando Henrique Cardoso criou o Programa Prioritário de Termeletricidade, que previa a construção de 49 usinas térmicas —[3] e não deslancharia, sobretudo porque os empresários ficaram reticentes em assumir os custos da matéria-prima, o gás, em dólar, e vender a energia em reais. O risco era muito alto para o tamanho do investimento.

Com o agravamento da estiagem e o esvaziamento cada vez maior dos reservatórios das hidrelétricas, o governo já cogitava obrigar a Petrobras a vender gás a preços fixos e conceder empréstimos subsidiados, via Banco Nacional de Desenvolvimento Econômico e Social (BNDES), a quem quisesse empreender. Dia após dia, Eliezer martelava na cabeça de Eike que ele deveria parar de perder tempo com ideias mirabolantes e passar a investir em geração de energia.

Em meados de 2001, Eike ainda lambia as feridas quando recebeu em seu escritório, no Rio, um ex-diretor operacional da TVX no Chile — Martin White, que se tornara CEO da Montana-Dakota Utilities (MDU), uma empresa de energia que operava apenas nos Estados Unidos e considerava investir no Brasil. O papo seria sobre comprar uma mina de carvão no Rio Grande do Sul para, em seguida, erguer uma termelétrica a carvão na região, mas Eike fez a conversa encorpar e chamou Hukai para que fizesse uma apresentação sobre o cenário energético ao potencial sócio. O consultor então disse o que vinha repetindo exaustivamente nos últimos meses: o país estava à beira de uma crise energética.

White retornou aos Estados Unidos impressionado e, em pouco tempo, estava de volta ao Brasil, interessado em desenvolver novos projetos com Eike — que, enquanto isso, já enviara Hukai mundo afora à procura de geradores. Algumas crises energéticas pipocavam pelo globo então, e Hukai sabia que encontrá-los seria tarefa difícil. Teve sorte. Um de seus contatos nos Estados

Unidos o informou de que a fabricante americana Pratt & Whitney tinha quatro grupos de turbinas sobrando e os estava oferecendo a preço de ocasião.

Equipamentos desse tipo não costumam ficar na prateleira, mas aqueles, por alguma razão, haviam encalhado. Eike encarou a coincidência como sinal do destino, de modo que, mesmo quebrado, emitiu um cheque de 1,5 milhão de dólares para que Hukai segurasse o negócio. Então chamou White e disse que tinha em vista um negócio muito melhor. Só havia um detalhe: as turbinas custavam algo como 70 milhões de dólares — e ele não tinha esse dinheiro. Ele então fez uma proposta de sociedade ao executivo. A MDU pagaria pelos equipamentos e ficaria com uma participação de 49% da nova usina.

White se comprometeu a dar o dinheiro, desde que Eike conseguisse o local adequado para implantação, o financiamento para a construção da térmica e o contrato de fornecimento de gás. E mais: fazia questão de que seus engenheiros supervisionassem as obras. Queria poder interferir na operação.

Com perspectivas no horizonte, Eike Batista emergiu definitivamente da fossa. Retomou as corridas matinais e de novo passou a fazer planos grandiosos, em que voltaria ao topo do mundo dos negócios. E avisou aos auxiliares — então reduzidos a quinze homens de confiança — que tomara duas decisões. A primeira: concentrar seus negócios no Brasil. Podia até ser uma bagunça, mas era um país que ele entendia e onde conhecia o caminho das pedras. A segunda: nunca mais teria menos de 51% de suas empresas, agora reunidas sob uma holding batizada de EBX. Dali para a frente, seria o dono da bola.

As semanas seguintes foram aceleradas, mas produtivas. Hukai já mapeara as alternativas e concluíra que a melhor chance de pôr a usina de pé com rapidez estava no Ceará. Por ser enfronhado no meio, ele sabia que o governador do estado, o tucano Tasso Jereissati, tinha um contrato com a Petrobras para o fornecimento de gás. Originalmente, esse gás seria utilizado por outra usina, proposta por Benjamin Steinbruch, dono da Companhia Siderúrgica Nacional (CSN). Mas a iniciativa não fora adiante, e Jereissati ficou com gás sobrando.

Eliezer, o "Papi", conhecia Jereissati e procurou um de seus assessores, Victor Pontes, que conseguiu marcar uma reunião de última hora em junho de 2001. No encontro, Eike, seu jovem diretor jurídico, Paulo Gouvêa, e Hukai propuseram a Jereissati a construção de uma usina de duzentos megawatts —

o suficiente para atender 20% de todos os consumidores do estado —, a ser inaugurada em 2002. O governador gostou do plano e o apoiou de imediato, transformando-o na prioridade de sua gestão. Do Ceará, Eike e Jereissati foram direto para Brasília, onde conseguiriam o aval do ministro da Casa Civil, Pedro Parente, que então comandava os esforços federais contra o apagão, para a implantação da usina.

Jereissati era, à época, um dos mais poderosos governadores do Brasil, cotado a ser o candidato à sucessão do presidente Fernando Henrique. Um pedido seu era difícil de negar, e Parente não o fez. Com a chancela do Planalto, portanto, a trupe de Eike seria recebida na Petrobras pelo então diretor de gás e energia da companhia, Delcídio do Amaral, que já conhecia Hukai e os atendeu com presteza.

Com o preço do megawatt/hora se aproximando de 680 reais, o projeto de Eike foi imediatamente incluído no Programa Prioritário de Termeletricidade, então reformulado em condições bem mais favoráveis: a Petrobras e a Companhia de Gás do Ceará (Cegás) venderiam no mercado o gás abaixo do valor praticado no mercado e ainda garantiriam, por pelo menos cinco anos, um preço mínimo para a compra da energia da nova usina.[4]

O negócio, contudo, não tinha aceitação unânime na estatal. Responsável pela subsidiária que forneceria o insumo, a Gaspetro, o executivo Rodolfo Landim julgava temerário assinar o contrato. Havia, na mesma região, outro projeto de termelétrica a gás já negociado. Se as duas usinas fossem adiante, faltaria combustível. O apagão, no entanto, era prioridade absoluta no governo FHC, e a termelétrica de Eike, prioridade de Jereissati, de forma que a Petrobras mandou tocar o barco. Apenas três meses depois da reunião com o governador, em 3 de setembro de 2001, a estatal assinou com a Termoceará um termo de compromisso estabelecendo as condições da associação. Com o documento em mãos garantindo o fornecimento do gás para a usina, Eike e seus sócios puderam fazer jus aos empréstimos do BNDES e mais um consórcio de bancos privados — liderado pelo Itaú e pelo Exim Bank — que asseguravam o investimento de 150 milhões de dólares necessário à obra.[5]

O contrato final entre a Petrobras e a nova empresa de Eike só seria assinado mesmo em março de 2002, numa solenidade com a presença do próprio Fernando Henrique Cardoso. A correria fora tanta que não houvera tempo de aprová-lo em reunião de diretoria, como determinavam os trâmites internos da estatal. Dias depois da assinatura do contrato, um constrangido Francisco Gros, então presidente da Petrobras, chamou os diretores em sua sala para explicar: "Tivemos de fazer tudo às pressas, mas vai precisar constar em ata como se tivesse sido aprovado em nossa última reunião. Vocês fiquem à vontade para discordar, mas agradeço se puderem assinar um adendo". Houve muxoxos. Mas ninguém teve coragem de se recusar.

Ao final da transação, Eike se tornara o mais novo proprietário de uma usina termelétrica, tendo tirado do bolso só aquele 1,5 milhão de dólares que garantira as turbinas. Um negócio de pai para filho, cujas condições se transformariam em arma na guerra da campanha eleitoral que se aproximava.

Para Eike, o que importava era estar de volta ao jogo. Logo ao assinar o termo de compromisso, no início de setembro, ele foi ao porto de Pecém, no Ceará, para o lançamento das obras de sua usina, com a presença de Jereissati, de FHC e de vários grão-tucanos. Sentia-se vitorioso. Quem brilhou, porém, foi Luma, que cometeu a imprudência de usar um vestido amarelo curto e esvoaçante, totalmente incompatível com a ventania do litoral cearense. Durante toda a solenidade, ela travou sobre o palanque uma infrutífera e distraída luta contra o vento, que insistia em levantar sua saia, para alvoroço da tucanagem e dos fotógrafos.

No dia seguinte, a cena de Luma tentando conter o vestidinho estava em todos os jornais. E a termelétrica, que oficialmente recebera o nome de Usina Senador Carlos Jereissati, em homenagem ao pai de Tasso, na boca do povo virou apenas TermoLuma.

A mulher de Eike, aliás, vinha pondo à prova o fair play do marido. Embora ele garantisse não ser ciumento, vivia demonstrando o contrário. As primeiras cenas de ciúmes se deram já nos primeiros meses de relacionamento. Da primeira vez que a viu beijar um homem na TV, em uma novela da Globo, Eike engasgou com o refrigerante que tomava e reclamou: "Mas você beijou o homem igual me beija!".[6] Ele sabia que se casara com uma sex symbol, estrela de uma das capas mais populares da *Playboy* e eleita em 1988 Miss Playboy Internacional, título conferido à coelhinha mais sexy do mundo. Sabia também que, antes de conhecê-lo, Luma já arrebatara o coração de homens cobiçados, como o jogador de futebol Renato Portaluppi, o Renato Gaúcho, com quem vivera uma tórrida e escancarada paixão.

Tudo isso fazia parte do pacote, mas, às vezes, Eike não conseguia se conter. Um ano e meio depois do casamento de Luma e Eike, em junho de 1992, Gaúcho declarou à revista *Interview* que a modelo fora a melhor mulher que já tivera na cama. "Apesar de ela estar casada e com um filho, tenho medo de encontrá-la de novo", disse.[7] Eike ameaçou processar o jogador, que, em vez de se calar, desafiou: "Eu não fiz nada que justifique um processo. Estou comentando algo que realmente aconteceu".[8]

O fato de a família e os amigos mais próximos terem reprovado o casamento desde o início só piorava a situação. Os pais de Eike, Jutta e Eliezer, consideravam um absurdo o filho ter deixado uma moça tão fina como Patrícia Leal para correr aos braços de uma *playmate* — que tratavam com frieza. Mas Luma era determinada. Disposta a se provar tão valorosa quanto a antecessora, deixou as novelas para nunca mais voltar. Afastou-se temporariamente dos ensaios sensuais e abandonou até as idas à academia, já que o marido mandara montar um circuito de malhação completo na mansão do Jardim Botânico — para que ela se exercitasse todos os dias com um personal trainer. Nos dois primeiros anos, afastou-se até do Carnaval na Sapucaí, para se tornar dona de casa e mãe em tempo integral.

Sem a agitação de outros tempos, contudo, Luma passou a cobrar a presença de Eike a seu lado. Mas ele, vidrado nos negócios, só queria saber de viajar a trabalho, falar de trabalho, ler sobre trabalho. Vez por outra, quando a pressão apertava, ele desabafava com os mais próximos e dizia que Luma era uma âncora em sua vida. Por causa dela, evitava viajar demais para o Canadá — algo de que se ressentiria quando a situação da TVX degringolasse.

Foi para que a mulher tivesse uma ocupação e, quem sabe, passasse a entender melhor suas ausências que Eike teve a ideia de montar a Clarity. Não funcionou. O que Luma queria mesmo era causar impacto. Depois do breve hiato, voltou à ribalta da avenida — e cada vez mais esplendorosa. Em fevereiro de 1998, desfilou à frente da bateria da Escola de Samba Tradição com uma provocante fantasia de pantera negra, em que reluzia uma coleira bordada com o nome do marido em pedras de brilhante. Era uma forma de render homenagem a Eike, que costumava viajar ao exterior na época do Carnaval — segundo ela mesma declarara certa vez, só para não vê-la desfilar.

O gesto teve imensa repercussão. Luma foi atacada pelas feministas, mas passou a ser ainda mais idolatrada pelos homens. Em alta, foi convidada em 1999 para estrelar novamente a capa da *Playboy* brasileira, como a "mulher do milênio", na que seria a primeira edição do ano 2000. Aceitou sem pestanejar, mas não imaginava o tamanho da tormenta que provocaria. Eike tentou convencê-la de que não pegava bem uma empresária, mãe de dois filhos, mostrar cada cantinho do corpo em um ensaio de trinta páginas. Tentou engordá-la com chocolates e apelou para cara feia e outros tipos de chantagem, aos quais ela acabaria cedendo para preservar o casamento. Ao final, ele pagou a multa de 100 mil reais pela quebra de contrato com a revista. E os homens brasileiros tiveram de se contentar com a nudez de Vera Fischer. Eike, porém, não conseguiu evitar o ensaio que ela fez na mesma época para a revista *VIP*, em que posou seminua com apetrechos de faxina e cozinha como uma "Amélia sexy".

Mas a vontade de Luma de se exibir era mais forte que ela. Por mais que o marido protestasse, no ano seguinte ela ilustrou, majestosa, um ensaio de 28 páginas da *Playboy*, intitulado "A Deusa da Luxúria". Eike engoliu em seco e a puniu com quatro dias de absoluto silêncio. Para se redimir, Luma manifestou publicamente sua submissão e pregou, no alto da generosa fenda do vestido vermelho que usou na festa de lançamento da edição, um broche com 35 brilhantes que formavam as iniciais EB. Refeito da crise de ciúmes, ele não se fez de rogado. Posou orgulhoso ao lado da mulher, dando declarações como "Ser casado com ela é ótimo", ou "Se as fotos ficassem vulgares, eu comprava a *Playboy*".[9]

Dentro de casa, entretanto, as coisas já não iam tão bem. Os filhos — Thor, com nove anos, e Olin, de cinco — sofriam com o assédio dos colegas na escola alemã. Para defender a mãe, o mais velho reagia e invariavelmente voltava para casa sujo e machucado. Eike, de sua parte, tentava não pensar nas fotos eróticas de sua mulher decorando as paredes de borracharias Brasil afora. Mas Luma não o deixava esquecer.

Quando soube que a *Playboy* havia leiloado a parte de baixo do biquíni e as sandálias que usara no ensaio, ela incentivou o marido a tentar reavê-las. As peças tinham sido arrematadas — pelo valor de 6 mil reais — por Oscar Maroni Filho, dono do Bahamas, famosa casa de "entretenimento adulto" de São Paulo, e a assessoria de Oscar então sugeriu à produção do programa *Domingão do Faustão*, o mais assistido da TV brasileira nas tardes de domingo, entrevistar o "sortudo" que comprara o biquíni de Luma. Apresentaram-no aos produtores, porém, como "um fazendeiro de São Paulo", o que ele também era, e evitaram até a última hora revelar seu nome.

Para dar mais ibope ao quadro, a equipe de Faustão decidiu chamar a própria Luma para entregar as peças a quem as comprara. Convidada, ela perguntaria se poderia levar Eike. O pedido foi atendido — já que isso parecia significar ainda mais repercussão para o programa. O resultado, todavia, não poderia ter sido mais desastroso. Em 10 de junho de 2001, Luma surgiu deslumbrante no palco do programa de auditório, usando um vestido longo verde-petróleo com uma fenda que chegava até a cintura. Ao apresentador, argumentou que o biquíni era peça muito íntima e, toda chorosa, disse que, se o propósito era fazer caridade, ela e o marido cobririam a oferta. Eike, que vestia terno preto com camisa rosa, permaneceu de óculos escuros durante todo o tempo, dizendo pérolas como: "Se estivéssemos na Idade Média, eu teria de desafiar o nobre cavalheiro para um duelo de espadas".

Deu-se então um leilão. Eike tentava cobrir a proposta de Maroni, que refutava tentando tirar o biquíni da jogada. Afinal, o empresário paulista não só recusou a oferta do marido de Luma como ainda aproveitou a ocasião para fazer propaganda da revista *Penthouse*, que, segundo declarou, estava lançando no Brasil. "O biquíni da sua esposa estará dentro de redoma de vidro, como patrimônio, com todo o respeito à beleza da mulher brasileira."

A discussão esquentou. A modelo, cada vez mais nervosa, via Eike tentar — em vão — argumentar e convencer "o nobre cavalheiro" a desistir do biquíni, até que Faustão encerrou o impasse chamando os comerciais. O bafafá continuou nos bastidores, com Maroni chamando Eike de Zorro e ainda saindo-se bem-sucedido em seus propósitos, com biquíni e sandália sob o braço e tendo feito o comercial da revista. A Eike coube apenas o constrangimento diante de milhões de espectadores.

Alguns dias depois, ao apresentar a proposta de sua termelétrica à Câmara de Gestão da Crise de Energia Elétrica, mais popularmente conhecida como a Comissão do Apagão, não teve alternativa senão fingir que não via o olhar gozador de alguns dos membros.

Quando a usina foi inaugurada, em maio de 2002, Luma procurou se precaver a seu modo, usando por baixo do vestido — tão curto quanto o anterior — um shortinho de lycra. Nem todos os jornais de grande circulação destacariam a inauguração da TermoLuma, mas as fotos dela — levantando a saia para mostrar o shortinho — estariam em toda parte.

Os primeiros meses de parceria com os americanos foram como lua de mel. Para cuidar dos negócios no Brasil, a empresa enviou dos Estados Unidos Patrick Panero, filho de um dos maiores empresários da Colômbia, Robert Patrick Panero, o Bob, por quem Martin White tinha adoração. Panero filho passou a ocupar uma sala na sede do grupo X e logo se enturmou com os garotos de Eike, compartilhando também do encantamento que tinham pelo chefe. Além de a usina ser um negócio da China, o clima no escritório voltara a ser leve, com o bom humor e a informalidade dos bons tempos.

Eike criara o hábito de aparecer para trabalhar de tênis e subir correndo os dez andares até o escritório, para completar o treino — o que, por ele jogar o peso do corpo sempre sobre a mesma perna, ainda lhe traria sérios problemas no joelho. Terno, só vestia em caso de necessidade. Seus uniformes de jornada eram moletons e camisas jeans com estampas de personagens da Disney, como o Mickey ou o Ursinho Puff. E usava sempre relógios esportivos multicoloridos e óculos com armação grossa de casco de tartaruga.

Na sala, além de amuletos variados, como cristais e deuses incas, mantinha, em lugar de destaque, um capacete autografado do piloto Michael Schumacher, a quem emprestara o avião nos bons tempos da TVX. Era comum também ter à mão alguns brinquedos, que utilizava para dar trote nos subordinados. Um dos preferidos era o revolverzinho de água com que uma vez acertou o rosto do americano Panero, que entrava na sala e não achou graça. Em outra ocasião, quase matou de susto um visitante ao pilotar um disco voador de controle remoto no meio de uma reunião. O foguetinho voava baixo e insistia em perseguir o convidado, que tentava se desviar, atrapalhado. Eike era quem mais se divertia com os trotes, morrendo de rir das "vítimas".

Todas as tardes, devorava um balde de pipoca com coca-cola — pedido que fazia às secretárias pela porta aberta de sua sala, aos gritos (ele não gostava de usar o telefone).[10] Às vezes, preferia Big Mac. Em outros momentos, frango frito do KFC. Tudo consumido aos montes. Seu apetite, aliás, era objeto de constantes comentários na firma. Quase todo mundo que convivia com ele tinha uma anedota pantagruélica para contar. As histórias reforçavam a suspeita de que sofresse de bulimia.

Um desses relatos, várias vezes repetido, era o de um ex-CEO de uma das empresas de Eike, que dizia ter compreendido os problemas do chefe em um almoço de negócios num restaurante de Nova York, nos anos 1990. Logo ao chegar, Eike pediu uma entrada de camarão com molho. Em seguida, mandou vir um *surf and turf*, "combinado" de steak com lagosta, que costuma fazer sucesso nos restaurantes americanos. A carne, imensa, foi traçada rapidamente. Depois veio a lagosta, que ele terminou de comer antes mesmo que os outros debelassem o prato anterior. Então, foi ao banheiro, voltou e comeu outra lagosta, diante do olhar admirado dos colegas de mesa. "Nunca entendemos por que nós, que não conseguíamos comer nem metade do que ele comia, estávamos tão fora de forma, e ele, sempre tão magro. Naquele almoço, caiu a ficha."

Não faltava também quem contasse ter seguido Eike ao banheiro de um restaurante e ouvido barulhos "suspeitos". Entretanto, ninguém nunca ousou lhe perguntar a respeito. Era ele quem, ao notar a curiosidade geral, dizia ter o metabolismo bem mais acelerado do que a média, citando inclusive a quantidade de calorias que seu corpo costumava queimar à noite. Dessa forma, prosseguia, podia comer o quanto quisesse, sem engordar. E fazia questão de exibir sua comilança. Certa vez, nos primórdios do grupo X, mandou a secretária comprar uma mala tamanho família para acomodar todos os pratos do cardápio do restaurante japonês Miako, que ele costumava pedir em uma única refeição.

Eike sabia tirar proveito da fama de excêntrico. Fazia disso marca pessoal. Em seus tempos de celebridade no Canadá, era raro o artigo ou a reportagem em que seu nome não viesse acompanhado do adjetivo *flamboyant* — "exuberante", em inglês. Timidez, definitivamente, não era com ele. Assim que a termelétrica deslanchou, contratou uma assessoria de imprensa. E deixou claro, já na primeira conversa, que seus objetivos não eram nem um pouco modestos. "Hoje eu sou o marido da Luma e o filho do Eliezer. Mas você pode ter certeza de que, em pouco tempo, serei o maior empresário do Brasil."

Seus fracassos internacionais ainda sobressaíam mais do que os sucessos domésticos, mas ele sempre tinha uma versão edulcorada da realidade para oferecer. Em 2002, por exemplo, quando a TVX foi absorvida pela canadense Kinross Gold e sua participação na nova companhia se tornou residual, declarou: "Troquei a maior fatia do bolo num negócio pequeno por uma pequena participação no bolo maior".[11]

Eike sempre repetia que saíra do Canadá com 800 milhões de dólares — ou até 1 bilhão, conforme o interlocutor. Na verdade, seu patrimônio total na época não chegava a 100 milhões. Outra versão que gostava de divulgar era a de que seus fiascos formavam uma espécie de vantagem competitiva. "Ele erra um bocado, mas, quando acerta, ganha muito dinheiro", diziam amigos e sócios. O próprio Eike se definia como um empreendedor que acreditava em seu país, que escolhia correr riscos e que não tinha medo de errar. "A mentalidade do empresário brasileiro é jogar o risco sempre para os outros. A maioria só entra em um grande negócio se o governo estiver por trás", afirmou à repórter Consuelo Dieguez, que, em outubro de 2002, assinou na revista *Exame* um perfil de Eike com o sugestivo título de "Mais do que o marido da Luma".

Na mesma época em que Eike criticava os colegas que viviam pendurados em governos, as urnas consagravam Luiz Inácio Lula da Silva, do Partido dos Trabalhadores (PT), como presidente da República.

Eike nunca fora próximo a Lula. Pelo contrário. Em 1989, quando o ex-sindicalista disputou a Presidência pela primeira vez, o presidente da Federação das Indústrias do Estado de São Paulo (Fiesp), Mario Amato, declarou que 800 mil empresários deixariam o país caso fosse eleito.[12] O número era obviamente um chute, mas muitos de fato temiam o candidato de esquerda — Eike Batista entre eles. Tanto que, no dia da eleição, ele e Patrícia Leal saíram para votar vestidos de vermelho — ideia dele para despistar petistas que porventura resolvessem hostilizá-los, se desconfiassem que eram ricos e votariam em Fernando Collor de Mello.

Treze anos depois, no entanto, ambos — Lula e Eike — já haviam mudado muito. O político se tornara um candidato pragmático e palatável ao mercado, comprometendo-se publicamente a respeitar contratos e a manter o controle da inflação e a disciplina fiscal. O empresário, por sua vez, ganhara muito dinheiro vendendo seus projetos, mas quebrara ao se aventurar em países que lhe foram tão ou mais hostis do que qualquer governo petista teria sido em seus piores pesadelos. Apesar de seu discurso antigoverno, ele acabara de aprender, com a TermoLuma, que contar com a ajuda do Estado poderia ser muito útil.

Sua nova usina já fora inaugurada havia alguns meses quando, no início de novembro de 2002, logo após a vitória nas eleições, uma comitiva de petistas visitou o escritório da holding EBX no Rio. Seriam diretos na conversa. A campanha deixara uma dívida de alguns milhões de reais no caixa dois e de 770 mil reais na contabilidade oficial, e eles precisavam de dinheiro para cobri-la. No encontro com Eike, repetiram o discurso de respeito aos contratos e disseram que Lula precisava se aproximar do empresariado. Um dos emissários até chegaria a usar, em sua argumentação, a expressão "empresários do PT".

Eike gostou do que ouviu e se dispôs a ajudar. Uma quantia com seis zeros foi doada, mas o partido exigiu que, para efeitos contábeis, pelo menos uma parte fosse registrada na prestação de contas à Justiça Eleitoral. Ocorre que, naquele ano em específico, ganhos com vendas de participações em empresas — o grosso das receitas dos negócios de Eike — não serviam como fonte de renda para doação de campanha. Assim, apesar de poder ofertar os recursos, nem ele nem suas empresas tinham receita para sustentar a doação oficial. Do ciclo íntimo de Eike, a única pessoa que tivera renda declarada no ano fiscal anterior fora Luma de Oliveira, os cerca de 200 mil dólares de cachê da *Playboy*.

A solução, portanto, foi ela contribuir oficialmente com 27 mil reais — generosidade registrada na última versão da prestação de contas da campanha do PT, em 25 de novembro de 2002.[13] Divulgada a contabilidade, ficou-se sabendo que a modelo fora a pessoa física que mais doara à campanha vitoriosa de Lula. O fato, claro, despertaria curiosidade, já que nunca antes a modelo tivera qualquer envolvimento com política (e nunca mais voltaria a ter). Questionada sobre sua repentina simpatia pelo PT, ela declarou à revista *Caras*: "Voto no Lula desde 1989 e votaria novamente sem a menor dúvida". Para *Veja Rio*, ela fez questão de ressaltar: "Foi a quantia que pude dar. E foi o meu dinheiro, não o do Eike".

Os petistas ficaram agradecidos, mas não o suficiente para que Eike Batista fosse convidado à concorrida cerimônia de posse no Palácio do Planalto. Uma boa parte do partido ainda via o empresário como aventureiro, um playboy. Apenas Luma recebeu convite, que não previa acompanhante — e preferiu não ir. Depois do episódio, porém, Eike estabeleceu para si uma meta, que de vez em quando repetia para si próprio em voz alta, sem se importar com que seus assessores ouvissem: *Como faço para virar um empresário do PT?*

Entre erros e acertos, a balança de Eike Batista só começaria a pender para o saldo positivo no final de 2003, quando ele fez um movimento típico dos velhos tempos. Se tirara o pé da lama com a TermoLuma, ainda não se podia dizer que dera a volta por cima. Mas então um conhecido na AngloGold, de que fora sócio em uma mina nos anos 1980, deu a dica: a empresa estava louca para se livrar de uma reserva no Amapá, chamada Pedra Branca do Amapari.

A área, adquirida no final dos anos 1990, poderia ter cerca de 1,7 milhão de onças, com 2,13 gramas de ouro para cada tonelada de minério —[14] o que, para os padrões da indústria, era apenas razoável. Essa perspectiva de extração pouco exuberante, somada aos conflitos com os donos das terras, às dificuldades de licenciamento ambiental e à pouca rentabilidade em tempos difíceis para o ouro, tudo isso faria a AngloGold abandonar o projeto. Eike sentiu cheiro de oportunidade. Dezesseis anos antes, conseguira fechar o melhor negócio de sua vida ao resolver os litígios de La Coipa, no Chile. Ademais, os preços do metal voltavam a subir. Se os problemas fossem eliminados, a reserva poderia ser passada adiante com um belo lucro. E o melhor: ao contrário dos jipes e dos cosméticos, esse ramo ele dominava.

Em maio de 2003, Eike fechou com a AngloGold a compra da mina por 18 milhões de dólares, dos quais 3 milhões foram pagos de imediato — ficando os outros 15 milhões a serem honrados em duas prestações. Aproximava-se novamente a hora de botar para funcionar a máquina de empacotar e vender projetos. Chamou então uma consultoria para refazer a estimativa das reservas de Pedra Branca do Amapari, resultado segundo o qual, além de ouro, o local tinha também um bocado de minério de ferro. Vislumbrando mais negócios, Eike dividiu a mina em duas empresas e batizou de Atlântico Gold a dona dos direitos sobre a exploração do ouro.

O próximo passo seria conseguir o licenciamento ambiental. Ele precisava fazer um acordo com a comunidade local e, para isso, necessitava da ajuda do "dono" do Amapá, o senador José Sarney. Eliezer, que conhecia Sarney da época em que fora ministro de Minas e Energia, encarregou o ex-representante da Vale em Brasília, Kleber de Farias Pinto, de marcar as reuniões. Para que o licenciamento saísse, a EBX custearia obras do interesse da comunidade local. Eike e Sarney se entenderam muito bem, e a primeira autorização saiu em seis meses,[15] apesar das críticas de que o estudo de impacto ambiental — que nada detalhou a fundo — só fora feito depois de adquirida a reserva.

Com os papéis em mãos, enfim chegara a hora de oferecer o projeto na praça. Para isso, o empresário precisava de um banco — e não lhe ocorreu ninguém melhor do que o de Mike Vitton, seu antigo parceiro no Canadá. Mesmo sendo palco de sua derrocada, o país permanecia como o grande mercado para minas de ouro. E Eike era, antes de tudo, um pragmático. Tanto que, para comandar a operação, convidou ninguém menos que Sean Harvey, seu algoz na TVX.

Assim, como nos velhos tempos, Eike, Vitton e Harvey puseram em ação o chamado *dual track*, que presumia sondar o mercado para duas alternativas ao mesmo tempo: a venda simples ou uma oferta de ações na bolsa. Seus representantes iam às reuniões com grandes empresas e diziam: "Esse ativo é tão bom que estou pretendendo levá-lo ao mercado. Você sabe que, nesse caso, as ações vão subir e ele vai custar bem mais. Então, por que não o compra logo de uma vez?".

No final de 2003, a dupla de banqueiros Vitton e Harvey soube que a canadense Wheaton River estava disposta a oferecer 100 milhões de dólares — mais ou menos o que imaginavam poder arrecadar num IPO (*initial public offering*, ou abertura de capital) na bolsa de Toronto. No entanto, se a primeira proposta era de 100 milhões, sem dúvida haveria como aumentá-la, já que a alta do ouro se prolongava e o apetite das grandes mineradoras por novos projetos crescia. Então, abandonaram a ideia do IPO e espalharam no mercado que havia vários interessados — o que não era exatamente a verdade. Muitas empresas já tinham avaliado os dados da mina, mas nenhuma, além da Wheaton River — cujo CEO era Ian Telfer, ex-conselheiro da TVX —, fizera de fato uma proposta.

Na data marcada, a Wheaton River botou os 100 milhões na mesa. Assim que recebeu a oferta, Flávio Godinho, vice-presidente da EBX, saiu da sala em que estava reunido com Eike, Harvey e Vitton e foi para a contígua, onde escreveu num quadro de fórmica: "1 — 100 milhões de dólares". Puro teatro. Ao final, não haveria nenhum outro interessado em adquirir a mina — que foi vendida por exatos 104,5 milhões de dólares, dos quais 76% em ações e títulos da Wheaton River,[16] o que Eike aceitou a contragosto.

Ainda assim, para alguns novatos acostumados com a dureza daqueles tempos, tinha sido um feito incrível. *Nunca mais vai acontecer nada igual*, pensavam. O que era uma desvantagem, porém, se transformou em sorte grande, porque o ouro subiria muito entre a assinatura do contrato e o pagamento, de modo que, quando Eike foi retirar as suas ações, já estavam valendo 161 milhões de dólares — 56,5 milhões a mais do que no anúncio do negócio. Era dinheiro demais. Tanto que mesmo alguns executivos experimentados se espantaram. "Mas o que aconteceu? Vocês descobriram a Yanacocha do Amapá?", brincava, nos dias seguintes, um consultor que assessorava o grupo, referindo-se à maior mina de ouro da América do Sul, nos Andes peruanos.

Daquele dia em diante, Eike, que já era admirado pelos funcionários, passou a ser idolatrado. Um homem que tinha o poder de transformar 18 milhões de dólares em 161 milhões em menos de um ano merecia o aposto de Midas, pensavam. Trabalhar para ele, todavia, não era fácil. Exigia dedicação total. Era preciso se conformar em ficar no escritório até bem tarde, encarar almoços e jantares com gringos nos fins de semana, viagens constantes e repentinas a negócios e atender as ligações do chefe a qualquer hora, muitas vezes durante a madrugada. Em troca, ele prometia fazer a todos muito ricos. Quando ganhava, todos ganhavam junto. Era a recompensa pelo trabalho duro, a que Eike, bem-humorado, chamava de "kit felicidade".

Em 18 de março de 2004, dia em que o dinheiro da Wheaton River foi depositado, ele chamou seus funcionários um a um para receber seus kits. Aos três mais próximos — Godinho, Gouvêa e outro diretor de sua holding, Dalton Nosé —, que tinham entre 0,5% e 5% da mina, distribuiu 10 milhões de dólares. E mesmo àqueles a quem nada prometera, como secretárias, contadores e assistentes de diretoria, entregaria um cheque polpudo. Em julho, como prêmio extra, levou seus vinte principais executivos e suas esposas para comemorar na estação de esqui de Termas de Chillán, no Chile. Assim como os outros, Eike estava acompanhado — mas não por Luma.

O relacionamento entre Eike e Luma, tão apaixonado no passado, se desgastara com o tempo. Havia a cobrança dela por tê-lo mais perto e mais presente, e a resistência dele, cada vez maior, às fotos sensuais da mulher e à sua participação nos desfiles da Sapucaí. E então o surgimento de um personagem novo fez romper o que já ia por um fio. Um personagem moreno, de olhos azuis e oitenta quilos muito bem distribuídos em 1,80 metro. Tratava-se do capitão dos bombeiros José Albucacys de Castro Júnior, que Luma conhecera ao ser nomeada madrinha do calendário da corporação — um compêndio de fotos de bombeiros em poses sensuais em que Albucacys era a estrela. O dinheiro para a confecção do calendário saíra do bolso de Eike.

Nem Luma nem Eike, casados havia treze anos, tinham a ilusão de que o outro fosse fiel. Quando ele descobriu o bombeiro, porém, o tempo fechou. O clima passou a ser de muita discussão e brigas homéricas — e não só quando estavam sozinhos, mas também na frente dos amigos e dos filhos. Em janeiro de 2004, na tentativa de salvar o casamento, ela anunciou que não poderia desfilar à frente da bateria da Mocidade Independente. A desculpa: estava grávida e o médico proibira.[17] Em março, a notícia da separação começou a aparecer em colunas sociais e Luma acabou desmentindo a gravidez.

Numa entrevista para explicar a história, Luma tornaria tudo ainda mais rocambolesco, ao dizer que fora de Eike a ideia de ela se declarar grávida — tudo para esconder o fato de que não a deixara desfilar. Não funcionou.

A separação se daria, ao menos nos primeiros momentos, num ambiente ruim, com acusações de parte a parte e um pedido judicial dela para que o marido saísse de casa. Luma, que sempre negou peremptoriamente o affair com o bombeiro, contratou o advogado Michel Assef, especialista em litígios rumorosos, para conduzir as negociações acerca da divisão dos bens e da guarda das crianças. Eike, arrasado e ferido — "Pelo jeito, só eu não sabia da traição", lamentava, chorando, aos mais próximos —, por alguns dias cogitou dar uma entrevista expondo a ex, mas afinal concluiu que seria melhor poupar os filhos e tratá-la com toda a elegância.

Os termos da separação foram acertados rapidamente. Ela ficou com uma casa no mesmo terreno da mansão do Jardim Botânico, com a propriedade de Búzios e ainda 20 milhões de dólares. Manteve, também, a guarda dos filhos.

Foi uma fase difícil para o empresário, com várias tardes de ausência no escritório e momentos de depressão. Quando emergiu, semanas depois, virou figura assídua nos eventos da noite carioca. Fosse uma festa badalada ou um modesto coquetel de abertura de loja de roupas, lá estava ele, frequentemente cercado por beldades. "Ele está impossível, vai a tudo", comentou Hildegard Angel em sua coluna no *Jornal do Brasil*. Seu companheiro fiel nessa época era o amigo Walter Guimarães, o Waltinho, empresário da noite que sempre apresentava a Eike belas mulheres. Seria ele também o cupido entre Eike e a morena Flávia Sampaio, uma linda estudante de direito que morava com os pais na Tijuca e pagava as contas com trabalhos como modelo. Os dois se conheceram num jantar em que eram os únicos solteiros. Deram-se bem e começaram a se ver com frequência. A nova namorada não tinha o mesmo brilho que Luma, mas isso era, para ele, grande vantagem. Pelo menos era alguém que não lhe fazia sombra.

Na viagem ao Chile, Flávia debutou no mundo de Eike. O clima estava perfeito para o esqui e o alto-astral da turma era inigualável. Por quatro dias, beberam, contaram causos e se divertiram.

Eike se divertia jogando os menos experientes para fora da pista de esqui e provocando tombos monumentais, fotografados e lembrados noite adentro, nos jantares fartos de ceviche, carnes e vinho chileno. Ao final, ele não deixou ninguém pôr a mão no bolso e pagou, sozinho, a conta do consumo dos quartos. Anos depois, muitos dos participantes se lembrariam da viagem com o saudosismo do tempo em que "eram felizes e não sabiam".

A notícia de que Eike Batista vendera uma mina de ouro e estava novamente capitalizado se espalhou com rapidez. Gente de todas as partes batia à porta da EBX para mostrar ideias. Ele ouvia todo mundo e pedia que seus jovens auxiliares analisassem os projetos com lupa, por mais estapafúrdios que parecessem. Maluquices não faltavam — de tecnologia de clonagem de seres humanos a partir de pelos pubianos a sistemas de transporte de minério por dirigível, e até a sugestão feita por um paranaense de ascendência polonesa de dinamitar o Pão de Açúcar para retirar o ouro que havia lá dentro.

Certa vez, o próprio Eike perdeu um tempo assistindo à apresentação de um publicitário argentino que dizia ter uma invenção revolucionária. Contrito, o sujeito exigiu que todos assinassem um termo de confidencialidade antes de começar a expor sua ideia. Assim que se sentaram, para espanto geral, o inventor abriu uma caixa de ovos estampados com marcas como Audi e Mercedes-Benz. A criação revolucionária era... uma impressora para casca de ovo. "Qual é o primeiro produto que você vê quando abre a geladeira? O ovo! Com essa impressora, em poucos anos 1% da verba de marketing do mundo será destinada à propaganda em ovos!"

A impressão em ovos e a volta ao tempo dos dirigíveis não fizeram sucesso, mas não raro Eike se empolgava com algum projeto heterodoxo, tirando do sério o vice-presidente Godinho. Advogado formado pela Pontifícia Universidade Católica do Rio de Janeiro (puc-Rio), Godinho chegara ao escritório de Eike quando ainda era estagiário da Lobo & Ibeas Advogados — uma grande banca do Rio onde trabalhara outro braço direito do empresário, Fernando Cabral. Fora Cabral quem trouxera Godinho para as empresas de Eike. Quando ele saiu do grupo, em 1994, para montar uma empresa de tecnologia, Godinho assumiu o lugar de amigo, sócio e cão de guarda de Eike — imagem favorecida pelo estilo trator e os mais de 120 quilos acondicionados em 1,80 metro de altura.

Os dois viviam às turras, às vezes em brigas cujos berros e batidas de porta podiam ser ouvidos de longe. Mas Eike tinha total confiança nele e lhe delegava as missões mais delicadas, tanto em casa quanto nos negócios, mesmo não gostando quando Godinho tentava tutelá-lo. O auxiliar, por sua vez, sabia que era inútil discordar do chefe e ir contra sua natureza. Um dos empreendimentos que autorizara, por exemplo, era uma fábrica de tintas que espantavam o mosquito da dengue. Depois de alguns milhões gastos, descobriu-se que o produto tinha tantos componentes proibidos pela Agência Nacional de Vigilância Sanitária (Anvisa) que nunca seria aprovado para comercialização no Brasil, e a ideia foi abandonada — assim como diversas outras na história do grupo X. Quando lhe apresentavam a conta de cada brincadeira, Godinho praguejava, mas acabava se conformando.

O maior e mais ambicioso projeto de Eike Batista, no entanto, não estava sendo gestado nas saletas de reunião do escritório da praia do Flamengo. Tampouco sairia da mente de algum inventor amalucado. Era nas conversas diárias com o pai que Eike dava forma ao seu grande plano, que Eliezer chamava de Grand Design.

Desde que a TermoLuma começara a dar dinheiro, pelos idos de 2003, Eliezer andava animado com o rumo tomado pelo filho. Eram frequentes os longos papos na varanda da casa do patriarca, também no Jardim Botânico, quase vizinha à mansão de Eike. Às vezes, convidavam alguém. Em uma dessas ocasiões, tiveram a companhia de um ex-assistente de Eliezer na presidência da Vale, Ricardo Antunes. Culto e espirituoso, Antunes fora escolhido por Eliezer ainda novo para acompanhá-lo nas viagens por falar bem o inglês — característica ainda incomum entre os funcionários da mineradora. Durante anos, ele e o chefe sujaram as botas de lama nos canteiros de obras de Carajás e gastaram a sola de sapatos finos nos gabinetes do Banco Mundial, que financiou a implantação da mina.

Quando se reencontraram, a Vale já era uma multinacional e Antunes morava em Bruxelas, onde era peça-chave nas negociações comerciais. Desfrutava de uma vida confortável e de uma rede de contatos invejável, mas andava desmotivado pelas constantes brigas com o presidente da companhia, Roger Agnelli, e queria voltar ao Brasil. Eliezer já contara ao antigo pupilo que estava ajudando o filho a montar um time para sua nova mineradora, dessa vez focada em minério de ferro. Segundo seu diagnóstico, Eike era um empreendedor insaciável e de grande capacidade de liderança, mas precisava de pessoas que o ajudassem a manter os pés fixos no chão. Eliezer atribuíra a si próprio a missão de encontrá-las. Naquela noite de setembro de 2004, Eike estava sedutor. "Estamos entrando em uma era privilegiada", analisou.

O crescimento da China e de outros emergentes empurrara o mundo para um superciclo das commodities, uma longa era de valorização que tinha tudo para catapultar a economia brasileira a outro patamar. Nos anos seguintes, Eike dizia, não faltaria dinheiro para projetos no país, e ele se preparava para surfar a onda. Sua ideia era construir um grupo de empresas ligadas à mineração, à energia e à infraestrutura para abrir capital na bolsa. O que fazia todo o sentido para alguém que, como Antunes, passara a vida naquele métier. E havia ainda a autoconfiança e o carisma do empresário, capaz de convencer qualquer um de que chegaria aonde quisesse. Ao final da conversa, ele repetiu uma de suas frases preferidas: "Meu trabalho é ler o jornal de amanhã".

Depois do jantar, levou Antunes para casa, perguntando sobre os filhos, a vida fora do Brasil e os planos para o futuro. Eike se revelava, ali, uma grata surpresa. No passado, muitos dos jovens admiradores de Eliezer tinham a impressão de que o velho e o filho tinham um relacionamento um tanto distante. Naquele encontro, porém, pareciam bastante afinados. Em poucas semanas, Antunes pediria demissão da Vale e começaria a trabalhar na MMX. Na nova empresa, juntou-se a outros ex-Vale, como Joaquim Martino e Dalton Nosé, e encontrou vários projetos em andamento.

O maior deles, contudo, por mais surpreendente que fosse, não era uma mina. Tratava-se do porto do Açu, ideia que o secretário de Energia, Indústria Naval e Petróleo do Rio de Janeiro, Wagner Victer, tentava emplacar desde 1999.[18] No passado, ele já buscara convencer a Petrobras e depois a Vale do Rio Doce a construir um porto na praia do Açu, em São João da Barra, na região da bacia de Campos. Sua primeira ideia era montar um porto para apoio à indústria de petróleo, mas a Petrobras declinou ao constatar a falta de estrutura no local.

O Açu era uma praia comprida, mas inóspita, varrida por fortes ventos, a que só se chegava por uma estrada de mão dupla cheia de buracos. Um ramal ferroviário sucateado alcançava os arredores, mas a Vale, dona da linha férrea, achou que não valia a pena empenhar pelo menos 1 bilhão de reais para reformá-lo se não precisava de outro porto. Tampouco tinha a intenção de facilitar a vida da concorrência, de modo que a linha férrea era caso perdido.

Eike gostava do projeto, mas tinha dúvidas. "Como vamos levar o minério até lá?", perguntou a Victer, quando o secretário lhe apresentou a ideia. A resposta estava pronta. "Vocês podem construir um mineroduto", disse ele, diante de olhares céticos. "Há vários desse tipo no mundo. A Vale, inclusive, tem um. É uma forma bastante eficiente de compensar a falta de ferrovias." Eike achou ótimo. Com o Açu e o mineroduto, construiria seu primeiro projeto no estilo integrado — mina, ferrovia, porto — que Eliezer costumava pregar. Só que, no caso do sistema Minas-Rio, como ficou conhecido, o tripé seria mina, mineroduto e porto. Buscaria as reservas no Quadrilátero Ferrífero — região rica em minério no centro-sul de Minas Gerais, onde já estava de olho em algumas áreas — e então construiria o mineroduto.

Sua empolgação não diminuiu nem mesmo depois de saber que o tal duto precisaria de mais de quinhentos quilômetros, atravessando no mínimo 1500 propriedades rurais. Para muitos empresários, a ideia pareceria uma completa insanidade. Num país como o Brasil, obter acordo com 1500 famílias era algo praticamente impossível. Se uma única teimasse em criar problemas, poria a perder o empreendimento todo. Eike pensava o contrário. Para ele, o conceito era brilhante — ainda mais porque, depois de pronto, o seu poderia ser o maior mineroduto do mundo.

Em uma semana, mandou tocar os estudos de engenharia e ordenou a compra de sua primeira área no Açu por 50 milhões de dólares. Estabeleceu-se uma situação esdrúxula: a mineradora já tinha o porto, mas não sabia ainda exatamente de onde sairia o minério. Tampouco tinha garantias de receita. Começar um projeto que consumiria no mínimo 1,6 bilhão de reais nessas condições era mais que atípico. Para Eike, todavia, esse tipo de constatação era coisa de "calças-curtas", como gostava de dizer. Se havia uma coisa certa no Brasil, eram as reservas de Minas Gerais. Encontrá-las não seria problema. Difícil mesmo era conseguir um bom local de onde exportar o minério. Seu pai não costumava dizer que uma produtora de minério era, na verdade, uma empresa de logística? Pois então.

Para justificar economicamente a construção do porto e do mineroduto, a produção da MMX em Minas Gerais deveria ser de pelo menos 15 milhões de toneladas ao ano — o equivalente a um terço da de Carajás, a maior mina de ferro brasileira em 2000.

A única mina do grupo na região do Quadrilátero Ferrífero, em João Monlevade, não alcançaria esse volume. Seria preciso, portanto, conseguir mais reservas, e era nisso que Martino e Nosé se concentravam, enquanto Antunes mergulhava no planejamento logístico. Os planos da mineradora incluíam dois outros polos produtores, que o time de Eike chamava de "sistemas", sempre obedecendo ao conceito de mina, ferrovia (ou hidrovia, ou mineroduto) e porto.[19]

O "sistema Amapá" aproveitaria a reserva de minério de ferro que restara em Serra do Navio, no mesmo local da mina de ouro da Atlântico Gold. De lá, o minério seria transportado de trem até o porto de Santana e depois seguiria em barcaças até Macapá, de onde partiria para o exterior. Em Corumbá, em Mato Grosso do Sul, base eleitoral do parceiro Delcídio do Amaral, estava previsto outro polo, o "sistema Corumbá", com uma usina termelétrica binacional de quatro turbinas, duas do lado brasileiro da fronteira e duas do lado boliviano — para aproveitar a diferença de tributação. O carvão vegetal, produzido nos arredores da usina, alimentaria também uma fábrica de ferro-gusa, matéria-prima para a fabricação de aço. Dali, o carvão também poderia viajar em barcaças até o Uruguai, de onde seria exportado. Aos poucos, a nova empresa tomava forma.

Por conta de seus projetos, Eike começara a se relacionar com políticos, dos quais, desde 2002, já se tornara mais próximo do que em toda a sua vida.

Passara a frequentar os gabinetes e as casas dos senadores José Sarney e Delcídio do Amaral, e tinha boa interlocução com os governadores Tasso Jereissati, do Ceará, e Zeca do PT, de Mato Grosso do Sul. Por causa do porto do Açu, era bem recebido também por Rosinha Garotinho, do Rio, e Aécio Neves, de Minas. Só não conseguia se aproximar de Lula e do PT. Contratara havia pouco tempo como consultor o jornalista Roberto D'Avila, que fora deputado constituinte pelo Partido Democrático Trabalhista (PDT) nos anos 1980 e era conhecido por apresentar na TV um programa de entrevistas.

D'Avila havia sido casado com a irmã de uma cunhada de Eike e os dois se encontravam de vez em quando, em ocasiões sociais. O empresário adorava as histórias que o jornalista contava sobre seus entrevistados e gostara especialmente de saber que seu consultor tinha ótima relação com Lula, companheiro de Constituinte. D'Avila não aparecia muito na sede da EBX, mas Eike acreditava que pudesse lhe ser útil. E foi.

Eike já estivera com o presidente da República em 2003, para uma audiência obtida por intermédio do senador Delcídio do Amaral. Mas sabia que era alvo de preconceito no PT — do próprio Lula, inclusive. Por isso, empenhara-se em conseguir uma chance de ir ao Planalto expor seus projetos. A recepção, contudo, fora protocolar. Mas agora já era 2004 — e Eike quis tentar de novo.

Foi a vez de D'Avila lhe conseguir uma audiência — que de novo resultou num encontro morno. O empresário falou de seus projetos e mostrou mapas e estudos detalhando os sistemas logísticos que, dizia, ajudariam a transformar a economia brasileira. Lula se declarou impressionado, mas não deu muita conversa àquele aventureiro que mais parecia um playboy brincando de empreendedor. Eike agradeceu ao consultor pelo contato, mas compreendeu que ainda teria de percorrer um longo caminho antes de se tornar um "empresário do PT". Era uma pena. Se Lula quisesse, poderia desempatar uma disputa que o consumia. Um presidente recém-eleito, no entanto, não meteria a mão em um vespeiro por alguém que mal conhecia.

Já na transição de governos, no final de 2002, o professor universitário Ildo Sauer, recém-nomeado diretor de gás da Petrobras, anunciara que iria rever os contratos com três termelétricas construídas no auge do racionamento com garantias de preço e de câmbio. A grande redução no consumo e as chuvas que caíram no início daquele ano fizeram o preço da energia baixar dos escorchantes 680 reais por megawatt/hora para meros cinco reais em um ano.

Com energia barata sobrando, as usinas construídas meses antes haviam virado elefantes brancos. Desde a inauguração, em 2002, a TermoLuma quase não fora utilizada. Outras duas térmicas negociadas na mesma leva — a Eletrobolt, da Enron, e a Macaé Merchant, da El Paso — também estavam às moscas. As caríssimas usinas, aliás, tinham sido temas da campanha eleitoral. Petistas como Sauer e o especialista em planejamento energético da Universidade Federal do Rio de Janeiro (UFRJ) Luiz Pinguelli Rosa denunciaram diversas vezes, durante a campanha, o "presente" que a Petrobras dera aos empresários.

Quando Lula assumiu e Ildo se tornou justamente o diretor da estatal responsável pelos contratos com as usinas, o impasse começou. Ninguém discordava de que a Petrobras tinha prejuízos com o contrato, mas os empresários argumentavam que haviam tomado o risco de investir quando ninguém se mostrara disposto a fazê-lo, de modo que não consideravam correto serem punidos por isso. Afinal, contraíram empréstimos e fizeram investimentos com base nos valores combinados. Modificar tudo àquela altura era quebra de contrato.

Por sua vez, para os cabeças do PT alojados no Planalto, brigar pela ruptura de contratos no início de um governo que só se elegera porque havia prometido respeitá-los não era politicamente inteligente. A Petrobras decidiu então comprar as usinas de volta — para estancar a sangria — e chamou os empresários para negociar. Mas Eike não estava a fim de facilitar a vida da estatal. Dizendo-se traído, recusou a primeira proposta, de 127 milhões de dólares, e mandou avisar que não venderia a TermoLuma por menos de 170 milhões.[20] Se necessário, iria aos tribunais.

Representantes da estatal tentavam conversar com Eike, mas ele não atendia as ligações e dificultava os encontros. A Petrobras então conseguiu uma liminar suspendendo os pagamentos à TermoLuma — o que deixou Eike ainda mais furioso. "Se um empresário já não pode acreditar na Petrobras ou na assinatura de um presidente da República, em quem dá para confiar?" Imediatamente, ele anunciou que não poderia mais pagar os bancos que haviam lhe emprestado dinheiro, criando um impasse difícil de resolver.

Delcídio e Sarney tentaram ajudar, mas encontraram as portas fechadas na estatal. O "professor", como chamavam Ildo Sauer, estava irredutível. Gaúcho esquentado, esquerdista até a raiz da medula e totalmente antipático ao estilo empresarial de Eike, considerava os contratos do apagão uma mamata injustificável, perpetrada por ninguém menos que o próprio Delcídio, cristão-novo no PT. Dilma Rousseff, a então ministra de Minas e Energia, compartilhava da mesma opinião. Em nome da boa relação com o governador de Mato Grosso do Sul, Zeca do PT, ela receberia Eike e seus assessores diversas vezes em Brasília, geralmente para conversas sobre os projetos de Corumbá, mas logo avisou que não haveria negociação sobre a TermoLuma.

Mesmo com os alertas do governo, Eike insistia em resistir à Petrobras, o que irritou seus sócios americanos da MDU, cientes de que um contrato daqueles não tinha como se sustentar por muito tempo. Eles avaliavam que, feitas as contas, a proposta da estatal era mais do que razoável. Desde a inauguração, a TermoLuma já recebera cerca de 100 milhões de dólares,[21] o que quase pagava o investimento. Com mais 127 milhões, garantiriam um belo lucro e se livrariam de um litígio demorado com a empresa mais poderosa do Brasil. Havia ainda outra razão para quererem fechar negócio. Com a venda da usina, poderiam abater os créditos que ainda tinham com Eike e se livrar dele.

O clima na sociedade não era nada bom. Depois do encantamento inicial, a informalidade do sócio brasileiro, que a princípio parecera tão saudável, se revelou um transtorno. Acostumados a obedecer a processos e a respeitar hierarquias, os americanos se exasperavam com a dificuldade em conseguir acesso aos livros contábeis e documentos da usina. E quando conseguiam, não gostavam do que viam. Queixavam-se do descontrole nos gastos e viviam reclamando do abuso do cartão de crédito corporativo para pagar despesas pessoais de Eike, com empregados ou viagens em família.

Ele tampouco estava satisfeito. Para começar, achava um absurdo que, depois de fazer os parceiros ganharem tanto dinheiro, ficassem "enchendo o saco à toa". Considerava também os americanos "muito moles" e sugeria, vez por outra, que atrasavam de propósito as remessas de recursos para a manutenção da planta.

Depois de uma intervenção pacificadora de Eliezer e alguns amigos, Eike cedeu à pressão dos sócios estrangeiros e aceitou fechar um acordo com a Petrobras. Em março de 2005, a TermoLuma foi vendida à estatal por 137 milhões de dólares.[22] A sociedade com os americanos foi desfeita logo depois — e ele deu graças a Deus por se livrar daqueles sócios inconvenientes, pois tinha planos muito maiores para o próprio futuro, e ia colocá-los em prática sozinho.

4. Rumo ao topo da cadeia alimentar

No início de 2006, Eike Batista estava pronto para alçar voo. Se timing era o nome do jogo, encontrava-se — mais do que nunca — pronto para vencer. Ao longo de 2005, ele assistira à consistente ascensão dos preços do minério, assim como a uma explosão de aberturas de capital — construtoras, varejistas, produtoras de alimentos, todas oferecendo suas ações na bolsa e arrecadando dinheiro para financiar o crescimento.

A Bolsa de Valores de São Paulo (Bovespa), a maior da América Latina, vivia um boom,[1] e Eike estava certo de que seria em pouco tempo uma das principais do mundo. O Brasil era o B dos Brics, acrônimo cunhado em 2001 pelo economista Jim O'Neill, do banco Goldman Sachs, para designar as quatro economias que cresciam com mais rapidez — Brasil, Rússia, Índia e China. Seria o maior produtor de commodities do planeta. E ele queria surfar as duas ondas. Idealizou uma série de empresas de energia e logística a serem progressivamente lançadas no mercado. A MMX — que chamou de mini-Vale — seria a primeira da fila.

A mineradora tinha, na prática, apenas uma coleção de direitos minerários e alguns empreendimentos logísticos ainda em fase embrionária. Mas Eike não via nisso um problema. No Canadá, onde vivera sua primeira encarnação empresarial, alavancar projetos no mercado financeiro era tradição.

Frente às congêneres canadenses, aliás, sua mineradora tinha até uma vantagem: o terminal portuário exclusivo — também ainda no papel, mas um belo projeto. O plano era bom; fazia sentido.

Naquela época, como hoje, toda mineradora independente estava sujeita aos preços e às condições da Vale do Rio Doce, que controlava as ferrovias, para exportar seus produtos. Eike tinha certeza, pois, de que o mercado receberia de braços abertos qualquer alternativa ao predomínio da gigante. Mas o Brasil não era o Canadá, e os investidores brasileiros não estavam acostumados a comprar projeções em vez de empresas de verdade. Por isso, os ex-Vale Martino e Nosé continuavam buscando proprietários de terras e donos de direitos de lavra antes de irem à bolsa.

Ao final de alguns meses de procura — e depois de uma disputa com a Vale que elevou o preço dos ativos —, Eike acabaria desembolsando 200 milhões de dólares por duas minas no Quadrilátero Ferrífero, a maior região produtora de minério em Minas Gerais, com 7 mil quilômetros quadrados, numa área ao norte de Belo Horizonte chamada Serra do Sapo. Comprou também a reserva de Itapanhoacanga. A ideia era que tais minas se convertessem no núcleo do projeto a ser exibido pela MMX ao mercado. Na pressa de comprá-las, porém, não houve tempo para uma estimativa mais acurada de suas reservas.

Para pagar por elas, Eike fizera um empréstimo e dera como garantia todo o seu patrimônio até então. Marcelo Cheniaux, ex-gerente de tesouraria de uma engarrafadora da Coca-Cola e então administrador dos recursos da holding, se preocupou. "Pô, Eike, você está empatando todo o patrimônio? É muito risco!" "Mas você é calça-curta mesmo, hein, Cheniaux! Deixa comigo. Eu sei o que estou fazendo."

Calça-curta. Essa era uma das expressões preferidas de Eike. A compra das minas, no entanto, representava mesmo um risco alto. Afinal, ninguém sabia ainda quanto minério guardavam. Com Eike, porém, não havia meio-termo. Ele não era fã de carteado — mas, se fosse, seria o craque do *all-in*, um dos lances mais característicos do pôquer, quando o jogador empenha todas as suas fichas num único lance.

No *all-in*, é tudo ou nada. Com Eike também. Quem não o acompanhasse em suas apostas era um calça-curta, um moleque incapaz de vencer num mundo de gente grande. Era uma admoestação dura de ouvir para aqueles jovens ambiciosos que se julgavam donos de talento e inteligência acima da média —

se não por outro motivo, ao menos porque o próprio chefe os fazia crer serem especiais. Com o tempo, descobriam que Eike os incensaria o quanto fosse preciso, desde que não tentassem ser mais especiais do que ele. Dizer-lhe o que fazer — principalmente se contra seus planos grandiosos — equivalia a uma grande ofensa. Cheniaux, recrutado ainda nos tempos das vacas magras, era um dos que mais sofriam com as censuras. Era seu papel, no entanto, segurar o ímpeto gastador de Eike e fazer o dinheiro render. Estava acostumado. O melhor era engolir o desaforo e obedecer. Logo — dizia a filosofia da casa — estariam bem de novo.

No final de 2005, os executivos se puseram a dar forma à abertura de capital da MMX. Segundo os cálculos, começar a transformar aquela pilha de contratos e projetos de engenharia em minas, portos e ferrovias custaria, no mínimo, 750 milhões de dólares. Eike pretendia oferecer cerca de 33% da empresa a investidores por esse valor.

Para uma operação desse tamanho, precisaria de pelo menos dois grandes bancos, um estrangeiro, para vender a empresa mundo afora, e um nacional. Àquela altura, só havia mesmo duas instituições capazes de topar o risco: Credit Suisse (CS) e Pactual. Desde que o boom dos IPOs começara, os dois tinham se tornado líderes em ofertas de ações na bolsa, ambos sob a batuta de banqueiros agressivos e competitivos, e que marcariam época: Antonio Quintella e André Esteves, respectivamente. E tinham boas razões para embarcar na nova aventura de Eike Batista.

O Pactual então se fundia à subsidiária brasileira do suíço UBS e precisava mostrar quem de fato mandava no pedaço.[2] Ganhar a liderança de uma operação grande em meio às negociações de fusão era algo muito bem-vindo. Nos últimos tempos, Eike se aproximara bastante de Gilberto Sayão, o sócio do banco com quem, em sua lancha de corrida, batera o recorde de velocidade da travessia Santos-Rio. Já Esteves, o outro sócio, embora torcesse o nariz para Eike desde o vexame no *Domingão do Faustão*, decidira adotar uma postura pragmática.

Além da conta bancária polpuda, o empresário estava sempre perseguindo novos negócios, vendendo ou comprando algo e invariavelmente procurando parceiros. Cada transação desse tipo rendia comissões — e ele pagava bem para fechar bons negócios. Ao contrário de outros banqueiros, que torciam o nariz para o fato de a MMX ser apenas um projeto, a ideia mais atraía do que afastava o Pactual — porque Esteves identificara ali um novo nicho. Se a oferta de ações funcionasse, muitos outros projetos poderiam seguir aquele caminho.

Contudo, nem todos no banco compartilhavam da empolgação do chefe. Assim que puseram os olhos nos ativos da nova empresa, que então giravam apenas em torno do potencial estimado de reservas da principal mina de Eike, a de Serra do Sapo, os analistas de mineração do Pactual foram implacáveis. "Pô, o que eles têm até agora é só uma montanha", disseram. "Vocês acham que não tem minério?", perguntou Esteves. "Pode ser que tenha, pode ser que não", responderam. O banqueiro mandou que visitassem a área. De volta, mantiveram o veredicto. "Por ora é apenas uma montanha." O chefe não se intimidou. "Tudo bem, vamos pagar para ver."

O primeiro banco estrangeiro com que a MMX negociou — o Morgan Stanley — aparentemente também vivera o dilema da montanha. O tempo passava — entre reuniões, trocas de propostas e rascunhos de apresentações em PowerPoint — e nada de se decidirem. Para completar, o principal interlocutor de Eike no banco pedira demissão em um fim de semana e fora substituído na segunda-feira por uma equipe de funcionários menos graduados, a quem os executivos se referiam como "um bando de chulés". Foi quando Quintella, o cabeça do concorrente Credit Suisse no Brasil, entrou na jogada.

Dono de um apetite fora do comum para novos negócios e competitivo ao extremo, o carioca Quintella estabelecera como meta para sua equipe abocanhar não a maior parte, mas *todos* os IPOs do mercado. Fanático por trabalho, do tipo que acorda os subordinados de madrugada,[3] ele conseguira a proeza de inverter a lógica comum aos bancos estrangeiros e fazer da filial brasileira uma das maiores geradoras de receitas com fusões e aquisições para o Credit Suisse no mundo. Para manter a roda dos negócios girando, ainda inventara um expediente polêmico: o empréstimo pré-IPO, que embelezava o balanço das empresas para sua estreia na bolsa, mas sufocava as finanças depois, prejudicando o retorno aos investidores.

No mesmo fim de semana de dezembro de 2005 em que o diretor do Morgan Stanley se demitiu, Quintella pediu ao seu subordinado José Olympio Pereira, então diretor de investimentos, que marcasse uma reunião com Eike. Em poucos dias, Quintella, José Olympio e Roger Downey, chefe da equipe de analistas do banco, estavam sentados na mesa de reuniões do escritório no Flamengo. Quintella não perderia tempo. "Esses gringos não têm autonomia para decidir nada sem consultar a matriz. No CS é diferente. Eu é que vou falar contigo e tomar as decisões." Além do respeitável histórico de aberturas de capital no Brasil, o banqueiro tinha um trunfo extra: Downey, o analista.

Em tese, analistas de investimento não devem ajudar a vender serviços a clientes sobre os quais deverão, no futuro, emitir relatórios. A separação entre a área de vendas e a de pesquisa, a chamada *Chinese wall*, é dos princípios mais caros ao bom funcionamento dos mercados. A tentação dos lucros, no entanto, é fortíssima — e não só no Brasil.

Depois da quebradeira dos bancos de 2008, as agências reguladoras — que investigaram a forma como as agências de rating avaliavam os títulos podres de hipotecas — descobriram diversas trocas de e-mails em que analistas de investimento falavam barbaridades para os colegas a respeito dos mesmos títulos que recomendavam aos clientes.[4] O mais prudente, pois, teria sido deixar Downey fora daquele terreno pantanoso. A questão era que, além de ser um quadro de grande qualidade, educado no exterior, diplomático e bastante preparado para discutir assuntos relativos à mineração, era também quem mais conhecia a empresa de Eike. Foi, portanto, recrutado.

O analista fez sua parte, e tomou o cuidado de não participar das discussões de comissão e de outros detalhes comerciais. A rigor, não "vendeu" os serviços do CS a Eike. Mas o fato era que sua participação foi essencial para a decisão do empresário. Antes de se tornar analista, Downey trabalhara como executivo em mineradoras e até acalentara um projeto parecido com o da MMX. Quando chegou a sua vez de falar, disse que não havia momento melhor do que aquele para vender a MMX. O minério de ferro era o "sabor da década", e qualquer projeto bem-feito teria uma história de sucesso. Aquele, em sua opinião, tinha os ingredientes necessários: uma logística bem bolada e grandes depósitos de minério. "Está vendo, Eike?", disse Quintella. "Eu sei como defender seu case."

Para Eike, os banqueiros do CS pareciam enviados dos céus. Imediatamente, fechou com Quintella e dispensou o Morgan Stanley. Começava ali uma parceria duradoura e bastante lucrativa para ambas as partes.

A abertura de capital da MMX era uma novidade para a Comissão de Valores Mobiliários (CVM), reguladora do mercado financeiro brasileiro. Até então, nenhuma companhia desse porte buscara dinheiro na bolsa para financiar projetos. O normal na Bovespa eram aberturas de capitais de empresas já constituídas, com produção e receitas concretas. Nem sequer havia regras no Brasil para um IPO daquele tipo. Seria necessário criá-las.

Com exceção do Canadá, onde existia até uma bolsa organizada para receber as chamadas companhias pré-operacionais, a maior parte dos países não aceitava abrir capital de planos ainda no papel. Depois de muita discussão, a CVM concordou em autorizar o IPO, desde que as ações da mineradora fossem vendidas apenas a investidores qualificados — gente com dinheiro e, supostamente, informação suficiente para lidar com o risco. No caso da MMX, só poderia comprar lotes de ações no IPO quem tivesse investimentos financeiros de no mínimo 300 mil reais.[5]

Em meio às negociações com a CVM, a equipe do IPO soube que Mike Vitton, o velho amigo de Eike, fazia transitar entre investidores um documento confidencial da oferta, com estimativas e prazos para o início da produção, receita e outros dados estratégicos. Como caracterizava informação privilegiada, sua circulação era mais que restrita. Vitton, contudo, simplesmente ignorara a obrigação de confidencialidade e distribuíra o relatório a alguns amigos do mercado. Um gestor que levava as regras a sério reclamou, contrariado, dizendo que não poderia mais comprar ações, sob pena de ser acusado de insider trading.

Com medo de a fofoca se espalhar e os órgãos reguladores melarem o IPO, os bancos adiaram a oferta para julho de 2006. Se imaginassem o tamanho do tsunâmi que arrastaria a MMX logo em seguida, talvez tivessem preferido bancar o risco de fazê-la o quanto antes.

"Eike, a coisa complicou. Os manifestantes da Bolívia sequestraram os ministros", avisou o diretor administrativo e de relações institucionais do grupo X, um carioca de fala mansa e muita paciência chamado Adriano Vaz. "Não acredito! Agora mesmo é que vão nos expulsar de lá!" Adriano respirou fundo e conteve a custo a vontade de dizer "Eu avisei". Havia meses vinha ponderando que construir uma usina siderúrgica na fronteira da Bolívia com o Brasil naquele momento seria um equívoco — mais ainda porque seria em sociedade com os adversários políticos de Evo Morales, que se candidatara à Presidência do país vizinho com uma plataforma de apoio às causas indígenas e de rechaço ao "imperialismo estrangeiro". Morales vinha crescendo nas pesquisas, e, se ganhasse, o apoio do brasileiro à corrente oposta poderia se converter em um tiro no pé. "Espera terminar a eleição, Eike. Daí você vai na certa", dizia. "Deixa de ser calça-curta, rapaz! Os bolivianos serão pragmáticos. Não viu o que aconteceu no Brasil?"

A Bolívia tinha uma tradição de apoio aos negócios, e Eike achava que, mesmo que Morales saísse vitorioso do pleito, o cenário não mudaria assim de uma hora para outra. Ademais, o projeto do "sistema Corumbá" — que incluía uma usina térmica binacional, com duas turbinas de cada lado da fronteira — já fora modificado tantas vezes nos últimos meses que o melhor era começar logo, antes que nunca saísse do papel.

Só que durante a campanha, no segundo semestre de 2005, Morales radicalizou e desceu o malho no empreendimento. Acusou Eike de ter comprado as licenças ambientais com doações para o candidato conservador, Jorge Quiroga, e avisou: assim que assumisse, expulsaria aquela e outras empresas estrangeiras que "roubavam" o povo da Bolívia. O contexto sugeria cautela, mas o brasileiro, em seu incorrigível otimismo, tinha certeza de que tudo daria certo. Ele definitivamente nada aprendera com a experiência na Grécia. As obras já iam aceleradas quando Morales, eleito, mandou cancelar o licenciamento ambiental da termelétrica e da siderúrgica que Eike construía no país.[6]

Embora não fosse bem uma surpresa, a medida provocou um acirramento da já radicalizada disputa entre os índios do norte e a chamada elite do sul, da qual um dos mais ilustres representantes era justamente um empresário chamado Fernando Tuma, sócio de Eike em um dos negócios bolivianos.

Com as obras paradas, os operários foram sendo demitidos e iniciaram uma onda de protestos contra o governo, que se espalhou pela região. Os três ministros enviados pelo presidente para negociar acabaram sequestrados e passaram uma noite trancados em uma casa, em poder de manifestantes.[7] Morales contra-atacou: "A EBX só tem dois caminhos: abandonar voluntariamente [o país] ou ser expulsa". Sem opção, Eike capitulou. "*Si no me quieren, yo me voy. Me voy para casa*", declarou, assim mesmo, em espanhol. E completou: "Queríamos colocar a Bolívia no mapa siderúrgico mundial. No entanto, estou pagando quinhentos anos de trauma contra empresários que exploraram o país nesse período. Virei bode expiatório".[8]

Nos bastidores, o empresário até tentara fazer chegar a Lula um pedido de socorro. Mas o presidente brasileiro estava em outra. No mesmo dia em que a EBX era expulsa da Bolívia, ele celebrou o início da produção da plataforma P-50, da Petrobras, anunciando que o Brasil atingira a autossuficiência em petróleo. Era uma autossuficiência capenga, lastreada em uma conta de subtração. (O Brasil vendia, em volume, mais barris de petróleo do que comprava; mas, como continuava vendendo petróleo cru e importando gasolina e diesel, na balança comercial a conta seguiria negativa.)[9] Para Lula, isso não vinha ao caso. Ele, ademais, estava praticamente em campanha para a reeleição — e Morales era um aliado na América Latina. O petista não compraria briga com ele nem para defender a Petrobras, que teve seus ativos nacionalizados na mesma época, com outras vinte companhias de petróleo e gás.

Eike procurou se virar sozinho. Diante do ultimato do presidente boliviano, embarcou num jato alugado rumo a La Paz para se reunir com ele, levando alguns de seus executivos. Morales, entretanto, não apareceu. Deixou o palco para seu ministro de Hidrocarbonetos, Andrés Soliz Rada, que tinha como marca registrada uma bocarra que parecia ter mais de cinquenta dentes. Rada, na prática o segundo homem mais poderoso da Bolívia, recebeu Eike na sede de seu ministério, cercado por outros quatro ministros e vários auxiliares, todos enfileirados a seu lado ao longo de uma mesa que parecia interminável de tão comprida. Dentro daquela sala, o ar rarefeito de La Paz parecia pesar como chumbo.

Antes até que Eike e sua equipe se sentassem, Rada começou o bombardeio. "*Ustedes son criminosos! Están conduciendo una espoliación del pueblo boliviano!*" Um calafrio percorreu a espinha dos brasileiros. O empresário ainda tentaria argumentar, afirmando que sua firma gerava impostos e empregos, e apelaria por uma negociação. O resultado foi ainda pior. Declarando-se ofendido com o que julgava uma oferta disfarçada de propina, Soliz Rada ameaçou chamar o Ministério da Defesa, sugerindo que os visitantes poderiam sair dali presos. A reunião terminou. Eike e sua turma foram o mais rápido que puderam para o aeroporto. No caminho, alguns ainda queriam acreditar que aquele terror era jogo de cena do governo para aumentar seu cacife em uma futura negociação. A maior parte do grupo, no entanto, não via saída. Perda total.

Numa coisa, porém, estavam todos de acordo: era um grande alívio embarcar de volta para casa.

Em meio ao turbilhão, um dos executivos de Eike propôs uma alternativa. Soubera que o superpoderoso Soliz Rada era amigo de longa data de José Dirceu, ex-ministro da Casa Civil, que acabara de ter cassado seu mandato de deputado federal por envolvimento no escândalo do mensalão. Quem sabe ele não poderia resolver a parada? Eike imediatamente pediu a um amigo de seu assessor Roberto D'Avila, o ex-executivo do *Jornal do Brasil* Paulo Marinho, que intermediasse uma reunião com o ex-ministro, que era colunista do jornal.

Na primeira semana de maio de 2006, Eike, D'Avila e Marinho receberam Dirceu no escritório da praia do Flamengo. O empresário estava muito irritado. "Eu invisto milhões de dólares na Bolívia e eles me fazem isso? Que lugar é esse?" Afirmaria também que nem pretendia permanecer no país, mas queria poder retirar seus equipamentos e receber uma indenização justa. Dirceu poderia ajudar? O ex-ministro expressou solidariedade, confirmou ser amigo de Rada e disse que tentaria convencê-lo de que o pleito era justo. O trabalho, porém, teria um preço. "Hoje estou aqui na condição de consultor. Vocês sabem, eu preciso reconstruir minha vida." Pediu então 100 mil reais por mês em um contrato de um ano. Se as negociações avançassem, cobraria uma taxa de sucesso ainda a ser combinada. Eike regateou, e acabaram fechando em 70 mil reais mensais.

Assim, Eike se tornou o primeiro cliente privado de José Dirceu, que embarcaria para La Paz poucos dias depois no jato do empresário. A ordem era manter a informação em sigilo, uma vez que o ex-ministro era vaiado em restaurantes e xingado aos gritos aonde quer que fosse.[10] Diante de seus homens de confiança, contudo, Eike não escondia a satisfação por ter no grupo um lobista tão poderoso, que, segundo ele, ainda poderia abrir portas no governo Lula. Poderoso, sim; mas pouco eficaz. Por seis meses Dirceu viajou à Bolívia, mas não conseguiu nada além do perdão de uma multa de 1 milhão de dólares, por danos ambientais.

Quando a informação de que contratara o ex-ministro vazou, Eike não negou. Mas vivia reclamando: "Contratei o Zé Dirceu e não adiantou nada!". Como não havia outro jeito, o projeto da Bolívia foi cancelado.

Para que o prospecto a ser apresentado à bolsa não ficasse esvaziado, o "sistema Corumbá" foi adaptado e recheado com o plano de construir aciarias na região, mas do lado brasileiro da fronteira, em Mato Grosso do Sul. As aciarias eram siderúrgicas específicas para transformar o ferro-gusa em vários tipos de aço. Ninguém no grupo, talvez nem mesmo Eike, acreditava que elas um dia fossem ser de fato erguidas. Mas, para figurar no conjunto a ser apresentado a investidores no IPO, estava de bom tamanho.

Em meio aos preparativos para a estreia na bolsa, Eike começou a pensar no que seria o dia seguinte. Precisava que alguém administrasse o cotidiano e fosse habilidoso o suficiente para contornar problemas — como as constantes brigas entre Nosé e a dupla Antunes e Martino, os principais executivos da MMX. Também queria um colaborador que passasse credibilidade ao mercado. Foi o amigo Delcídio do Amaral quem deu a dica. Ele sabia de alguém que se encaixava perfeitamente nessa descrição: o engenheiro Rodolfo Landim, então de saída da Petrobras, um dos executivos mais workaholics que o senador conhecia.

Carioca, neto de um diretor de liceu e filho de um pequeno empreiteiro, Landim crescera ouvindo o pai, o engenheiro Jaderico Machado, dizer que ele morreria sacristão. Tirara a expressão de uma história que lera, certa vez, sobre um rapaz cujo sonho era ser sacristão, mas que nunca pudera concretizá-lo, porque não sabia ler. O jovem então comprou um burro de carga, botou para carregar charretes e progrediu até chegar a dono de uma enorme empresa de transportes. Um belo dia, ao assinar um contrato com o presidente da República, sentiu-se mortificado por não saber ler. "Eu devia ter me tornado sacristão", lamentou. Para Jaderico, o filho Rodolfo, um caxias inveterado, era do tipo que nunca ficaria rico. Seria sempre o sacristão.

Aos 49 anos, Landim ainda se encaixava na parábola paterna, embora seu comportamento não lembrasse em nada o de um sacristão. Com 1,90 metro de altura, o tom de voz sempre alto e um jeito irrequieto de falar, gesticulando em meio a palavrões, era sempre o primeiro a chegar e, frequentemente, o último a sair. Lia todos os e-mails e documentos que lhe mandavam e fazia questão de aprová-los com comentários. A quem manifestasse espanto com sua capacidade de absorver informações, tinha uma resposta pronta: "Eu leio a porra toda!". Formado pela UFRJ e especializado em engenharia de reservatórios, fizera carreira na Petrobras à margem da política. Transitara bem no governo tucano e chegara à presidência da BR Distribuidora na gestão petista.

Tinha ótima relação com Dilma Rousseff, a ministra de Minas e Energia. Quando o petista José Eduardo Dutra deixou a presidência da Petrobras para disputar uma vaga no Senado por Sergipe, Landim foi dos primeiros cotados para substituí-lo, mas acabaria preterido por José Sergio Gabrielli — indicação do governador da Bahia, Jaques Wagner. No meio do caminho, fora fritado politicamente por adversários ligados ao baiano, que fizeram circular dossiês acusando-o de gastos administrativos irregulares. As denúncias seriam rejeitadas pelo Tribunal de Contas da União, mas serviram para retirá-lo da disputa.[11]

Landim concluiu, então, que era hora de deixar a estatal e foi comunicar sua decisão a Dilma em Brasília. Acabou recebido também pelo presidente Lula, que insistiu em saber aonde iria. Estava praticamente fechado com o Grupo Pão de Açúcar, mas preferiu nada revelar. Deixou claro apenas, contudo, que não concorreria com a Petrobras. Apesar de não haver qualquer regra proibindo que os executivos da estatal migrassem para a concorrência, o executivo prometeu ao presidente e à ministra que ficaria longe do setor de petróleo por pelo menos um ano.

Enquanto preparava sua saída da BR, Landim começou a receber insistentes ligações de Eike Batista. Pensando que o empresário quisesse negociar alguma compra de combustível, mandou que um subordinado telefonasse de volta. Depois de uns dias, recebeu um chamado de Delcídio. "O Eike está querendo falar com você." "Eu sei, já pedi para ligarem para ele." "Rodolfo, ele quer falar é com *você*. Estou te fazendo um pedido pessoal. Liga."

Landim telefonou. Marcaram um almoço no escritório de Eike. Sentados à mesa de reuniões, diante da generosa vista da baía de Guanabara, o empresário foi direto. Disse que precisava de alguém para coordenar os projetos que nasciam e afirmou que ele era "o cara". Landim ficou surpreso. Eike mal o conhecia. Até então, o único contato próximo que haviam tido fora na época da TermoLuma, quando almoçaram juntos para discutir detalhes do contrato de fornecimento de gás. O salário oferecido pelo empresário era ainda maior do que o que Abilio Diniz lhe prometera: 150 mil reais mensais e um bônus de contratação de 2,1 milhões. Além disso, ele receberia 0,5% da parte de Eike na MMX. Uma proposta tentadora. Só o bônus era quatro vezes o que possuía de patrimônio, entre imóveis, carro e dinheiro no banco. Prometeu pensar e se pôs a fazer contas. Se a MMX valesse realmente o que o dono esperava, ele ganharia 3 milhões de dólares em ações. Uma bolada. Enquanto avaliava, um buquê de flores chegou em sua casa. Era um mimo de Eike para sua mulher, Ângela, com um bilhete sedutor, que prometia um futuro brilhante para o marido.

Landim até chegaria a se apresentar no Pão de Açúcar, mas a oferta da MMX não lhe saía da cabeça. Ele havia se informado com alguns colegas que entendiam de mineração e ouvira deles que o projeto fazia sentido. O fato de o empresário botar seu próprio dinheiro na empreitada mostrava comprometimento — e Landim gostava disso. Ambos tinham quase a mesma idade e uma dedicação igualmente intensa ao trabalho. Afinal, decidiu aceitar o desafio e ligou para marcar uma derradeira conversa com Eike, que de imediato o convidou para uma reunião do conselho da mineradora.

Em 15 de maio de 2006, Landim chegou ao Mr. Lam, o restaurante chinês que Eike erguia na orla da lagoa Rodrigo de Freitas. No mezanino ainda em obras, em meio a marceneiros e pintores que davam os últimos retoques no empreendimento, o empresário o apresentou aos outros executivos do grupo. "Pessoal, esse aqui é o Rodolfo Landim. Ele vai trabalhar com a gente. Paulo [Gouvêa], dá o contrato para ele assinar." E assim, de chofre, o "sacristão" dava início ao que seria a mais conflituosa e intensa experiência de sua vida. No dia seguinte, descobriria que não apenas o Mr. Lam, mas o grupo inteiro de Eike estava em construção — e, embora não soubesse disso na ocasião, pelo menos enquanto o empresário mandasse nele, nunca deixaria de estar.

Eike costumava deixar a porta aberta e opinar sobre tudo o que se passava, mas o momento de discutir em detalhes as empresas era o almoço semanal com os executivos, na sala de reuniões do grupo. Enquanto traçava, com seu proverbial apetite, pratos de salada, peixe e arroz de açafrão, o chefe fazia perguntas a um e outro e tinha ideias que quase sempre eram incorporadas aos projetos, mesmo que demandassem atrasar um pouco alguma obra ou rever algum plano ou orçamento.

Para um executivo que passara a vida prestando atenção a normas operacionais e se acostumara a um processo decisório atrelado a comitês, conselhos e auditorias, a forma como se faziam as coisas no grupo de Eike Batista representava um contraste abissal. Landim, no entanto, não se incomodou. O patrão lhe dissera que, como diretor-geral, sua função seria organizar a nova empresa — e era isso o que faria. Estavam todos motivados para levar a MMX à bolsa — e receber em recompensa um naco da companhia. Os principais executivos tinham pacotes de ações que variavam de 0,5% a 5%. Quanto mais a mineradora viesse a valer no mercado, mais ganhariam.

Só muito tempo depois eles reconheceriam que a ânsia de engordar o boi acabou por envenená-lo.

As reuniões de trabalho da MMX eram semanais, com os diretores de agenda em punho. A lista de providências, todas urgentes, era grande: contatos de preparação com o mercado para a ida da companhia à bolsa de valores; incursões à burocracia para tirar licenças ambientais; contratação de funcionários; elaboração de projetos de engenharia; confecção dos orçamentos. Quase não havia planejamento de longo prazo. Não dava. Eike não ia a essas reuniões, sempre envolvido em algum de seus múltiplos empreendimentos. Havia o Mr. Lam, para o qual importara o chef chinês do Mr. Chow, seu restaurante preferido em Nova York. Havia as lanchas de corrida. Um resort em Búzios. Uma empresa de reflorestamento. Um centro clínico. E ainda um barco aposentado da década de 1970, o *Pink Fleet*, que Eike adquirira para oferecer passeios turísticos pela baía de Guanabara. A lista só crescia, e mesmo os menores projetos tomavam do chefe tempo igual — às vezes maior — ao que dedicava à mineradora.

Nesse clima, Eike aproveitou um dos almoços com os CEOs para, animado, escrever os objetivos de cada um em papéis de lembrete, que entregou ao subordinado e o fez assinar. Ao final do encontro, decidiu juntar aquele monte de papeizinhos, enquadrar e pendurar na parede de sua sala. Assim, dizia, poderia cobrá-los. Quem não atingisse as metas estaria perdido. Naquele ambiente eminentemente masculino, todos acharam muito normal que se apelidasse a tal galeria de "raboteca" — uma exposição dos "rabos" que sairiam machucados caso os respectivos compromissos não fossem cumpridos.

O bom humor e o revigorado fervor empreendedor de Eike refletiam sua nova fase. Depois de anos bastante duros, era um novo homem. Tinha dinheiro novo entrando no grupo, novos projetos, novos banqueiros. Trocara os moletons, que costumava usar sob o blazer, por indefectíveis camisetas pretas de malha, compradas aos montes, em pacotes com várias iguais, na Macy's de Nova York, para usar sob os ternos de risca de giz. Ainda não era o visual padrão do mundo dos negócios, mas já não causava tanta estranheza. Encomendara um novo aviãozinho, um Legacy 600, da Embraer, com dezesseis lugares e autonomia para percorrer 6 mil quilômetros numa só viagem.[12]

Superara também os conflitos com a ex-mulher, Luma, e assumira de vez a nova namorada, Flávia Sampaio. Os dois se encontravam nos fins de semana, corriam na Lagoa e iam a restaurantes. Eventualmente ela o acompanhava em viagens e jantares de negócios, mas moravam em casas separadas. Esperta, não dava entrevistas e não cobrava mais atenção do que ele podia dar.

Com Flávia a tiracolo, Eike compareceu orgulhoso à inauguração do Mr. Lam. Ter o seu próprio restaurante chinês era um sonho antigo. Seu preferido, desde os anos 1990, era o já mencionado Mr. Chow, de Nova York, de cujo chef chamara a atenção — em meio a clientes badalados, como Madonna e David Bowie — graças ao apetite pantagruélico. Em uma única noite, no início da década de 1990, comera mais de trinta espetinhos de frango satay, entrada tradicional da culinária chinesa, que leva frango frito e molho de amendoim.[13] O chef ficou tão curioso sobre aquele cliente que foi até o salão para conhecê-lo.

Ao longo dos anos, tornaram-se amigos, e, logo que Eike vendeu sua mina de ouro no Amapá e voltou a ter dinheiro em caixa e crédito na praça, começou a buscar no Rio um local para instalar a filial brasileira do Mr. Chow. O problema era que o próprio Chow não queria terceirizar a ninguém o conceito de seus estabelecimentos, e por isso não aceitava ser sócio de Eike. O empresário não se apertou. Fez uma proposta apetitosa ao braço direito do chinês, Mr. Lam — 20 mil dólares mensais de salário e moradia paga pelo grupo EBX —, e o tirou do Mr. Chow.[14]

No Rio, restaurantes chineses eram sinônimo de sujeira e comida ruim, mas o Mr. Lam subvertia essa regra. Erguido numa esquina defronte à Lagoa, tinha um salão portentoso, com pé-direito de mais de cinco metros e enormes paredes de vidro emolduradas por colunas de tijolo aparente. O ambiente fora todo decorado com acessórios em tons de vermelho-sangue e dourado. Duas réplicas em tamanho real dos guerreiros de terracota de Xian e um dragão de metal que cintilava iluminado davam o toque chinês. A maior mesa do salão era uma távola redonda de resina vermelha — apoiada sobre um motor de lancha Lamborghini —, concebida para acomodar até catorze pessoas: a "mesa do Eike". A quem tivesse curiosidade de saber que motor era aquele, os garçons tinham a resposta na ponta da língua: "Esse é o motor da lancha com que o sr. Eike ganhou o Campeonato Brasileiro de Offshore, em 1990".

No cardápio, havia pratos batizados com os nomes dos Batista, como Lula do Olin (lula empanada), Mr. Batista's Prawns (camarões ao molho agridoce levemente picante) e King Thor Prawns (tempurá de camarão). Uma superadega fabricada pela Porsche guardava em gavetas especiais doze edições vintage de Veuve Clicquot, em meio às mais de 150 garrafas do famoso champanhe. Eike nunca foi de beber muito, mas por qualquer motivo abria um champanhe.

Seguindo uma recomendação do feng shui, mandou enterrar uma barra de cobre embaixo do salão, para afastar más energias. Apesar de o investimento de 10 milhões de dólares ter sido alto para um estabelecimento do gênero, Eike garantiu que ali não se praticariam preços extorsivos. Qual era a mágica? "O Mr. Lam é o meu presente para o Rio", repetia, orgulhoso. Mais do que tudo, era um presente para ele mesmo. Depois de aberto, o Mr. Lam se transformaria no restaurante oficial de Eike, de suas empresas e de seus filhos. Reuniões e confraternizações, jantares e almoços com parceiros de negócios passaram a ser feitos ali, assim como as saídas de fim de semana dos herdeiros, que não raro reuniam grupos numerosos de amigos para comer e beber de graça.

Por muitos anos, o Mr. Lam operou no vermelho, com um prejuízo de mais ou menos 200 mil reais mensais. Apesar disso, Eike nunca se arrependeu do investimento — e o restaurante funciona até hoje no mesmo lugar.

"E então, rapazes, vamos começar o show?" A terceira semana de julho de 2006 começou agitada, com os diretores da MMX e da holding EBX espalhados pelo mundo. Chegara a hora do *road show*, o momento em que seus representantes venderiam a companhia a investidores. Depois de meses administrando reveses, o grupo conseguira acertar alguns lances. Em junho, fechara contrato para fornecer 6 milhões de toneladas anuais de minério, por vinte anos, com um consórcio de países árabes, a Gulf Investment Corporation (GIC).[15] O acordo emprestava credibilidade à empresa. Era legítimo supor que, com um contrato firme de fornecimento de minério, os executivos teriam um incentivo a mais para pôr a empresa de pé. Com essas novidades, o projeto estava bem mais palatável.

O maior ativo do grupo, porém, era mesmo Eike Batista. Se havia algo que ele dominava era a arte de vender qualquer coisa a qualquer pessoa. Nas semanas anteriores, dera várias entrevistas a jornais e revistas especializados. Enfatizara seu conceito de mini-Vale e alardeara ter contratado noventa técnicos, engenheiros e gestores da "nave mãe". Criara um vídeo institucional, para ser apresentado a investidores, que começava com um locutor dizendo, em tom épico, sobre uma imagem de uma mina em operação: "Num mundo que cresce muito rapidamente, a demanda por minério de ferro irá aumentar exponencialmente".

O vídeo, com versões em inglês e português, era peça-chave no roteiro concebido pelo próprio Eike para o *road show*. Deveria ser exibido sempre antes de os executivos começarem a falar, porque queria que a empresa fosse apresentada de forma leve e visual. As brochuras com várias páginas, preparadas pelos bancos, que Eike considerava muito caretas e pouco práticas, foram descartadas. Mandou que condensassem todas as informações da companhia em uma única folha de papel A3 — a ser distribuída a investidores. Os banqueiros não gostaram, mas ele explicou que era bem melhor e mais fácil de carregar, até mesmo no bolso.

Quando falava, o empresário tomava conta do cenário. A voz de locutor de rádio, o bom humor e o discurso "visionário" — que antecipava o glorioso futuro do Brasil como produtor de commodities — sempre faziam sucesso. Talvez fosse só uma impressão, mas alguns de seus auxiliares podiam jurar que a pinta de magnata europeu, o inglês carregado com sotaque alemão e os olhos verdes — alguém igual a eles — ajudavam muito no marketing. Nas conversas, ele prestava tal atenção ao que o interlocutor dizia que o fazia se sentir especial. E calculava cada gesto para conseguir o que queria. Em Nova York, pouco antes de entrar na sala para uma reunião com investidores, os banqueiros o alertaram sobre uma analista linda, sofisticada e inteligente, pela qual todos os rapazes de Wall Street eram vidrados, mas que, por ser bastante crítica e irônica, poderia fazer, com seus comentários, a apresentação desandar. Assim que entrou na sala e foi apresentado à moça, Eike sacou seu melhor sorriso e fez um comentário aparentemente inocente: "Nossa, como sua mão está áspera...". Ela ficou tão sem graça que se calou e não fez qualquer comentário durante toda a reunião.

Apesar da performance de Eike, o *road show* da MMX não foi propriamente um passeio. Os investidores deram várias mostras de que não comprariam fácil uma companhia pré-operacional que já enfrentara tantos reveses antes mesmo de começar a produzir. Os gestores de fundos haviam feito bem a lição de casa e tinham perguntas na ponta da língua sobre o risco político, as possíveis dificuldades com os órgãos ambientais e os prazos apertados demais. Também duvidavam do real valor da empresa, uma vez que tudo o que havia eram estimativas de reservas e não recursos garantidos. Embora perguntas duras e incômodas fossem naturais em sabatinas como aquelas, em que se decidia sobre o destino de milhões de dólares, também era normal que, depois de cada encontro, os bancos recebessem ligações de clientes com seus pedidos de reservas de cotas para a estreia da empresa na bolsa. No caso da MMX, as ordens ou não vinham ou eram tão mirradas que os executivos e banqueiros já começavam a se preocupar.

Parte da explicação para esse desempenho estava numa certa dose de amadorismo. Embora fossem bastante conhecidos no Brasil, os banqueiros que conduziam o IPO ainda não tinham o mesmo traquejo no exterior. O Credit Suisse até possuía equipes nos locais visitados pelo pessoal da MMX, mas optara por fazer o agendamento das reuniões desde o Brasil. Com isso, por exemplo, um executivo viajaria até Cingapura para se encontrar com um gestor de fundos que não tinha capital suficiente para aplicar na mineradora. Outro se reuniria com um investidor que não possuía registro para comprar ações no país e não conseguiria fazê-lo em tempo hábil, nem se quisesse.

Haveria ainda cenas constrangedoras. Numa reunião em Londres, Evy Hambro, representante do megafundo BlackRock e um dos mais reputados analistas de mineração do mundo, perguntou a Landim qual era o preço esperado para as ações da nova companhia no IPO. "Nossa expectativa é que fique entre 1100 e 1300 reais", foi a resposta. "O quê!?", exclamou o outro, indignado. "Como você tem coragem de dizer uma coisa dessas!? A sua empresa não vale um terço disso!" Explosivo por natureza, o brasileiro fez um esforço monumental para não retrucar com igual agressividade, mas o inglês prosseguiu desancando a equipe e todo o resto do projeto. Saíram dali desenxabidos.

No dia do IPO, a ação acabaria vendida por 815 reais, bem menos do que os 1300 esperados pelo time da MMX. Depois de um certo tempo, porém, pôs-se a subir sem parar. Landim, que não esquecera a humilhação, mandou afixar na porta do escritório — em inglês —, escrita, a nova meta da equipe: "Provar que Evy Hambro está errado". E, vez por outra, enviava e-mails para o londrino perguntando se vira a alta dos papéis. Até um dia, meses depois, em que recebeu uma resposta. "Eu vi. Entrei, comprei e já vendi. E ganhei uma fortuna."

* * *

Se os dias do *road show* foram tensos, mais ainda seria o encontro de toda a equipe em São Paulo, no 13º andar do edifício sede do Credit Suisse. Ali, depois de avaliar a demanda pelos papéis, seriam definidos a lista de compradores e o preço de estreia das ações. Quando Eike e sua equipe chegaram, estava claro que a quantidade de pedidos fora bem menor do que o esperado, e que não seria possível arrecadar os sonhados 750 milhões de dólares.

As ordens de compra de ações somavam 450 milhões de dólares, menos até do que o piso mínimo — 500 milhões — estabelecido pelos bancos como referência para a CVM. O clima na sala de reuniões era pesado. Em situações assim, o mais comum é aceitar um valor menor pelos papéis ou até adiar a oferta. Eike, entretanto, não queria uma coisa nem outra. Imediatamente, avisou que faria uma ordem de pagamento com os 50 milhões de dólares que faltavam — quantia que, na época, representava cerca de 20% de todo o dinheiro que possuía. Foi uma cena marcante. Ele tirava do próprio bolso para garantir o IPO. Nenhum empresário brasileiro fazia isso. Os banqueiros ficaram maravilhados. Ali estava um sujeito que acreditava no próprio taco.

Logo o zum-zum-zum se espalhou pelo prédio, e mesmo quem não presenciara o gesto sabia narrá-lo em detalhes. Como tantas outras vezes em sua vida, Eike bancara a aposta e pusera — tudo ou nada — todas as fichas na mesa.

Naqueles primeiros dias de julho de 2006, em outra sala do mesmo prédio, desenrolava-se outro lance bem menos glamuroso. Por causa dos prejuízos da MMX na Bolívia, Eike decidira reduzir as cotas de ações de todos os executivos. Mas não quis dizer isso pessoalmente à equipe e destacou o diretor jurídico, Paulo Gouvêa, para a tarefa. Trabalhando para Eike havia quase dez anos, Gouvêa conhecia o patrão como poucos e tinha um jeito diplomático que facilitava a comunicação com os colegas. Coube-lhe informá-los de que, embora tampouco tivesse sido combinado de início, seus contratos teriam o *lock up* — período em que ficariam proibidos de negociar suas cotas de ações — ampliado de um para três anos.

O mal-estar foi geral. O combinado não valia mais? E por que não era Eike quem estava ali para renegociar os contratos com eles? O chefe era assim mesmo, conformavam-se alguns colegas. Anos depois, rememorando o momento, alguns diriam que o episódio representou o primeiro sinal de que, no grupo X, as coisas não funcionavam em consonância com o senso comum, mas sim de acordo com uma lógica muito particular — a lógica de Eike Batista. Apesar da contrariedade, contudo, ninguém disse nada ao chefe. Quem afinal reclamaria se ele próprio acabara de botar 50 milhões de dólares do próprio bolso para fazer a MMX nascer?

No dia 10 de julho de 2006, Eike Batista levou a primeira empresa do grupo X à Bovespa. Os investidores pagaram 501 milhões de dólares, ou 1,1 bilhão de reais em valores da época, por 37% da MMX.[16]

Mesmo abaixo das expectativas, tratava-se de um recorde para a Bovespa. Os sorrisos e o ar de euforia que ele e seu time ostentavam ao abrir o pregão faziam parecer distantes os meses de sufoco. Os banqueiros também tinham motivos para sorrir. Só em comissões, receberiam 64 milhões de reais — o equivalente a 6,22% de todo o dinheiro arrecadado no IPO —, valor que batia outro recorde, o da maior comissão já paga a bancos numa oferta pública.

Para comemorar, foram todos almoçar no A Figueira Rubaiyat, ponto de encontro dos engravatados da avenida Paulista. Cerca de duzentas pessoas — funcionários da empresa e muitos rapazes, de pouco mais de vinte anos, que haviam trabalhado pela oferta em escritórios de advocacia, bancos e corretoras — bebericavam caipirinhas, cervejas e refrigerantes, e enganavam a fome com o couvert, quando Eike se levantou para um discurso. "Nós temos aqui os maiores banqueiros e investidores do Brasil. Isso revela a qualidade do nosso ativo." O empresário prosseguiria dizendo que seu grupo era totalmente diferente dos outros, pois encarnava o empreendedorismo puro, aquele que não vivia das benesses de políticos nem de bancos oficiais. Provava ao Brasil que era possível se financiar apenas no mercado de capitais — tudo isso graças àqueles rapazes jovens e competentes que estavam ali, diante dele. E concluiu: "Vocês são o topo da cadeia alimentar!". A audiência foi ao delírio.

O capitalismo brasileiro seria outro com aquele cara. Eike estava de volta ao jogo. E as apostas seriam altas.

5. Vamos ao leilão

Assim que as portas do avião se fecharam, naquele 1º de dezembro de 2006, Eike Batista e Rodolfo Landim se acomodaram lado a lado na fileira 12 do voo da finada companhia EAS, especializada no transporte de executivos, entre Nova York e Londres.[1] Não havia intimidade entre eles, mas admiração mútua, desenvolvida ao longo dos últimos seis meses.

Landim dizia aos amigos que nunca vira, em seus tempos de Petrobras, alguém com tamanha ousadia e senso de oportunidade. Eike, por sua vez, estava impressionado com a postura profissional do colaborador, a quem se referia como o "CEOzão" que buscara durante um bom tempo. Landim, dizia o empresário, passava credibilidade ao grupo e fazia as coisas acontecerem. Nos últimos seis meses, o executivo assumira as rédeas da negociação com a Cleveland-Cliffs, a primeira estrangeira a comprar uma fatia de um dos três sistemas da MMX. Ademais, tinha bom relacionamento com o time da mineradora e ajudava a aliviar a pressão sobre o chefe.

Enquanto a aeromoça servia a refeição, começaram a falar de trabalho. Tinham pela frente sete horas de jornada sobre o Atlântico e pelo menos uma antes de pegar no sono. Depois de uma semana visitando investidores em Nova York para mostrar os resultados da MMX — basicamente a obtenção de algumas licenças e o contrato de fornecimento de minério com a Cleveland-Cliffs —, Eike sentia que ainda seria preciso resolver alguns nós antes de aplacar o ceticismo de parte dos investidores quanto aos riscos do projeto. Um dos desafios era abastecer de gás o porto do Açu, onde terminava o mineroduto. Obter o combustível mais barato do que o preço da Petrobras seria a única forma de tornar viável o polo siderúrgico com que sonhava. E a única maneira de alcançar isso seria por meio de uma reserva própria.

O Açu fica justamente no litoral da bacia de Campos, 140 quilômetros ao norte de Macaé, onde está instalada a central de operações da Petrobras. Landim conhecia a área como poucos. Durante anos, fora engenheiro de reservatório e depois chefe da produção da estatal na região. Explicou a Eike que a média de acertos da Petrobras ali era de 50% e a margem de lucro, de 30%. O empresário ficou impressionado. Era muito melhor do que procurar ouro e se acostumar com a perspectiva de uma descoberta a cada 17 mil perfurações.

Eike até pensara em tentar convencer a Petrobras ou alguma outra empresa a lhe fornecer o gás mais barato. Depois desse papo, entretanto, decidiu ter a própria petroleira — para o que o CEOzão, claro, teria de ajudá-lo. O executivo, porém, se deparava com um conflito ético: havia prometido a Lula e Dilma Rousseff que ficaria um ano longe do setor de petróleo, e disse ao chefe que não quebraria o compromisso. "Não quero fazer. Ainda estou na quarentena." "Porra, Landim, você assinou alguma coisa? Tem papel, tem contrato? Se não tem nada formal, vamos nessa!"

Apesar da pressão, ele resistia. Disse que só começaria a pensar na formação da nova companhia a partir de maio, quando vencesse a autoestabelecida quarentena. Eike, contudo, estava obcecado. A agenda nos três dias em Londres era folgada. Seriam apenas duas reuniões nos arredores do Hyde Park. Sobrava tempo para caminhar pelo parque, em conversas quase sempre monotemáticas sobre a nova empresa de petróleo que montariam. O assédio continuou no voo de volta ao Brasil. Acomodados na quinta fila do voo 247 da British Airways, eles saboreavam o menu da primeira classe quando Eike teve um arroubo. Embora estivessem um do lado do outro, o empresário, como que para tornar a coisa mais solene, arrancou a capa de um caderno universitário que levava na pasta e escreveu à caneta, no verso:

De: Eike Batista
To: Rodolfo Landim (meu amigo)

Após vários meses trabalhando com você, constatei que você pertence ao pequeno e seleto grupo de pessoas muito raras e muito especiais que conheci na minha vida. Você é transparente, ético ao máximo, profissional competente e disciplinado [sic] — um homem do bem! Gostaria de convidá-lo a fazer parte da minha holding, como cavaleiro da "távola do sol eterno", fiel guerreiro e escudeiro, um grande amigo! Invés [sic] de uma bela espada, você receberá 1% da holding + 0,5% das minhas ações da MMX (acho, e quero que você tenha o mesmo NR que os outros diretores). Uma das coisas mais gostosas na vida é trabalhar com amigos competentes e fiéis e dividir a riqueza criada!! Você merece,

Do amigo
Eike Batista

A proposta era tentadora: ao dar a Landim mais 0,5% de sua participação na MMX, Eike dobrava seu pacote de ações. E ainda havia o "+ 1% da holding". Era-lhe oferecido, portanto, 1% em todas as sociedades empresariais desenvolvidas pelo grupo — na época, só a MMX fora à bolsa, mas Landim sabia que algumas companhias eram então preparadas para o mesmo fim.

A oferta representava o suprassumo na escala de reconhecimento de Eike. Segundo os códigos do empresário, aqueles que detinham 1% de suas empresas compunham a chamada guarda pretoriana, em referência ao corpo especial de soldados que protegia os imperadores romanos. No discurso de Eike, seus pretorianos eram cavaleiros de honra encarregados de cuidar do seu império, e mereciam ser também seus sócios.

"Ficamos emocionados, apertamos as mãos e selamos o compromisso, de homem pra homem, olho no olho, honra por honra, de que eu tocaria o projeto que veio a ser a OGX", lembraria Landim, anos depois, em uma entrevista à revista *piauí*.[2] De volta ao Brasil, guardou o bilhete e os canhotos das passagens aéreas — provas de uma promessa que cobraria quando chegasse a hora.

Eike incumbiu a dois rapazes que trouxera para a área de novos negócios — Gabriel De Biase, recém-saído do curso de engenharia de produção da puc-Rio, e Marcelo Torres, que viera do banco de investimentos inglês Dresdner Kleinwort — a missão de estudar o mercado de petróleo, sob a supervisão de Landim, que indicaria alguns nomes à composição da nova empresa. O primeiro, o de Francisco Gros, ex-presidente do bndes, do Banco Central e, mais recentemente, também da Petrobras. Habilidoso, inteligente e com prestígio no mercado, Gros era perfeito para dar peso ao projeto.

Eike planejava montar uma equipe estrelada. E Landim então começou a sondar o ambiente na Petrobras.

Em março de 2007, o geólogo Paulo Mendonça, gerente executivo de exploração e produção da estatal, estava angustiado. Em sua comemoração de aniversário, realizada numa churrascaria do centro do Rio, entre taças de vinho e piadas de sacanagem, comentou com Landim, de quem fora colega, que pensava em se aposentar. "Não aguento mais o Estrella", disse. Até para ele, otimista incorrigível, foi difícil segurar o moral depois do que ouvira do chefe, o diretor de exploração e produção da Petrobras Guilherme Estrella, naquele mesmo dia.

Mendonça se esmerara em uma apresentação para a diretoria sobre o "golfo do Brasil" — nome com o qual havia batizado a província do pré-sal, descoberta por uma de suas equipes, sob seu comando. Argumentando que aquela seria a maior fronteira exploratória da história da companhia, defendeu que a Petrobras comprasse mais blocos na área quando da próxima licitação da Agência Nacional do Petróleo, Gás Natural e Biocombustíveis (anp), prevista para o final do ano. Mas José Sergio Gabrielli, presidente da estatal, descartou a ideia, dizendo que o portfólio da empresa na região já era suficientemente grande. Estrella, balançando a cabeça em sinal de concordância, complementou: os riscos do pré-sal eram muito altos, era melhor ir com calma.

Internamente, já se sabia que a área era promissora, embora os resultados dos testes que confirmariam o tamanho e o potencial das reservas ainda estivessem por ser conhecidos. "Naquela época, a cúpula ainda via o pré-sal como obsessão de geólogo, uma coisa ainda incerta", lembra um membro da equipe de exploração da estatal. Antes da reunião, Estrella já passara uma descompostura em Mendonça. "Quem você está pensando que é? Só quem pode dar nome de golfo neste país é o presidente Lula!"

Paulo Mendonça, aliás, estava longe de ser uma unanimidade na Petrobras. Baixinho, gordinho, àquela altura também já bastante calvo, com barba bem aparada e sempre de óculos, nascera em Portugal e viera para o Brasil ainda pequeno, com a família, que se instalaria em Assis, interior de São Paulo. Cursou geologia na Universidade de São Paulo (USP) e depois passou em um concurso da Petrobras, onde trabalhava desde os anos 1970. Mantinha um resistente sotaque português e um pendor para contar piadas e pôr apelidos nos colegas, o que o fazia popular entre a peãozada, embora fosse visto com ressalvas pelos superiores. Apesar de ser considerado um geólogo talentoso e obstinado, exagerava no otimismo. Confiava demais na própria intuição e resistia muito antes de abandonar uma área, mesmo diante de resultados ruins.

Em 34 anos de carreira, a insistência lhe rendera algumas boas descobertas e a ascensão na hierarquia da estatal. Os decanos da companhia, no entanto, costumavam dizer que Mendonça só funcionava bem se houvesse algum superior para vigiá-lo. Landim, que tinha com ele um relacionamento cordial, mas distante, compartilhava dessa opinião. Meses antes de começar a montar a OGX, ao abrir uma revista e ver a foto do ex-colega, comentou com outros executivos de MMX: "Estão vendo esse cara aqui? Ele é um perigo!".

Naquele momento, contudo, quando precisava de quadros para reforçar a nova empresa, gostou de saber que Mendonça pensava em sair da Petrobras e lhe falou sobre a ideia de montar uma empresa de petróleo. O geólogo, entretanto, não tinha noção de quem fosse Eike Batista. Precisou recorrer ao Google para entender de quem se tratava.

Nos primeiros dias de junho de 2007, Eike recebeu Mendonça na sala de reuniões do grupo X. Enquanto esperava, o português ficou admirando a vista espetacular da baía de Guanabara. O empresário chegou usando seu "uniforme de trabalho" mais comum para os dias em que só ficava no escritório: calça e camisa jeans com o logotipo da EBX e tênis de corrida. Meio sem jeito, Mendonça só o chamava de dr. Eike. "Só Eike, por favor." O empresário então lhe perguntou quais eram, na sua opinião, as chances de sucesso de uma nova companhia de petróleo no Brasil. Com seu habitual entusiasmo, o geólogo respondeu que eram inúmeras, e centrou-se nas descobertas do pré-sal. "Dr. Eike, o Brasil não é apenas um país com petróleo. O Brasil é um país petrolífero!" O empresário gostou da expressão, que repetiria ainda muitas vezes. Mendonça continuou. "Foi muito bom para o Brasil que a Petrobras fosse monopolista por um tempo. Mas essa fase já passou. Hoje há espaço suficiente para mais uma petroleira brasileira e privada." Era tudo o que Eike queria ouvir. "Vambora, vambora. Vamos fazer. Venha trabalhar com a gente. Você vai coordenar a nossa equipe de exploração e vai ganhar ações da nova empresa."

A oferta ao futuro diretor de exploração da OGX era generosa. Além de um salário de 75 mil reais mensais (o dobro do que ganhava na estatal), teria carro com motorista, celular pago pela companhia e um bônus de cerca de 2 milhões de reais no final dos cinco anos de contrato.

Mendonça ainda tentou negociar com a Petrobras. Mas, quando disse a Estrella que se aposentaria, o diretor de exploração não fez força para que ficasse. Mendonça, então, decidiu se retirar. Nos meses seguintes, outros cinquenta funcionários da estatal o seguiriam rumo à empresa de Eike Batista, já então batizada de OGX — O de óleo, G de gás.

Aos outros diretores e gerentes, o empresário oferecia salários de 40 mil a 50 mil reais — o equivalente ao que ganhava o presidente da Petrobras. Alguns meses depois, para tentar estancar a sangria, a estatal acabou aumentando o salário de seus gerentes. Se, antes do efeito Eike, ganhavam 300 mil reais por ano, incluindo a participação nos lucros, depois dele a renda pularia para algo entre 700 mil e 800 mil anuais.

A estratégia de tirar talentos da Petrobras para a nova companhia X repetia a sistemática de atrair os melhores quadros da concorrência, implantar um projeto e vendê-lo ao mercado — como Eike já fizera com a TVX e a MMX.

Os técnicos da estatal conheciam como ninguém o subsolo brasileiro e detinham informações estratégicas pelas quais a concorrência pagaria fortunas. A empresa, porém, não tinha entre suas normas a determinação de que ex-funcionários de cargos sensíveis cumprissem quarentena antes de migrar — cláusula muito comum nos contratos de trabalho das companhias privadas e mesmo em órgãos públicos que lidam com informações críticas, como o Banco Central.

No passado, quando a estatal possuía o monopólio da exploração, o fluxo de funcionários para o setor privado era muito limitado e, pode-se dizer, controlado informalmente pela própria Petrobras. Como todas as petroleiras privadas que operavam no Brasil eram obrigadas a se associar à estatal, ninguém contratava um ex-Petrobras sem autorização tácita da própria companhia. Se o tentasse, sofreria pesadas represálias. Esse código perdurava mesmo com o fim do monopólio, em 1997, porque a Petrobras permanecia como a mais poderosa empresa do Brasil, sócia de todas as grandes multinacionais atuantes no país.

A consolidação e o crescimento das atividades da iniciativa privada e a crescente insatisfação dos funcionários da estatal, porém, começaram a tornar esse êxodo de talentos mais e mais difícil de conter. Os servidores de carreira, principalmente os mais graduados, andavam descontentes com o estilo de gestão imposto pelo PT, que privilegiava conexões partidárias em detrimento do mérito e estabelecera um modelo de remuneração variável, que premiava da mesma forma o funcionário em início de carreira e o diretor, fosse qual fosse a contribuição de cada um para os resultados.[3] Profissionais qualificados, com tempo de casa para se aposentar, mas em geral relativamente novos, alguns com menos de cinquenta anos, passaram a pedir aposentadoria com o objetivo de iniciar uma nova carreira na concorrência. Ainda assim, era um movimento discreto e cuidadoso, para não melindrar a gigante.

Eike Batista, todavia, desconhecia os protocolos da indústria do petróleo e escancarou a porta giratória, mirando em homens-chave, que haviam estado enfronhados em missões sensíveis na estatal — como, por exemplo, o estudo e o desenvolvimento das províncias do pré-sal, a mais rica e promissora reserva já descoberta nos mares brasileiros, capaz de elevar o Brasil ao status de potência petrolífera. Para esses técnicos especiais, tinha um poderoso ímã — a promessa de uma companhia ágil e sem burocracia, salários bem acima da média do mercado e os pacotes de ações que chamava de "kit felicidade". Se a Petrobras não tratava bem seus talentos, ele os mimaria.

Depois de Mendonça, o primeiro a vir, em fins de junho de 2007, foi Edmundo Marques, que chefiara na Petrobras as pesquisas do pré-sal na bacia de Santos. Gaúcho alto, expansivo e sorridente, Marques ganhou de Mendonça o apelido de Kiko — por ser bochechudo como o personagem do seriado mexicano *Chaves*.

Como ainda não havia um espaço reservado para a nova empresa, Mendonça e Marques foram alojados na sala de reuniões. Receberam um único laptop e uma missão: elaborar um plano de negócios com as áreas que a OGX poderia disputar no próximo leilão da ANP. Pouco importava que a licitação ainda não tivesse data marcada e ninguém soubesse quais seriam as áreas ofertadas. Eike apostava todas as fichas nas informações de Paulo Mendonça.

Dias depois, num sábado de julho, Mendonça e Marcelo Torres tomaram um voo da American Airlines rumo a Nova York, onde fariam uma turnê de conversas preliminares com banqueiros e fundos de investimento, para sentir a receptividade ao projeto da nova petroleira. Lá se encontrariam com Landim, Gros e Eike, que viajava com a namorada e os filhos. Hospedaram-se no hotel preferido do patrão, o New York Palace, um cinco estrelas sediado em um edifício do século XIX, no centro de Manhattan.

Inaugurado na década de 1980, o hotel, que vivera anos de glória e era um cartão-postal da cidade, estava sempre abarrotado de turistas brasileiros e já havia tempos precisava de uma reforma, mas Eike não se importava. Ali era venerado — e suas gorjetas de cem dólares, ansiosamente aguardadas. Ocupava sempre a mesma suíte espaçosa em um dos andares mais altos, que não trocaria por nenhuma outra em hotel algum, por mais moderno que fosse, pois tinha algo que adorava: uma pequena cozinha. Era lá que seu faz-tudo na cidade, o baixinho Sebastião Montimor, um ex-ponta-direita do Bonsucesso, improvisava bandejas de cachorro-quente, milho enlatado frito na manteiga e várias rodadas de pipoca de micro-ondas que Eike, com seu apetite insaciável, traçava em quantidades industriais a qualquer tempo, sobretudo depois do jantar.

Embora estivesse oficialmente em férias, o chefe participaria de duas reuniões com o grupo: uma na sede do banco Fidelity, em Boston, e outra em Toronto, com o Ontario Teachers' Pension Plan, o fundo de aposentadoria dos professores da província de Ontário. Como se tratava apenas de uma sondagem, não havia roteiro, vídeos ou apresentações em PowerPoint. Só Eike falava; os outros ajudavam fornecendo informações. Na primeira visita, em Boston, Mendonça percebeu que o jogo seria alto. Sentados do outro lado da mesa, dois gestores do banco, que já tinham ganhado muito dinheiro com Eike no passado e o tratavam com a cordialidade de quem recebe um velho amigo. Por meia hora, o empresário discorreu sobre o mercado de petróleo, falou sobre o potencial de crescimento da economia brasileira e sobre as descobertas do pré-sal, que estavam para ganhar o noticiário. E concluiu com a frase de Mendonça: "O Brasil é um país petrolífero!". Em seguida, ofereceu aos gestores do Fidelity metade da nova empresa por 1 bilhão de dólares. Ele entraria com 300 milhões e ficaria com a outra metade. Os banqueiros acharam muito caro. Mas

Eike não perdeu a piada. "Ah, é? Você acha caro? E como você acha que vou pagar o combustível do meu avião?" E soltou uma sonora gargalhada.

Mendonça estava impressionado com a nova vida. Toda noite, de seu quarto com vista para os prédios e as luzes de Manhattan, telefonava para seu parceiro de laptop, que ficara no Brasil. "Kiko, você não acredita como é o meu quarto! Nunca nos hospedamos em um hotel assim em todo o nosso tempo de Petrobras! E os vinhos? São os melhores que já tomei. É sensacional."

Ele admirava o modo como Eike falava com os investidores, de igual para igual, e se encantara com a maneira confiante como vendia seu projeto. Naquela viagem, deu-se um episódio que marcaria Mendonça para sempre e seria relembrado inúmeras vezes em seus anos de OGX. O grupo chegava para a reunião em Toronto com o fundo de pensão dos professores, em que Eike tinha contatos de outros tempos. Ao entrar no elevador, o brasileiro foi reconhecido por uma senhora gordinha, de cabelos claros, que lhe perguntou: "O senhor é Eike Batista?". Diante da resposta positiva, ela emendou: "*Mr. Batista, you are a legend in Canada!*". Apesar da debacle da TVX, pelo jeito ainda havia quem tivesse guardado dele apenas a imagem simpática de um Indiana Jones brasileiro, ousado e empreendedor. Eike, saboreando o momento, disse com disfarçada modéstia: "*Oh, legends die!*". E a gordinha, já saindo do elevador: "*No, Mr. Batista. Legends never die*". Dali em diante, Mendonça só chamaria o patrão de Mr. Batista, que, por sua vez, o apelidou de Dr. Oil.

Ele não era o único que estava encantado com o novo chefe. Assim que voltaram de viagem, Eike chamou para um drinque em sua casa alguns dos recém-chegados à OGX. Além de Dr. Oil, foram convidados Edmundo Marques, o Kiko, responsável pelos dados da bacia de Santos, José Sartori, braço direito de Mendonça, e Luiz Reis, gerente executivo de novos negócios. Logo que chegaram, o empresário os conduziu em um tour pela mansão. Passearam pelo amplo jardim, onde Eike costumava brindar com champanhe, junto a uma fonte, suas maiores vitórias profissionais. Admiraram a vista da cidade e o Cristo Redentor iluminado, que parecia ainda mais próximo naquela noite de céu limpo. Pelo lado de fora, notaram a grossa espessura dos vidros da sala e concluíram que só podiam ser à prova de bala. No hall de entrada, o patrão exibia um de seus motores de lancha, dos tempos das corridas offshore. Livros de fotografias e sobre motores estavam dispostos sobre a mesa de centro. Nas paredes, alguns quadros. Tudo muito amplo e confortável. Chamou a atenção dos visitantes o fato de não haver qualquer obra de arte valiosa ou peças de decoração da moda.

O anfitrião os convidou então para tomar um vinho na churrasqueira contígua à casa, próxima ao spa com teto retrátil. "É aqui que faço umas festas com políticos. Eles vêm aqui e parecem macaquinhos, pulando ao redor", contou, dando uma risadinha fina, sua marca registrada. Depois, abriu uma garrafa do californiano Opus One, o vinho mais caro e badalado produzido nos Estados Unidos, deu boas-vindas aos novatos e fez um brinde, seguido de uma preleção. Num tom grave, disse que, apesar de as ambições serem grandes, esperava que aquele grupo fosse austero nos gastos e realista nas expectativas da nova empresa. Explicou que recebiam pacotes de ações para que se sentissem parte do negócio. E revelou que o pai, Eliezer, fora contrário ao projeto de abrir uma companhia de petróleo. "Ele achou muito arriscado."

Puderam também contemplar, na garagem, a Mercedes-Benz prateada, ainda com cheiro de nova, que era o xodó do chefe. Orgulhoso, Eike deixou que entrassem no veículo, um dos quinze carros que tinha na garagem — resultado da inveterada paixão por velocidade, que o levara a adquirir também três lanchas, três aviões e um helicóptero. O prazer de adquirir aqueles brinquedinhos não cessava com o aumento da frota — pelo contrário. Nos anos seguintes, ainda compraria mais aviões e carros.

Curioso com a novidade, Mendonça apressou-se a entrar e sentar-se no banco do motorista, mas, sem intimidade com modelos esportivos, teve de perguntar onde ficava a ignição. Entusiasmados, os petroleiros encheram Eike de perguntas. Qual era a potência desse carro? Que velocidade alcançava? E ele, deleitando-se com o sucesso da exibição, deu uma risadinha com o canto da boca e respondeu apenas: "O suficiente". Como para Eike exibição pouca era bobagem, já decidira colocar a Mercedes no hall de entrada da casa, no mesmo local onde então havia um motor de lancha. Para que pudesse estacioná-la ali, no meio da sala, e ainda assim entrar e sair com a máquina sempre que desejasse, estava para ser feita uma obra que alargaria a porta.

Depois do tour pela mansão, o grupo rumou para o Mr. Lam, a "sala de jantar" do chefe, no mesmo bairro, a cinco minutos de carro. Para impressionar o time, o empresário pediu que o chef Lam fizesse seu tradicional show do macarrão — uma performance em que o chinês montava um pequeno balcão em frente à mesa do cliente e produzia a massa ali, na hora. Conversaram sobre generalidades e tiveram uma noite agradável, em que o patrão, comportando-se como mestre de cerimônias, contaria histórias do passado e os ensinaria a comer os pratos do restaurante.

No início, os escudeiros de Mendonça tiveram de se adaptar a uma realidade física bem menos confortável do que a da Petrobras. Dez técnicos dividiam espaço com as três estações de processamento dos dados sísmicos numa antiga salinha de telemarketing adaptada e com um aparelho de ar-condicionado bem fraco. O local ficava tão quente e apertado que logo foi apelidado de "trincheira do Vietnã". O calor era tanto que um dos técnicos, mais suarento, passou a trabalhar sem camisa. Outro andava pelo escritório de chinelo de dedo, em razão de um problema que deixava seu pé inchado. O único que tinha sala própria era o CEO Francisco Gros.

Era agosto, faltavam menos de três meses para o leilão da ANP, e era preciso completar um diagnóstico das áreas pelas quais a companhia faria suas ofertas. As sísmicas eram como um ultrassom do subsolo, feito por navios especiais que rastreavam o território com um emissor de ondas sonoras. Os reflexos dessas ondas eram captados pelos equipamentos do navio e transformados em imagens.

Quando chegou o primeiro pacote de dados sísmicos com a memória do subsolo, armazenado em um cartucho de menos de um palmo, Eike reclamou: "Foi nisso aí que eu coloquei 1 milhão de dólares?". Naquele tempo, porém, até o orçamento enxuto motivava os recém-chegados. A agitação de uma startup, com tudo por fazer ao mesmo tempo — análise dos dados, planos de exploração, conversas com advogados —, era estimulante. Muitos daqueles profissionais haviam acalentado no passado o sonho de montar a própria empresa de petróleo. O dinheiro era bom, claro, mas a oportunidade era ainda mais valiosa.

Ao mesmo tempo que gestava a OGX numa saleta apertada, o grupo de Eike implantava as minas da MMX e montava uma empresa de energia elétrica, um porto, um mineroduto e ainda procurava local para construir um estaleiro. Eram todos negócios gigantescos, complexos, num país com enorme deficiência de mão de obra e dificuldades logísticas consideráveis. Construí-los todos simultaneamente era um ato de tremenda ousadia. E, mesmo tendo tantos projetos para supervisionar, o empresário ainda despendia um bom tempo com decisões menores, como a escolha do chef de seu novo barco turístico, o *Pink Fleet*, ou com uma firma de distribuição de pães que, segundo ele, revolucionaria o conceito de serviços no Rio de Janeiro — ideia que morreu rapidamente.

Por um tempo, pensara também em adquirir a firma que administrava o bondinho do Pão de Açúcar e do Corcovado — outra ideia que também se esvaneceria. Naquela época, entretanto, tal dispersão de esforços não era encarada como um problema. Ao contrário, só contribuía para a admiração que os funcionários tinham por Eike. Eles o achavam um gênio. Principalmente os menos graduados. O chefe parecia trabalhar 24 horas por dia. Em frenesi, andava pelo corredor cobrando os subordinados e tendo ideias. "Eu vou ficar rico e fazer vocês mais ricos ainda", repetia.

O fato de Eike chamar seu círculo mais próximo de guarda pretoriana tinha o objetivo de reforçar o vínculo entre eles, mas também ressaltava o caráter soberano de sua figura. Seus pretorianos tinham os maiores pacotes de opções de ações e eram convidados para programas fora do horário de expediente. Jantares com as mulheres, viagens de jato para Nova York no fim de semana e idas a Angra dos Reis significavam prestígio para o convidado. Landim, o relações institucionais Adriano Vaz e o diretor financeiro da holding, Marcelo Cheniaux, eram convidados costumeiros.

Eike tinha também o hábito de eleger um membro de sua guarda com o qual circulava mais assiduamente. Quando isso acontecia, o executivo passava a ser conhecido como o "personal friend" da vez — apelido maldoso, que revelava a ciumeira permanente no entorno do patrão. Nessas disputas veladas, até as ligações do chefe no meio da madrugada eram contabilizadas como vantagem. O alvo da chamada sempre dava um jeito de comentar na firma, no dia seguinte, que ele o havia acordado com algum pedido ou ideia. Frequentemente, o tom da "revelação" era de enfado. Tudo fingimento. Os auxiliares amavam receber esses telefonemas. Já os mais antigos, que acompanhavam Eike desde sua outra encarnação empresarial, viam esse culto com desdém.

Numa das vindas ao Rio, Zartha, o "profeta do apocalipse", que continuava administrando os recursos pessoais do empresário, agora a partir de Miami, se encontrou com o geólogo Marques no bebedouro e lhe perguntou como andavam as coisas. Empolgado, o novato disse que o chefe era fantástico, cheio de ideias inovadoras, um empreendedor sensacional. Zartha não perdoaria. "Edmundo, você sabe por que Eike escolheu botar o sol no logotipo do grupo? Porque ele é como o sol. É bonito, brilha, atrai todas as atenções e todos giram em torno dele. Mas, se você chegar muito perto, queima. Toma cuidado."

Os técnicos da OGX tinham, naquela época, um temor: que fosse muito difícil encontrar investidores para bancar o começo da nova empresa. O plano desenhado por Eike contava com duas etapas. A primeira, a captação de recursos entre um grupo fechado de bancos, fundos de pensão e grandes fundos de investimento. A meta era levantar 1 bilhão de dólares para financiar a aquisição de blocos exploratórios no próximo leilão da ANP — mesmo negócio proposto ao Fidelity meses antes. Por esse valor, os investidores comprariam 49% das ações na petroleira. Eike, com 300 milhões, ficaria com os outros 51%. A operação previa ainda que, depois de estrear na bolsa — a segunda etapa do plano —, toda valorização acima de 20,63% seria dividida por igual entre eles e o empresário. Do mesmo modo, caso esse patamar não fosse atingido, ele perderia participação.

Para quem não estava habituado ao modelo de Eike, parecia realmente muito improvável que alguém aceitasse tal equação, porque a OGX, a rigor, não passava de uma ideia, desprovida de qualquer área de exploração garantida.

Nos dois meses seguintes, porém, os homens do empresário teriam mais de sessenta reuniões no Brasil e no exterior, munidos de uma apresentação em PowerPoint e muita lábia. O ponto alto do roteiro de apresentação era um slide, incluído pelo próprio Eike, em que se dizia que os cinco principais executivos da companhia, todos vindos da Petrobras, somavam "duzentos anos de experiência em prospecção de petróleo". Paulo Mendonça, o Dr. Oil, ganhou um aposto ainda mais grandioso: "responsável por encontrar 9 bilhões de barris nos últimos cinco anos".

Em alguns encontros, no entanto, eles seriam bombardeados pelo ceticismo dos que consideravam tudo aquilo "mirabolante". Um investidor do Canadá chegaria a perguntar: "Vocês estão brincando, né? Vocês são sete pessoas, uma ideia, e querem que eu dê 1 bilhão de dólares?". Outro declararia: "Se o Eike conseguir vender a OGX, pode chamá-lo de gênio".[4]

Nem todos, entretanto, achavam os planos tão absurdos. O deus do timing, que já o massacrara no passado, vinha lhe dando algumas vantagens. Sua MMX, que estreara, um ano antes avaliada em 1,5 bilhão de dólares, já alcançara 5,2 bilhões — e ele já arrecadara 837 milhões vendendo participações na mineradora. Tinha então duas outras empresas prontas para lançar no mercado: a MPX, de energia, e a LLX, de logística. E era um dos poucos a oferecer alternativas de investimento no Brasil para um mercado repleto de liquidez. Havia ainda outro trunfo: informação.

Assim que tiveram acesso aos dados dos blocos que a ANP ofereceria no leilão, os geólogos de todas as grandes petroleiras identificaram um elemento novo: parte deles ficava sobre uma espessa camada de sal. Imaginaram então que, abaixo dela, deveria haver óleo, mas ninguém sabia ao certo quanto e onde. Os técnicos da OGX, contudo, não precisavam imaginar nada. Sabiam. Conheciam aqueles campos como a própria casa. E montaram uma estratégia para adquirir os melhores — o filé-mignon, como dizia Eike. Gastariam com as novas reservas os 300 milhões de dólares que a companhia previra para o leilão.

Aos poucos, o mercado foi se convencendo de que a OGX poderia, sim, atravessar o caminho da Petrobras e pegar os melhores blocos do pré-sal. A Shell, que conhecia a equipe de Mendonça, logo firmou um acordo com Eike para fazer lances conjuntos no leilão programado para o final do ano. Caberia à multinacional explorar os campos prioritários da lista elaborada pelo time de Dr. Oil. Eram áreas com alto potencial petrolífero, ao redor das reservas hoje chamadas de Libra, Iara e Lula, que se tornaram algumas das mais promissoras do pré-sal.

Nos meses seguintes, a OGX fecharia outras duas associações, com companhias descartadas pela Petrobras nas negociações prévias ao leilão, a dinamarquesa Maersk e a franco-britânica Perenco. Tais parcerias foram fundamentais para que a petroleira perseguisse seu plano, pois fora proibida pela ANP de perfurar em águas profundas. As sócias, maiores e mais experientes, possuíam a autorização e entraram no consórcio como operadoras.

No final de outubro de 2007, a poucas semanas da licitação, tudo caminhava muito bem. Eike já conseguira treze investidores internacionais para colocar na nova empresa o bilhão de dólares de que precisava. Só faltavam os últimos acertos nos contratos para que o dinheiro fosse depositado. A petroleira estava prestes a estrear no mercado em grande estilo. Mas aí aconteceu algo que mudou tudo.

Um mês antes do leilão, no dia 26 de outubro, o presidente Luiz Inácio Lula da Silva desembarcou no Rio de Janeiro acompanhado pelo ministro interino de Minas e Energia, Nelson Hubner, e do titular de Ciência e Tecnologia, Sérgio Rezende. Vinha para uma reunião secreta no Centro de Pesquisa, Desenvolvimento e Inovação Leopoldo Américo Miguez de Mello (Cenpes), da Petrobras, no campus da UFRJ na ilha do Fundão, na Zona Norte do Rio.[5] O presidente era então aguardado pelo número um da estatal, José Sergio Gabrielli, e por alguns de seus superintendentes e gerentes.

Acomodados todos na sala de projeção, eles receberam óculos especiais para visão simulada em três dimensões e se puseram a acompanhar uma apresentação que descortinava a descoberta que revolucionaria a história da exploração do petróleo no Brasil. Testes realizados pela estatal indicaram que, a trezentos quilômetros da costa, na bacia de Santos, a mais de 6 mil metros de profundidade, no subsolo marinho, sob uma espessa camada de sal, havia uma reserva gigantesca de petróleo.

A empresa já concluíra que, em apenas um campo, o de Tupi, havia algo entre 5 bilhões e 8 bilhões de barris de óleo leve, bem mais valorizado do que o petróleo pesado predominante na bacia de Campos. Só Tupi já seria capaz de elevar em 60% o total de reservas do país. Se os geólogos da Petrobras estivessem corretos, aquele "mar de petróleo" poderia conter 70 bilhões de barris, o que colocaria o Brasil no mesmo patamar de potências petrolíferas como a Nigéria ou a Venezuela. Em valores da época, todo aquele estoque valeria oito vezes o Produto Interno Bruto (PIB) brasileiro.

O problema, disse o diretor Estrella logo após a apresentação, era que 41 das 312 áreas a serem oferecidas na licitação da ANP certamente teriam petróleo sob a camada de sal. Segundo ele, a perfuração naqueles campos seria bem menos arriscada e muito mais rentável do que na bacia de Campos. Estrella e Gabrielli consideravam "um crime de lesa-pátria" deixar que empresas privadas explorassem a nova fronteira de acordo com as regras em vigor no Brasil. Permitir que aquelas reservas fossem concedidas à iniciativa privada, disse

Estrella, seria entregar aos concorrentes um "bilhete premiado" — expressão repetida *ad nauseam* pelo governo petista nos anos seguintes.

Lula e alguns diretores da Petrobras demonstraram certa hesitação. Cancelar o leilão poderia repercutir muito mal e pareceria um ato de hostilidade ao setor privado. Mas Estrella tinha na manga um argumento que mexeria com os brios de Lula e ajudaria a definir a questão. Eike Batista acabara de levar para sua nova companhia de petróleo alguns geólogos-chave da estatal, gente que possuía muita informação sobre o pré-sal, como Paulo Mendonça e Luiz Reis, até então o responsável pelos contratos da Petrobras. A dupla, prosseguiu Estrella, sabia quais blocos interessavam à Petrobras e conhecia os lances que pretendia fazer por eles. Aqueles traidores roubariam a riqueza do Brasil.

Segundo uma reportagem sobre o episódio publicada tempos depois pela revista *piauí*, esse último argumento faria Lula tomar uma decisão: "Vamos cancelar a nona rodada. Foda-se o mercado".

No dia 8 de novembro, uma reunião extraordinária do Conselho Nacional de Política Energética CNPE, realizada na sede da Petrobras, no Rio de Janeiro, selou o futuro da OGX. Depois de avaliar o impacto negativo de deixar parados outros 271 blocos que nada tinham a ver com o pré-sal, os ministros presentes decidiriam seguir a sugestão do então diretor-geral da ANP, Haroldo Lima, e adotar um meio-termo. A licitação iria em frente — mas sem o pré-sal.

Logo após o encontro, Dilma Rousseff, já ministra da Casa Civil, anunciou a retirada dos 41 blocos da nova fronteira petrolífera da nona rodada do leilão da ANP. Na entrevista coletiva, a ministra explicou que só licitaria a exploração do pré-sal quando houvesse um marco regulatório específico para as novas reservas, capaz de render mais dividendos à União.[6]

Às 16h30, enquanto Dilma dava as últimas declarações na sede da Petrobras, no centro do Rio, Paulo Mendonça entrou na sala da OGX, a quatro quilômetros dali, com uma expressão apoplética. "Tiraram", disse ele. Os colegas de diretoria ficaram pálidos. O diretor financeiro Marcelo Torres pôs as mãos na cabeça. "Não pode ser. Não é verdade", balbuciou. Para a companhia, a notícia equivalia ao Armagedon. Apesar do caráter secreto da visita de Lula ao Cenpes, eles haviam sido avisados a respeito por seus contatos na estatal. Tinham, também, ouvido boatos — que se tornaram fortes naquele dia —

sobre a retirada dos blocos do pré-sal da licitação. Mas se recusavam a acreditar. Não fazia sentido. Ninguém nunca fizera nada parecido. Lula se comprometera a respeitar contratos. Não faria isso.

Com os boatos confirmados, no entanto, o diretor financeiro olhava para a pilha de papéis a serem assinados com os investidores no dia seguinte, passava as mãos nervosamente pelos cabelos lisos um tanto crescidos e chorava. Em meio ao choque, alguém disse: "Acabou tudo. Não vai ter empresa".

De imediato, Mendonça, Marques, o assessor direto de Mendonça Paulo Ricardo dos Santos e o gerente de interpretação José Sartori — o núcleo duro da OGX — fecharam-se na sala de Gros, que não estava. Não queriam que o resto da tropa percebesse o desespero. Ali, ficariam algum tempo quietos e sem ação, até que se recompuseram e tomaram a única decisão possível naquele momento: no dia seguinte, ligariam para todos os investidores. Explicariam o que ocorrera e tentariam acalmá-los, mas seriam obrigados a oferecer a opção de desistirem do negócio. Arrasados, foram para casa mais cedo — assim como o próprio Eike, informado do revés por Landim. Embora perplexo e desiludido, não deixaria de reagir rápido. Ainda no carro, do celular, começou a ligar para os subordinados na holding e na OGX. Queria que não se abatessem. E ordenou que começassem a pensar num plano B, que ele mesmo já esboçava. Estava seguro de que seus parceiros do Ontario Teachers', o fundo de pensão canadense, não o abandonariam, pois não haviam sofrido com a queda da TVX, na década anterior, e seu diretor, Brian Gibson, era encantado por ele.

Eike ligou imediatamente para Gibson e se pôs a ressaltar as vantagens do novo cenário. Sem os blocos do pré-sal, a concorrência seria menor. As grandes *majors* do petróleo, ansiosas para entrar na nova província petrolífera, viriam para o leilão com bem menos apetite. Tudo indicava, portanto, que seria uma disputa entre a OGX e a Petrobras — em que tinha mais chances de sair ganhando do que antes.

Nem todos, porém, demonstravam tamanho otimismo e tal capacidade de reação. Naquela mesma noite, dois diretores do grupo X se encontraram casualmente num jantar com empresários estrangeiros. Deu-se o seguinte diálogo:

"Você está sabendo que a OGX acabou?"

"Calma, cara. Não fala isso na frente dos gringos. Eles vão achar uma saída."

"Vai ter de ser bem rápido, pois o leilão é daqui a vinte dias."

De fato, os dias seguintes seriam tensos. A Shell pulou fora imediatamente. Se não havia mais pré-sal, a sociedade estava desfeita. Os telefones não paravam de tocar. Os investidores queriam falar com Eike e com Paulo Mendonça, mas eram todos encaminhados a Marcelo Torres, que, já bem mais calmo, repetia um discurso ensaiado. Não havia como esconder que o cenário ficaria mais difícil, mas ele pedia um tempo para reelaborar os planos.

Enquanto refaziam tudo, Mendonça arquitetou um almoço com os funcionários no Lamas, a poucos passos do largo do Machado e próximo à sede da empresa. A ideia era reanimar a tropa e garantir a todos que aquele percalço não os abateria. Até Gros, normalmente mais distante, compareceu ao encontro, que terminou com brindes e reforçou a coesão entre os petroleiros.

De volta ao escritório, o núcleo duro da OGX se concentrou, primeiro, em listar o que poderia haver de valor entre os blocos remanescentes no leilão, que ocorreria em menos de dez dias. Dada a falta de opções, as áreas da bacia de Campos, consideradas como a segunda linha da estratégia da companhia, foram promovidas a prioridade — os *diamond blocks*, como Eike costumava descrevê-las aos investidores. Os executivos da OGX conheciam a região, onde se concentrava quase toda a produção da Petrobras, e decidiram apostar no que parecia mais provável. Campos seria, segundo se dizia internamente, a "vaca leiteira" da qual jorraria uma produção estável, ainda que pequena. Em paralelo, decidiram se arriscar comprando áreas nas águas rasas de Santos, e em terra, nos estados do Pará e do Maranhão.

Em poucos dias, com os mapas todos refeitos e o novo discurso na ponta da língua, Marcelo Torres começou a procurar os investidores novamente, para apresentar o plano B. Nessa nova abordagem, reluzia a promessa de que se poderia encontrar petróleo na camada pré-sal das águas rasas de Santos. Como se tratava de áreas menos visadas, seria até mais barato. Se desse certo, equivaleria a ganhar na Mega-Sena, tanto por causa dos lucros da exploração quanto pelo fato de aquela ser uma aposta altamente arriscada. Os técnicos da OGX sabiam desse risco, mas o importante, naquele momento, era mostrar que tinham domínio completo sobre o que faziam, mesmo sem os blocos do pré-sal. Eike também se empenhou no novo discurso, pedindo que confiassem em sua equipe. Seus executivos e técnicos eram os melhores do mercado, assegurava, um dream team de fazer inveja a qualquer outra petrolífera do planeta. Eles sabiam onde encontrar petróleo.

Os geólogos da OGX então refizeram os mapas exploratórios, puseram-nos à disposição dos investidores e prenderam a respiração, esperando as manifestações de interesse. Internamente, temia-se que, depois de terem visto e ouvido tanta ênfase sobre a importância do pré-sal nos planos da companhia, os investidores se recusassem a comprar a crença de que tudo ficaria bem. Não parecia uma solução fácil demais?

Olhando em retrospecto, ciente hoje do desfecho da aventura, a resposta óbvia seria sim. Naquele momento, porém, a vontade de "comprar Brasil" — como se falava no mercado — e de entrar, nem que fosse de penetra, na festa do pré-sal, faria com que os investidores subestimassem a magnitude do revés supostamente contornado pela OGX. Assim, com as exceções do fundo americano CarVal, ligado à multinacional Cargill, que abandonou o empreendimento, e do Opportunity, do banqueiro Daniel Dantas, que reduziu suas cotas, os outros mantiveram as apostas — e até aumentaram um pouco os valores, para cobrir o vácuo decorrente das saídas.

Grandes casas de investimento como Gávea, de Arminio Fraga, Pactual e Morgan Stanley continuavam a confiar no faro de Eike e de seu dream team.

A equipe da OGX chegou ao hotel Windsor, na Barra da Tijuca, em 26 de novembro de 2007, um dia antes do leilão da ANP. Hospedaram-se em oito quartos e reservaram outro, onde seria instalado o QG, com impressoras, computadores e mesa de teleconferência. Por iniciativa de Paulo Mendonça, uma empresa de segurança fez uma varredura em busca de aparelhos de escuta ambiente e telefônica. Não achou nada. Para não eriçar o espírito competitivo dos ex-colegas e agora inimigos na Petrobras, nenhum deles saiu para jantar, tampouco ficou circulando pelo hotel. Havia uma grande expectativa no ar. Pela primeira vez, estariam no campo oposto ao da antiga empregadora.

Até os últimos minutos, porém, mantiveram-se divididos sobre o rumo a seguir. Nas primeiras horas da manhã, conectaram o aparelho de teleconferência ao telefone do chefe, que falava de casa. Procurando ser rápidos, cada lado expôs seu ponto de vista. Landim e Gros achavam que a companhia deveria ser conservadora nas ofertas. Depois da retirada dos campos do pré-sal, tinham até chegado a sugerir que a OGX abandonasse o leilão e esperasse por uma oportunidade melhor. Argumentavam que a equipe não tivera tempo suficiente para elaborar a nova estratégia e sustentavam que não faria mal aguardar, já que não faltaria dinheiro para comprar, no futuro, os mesmos blocos direto de outras empresas.

Paulo Mendonça discordava frontalmente. Estava certo de que seria a última chance de conseguir áreas nas bacias de Campos e de Santos. Disse que conhecia Estrella e sua equipe e previa um longo bloqueio à entrada de empresas privadas em novas zonas exploratórias. Já que não tinham mais o pré-sal, não podiam se dar ao luxo de uma estreia tímida, com poucos campos para perfurar. Tinham de adquirir tantos blocos quanto possível, e pelo preço que fosse necessário, mesmo que gastassem todo o dinheiro, e mesmo que fossem blocos menos rentáveis. O importante, insistia, era montar uma carteira que sustentasse a companhia até um eventual leilão do pré-sal. Como no pôquer, o que Mendonça propunha era botar todas as fichas na mesa e bancar o jogo.

Eike escutou tudo e ficou em silêncio. Depois de alguns segundos, sua voz de locutor se fez ouvir no microfone da mesa de reuniões. "Vamos para o leilão." Como um bom jogador, bancara a aposta. Nas horas que se seguiram, orientou seu dream team pelo telefone, lance a lance, convocando-os a "pensar maior" e a fazer movimentos mais ousados. Anos mais tarde, numa entrevista, Mendonça se recordaria assim daqueles momentos: "O Francisco dizia: 'Não, tá bom. Já botamos muito dinheiro na mesa'. E o Eike: 'Compra tudo o que estiver aí em volta!'. Eu disse: 'Não é possível. Ele é jovem, não conhece geologia. Esses lotes a Petrobras considerava subalternos'. Mas ele estava certíssimo".[7]

Para não dar pista aos concorrentes sobre quais blocos tentariam comprar, Mendonça e os ex-Petrobras ficaram escondidos no QG e enviaram ao saguão, para entregar os envelopes com as ofertas, dois funcionários novos e desconhecidos no meio. Temiam que o pessoal da estatal lhes tentasse anular a estratégia, tirando da manga lances maiores na última hora, caso descobrisse as áreas pelas quais a OGX faria proposta.

Assim que a porta do auditório do hotel Windsor se fechou e os envelopes foram abertos, a OGX havia despejado metade do dinheiro captado com os investidores, 1,4 bilhão de reais, por 21 blocos exploratórios, sete dos quais em consórcio com outras empresas. Os lances de Eike terminavam em 63 — seu número da sorte. O desempenho da nova petroleira deixou os rivais da Petrobras embasbacados. O valor desembolsado pela OGX representava três quartos da arrecadação de todo o leilão. Um único bloco nas águas rasas da bacia de

Santos fora arrematado pela empresa de Eike por 344 milhões de reais — o maior lance da história da ANP.[8] Uma performance que atraíra todas as atenções e transformara a OGX na grande estrela do setor de petróleo.

Só então Mendonça e sua turma desceram para o hall do hotel e encararam triunfantes os ex-colegas de Petrobras. Apesar do boicote da estatal, eles haviam conseguido. Mostraram que tinham cacife e, doravante, teriam também uma petroleira de verdade, com as próprias áreas a explorar e desenvolver. Uma hora depois, juntaram-se a Eike na filial do restaurante português Antiquarius da Barra da Tijuca, nos arredores do hotel. Acomodados numa mesa grande no mezanino, saborearam a vitória com vinho, caipirinha, champanhe e muitos brindes.

Seguindo o hábito que já se tornava tradição no grupo, o empresário se levantou e fez um discurso elogiando a coragem e a dedicação da equipe. Todos os trinta funcionários fizeram questão de falar. A euforia era tanta que, ao final, ninguém mais prestava atenção ao que se dizia, tantos os brindes e as garrafas de vinho compartilhadas. Tarde da noite, bêbados e felizes, os garotos de ouro de Eike voltaram para casa. A OGX acabara de nascer.

6. O passeio de Cynthia

"Você tem certeza de que é seguro?", perguntou Cynthia Carroll a Eike Batista. "Claro que sim!", respondeu ele. "Pode ficar tranquila!" Metida numa camiseta branca com a inscrição 100-MILE CLUB, ou "Clube das cem milhas por hora", que o empresário mandara fazer especialmente para ela, a CEO da Anglo American, uma charmosa geóloga americana de 51 anos, se preparava para assumir o leme. Sob o sol daquela manhã de um sábado de novembro de 2007, diante da límpida baía de Angra dos Reis, seus cabelos louros pareciam ainda mais claros, e os olhos, ainda mais azuis. Só o que perturbava o cenário perfeito eram os fortes ventos, que deixavam o mar ainda mais agitado. Mas Cynthia não era de recusar desafios. Depois de pôr o capacete com a inscrição SPIRIT OF BRAZIL, ela partiu oceano adentro com Eike e Philip Baum, executivo da Anglo, pilotando a lancha de 300 mil dólares em que ele disputava suas corridas de velocidade.

Conduzir aquela máquina não era para qualquer um. A cem milhas por hora, o fundo do casco batia com força na lâmina d'água, chacoalhando fortemente a embarcação e exigindo uma dose razoável de força — do piloto e do copiloto — para manter o prumo. O barulho era tanto que quase não dava para conversar. Desconfortável, mas emocionante. Ao estacionar no deque particular de Eike, a mulher mais poderosa do mundo da mineração era só sorrisos, embora não se esquecesse de pedir: "Não contem sobre isso a ninguém, certo? A política de segurança da Anglo é super-restrita. Não ficaria bem!".

Além de Cynthia e Baum, estavam em Angra a convite de Eike Batista o diretor da Anglo American para novos negócios, Bernard Pryor, e Alexandre Gomes, o presidente da divisão de minério de ferro da Anglo no Brasil. Tinham vindo do Rio de Janeiro em dois helicópteros alugados pela mmx — um para o time do empresário, outro para o da Anglo. Depois do passeio de lancha, o grupo se acomodou na varanda para um churrasco regado a caipirinha, com vista para os vários barcos e lanchas ancorados nas águas escuras da baía do Ribeira.

Apesar do clima descontraído, nada ali era casual. Entre garfadas, ladeado por quatro executivos de confiança, entre eles o ex-Vale Dalton Nosé — apresentado como "Dr. Steel, o maior siderurgista do Brasil" —, Eike começou a falar sobre seus planos. Oito meses antes, criara uma empresa de logística para administrar o porto do Açu e os outros portos que pretendia erguer. Dentro de poucos dias, levaria à bolsa mais uma empresa, a mpx, criada para abrigar a TermoLuma e então vitaminada com nove projetos de usinas, espalhadas pelo território brasileiro, para fornecer 9647 megawatts — na época, o equivalente a 9,2% da capacidade do sistema elétrico nacional.[1] A próxima a ir à bolsa seria a ogx. A mmx, por sua vez, avançava, conseguindo as licenças de instalação e concluindo os planos das minas. Ao falar sobre seus empreendimentos, Eike afirmou que a mineradora já não era mais um ativo de risco e que, portanto, sentia-se confortável para passá-la adiante. "Eu sou vendedor", disse ele. "E nós, compradores", rebateu Cynthia, na lata.

Aquele não era um flerte entre desconhecidos, mas um pedido de casamento. Sob o comando dela, a Anglo e a mmx haviam ficado sócias meses antes, quando a multinacional adquiriu 49% do Minas-Rio, o projeto composto das minas do Quadrilátero Ferrífero, do mineroduto e da área de embarque de minério no porto do Açu.[2] Pagara, pela participação, 1,1 bilhão de dólares.

Pryor, o diretor de novos negócios, passara boa parte dos últimos meses no Brasil. Desde que chegara à Anglo, vindo de uma mineradora pequena com ativos na África, a Adastra Minerals, ele se tornara um dos principais conselheiros de Cynthia. Com cinquenta anos e trinta de carreira, jeito de galã e a pele queimada de sol, já abrira muitas picadas na selva antes de passar a dar expediente em gabinetes. Nos últimos tempos, aproximara-se da equipe da mmx e se transformara num entusiasta do projeto do mineroduto. Naquele momento, o maior investimento da Anglo fora da África do Sul estava no Brasil. Se a aposta na mineradora de Eike resultasse favorável, Cynthia e, por tabela, ele próprio, Bernard, o Bernie, passariam para a história da empresa como heróis.

A multinacional vivia uma encruzilhada. Os preços do minério de ferro experimentavam uma escalada sem precedentes. Desde 2005, a tonelada saíra de 64 para 83 dólares, e tudo indicava que chegaria a 2008 valendo mais de 130.[3] Com a China crescendo firme e investindo pesado em infraestrutura, o prognóstico era que os preços continuariam altos por um bom tempo. Mas a Anglo, que já fora a maior mineradora do mundo, detinha então apenas 3% do mercado global de minério e corria o risco de passar incólume pelo boom — a menos que realizasse uma verdadeira revolução interna.

Criada noventa anos antes por ingleses a partir de minas de metais preciosos na África do Sul, a companhia ainda era uma potência, com receitas de 35,7 bilhões de dólares anuais e 150 mil funcionários espalhados por 45 países.[4] Amargava, contudo, um lento e constante declínio havia pelo menos uma década — quando tentara comprar a Vale do Rio Doce no leilão de privatização, num consórcio com o grupo Votorantim, e perdera a disputa. Desde então, as concorrentes haviam se modernizado, crescido e diversificado a produção, enquanto a Anglo seguira na mesma — com o agravante de carregar o peso de alguns negócios que nada tinham a ver com mineração, como fábricas de embalagens e administradoras de rodovias.

Foi para mudar esse cenário que Cynthia — uma executiva americana formada nos quadros da Alcan, companhia com faturamento 40% menor do que o da Anglo —[5] fora contratada. Sua escolha representara uma surpresa para o mercado, acostumado a ver homens britânicos, com uma trajetória construída dentro da própria empresa, no controle da mineradora. Cynthia era uma mulher bonita, carismática e com fama de durona. No arranjo familiar, era ela quem trazia dinheiro para casa. O marido, contador, abdicara da carreira para ficar com os filhos quando o terceiro dos quatro nasceu.

Ela nunca trabalhara na Anglo. Mas a principal razão para a desconfiança com que foi recebida residia no fato de não ter experiência em dirigir mastodontes empresariais tão complexos como o que assumia. Até então, o cargo mais alto que ocupara havia sido o de presidente da divisão de metais primários (como alumínio, zinco, chumbo) da Alcan. E, como o conselho da Anglo, formado por nobres cavaleiros da rainha da Inglaterra, não era de fazer movimentos surpreendentes, sua escolha significou um passo ousado — uma tentativa de chacoalhar uma corporação paralisada.

Ao assumir, a nova CEO recebera várias missões: melhorar a segurança operacional, vender subsidiárias e cortar custos. Mas até os guardas do Palácio de Buckingham sabiam que, se não conseguisse reforçar a produção de minério de ferro, ela estaria encrencada.

Diante dos duros questionamentos de investidores e acionistas — "Era como se esperassem dela algum tipo de mágica", relembra o CEO de uma concorrente —, Cynthia se impôs uma meta ambiciosa: aumentar a participação de mercado da Anglo em minério de 3% para 10% em dez anos.[6] Todas as outras mineradoras queriam a mesma coisa, mas não havia tantas minas grandes disponíveis no mundo. As melhores oportunidades encontravam-se no Brasil. E, dentro do território brasileiro, todos os caminhos apontavam para as cidades no entorno de Serra Azul, no noroeste do Quadrilátero Ferrífero de Minas Gerais.

Com enormes reservas de um minério considerado de segunda linha, mas perfeitamente lucrativo em tempos de boom, a área concentrava o último manancial de jazidas ainda não adquiridas pela Vale ou pela CSN. Os roceiros da região já tinham até se acostumado à fala enrolada daqueles estrangeiros que baixavam por ali em comitiva, visitando minas ou mesmo zonas ainda inexploradas, confabulando com os donos das terras.

Entre 2007 e 2008, esses forasteiros empenharam mais de 2,5 bilhões de dólares na compra de pequenas mineradoras na região.[7] Com tamanho apetite, os bons ativos escassearam rapidamente — circunstância que jogara a Anglo no colo de Eike Batista. Cynthia procurava um empreendimento grande, com produção de pelo menos 20 milhões de toneladas. A política estabelecida pelo conselho da multinacional era adquirir projetos em andamento — para produzir mais rápido e ainda obter alguma valorização —, e o da MMX se encaixava perfeitamente nessa estratégia. Possuía ainda, na opinião dela, a vantagem de já ter começado a andar. Era comprá-lo e então só administrar o caminho, com tranquilidade, até a meta pretendida. Logo ela descobriria, no entanto, que a jornada entre a aquisição do projeto e sua efetiva implantação estava mais para uma corrida de lancha offshore a cem milhas por hora, com direito a muitos chacoalhões e acidentes de percurso.

O flerte da Anglo com Eike Batista começara em janeiro de 2007, quando Cynthia já estava mergulhada no cotidiano da multinacional, mas ainda não assumira oficialmente o cargo. Naquele mês, Bernie Pryor foi recebido no escritório da praia do Flamengo por Rodolfo Landim. A MMX, que o executivo ainda presidia, vendera quatro meses antes 30% de sua mina no Amapá para a americana Cleveland-Cliffs, e suas ações subiam sem parar na bolsa. O clima interno, porém, era de ansiedade. Eike perdera 60 milhões de dólares na Bolívia e ainda tinha muito dinheiro empatado nos ativos da mineradora. Só a compra dos direitos minerários, feita às pressas para levar a empresa à bolsa, havia lhe custado mais de 200 milhões de dólares, obtidos por meio de empréstimos pelos quais dera o próprio patrimônio como garantia. O dinheiro no caixa da companhia era curto perto do tamanho dos projetos. Os 500 milhões de dólares arrecadados com a estreia na bolsa representaram um bom começo, mas, para cumprir as promessas feitas aos investidores, Eike precisaria de mais 3 bilhões. Sem contar que, para pôr as minas para funcionar no prazo previsto, teria de ser um fenômeno de eficiência operacional.

Eike prometera pôr em operação a primeira etapa das minas, com produção de 8 milhões de toneladas por ano, em dois anos. Era um prazo apertadíssimo. Em qualquer grande empresa do mercado, como a Vale, a Usiminas ou a CSN, um projeto desse porte não levaria menos do que cinco anos para transpor todas as etapas, da concepção à inauguração — considerando que no meio do caminho era preciso conseguir as licenças ambientais. E a MMX ainda necessitaria ter prontos o maior mineroduto do mundo para transportar a produção e um terminal portuário para embarcá-la. Precisava, portanto, vender logo a MMX ou seus pedaços para que ela deixasse de ser apenas um projeto — e ele pudesse seguir na montagem de seu conglomerado. Mesmo com sócios que contribuíssem com bons recursos, seria difícil executá-lo. Sem parceiros, impossível.

As negociações para a compra dos primeiros 49% do Minas-Rio haviam sido rápidas. Um mês depois do primeiro encontro entre Bernie Pryor e Rodolfo Landim, Eike e Cynthia Carroll se encontraram para um jantar no hotel

The Berkeley, em Londres, onde o empresário sempre se hospedava. Para impressionar a executiva, o brasileiro levou com ele a mulher que ocupava o posto mais alto na hierarquia do grupo, Eliane Lustosa, da LLX. Voltou do encontro encantado com Cynthia e certo de que a recíproca era verdadeira. "Vai rolar, ela gostou do projeto", repetia, na época, aos subordinados.

Em fins de abril de 2007, realmente, rolou. A mineradora britânica depositou 704 milhões de dólares na conta de Eike Batista e pagou mais 446 milhões para os outros acionistas, dos quais 101 milhões foram para diretores da mineradora e da holding. Além de ser um negócio espetacular do ponto de vista financeiro — o empresário acabara de receber, por uma fatia da empresa, mais do que havia arrecadado em todo o IPO —, a venda dava à MMX o atestado de credibilidade de que precisava para convencer investidores de que não era um falastrão vendendo sonhos em tempos de mercado aquecido.

O evento realizado em maio para a assinatura do contrato entre a Anglo e a MMX — ciceroneado por um dos novos amigos de Eike, o governador do Rio de Janeiro, Sérgio Cabral — deu tom institucional ao negócio. O empresário e Cynthia eram convidados de honra no Palácio das Laranjeiras, e, diante de um salão repleto de autoridades, o governador faria a ele uma "surpresa", entregando-lhe a licença ambiental para a instalação do porto do Açu. No discurso, Cabral incensou Eike por seu espírito empreendedor e capacidade de gerar empregos no estado. Cynthia, que teve seu "charme" elogiado pelas autoridades presentes, foi ovacionada ao se dizer orgulhosa por "colocar nossa locomotiva para levar este projeto à frente".[8]

A relação entre Eike e o governador era um exemplo perfeito daquilo que os homens de negócios costumam chamar de ganha-ganha. Os dois se conheceram ainda em 2006, durante a campanha para a sucessão da governadora Rosinha Garotinho. Cabral, que fora eleito presidente da Assembleia Legislativa do Rio na gestão de Rosinha e depois senador, se licenciara do cargo para disputar o governo, como candidato da situação. O empresário, até então, não tinha muitos amigos no poder além de Delcídio do Amaral e José Sarney. Mas o sucesso da MMX na bolsa chamara a atenção também dos políticos. Com intermediários de todos os partidos batendo à porta do grupo atrás de contribuições, Eike começou a pensar em financiar campanhas.

Apesar do discurso do empreendedorismo puro que fazia para o público externo, ele não alimentava qualquer ilusão de que seus projetos — tão dependentes de concessões, licenças ambientais e autorizações de todo tipo — pudessem deslanchar sem a boa vontade dos governantes. As experiências com a TermoLuma e com Evo Morales, na Bolívia, lhe mostraram a importância de ter bons amigos no governo na hora do aperto, embora Eliezer e seus auxiliares mais próximos — aqueles que então ocupavam cargos nos conselhos das empresas X — fossem terminantemente contra abrir o caixa para políticos.

Foi em meio a esse embate interno que Eike recebeu Cabral para um café da manhã em casa, no Jardim Botânico. Diante de uma mesa repleta de pãezinhos, chá e cappuccino, o empresário, o candidato e o diretor de relações institucionais, Adriano Vaz, tiveram um longo papo. Eike falou do porto do Açu, que geraria milhares de empregos, e pediu boa vontade a Cabral, que se prontificou a fazer tudo o que estivesse a seu alcance para ajudar. O candidato também garantiu ao empresário que o secretário Wagner Victor, mentor do projeto do porto, seria mantido no governo caso fosse eleito. Com tantas juras, Eike se rendeu.

Segundo os registros do Tribunal Superior Eleitoral, ele se tornou a pessoa física que mais doou a campanhas políticas nas eleições de 2006. Saíram de suas contas para o caixa dos partidos 4,4 milhões de reais — dos quais 2 milhões foram divididos irmãmente entre as candidaturas de Lula e de Geraldo Alckmin, por intermédio do então aliado Partido da Frente Liberal (PFL) (hoje Democratas — DEM). O restante se dirigiu aos candidatos ao governo dos estados em que seu grupo tinha interesses. Os mais bem aquinhoados foram Delcídio do Amaral, de Mato Grosso do Sul, e Cabral, via Partido do Movimento Democrático Brasileiro (PMDB) do Rio, que receberam 400 mil reais cada.

Do ponto de vista prático, um belo investimento.

Ao assumir, Cabral franquearia os gabinetes do governo a Eike. Quando havia algum problema ou dificuldade, bastava recorrer ao governador, que pegava o telefone imediatamente e emitia uma ordem a algum subordinado resolvendo a situação. Foi assim com a licença ambiental do porto, entregue na cerimônia com a CEO da Anglo. Poucas semanas antes do evento, numa audiência com o governador, executivos do grupo X reclamaram da demora em obter a autorização. Cabral então ligou para o secretário do Meio Ambiente, Carlos Minc, e o questionou a respeito. Minc explicou que havia pouca gente para vistoriar todos os empreendimentos em curso no estado, entre os quais a construção de uma siderúrgica de que a própria Vale era sócia. O governador, no entanto, ordenou que dessem prioridade absoluta ao projeto de Eike — de modo que a licença sairia a tempo da solenidade.

A autorização também permitiu que Eike firmasse uma série de memorandos de entendimento com empresas interessadas em se instalar no porto do Açu. Sempre que possível, a assinatura de um documento desses se transformava em fato político, com a presença de jornalistas e autoridades — o que, se ajudava o empresário a dar caráter mais concreto a seus negócios, potencializava no governador a imagem de administrador dinâmico, ponta de lança do fenômeno da ressurreição econômica do Rio de Janeiro.

Como o mineroduto de Eike sairia de Minas Gerais, onde, portanto, precisaria de mais um grande número de autorizações e licenças, o empresário buscou se aproximar também do governador Aécio Neves, com quem tinha um amigo em comum, o apresentador de tv Luciano Huck. Das conversas entre Eike e Aécio, nasceria o patrocínio de 25 milhões de reais para a reforma do Museu das Minas e do Metal, patrimônio cultural do estado.[9]

Só quem não cedia ao canto da sereia do empresário era Lula, que, apesar da cordialidade com que o tratava, ainda mantinha dele calculada distância. O presidente costumava dizer que Eike vendia "vento" e o considerava um oportunista. No início de dezembro de 2007, quando esteve no Rio para anunciar um subsídio às escolas de samba da cidade, tentou de todas as formas evitar uma visita que o empresário insistia em lhe fazer, no Hotel Glória, onde se hospedara. Eike pedira a Cabral que abrisse um espaço na agenda do presidente, que, apesar da insistência do governador, resistia. "Pô, lá vem aquele chato com todos aqueles mapas!", dizia, enfastiado.

Apenas após amolá-lo muito Cabral conseguiria fazer com que recebesse Eike Batista. O bilionário foi até o hotel mostrar o projeto do porto do Açu e tentar convencê-lo a visitar o local das obras. O presidente desconversou. Tal visita só aconteceria muitos anos depois, com Lula já fora do Palácio do Planalto.

Seis meses depois de fechar a primeira associação, quando Cynthia e Eike acenderam seus charutos na varanda da casa de Angra, de frente para a baía salpicada de barquinhos, as linhas básicas da transação a ser fechada entre suas empresas estavam dadas. Seus executivos vinham conversando havia alguns meses sobre a possibilidade de a Anglo ficar com todo o sistema Minas-Rio. Era uma ideia que ficara no ar desde que a companhia havia comprado a primeira metade, mas que a multinacional só pensava em concretizar adiante, quando o projeto estivesse mais avançado.

Eike, porém, tinha pressa em se desfazer de tudo. Começou, então, a sugerir a interlocutores da Anglo que pensava em vender a segunda metade a um outro sócio. Ter de dividir ou mesmo perder o controle do empreendimento para um concorrente era justamente o que a multinacional não queria. Pressionados, portanto, seus executivos começaram a negociar com o grupo X de forma mais concreta. Até então, a avaliação que faziam sobre o desenvolvimento do projeto era positiva. Os governos do Rio e de Minas Gerais apoiavam o empreendimento, e as licenças saíam relativamente rápido. O plano de engenharia ainda se iniciava, mas parecia caminhar bem. Ademais, a Anglo não contava com qualquer outro alvo interessante no horizonte — e adquirir o projeto todo era melhor do que ter de lidar com um sócio indesejável.

Na conversa em Angra, entre picanhas e caipirinhas, Cynthia deixou claro que topava partir para a compra. Nesse caso, porém, preferia levar todo o sistema — as minas, o mineroduto e o terminal de embarque de minério montado no porto do Açu, em São João da Barra. Vendo que os ingleses haviam entrado em seu jogo, Eike disse que venderia tudo, menos o controle do terminal. Não abriria mão de ficar com pelo menos 51% daquele braço do sistema Minas-Rio. A exigência inesperada fez com que os britânicos vacilassem. Eles julgavam muito complicado não comandar justamente a ponta final do esquema logístico concebido para exportar o próprio minério. O empresário, então, foi enfático. "Se não for possível, é melhor não ter negócio", disse, polido, mas seguro. Preço era algo que se acertava, ele prosseguiria. Aquele terminal, contudo, era uma obra que estava fazendo "para o Brasil". Não podia deixar o empreendimento sob o controle de uma multinacional.

Sentindo a aflição no rosto dos parceiros, Eike não só manteve sua posição de não vender todo o porto como foi além. Se quisesse ser realmente bem-sucedida com aquele empreendimento, disse, a Anglo precisaria comprar também os 70% das minas do Amapá ainda em suas mãos. Seria com o minério do Amapá que a MMX garantiria o cumprimento dos primeiros contratos de fornecimento, assegurava. Não era exatamente o que Cynthia e sua equipe queriam, mas pareciam tão seduzidos pela ideia de adquirir o projeto de Eike que acabaram aceitando a ideia.

Selados os termos gerais da associação, faltavam ainda muitas arestas a aparar. Nas semanas seguintes ao encontro em Angra, os negociadores de Cynthia e de Eike iniciaram uma frenética troca de telefonemas e e-mails com propostas redigidas sob a assistência de advogados, banqueiros e contadores. Até que as tratativas empacaram. O problema era o preço.

Em dezembro de 2007, dias antes da data marcada para que as partes arrematassem o acordo em Londres, a Anglo mandou avisar que não tinha como ir além dos 5,5 bilhões de dólares. O empresário, porém, se recusava a aceitar qualquer coisa abaixo dos 6,3 bilhões. Ancorado nas perspectivas de produção apresentadas por Nosé e Martino, achava que a multinacional queria depená-lo. Seus negociadores, por outro lado, argumentavam que 5,5 bilhões por apenas uma parte da MMX já representavam uma valorização fabulosa, mesmo se tratando do melhor projeto da empresa — o filé-mignon, como dizia Eike. Afinal, apenas dezessete meses antes, toda a empresa fora avaliada pelo mercado em 1,5 bilhão de dólares. Ademais, confiando em acenos feitos por Cabral e Aécio, governadores dos estados onde estavam os projetos, a Anglo encarava como definitivas licenças que ainda dependiam de confirmação. Landim, Gouvêa e Godinho, portanto, consideravam a oferta ótima e defendiam que o chefe a aceitasse logo — antes que o time de Cynthia Carroll desistisse. O empresário, no entanto, batia pé. "Quando estiver produzindo, a MMX vai valer muito mais!", afirmava ele nas reuniões semanais com sua guarda pretoriana.

A cada vez que Eike dizia isso, o trio trocava olhares aflitos. Tinham sérias desconfianças sobre se as projeções feitas por Dalton Nosé e Joaquim Martino — os ex-Vale responsáveis pela implantação das minas — eram factíveis. Temendo que a teimosia do empresário pusesse o negócio — e, em consequência, os planos de expansão do grupo X e, logo, seus próprios bônus — a perder, procuraram a dupla de colegas para uma conversa particular. Gouvêa foi direto: "A Anglo está oferecendo 5,5 bilhões, mas o Eike não quer aceitar. Está achando pouco". Nosé e Martino arregalaram os olhos. "O quê!? Ele tá achando pouco? O Eike está maluco?", questionou Nosé. "Não. Ele só está acreditando nos números que vocês estão passando para ele", respondeu Gouvêa.

A dupla também teria muito a perder com o fracasso da venda. Nosé, o Dr. Steel, mais do que todos. Ao contratá-lo para a MMX, Eike lhe dera 5% de sua participação na mineradora, o que lhe renderia um caminhão de dinheiro caso fosse vendida.

Eike tinha radicalizado sua posição e já decidira ir ele mesmo a Londres para falar com Cynthia. Diria a ela, olho no olho, que seriam 6,3 bilhões de dólares ou nada. Depois da conversa entre os executivos, porém, ele não chegaria a viajar. Naqueles dias, fechados em uma sala da MMX, os executivos da mineradora lhe apresentaram novas tabelas, com projeções revisadas e mais conservadoras, em que a companhia valia 3,5 bilhões de dólares. O empresário olhava e ouvia tudo aquilo sem reagir. Finda a explicação, ficou em silêncio por alguns instantes e, sem repreender seus técnicos nem ao menos questioná-los sobre por que tamanha diferença de cálculos, disse: "Ah, é? É assim? Então vamos vender...". Por telefone mesmo, seus negociadores comunicaram aos britânicos que aceitavam a proposta e, em seguida, enviaram por e-mail a minuta de contrato que serviria de base às próximas etapas.

O passo seguinte seria dado em Londres, no final de dezembro, onde então desembarcaram Rodolfo Landim, Paulo Gouvêa e Flávio Godinho, o vice-presidente da EBX, que acompanhava Eike desde os anos 1990. Entre eles, a operação fora batizada de Projeto Butterfly. Oficialmente, uma referência ao universo feminino, já que a compradora era uma mulher. Extraoficialmente, um tributo a um caso amoroso de um dos executivos do grupo.

Chegaram ao território da multinacional com instruções para jogar duro e manter as antenas ligadas. Instalaram-se em uma sala do The Berkeley, onde Eike jantara com Cynthia meses antes. Tinham um único laptop e modem próprio, levado do Brasil — para evitar riscos de os dados serem "hackeados". Quando queriam discutir algum detalhe estratégico ou sigiloso, saíam para caminhar pela rua ou pelo Hyde Park, ali em frente, sob um frio de rachar. Todo cuidado era pouco para garantir o sucesso de uma negociação da qual dependeria o futuro da MMX e de todo o conglomerado em construção.

Detentores de generosos pacotes de ações da companhia, os três pretorianos estavam cheios de motivação para fazer o negócio dar certo, assim como os assessores de Cynthia Carroll. Havia, porém, uma infinidade de detalhes ainda a acertar até que a Anglo e a MMX pudessem se declarar "casados". Era preciso definir, por exemplo, com quem ficaria o bilhão de dólares que a mineradora tinha em caixa. E também como seria feita a cisão da empresa, já que Eike queria ter o controle do porto. Eram muitas as questões. Quais seriam as condições de venda e de embarque do minério? Quais executivos e funcionários ficariam com a Anglo e quais se manteriam no grupo X? Como se daria o pagamento da Anglo à MMX pelo embarque do minério?

Seriam dias duríssimos, com reuniões intermináveis e algumas ameaças — da parte dos ingleses — de abandonar as conversas. Ao final, pacificaram-se. Quase na contagem regressiva para a chegada de 2008, os executivos de Eike desembarcaram no Brasil com um documento de sete páginas que resumia o avanço até ali e com uma nova data marcada para as costuras finais.

Nos primeiros dias do Ano-Novo, os representantes da Anglo viriam ao Rio de Janeiro passar em revista os termos dos acordos e a redação dos rascunhos dos quinze contratos que as duas empresas assinariam.

Em 17 de janeiro de 2008, em um anúncio ao mercado, a MMX confirmou o que alguns jornais e revistas já especulavam. Por 5,5 bilhões de dólares, a Anglo compraria o sistema Minas-Rio — com exceção de metade do terminal de minério do porto, que continuava com Eike — e todo o sistema Amapá. A MMX ficaria com o sistema Corumbá e com algumas minas recém-compradas na região de Serra Azul, em Minas Gerais.[10] Desse total, 3,4 bilhões de dólares iriam para os bolsos de Eike Batista. Outros 2 bilhões seriam pagos aos acionistas da companhia que concordassem em vendê-la. A transação ainda dependia de uma série de acertos, a serem feitos nos próximos meses, mas o negócio deixou o mercado financeiro e o mundo da mineração boquiabertos. Verdade que aqueles eram tempos de delírio, em que as mineradoras, tentando surfar o boom das commodities, pagavam fortunas por projetos de desenvolvimento incerto. A Vale vinha tendo dificuldades na recém-adquirida Inco, mineradora canadense especializada em níquel, e tentava comprar a anglo-suíça Xstrata. As australianas BHP e Rio Tinto investiam bilhões de dólares em ativos de níquel, alumínio e carvão. Ainda assim, concorrentes e analistas, que ainda duvidavam dos planos mirabolantes de Eike, perguntavam-se como a Anglo concordara em pagar valor tão alto por reservas ainda não certificadas e por um empreendimento com óbvios desafios de implantação — como o mineroduto.

A multinacional tinha fama de empresa criteriosa. Ademais, seus executivos estavam dentro da MMX, como sócios, havia oito meses — e ainda consumiriam outros cinco ou seis em verificações variadas, até que o dinheiro fosse de fato transferido para as contas de Eike e de seus executivos. Apesar disso, a impressão do próprio time do empresário era de que os britânicos estavam tão a fim de comprar a mineradora que acabaram negligenciando alguns aspectos da checagem de números e documentos. Na Vale, que estudara ela mesma fazer uma proposta de aquisição por toda a Anglo, dizia-se mais ou menos a mesma coisa. Os rivais estavam desesperados e, para evitar serem engolidos, precisavam mostrar um rumo.

O negócio se revelaria tão flagrantemente ruim que, vez ou outra, alguém levantaria a suspeita de que, para a transação ser concluída, muito dinheiro tinha ido parar — por debaixo do pano — no bolso de funcionários da multinacional. Se algo desse tipo ocorreu, foi muito bem escondido. Mesmo quando as duas empresas passaram a brigar e ficou evidente que a Anglo perdera muito dinheiro com o negócio, nenhuma informação indicando tal desvio de conduta veio à tona.

Fosse como fosse, Eike estava de alma lavada. Ficava furioso por ser chamado de vendedor de sonhos, aventureiro ou mercador de ilusões. Agora, podia tripudiar. "Esse ativo foi vendido até com o objetivo de mostrar para todo mundo e calar muita gente. Solidifica o que a gente faz", declarou a O *Estado de S. Paulo*.[11]

Desse dia em diante, ninguém mais seguraria seu até então contido ímpeto por autopromoção. Logo depois de fechar o negócio, o empresário recebeu a revista *Exame* para uma entrevista e quase não coube em si de satisfação quando a repórter lhe pediu que calculasse o tamanho do próprio patrimônio. Rabiscando com lápis em uma folha de papel, ele foi listando os números, não sem carregar no exagero: patrimônio pessoal (incluindo os 3,4 bilhões de dólares que a Anglo ainda depositaria em sua conta): 5 bilhões; participação de 60% na nova MMX: 1 bilhão; participação de 51% na empresa de logística que passou a administrar o porto do Açu: 1 bilhão; participação de 65% na empresa de energia MPX: mais 2,6 bilhões; participação de 75% na OGX, segundo sua própria avaliação: 7 bilhões. Tudo somado, ele se declarava um homem de 16,6 bilhões de dólares — mais do que qualquer outro bilionário brasileiro, segundo a última compilação anual da revista *Forbes*.

À matéria, intitulada "Sou o homem mais rico do Brasil",[12] seguiram-se várias outras no mesmo tom. Eike se superava a cada entrevista. "Meu objetivo é passar o Bill Gates em cinco anos. O Brasil tem de ser o número um", disse ao *Estadão*.[13] Naqueles dias, aguardava ansiosamente a publicação da lista da *Forbes*, antecipando o prazer de figurar em sua célebre lista dos mais ricos do mundo. Quando a revista afinal divulgou a relação, ele aparecia como o terceiro homem mais rico do país, com fortuna calculada em 6,6 bilhões de dólares. O empresário, é claro, não gostou. Disse que a *Forbes* errara ao não computar sua participação de 72% na OGX — que não abrira capital nem produzira uma gota de óleo, mas que ele já estimava valer 10 bilhões de dólares.[14]

Quando chegou ao Mr. Lam para jantar com sua guarda pretoriana, logo após o anúncio da venda para a Anglo, Eike tinha motivos de sobra para comemorar. Pela primeira vez, fizera muito mais sucesso na imprensa do que Luma de Oliveira — e isso às vésperas do Carnaval. Seu pai, Eliezer, não escondia dos amigos a satisfação com o negócio que o filho acabara de fechar — para o qual contribuíra tendo longas conversas com Cynthia Carroll a respeito do bom momento do Brasil e do grupo X.

Em um ineditismo no relacionamento de ambos, foi o pai quem se referiu ao filho, em um bilhete de congratulações, como empresário-estadista. Até então, dava-se o contrário — Eliezer era o estadista e Eike, o aprendiz. Reconhecido por sua competência em criar riqueza, o empresário parecia se libertar dos carmas do passado. De Luma, de Eliezer e, mais do que tudo, da lembrança constante de seus fracassos. Acabara de firmar a maior venda de ativos do Brasil naquele ano e se sentia mais perto do que nunca do grande futuro que sempre idealizara para si próprio — o Grand Design, como Eliezer costumava dizer. Na euforia dos dias seguintes, abraçava Dalton Nosé e dizia: "Meu homem de 5,5 bilhões de dólares!".

7. Feed the ducks

Alguém botou a cara na porta da sala dos diretores da OGX e avisou: "Vai haver reunião hoje à tarde no hotel Florida e todos têm de estar lá". Era o dia 22 de abril de 2008. A equipe de geólogos almoçou apressada e seguiu a pé para o local do encontro, a poucas quadras da sede do grupo X. Conheciam bem o lugar, onde a Petrobras costumava fazer as reuniões da equipe de exploração. Estavam curiosos, e ficaram ainda mais ao reparar que, entre as quarenta pessoas na sala, quase todas eram desconhecidas. Sentaram-se então nas cadeiras dispostas em forma de U e receberam uma brochura em cuja capa se lia "PROJETO THE DOORS — PRÓXIMOS PASSOS". No cabeçalho, um aviso: estritamente confidencial. Entreolharam-se. *Próximos passos? Quais teriam sido os primeiros?*

Nenhum dos banqueiros e advogados no recinto pareceu notar que os técnicos da OGX não tinham a menor ideia de por que estavam ali; tampouco deram importância para a expressão de espanto deles ao perceber que o "Projeto The Doors" era o IPO da OGX — e que teriam menos de dois meses para levar a empresa à bolsa, em 17 de junho de 2008, como mostrava o cronograma da segunda página.

A homenagem à banda californiana, saberiam depois, fora ideia de Marcelo Torres, o diretor financeiro da companhia, que tocava guitarra e era fã do roqueiro Jim Morrison. A leitura das tarefas foi um bombardeio de "financês".

Data limite para a impressão *pre-deal research* — 9 de maio; finalização da *road show presentation* — 16 de maio; envio dos backups — 21 de maio; início do *road show* — 27 de maio. A artilharia persistiria por quatro horas — tempo suficiente para que os ex-Petrobras se familiarizassem com aquele vocabulário. A presença deles era fundamental, pois colaboraria para a construção do case, explicaram os banqueiros do Itaú BBA e do Credit Suisse.

Traduzindo: os técnicos ajudariam a definir e burilar a história a ser contada ao mercado para convencê-lo a pôr dinheiro na companhia. Alguns, inclusive, por ocuparem cargos mais altos no organograma, seriam convocados a participar dos encontros com investidores. Tabelas, números, termos técnicos de geologia, explicações sobre o potencial dos campos exploratórios — tudo isso seria com eles.

Ao sair do hotel Florida, caminhando pela rua do Catete, a equipe de geólogos parecia tomada por uma espécie de claustrofobia. Se aquele cronograma fosse sério — e parecia ser —, não haveria tempo para mais nada. "Estamos ferrados. Nunca mais vamos ver nossas famílias...", comentou um deles. Em poucos minutos, no entanto, a preocupação daria lugar à euforia. Eles finalmente participariam de um dos famosos IPOs de Eike Batista. Ficariam ricos!

O chefe começara 2008 impossível, animado com o sucesso da estreia da OGX no mercado e com a realização de mais um IPO recorde de uma companhia ainda no estágio de projeto, o da MPX, de energia. Em dezembro de 2007, a empresa arrecadara na bolsa 1,1 bilhão de dólares.[1] Já em fevereiro, quando as primeiras oscilações das bolsas — naquele ano que seria de crise — prejudicaram o desempenho da companhia, ele injetou mais 1 bilhão de dólares na MPX.[2] E ainda fechara a venda da MMX à Anglo, fazendo a festa de seus sócios na bolsa. Quem tivesse investido um dólar na abertura do capital da mineradora, em 2006, teria lucrado seis com a venda à multinacional. Ademais, o meganegócio tivera o condão de diminuir as desconfianças do mercado e da imprensa quanto aos projetos de Eike. "Que empresa com o conhecimento de mercado da Anglo investiria 5,5 bilhões de dólares num negócio feito para enganar acionistas descuidados?", perguntava a revista *Exame* em reportagem sobre a operação.[3]

No entanto, apesar de sua associação aos bilhões e do novo status no meio empresarial, Eike ainda se julgava um outsider, discriminado e incompreendido pela elite econômica do país — os Abilios Dinizes e Antônios Ermírios da vida. Para ele, esse estigma tinha a ver com o fato de ter erguido suas empresas no Rio, algo que os quatrocentões paulistas não toleravam.

Embora nascido em Minas, Eike se sentia mais carioca do que muitos malandros da Lapa. Era apaixonado pelo Rio e queria investir na cidade. Se, de quebra, isso rendesse algum benefício à sua imagem pública, tanto melhor. Nos últimos anos, investira em alguns empreendimentos menores, como o Mr. Lam, uma clínica médica na Barra da Tijuca e o recém-inaugurado *Pink Fleet* — o navio da década de 1970 que ele havia reformado para fazer passeios turísticos pela baía de Guanabara. Todos, dizia, presentes para a cidade e parte da fictícia MPIX (Mata Paulista de Inveja).

Em março de 2008, logo depois de divulgar a venda da MMX à Anglo, Eike anunciou a maior de suas MPIXs até então. Adquiriu o decadente Hotel Glória, que já fora a casa carioca de presidentes e celebridades internacionais, e prometeu restaurar-lhe o antigo glamour. Pagou 80 milhões de reais pelo prédio e parte da mobília e das obras de arte. Sua ideia era usar 20% do edifício como sede das companhias X.[4] O restante permaneceria como hotel, que ele pretendia transformar num cartão de visitas do próprio império. A ampla reforma que planejava — em que calculava gastar mais de 200 milhões de reais — faria do Glória um dos mais modernos e sofisticados hotéis do mundo.

E antecipando dias de triunfo e prestígio, mandou registrar no Instituto Nacional da Propriedade Industrial (INPI) a marca com que pretendia batizar o novo empreendimento: Billionaire.[5]

Com seus negócios pujantes revertidos em melhorias para o Rio de Janeiro, Eike passou rapidamente a personificar o renascimento econômico do estado. Sérgio Cabral também lucrava com o bom momento do empresário e explorava aquela atmosfera positiva que parecia emanar dele.

Desde sua generosa ajuda na campanha eleitoral, Eike se tornara bastante próximo do governador, que, a cada nova etapa de um de seus projetos — como a assinatura de um memorando de entendimentos com algum potencial parceiro de negócios, a entrega de alguma licença ou o início de uma obra —, logo bolava uma solenidade, com direito a discurso, rapapés de parte a parte e uma farta quantidade de entrevistas.

Além de ter uma história de sucesso para contar, Eike, ao contrário de seus pares, fazia questão de ser acessível. Não havia intermediários em sua relação com os principais colunistas e repórteres do país, que alimentava sempre com informações que lhe ressaltassem o sucesso. Como bom vendedor, dominava a arte do marketing, e a usava em todo o seu potencial.

Existia, porém, outra coisa de que Eike entendia ainda mais do que de marketing: de banqueiros. "*Greeeed*", dizia, com uma vozinha fina de bruxa de conto de fadas, esfregando os dedos indicador e médio no polegar, ao explicar o que os movia. Se era dinheiro o que queriam, com ele o teriam. E muito. Desde 2004, já vendera seis empresas ou fatias de empresas, duas delas oferecidas na bolsa. E ainda criara mais uma, de logística, que seria batizada de LLX. Todos os negócios tinham sido assessorados por bancos e remunerados generosamente. Só no IPO da MMX, por exemplo, haviam sido pagos 6,22% de comissão aos bancos — o equivalente a 64 milhões de reais.[6] Para os parâmetros do mercado brasileiro, era extraordinário. Eike ainda fizera questão de não tirar da conta o dinheiro que botara do próprio bolso para assegurar que o IPO acontecesse. Pagar bem, entretanto, não era tudo.

Outro truque bem aprendido ao longo da vida era separar a comissão em duas partes: uma fixa, a depender da quantia envolvida, e uma discricionária, que só seria paga se ele gostasse do desempenho do banco. Eike costumava dizer que essa era a "cenoura" que colocava à frente deles para que trabalhassem como nunca por sua oferta. De olho nas parcelas variáveis da comissão, os bancos se engalfinhavam em torno do empresário para agradá-lo, vendendo as empresas X como se não houvesse amanhã.

Não que fosse tarefa muito difícil. Naqueles anos de exuberância irracional, com os bancos do mundo todo nadando no dinheiro fácil obtido com a bolha imobiliária dos Estados Unidos, havia hordas de investidores procurando por ativos mais rentáveis do que os tímidos 3,9% ao ano dos títulos de longo prazo do Tesouro americano.[7]

Antes mesmo de embarcar na primeira viagem internacional para vender a MMX, Eike percebera o óbvio: os grandes investidores internacionais estavam ávidos por projetos nos mercados emergentes, que então registravam crescimento econômico sem igual no planeta. De 2003 a 2007, o volume diário negociado por estrangeiros na bolsa brasileira aumentara em progressão geométrica, passando de 49 milhões para 410 milhões de reais. Estimuladas por essa demanda, vinte construtoras haviam aberto capital na Bovespa, o dobro do total disponível no mercado de capitais americano.[8]

Bancos médios, varejistas, construtoras, empresas de energia. Para tudo havia apetite. "A gente percebeu que poderia vender qualquer coisa", refletiu, tempos depois, um dos banqueiros que acompanhara a era dos IPOs.[9] Era o triunfo de um dos mandamentos mais antigos do mercado financeiro: "*If the ducks are quacking, feed the ducks*" — se os patos estão grasnando, alimente-os. Para aquele bando de patos grasnantes, pois, Eike preparara um verdadeiro banquete.

Quando 2008 começou, pairava sobre o mercado a sombra do desaquecimento. Os meses de janeiro e fevereiro chacoalharam as bolsas e o ímpeto por novas ofertas diminuiu, indicando que o ano não seria nada tranquilo. Só Eike continuava firme com sua linha de produção, razão pela qual os patos, ou melhor, os bancos, rondavam o edifício de número 154 da praia do Flamengo.

Todos sabiam que a próxima companhia a ser oferecida era a OGX — e ninguém queria ficar de fora. O empresário, por sua vez, já tinha seus parceiros preferenciais: Credit Suisse, Pactual, Itaú e Merrill Lynch, que o acompanhavam desde o início. Além de terem acreditado em seus projetos quando ainda vistos como coisa de maluco, estavam sempre disponíveis para conceder empréstimos para que as empresas X tivessem condições de decolar. Eike, portanto, não os decepcionaria. Se a comissão aos bancos — de 4% — não seria tão boa como quando da oferta da MMX, ainda assim ficaria entre as mais generosas do mercado. Como sempre, ele aplicaria na distribuição sua lógica da "cenoura", de modo que só 2,75% teriam divisão preestabelecida; os outros 1,25% dependeriam da avaliação do empresário sobre o desempenho daqueles que lhe deveriam vender o peixe.[10] Não seria pouca coisa. Se a OGX conseguisse captar a meta de 7 bilhões de reais na bolsa, as comissões variáveis chegariam a 87,5 milhões.

Havia, portanto, milhões de razões para que os banqueiros e advogados —

aqueles que se reuniram com os geólogos da OGX no centro do Rio — estivessem acelerados. Os mais antigos no grupo X costumavam chamar esse frisson em razão de um novo negócio de *deal dynamics*. Uma vez alcançado tal estado, só havia um caminho: trabalhar desenfreadamente até o final.

Os últimos dois meses haviam sido consumidos em discussões fechadas em torno de providências como a montagem de um conselho para a nova empresa — para o qual foram convidados dois nomes de peso, Pedro Malan e Rodolpho Tourinho, ex-ministros de Fernando Henrique Cardoso, respectivamente da Fazenda e de Minas e Energia —, a obtenção da papelada necessária ao pedido de registro da oferta na CVM, a contratação de auditorias e a redação de rascunhos de prospectos e apresentações à bolsa e a analistas de investimento.

O encontro do hotel Florida serviu para botar o bloco na rua. Dali, os principais diretores da empresa e da EBX partiriam para o *pilot fishing*, uma turnê de reconhecimento de terreno em que visitavam investidores selecionados — para sentir o clima. Os escolhidos eram, em geral, fundos e bancos que já haviam posto dinheiro em outras empresas do grupo ou comprado muitas ações de companhias brasileiras em outros IPOs — um ambiente conhecido e qualificado, que permitia checar as principais vantagens e pontos fracos da nova empreitada antes que a oferta começasse de fato a rodar o mercado.

Enquanto parte do time trabalhava preparando a viagem de "pesca", outro grupo, o dos analistas dos bancos, tratava de elaborar o material a ser divulgado a investidores antes de a empresa ir à bolsa — o chamado *pre-deal research*. Nessa fase, os diretores da companhia recebiam os principais analistas de petróleo dos bancos que ofereceriam a OGX ao mercado para detalhar temas como projeções de produção, custos de operação e expectativa de lucros. Seria, portanto, o primeiro relatório aprofundado desses analistas sobre a empresa, documento em que, pela primeira vez, se faria uma estimativa de valor de mercado mínimo e máximo. Além de conceber o relatório, cabia também a esses analistas conversar depois com investidores para lhes explicar suas conclusões.

Como eram os maiores especialistas em petróleo de cada banco, em tese seria crucial impressioná-los. Mas só em tese. Na prática, tais apresentações não tiravam um pingo de sono dos executivos. Os analistas, afinal, eram funcionários dos bancos interessados em faturar com o IPO. Não só para os da OGX, mas para a maior parte dos diretores de companhias que se preparavam para realizar uma oferta pública ao mercado, a função dos analistas no fundo não era orientar investidores, e sim vender a empresa em nome de seus donos.

Embora a separação entre o departamento que vende as ações e o que orienta a compra — a famosa *Chinese wall* — seja um dos pilares sagrados do mercado financeiro, qualquer estagiário de banco de investimentos aprende logo que, da porta para dentro, tal princípio é relativo. Na preparação de um IPO, então, torna-se mais relativo ainda. "Todo mundo no mercado sabe que, se o cliente quer que a empresa valha 10 bilhões, o relatório do analista vai dar 10 bilhões. É uma conta de chegada", explica um dos executivos envolvidos nas ofertas públicas do grupo X.

No caso da OGX, porém, um desses analistas resolveu não fazer parte do jogo.

Entre março e abril de 2008, os quatro principais especialistas em petróleo dos bancos envolvidos no IPO estiveram na sede da OGX: Emerson Leite, do Credit Suisse; Paula Kovarsky, do Itaú BBA; Gustavo Gattass, do Pactual; e Frank McGann, do Merrill Lynch. Nas conversas, capitaneadas por Marcelo Torres, diretor financeiro e agora também de relações com investidores da companhia, nenhum deles deixou de notar que a curva de produção futura da OGX só tinha projeções com os chamados recursos prospectivos — uma estimativa formulada a partir de aproximações teóricas, sem qualquer verificação in loco, feita apenas considerando as características dos campos próximos e imaginando que aqueles em questão pudessem vir a ter, na média, a mesma quantidade de petróleo.

Não havia como a agência certificadora contratada pela OGX, uma consultoria do Texas chamada DeGolyer & MacNaughton (D&M), fazer qualquer estimativa mais precisa, já que a petroleira ainda não tinha perfurado sequer um poço que permitisse testar a qualidade e a quantidade do óleo incrustado no subsolo de suas áreas.

Segundo a conta baseada na projeção dos recursos prospectivos, a OGX poderia vir a ter, no futuro, 4,8 bilhões de barris de petróleo nos campos recém-adquiridos.[11] No mundo do petróleo, contudo, essa categoria de análise representa a estimativa mais incerta que existe, tão vaga que a Securities and Exchange Commission (SEC) — o xerife do mercado financeiro americano —

não permite que as empresas de capital aberto dos Estados Unidos a divulguem.[12] Felizmente para a OGX, a CVM, seu equivalente brasileiro, não imporia a mesma restrição. Apenas classificaria a petroleira no mesmo nível em que situara as outras X de Eike, o de companhia pré-operacional, com autorização para só negociar ações a investidores qualificados — com investimentos de no mínimo 300 mil reais e supostamente com informação o bastante para entender o tamanho do risco que corriam. (Ao longo dos anos seguintes, conforme os planos das empresas X avançavam, a CVM foi derrubando a barreira e permitindo a entrada de investidores comuns no rol de acionistas, o que só fez inflar o valor das companhias de Eike.)

Como a expectativa de produção é um dado fundamental para calcular as receitas e, portanto, o valor de uma petroleira, o tema dos recursos prospectivos sempre emergia nas reuniões entre a empresa e os analistas. Os representantes dos bancos tinham dúvidas sobre como usar aqueles números e de que forma montar suas próprias estimativas de produção. Porém, a menos que as dúvidas apresentadas fossem bem básicas, a equipe da OGX se abespinhava. Em certa ocasião, Paula Kovarsky, do Itaú BBA, perguntou aos executivos se tinham certeza de que podiam divulgar aquela projeção, uma vez que a SEC não aceitava informes de recursos prospectivos como comprovação de reservas. Era uma questão pertinente, já que a empresa dizia pretender, no futuro, emitir papéis também nos Estados Unidos. Mas foi interpretada como uma tentativa de arrumar desculpas que justificassem uma avaliação menor do que o mínimo almejado por Eike Batista — 14 bilhões de dólares (o valor máximo, para ele, seriam 18 bilhões). "Precisamos falar com a chefia da Paula para cortar suas asinhas", comentou um dos executivos do grupo X, no que seria prontamente apoiado pelos colegas. Assim foi feito.

O representante do Merrill Lynch, no entanto, escapou ao cerco.

O americano Frank McGann tinha um perfil bem diferente do dos outros três colegas, todos mais ou menos jovens, com pouco mais de trinta anos, moradores de São Paulo ou do Rio, e portanto fisicamente muito próximos das empresas que cobriam. Ele tinha 51 anos, pelo menos vinte de experiência, e se tornara um analista de prestígio acompanhando as companhias de petróleo da América Latina a partir de Buenos Aires, onde vivia com o namorado. Inquisidor, mas discreto, não deu qualquer pista do que viria a escrever em seu relatório, enviado à petroleira para comentários alguns dias depois da visita ao escritório da praia do Flamengo.

O documento caiu como uma bomba no grupo X. Uma leitura atenta de suas dezoito páginas levava à conclusão de que o investidor não deveria gastar seu dinheiro com a nova companhia de Eike. Ou, pelo menos, de que não era uma aposta para qualquer um. "Os riscos a tornam inapropriada para muitos investidores", dizia o texto, que listava mais razões para preocupação do que para otimismo.[13] Perigo número um, segundo McGann: "Nenhuma companhia de petróleo tentou fazer algo parecido com o que a OGX está fazendo". A saber: um plano de exploração calcado em um grande número de campos de petróleo ainda sem estimativa de reservas, que demandariam muitos equipamentos caros e nem sempre disponíveis. Ele fizera a lição de casa e concluíra que os recursos prospectivos listados pela D&M nada mais eram do que hipóteses com alto risco de não se concretizar. Se desse tudo certo, avaliava, a OGX poderia se tornar uma grande petroleira "em dez ou quinze anos". O analista aliviava um pouco a barra da empresa ao elogiar a estratégia de perfurar blocos no entorno de áreas em que a Petrobras já obtivera sucesso, e também ao considerar sua equipe muito boa e experiente.

Ao ser claro sobre os riscos, McGann apenas cumpria sua função de orientar investidores, mas a equipe da OGX não pensava assim. "Esse cara tá louco!? Como é que ele faz essa merda de relatório?", bufava Marcelo Torres pelos corredores. Eike ficara possesso: "Esse cara é um viado filho da puta! Viado!". Imediatamente, Torres ligou para o chefe de McGann, o diretor do Merrill Lynch Rubens Cavalieri, e fez pressão para que o analista suavizasse os termos do documento. Cavalieri até tentaria negociar com McGann, mas o máximo que este concedia à petroleira era um valor de mercado de 12 bilhões — nem um dólar a mais.

Para o Merrill Lynch, já suficientemente pressionado pelos órgãos reguladores e pela imprensa a respeito da isenção de analistas que haviam recomendado como ótimas aplicações de hipotecas ultra-arriscadas e sem lastro no mundo real, o melhor era não insistir. Ao final de alguns dias de discussão, portanto, a versão final do relatório do banco sairia sem alteração substancial. Eike então mandou tirar o banco da oferta e o transformou em "instituição non grata" na praia do Flamengo.

Depois do episódio, os diretores do grupo X passaram a só se referir ao analista do Merrill Lynch como "Frank Mcgay".

Ao mesmo tempo que instruíam os analistas, os dirigentes da OGX corriam o mercado pescando investidores. Durante quatro dias, no início de maio de 2008, visitariam 24 fundos nos Estados Unidos e na Inglaterra, em uma viagem coordenada pelos banqueiros do Credit Suisse. Com exceção dos fundos do Oriente Médio e da Ásia, que ainda tinham ressalvas a aplicações de risco num mercado pouco familiar como o do Brasil, os estrangeiros estavam muito a fim de investir no país, com seu real valorizado e a euforia das descobertas do pré-sal.

A alta dos preços do petróleo, com o barril acima dos cem dólares, ajudava a compor o bom momento. Sempre havia, é verdade, um ou outro mais resistente, em geral preocupado com o fato de a OGX não ter produzido ainda sequer uma gota de petróleo. Contudo, os bancos, que entendiam bem do riscado, diziam que não haveria problema em convencer boa parte dos recalcitrantes a embarcar no IPO. Estavam certos. A viagem foi um sucesso. Mesmo assim, ao aterrissarem no Brasil, uma cena ocorrida já no final do tour não lhes saía da mente e passava como um flashback na memória de alguns dos executivos da companhia. Dera-se em Baltimore, capital financeira do estado de Maryland, onde Landim, Torres, Paulo Mendonça, Paulo Ricardo dos Santos e Roberto Toledo foram recebidos por dois representantes do T. Rowe Price, um fundo com 85 bilhões de dólares sob gestão.

Durante a meia hora de reunião, eles falaram da OGX e responderam a perguntas normalmente — até que, na saída, o chefe da equipe do T. Rowe Price, Charles Ober, chamou Landim num canto, à vista de todos, e lhe disse: "Esta é a primeira empresa X que estou recebendo, e só porque fui induzido a erro pelos banqueiros. Mas do IPO não participo. Podem avisar ao Eike que eu não compro nada dele". Ober e seu fundo tinham um trauma antigo com a letra X, pois haviam perdido muito dinheiro com a TVX nos anos 1990 e prometido nunca mais cair no conto dos megaplanos do empresário brasileiro. Ao ouvir isso, Landim e os demais executivos engoliram em seco e deixaram o prédio sem fazer qualquer comentário.

Ao chegar ao Brasil, Landim contaria o episódio a Eike, que então rememorou — à sua maneira — a história da TVX. O fiasco da empresa não fora culpa dele, mas sim do governo grego, que lhe tirara a concessão das minas Cassandra. Ele confiara nos políticos gregos e se dera mal. "Você não sabe que não se deve confiar em um grego?", disse Eike, em inglês, com sotaque caricatural, imitando a frase que, segundo relatava, um ministro grego lhe dissera à época.

Um mês depois, quando o *road show* de fato começou, "Mcgay" e T. Rowe Price já se haviam convertido em ecos do passado. Graças a um achado da equipe do Pactual, a preocupação quanto ao "nunca-antes-ninguém-tentou-nada-parecido" pôde ser rebatida. Os banqueiros tiraram da cartola o exemplo da Tullow, petroleira irlandesa que abrira o capital no final dos anos 1980 para financiar a exploração de campos no Senegal sem ainda ter produzido um barril sequer. Em 2008, a Tullow faturava 1,3 bilhão de dólares por ano e era considerada um caso de sucesso.[14]

Ao contrário do que prometia a OGX, contudo, a jornada da congênere britânica tinha sido longa, demorara vinte anos, e a estratégia de seus donos sempre fora prometer menos do que esperavam — para depois surpreender positivamente o mercado. No *road show* dos brasileiros, porém, isso pouco importava. O que interessava era vender a empresa, e nisso os bancos de Eike eram profissionais. Antes da visita dos representantes da OGX, os analistas, aqueles que haviam produzido relatórios sobre a companhia, telefonavam para investidores explicando o "case" e dando sua "visão independente". Em seguida, ligavam os banqueiros da área de investimento, que inquiriam seus clientes e produziam um informe sobre o estado de espírito de cada investidor — documento a ser distribuído para o pessoal do *road show*. Observações como "fulano é muito sensível aos riscos da exploração" ou "sicrano é fã de Eike e quer ser sócio dele" serviam para que os vendedores da OGX calibrassem o discurso para cada apresentação.

Munida com seus PowerPoints e os briefings sobre o público-alvo, a equipe da petroleira saiu apregoando a companhia mundo afora. Para os não familiarizados com aquele tipo de tour, o *road show* se assemelhava a uma corrida maluca, uma espécie de gincana, destinada a cobrir a maior quantidade possível de locais e de recursos ao redor do globo. Divididos em três times — verde, azul e laranja —, os dez executivos, incluindo o próprio Eike, visitaram 363 investidores, nos cinco continentes, ao longo de quinze dias. Um quarto time ficou no Brasil atendendo a demandas pontuais. À exceção do chefe — que cumpria os trajetos em seu recém-adquirido jato Legacy de dezesseis lugares, com cozinha e dois banheiros, levando consigo Paulo Mendonça, o Dr. Oil, Marcelo Torres, diretor financeiro e de relações com investidores da OGX, o jornalista Roberto D'Avila, que filmava tudo para um documentário, e Andrea Pereira, gerente-geral de relações com investidores e comunicação da EBX —, o resto do pessoal tinha de viajar em voos de carreira.

Cobrir todos os locais necessários exigia sofisticação logística e uma boa dose de sorte, já que os executivos dependiam da pontualidade das companhias aéreas. Acordar em Hong Kong e ir se deitar no Kuwait fazia parte do jogo, assim como dormir muito pouco, não mais do que três ou quatro horas por dia. Para não perder tempo entre tantas conexões, eram instruídos a levar apenas uma mala de mão, o que os fazia usar o mesmo terno por dias, trocando apenas a camisa e a roupa de baixo.

O script das apresentações era basicamente o mesmo, com uma ou outra alteração feita sob medida para o público-alvo. Com 56 slides em PowerPoint, selecionados conforme o perfil do freguês, a abordagem sempre começava realçando a experiência e as conquistas dos egressos da Petrobras, com destaque para o gráfico que atribuía a Mendonça a descoberta de impressionantes 9 bilhões de barris entre 2002 e 2007. A quem se espantasse com a cifra, o equivalente a 60% das reservas que a Petrobras tinha então, a equipe da nova petroleira dizia corresponder às reservas que a estatal estimava preliminarmente ter encontrado no pré-sal — a província que Dr. Oil, como chefe da equipe de exploração da companhia, ajudara a descobrir. Além de ser um dado ainda não confirmado, atribuir essa marca apenas à liderança de Mendonça — desconsiderando os demais técnicos, o histórico e toda a estrutura da Petrobras — era um descarado exagero. A informação vinha ainda incrementada por outro gráfico, logo ao lado, segundo o qual a taxa de sucesso da Petrobras na bacia de Campos aumentara de 23% para 49% na gestão de Dr. Oil.

Na parte destinada a informações técnicas, as imagens das linhas sísmicas produzidas pelos ultrassons dos blocos produtores da Petrobras apareciam lado a lado com as dos blocos da OGX, com as supostas semelhanças dos desenhos valorizadas por setas e destaques. Outro slide era destinado apenas a indicar como a produção brasileira cresceria com a entrada em operação do poço de Tupi, no pré-sal. Vendo tudo isso, pois, um incauto poderia pensar que OGX e Petrobras tinham basicamente a mesma chance de sucesso. A maior parte dos investidores, porém, era tudo, menos tola. Eles percebiam o truque. Alguns, inclusive, conheciam o relatório de McGann e faziam as perguntas certas. Dr. Oil não seria otimista demais sobre as chances de encontrarem petróleo? O mercado estava aquecido — e se faltassem equipamentos? Algumas das áreas que a petroleira se propunha a explorar já haviam sido da Petrobras e a estatal as abandonara — por que logo eles encontrariam óleo ali? Os técnicos da OGX previam chegar a 1 milhão de barris por dia, marca que a Petrobras levara cinquenta anos para alcançar, em cinco anos — como conseguiriam tal proeza com uma startup? Mas a equipe ensaiara exaustivamente as respostas a essas perguntas.

Garantiam que aqueles blocos eram de grande potencial e que a estatal não chegara a avaliá-los criteriosamente, pois preferira se concentrar no pré-sal. Também diziam que poderia existir pré-sal nas águas rasas da bacia de Santos, onde haviam adquirido áreas, e ressaltavam ter, como empresa privada, um processo decisório mais simples e ágil, que tornaria a companhia bem mais eficiente do que a gigante estatal. "O Brasil é um país petrolífero", lembrava Dr. Oil. O pré-sal era prova disso. Quer por causa da abundância de números e mapas incluídos na apresentação, quer pela postura confiante dos diretores da OGX, a exposição costumava produzir efeito positivo — o que era essencial naquela fase.

Ao contrário do *pilot fishing*, que fora só um teste, a coisa ali era a valer. Afinal, depois de cada encontro, o "alvo" da apresentação comunicava ao banco se compraria ações da OGX e, em caso positivo, reservava sua cota. Os banqueiros, por sua vez, imediatamente passavam a informação às equipes no *road show*, que gastavam boa parte do tempo entre as visitas trocando mensagens sobre as ordens de compra e competindo sobre quem traria o maior índice de encomendas.

Sob esse critério, não havia competidor à altura de Eike Batista. Diante de uma plateia de investidores, ele reinava. Em suas apresentações, sempre incluía um toque pessoal, como trocar a expressão "bom potencial de lucro" por "*stellar returns*" — retornos estelares. Quando falava, não se concentrava nos detalhes do negócio, mas ressaltava a qualidade da equipe e se dedicava ao discurso sobre a era de ouro das commodities e o momento mágico por que passava o Brasil. O país, dizia, estava posicionado para uma época de crescimento recorde, graças à sucessão de governos responsáveis e ao surgimento de uma nova classe de empresários, mais afeitos ao risco e à inovação. Discorria então sobre as lições aprendidas com os fracassos do passado, contava como criara do nada empresas que então valiam bilhões e ainda acenava aos investidores com a possibilidade de ganharem tanto dinheiro quanto ele faturara vendendo sua MMX à Anglo.

Ademais, tinha sempre um comentário bem-humorado para quebrar o gelo, acompanhado de um sorriso e de uma expressão convincente de autoconfiança. Possuía um carisma arrebatador e sabia disso, tanto que se autointitulava o "maestro da orquestra",[15] enquanto os banqueiros o chamavam de "sr. IPO".

Naquela jornada, estava leve e feliz, fazendo o que mais gostava. Nos jantares com a equipe, não sem exibir sua habitual volúpia gastronômica, entretinha-se pedindo aos companheiros de viagem que fizessem suas próprias estimativas sobre quanto a OGX valeria em cinco, dez e quinze anos. Depois de desenhar num guardanapo seu gráfico, com cotações sempre alucinantes, o sujeito acrescia ao lado um autógrafo. Durante anos, um desses guardanapos — preenchido num restaurante chinês de Toronto e subscrito por Eike, Paulo Mendonça e Marcelo Torres — ficaria exposto em um quadro na sala do empresário. Passado algum tempo, os próprios autores das previsões se espantavam em constatar que mesmo as mais otimistas haviam sido superadas.

Em meio ao frenesi pré-IPO, a Petrobras — que transformara Eike em inimigo número um e tratava Paulo Mendonça e companhia como os judas do mundo do petróleo — fez saber ao mercado sua opinião sobre a nova concorrente. Seus diretores e gerentes, que cumpriam agenda em Nova York ao mesmo tempo que a equipe da OGX rodava bancos e fundos de investimento, diziam a quem quisesse ouvir: a empresa era um engodo e seus executivos, uns irresponsáveis que torrariam o dinheiro do acionista. Logo, no entanto, mudariam de versão e passariam a dizer apenas que não tinham medo da nova petroleira. Perceberam que polemizar era inútil.

A essa altura, nem o mais descrente dos investidores seria capaz de desafiar aquilo que os americanos chamam de momentum. Na física, a expressão serve para apontar a quantidade de movimento de um corpo. No mercado financeiro, indica a circunstância em que um setor, um negócio ou uma ação toma um impulso difícil de parar. A ogx, que já era considerada uma aposta atraente antes mesmo de o *road show* começar, ganharia ainda mais momentum durante o tour. Afinal, entre o primeiro e o último dia da viagem, a agência de rating Fitch concedera, com poucas semanas de intervalo, o segundo grau de investimento ao Brasil;[16] a cotação do petróleo chegara a picos próximos dos 140 dólares, patamares similares aos do choque de 1973;[17] e a Petrobras anunciara a descoberta de um grande campo de óleo leve na bacia de Santos.

O ipo da ogx se tornava irresistível — quase obrigatório. Os patos grasnavam como nunca, de modo que, ainda no segundo dia de jornada, todas as ações do livro de reservas da petroleira já tinham comprador — e os pedidos de reserva continuariam chegando. A informação de que o livro estava completo despertou até mesmo nos mais reticentes o medo de deixar passar o negócio do ano. "Os investidores estão preferindo ignorar os riscos a ficar de fora da operação", escreveu, num e-mail a colegas banqueiros, um dos mais ativos participantes do ipo.

Ao fim do tour pelo mundo, os pedidos de reserva de ações já somavam 30 bilhões de dólares, dez vezes o valor total do livro. O ipo da ogx era um sucesso antes mesmo de acontecer.

No dia 11 de junho, bem cedo pela manhã, todas as equipes do *road show* se encontraram na sede do Credit Suisse, na Madison Avenue, em Nova York, para a reunião do pricing, ou precificação, a última etapa antes do pregão de estreia na bolsa. No roteiro de um ipo, essa é a hora da verdade, quando os donos da empresa e os banqueiros verificam o tamanho do interesse pelas ações, para então definir a que preço irão a mercado. Em qualquer oferta, trata-se de um momento tenso. Ou sobra ação e falta demanda — o que obriga o empresário a aceitar preços mais baixos, ou a botar dinheiro do próprio bolso, como no caso da mmx —, ou sobram compradores e os bancos se digladiam, tentando puxar a brasa para seus clientes.

O pricing da ogx, no entanto, não seria como os outros. Com a demanda dez vezes maior que a oferta, o encontro ganhou um lado catártico, que o transformou no ápice de todo o processo. Empolgadíssimos com a perspectiva de embolsar dezenas de milhões de dólares em comissões e turbinados pela possibilidade de decidir, como semideuses do mercado, quem entrava e quem saía da lista de compradores, os banqueiros e o time da petroleira cortavam as cotas de fundos gigantescos com mal disfarçada satisfação. A coisa escapara ao controle e ganhava ares de Fla-Flu quando o grupo, ou a maioria, considerava que determinado investidor era um flipper, aquele que adquire as ações só para vender em seguida e embolsar a valorização. Então, entre aplausos, xingamentos e expressões de júbilo, acentuados pelo alto grau de testosterona no ambiente, o candidato era sumariamente ceifado da lista, sob a chancela de Eike.

Apesar da queda de braço, o instante de maior tensão não se daria entre banqueiros, mas sim entre um deles, Marcelo Kayath, do Credit Suisse, e Roberto D'Avila. Assim que percebeu que o jornalista filmava tudo, Kayath mandou que desligasse a câmera. D'Avila, que não é de briga, tentou contemporizar. Esse, garantia, era um documentário "do bem". Mas nem as intervenções de Eike e de alguns outros adiantariam. O banqueiro fechara o tempo e o jornalista seria mesmo obrigado a parar de filmar. (O tal filme nunca seria concluído.)

Quando a lista foi fechada e o preço, sob aplausos, estabelecido no patamar máximo, o convescote se transformou em ato de bajulação explícita. Eike pediu a palavra. "Hoje é um grande dia", começou, num de seus habituais discursos sobre empresas de caráter transformacional, que trazem riqueza para o Brasil. Enalteceu o papel dos banqueiros e prognosticou uma longa era de prosperidade no mundo das commodities. Ao final, emocionado, agradeceu.

Em retribuição, recebeu elogios desbragados de Candido Bracher, do Itaú BBA, de Rodolfo Riechert, do Pactual, e de Kayath. Nas palavras deles, Eike era o homem que descobrira o mapa do petróleo no país, um grande empreendedor, dono de uma capacidade única de gerar valor e movimentar a economia. Ele seria único e absoluto, como o sol que ilustrava o logotipo de seu grupo. Terminados os rapapés, garçons entraram com champanhe e uma fila se formou para que o "sr. IPO" fosse cumprimentado.

Em 13 de junho de 2008 — um ano depois de criada, então com apenas um laptop e dois geólogos espremidos em uma sala de reuniões emprestada —, a OGX realizou na Bovespa a maior oferta de ações da história do país. A operação captou 6,7 bilhões de reais, ou 3 bilhões de dólares, por 18% das ações, vendidas pelo preço máximo, 1131 reais.[18] A maior parte foi comprada por estrangeiros. Até o fundo soberano da China, que nunca entrara em IPOs no Brasil, participara. E vários fliparam, aproveitando a valorização de até 19% ao longo do primeiro dia, entre os quais o investidor que declarara, anos antes, que Eike poderia ser considerado um gênio se conseguisse vender a petroleira.

Contemplado no pricing com duas cotas, compradas a 1,8 milhão de reais, ele vendeu suas ações ao meio-dia por 2,1 milhões e pôs o dinheiro numa aplicação — para pagar o colégio dos filhos na Suíça. Nunca mais voltaria a adquirir ações da companhia, mas lucrou seu quinhão com as companhias X. O próprio Eike, já dono de metade da OGX, fez questão de comprar mais 950 milhões de reais em papéis da companhia. Novamente, contudo, deixou claro que não diminuiria as comissões dos banqueiros por causa disso.

Quando o IPO terminou, os bancos ratearam a estontante remuneração de 268 milhões de reais. O Credit Suisse — que tinha direito a negociar um lote de ações suplementares da empresa, para "atender ao excesso de demanda" — lucraria mais de 100 milhões nessa segunda operação. Nisso, foi ajudado pela fábrica de declarações mirabolantes de Eike, que, ao sair da Bovespa como dono da 12ª maior companhia do Brasil, avaliada em 36,5 bilhões de reais mesmo sem nunca ter vendido um barril de óleo sequer, afirmou — ainda que impedido pelas regras da CVM de falar a respeito — que os volumes de reservas estimados para a OGX eram muito maiores do que ele esperava. Contou também que se preparava para levar à bolsa sua empresa de construção naval, que forneceria plataformas à petroleira, e completou dizendo que o grupo X sofria de complexo de Schumacher. "Queremos ser sempre o número um. Continuaremos a fazer coisas grandes."[19]

Tais declarações lhe custariam um processo na CVM, por inflar irregularmente o valor dos ativos em pleno período de silêncio.[20] Apesar de certa preocupação dentro da companhia, nem Eike nem José Olympio Pereira, o diretor de investimentos do Credit Suisse, perderiam o sono com a possibilidade de punição. Estavam certos. Mais de um ano depois, encerrariam o caso pagando multa de 100 mil reais, no caso de Eike, 60 mil para José Olympio e 120 mil para o CS. Diante do lucro que obtiveram, uma pechincha.

O IPO da OGX selou definitivamente a reputação de Eike como Midas, além de colocá-lo em um patamar de respeitabilidade que nunca tivera. Uma mostra de seu novo status empresarial pôde ser conferida na capa da edição da revista *Veja* que se seguiu à oferta de ações da petroleira. Intitulada "Nasce o maior bilionário brasileiro",[21] a matéria atribuía o sucesso de suas empresas na bolsa a vários fatores conjunturais — como a obtenção do grau de investimento, a alta do petróleo e a abundância de capital no mundo rico — que estavam ao alcance de todos os empreendedores dos países emergentes. Para *Veja*, no entanto, havia algo mais, que a revista chamou de "Efeito Eike". Mas o que seria isso? A reportagem explicava: "É o vórtice produzido em torno dos grandes movimentos do empresário. Se ele compra participação em uma empresa, as ações passam a ser acompanhadas mais de perto. Se é ele que está à frente da operação, como na semana passada, os grandes investidores se interessam. No volátil mundo das bolsas de valores, Eike virou uma espécie de biruta. Fique claro: trata-se do instrumento que ajuda os navegadores a saber a direção do vento, porque de maluco ele não tem nada".

Fotografado em casa, sorridente diante da Mercedes-Benz prateada enfim estacionada dentro da sala de estar, era saudado como símbolo de um novo empreendedorismo, que não se sustentava nas benesses do Estado, mas no mercado de capitais. "Mais Eike tornaria o ambiente de negócios no Brasil melhor? Sem dúvida", concluía *Veja*.

A partir desse IPO histórico, ele deixara de ser o aventureiro sortudo para se transformar em um empresário de renome, pronto a ganhar o mundo.

Nos anos que se seguiram, a abertura de capitais da OGX seria lembrada como o último suspiro de um ciclo inédito de vigor no mercado financeiro do Brasil — uma bolha inflada por outra, a dos empréstimos subprimes, então prestes a estourar. Dias depois do IPO, a bolsa entraria em uma espiral de queda — e o grupo X mergulharia numa crise que quase custou a Eike os bilhões da Anglo American.

8. O Midas acuado

O último gole de chope desceu redondo pela goela de Rodolfo Landim, de Paulo Gouvêa, diretor de finanças corporativas da EBX, e da advogada Joana Piquet, que o assessorava. Depois de seis meses trabalhando para chegar a um acordo em torno das centenas de cláusulas dos contratos que selavam a venda de parte da MMX à Anglo American por 5,5 bilhões de dólares, eles finalmente haviam conseguido — às duas da madrugada do dia 11 de julho de 2008 — assinar toda a papelada.

Desde o primeiro compromisso firmado entre as duas companhias, em janeiro, e da assinatura formal do contrato de compra e venda, no final de março, o negócio ainda enfrentara três meses de averiguações, com pedidos de documentos e informações submetidos ao escrutínio da Anglo e de uma equipe de advogados. Para concretizar a transação, uma nova empresa, a IronX, foi formada — só com os ativos a serem adquiridos pela Anglo. O resto continuara dentro da MMX, nas mãos de Eike. Oito meses haviam se passado desde as primeiras conversas. E então, enfim, estava tudo resolvido. Em sete dias, o dinheiro entraria na conta do chefe, irrigando em seguida os saldos bancários de todos eles, também detentores de ações da mineradora.

Mesmo exausto, o trio rumou para um bar no Leblon. Precisavam desopilar. Entre chopes e croquetes, Landim e Gouvêa brincavam com a colega, que carregava uma pasta com todos os documentos do acordo. "Joana, você já pensou que tem 5,5 bilhões de dólares debaixo do braço?" Uma hora depois, despediram-se. A jovem advogada, levando os bilhões de Eike, tomou um táxi e atravessou a ponte Rio-Niterói a caminho de casa. No dia seguinte, dariam a boa notícia ao empresário, em férias nos Estados Unidos com os filhos e a namorada. O sossego, no entanto, durou muito pouco.

Às nove da manhã daquele mesmo dia 11, vários carros da Polícia Federal estacionaram, ao mesmo tempo, em três pontos nevrálgicos do mundo X no Rio de Janeiro: em frente à mansão de Eike Batista, no Jardim Botânico; na casa de Flávio Godinho, bem próxima à do chefe; e na sede do grupo, na praia do Flamengo.[1] Munidos de um mandado de busca e apreensão, os policiais tinham ordem de levar tudo o que se relacionasse às minas e à ferrovia do Amapá — inclusive os discos rígidos com arquivos da empresa. Os funcionários se desesperaram. Se a PF os recolhesse, o trabalho pararia.

Landim, que deixara recentemente o posto de diretor-geral da MMX para se tornar CEO da OGX, era o mais graduado executivo do grupo na época, e estava a postos quando o delegado Francisco Badenes, um decano da Polícia Federal, chegou. Vinte policiais fariam as buscas no escritório. Depois de uma rápida negociação, os agentes concordaram em copiar todo o conteúdo dos HDs e deixá-los no lugar, para que o cotidiano da companhia não fosse interrompido.

Na casa de Eike, no entanto, não havia ninguém para negociar com os policiais, só empregados, e os policiais fizeram uma limpa. Até uma lan house que o empresário montara para que os filhos jogassem videogame à vontade foi apreendida. Depois de seis horas e meia de buscas, os policiais deixaram as casas e o prédio da MMX com malotes cheios de documentos e cópias dos discos rígidos. Houve buscas também no Amapá e no Pará. Eram, ao todo, 84 policiais envolvidos na ação.[2] Contudo, ao contrário do que costumava acontecer nas ruidosas operações da PF de então, ninguém seria preso.

A devassa, batizada de Operação Toque de Midas, representava o derradeiro capítulo de uma trama que começara a se desenrolar três anos antes, em 2005, com a investigação de um esquema de pagamento de propina no governo do Amapá. A PF grampeava, com autorização judicial, os telefonemas de Braz Martial Josaphat, funcionário da Receita Federal e lobista, conhecido como o "homem da mala" do governador Waldez Góes, quando percebeu que ele conversava com certa frequência com um carioca chamado Flávio Godinho, logo identificado como diretor da MMX, dona de uma mina de ferro na região de Serra do Navio.

Nas conversas, falavam sobre reuniões com advogados e envio de documentos. Como o executivo era de uma empresa grande, os policiais começaram a prestar atenção no que diziam, e aos poucos foram deduzindo o que significava. Conforme as escutas avançavam, ficou evidente que discutiam o edital de licitação da Estrada de Ferro do Amapá, uma ferrovia de 194 quilômetros ligando a região das minas de Serra do Navio e o porto de Santana, segundo município mais importante do estado, às margens do rio Amazonas. Na ocasião, como o objetivo da investigação em curso era outro (apurar o desvio de verbas para a saúde), os agentes fizeram um relatório em separado para a superintendência da PF, em que recomendavam a abertura de um novo inquérito para esmiuçar melhor o teor dos diálogos. Mas, sabe-se lá por que motivo, o tal informe — com a íntegra das gravações — acabou no fundo de uma gaveta. Ali dormitaria até 2007, quando um novo delegado, o paulista Fábio Tamura, assumiu o posto no Amapá. A MMX já era, então, uma companhia bastante conhecida e Eike já se notabilizara pelos bilhões com que lidava. Tamura resolveu dar uma estudada no assunto.

Construída nos anos 1950 pela mineradora de manganês Icomi, a ferrovia também servia ao transporte de passageiros, mas seu principal objetivo era levar minério até o porto. Em meados dos anos 1990, com o esgotamento da mina que explorava, a empresa abandonou o local e também a ferrovia,[3] que, sem a renda do movimento de cargas, passara a dar prejuízo mensal de 300 mil reais ao estado. Assim, enquanto não fazia uma licitação formal para a concessão da linha férrea, o governo do Amapá, em junho de 2005, repassou sua administração ao grupo X, em caráter emergencial.

Quando a concorrência foi aberta, no final de janeiro de 2006, sete empresas se qualificaram. A MMX Logística do Amapá saiu vencedora. Por considerar que a companhia de Eike fora beneficiada, uma das concorrentes entrou com uma ação para impugnar o processo, mas a denúncia não seria aceita pela Justiça.

Em março de 2006, portanto, a subsidiária da MMX recebeu a concessão da ferrovia por vinte anos, renováveis por mais vinte, garantindo não só acesso ao porto, mas também algo intangível: a embalagem de mini-Vale que Eike usava para vender seus projetos. Para emular a grande mineradora, segundo conceito elaborado por Eliezer Batista nos anos 1950, todos os seus empreendimentos deveriam ser dotados de um esquema logístico para escoar o minério. Senão, de nada valeriam.

A polêmica em torno do favorecimento à MMX se reavivou quando as prestações de contas do pleito de 2006 — em que Waldez Góes se reelegera no primeiro turno — foram divulgadas. Eike Batista havia sido o maior doador individual, com 200 mil reais.[4]

Nesse novo contexto, o material gravado anos antes pelos antecessores de Tamura ganhava mais interesse. O delegado, então, chamou para depor um antigo concorrente da MMX na licitação da estrada de ferro e obteve uma declaração que daria impulso às investigações. O sujeito tinha certeza de que houvera um conluio. E a razão de sua segurança a respeito, afirmava, decorria do fato de que fora convidado a participar do esquema. No entanto, o único jeito de averiguar se isso procedia mesmo seria por meio da obtenção de documentos guardados pelos investigados. E foi assim que os policiais começaram a planejar uma megaoperação, que, além da busca e apreensão de papéis, pretendia também prender Eike e Godinho.

Em 11 de junho de 2008, Tamura e o colega Dorival Ranuci foram a Brasília pedir a autorização do número dois da Polícia Federal, Romero Meneses, a quem fizeram um relato detalhado do que tinham levantado até então.[5] Além da suspeita de fraude em licitação, explicaram, havia pistas de que outra empresa, a Atlântico Gold, que já fora de Eike e explorava minério na mesma área, estivesse omitindo da Receita parte de sua produção de ouro. Para executar a ação, estimavam os delegados, precisariam de 250 agentes e dois helicópteros. Com tal aparato, a Toque de Midas teria, sem dúvida, grande destaque, mesmo em um ano cheio de operações barulhentas.

Meneses relutou. Disse que as intervenções da Polícia Federal se encontravam sob forte crítica — no ano anterior, até o irmão do presidente Lula, Vavá, fora detido durante uma ação, o que provocou polêmica quanto aos métodos da PF naquela gestão —⁶ e que o melhor seria investigarem um pouco mais antes de atitude tão retumbante. Recomendou, ainda, que procurassem a Controladoria-Geral da União e a Divisão Fazendária da PF para obter mais dados. Os dois tentaram argumentar, por outro lado, que os fatos já eram bastante antigos e que, àquela altura, não haveria mais o que fazer senão uma apreensão de documentos. Meneses, porém, não cederia, e os delegados voltariam ao Amapá contrariados, mas dispostos a seguir a ordem. Ainda tentariam de novo, até quebrar a resistência do chefe. O mais importante era convencer um juiz de que a ação era necessária — e isso já tinham conseguido. Três semanas depois, contudo, ficariam sabendo que a operação vazara.

No final daquele mês de junho, o próprio Godinho telefonou para o advogado Márcio Thomaz Bastos — que, além de ser o criminalista mais bem pago do país, era também ex-ministro da Justiça e amigo de Lula — e lhe disse que tinha um problema sério a resolver. Precisavam conversar. Por conveniência de ambos, o encontro se deu no Aeroporto Internacional de Brasília. O vice-presidente da EBX então disse a Thomaz Bastos que tinha ficado sabendo que a PF estava armando uma operação contra o grupo. Godinho — a quem cabia lidar com todos os assuntos delicados do mundo X, das relações com políticos às confusões conjugais do chefe — conhecia o potencial explosivo daquela investigação. Ademais, não era a primeira vez que recorria ao ex-ministro.

Em janeiro, Thomaz Bastos fora contratado para tentar regularizar a situação de uma área no município de Peruíbe, no litoral paulista, em que Eike pretendia construir um porto, mas que era considerada terra indígena pela Fundação Nacional do Índio (Funai). Até aquele momento, o grupo já desembolsara 12 milhões de reais pelos serviços do medalhão — sem qualquer resultado. Dessa vez, porém, Godinho tinha certeza, seria diferente. A Funai podia não ser a especialidade de MTB, como era conhecido em alguns círculos, mas a Polícia Federal ele conhecia como a palma da mão. Comentava-se até, em algumas rodas, que o advogado continuava tendo sobre a máquina da PF a mesma influência dos tempos do governo. E, como a importância e a urgência do problema eram bem maiores, a remuneração também engordava: 15 milhões de reais.

Assim que assumiu o caso,⁷ o ex-ministro enviou seu parceiro, Celso Vilardi, a Macapá, para que tivesse acesso ao inquérito na Justiça Federal. Mas a primeira tentativa de pôr as mãos na papelada, no dia 30 de junho, seria frustrada. O inquérito não estava na 2ª Vara. Na 1ª, a reação do juiz Anselmo Gonçalves chamou a atenção. Ele se tomou de uma expressão de desconforto, disse que não poderia adiantar qualquer informação e mandou que o advogado deixasse o pedido ali, para que o analisasse. Assim que Vilardi saiu, ele se comunicou imediatamente com os delegados da Toque de Midas, aos quais avisou: a investigação vazara.

Tinha início, então, o jogo de gato e rato.

O magistrado emitiu um despacho rebuscado, em que não confirmava a existência da investigação, mas no qual registrava que, se tal houvesse, não poderia dar acesso aos autos, ancorando-se na tese de que, enquanto o inquérito não virasse ação penal, não cabia aos réus ver a papelada.[8] Os advogados logo perceberam que precisariam de medida mais enérgica. Enquanto isso, os policiais federais se apressavam em montar a intervenção. Na quarta-feira seguinte, dia 9 de julho, os representantes da MMX conseguiram uma liminar que lhes franqueava o processo. A decisão, tomada e redigida na segunda instância, em Brasília, chegaria a qualquer momento às mãos do juiz no Amapá. Antes que isso ocorresse, porém, os delegados federais botaram a Toque de Midas na rua. Em 24 horas, a operação obteve doze mandados de busca e apreensão e mobilizou mais de oitenta agentes em Macapá, no Rio de Janeiro, em Belém e no interior do Amapá.

Se havia uma operação em curso, pensaram os estrategistas do grupo X, o melhor a fazer seria se precaver. Godinho, que era o contato com o governo do Amapá, embarcou para Miami e foi orientado a ficar por lá até a poeira baixar. Eike já estava nos Estados Unidos com os filhos e lá permaneceu, monitorando a situação por telefone. Uma ordem interna foi dada para que os funcionários que haviam tido qualquer envolvimento com a licitação da ferrovia checassem e-mails e documentos e sumissem com qualquer coisa que pudesse criar problemas.

Quando os federais baixaram no Rio, todas as providências preventivas estavam tomadas. Ainda assim, ao verificarem os discos rígidos copiados no grupo X, os peritos encontrariam pelo menos quatro versões do edital de licitação anexadas a e-mails trocados pelos executivos da MMX, com comentários, além de um parecer jurídico sobre questões afeitas à ferrovia e registros de reuniões em Macapá e em Brasília. Nesses e-mails, o edital era chamado de "pacote" e, quando a data da publicação começou a se aproximar, diziam, num código um tanto óbvio, que "o trem" ia "sair da estação". Tudo isso entre agosto e dezembro de 2005 — antes, portanto, de o edital ser divulgado.

Com a descoberta dos e-mails e dos arquivos, os peritos criminais do Amapá desvendavam um segredo bem guardado até dentro das empresas X. Afinal, poucas pessoas sabiam dos bastidores daquela licitação além do próprio patrão e de alguns diretores. Na lógica desse grupo restrito, já que a MMX era mesmo a única que realmente precisava da ferrovia para transportar seu minério e era a mais habilitada de fato a ganhar a concorrência, nada mais razoável do que se cercar de cuidados para que ela andasse rápido e custasse barato. As regras do certame previam um investimento mínimo — e venceria quem oferecesse o maior valor de outorga.[9] Se levasse a ferrovia, a mineradora teria, de qualquer maneira, de investir para colocá-la em funcionamento. Dentro do grupo, brincava-se até que, se aparecesse algum maluco querendo investir mais do que Eike e cobrar menos pelo transporte, eles contratariam na hora.

O fato de o arranjo ser ilegal nunca chegou a tirar o sono de ninguém. Até que aquele enxame de agentes da PF baixou nos domínios de Eike Batista.

A notícia de que a Polícia Federal estava entrando na MMX correu rápido entre os funcionários. Em poucos minutos, o grupo se paralisou, enquanto os diretores que haviam ficado no Brasil trocavam telefonemas frenéticos com os advogados, com Godinho e com o próprio Eike. Na casa do empresário, uma governanta assustada recebeu os policiais, com a imprensa já aglomerada do lado de fora. Todas as emissoras de TV davam flashes ao vivo sobre a intervenção, e o mercado financeiro, apavorado, já se punha a fugir das ações X. Nos momentos mais nervosos daquela sexta-feira trágica, a MMX perdeu 16% do valor de mercado, a OGX, 22,7% e a MPX, 11,5%. Ao final do pregão, a fortuna de Eike encolhera 5,1 bilhões de reais.

Até que a informação se espalhasse pelo mundo, porém, já era noite no hemisfério Norte, de modo que o comando da Anglo só reagiria no dia seguinte, um sábado. Pryor, o braço direito de Cynthia Carroll, ligou para Eike, então em Nova York, e lhe disse que a multinacional queria suspender o acordo até entender melhor o que estava em curso e ter certeza de que a operação não afetaria os negócios. A CEO da Anglo estava irritadíssima. A companhia nunca quisera de fato comprar as minas do Amapá. Só o aceitara por imposição do brasileiro. Agora, viam-se metidos em um imbróglio policial cujo desfecho ninguém seria capaz de antecipar.

Do ponto de vista de Eike, esse impasse era o pior dos pesadelos. Se a Anglo voltasse atrás no negócio, sua reputação e sua conta bancária seriam esvaziadas. Mas, como era de seu feitio em momentos de crise, manteve o sangue-frio. Garantiu ao interlocutor que nada no inquérito poderia comprometê-los e se ofereceu para indenizar a multinacional se a companhia tivesse qualquer prejuízo em razão da Toque de Midas. Franqueou-lhes também acesso a todos os documentos da investigação e aos contratos da mineradora no Amapá. Em seguida, arrumou as malas e voltou para o Brasil.

No sábado, 12 de julho, os advogados do grupo X já rastreavam o acordo de acionistas assinado por Landim e Gouvêa para checar se havia alguma brecha que permitisse à Anglo desfazer o negócio. Da outra parte, o mesmo se dava em Londres, de onde Cynthia Carroll ligou para Eike para lhe comunicar uma decisão: a Anglo de fato suspendia o processo de aquisição, pelo menos até compreender o que estava acontecendo. Enquanto o assunto não estivesse esclarecido, não haveria negócio. Era uma péssima notícia, sem dúvida; mas que na pior das hipóteses oferecia ao empresário algum tempo para convencer o mercado e a própria Cynthia de que não havia com que se preocupar. Naquele momento, pois, só lhe restara uma alternativa: atacar.

No domingo, dia 13, Eike começou a desenhar a reação. No front político, pediu a seus amigos senadores Delcídio do Amaral e José Sarney que procurassem o presidente da República e tentassem tirar de Lula algum gesto público de desaprovação à PF.[10] Thomaz Bastos também entrou em campo, depois de convencer o empresário a conter a agressividade e não lançar ataques gratuitos contra o governo. No front público, ficou combinado que todas as companhias X emitiriam comunicados ao mercado com o intuito de minar a credibilidade da operação, considerada arbitrária e espalhafatosa. Segundo esses informes, a Polícia Federal errara ao relacionar Godinho e Eike como suspeitos de sonegação e contrabando de ouro em uma mina que nem era mais do grupo. Afinal, a mineradora que explorava ouro na área em questão, a Atlântico Gold, fora vendida à Wheaton River em 2004. Na ocasião, Eike segregara a reserva de minério de ferro da mesma área em outra empresa, que veio a ser chamada de MMX Amapá.

Para completar a ofensiva, avaliou-se, Eike teria de falar. Dar entrevistas, porém, era uma opção arriscada — pelo menos no início. Melhor seria organizar uma teleconferência com analistas e investidores — marcada para o dia seguinte, segunda-feira. A íntegra das discussões ficaria no site da empresa e poderia ser ouvida pelos jornalistas. Como se trataria da primeira manifestação pública do empresário sobre a operação, certamente seria reproduzida.

Na segunda-feira, dia 14, assim que o pregão da Bovespa abriu, Eike entrou na sala de reuniões do edifício de número 154 da praia do Flamengo. Estava acompanhado do pai, de Thomaz Bastos e de mais sete executivos, entre eles três CEOs das empresas X. De início, considerara-se a hipótese de Eliezer e o advogado falarem em defesa do empresário — ideia que logo seria descartada, uma vez que poderia representar reação exagerada, de quem talvez tivesse culpa no cartório. Quando os microfones foram ligados, os dois estavam lá, mas apenas para dar apoio moral. Conectados ao ambiente de teleconferências, 215 analistas e investidores esperavam para ouvir Eike. Falando em inglês, com um carregado sotaque brasileiro, ele disse que contratara o ex-ministro da Justiça — "o homem que implementou a Polícia Federal como é hoje" — para defendê-lo, e enfatizou que, depois de analisar os documentos da investigação, este concluíra que tudo fora um "erro gigantesco".[11]

Logo ficaria evidente que pelo menos aquele público estava do lado dele. Na primeira intervenção, Roger Downey, do Credit Suisse, declarou que também considerava a investigação um erro. Downey — o mesmo que ajudara seu banco a conquistar o mandato para o IPO da MMX, anos antes — divulgara, ainda na sexta, um relatório em que avaliava como "injustificável e exagerada" a queda nas ações da mineradora. "Neste estágio, não vemos impacto econômico significativo da investigação para os acionistas", dizia no parecer.

Paula Kovarsky, do Itaú BBA, perguntou a Eike se ele pretendia pedir reparação ao governo federal pelas "alegações injustas". E Alex Thumlert, da corretora Gweiss, levantou a bola ao questioná-lo sobre se julgava que a recente matéria elogiosa de *Veja* poderia ter instigado a operação. O empresário agarraria a deixa de bom grado. "Nós, brasileiros, não devíamos ter vergonha de ter dinheiro e de ganhar dinheiro. Isso gera muita inveja e muitos inimigos. Sim, meu amigo, esse é o preço que se paga." E, magnânimo, encerrou a conversa pedindo a todos que não perdessem a confiança no Brasil.

Fora um bom começo. A batalha, contudo, ainda seria longa. Nem todos os bancos se convenceram de que a operação não teria efeito sobre os negócios do grupo. O Deutsche Bank, por exemplo, suspendeu sua recomendação de compra para as ações da MMX — que seguiam apanhando na bolsa.[12]

No dia seguinte à conferência, uma terça-feira, as declarações de Eike estavam em todos os jornais, mas a notícia principal seria outra, negativa: a mineradora obtivera informações sobre o inquérito antes de a Operação Toque de Midas ocorrer. A explicação dos advogados da MMX para o vazamento se ancoraria num episódio supostamente ocorrido em 24 de abril, quase três meses antes da ação.

Segundo eles, um agente da PF, professor em uma universidade de Macapá, teria dito em sala de aula que a intervenção estava sendo planejada e que os "figurões" da MMX seriam presos. Uma das alunas presentes, mulher de um funcionário da mineradora, havia contado tudo para o marido, que então alertara o gerente jurídico.[13] A Polícia Federal, todavia, duvidava da alegação e garantia que o vazamento seria investigado.

Enquanto isso, um grupo de advogados e auditores contratados pela Anglo American esquadrinhava o processo em escritórios do Rio de Janeiro e de São Paulo, sob a supervisão do diretor jurídico da multinacional, Vicente Galliez.

Em Brasília, o lobby pelo grupo X começava a funcionar. No final da tarde daquela terça-feira, o presidente Lula, o presidente do Supremo Tribunal Federal (STF), Gilmar Mendes, e os ministros da Justiça e da Defesa, Tarso Genro e Nelson Jobim, se reuniram no Palácio do Planalto para discutir as recentes operações da PF.

Três dias antes da Toque de Midas, o banqueiro Daniel Dantas, o megainvestidor Naji Nahas e o ex-prefeito de São Paulo Celso Pitta haviam sido presos em decorrência da Operação Satiagraha, que investigava denúncias de corrupção e lavagem de dinheiro envolvendo políticos e empresários nos governos Lula e FHC. As imagens de Dantas algemado e de Pitta sendo abordado em casa pelos policiais, ainda de pijama, amplamente exibidas nos telejornais brasileiros, provocaram um debate inflamado sobre o direito à privacidade e o abuso de autoridade por parte de agentes federais.

Depois do encontro com o presidente da República, Tarso e Gilmar deram uma entrevista coletiva em que se anunciou um pacto — chancelado por Lula

— por uma nova lei que regulasse o abuso de autoridade.[14] Segundo a dupla, o presidente afirmara que a operação contra Eike representava um exemplo do excesso a ser coibido. As declarações seriam prontamente divulgadas nos sites do grupo X, além de traduzidas para o inglês e enviadas a Cynthia Carroll e sua turma.

O esforço e a mobilização eram grandes, mas as coisas não avançavam como o planejado. As cotações dos papéis X oscilavam fortemente a cada novidade sobre a operação, de forma que, dez dias depois, as empresas ainda acumulariam perdas de 7 bilhões de reais — ou 18% de seu valor de mercado.[15] As minas do Amapá, embora em funcionamento, corriam o risco de parar por falta de caixa. Com os pagamentos atrasados, alguns fornecedores ameaçavam interromper os serviços, assim como os funcionários, que então trabalhavam em ritmo de tartaruga. A firma que alugara os guindastes para o transbordo do minério aos navios, por exemplo, avaliava se os tomaria de volta.

Quanto mais o impasse se arrastava, pior ficava a situação financeira da MMX Amapá, e os executivos do grupo, apavorados, rezavam para que tudo aquilo terminasse logo.

A semana, que se iniciara tão bem, com a reação amigável dos analistas e a declaração de Lula, teve um péssimo fim, com duas multas que somavam 25 milhões de reais aplicadas pelo Ibama,[16] respectivamente a quarta e a quinta impostas à filial da MMX em Mato Grosso do Sul. Segundo o órgão, a companhia alimentava suas usinas com carvão de origem clandestina, fornecido por carvoarias que derrubavam mata nativa sem autorização e que se valiam de trabalho escravo. Numa outra investigação, que nada tinha a ver com a Toque de Midas, delegados da PF acusavam ainda a MMX de pagar propinas aos fiscais dos órgãos ambientais para continuar usando carvão ilegal.

Tudo isso, naturalmente, fazia com que os assessores da Anglo no Brasil ficassem ainda mais ressabiados e exigissem mais e mais informações, protelando uma decisão. Os auxiliares de Eike, por sua vez, temiam que a multinacional estivesse apenas à procura de alguma desculpa para cancelar a aquisição. Até que, em 19 de julho, a companhia por fim abriria o jogo, em resposta a uma pergunta de *O Estado de S. Paulo*. Em nota enviada ao jornal, a mineradora afirmava: "Até a finalização dos procedimentos [da operação da Polícia Federal] não há pagamento".[17]

Eike se exasperou. Se não agisse rapidamente, tudo estaria perdido. Na companhia de Godinho — que voltara dos Estados Unidos alguns dias depois da batida policial —, embarcou para Londres, onde teria uma conversa definitiva com a CEO da Anglo American. Convencê-la a manter o investimento era prioridade máxima. Se nem a sócia acreditasse nele, por que o mercado o faria? O argumento de que a investigação estava cheia de erros e em nada daria não produzira o efeito desejado. Carroll e sua equipe até concordavam que a Toque de Midas provavelmente não resultaria em acusações formais, mas isso não impedia que temessem a má repercussão sobre os negócios no Amapá — como a perda da concessão da ferrovia, por exemplo. A única solução para o impasse era Eike deixar os sócios seguros de que nada tinham a perder. E ele, então, fez o que sabia melhor: cobriu a aposta e botou todas as suas fichas na mesa. *All in.* Tudo ou nada.

Quando a reunião com Cynthia Carroll começou, o empresário trazia em mãos o texto do contrato em que se comprometia a indenizar a Anglo — com seu dinheiro e sem tirar nem um tostão das empresas — por todo e qualquer prejuízo que a multinacional pudesse ter em decorrência da investigação, não só no Amapá como também em Minas Gerais. Assinaria o acordo ali; mas, se ela não confiasse nele, melhor seria encerrar as conversas. Funcionou. Cynthia e seus executivos, impressionados, baixaram a guarda e concordaram em negociar algumas compensações por qualquer prejuízo derivado da operação policial ou de qualquer quebra de contrato descoberta após a compra.

Depois de dois dias de reuniões, selou-se um acordo. Com o papel nas mãos, Eike embarcou de volta para o Brasil, bem mais aliviado, na sexta-feira, 25 de julho. No sábado, finalmente toda a papelada foi assinada.[18]

Àquela altura, os peritos da Polícia Federal corriam para ultimar o laudo em que se constatava que o edital de licitação da Estrada de Ferro do Amapá fora redigido nos computadores do grupo X. O documento, contudo, só passaria a integrar o processo dias depois, quando o dinheiro dos britânicos já entrava na conta de Eike e seu time.

No dia 28 de julho, segunda-feira, numa teleconferência com investidores e analistas, um eufórico Eike Batista anunciou o fechamento do acordo com a Anglo American. "Hoje é um dia maravilhoso e poderoso para todas as companhias X", disse, em inglês. "Nós somos os Batista que eles conhecem, queridos acionistas. E vamos sair dessa muito mais fortes."[19]

De Londres, Cynthia divulgou uma nota pública. "Estamos prontos para prosseguir com a transação, em benefício de todos os acionistas. A mina do Amapá já se encontra em produção e a primeira fase do sistema Minas-Rio está avançando consistentemente. Estamos motivados para continuar desenvolvendo esses projetos com o excelente time que herdamos da MMX."[20]

No edifício de número 154 da praia do Flamengo, o clima era de alívio. Sensação que se transformaria em catarse dois dias depois, em 30 de julho, numa solenidade promovida pelo governador Sérgio Cabral — um grande parceiro naquele negócio, não apenas liberando as licenças estaduais em tempo hábil como também fazendo um eficiente lobby junto ao presidente Lula para que as autorizações que dependiam do governo federal saíssem. O evento, realizado no Palácio Guanabara, tinha como pretexto justamente a entrega de uma licença — a que permitia a continuação das obras da usina da MPX, de energia, no porto do Açu —, mas se converteria em ato de desagravo.

Diante de uma plateia de duzentas pessoas, que incluía o pai, os filhos e a namorada de Eike, além de conselheiros e funcionários do grupo X, o governador fez um discurso que lavou a alma do empresário. "Eike Batista, vá em frente, teus negócios são maravilhosos, você é um homem limpo, você dá sequência a um pai extraordinário que viu o Brasil de outra maneira. [...] Você está com seus filhos aqui, com a sua mulher, você anda de cabeça erguida na rua, porque você é um brasileiro extraordinário, um carioca extraordinário."[21] Ao ouvir as palavras de Cabral, Eike desabou em choro, sentado ao fundo do palco da solenidade. Com o rosto vermelho, de braços cruzados, enxugava os olhos com a palma das mãos, tentando inutilmente se conter. No dia seguinte, as fotos de seu pranto público estampavam todos os jornais.

Depois de vinte dias sentindo que seu recém-construído império ia por água abaixo, ele enfim conseguira reverter a situação. As ações do grupo X, por exemplo, se recuperavam rapidamente, logo batendo nos 35 bilhões de reais — 2 bilhões a mais do que antes da crise.

Em 5 de agosto de 2008, a Anglo American pagou 5,4 bilhões de reais pela MMX. Para a conta pessoal de Eike iriam 4 674 665 025,08 de reais. Outros 770 milhões se distribuiriam pelas contas-correntes dos 36 diretores e funcionários que haviam vendido suas ações da mineradora com o chefe — relação que ia de Dalton Nosé, o Dr. Steel (160 milhões), e Flávio Godinho (110 milhões) ao contador do grupo, que levara 600 mil.

Landim, Gouvêa e até Mike Vitton — o banqueiro que trabalhara na abertura de capital da MMX — receberam cada um pouco mais de 50 milhões de reais com a transação.

A Toque de Midas ainda teve alguns desdobramentos, mas esses não mais poriam em risco a história de sucesso que Eike vendia ao mercado — nem o vitaminado tamanho de sua conta bancária.

O número dois da Polícia Federal, Romero Meneses, chegou a ser preso[22] pelo vazamento das informações depois que uma investigação interna mostrou que seu irmão prestava serviços de segurança à MMX no Amapá. Ele foi afastado, e sua conduta, investigada, mas, ao final do processo, acabaria absolvido.

Meses depois, Eike ainda prestaria depoimento à Polícia Federal no Rio de Janeiro, por carta precatória. O clima, porém, já era outro. Na véspera, ele recebera Thomaz Bastos e um assistente no Mr. Lam. O propósito do encontro era prepará-lo para o depoimento, mas o empresário com que os advogados se depararam não estava nem um pouco preocupado. Voltara a ser o mesmo de sempre, falador e confiante no próprio taco. Sentados na "mesa do Eike", ao redor do motor de Lamborghini, Thomaz Bastos e seu auxiliar eram seguidamente demovidos quando tentavam falar sobre o depoimento. "Não precisa de preparação, não, dr. Márcio. Deixa comigo. Vamos conversar, nos divertir."

Naquela noite, ele contou pela enésima vez a história de como conhecera o chef Lam, pediu ao cozinheiro que fizesse o show do macarrão para os visitantes e comeu quinze espetinhos de frango satay, um prato de salada e um de camarão. Depois do jantar, ainda levou os convidados para um tour em sua mansão, com direito a uma espiada no quarto dele e dos meninos. Compenetrado, explicou que mandara fazer apenas um banheiro para Thor e Olin. "Para que eles aprendam a dividir tudo."

Na manhã seguinte, o empresário foi pessoalmente buscar os advogados no Copacabana Palace. Dirigia o próprio carro, um Toyota Hilux, e rumou para o centro da cidade a toda, o que deixaria os caronas um pouco tensos. Os policiais federais receberam o ex-ministro da Justiça com festa. Em seguida, conduziram Eike a uma sala modesta, onde prestaria depoimento — logo colhendo a simpatia dos agentes ao elogiar o trabalho da PF e dizer que considerava a corporação fundamental para a democracia. Insistiria, contudo, que suas empresas sempre foram transparentes e que nada haviam feito de errado. Ao final, até mesmo os advogados estavam impressionados com seu desempenho. Thomaz Bastos, a propósito, comentaria com o assistente: "Ele disse tudo o que eu gostaria que dissesse. Um craque. Nasceu para isso".

9. *La garantía soy yo*

Era um dos últimos almoços de 2008 com os executivos, na sala de reuniões do grupo X. Entre garfadas, Eike Batista fez uma análise sobre os efeitos da crise das hipotecas, que castigava os mercados financeiros no mundo todo. "Vocês estão vendo o mundo como está? Eu acho que, na origem de todo esse problema, está um claro desalinhamento entre acionistas e administração. Os acionistas não recebem o que merecem e os administradores estão protegidos por pacotes de ações e bônus milionários." Todos então fizeram suas considerações a respeito e continuaram a refeição em meio a assuntos do cotidiano.

Depois do almoço, quando Rodolfo Landim e Dalton Nosé entraram no elevador, rumo a seus afazeres, o segundo comentou: "Sabe o que significa tudo isso, Rodolfo? Que esse cara vai começar a dar pernada na gente. Vai querer tomar o nosso dinheiro". O interlocutor se espantou. "O que é isso, Dalton? O que ele está dizendo está em todos os jornais, não tem nada de mais!" O colega, no entanto, permaneceria cismado. "Eu conheço o Eike, Landim, há muito tempo. Fui ao casamento dele. Vocês não sabem como ele é. Pode se preparar. Nossa vida vai virar um inferno."

As palavras de Nosé se revelariam proféticas. Dali em diante, nuvens negras se avolumariam sobre o edifício da praia do Flamengo. A venda da MMX para a Anglo fora o último grande negócio de 2008 no Brasil, antes que a situação econômica se deteriorasse de vez. Empilhadas uma sobre a outra em uma pirâmide de títulos sem lastro, as hipotecas americanas provocariam a maior crise financeira desde o crash de 1929.

Em meio à quebradeira de bancos, que começara ainda em 2007, ruiu ainda outra pirâmide, a do corretor americano Bernard Madoff, provocando prejuízos estimados em 65 bilhões de dólares.[1] O mundo mergulhou na recessão e o preço do petróleo — que era de 140 dólares por barril quando a OGX estreou na bolsa — caiu para quarenta dólares. A bolsa despencou 41,2%. Entre julho e dezembro de 2008, só a OGX, principal companhia do grupo, havia perdido 75% do valor. Depois de faturar alto com o IPO, os estrangeiros venderiam o que podiam e levariam o dinheiro embora, para aplacar os rombos em seus próprios balanços. As ações da OGX apanharam mais do que judas na Semana Santa.

A fortuna de Eike, que chegara a 21 bilhões de dólares logo após o IPO, encolhera para 5 bilhões em dezembro. O que mais o preocupava, todavia, não era a queda das ações. Claro que perder valor na bolsa era desagradável, mas seu problema maior, naquele momento, era outro. Ao longo do ano, orientara seus diretores financeiros a apostar firme na alta do real, tanto em suas aplicações pessoais quanto nas da MMX. Afinal, ele acabara de fazer o mais bem-sucedido IPO da história, vendendo a mensagem de que o Brasil era a região mais quente do planeta para se fechar negócios.

O país pagava juros de 13,75% ao ano — a maior taxa real da face da Terra.[2] Seria o último lugar de onde os investidores internacionais quereriam tirar o dinheiro. Para Eike, tratava-se de uma aposta óbvia, e ele mandou a mesa de operações colocar 3 bilhões de dólares, quase tudo o que tinha disponível, em aplicações que investissem na alta do real em relação ao dólar. Quanto mais a moeda nacional se valorizasse, mais ele ganharia. Nem todas essas aplicações, contudo, tinham algum tipo de proteção, o hedge, composto de apostas na alta do dólar que contrabalançariam a carteira. E então, com o agravamento da crise, os investidores decidiram voltar à segurança do dólar — que subiria 45,5% nos últimos seis meses do ano, enquanto o real derretia.[3] Esse movimento arrastou para o buraco diversas empresas que tinham a mesma visão que Eike. As mais encalacradas eram Aracruz e Sadia, que foram à lona após perderem bilhões de reais. Naquele final de 2008, a MMX perdera 425 milhões de reais, ou quase 200 milhões de dólares, com prejuízos em derivativos atrelados ao real.[4]

* * *

Como essas informações eram restritas, Eike ainda podia manter as aparências. Para o público externo, dizia que seu horizonte era de longo prazo e que as oscilações na bolsa não lhe davam nem frio na barriga. "Não estamos precisando de financiamento. Nosso grupo está megacapitalizado", dizia ele, que mantinha as gorjetas de cem reais aos vendedores de água de coco da lagoa Rodrigo de Freitas depois de suas corridas matinais.

Longe dos holofotes, no entanto, o clima era bem diferente. Eike estava irascível. Os almoços semanais da diretoria na sala de reuniões — até então uma oportunidade de se exibir diante do chefe — passaram a ser encarados como eventos de imolação. Sempre que podiam, os executivos inventavam visitas, viagens ou inspeções em obras para justificar a ausência. E rezavam para não serem chamados a prestar satisfações por telefone desde o aparelho de viva-voz da sala de reuniões. Se isso acontecesse, decerto seria para uma bronca ao vivo — para que todos ouvissem.

Eike não encarava os prejuízos com os derivativos como responsabilidade sua. Vidrado em apostas na bolsa, era do tipo que varava a noite assistindo à Bloomberg TV. Em sua própria opinião, sempre fazia tudo certo. E continuaria pensando assim, ainda que tivesse sido dele a ordem para que o diretor financeiro da holding, Marcelo Cheniaux, fosse fundo nos derivativos.

Cheniaux, que viera para o grupo com pouco mais de trinta anos, sempre fora um dos mais fiéis funcionários de Eike, enquadrado pelos colegas na categoria personal friend. Acompanhava o chefe em inúmeras viagens de fim de semana, encarava jantares de casais com Eike e a namorada e abrira mão de boa parte da vida familiar em nome do trabalho. Naquele período, no entanto, por causa do prejuízo, o patrão ficaria quase um mês sem falar com ele, ao mesmo tempo que começou a emitir sinais de que o pusera na "geladeira", como se costumava dizer no grupo quando alguém caía em desgraça.

Numa conversa casual com alguns de seus executivos, em sua sala, o patrão desancaria o auxiliar. "Aquele judeuzinho de merda fez um estrago na companhia. Só pode estar me roubando, o merdinha." Os presentes se entreolharam. Um mesmo pensamento lhes ocorreu, então. *Se está fazendo isso com esse cara, pode fazer comigo também.* Landim — que era, ele próprio, o preferido do chefe naquele momento — ficou perplexo. "Você viu, cara, o jeito que ele falou do Cheniaux?", disse a Nosé, já no corredor. "O Cheniaux é praticamente um cão de guarda! Protege o cara de tudo, passa fim de semana e Réveillon na casa dele, faz tudo o que o homem manda!" Nosé não se abalou. "Vai te acostumando, Landim. O Eike nunca tem culpa de nada. Com ele é assim: a culpa é minha, eu boto em quem eu quiser."

Em março de 2009, a MMX estava numa situação delicada. Era hora de divulgar o resultado do primeiro trimestre — e os números não eram nada bonitos. Quase todo o dinheiro que a companhia tinha ficara no caixa das empresas vendidas à Anglo no segundo semestre de 2008 — uma das exigências impostas ao grupo em consequência das auditorias realizadas na empresa pela multinacional, durante o processo de compra. Eike calculara ser possível recompô-lo rapidamente vendendo os dois ativos que lhe haviam sobrado: a usina de ferro-gusa em Corumbá e o projeto do porto de embarque de minério em Itaguaí, criado já depois do IPO.

A crise, porém, abalara profundamente os mercados europeu e americano, já conhecidos pelo empresário. O jeito seria se voltar para a Ásia, onde o dinheiro ainda não havia secado. Logo apareceram interessados. O indiano Lakshmi Mittal, que andava em busca de projetos de siderurgia no Brasil, avisou que preparava uma proposta de 1 bilhão de dólares por Corumbá. Combinou-se que a oferta seria transformada em compromisso de compra e venda no dia 15 de setembro de 2008, o que daria fôlego à mineradora de Eike. Mas exatamente nesse dia o banco Lehman Brothers quebrou. A negociação foi então abortada e a MMX, sem dinheiro, suspendeu as atividades em Corumbá.

Naquele mesmo momento, emissários do grupo X ofereciam o porto a empresas asiáticas. Já havia conversas promissoras com a chinesa Wuhan Iron and Steel, mais popularmente conhecida como Wisco. Mas dinheiro, mesmo, ainda não aparecera. De sua parte, Eike não admitia a hipótese de apresentar o prejuízo sem oferecer alguma solução aos investidores. Ele simplesmente não podia se dar ao luxo de desencantar o mercado. Sua linha de produção de projetos ainda tinha mais uma companhia para levar à bolsa, dessa vez de construção naval. E a OGX ainda nem começara a explorar seus blocos petrolíferos. No final de 2008, a petroleira ainda valia 9 bilhões de reais, era a galinha dos ovos de ouro do império X. Convinha evitar seu contágio.

Ocorre que a única alternativa então disponível seria tirar dinheiro do bolso. E foi o que Eike fez: injetou 200 milhões de dólares — de seus próprios recursos — na mineradora.[5] O empréstimo, a fundo perdido, seria divulgado no final de março de 2009, junto com outra notícia auspiciosa: o empresário mantinha conversas com os chineses da Wisco, a quem já oferecera o porto em Itaguaí, para um contrato de fornecimento de minério. Tudo para tentar amenizar o impacto do prejuízo. Mais uma vez, ele dobrara as próprias apostas e pusera ainda mais fichas na mesa.

Naquela semana, a revista *IstoÉ* resumiria o movimento: "Foi como se Eike, à moda dos caudilhos latino-americanos, dissesse a seus acionistas minoritários: '*La garantía soy yo*'".[6] Funcionou. Em um mês, as ações da mineradora dobraram de valor.

Injetar 200 milhões de dólares na MMX, no entanto, era fácil. Difícil mesmo seria convencer seus principais auxiliares a segui-lo. Eike havia decidido que seus "sócios" mais relevantes também teriam de botar a mão no bolso e ajudar a sanear as finanças da empresa. Não fazia sentido que fosse tão castigado enquanto seus pretorianos seguiam ganhando.

O chefe então delegou a Paulo Gouvêa a tarefa de avisar aos executivos que cada um deles deveria devolver ao caixa da empresa 6% do que havia recebido na venda da MMX para a Anglo. Na maior parte dos casos, a contribuição seria de 2 milhões de dólares. Um a um, foram comunicados. E reagiram mal. Ricardo Antunes — que, de diretor comercial, se tornara CEO da LLX — foi o primeiro a dizer que não concordava. "O Eike prometeu que eu seria da guarda pretoriana e teria 1% de tudo, e, ao invés disso, agora me dá um 'apaga a luz'? Desculpe, mas eu tô fora." Nosé, ao ser comunicado da determinação, também ficou furioso. Imediatamente, pegou a edição da *Forbes* daquele ano e entrou na sala do patrão brandindo a revista. "Tá vendo isso aqui? Sabe quantos bilionários o Jorge Paulo [Lemann] fez? Olha aqui, tem dois bilionários nessa lista que foi ele quem fez. Já você não fez nenhum. Não fez e não vai fazer. Todo mundo aqui ganha mixaria!" O empresário permaneceu estático, observando o subordinado, até que Nosé saísse.

Depois da cena, de que todos no escritório tomaram conhecimento, Eike decidiu abordar o assunto no almoço da diretoria, sem rodeios. Mais de dez executivos estavam sentados à "távola do sol eterno" quando, recorrendo ao bordão *"It's all about money"*, um de seus preferidos, começou a falar. "As relações aqui no grupo precisam mudar. Todo mundo aqui acaba de pôr um caminhão de dinheiro na conta. Eu distribuo riqueza. Vocês são sócios dessa companhia. Nada mais justo que contribuam financeiramente quando necessário. Se eu ponho a mão no bolso, vocês também têm de botar."

E explicou de novo o que quase todos os presentes já sabiam: teriam de entrar com parte do que haviam recebido na venda da MMX à Anglo para completar os 200 milhões de dólares que ele colocaria na empresa. No total, esperava que a fatia dos diretores chegasse a 22 milhões de dólares. Vários, contudo, discordaram. O mais exaltado era Landim: "Eike, eu não sou dono da empresa. Eu sou um executivo. Esse dinheiro eu ganhei como pagamento pelo meu trabalho. Ele já é da minha família. E além disso, quando saí da MMX, essas operações que agora estão dando prejuízo estavam dando lucro! Eu não participei da decisão de fazê-las! Não vou devolver".

O clima pesou.

Nos dias seguintes, cinco diretores devolveriam parte de seus bônus — Gouvêa, Godinho, Fonseca, Eliane e Martino. Outros cinco — Antunes, Vaz, Nosé e Nelson Guitti, o diretor de relações com investidores da MMX — se recusaram a fazê-lo e deixaram o grupo. Cheniaux, que já havia se desligado no mês anterior, também não devolveu o dinheiro. Landim seria o único a não desembolsar nenhum centavo e, ainda assim, permanecer. O empresário, porém, não se conformava e o pressionava para que contribuísse. Eram conversas tensas, que não levavam a lugar algum, pois o executivo não cedia.

Até que abril chegou e Eike fez um ultimato: se Landim não ia mesmo devolver o dinheiro, que deixasse as empresas X. O executivo então se levantou da cadeira, pegou suas coisas e foi para casa, certo de que chegara ao fim da linha. No dia seguinte, para sua surpresa, recebeu um telefonema do empresário, que falava como se nada tivesse acontecido: "Por que você não veio? Não quer mais trabalhar aqui?". *Esse cara é muito louco*, pensou Landim — que voltou, julgando que o assunto estivesse encerrado. Enganara-se. Poucos dias depois, ele seria deslocado da presidência da OGX para uma certa diretoria de novos negócios da holding EBX.

Tirar um diretor de uma empresa e colocá-lo num posto com atribuições vagas na holding era um dos jeitos de o chefe mostrar que o sujeito estava na "geladeira". Mas não acabara aí. Feita a troca, Eike saiu em viagem de negócios, mas pediu a Godinho que fizesse Landim assinar um distrato por meio do qual aceitava reduzir sua participação na MMX e na LLX de 1% para 0,5%.[7] Godinho chegou à sala do colega com os papéis prontos, mas o executivo nem sequer quis ver do que se tratava. Disse que esperaria Eike retornar para se entender diretamente com ele.

O patrão regressou, mas o assunto não foi abordado. Eike parecia relutante em mandar o executivo embora novamente, enquanto este, por sua vez, tentava seguir sua rotina como fosse possível, convencido de que a ciclotimia do chefe ainda jogaria a seu favor. Além do mais, pouco se encontravam, uma vez que o ex-braço direito então se ocupava com a chinesa Wisco na negociação do contrato para fornecimento de minério. Por um breve período, portanto, a aposta de Landim deu certo: o chefe parecia ter esquecido o episódio, voltara a falar com ele e até o levara numa viagem de trabalho. Mas o cristal havia mesmo se quebrado. O subordinado já não era mais o interlocutor preferido do empresário para todo e qualquer assunto.

Outro executivo, o geólogo Paulo Mendonça, o Dr. Oil, vinha se aproximando lentamente de Eike nos últimos tempos. Todos os dias, no final da tarde, o diretor da OGX dava uma passadinha na sala do chefe para um papo rápido. Ele — que não tinha ações da mineradora e, portanto, não entrara na discussão sobre a devolução de bônus — ouvia compreensivo os lamentos do patrão a respeito de sua diretoria. "São todos gatos gordos, uns Garfields", dizia o empresário. "Este grupo não é para gato gordo." Enquanto lhe manifestava apoio, Mendonça aproveitava para contar dos avanços na petroleira. Em meio a tanta desilusão, era o homem das boas notícias, de modo que, em abril, quando Landim deixou o cargo de CEO da OGX (Eike assumiu o posto), foi promovido e acumulou as funções de diretor de exploração e de diretor-geral.[8]

Eike tinha outros motivos, além da discussão sobre os bônus, para retirar Landim do caminho. Já havia algum tempo sentia que o braço direito se achava importante demais para suas empresas — mais até do que ele próprio. Vaidoso, o executivo não escondia o orgulho em ser o nome mais reconhecido e incensado da constelação X. Desde que chegara, fizera fortes aliados no grupo e era respeitado pela equipe. Julgava-se, de fato, essencial. Era dos poucos a discutir de igual para igual com o empresário se achasse necessário. E dizia o que lhe viesse à cabeça, mesmo que pesasse contra si mesmo.

Uma vez, quando Eike comentou que pensava em trazer para o Rio uma filial do celebrado restaurante japonês Nobu, de Nova York, Landim fez piada: "Bota o nome de Mr. Dim". O chefe não entendeu. "Ué. Já tem o Mr. Lam, agora só falta o Mr. Dim. Não sou eu mesmo quem faz tudo aqui?" Os outros deram risada. Eike não achou graça.

Pouco tempo depois, em novembro de 2008, a *IstoÉ Dinheiro* procurou o empresário para uma entrevista sobre a OGX. Ele, contudo, mandou que Landim falasse em seu lugar. Mas, quando a publicação chegou às bancas, com a foto do executivo na capa, o título "OGX sai à caça de petróleo" e uma chamada: "Ele tem 8 bilhões de reais em caixa e nenhuma gota de petróleo (ainda)",[9] Eike ficou irritado.

Nos meses que se seguiram ao fatídico almoço dos bônus, até mesmo executivos que haviam devolvido o dinheiro da Anglo, como Joaquim Martino, seriam demitidos. Para Landim, essa era a prova maior de que o empresário não estava interessado propriamente na sobrevivência financeira da MMX quando convocara a turma a contribuir para o caixa. "Estão vendo? Era tudo cortina de fumaça. Ele queria se livrar de nós e arrumou uma desculpa."

De fato, para algumas coisas não faltavam recursos. Em março, Eike recebera em Angra dos Reis seu novo iate, de 115 pés, o Pershing, encomendado dois anos antes por 85 milhões de reais.[10] Batizada de *Spirit of Brazil VII*, a embarcação era uma mansão em alto-mar, com quatro suítes, sala com TV de 67 polegadas e capacidade para até vinte convidados. Feito sob medida, era, segundo o fabricante, o maior, mais caro e mais rápido barco a entrar no Brasil em vinte anos.

Além do iate, Eike importou também um comandante italiano, que veio lhe entregar a máquina e acabaria ficando em Angra, à disposição, por um salário de 60 mil reais mensais.

Quem tampouco sentira o aperto financeiro da crise sobre o grupo X foram os políticos. Nas eleições de 2008, o empresário despejou — oficialmente — 1,7 milhão de reais nas campanhas à prefeitura, para ajudar os candidatos apoiados por Sérgio Cabral no Rio de Janeiro, Aécio Neves em Belo Horizonte e Waldez Góes em Macapá. Mais da metade, 1 milhão de reais, foi destinada somente à candidatura de Eduardo Paes, que seria eleito prefeito da capital fluminense. Fernando Gabeira, adversário de Paes no pleito, recebeu 100 mil reais. Outros 100 mil foram para candidatos de Conceição de Mato Dentro, cidade onde estavam sediados projetos da MMX.[11] Eike seria o maior doador individual da campanha vitoriosa de Paes, para quem o Rio de Janeiro tinha muito a ganhar com o alinhamento entre prefeitura, governo do estado (Cabral) e Presidência da República (Lula). Depois de ter sido a estrela da CPI dos Correios, em que perseguiu implacavelmente o presidente e alguns dos petistas que depois se tornariam réus no processo do mensalão, Paes dera uma guinada surpreendente — e súbita — para se tornar aliado dos antigos adversários.

Em outubro de 2008, Eike ganhou o incômodo título de campeão de multas não pagas por desmatamento no Pantanal, mas foi recebido com festa no Ministério do Meio Ambiente pelo ministro Carlos Minc — ex-secretário de Cabral — e bastante elogiado por ter doado 11,4 milhões de reais,[12] cerca de um terço do que devia, aos parques nacionais dos Lençóis Maranhenses e de Fernando de Noronha.

Para o empresário, um pedido de Sérgio Cabral não se negava. Uma vez, numa noite de sábado, após o primeiro turno das eleições municipais de 2008, o governador foi à mansão do Jardim Botânico e disse que o senador e bispo da Igreja Universal do Reino de Deus Marcelo Crivella — que ficara em terceiro na disputa pelo comando da capital — tinha dívidas de campanha de alguns milhões de reais, e que ele, Cabral, se comprometera a ajudar a pagá-las em troca do apoio a Eduardo Paes no segundo turno. Eike poderia dar o dinheiro? Claro que sim. E Crivella então juntou forças para eleger Paes.

Em abril de 2009, depois de outro pedido irrecusável de Cabral, Eike doou 10 milhões de reais à campanha do Rio de Janeiro para sede da Olimpíada de 2016 (em julho, doaria mais 13 milhões de reais).[13] O patrocínio se somaria ao investimento de 30 milhões no programa de despoluição da lagoa Rodrigo de Freitas. No ano seguinte, em 2010, ele ainda aumentaria o pacote-generosidade, doando 20 milhões de reais por ano, durante quatro anos, ao programa de Unidades de Polícia Pacificadora (UPPS). Os recursos sairiam do caixa da OGX, sua empresa mais capitalizada.

O empresário estava cheio de planos para o Rio — sem e com fins lucrativos. Pensava em construir um centro de entretenimento na Marina da Glória, em frente ao recém-comprado Hotel Glória, e em tocar sozinho o projeto de revitalização da zona portuária da cidade, para o qual idealizava um condomínio — com centros de entretenimento, edifícios residenciais e comerciais — que integraria a carteira de sua REX, companhia de ativos imobiliários que um dia também, assim planejava, levaria à bolsa. Contava com o apoio de Paes em todas essas iniciativas. Menos numa.

Logo na primeira reunião entre ambos, Eike mostrou ao prefeito o projeto de um prédio que ocuparia lugar de destaque na zona portuária, com vista para a orla da baía de Guanabara, em que as torres seriam unidas por um gigantesco X, a ser visto de qualquer ponto do centro da cidade. Dessa vez, Eduardo Paes contrariaria o empresário. A proposta era pavorosa, disse-lhe, e de jeito nenhum a aprovaria.

Eike Batista conseguira se aproximar de políticos influentes. Só Lula ainda se mantinha distante, apesar de todas as gestões de Cabral, entre outros, a favor do dono do grupo X.

É verdade que o empresário vendera para o BNDES, em março de 2009, 12% da LLX por 150 milhões de reais.[14] Mesmo assim, o presidente da República insistia em emitir sinais de ceticismo quanto aos negócios do filho de Eliezer Batista. Embora o tivesse defendido durante a Operação Toque de Midas, Lula frequentemente comentava com interlocutores próximos: "Só falta agora ele produzir alguma coisa de verdade!".

Eike, porém, não era de desistir na primeira dificuldade. Seria, em seguida, um dos maiores financiadores do filme *Lula, o filho do Brasil*, produzido por Luiz Carlos Barreto e por seu assessor Roberto D'Avila.[15] O empresário doou 1 milhão de reais à produção — e sem direito a incentivo fiscal. Mais generosa, só a construtora Camargo Corrêa, que deu cerca de 2 milhões de reais.

Em maio de 2009, depois de meses de viagens à China, de longuíssimas reuniões e de dezenas de doses de destilados consumidas em jantares de negócios, os representantes do grupo X finalmente conseguiram fechar um memorando de entendimentos com a siderúrgica chinesa Wisco. No documento, a empresa manifestava interesse em construir uma usina no porto do Açu — que Eike apelidara de "Rotterdam dos trópicos" — e em comprar 50% da produção da MMX em Minas Gerais. O acordo previa também que os chineses forneceriam aço à construção dos navios da OSX, a recém-formada companhia de construção naval, que seria a próxima a abrir capital na Bovespa.

Pouco antes de assinar o contrato, os executivos do grupo X e os banqueiros do Credit Suisse e do BNP Paribas, que assessoravam a transação, identificaram uma ótima oportunidade de faturar junto ao mercado e ainda impressionar os futuros sócios. Em missão comercial, Lula desembarcaria na China em dois dias, 19 de maio, para firmar alguns protocolos de intenções com o presidente Hu Jintao, em Beijing. E com certeza ajudaria o andamento das tratativas com a Wisco se fosse possível mostrar aos asiáticos, tão ligados aos rituais da burocracia, que Eike tinha prestígio junto ao presidente.

Enquanto acionavam contatos na embaixada do Brasil na China e na Casa Civil da Presidência da República, os executivos da MMX telefonaram para o chefe. Disseram-lhe que haveria a cerimônia com os dois presidentes e depois um almoço com burocratas e empresários de ambos os países, e que estavam tentando incluí-lo nos eventos — mas que, para tanto, ele precisaria estar na China rapidamente. Como seu jato não tinha autonomia para a viagem, Eike pegou um avião de carreira rumo a Beijing, onde desembarcaria em 19 de maio.

Para conseguir reservar a melhor suíte do hotel Shangri-la, um cinco estrelas no centro da capital chinesa, o banqueiro Marco Gonçalves, do Credit Suisse, garantiu ao recepcionista que seu cliente era o homem mais rico do Brasil e que desembarcaria no país para um encontro com o presidente Hu Jintao. Quando Eike desceu do carro defronte ao hotel, os funcionários lhe abriram caminho com as maiores reverências. O empresário, ao chegar, esperava assinar o contrato com a Wisco na presença de Lula. Ao final, só conseguiu participar do jantar de gala oferecido ao presidente brasileiro. Ficaria menos de 24 horas em solo chinês, mas, ainda que sem conseguir tudo o que queria, regressaria ao Brasil satisfeito.

Em sua mente, germinava havia alguns dias outro empreendimento, bem maior do que a associação com a Wisco. Uma jogada tão ambiciosa que ele mesmo ainda tinha dúvidas de que fosse possível. Se desse certo, porém, não precisaria mais recorrer a intermediários para conversar com Lula.

10. *Señorita*

Nem bem entrou no carro, Eike Batista ligou para Adriano Vaz, que, apesar de já ter deixado o grupo, ainda tinha uma missão a cumprir. "Ele topou! Ele topou! Vem para cá que eu preciso falar com você."

O empresário quase não acreditava no que acabara de ouvir. Naquela manhã de abril de 2009, passara a última meia hora num encontro reservado com o presidente Lula e o governador Sérgio Cabral, na sala VIP da Base Aérea do Galeão. Na conversa, Eike, dizendo-se recapitalizado, apresentou um plano ambicioso: pretendia comprar uma participação relevante na Vale e assim se juntar à gigante. Disse que os projetos de mineração, infraestrutura e energia das empresas convergiam e que, unidas, teriam muito mais força e sucesso.

Para concretizar seu plano, porém, o empresário precisaria fazer uma oferta pela participação de um sócio relevante da multinacional, o banco Bradesco. E queria o aval do presidente. Apesar de ser uma companhia privada, a Vale tinha sócios importantes ligados ao governo, como o BNDES e o fundo de pensão dos funcionários do Banco do Brasil, a Previ. Era, também, uma empresa-chave para a economia brasileira. Para ter chance de dar certo, portanto, qualquer iniciativa de comprá-la dependia de um sinal verde do governo federal.

Com o objetivo de enfatizar que suas prioridades e as de Lula eram as mesmas, o empresário garantiu: fosse ele o comandante da Vale e — ao contrário do que então ocorria — não haveria demissões em massa. Isso era música para os ouvidos do presidente, que andava bastante irritado com Roger Agnelli, o CEO da multinacional, que mandara dispensar 1300 funcionários no final de 2008 —[1] sem sequer avisá-lo. Agnelli sustentava que o ajuste era necessário e motivado pela crise das hipotecas. Mas Lula, que tratava a turbulência econômica como uma marolinha, se sentira apunhalado pelas costas. Ele precisava de demonstrações de confiança no Brasil, e não do contrário.

A saída de dois diretores indicados pelo PT, Walter Cover e Demian Fiocca, também reforçava no presidente a impressão de que Agnelli, antes um aliado fiel, fugia a seu controle. O CEO da Vale precisava de um corretivo, portanto. E seu nome seria Eike Batista.

Ao chegar ao escritório, Eike não parava de repetir: "O homem adorou. Adorou! A Vale vai ser nossa!". Mandou então chamar alguns diretores e determinou que marcassem conversas com banqueiros e advogados para dar início ao plano. Queria slides com as premissas do negócio, avaliações sobre o valor das duas empresas e ideias para financiamento. Ele, que passara anos tentando se incluir no círculo íntimo do presidente e sempre quisera ser um "empresário do PT", por fim conseguia — e justamente numa articulação para comprar uma fatia da Vale, seu sonho de consumo. Não poderia ser melhor.

Para Eike, além de ser a maior mineradora do país e a segunda maior do mundo, a Vale era um enclave mítico, companhia em que seu pai deixara sua marca de genialidade e pela qual o trocara em tantos momentos da vida. Desde muito jovem, referia-se à mineradora como *La Señorita*. Assumir seu comando teria um gosto especial, sobretudo para um filho que passara a infância sendo desafiado a ser melhor do que o pai. Agora, pensava, isso estava prestes a acontecer.

Desde que começara a erguer seu grupo empresarial, volta e meia a ideia de uma fusão ou de uma venda de ativos para a Vale vinha à tona em conversas com executivos ou conselheiros. Era lógico. Todos os projetos X ainda eram apenas isso, projetos. Eram muitos, caros e de longo prazo. Seria impraticável tocar todos ao mesmo tempo sem gerar receita alguma, por mais capitalizados que estivessem. Em algum momento, a conta teria de ser transferida para uma empresa maior. Durante toda a sua carreira Eike agira dessa maneira. Na única vez em que quisera ser ele mesmo o operador, a coisa havia desandado.

Com a Vale, portanto, não haveria erro. A companhia tinha o mix perfeito para uma fusão: minério, participação em siderúrgicas, ferrovias, portos. Até em energia planejava investir. E possuía um caixa gigantesco, capaz de resistir a muito desaforo. Era o mais próximo que se poderia chegar de um negócio à prova de idiotas, se é que tal coisa de fato existia. Desde a criação da MMX, o time de Eike já fizera várias tentativas de vender ativos à multinacional. A última, no final de 2008 — com o mesmo destino de insucesso das outras. Destacavam-se interlocutores para as negociações, faziam-se reuniões, discussões técnicas, e nada. Algumas vezes a mineradora nem sequer se dava ao trabalho de responder. Era o que ocorria novamente naquele momento. Mais um capítulo de uma novela sem desfecho, que Eike acompanhava ansioso — até que, pouco tempo antes da conversa com o presidente, Vaz lhe sugeriu fazer o inverso e comprar ele mesmo a Vale. Ele estava em alta, capitalizado. Por que não?

A crise de 2008 deixara graves fissuras nas placas tectônicas do sistema bancário brasileiro. Em julho, o Santander assumira a operação do Banco Real e, no final do ano, o Itaú comprara o Unibanco. Tais movimentações impuseram grande expectativa quanto aos futuros lances do Bradesco. Por seis décadas o maior banco privado do Brasil, fora ultrapassado, pela primeira vez, pelo novo Itaú Unibanco.[2] Era certo que procuraria reagir. Fazia sentido supor que optasse por vender seus ativos não financeiros para se capitalizar — e a Vale era o maior deles.

O controle da mineradora era da Valepar, uma holding que tinha como sócios o Bradesco, com 21,21% dos votos, os fundos de pensão, liderados pela Previ, com 49% ao todo, seguidos pela japonesa Mitsui (18,24%) e o BNDES (11,5%).[3] Além do Bradesco, a Previ também poderia se interessar em vender um naco de sua participação, porque precisaria se desfazer de ações para obedecer aos limites de investimento em renda variável estabelecidos pela Secretaria de Previdência Complementar.

Os dirigentes do fundo até já haviam sondado Eike quanto a essa possibilidade, não fazia muito tempo, mas ele não se animara. Seus executivos haviam constatado que, por um acordo entre os sócios, a indicação do presidente da companhia cabia ao Bradesco e não à Previ. Pelos termos da combinação, a Previ não poderia indicar ninguém, apenas vetar. Se o empresário quisesse mandar no novo negócio, comprar a parte do banco seria o caminho correto. Caso seu plano desse certo, colocaria para dentro da Vale os ativos da MMX, o porto do Açu e mais 9 bilhões de reais para assumir o lugar do Bradesco.

A conjunção astral, portanto, era totalmente favorável quando Eike chegou à Base Aérea do Galeão. Sérgio Cabral acompanhava de muito perto, nos bastidores, o descontentamento que Lula vinha manifestando a respeito da gestão de Agnelli. E fez a ponte para que o presidente e o empresário se encontrassem.

Ao longo de 2009, Eike e o governador haviam se tornado ainda mais próximos, ajudando-se mutuamente, e o fato de o primeiro ter contribuído para a campanha do Rio para sede da Olimpíada de 2016 diminuíra as restrições que Lula lhe fazia.

O presidente tinha profundo interesse na escolha da cidade para receber os jogos, de forma que reconhecera o gesto de Eike e ainda elogiara seus projetos de revitalização econômica do Rio.

A investida do grupo X sobre a Vale tinha como pano de fundo também uma antiga rivalidade entre Eike e Agnelli, que começara anos antes, em 2004, quando o empresário vendeu a Atlântico Gold para a Wheaton River. Capitalizado, empenhara 50 milhões de dólares na compra de ações de uma pequena mineradora. A canadense Canico era dona dos direitos de lavra da maior reserva de níquel não explorada do mundo, uma mina no sul do Pará chamada Onça Puma, que Eike, bem a seu estilo, nomeara como "Carajás do níquel".

Depois de acumular 12% de participação na Canico, ele começara a arquitetar um plano para juntar outros acionistas e adquirir o controle da mineradora, e passaria todo o ano de 2004 tentando atrair a Vale para a iniciativa. Agnelli, já no comando da multinacional, lhe disse que gostava da ideia, mas que, antes de dar qualquer passo, sua equipe faria uma ampla auditoria na mina e na empresa, e desde então seus executivos diziam a Eike que ainda estudavam o assunto e não tinham uma resposta concreta.

Percebendo que esperar a Vale não levaria a lugar algum, o empresário passara a se articular com outros grupos e, em meados de 2005, enfim reuniu um conjunto de acionistas canadenses capaz de apresentar uma proposta em parceria. Antes que tivesse tempo de agir, porém, foi atropelado por Agnelli. Na manhã de 15 setembro de 2005, a Vale anunciava ao mercado a intenção de comprar pelo menos 50% das ações da Canico mais uma.[4]

Alguns dos auxiliares de Eike ficariam indignados. *Quer dizer que a gente oferece a empresa para os caras e eles nos passam para trás?* Já o empresário, que se mostrara tão cioso de seus direitos no caso da TermoLuma, dessa vez se comportaria de forma bem mais tímida. Deu entrevista dizendo que não negociaria sua parte na mineradora, mas afirmou que achava ótimo o movimento da Vale. "O controle passará para as mãos de uma companhia brasileira."[5]

Dois dias depois, receberia um telefonema de Agnelli. Ante a possibilidade de vender as ações da Canico à gigante brasileira, os especuladores da bolsa canadense estavam comprando papéis a rodo, o que fazia com que seu valor subisse mais do que interessava à Vale. Agnelli então fez um pedido a Eike: "Eu preciso de sua ajuda como brasileiro. Preciso que você venda suas ações na bolsa agora e dê uma declaração de boa vontade para com a Vale". Em vez de esbravejar, o empresário aquiesceu. Negociou sua participação até que caísse abaixo dos 10% — a bolsa de Toronto obrigava a divulgação de qualquer redução de participação nas empresas abaixo desse patamar — e declarou: "Desde o anúncio da Vale, pelo menos 45% da companhia já mudou de mãos. Não estou só na avaliação de que o preço está bom. Me considero mais do que remunerado".[6]

Na prática, a atitude de Eike colaborara para que as ações se estabilizassem no patamar de vinte dólares, o que viabilizava a aquisição pela Vale. Em novembro, a mineradora de fato compraria a Canico, por 756 milhões de dólares, e o empresário botou no bolso 80 milhões — um lucro de 60% sobre o investimento feito.

Para o mercado, que não sabia do histórico da negociação, ficou apenas a imagem de um jogador com sangue-frio, que sustentara o blefe. Para Eike, restou ainda — além do belo retorno, claro — o prazer inusual de saber que alguém identificara muito valor em um ativo descoberto por ele. O fato de que tivesse sido a Vale, em vez de lhe provocar uma sensação amarga, o enchera de orgulho, pois mantinha com a empresa uma relação emocional, de admiração, respeito e reverência.

Já Agnelli, como ficaria demonstrado, não lhe tinha o mesmo respeito. Em 2006, quando Eike começou a montar a MMX e a lhe "roubar" os talentos, o presidente da Vale, mesmo declarando que os dissidentes eram incompetentes e não fariam qualquer falta, decidiu contra-atacar. A multinacional não se tornara tão poderosa passando a mão na cabeça dos concorrentes. Para Agnelli, Eike se transformava num bucaneiro disposto a tirar vantagem do talento e da experiência da gigante para vender seus próprios sonhos. Ele determinou ao diretor executivo de minério de ferro da companhia, José Carlos Martins, que saísse atirando em público. Assim, em novembro de 2006, poucos meses depois do IPO da mineradora de Eike, ele declararia a *Exame*: "Alardear que está contratando gente nossa para dar à MMX a credencial, a experiência e a tradição da Vale beira o limite da ética. O que eles vendem, por enquanto, é sonho. A Vale tem reservas comprovadas para mais de duzentos anos".[7] Enquanto isso, nos bastidores, o time de Agnelli fazia circular um dossiê com recortes de jornais e a cópia de um inquérito do Ministério Público do Amapá que apontava problemas nas minas da MMX em Serra do Navio.

A corda tensamente esticada arrebentaria em setembro de 2007, quando Eike contratou o executivo Leonardo Moretzsohn, diretor da Vale Inco — executivo que Agnelli considerava sua cria. Furioso, o presidente da multinacional resolveu dar um basta à sangria de talentos. Mas não sem antes cancelar um contrato de consultoria que a Vale tinha com Eliezer Batista desde o final de sua gestão. A decisão deixaria "Papi" desolado. Agnelli então sinalizou a Eike que era hora de conversarem. Marcaram um encontro cercado de sigilo, na sede da Vale. O empresário entrou pela garagem e tomou um elevador bloqueado por seguranças. Durante pelo menos uma hora, estiveram a sós numa sala de reuniões. Nunca se soube o que um disse ao outro, mas, depois daquele dia, Eike não promoveria qualquer novo "ataque em massa" às hostes da "nave mãe". Novamente, Agnelli prevalecera.

Dessa vez, contudo, Eike tinha certeza de que seria diferente. Afinal, contava com o sinal verde de Lula para montar uma operação que, dentro do grupo X, fora batizada de Projeto Señorita. O Credit Suisse seria o primeiro a entrar no negócio, seguido pelo Itaú. O Itaú não era o melhor do mercado nesse tipo de transação, e sua presença na operação não era necessária, dado que o comando era do CS. Mas Eike tinha uma relação de amizade de anos com Candido Bracher, vice-presidente do braço de investimentos do banco, que lhe emprestara dinheiro — para a TermoLuma — quando ninguém acreditava que seria capaz de tirar os pés da lama. Sempre que pudesse, retribuiria a generosidade; de modo que ordenou a seu pessoal que pusesse o Itaú na jogada — "para ganhar a comissão".

Enquanto seus assessores trabalhavam para identificar o maior número possível de sinergias entre a Vale e o grupo X, os bancos elaboravam um esquema de financiamento e consultavam sócios antigos sobre o interesse em participar de uma oferta com Eike. Pelo menos um, o fundo de pensão dos professores de Ontário, velho parceiro do empresário, já se comprometera a pôr 500 milhões de dólares na mesa.

Além das novas perspectivas, o desempenho das empresas de Eike na bolsa também voltara a lhe dar motivos para se empolgar. No início de julho de 2009, depois de ir ao fundo do poço, a OGX se recuperara e voltara a superar o valor de estreia na bolsa, um ano antes. A fortuna do empresário, estimada em março pela *Forbes* em 7,5 bilhões de dólares, saltara para 14 bilhões, consideradas somente suas participações em companhias com capital aberto.

Somadas, suas quatro empresas de capital aberto — OGX, MMX, LLX e MPX — valiam então 21,9 bilhões de dólares. E ele transbordava autoconfiança. No final de abril, dias depois da reunião com Lula, ao falar como convidado de honra num almoço da Câmara de Comércio França-Brasil, no Rio de Janeiro, Eike sentiu-se à vontade para desancar o ex-presidente mundial da General Motors, Richard Wagoner. Discorrendo sobre seu conceito de negócio à prova de idiotas, contou a história de sua mina chilena, La Coipa, que, segundo ele, chegara a ter rentabilidade de 90%. E atacou a GM, que lutava pela sobrevivência depois de investir em carros de grande porte e com alto consumo de combustíveis. A empresa, declarou, não resistira ao CEO — "um idiota que levou a companhia à situação atual e ainda embolsou bônus de 14 milhões de dólares".[8]

Foi quando o banqueiro André Esteves, velho conhecido do grupo X, decidiu entrar na história. Ele estava de volta ao país depois de um lance ousado, que o fizera ainda mais rico e poderoso no panorama bancário nacional: a recompra de seu antigo banco, o Pactual, do suíço UBS, ao qual pagou 2,5 bilhões de dólares — depois de tê-lo vendido, três anos antes, por 3,1 bilhões.[9] No período em que durou a associação, Esteves ocupou a chefia global da área de investimentos do banco em Londres. Apesar do status que o novo posto lhe rendia, não era homem de obedecer a ordens, de modo que logo teve um desentendimento com os parceiros, voltou ao Brasil e, aproveitando-se do momento de fragilidade do UBS por ocasião da crise, deu o bote. Os europeus, cansados de lutar para fazer sua cultura prevalecer sobre o estilo agressivo dos cariocas, cederam ao assédio com relativa facilidade.[10]

Ao retomar o banco, Esteves lhe daria um novo nome: BTG Pactual. A sigla tinha dois significados possíveis: *Back to the Game*, "de volta ao jogo", ou, segundo se dizia no mercado, *Better than Goldman* — melhor do que o Goldman Sachs, o ícone dos bancos de investimento. Fosse qual fosse a interpretação correta, era inequívoco o tamanho da ambição que expressava.

Resolvidas as pendências da aquisição, Esteves partiu para uma reestreia em grande estilo. Liderar uma operação de compra da maior empresa privada brasileira não seria nada mau — e ele desembarcou no Rio disposto a mostrar a Eike que era o homem perfeito para o lance. Na conversa que teve com o empresário no escritório do grupo X na praia do Flamengo, Esteves disse que tinha uma relação muito especial com Lázaro Brandão, o presidente do conselho do Bradesco. Ele era um admirador do velho banqueiro, que começara na instituição como caixa e ajudara a transformá-la num império com mais de 3 mil agências, 20 milhões de correntistas e 454 bilhões de reais em ativos.[11] No passado, acalentara o sonho de ser sócio do banco e, nas conversas a respeito, se aproximara de "seu" Brandão, com quem, segundo contou, tomava sopa de vez em quando. Depois do encontro, Eike se convenceu de que o banqueiro poderia lhe abrir as portas no Bradesco. E deu ao BTG Pactual mandato para participar do Projeto Señorita.

Autorizado pelo empresário, Esteves passou a se mexer nos bastidores. Foi sondar, por exemplo, o presidente do BNDES, Luciano Coutinho, de quem ouviu que não havia, da parte dele, qualquer impedimento à iniciativa. Era preciso, no entanto, consultar o maior interessado: o próprio Bradesco. O dono do BTG foi então conversar com Brandão, com o recém-nomeado presidente executivo do banco, Luiz Carlos Trabuco Cappi, e com Mário Teixeira, representante do Bradesco na Vale e grande aliado de Agnelli. Saiu da reunião sem uma resposta conclusiva, mas com a autorização para que Eike apresentasse sua proposta. Depois, foi ao encontro do CEO da mineradora.

Agnelli era cria de Brandão e trabalhara muitos anos no Bradesco antes de migrar para a Vale — aliás, por indicação da própria instituição financeira. Esteves calculava que fazer uma oferta ao velho banqueiro sem avisar

Agnelli poderia ser um tiro no pé. Na conversa, portanto, procurou amaciá-lo. Disse que nada havia especificamente contra ele na tentativa de assumir a multinacional, e acenou, inclusive, com a possibilidade de que continuasse no comando da companhia mesmo depois da operação. O CEO da Vale agradeceu a Esteves pelo gesto, mas deixou claro que faria de tudo para evitar que o Bradesco aceitasse a proposta.

No dia 19 de agosto de 2009, ainda sem saber da reação de Agnelli, Eike pousou de helicóptero na sede do banco, em Osasco, acompanhado de Rodolfo Landim, Paulo Gouvêa e do pai, Eliezer Batista. A presença de "Papi", que conhecia o dono do Bradesco havia muito tempo, visava dar peso e respeitabilidade à proposta do grupo. O empresário, por sua vez, trajava seu figurino "de gala", com o qual comparecia a programas de TV e participava de reuniões importantes: terno escuro risca de giz e camisa rosa — que dizia ser sua cor da sorte. Nos pés, uma bota preta, estilo caubói, de bico fino, em couro alemão reluzente, com salto alto embutido para que parecesse mais alto.

Quando todos se instalaram em volta da mesa de reuniões — Eike e seus pretorianos enfileirados de um lado, Trabuco do outro e seu Brandão na cabeceira —, o empresário pediu licença para exibir o vídeo institucional do grupo EBX, todo feito para impressionar, com música épica ao fundo e números grandiosos recitados pelo narrador. Aquilo podia cair bem em outras audiências, mas não funcionou com Brandão, que baixava a cabeça e fechava os olhos como se lutasse contra a tentação de cochilar. Eike nem percebeu. Parecia concentrar-se para a explanação que faria em seguida, discurso que começou num tom seguro, confiante, mas respeitoso: "Seu Brandão, eu vim aqui lhe dizer que estamos interessados em comprar a fatia do Bradesco na Vale. O Itaú acaba de comprar o Unibanco, o Santander adquiriu o Real. Sabemos que o Bradesco vai precisar se concentrar em seu core business. E nosso grupo tem muitas sinergias com a Vale."

Durante mais algum tempo, prosseguiu no argumento de que seria um excelente negócio também para a Vale possuir em seu portfólio ativos tão interessantes como os dele. Eram minas, um porto e uma empresa de energia — que, avaliava o empresário, tinham tudo a ver com a multinacional.

Quando Eike terminou, seu Brandão não emitiu opinião. Deixou que Mário Teixeira o fizesse. Teixeira, alto e corpulento, cartola do Osasco Futebol Clube nas horas vagas, era um dos maiores aliados de Agnelli no banco. E foi direto: "A Vale não está à venda. Roger está fazendo um excelente trabalho, e, além do mais, o Bradesco sempre esteve presente na economia real. Nós temos fôlego suficiente para brigar pelo nosso mercado sem sair da companhia".

O mal-estar diante da declaração fez os segundos de silêncio durarem uma eternidade. Coube a Trabuco aliviar o clima pesado. "Deixa a gente levar esse assunto para a diretoria. A gente volta a se falar."

Brandão fez cara de paisagem. Ao final do encontro, despediu-se do grupo na porta do elevador com a gentileza habitual e um abraço em Eliezer.

No helicóptero, no regresso ao Rio, Eike e Eliezer não pareciam ter participado da mesma reunião que Landim e Gouvêa. Os dois estavam desanimados, enquanto o empresário exultava. "Porra, do caralho, vamos comprar!", dizia, apoiado pelo pai.

No dia seguinte, pela manhã, o dono do grupo X chamou a guarda pretoriana à sua sala e deu a notícia: "A reunião foi ótima. Vamos comprar a Vale". Todos celebraram. Entre abraços e high fives, consumiram uma garrafa de champanhe.

Poucos dias depois, o próprio Eike foi novamente a São Paulo para um encontro rápido com Brandão, a quem entregou a proposta formal de 9 bilhões de dólares pelo controle da Bradespar — a empresa por meio da qual o banco participava da Vale. Segundo o empresário, os empréstimos para a aquisição já estariam todos assegurados. Nos dias seguintes, enquanto esperava a resposta do Bradesco, Eike olhava para o organograma da Vale e perguntava a seus diretores: "E aí, que área cada um de vocês vai querer?".

E então o imponderável aconteceu.

Na primeira semana de setembro de 2009, a repórter Samantha Lima, da *Folha de S.Paulo*, almoçava com um ex-executivo do grupo X num restaurante da Zona Sul do Rio quando o celular dele tocou. Era um antigo colega de companhia, contando sobre os desdobramentos de mais um lance ambicioso do ex-chefe. Ao desligar o telefone, pressionado pela repórter, falou, em linhas gerais, da movimentação de Eike para comprar a Vale.

Nos dias seguintes, Samantha apuraria os detalhes da negociação com outros contatos nas empresas X e perceberia que a informação estava tão disseminada que seu vazamento era questão de dias. Precisava correr para publicar a notícia em primeira mão — e ali, no instante em que ela se pôs a procurar oficialmente as partes envolvidas, os planos de Eike começaram a fazer água.

Em 5 de setembro, quando a reportagem foi publicada,[12] os dirigentes da Previ interpretaram a atitude do empresário como tremenda descortesia. Afinal, haviam sido os primeiros a lhe sugerir que comprasse parte de suas ações. Eike nunca respondera. E agora ficavam sabendo pelo jornal que ele fizera uma proposta pela cota do Bradesco?

A revelação de que o governo autorizara o empresário a tentar entrar na Vale foi também desastrosa para as pretensões de Eike. Agnelli, que operava discretamente nos bastidores para que o Bradesco descartasse a ideia, achou que fosse o empresário o responsável pelo vazamento — numa tentativa de pressionar o banco. Diante daquele fato novo, o CEO da Vale se sentiu autorizado a botar o bloco na rua. Na semana seguinte, foi a Brasília dar satisfações a Lula e lhe mostrar que estava gerando empregos e agregando valor à economia brasileira.

Embora Agnelli não visse grandes chances de sucesso objetivo na campanha junto ao presidente, seu movimento ajudava a dar publicidade aos interesses do grupo X. A essa altura, a tentativa de Eike de comprar a Vale já era acompanhada pela imprensa política e econômica como uma novela que esquentava a cada capítulo. Conforme ficava claro que havia um real esforço do governo para apear Agnelli de seu cargo por razões políticas, a balança da opinião pública começaria a pender a favor do CEO. A maior parte dos articulistas e comentaristas passara a criticar de forma veemente a ingerência governamental em uma empresa cujas receitas haviam se multiplicado por nove e os lucros, por dez, sob a batuta de um dos executivos mais admirados do Brasil.

A polêmica assustou o presidente do BNDES, que recebeu Eike no auge da disputa. Luciano Coutinho e o empresário eram feitos de materiais diferentes. Metódico e formal, o pernambucano que dirigia o banco de fomento detestava exposição pública e construíra uma reputação de conservadorismo e sensatez. Caxias, ocupava os fins de semana com pilhas de relatórios e leituras de trabalho, hábito dos tempos de consultor e professor da Universidade Estadual de Campinas (Unicamp). E foi em tom professoral que se dirigiu ao visitante: "Eike, a Vale é uma floresta de cristal, onde é preciso andar com muito cuidado. Você tem projetos incríveis e vai ser o maior empresário deste país, mas ainda precisa conquistar muitas coisas. Vamos aguardar que seus projetos avancem um pouco mais para voltar a discutir esse assunto".

Apesar de o recado ter sido bastante claro, o empresário continuaria tão animado quanto antes. Parecia só ter ouvido a parte dos "projetos incríveis" e do "maior empresário deste país", e considerou que a fala de Coutinho não representara um não definitivo. Seria apenas uma questão de paciência.

Nem toda a paciência do mundo, porém, poderia acalmar a fúria de Eike dias depois. Ao ser procurada pela *Folha* para falar sobre a oferta, a cúpula do Bradesco, assim como Agnelli, interpretara o vazamento como uma tentativa dele de pressionar o banco. Trabuco, então, rapidamente ligou para Eike e formalizou a rejeição à proposta. O empresário, enfurecido ante a negativa, logo se convenceu de que fora André Esteves o "garganta profunda". Segundo sua tese, o controlador do BTG queria se cacifar às suas custas.

Convencido de sua teoria, de pronto tirou o BTG Pactual da jogada, parou de atender aos telefonemas do banqueiro e ainda proibiu sua entrada no prédio da praia do Flamengo. Esteves se desesperou. Depois de várias tentativas de falar direto com o ex-cliente, foi procurá-lo pessoalmente, mas não foi recebido.

Acabou indo chorar as mágoas na sala de um executivo do grupo X, com quem se encontrou clandestinamente. Disse que a suspeita de Eike era absurda, e que ele seria o último a querer tornar pública uma informação que pudesse prejudicar o próprio trabalho. Nervoso, ao mesmo tempo chateado e irado com a situação, demonstrou-se preocupado com o risco de que o episódio manchasse sua reputação e pediu ao interlocutor que intercedesse junto ao empresário — sem sucesso. Eike estava seguro de que Esteves tramara sua queda. E, sempre que podia, tripudiava sobre as tentativas de reaproximação.

Numa dessas ocasiões, exibiu ao repórter Mário Magalhães, da *Folha*, mensagens de celular enviadas pelo banqueiro, reproduzidas numa reportagem publicada um mês depois: "Há 'inveja dos outros'"; "missões impossíveis são certos companheiros de viagem"; "o convívio com pessoas como você alimenta minha vontade de fazer"; "te admiro muito, cara". Ao repórter, o empresário negou ter brigado com Esteves, mas alfinetou: "André é um cara com cabeça diferenciada, fora da curva. Talvez tenha de medir a ambição um pouquinho".[13]

O primeiro revés, no entanto, não seria suficiente para demover Eike. Tentando remediar a situação, recebeu Roger Agnelli em casa para um jantar na segunda semana de setembro de 2009. Em três horas de conversa, sugeriu ao CEO da Vale que os dois, em vez de se digladiarem, teriam mais a ganhar se formassem uma aliança. O visitante tocou a conversa educadamente, mas quem o conhecia sabia que a iniciativa do empresário era desperdício de tempo.

Dias depois, Agnelli enviou a Eike uma carta seca e genérica, em que dizia apenas que a única associação possível entre a Vale e o grupo X se daria em função do ramal ferroviário da mineradora que chegava até o Açu e precisava ser reformado.

Mais obstinado que Eike, só Sérgio Cabral, que já devia ao empresário bem mais do que a ajuda financeira nas eleições. Só naquele ano de 2009, os dois tinham ido juntos à China, levando uma comitiva de empresários, e participado de vários eventos para comemorar novas etapas de implantação do grupo X. Eike fazia investimentos por todo o estado e — o mais importante — injetara ainda mais dinheiro na campanha do Rio para sede da Olimpíada de 2016. Os 10 milhões de reais iniciais haviam se tornado 23 milhões, volume que ajudara a contratar consultores estrangeiros, a elaborar o dossiê de candidatura e a financiar as viagens do Comitê Olímpico Brasileiro mundo afora, angariando votos.

Graças à ajuda, o país pela primeira vez tinha chances concretas de vencer a disputa — o que decerto beneficiaria as carreiras políticas do governador e do próprio Lula. O presidente, aliás, continuava defendendo a entrada de Eike na Vale. Só não abordava mais o assunto publicamente porque Agnelli direcionara sua infantaria contra o governo. O CEO da multinacional encomendara até uma campanha publicitária que defendia os feitos de sua gestão, tendo como garoto-propaganda o ator José Mayer, na época em alta por seu protagonismo na novela das nove da Globo. O galã cobraria 800 mil reais para gravar um texto de resposta explícita ao governo.[14] Tamanho acirramento de ânimos não era interessante para ninguém.

Eike e Lula ainda tiveram a oportunidade de discutir uma estratégia alternativa de ação. Os dois se encontraram em Nova York, na terceira semana de setembro, quinze dias depois de o plano de comprar a Vale vir à tona e dias após o jantar de Eike e Agnelli. Estavam na cidade para um evento em homenagem ao presidente brasileiro, patrocinado pelo próprio Eike e pela Exxon Mobil. Antes da cerimônia, no hotel Waldorf Astoria, Lula recebeu o empresário e o presidente da Exxon, Rex Tillerson. Depois de uma conversa breve com ambos, ficou mais vinte minutos a sós com o dono do grupo X.

Em seu discurso na entrega do prêmio, Eike fez uma elegia a Lula, "um dos grandes estadistas de nossa história".[15] Findos os rapapés, os mais novos amigos aproveitariam o jantar com as mulheres no elegante salão do hotel. Lula estava com a primeira-dama, Marisa, mas Eike não levara Flávia Sampaio. Sua acompanhante era Fernanda Agnes, uma deslumbrante morena de olhos claros que fora Miss Brasil Mundo e assistente de palco do *Domingão do Faustão*, que o empresário apresentou a d. Marisa como namorada. Num papo descontraído, entre sorrisos, Eike perguntaria ao presidente, a respeito de sua nova conquista: "E aí, gostou?".

Enquanto a guerra da Vale se desenrolava, o jato Legacy de Eike cruzava o Atlântico transportando Sérgio Cabral e Eduardo Paes para Copenhague, onde acompanhariam, em 2 de outubro, a cerimônia de escolha da cidade-sede da Olimpíada de 2016.[16] O governador adorava as aeronaves do empresário. Ao visitar o Açu no helicóptero de Eike, gostou tanto que mandou que o estado comprasse uma igualzinha — na qual, ao longo de todo o governo e às custas do contribuinte, fez suas viagens para a casa de praia que mantinha em Mangaratiba, no litoral sul fluminense. Mas como adquirir um jato seria extravagância até mesmo para um governante ousado, contentava-se em pedir emprestado o do amigo bilionário de vez em quando.

Na capital dinamarquesa, Cabral e Paes se encontraram com Lula, que lá estava para defender a candidatura do Rio contra as de Tóquio, Madri e Chicago — rivalizando com o próprio Barack Obama. Depois de dez horas de discursos, conchavos e votações, ouvir o presidente do Comitê Olímpico Internacional, Jacques Rogge, declarar o Rio de Janeiro vencedor teve um sabor especial.

Pulando abraçados em comemoração, Lula, Paes e Cabral mais pareciam torcedores fanáticos com a vitória de seu time de futebol numa final de campeonato. Ainda eufórico, o presidente brasileiro declarou que ali, naquele evento, o Brasil deixara de ser uma nação de segunda classe para se tornar um país de primeira.[17] Ato contínuo, telefonou para o maior patrocinador do triunfo. "Eike, aqui é Lula." Ao atender o celular em seu escritório, o empresário se levantou da cadeira, surpreso, com o aparelho grudado ao ouvido. O presidente, emocionado, agradeceu, reconhecendo que sem ele provavelmente aquela conquista não teria sido possível. Ao desligar, o homem mais rico do Brasil tinha os olhos marejados.

O telefonema de Lula fez com que Eike saboreasse, pelo menos por alguns instantes, seu novo status, tão almejado, o de "empresário amigo do PT". Agora, pensava, todas as dificuldades ficariam para trás. As portas se abririam definitivamente. Ninguém que estivesse na sede do grupo X naquele dia pôde ignorar que ele fora a primeira pessoa para quem o presidente da República ligou depois da vitória do Rio em Copenhague. Eike mesmo se encarregaria de espalhar a informação. Tinha — assim avaliava — crédito infinito com os três políticos de quem mais precisaria.

Sua imagem pública, contudo, como a de Cabral e a de Eduardo Paes, sairia arranhada do episódio. A notícia de que os dois maiores mandatários do Rio viajaram à Europa no jato de um empresário com tantos interesses no estado — e que, por sinal, acabara de receber a concessão da Marina da Glória para instalar seu centro de entretenimento — em nada o ajudou em suas pretensões de tomar conta da Vale.

Nos dias seguintes ao triunfo do Rio, animado com o afago lulista, Eike decidiu retomar publicamente sua ofensiva. E o fez em entrevista a *O Estado de S. Paulo*, publicada em 10 de outubro com grande destaque. Em suas declarações, Eike desqualificou a gestão de Agnelli. Quase no mesmo tom com que falara de Wagoner, da GM, meses antes, criticou a qualidade dos ativos comprados pela Vale fora do Brasil, dizendo que o CEO da mineradora queria "misturar caviar com osso", e afirmou que, se fosse ele o dono, certamente investiria mais em siderúrgicas.[18]

Usando uma de suas expressões preferidas, disse que enxergava na Vale diamantes não lapidados. E, adotando o bordão preferido de Lula, declarou que o Brasil não deveria ficar só vendendo minério. Era preciso agregar valor aos produtos brasileiros.

Poderia ter sido um grande lance de relações públicas. Mas não foi. Quem estava do outro lado do ringue, afinal, era Roger Agnelli. Um homem que, embora na alça de mira, ainda comandava investimentos de 9 bilhões de dólares e 60 mil empregados[19] e tinha a seu serviço não apenas a assessoria de imprensa da multinacional, mas também uma agência de publicidade e dois consultores de crise focados em fazê-lo vencer a batalha de relações públicas. Tinha, ainda, um longo histórico de serviços prestados ao governo e uma excelente interlocução com a chamada grande mídia. Não iria largar o osso com facilidade.

A opinião pública já pendia para seu lado, influenciada pela ostensiva e desastrada movimentação de Eike e Lula. Depois da entrevista ao *Estadão*, o cenário ainda pioraria, pois analistas políticos e veículos internacionais começariam a tratar o empresário como um "boneco do governo", um joguete destinado a fustigar o CEO da Vale. Nos bastidores, paralelamente, Agnelli mandava acenos de bandeira branca ao presidente. Engavetou os comerciais estrelados por José Mayer, que nem sequer haviam sido veiculados,[20] e começou a enviar a Lula recados de que voltaria a contratar e retomaria ele mesmo os planos de construção de siderúrgicas.

De olho no longo prazo, Agnelli preferiu aplicar a tática de recuar um passo para avançar dois depois. Graças ao esforço de interlocutores de ambos os lados, entre os quais o próprio Lázaro Brandão, ele e o presidente selaram um pacto de não agressão — e a notícia de que haviam se entendido logo chegaria aos jornalistas. Só então, em meados de outubro, Eike percebeu que fora escanteado sem dó. Sem alternativa, decidiu se retirar da disputa. "Sou homem da iniciativa privada. Não participo de movimentos políticos. Não sou homem do Lula ou do PT, nem de qualquer partido. Ninguém me usa, como andou saindo nos jornais", disse, ao abandonar a briga.[21]

Vencedor, Agnelli se reuniria com Lula em São Paulo, em 19 de outubro de 2009, diante de Dilma Rousseff e Guido Mantega, para uma conversa de duas horas sobre o futuro da Vale, nos bastidores do evento em que o CEO apresentaria o plano de investimentos da mineradora para 2010 aos maiores acionistas da companhia.[22]

Embora planejada como uma grande demonstração de prestígio, nas entrelinhas a cerimônia passaria a mensagem inversa. Ficou claro que, para se manter no posto, Agnelli aceitara inverter toda a rota de sua gestão. Em vez de demitir, como explicou mais tarde aos jornalistas, o CEO da Vale previa então contratar 15 mil funcionários e aumentar os investimentos em 24,5 bilhões de reais, 29,3% mais do que nos doze meses anteriores, e concentrar a maior parte dos recursos em iniciativas no Brasil — incluindo o início das obras de siderúrgicas no Pará, no Ceará e no Espírito Santo. Também em sua fala, ele desfiaria elogios a Lula. Mais tarde, em entrevista coletiva, enviaria um recado a Eike: "Eu escuto e presto atenção aos comentários dos meus acionistas. Aqueles que não são, são opinião, e opinião para mim não diz muita coisa".

Agnelli nunca mais teria no PT o mesmo cacife de outrora, e acabaria por deixar o cargo depois de um ano e cinco meses em permanente queda de braço com o governo. Dessa vez, contudo, poderia dizer que vencera a batalha, com o gosto especial de pôr em seu devido lugar o bucaneiro irresponsável que ousara tentar lhe usurpar a cadeira. O placar da longa rivalidade entre aqueles dois homens marcava então três a zero para Agnelli.

Eike, de sua parte, encolhera os flaps e se pusera à espreita por uma nova chance de voltar à carga. Enquanto isso, cultivaria outra rivalidade épica — dessa vez, dentro de casa.

11. Nada será como antes

"Me diz uma coisa. O que é que o Landim faz mesmo, hein?" À pergunta, seguiu-se uma gargalhada de Eike Batista. Que o interlocutor acompanhou, para agradar o chefe. Ele sabia que esse era o jeito de o empresário mostrar que seu ex-braço direito, seu ceozão, caíra em desgraça. A ironia de Eike não era surpreendente, mas soava mal mesmo aos olhos dos mais fiéis assessores.

Em abril de 2010, todos no grupo sabiam que o fatídico almoço em que os diretores das empresas X haviam sido obrigados a devolver parte de suas ações da MMX, um ano antes, abalara o relacionamento entre o patrão e Landim, o único a permanecer no grupo mesmo sem ter restituído um centavo para o caixa da companhia. Também era notório que o ex-braço direito deixara de ser convidado para fins de semana em Angra ou viagens de lazer com as mulheres em Nova York. Durante meses, ficaria "na geladeira", numa sala de fundos no andar da holding, cuidando de novos negócios, e passou até um tempo sem aparecer, desanimado, ou então chegando tarde e saindo cedo — sem nada para fazer.

Depois, porém, Eike o chamou para participar das conversas a respeito da Vale, e, em seguida, lhe deu uma nova missão, que o animou e fez parecer que as coisas voltavam ao normal. Landim se mantivera como conselheiro de todas as empresas X e era convocado para cuidar de transações importantes, como a venda de uma fatia da MMX aos chineses e a tentativa de compra da Vale. Rodara com o empresário os escritórios dos principais contatos do grupo pelo mundo, em busca de captar 10 bilhões de dólares para um fundo de infraestrutura que financiaria a aquisição de plataformas para a OGX. Com o mercado ainda se curando do baque da crise de 2008, o fundo não iria adiante, e Eike mudaria os planos. Decidiu montar ele mesmo um estaleiro para produzir os navios e equipamentos para a petroleira, e deu a Landim a missão de incluir o empreendimento em uma nova companhia X e levá-la à bolsa.

Porém, como tantas coisas no universo X, o invólucro à primeira vista saudável da relação entre Landim e Eike escondia um ingrediente venenoso. Publicamente, o empresário absorvera o golpe dos bônus, mas, na intimidade, demonstrava nunca haver se conformado com a atitude do ex-braço direito, a quem só se referia como "gato gordo" para aqueles poucos que ainda considerava aliados fiéis — incluindo o mais novo preferido, Paulo Mendonça. Landim sentia que as coisas não haviam voltado a ser como antes, mas tinha esperança de que, com o tempo, a relação se ajeitasse. No fundo, não queria deixar o grupo, não só pelo compromisso com a equipe do novo estaleiro, mas também porque tinha muito a perder saindo intempestivamente.

Seu contrato, de quatro anos, estava para acabar. Se saísse antes, perderia o direito de retirar algo em torno de 70 milhões de reais em ações. Cultivava ainda outra pretensão: quando chegasse a hora de renegociar sua permanência, seria o momento de cobrar aquela promessa feita num avião, enquanto sobrevoavam o Atlântico. Antes disso, não daria a Eike qualquer motivo para demiti-lo.

Landim não era, contudo, o único alvo do empresário. Depois do fatídico almoço da discórdia, Eike começara a enxergar traições por todo lado. Achava que sua guarda pretoriana o abandonara quando mais precisava. Os pacotes de ações — que considerava a chave do sucesso para atrair os melhores do mercado — haviam se convertido em amarga surpresa. Com sua visão pragmática dos negócios, sempre fora o primeiro a tratar o apego de seus subordinados ao dinheiro de forma natural. Uma de suas frases preferidas sobre o assunto, em geral dita de modo descontraído, muitas vezes entre risadas, era: "Quando todos nós morrermos, vamos encontrar escrito na porta do inferno: *It's all about money!*".

No entanto, apesar desse olhar aparentemente realista do mundo dos negócios e da natureza humana, Eike se dizia desiludido. Nos últimos tempos, amadurecera a opinião de que, se não modificasse os pacotes de ações para um modelo que impusesse fidelidade a seus homens, logo toda a tropa pegaria seu dinheiro e bateria em retirada. Era preciso realinhar os interesses. Ele tinha de arrumar um jeito de conservar a motivação sem permitir que saíssem das empresas antes de entregarem os resultados.

Nas conversas que mantinha com Paulo Mendonça, o empresário lapidaria um novo conceito: engordar o gato aos pouquinhos. A ideia era simples. Consistia em esticar os prazos de pagamentos dos pacotes de ações, distribuindo os valores em parcelas menores. Na OGX, a maior parte dos diretores tinha contratos de cinco anos. O sujeito que assinara no final de 2007 — a maioria, portanto — teria direito a começar a retirar suas ações a partir de 2010, em cinco parcelas anuais. Ou seja: quem tivesse direito a 1% das ações receberia um quinto disso em novembro de 2010, outra fatia em novembro de 2011 e assim por diante até 2014.

Havia então mais de trinta pessoas no grupo com ações da OGX, a quem Eike prometera 100 milhões de ações — ou 5% de sua parte na companhia. E era sobre esses pacotes que o novo conceito do empresário — o do gato que engorda mais lentamente — incidiria. Em vez de entregues em cinco anos, seriam redistribuídos em sete, a partir de 2010, e apenas para quem continuasse na empresa.

Ao tomar conhecimento da proposta de mudança, a equipe de Paulo Mendonça ficou revoltada. Alguns colaboradores ameaçaram abandonar o barco. E uma debandada, àquela altura, seria péssima para a OGX, que ainda não produzira uma gota de óleo, mas era bem-sucedida na bolsa em grande parte pela confiança dos investidores no talento de seu corpo técnico.

Depois de muita negociação, Dr. Oil conseguira chegar a um meio-termo com Eike: os prazos de pagamento dos pacotes de ações seriam esticados, mas, em troca, os executivos poderiam retirar ações imediatamente, um ano antes do combinado. O problema, porém, era que toda retirada tinha de ser autorizada, por escrito, pelo próprio empresário, o dono dos papéis — e arrancar esse aval do chefe não era fácil. Mas Mendonça desenvolvera um método próprio para consegui-lo. Tinha sempre dobrada no bolso da calça uma lista de subordinados pronta para ser exibida ao patrão nos momentos de bom humor — como, por exemplo, diante do anúncio de alguma descoberta. Nessas horas, sacava a relação e já ia logo pegando o aval para as liberações. Em geral, funcionava.

No final de novembro de 2009, depois de divulgar três fatos relevantes, todos com notícias positivas sobre os avanços da OGX, Dr. Oil usou seu método e conseguiu convencer Eike a soltar a distribuição dos pacotes. A generosidade permitiu que se distribuíssem mais de 15 milhões de ações, que na ocasião valiam 218 milhões de reais, a 23 executivos.

Nos dias seguintes, com a companhia em franca ascensão, Mendonça e Marcelo Torres, o diretor de relações com investidores, venderam boa parte de suas ações na bolsa. Cada um apuraria 16 milhões de reais na operação.[1] Com os informes de descobertas relevantes da petroleira a alimentar o otimismo dos investidores, todo o time da OGX teria um ótimo Natal — sobretudo Dr. Oil, que aproveitou o bom momento para comprar um apartamento no Leblon, bairro mais caro da Zona Sul do Rio de Janeiro.

Para Landim, no entanto, o clima ficaria tenso naquele final de novembro de 2009. Ele se preparava para receber sua cota de papéis da petroleira — 3,69 milhões de ações, que valiam, então, 53 milhões de reais — quando Flávio Godinho o procurou, disposto a fazer nova investida para se livrar dele. Dessa vez, trazia em mãos um novo distrato, semelhante ao que o executivo já assinara em julho daquele mesmo ano, abrindo mão de parte das ações da LLX e da MMX — mas agora valendo para todas as ações que Landim ainda tinha da OGX. "O Eike mandou te entregar." O chefe estava em Nova York. O executivo leu o papel e respondeu: "Não vou tratar disso agora". O colega então sacou outro documento e o colocou na mesa. Era uma carta de demissão assinada pelo empresário.[2] Landim a pegou e jogou no fundo de uma gaveta. "Vá à merda que eu tenho que trabalhar. Depois eu resolvo esse assunto com o Eike."

Godinho saiu, mas Landim não conseguiu fazer coisa alguma. Naquele momento, teve certeza de que sua permanência no grupo era inviável. De sua mesa, telefonou para o advogado Sérgio Tostes, que conhecera nos tempos de Petrobras, de quem queria saber se seria possível reivindicar as ações mesmo se saísse da empresa dois dias antes da data prevista para o repasse. Tostes respondeu que se poderia tentar, mas que seria briga feia, pois o contrato era bem claro. Quem deixasse o grupo antes do vencimento perderia o que ainda tivesse por receber. O advogado lhe deu um conselho: "Se segura aí".

Na segunda semana de dezembro, com o chefe já de volta, Landim insistiria até conseguir uma brecha em sua agenda. "Precisamos resolver aquela história das ações", disse. Eike então respondeu que viajaria novamente e que conversariam na volta. "Isso a gente acerta. Não tem problema. Só não vamos falar sobre isso com ninguém, o.k.?" Landim aquiesceu. No dia seguinte, porém, com o empresário já fora do país, o executivo receberia uma ligação do colunista Lauro Jardim, de *Veja*, que acabara de receber uma valiosa informação de uma fonte. "Soube que está havendo uma briga entre você e o Eike e que você está de saída. Me disseram até que você também não tem nem mais sala. É verdade?" Landim, como combinado com o chefe, negaria tudo peremptoriamente. Disse que se tratava de pura fofoca e maledicência, e garantiu que estava tudo bem.

Jardim, contudo, não compraria essa versão e, horas depois, publicaria em seu blog uma nota intitulada "O X da questão": "A eventual saída do ex-presidente da OGX e atual da OSX, Rodolfo Landim, da holding EBX, de Eike Batista, poderá ser litigiosa".[3] Ao ler isso, o ex-braço direito, furioso, telefonou para o patrão. "Que merda é essa de botar essa nota no Lauro?" O empresário, por sua vez, negou ter sido a fonte. O executivo não acreditou. Teve a certeza de que o chefe queria provocar sua demissão — mas estava determinado a resistir.

De volta ao Brasil, Eike chamou Landim e lhe fez uma oferta conciliadora. Ele ficaria, desde que concordasse com a antiga proposta de reduzir à metade sua participação de 1% sobre o que o próprio Eike tinha na OGX. Era uma senhora tunga — mais ou menos 150 milhões de reais em valores da época. Ainda assim, sobravam outros 150 milhões, o que era muito dinheiro. Landim o aceitou. Em seguida, chamou os diretores da OSX, que se preparava para abrir capital em alguns meses, e abriu o jogo com eles. "Pessoal, estou tendo um problema sério com o Eike. Como o momento é importante para vocês e para a nova companhia, não vou deixá-los na mão agora. Mas, quando o IPO acabar, vamos ter uma conversa séria. E, pelo jeito, a coisa vai feder."

Enquanto Landim agonizava, Mendonça ascendia — e cada vez mais rápido, graças às primeiras descobertas da OGX, que vieram providencialmente já em outubro de 2009, com uma rapidez espantosa para uma petroleira iniciante. O primeiro comunicado — bastante festejado — dava conta de que a empresa encontrara indícios de hidrocarbonetos em um poço na bacia de Santos.[4] Gustavo Gattass, analista do Pactual, escreveria a respeito em seu relatório aos investidores: "A OGX começou a entregar nesta manhã". Depois, acrescentou: "Ultimamente, a alta das ações tem levantado uma questão: há mais pela frente? Nós acreditamos que sim".

Em 14 de outubro de 2009, enquanto Eike era obrigado a abandonar seus planos de comprar a Vale, a OGX divulgou mais um informe ao mercado, dessa vez afirmando que descobrira entre 500 milhões e 1,5 bilhão de barris no campo batizado de Vesúvio, na bacia de Campos.[5] Quem acompanhasse as atividades de exploração na costa brasileira há mais tempo saberia que se tratava de um bloco descartado pela Petrobras nos anos 1980, considerado não comercial.[6] Na época, a estatal registrou que o óleo do poço — que ainda não se chamava Vesúvio — era pesado demais e estava muito misturado à água do subsolo. Extraí-lo custaria tão caro que não valeria produzir. Até 1997, o diagnóstico continuara o mesmo — tanto que a Petrobras passara meses tentando vender a área sem que ninguém quisesse adquiri-la. Por isso, teve de devolvê-la à União, para ser ofertada ao mercado quando da quebra de seu monopólio sobre as atividades de exploração. O que a OGX garantia ao mercado, portanto, era que esse panorama mudara.

O anúncio provocou reações contraditórias na equipe de geólogos da OGX. Ao mesmo tempo que consideravam grandes conquistas a perfuração de dois poços e o início da análise de amostras de óleo, tudo isso em apenas dois anos de atividade, sabiam que a estimativa de produzir entre 500 milhões e 1,5 bilhão de barris ali era nada mais do que um chute, um cenário altamente hipotético projetado a partir das imagens sísmicas do subsolo. Do ponto de vista objetivo, com o material retirado do fundo do mar ainda não dava para ser preciso. Qualquer projeção confiável dependia de muitos outros testes — que a companhia nem sequer começara a fazer.

Nas rodinhas, nos corredores e mesmo nas reuniões com Paulo Mendonça, os técnicos criticavam o anúncio ao mercado de um dado tão preliminar. Mesmo porque nem todos concordavam com o chute divulgado por Dr. Oil.

A rigor, o fato relevante comunicado aos investidores consistia na descoberta de uma coluna total de duzentos metros de óleo. Retirando-se apenas o que havia de petróleo recuperável ali, o chamado *net pay*, seriam 57 metros mais ou menos. Podia realmente ser uma marca muito boa, mas só com esses dados não dava para afirmar nada, e por isso eles gostariam de realizar mais furos e testes. Afinal, poderia ser apenas uma anomalia.

Para os técnicos que compunham o baixo clero da petroleira, tal estimativa nunca poderia ter sido divulgada. Mas eles não tinham poder de decisão sobre esse tipo de assunto. Só quem opinava a respeito do que a OGX informava ao mercado eram Mendonça, Torres e o próprio Eike. De modo que o dado controverso seria tornado público, e em grande estilo, com entrevistas e vídeos celebrando a primeira descoberta, a propósito da qual o empresário declarava: "O Brasil é o país do presente. Esses sucessos vão pavimentar o caminho do nosso robusto crescimento econômico e igualdade social".

Com a política de divulgação da OGX, Eike, Paulo Mendonça e Marcelo Torres pariram uma inovação. Normalmente, as grandes companhias não divulgavam dados tão prematuros, como indícios de descobertas, nem tão técnicos, imperscrutáveis à maioria dos mortais. No caso da OGX, porém, argumentavam que não fazê-lo seria "falta de transparência" com o mercado e deixaria alguns investidores em desvantagem, uma vez que todas as informações sobre perfurações tinham de ser encaminhadas à ANP.

Com a autorização de Eike, Torres criou um mecanismo "automático" de divulgação. Tudo o que era enviado à ANP imediatamente resultava num fato relevante ou num comunicado, em que os termos técnicos quase sempre eram acompanhados de adjetivos retumbantes.[7] No informe sobre o poço de Vesúvio, uma frase de Dr. Oil explicava: "O excelente resultado revela o grande potencial petrolífero dos nossos blocos, além de contribuir para a redução do risco exploratório dos próximos prospectos a serem perfurados na região". Ninguém fora da indústria do petróleo entendia o que significavam todos aqueles dados e números, mas qualquer um era capaz de entender expressões como "excelente resultado" ou "redução do risco exploratório".

No começo, a forma como os resultados da companhia eram divulgados chegaria a ser contestada por alguns geólogos mais próximos a Mendonça, temerosos de que esse procedimento atípico acabasse por arranhar a credibilidade da empresa. "O que nossos colegas da Petrobras não vão pensar?", comentavam, nos papos de corredor. Em resposta a esse tipo de admoestação, Dr. Oil sempre dizia que a política de divulgação da ogx fora determinada pelo próprio Eike. E, quando se voltavam para Marcelo Torres, tentando impedir que alguma informação mais exagerada fosse a público, ouviam de volta sempre o mesmo bordão: "Mas o Brasil quer saber!".

A ogx era uma ilha de boas notícias para Eike Batista naquele segundo semestre de 2009. No resto do mundo X, no entanto, os problemas pipocavam. Além da fracassada operação de compra da Vale — uma questão mais ligada ao próprio empresário —, as companhias do grupo enfrentavam entraves de implantação. A llx tinha dificuldades para conseguir as licenças ambientais e os empréstimos necessários à continuação das obras do porto. Na mmx — que acabara de trocar de presidente, colocando Roger Downey no lugar de Joaquim Martino —, a situação era grave.

O caixa da mineradora migrara para a Anglo com os ativos vendidos, e o que restava nos cofres mal dava para pagar os salários dos funcionários até o final do ano. Ademais, parte da equipe da companhia também havia se transferido para a multinacional, o que deixara o quadro técnico da mmx bastante desfalcado. A empresa tinha dívidas não contabilizadas que surgiam de repente, e contratos superdimensionados que logo deixariam o novo ceo, o habitualmente cordato Downey, de cabelo em pé.

As operações em Corumbá estavam sendo interrompidas e, em parte, passadas adiante, mas a mineradora ainda tinha um contrato para transportar em barcaças, pelo rio Paraná, o dobro do minério produzido. Conforme os esqueletos pulavam dos armários, Downey buscava explicações, mas, na maior parte das vezes, ficava insatisfeito com as respostas. Diziam que os acordos haviam sido firmados quando se previa falta de barcos no mercado, ou para garantir que estivessem ali quando a produção aumentasse. Os contratos seriam encerrados, as multas seriam pagas, mas todos os novos investimentos daquele ano foram suspensos. O rombo, no final de 2009, chegava a 463 milhões de reais.[8]

A coisa só começaria a clarear um pouco nos últimos dias do ano, quando finalmente se fechou o acordo com os chineses da Wisco, anunciado ainda em maio, durante a visita de Lula à China. Pelo acordo, a siderúrgica comprava 21,52% da mineradora por 400 milhões de dólares, em troca do compromisso de fornecimento de minério até 2030.[9] Outro negócio, a venda de mais 11% à SK Networks, estava sendo celebrado, mas só sairia mesmo nove meses depois, em setembro de 2010 — e por 700 milhões de dólares.[10] Juntas, as duas transações acabariam por colocar 1,1 bilhão de dólares no caixa da MMX. Seria a salvação da lavoura.

Enquanto o desafogo não vinha, Eike precisava administrar outro pepino, a insatisfação da Anglo American.

Os problemas de Eike com a Anglo tiveram início no instante em que a multinacional começou a tomar pé da situação das empresas que comprara, ao final de 2008. Conforme mergulhava na realidade dos projetos, a equipe de Cynthia Carroll perceberia que os abacaxis a serem descascados eram maiores e mais intrincados do que o imaginado. A maior dificuldade estava no Amapá, justamente na mina que a Anglo nunca quisera adquirir. Novos testes haviam encontrado apenas 130 milhões de toneladas passíveis de exploração lucrativa, quase um décimo da estimativa inicial da MMX.[11] Além disso, o minério tinha alto teor de fósforo, mais do que o combinado com o principal cliente, um consórcio de siderúrgicas do Bahrein. Nessa concentração, o minério exigia bem mais processamento para ser usado na siderúrgica, o que aumentava o custo. Como se não bastasse, a logística para sua retirada de Serra do Navio era sofrível. Como o porto de Santana, por onde o minério escoava, só comportava navios de pequeno porte, a mineradora só conseguia enviar para o exterior 30% do que poderia ser embarcado em condições ideais. Todas essas dificuldades faziam com que a MMX não estivesse conseguindo cumprir as encomendas. A Anglo American e a Cleveland-Cliffs, que haviam comprado a mina, tiveram de indenizar os clientes. E, por causa dos acordos feitos na época da Toque de Midas, Eike teve de cobrir as indenizações.

Havia também o problema do traçado do mineroduto, que, constatariam os engenheiros, era diferente do que tinha sido estipulado no projeto. Nas reuniões com o pessoal do empresário, os técnicos da Anglo diziam que o desenho fora concebido tendo como referência um programa de geolocalização parecido com o Google Maps, o site que fornece imagens de satélite pela internet, sem qualquer refinamento.¹² Fosse por essa razão ou pelo fato de terem surgido vários percalços ao longo do caminho, o traçado do mineroduto teria de ser todo refeito, impondo novos e dificílimos acordos com os proprietários das áreas por onde ele passaria. Para completar, os sócios estrangeiros descobriram — só depois de fechado o negócio — que as licenças ambientais da MMX tinham caráter provisório, o que certamente atrasaria a obra.

Nesse cenário, o desenvolvimento começaria com pelo menos dois anos de atraso — o que poderia levar os clientes a cancelar os contratos. Para comprar as minas brasileiras, a Anglo havia feito empréstimos que, somados à queda nas vendas, aumentaram sua dívida em 80%, pouco antes da eclosão da crise mundial. Depois da crise, a situação se agravara ainda mais. Naquele momento, o conselho da multinacional começava a cobrar Cynthia Carroll, que, cada vez mais tensa, já orientara sua equipe a exigir compensações de Eike. Havia ainda o efeito negativo multiplicador dos rumores públicos. Quando os detalhes da agonia dos britânicos começaram a vazar, circulou no mercado, por exemplo, a piada de que a auditoria da Anglo sobre a MMX fora feita por um cego.

Ao longo de 2009, Eike iria a Londres diversas vezes para tentar acalmar a parceira. Uma das conversas aconteceu em maio,¹³ e ele então se comprometeu a honrar os termos do acordo de venda e a indenizar a Anglo pelo minério não vendido — 33 milhões de dólares só naquele ano. Procurou também convencer Cynthia de que o maior problema era de gestão: a multinacional teria posto pessoas erradas para dirigir o projeto. Embora parte dos funcionários fosse egressa da própria MMX, no comando a maioria dos executivos vinha da Anglo. O empresário argumentou ainda que a multinacional precisava ter mais jogo de cintura na negociação com os proprietários de terra e órgãos governamentais. Por aquela época, era comum empregados de prefeituras ou de agências reguladoras telefonarem para seus interlocutores no grupo X reclamando do comportamento dos estrangeiros, descrito como arrogante e impositivo.

Depois dessa primeira conversa, Cynthia decidiu acatar o conselho de Eike — e trocou o presidente da subsidiária brasileira pela terceira vez em treze meses. Mas os problemas permaneciam e as divergências entre as duas empresas só se acirravam. Na região das minas do Quadrilátero Ferrífero, começaram a pipocar contestações de órgãos ambientais. E havia também problemas nas obras do terminal de embarque para minério de ferro que a LLX e a Anglo estavam construindo juntas. O quebra-mar sairia 400 milhões de dólares mais caro do que o previsto, e a Anglo não queria pagar a diferença. Além disso, os técnicos ingleses pretendiam rever o contrato de transporte de minério firmado pela MMX antes da compra pela Anglo. Tal acordo previa que a mineradora pagasse à LLX quinze dólares por tonelada — preço que aumentava progressivamente com o tempo.

Enquanto as duas empresas eram de Eike, isso nunca fora considerado um problema, já que, na visão dele, o dinheiro apenas passava de um bolso a outro. A questão tampouco seria levantada pela Anglo durante as negociações para a compra da MMX. Nesse momento, no entanto, já detentora de 49% do empreendimento, a multinacional descobria que, se efetivado, o contrato a faria perder ainda mais dinheiro.

Quando 2010 chegou, os advogados do grupo X e da Anglo iniciaram uma ampla e complexa renegociação, que perduraria secretamente e de forma tensa durante todo o ano. Em dezembro, acabariam chegando a um acordo quando Eike aceitou rever os termos do contrato para embarque de minério e estabeleceu um teto para os investimentos da multinacional no terminal.

Apesar de trazer tranquilidade ao grupo X, para a Anglo o acerto seria mero paliativo. Afinal, os erros cometidos durante o processo de compra da MMX ainda cobrariam um preço alto e deixariam marcas indeléveis não apenas na relação entre as duas empresas, mas também na carreira de Cynthia Carroll. Ao longo dos anos seguintes, a multinacional enfrentaria mais atrasos e aumentos de custo que a fariam registrar perdas de 4 bilhões de dólares em seu balanço — e que, em outubro de 2012, imporiam a saída de Cynthia da presidência da Anglo.

Ao final daquele difícil ano de 2009, porém, tudo indicava que Eike tinha boas razões para estar otimista. Lula, com sua tese da marolinha, havia acertado em cheio. A ressaca da crise fora breve para o Brasil. Em novembro, a prestigiada revista britânica *The Economist*, numa edição que faria história, estamparia em sua capa a imagem do Cristo Redentor decolando como um foguete. O título: "O Brasil decola".[14]

A reportagem sustentava que o B dos Brics — por ter sido o último a entrar e o primeiro a sair do atoleiro de 2008 — merecia figurar entre os novos titãs econômicos do planeta. Em alguns aspectos, dizia a revista, o país colecionava vantagens sobre os demais emergentes: era uma democracia, ao contrário da China; não abrigava conflitos étnicos ou religiosos nem tinha vizinhos hostis, como a Índia; e sua economia era bem mais diversificada que a da Rússia, excessivamente dependente de petróleo ou armas. Por último, havia a conquista olímpica, lembrada pela revista como um símbolo do novo Brasil. "O país mostrou que merecia ser visto com respeito."

A publicação, porém, alertava para um risco: a arrogância. Lula, um presidente que "merece muito da adulação de que desfruta", tivera sorte, refletia a reportagem, mas, em algum momento, ele ou seu sucessor teria de enfrentar problemas como o aumento dos gastos públicos e a necessidade de uma reformulação das relações trabalhistas. Se não atacasse tais questões, concluía a revista, o país poderia perder tudo o que conquistara.

Desde que começara a construir seu conglomerado empresarial, Eike trabalhava para se transformar num símbolo desse Brasil potência. Fora bem-sucedido em se vender como dono de um instinto único para identificar boas oportunidades e convertê-las em projetos de imenso valor. Transformara papel em muito dinheiro na bolsa e na venda da MMX à Anglo e aos chineses da Wisco, principalmente. Tivera sangue-frio para atravessar a crise financeira sem deixar que seu grupo fosse arrastado pelo tsunâmi. Tinha então quatro empresas com ações em bolsa que nada produziam, mas que desfrutavam de valorizações espetaculares. O sucesso da economia brasileira o fazia pensar que seus esforços não haviam sido em vão.

Naquele final de 2009, Eike se convertera em celebridade. Os convites para eventos e palestras eram tantos que ele contrataria uma pessoa só para filtrá-los. Havia de tudo — de participação como jurado em concurso de Miss Mundo a palestras ao lado de alguns dos maiores empresários do país. Em busca de uma doação à sua ONG dedicada à educação em comunidades carentes, até Madonna desejava conhecê-lo. E o empresário não se faria de rogado. Emprestou-lhe o avião do grupo X, cedeu-lhe sua academia de ginástica e a convidou para jantar em sua casa.[15] No convescote — a que compareceram também o governador Sérgio Cabral com a mulher, Adriana Ancelmo, e os apresentadores da Globo Angélica e Luciano Huck —, Eike comprovaria a amplitude de sua generosidade ao dizer que doaria 7 milhões de dólares ao projeto da pop star.

Apesar de a lista de convites ser imensa, o empresário demonstrava impressionante disponibilidade e fazia o possível para atender a todos — principalmente os programas de TV. Vaidoso, não economizava esforços para aparecer bem no vídeo. Exercitava-se, usava variados cremes para a pele e se submetia a aplicações periódicas de botox com uma dermatologista de Belo Horizonte.[16]

Uma coisa, porém, era alvo de crescente preocupação. O topo de sua cabeça, no passado tão cabeludo, ficava cada vez mais desbastado. Como todo careca em início de calvície, ele já começara a pentear o cabelo por cima das entradas na testa e temia o dia em que não fosse mais possível escondê-las. Já tentara três implantes — todos fracassados. Foi quando leu uma reportagem sobre um método que se dizia revolucionário, o Tricosalus, criado havia mais de quarenta anos na Itália por um ex-guitarrista e cantor, Cesare Ragazzi.

Desconhecido no Brasil, Ragazzi se tornara uma espécie de estrela trash na Itália graças à propaganda televisiva de seu método, que ficara famosa nos anos 1980. No vídeo, de um minuto, ele, um bigodudo quarentão e sorridente, aparecia puxando o próprio cabelo e esfregando a cabeça com uma toalha para mostrar a resistência da nova cobertura. Depois da demonstração, caía no mar e era salvo por uma sereia ruiva, para então dizer: "Tudo pode acontecer a uma cabeça careca em que se põe uma ideia maravilhosa!".[17] Pois Eike mergulhou no método Ragazzi, que consistia em uma peruca feita com cabelos naturais, colados sobre uma película fina que aderia à cabeça com uma cola especial.

Na primeira visita à clínica da Tricosalus em São Paulo, porém, ele ficou um tanto decepcionado. Lá se iam vinte minutos de consulta e ninguém havia demonstrado a menor admiração por estar diante do homem mais rico do Brasil. Sem se conter, o empresário perguntaria: "Você não sabe quem eu sou?".[18]

Outro tratamento de Eike para refrescar o visual eram as vitaminas do clínico Fábio Jucá, que fazia sucesso entre as socialites do Rio de Janeiro. Um de seus preparados, bastante em voga com as clientes abonadas, era um soro especial com vitaminas fornecido num saco plástico idêntico aos usados para acondicionar soro em hospitais. Segundo o médico, tomar a substância algumas vezes por dia ajudaria a limpar o sangue e renovar o organismo. Como a aplicação tinha de ser feita na veia, o empresário contratara uma enfermeira para ficar à disposição, uma negra alta e linda de cabelos longos que estava sempre por perto enquanto ele tomava o líquido por uma sonda intravenosa ligada ao saco plástico.

Como não queria interromper o trabalho para fazer as aplicações, Eike frequentemente surpreendia os subordinados ao chamá-los para discutir algum assunto com a enfermeira de um lado e o tubo que lhe injetava soro de outro. Por falta de suporte melhor, o saco com a mistura de vitaminas ficava pendurado no mastro da bandeira do Brasil que enfeitava o escritório — o que dava à cena um toque surreal. Mas o empresário despachava normalmente, assinando os papéis com os braços livres e fazendo reuniões enquanto tomava suas vitaminas.

Para os recém-chegados ao grupo X, a primeira impressão do chefe era a de alguém que se sentia imbatível. Um desses novatos era Luiz Eduardo Carneiro, o diretor de operações da osx, a recém-criada empresa de estaleiros de Eike. Engenheiro aposentado da Petrobras com uma passagem pela Schahin Petróleo e Gás, Carneiro era quietão e sério, do tipo que se embrenha nos estudos para fugir do contato com os colegas de escola. Fora trazido ao grupo por Landim, de quem era amigo havia décadas, e uma das primeiras coisas que ouviu sobre o patrão, logo ao chegar, foi que, se lhe dessem uma capa de Super-Homem, sairia voando.

Em seu primeiro almoço à "távola do sol eterno", em março de 2010, o novo diretor logo percebeu do que exatamente os colegas falavam. A determinada altura, o papo enveredaria para a história de alguém que apresentara ao grupo um motor movido a gravidade, do tamanho de uma caixa de sapato, que o sujeito dizia ser capaz de gerar energia para o prédio inteiro por trinta anos. Eike estava empolgadíssimo. "Vamos fazer! A gente compra a Toyota e põe esses motores em todos os carros, vai ser revolucionário!" Carneiro ouvia tudo calado, até que alguém pediu sua opinião. Sem rodeios, disse: "Eu acho que isso não funciona". Houve um breve silêncio, e então um dos executivos começou a rir. "Imagina, ele está pensando que é mentira!" O ex-Petrobras continuou. "Isso que vocês estão descrevendo é o moto-contínuo, um mecanismo que, em tese, se autoalimenta constantemente de energia. Isso é utopia de cientista, mas, na prática, é impossível. Tem que haver uma fonte de energia para fazer o motor continuar funcionando." Depois de novo silêncio, o papo mudaria de rumo, sem qualquer novo comentário.

O empresário, porém, continuaria empolgado com a ideia. Dias depois, entrou em uma sala onde alguns executivos conversavam segurando uma corrente formada por ímãs, referência ao tal motor eletromagnético. "Vocês sabem o que é isso? Isso aqui é o futuro da nossa empresa!" E virou-se para o presidente da mpx, de energia, Eduardo Karrer. "Você está acabado, porque isso vai derrubar a sua empresa!" Nos meses que se seguiram, Eike mandaria fabricar um protótipo do motor e, por algum tempo, continuaria falando a respeito, até se provar que a coisa não tinha mesmo viabilidade.

Afora os traços folclóricos da personalidade do chefe, totalmente avessos à dele, o que mais espantava Carneiro na dinâmica do grupo era o fato de a ogx ter se transformado numa empresa à parte, blindada de interferências e palpites. Era um comportamento atípico para o universo X, que provocava muita ciumeira nos subordinados loucos para agradar Eike, mas também estranheza em quem conhecia bem Dr. Oil e a natureza do negócio de petróleo.

Sempre que alguém pedia para ver os incríveis dados da ogx, Mendonça desconversava. Carneiro, por sua vez, estava curioso para saber como a petroleira chegara àqueles resultados impressionantes em tão pouco tempo, mas tinha também uma razão prática para querer conhecer as projeções a fundo. A companhia era a única cliente de sua empresa, a osx. Seu sucesso, pois, estava umbilicalmente ligado ao da campanha exploratória da petroleira. Se a ogx não apresentasse os resultados esperados, a osx seria a primeira a afundar.

Assim, ao se inteirar de como funcionavam as coisas na coirmã, ele logo identificou algo estranho. Procurou o chefe. "Eike, a ogx tem um sério problema estrutural." "Que problema, Carneiro?" "A área de reservatório está subordinada à de exploração." "E daí?" "A função do cara da exploração", explicou Carneiro, "é furar e encontrar o óleo. O engenheiro de reservatório é justamente quem checa se é mesmo possível extrair aquele óleo de forma economicamente viável. O geólogo sempre vai querer furar mais, mas a decisão de fazer isso só é tomada se o engenheiro de reservatório concordar. É como se a exploração e a engenharia de reservatório tivessem um conflito de interesses, entendeu? Por isso ninguém coloca um subordinado ao outro. A coisa é tão sensível que tem empresa que põe a área de reservatório diretamente ligada ao dono. E, quando chega a hora de decidir se a empresa vai ou não produzir num determinado campo, um monte de gente opina. Na Petrobras era uma verdadeira guerra, com os técnicos debatendo por horas os melhores métodos, os riscos, os benefícios. Depois disso, o pessoal ainda elaborava um documento com alguns cenários, os custos e o tempo necessário em cada um para que a diretoria tomasse a decisão. Aqui não tem nada disso. A área de reservatório está subordinada à exploração e o Paulo Mendonça não consulta ninguém para nada! Só ele e o Paulo Ricardo [dos Santos, ex-Petrobras que assessorava diretamente Dr. Oil] sabem exatamente o que acontece naqueles poços!"

 Eike então mandou chamar Mendonça e o confrontou diante do diretor da osx. Dr. Oil, contudo, não se apertou. "Mr. Batista, isso que o Carneiro está falando se aplica à Petrobras, que é uma empresa grande e burocrática. Nós somos menores, mais ágeis. Fique tranquilo. Nosso modelo está correto." O outro ainda tentaria contra-argumentar, mas o empresário já se dera por satisfeito. Conversa encerrada.

 Dali em diante, o racha no 154 — como se costumava chamar o edifício da praia do Flamengo — se tornou evidente. Mendonça passou a espalhar que Carneiro queria lhe roubar o cargo e deixou claro aos subordinados que ninguém mais deveria trocar figurinhas com o ex-Petrobras. Um dia, um antigo colega passou por Carneiro sem cumprimentá-lo, e o diretor da osx o chamou num canto. "Você está me evitando?" "Você sabe por quê", respondeu o outro, desvencilhando-se.

 O movimento natural de Carneiro foi se aproximar de Godinho e Zartha, os auxiliares mais antigos do chefe. Ambos estavam ao mesmo tempo enciumados com o encanto que Dr. Oil exercia sobre Eike e preocupados com o rumo que isso poderia tomar. De vez em quando, reuniam-se na sala de Godinho para ouvir o que o ex-Petrobras tinha a dizer sobre a ogx. Nessas ocasiões, ele falava dos problemas de governança e também das decisões equivocadas que, em sua opinião, estavam sendo tomadas. Achava, por exemplo, que a companhia fazia perfurações demais, com estratégia de menos. Dizia que todos aqueles fatos relevantes eram inflados. Os outros ouviam e se apavoravam. Nada, no entanto, podiam fazer — porque, apesar de toda a publicidade dada aos impressionantes resultados da ogx, detalhes, planilhas e dados sísmicos eram mantidos bem longe da vista dos de fora.

Em 22 de março de 2010, Eike abriu o capital de sua quinta empresa, a OSX, de construção naval —[19] empresa que teria como sócio minoritário a Hyundai. A despeito da boa vontade dos investidores com o Brasil, que voltara a ser bem-visto no mercado, o apelo da fabricante de navios não era tão irresistível quanto o da petroleira. E também havia problemas que a tornavam mais arriscada até do que os outros empreendimentos do grupo X.

Quando o IPO aconteceu, a empresa enfrentava uma celeuma ambiental. O local do estaleiro, a praia de Biguaçu, em Santa Catarina, já tinha outras instalações de construção naval e indústrias, mas justamente na parte da orla onde a OSX pretendia erguer sua planta vivia uma colônia de golfinhos cujo destino mobilizara ambientalistas do Brasil todo.[20] E eles convenceram o Instituto Chico Mendes de Conservação da Biodiversidade (ICMBio) — órgão federal ao qual cabia o parecer definitivo a respeito — a vetar o projeto. O estaleiro, claro, estava recorrendo na Justiça. Mas os investidores temiam, com razão, que o debate atrasasse a concessão das licenças ambientais.

Outra ressalva relevante decorria do fato de a nova companhia só ter um cliente: a OGX. Não seria um risco muito grande depender de um único contratante, ainda mais uma empresa do mesmo grupo? E havia quem questionasse também: se já tenho ações da OGX, para que investir na OSX? Vou me expor duas vezes ao mesmo perigo? Eike respondia com o discurso de sempre, de que, no Brasil do pré-sal — em que o governo determinara a contratação de pelo menos 60% dos equipamentos da indústria nacional —, a demanda seria natural e enorme, o que certamente beneficiaria a fabricante de navios. O risco maior, isso sim, era a OGX ficar sem fornecedores, afirmava. Daí preferir criar o próprio estaleiro. O empresário, com seu jeito assertivo, assegurava ao mercado que só a petroleira já garantiria à sua nova companhia uma carteira de pedidos de 48 sondas e plataformas — bem mais do que as 35 que o estaleiro da Hyundai, um dos dez maiores do mundo, produzira em uma década.[21]

Mas nem toda a segurança de Eike seria suficiente, e a OSX arrecadaria, ao final, 1,5 bilhão de dólares. Apesar de ser o sétimo maior IPO da história do Brasil, o valor representava apenas 30% do planejado pela companhia.[22] Isso significava que faltariam recursos para a OSX construir seu estaleiro, o que poderia gerar ainda mais incerteza entre os investidores. Para não deixar que os que já haviam adquirido ações as vendessem rapidamente, o empresário teve de pôr dinheiro do próprio bolso na mesa, assim como fizera quando do

IPO da MMX. Dessa vez, no entanto, o desembolso seria bem maior do que os 50 milhões de dólares pagos na última hora diante dos banqueiros. Além de comprar uma cota de 300 milhões de dólares logo após o IPO, Eike ainda se comprometeu a colocar mais 1 bilhão de dólares na companhia a partir de março de 2012, caso houvesse necessidade de caixa — um compromisso conhecido no mercado como *put*.[23]

Terminado o IPO, no final de março de 2010 Rodolfo Landim saiu em férias e foi mergulhar com a mulher na Polinésia Francesa. Na volta, ele e Eike discutiriam a relação. Ao longo dos vinte dias em que rodara o mundo para ajudar a vender a OSX, o executivo tinha chegado a pensar que o desfecho daquela conversa seria amigável. Mas, logo ao entrar na sala do patrão, bronzeado e esperançoso, percebeu que se enganara. "E aí, como fica? Vamos renovar o contrato? Está na hora de você passar aquelas ações para mim." O empresário desconversou: "Veja, é difícil. Há uns problemas aí. Fala com o Flávio, por favor". Landim então disse que não precisava falar com outra pessoa; que estava ali para falar diretamente com ele, Eike. Queria formalizar a promessa de 1% da holding que o chefe lhe fizera e negociar um novo contrato com o grupo. O outro balançou a cabeça, desviando o olhar. Era muito dinheiro. Dinheiro demais. "Fala com o Flávio, por favor." Foi o que fez o executivo.

Godinho, com quem Landim já comentara a promessa de Eike, pediu para ver o tal papel que o colega afirmava ter, com a assinatura do patrão. Não sendo atendido, reagiu rispidamente. "Landim, é o seguinte: esse negócio que você quer não vai ter." O ex-braço direito, então, procurou o empresário de novo. Foi quando Eike afinal lhe disse que nada receberia além do combinado nos contratos. E, diante das reclamações do executivo, emendou: "É, vai ser complicado mesmo você continuar trabalhando aqui. É desgastante". Landim capitulou; assim, disse, era melhor ir embora. O chefe disse que compreendia e aceitava a decisão.

Em uma discussão marcada pelo mútuo esforço de manter pelo menos a aparência de civilidade, enfim selaram o afastamento. Depois de uma fria e constrangida despedida, Landim pegou suas coisas, saiu de sua sala e deixou a sede das empresas X. Nos dias que se seguiram, alguns colegas discretamente o procurariam para prestar solidariedade. Até o irmão mais velho de Eike,

Werner, que trabalhava como diretor administrativo do grupo, lhe enviou um recado: que não se abalasse, pois o empresário não gostava de ninguém, só dele mesmo.

Satisfeito com o fim do impasse, Eike, por sua vez, comentava triunfante: "Foi melhor assim. Isso vai ensinar ao Brasil quem é quem neste grupo".

12. A bolha

"Quanto vale a OGX?", perguntou Eike. Era o início de abril de 2010 e todos os vinte lugares da sala de reuniões da holding estavam ocupados. A provocação era mais um dos jogos do patrão. Todo mundo sabia que, na bolsa, a companhia estava cotada em 33 bilhões de dólares.[1] O que ele queria era testar o apetite de seus pretorianos, num momento em que se preparava para oferecer a petroleira no mercado. A ideia era repetir o sucesso da venda da MMX à Anglo American.

Nas últimas semanas, os banqueiros rondavam o grupo como moscas de padaria, tentando ser os primeiros lembrados para assumir o mandato de venda da mais importante empresa do grupo. O empresário, porém, nada faria antes de falar com seus escudeiros, um por um, numa espécie de leilão informal — um ritual tantas vezes repetido que já se tornara um "clássico" do universo X.

O primeiro executivo a ser chamado para dar um lance foi Flávio Godinho, que, como de costume, se sentava ao lado do chefe. O vice-presidente da holding então soltou seu chute: 48 bilhões de dólares. Eike, trocando olhares cúmplices com Paulo Mendonça, postado do outro lado do patrão, manifestou seu desagrado. "Ah, não! Que calça-curta! Assim não dá!" E Dr. Oil dava corda: "Perdoa, Mr. Batista. Ele não sabe!". O empresário prosseguiu. "Gouvêa, o que você acha?" O advogado e diretor de finanças corporativas sabia que, naquele jogo, só valia aumentar a oferta. "Bem, Eike, uns 60 bilhões." O chefe, mais uma vez, dividiu a insatisfação com Mendonça. "Está vendo, Paulo? É uma tragédia! É por isso que não dá para trabalhar com essa turma! Um bando de frouxos!" E assim ele foi colhendo lances cada vez maiores, até chegar ao próprio Dr. Oil. "Mr. Batista, você sabe qual é meu número. Já te dei por escrito. Não preciso falar." Eike se regozijava. "Fala, Paulo. Fala. Mostra pra eles!" E então, com ares de importância, Mendonça revelaria seu veredicto: "Cento e trinta bilhões!".

Orgulhoso, o empresário em seguida determinou que o gerente financeiro e de relações com investidores Gabriel De Biase, o Gabinha, colocasse no mural a equação que permitiria avaliar a ogx naquela cifra. A ideia era separar a petroleira em duas empresas — uma, com os ativos da bacia de Campos, outra, com os blocos em terra — e vender 20% da primeira, a principal. Nesse cenário, os 20% sairiam por cerca de 20 bilhões de dólares. Os 100 bilhões de dólares que Eike julgava valer toda a companhia representavam meia Petrobras, que já produzia então 2 milhões de barris de petróleo por dia. A ogx não tinha sequer um barril de reservas garantidas. No fundo, ninguém ali acreditava muito que as multinacionais do petróleo se dispusessem a pagar todo aquele dinheiro por uma parte da empresa. O empresário e Dr. Oil pareciam ser a exceção.

Depois de ter feito sair o negócio com a Anglo mesmo com toda a dificuldade, Eike passara a viver em outra órbita, e ninguém no grupo X fazia o menor esforço para resgatá-lo de seu mundo paralelo. Se conseguisse vender uma parte da petroleira por qualquer valor próximo do imaginado, poderia até chegar ao topo da lista dos mais ricos do mundo — e todo aquele pessoal encheria os bolsos com ele.

A ideia de vender uma fatia da ogx era discutida internamente desde o final de 2009, quando os resultados dos primeiros poços começaram a ser anunciados. Uma das máximas da indústria de petróleo diz que exploração é negócio de baixo custo e alto risco, e produção, de baixo risco e alto custo. Portanto, comparado à fortuna que ainda precisaria despender para botar os poços a produzir, o dinheiro do ipo era troco.

Àquela altura, 1,7 bilhão de reais já havia sido gasto com sondas, estudos sísmicos e perfuração de poços. Dos 7,2 bilhões de reais que a companhia tinha logo após o IPO (e que vinham rendendo em aplicações financeiras desde então), ainda restavam 6,7 bilhões —[2] o que, em tese, seria o bastante, mas desde que tudo corresse 100% como o planejado. Qualquer derrapada no caminho poderia gerar custos extras que a petroleira não estava preparada para cobrir. Atrair um sócio nessa fase não era importante só para dividir os custos, mas também para ajudar com braços na complexa tarefa.

As atenções dos pretorianos de Eike dessa vez se voltaram para a Ásia. As economias desenvolvidas do Ocidente ainda não haviam se recuperado completamente da crise, mas a China bombava. A MMX tinha ido buscar nesse continente seus novos sócios, os chineses da Wisco e os sul-coreanos da também siderúrgica SK Networks, movidos pela necessidade de garantir acesso a matérias-primas. A mesma lógica que valia para o minério valeria também para o petróleo. Com o pré-sal, o Brasil se tornara a maior promessa do setor, um enclave onde todas as grandes petroleiras do mundo buscavam fincar bandeira. Havia, ainda, o fator Eike.

Os compatriotas de Deng Xiaoping, autor da célebre máxima "Enriquecer é glorioso", estavam encantados com o empresário. Chamavam-no de Mr. Eight, em referência à sua privilegiada posição na lista da *Forbes*, e, quando ele promoveu o "leilão" informal da OGX, a estatal chinesa Sinopec acabara de assinar um acordo de confidencialidade para ter acesso aos dados da companhia. Semanas antes, Eike havia recebido o diretor da estatal chinesa para um jantar no Mr. Lam.

O chinês informara a ele que a companhia asiática dispunha de 7 bilhões de dólares para investir em ativos na América do Sul e queria conhecer o que a OGX tinha a oferecer. A CNOOC, outra estatal da China, estava em vias de assinar documento semelhante. Segundo os banqueiros que tratavam com o grupo de Eike, havia até uma espécie de competição nos bastidores pelo acesso aos dados da petroleira. Animado com o interesse, o empresário decretaria prioridade total à operação de venda, batizada de Projeto Lam.

Antecipando mais uma jogada genial, Eike pousou no heliponto de um centro empresarial na Barra da Tijuca, na tarde de 14 de abril de 2010, acompanhado de Gouvêa, de Zartha, o "profeta do apocalipse", e de Andrea Pereira, gerente de relações com investidores da holding. Atendia ao convite para a entrevista inaugural da XPTV, o novo canal pela internet da corretora carioca de mesmo nome. Fundada em 2001 por jovens empreendedores,[3] a XP se especializara, nos últimos anos, em investidores individuais e, assim como o próprio empresário, crescera muito com a chegada de novos aplicadores à bolsa. Era, portanto, um encontro de iguais.

Eike chegou bem-humorado, vestindo, sob o terno preto, uma de suas indefectíveis camisetas de malha compradas na Macy's que constituíam seu "uniforme" de trabalho. Logo demonstraria estar com seu melhor ânimo vendedor, discorrendo com entusiasmo sobre suas iniciativas e desfilando seus jargões preferidos.[4] "Eu sou o antipuxadinho. Eu não vou fazer algo mais ou menos." "Eu sei enxergar diamantes não lapidados." Deu também um jeito de encaixar menções à sua visão 360 graus e explicou animadamente como sua OSX, fabricante de navios e plataformas para a OGX, que acabara de abrir capital, seria a "Embraer dos mares", produzindo embarcações em parceria com a coreana Hyundai.

Claramente empolgados com a presença do empresário no estúdio, os dois jovens apresentadores não fariam mais do que levantar a bola para que ele se exibisse — e Eike cumpriria o script à risca, entusiasmando-se com o próprio discurso. Quanto mais falava, mais se inflamava. Até que lhe lançaram a pergunta pela qual esperava: considerando a quantidade de reservas da OGX, não julgava que as ações da companhia estavam muito baratas? E mais: não pretendia vender algum campo para mostrar que a empresa na verdade valia bem mais do que os investidores achavam? "Excelente pergunta!", exclamou ele, para, em seguida, começar a revelar em detalhes o plano que desenhava — até então em sigilo — para a petroleira. Pretendia, sim, negociá-la, "da mesma maneira que a gente fez com a venda da MMX para a Anglo American". E continuou: "A OGX tem hoje 1 trilhão de dólares de valor em petróleo, petróleo em águas rasas. E nós, sim, estamos nos preparando para vender um pedaço pequeno, de 20% apenas, para fazer uma 'megamonetização' para os investidores de novo entenderem como se cria riqueza nessa área de recursos naturais".

Acompanhando a entrevista do lado de fora do estúdio, os assessores de Eike se entreolhavam, incrédulos. O chefe não só estava contando para todo mundo algo que, ao menos em tese, deveria ficar restrito à companhia como, sem qualquer critério, lançava números ao léu, dando como certo um petróleo que ninguém ainda era capaz de garantir se poderia mesmo ser extraído. Como não o faziam parar, contudo, ele continuou. "O investidor precisa entender, sabe? Em recursos naturais, quando você consegue ser dono, como aconteceu no caso da ogx, de blocos no sul de Campos, que eu considero talvez os melhores blocos de exploração do mundo... Vou repetir: do mundo! Tem 1 trilhão de dólares de valor ali. Isso pode ser 'monetizado' em valores de até 100 bilhões de dólares, tá? Só nessa área de Campos. Isso quer dizer o seguinte: isso é mais de três vezes o valor da companhia hoje."

Seriam cinco minutos ininterruptos de um discurso inflamado, embora proferido num tom coloquial e até tranquilo para os padrões eikianos. Apesar da modulação perfeita para uma entrevista, aquele papo mais parecia — em termos de conteúdo — o de um vendedor de rua do varejo, e não o do controlador de uma empresa sujeita às regras do mercado financeiro. "Uma das razões por que estou aqui é porque eu quero que os brasileiros não percam a oportunidade de ganhar dinheiro com isso que estou explicando. [...] Porque, no dia em que a gente anunciar esse negócio, as ações vão duplicar, vão triplicar de valor, e as pessoas não vão estar posicionadas."

Os anfitriões balançavam a cabeça e sorriam, embevecidos. Já o empresário chegava a gaguejar de tanta euforia. "Os investidores têm que entender o que eu estou dizendo aqui. Eu não gosto de promover meus negócios quando eu não enxergo a riqueza que está para ser criada. Não gosto, não faço, tenho vergonha, tá? A equipe da ogx são gente... É um pessoal conservador, tá? Ao contrário, eles seguram dados. Então, eu posso falar porque eu enxergo isso, já vi acontecer, e nós vamos entregar essa riqueza nos próximos meses."

Foi um discurso tão longo e enfático que, quando Eike afinal se calou, os entrevistadores ficaram sem palavras. Percebendo a situação, ele mesmo perguntou: "Surpresos?". A resposta, já agora entre sorrisos: "Não, felizes!". Por mais 36 minutos, o empresário seguiria falando o que bem entendia e inflando as expectativas sobre sua petroleira. Prometeu o início da produção para o primeiro trimestre de 2011 e ainda disse que chamaria o presidente Lula e os governadores para "botar a mão no óleo". Em sua opinião, a ogx era uma empresa tão eficiente que não seria nada estranho a Petrobras chamá-la para uma parceria. Eike, claro, não se esqueceria de mencionar sua recente promoção a oitavo mais rico do mundo na lista da *Forbes*: "Se nós fizemos o maior salto do mundo na lista, não foi por nenhum negócio novo. Foi por pura execução. O risco X é o de ganhar muito dinheiro".

De volta ao helicóptero, os executivos tentaram alertá-lo para o fato de que falara demais. Todos aqueles dados, soltos a esmo, seriam entendidos pelos órgãos reguladores como novas estimativas. Pela regra, no entanto, elas deveriam antes ser comprovadas por algum parecer ou estudo técnico, e só depois anunciadas em fato relevante, para todos os investidores e ao mesmo tempo, e não lançadas assim, de chofre, sem qualquer embasamento, num canal de TV pela internet. Ademais, o chefe anunciara o propósito de vender parte da petroleira de modo precipitado, em um momento inicial do processo, em que o contrato com os bancos nem sequer fora fechado e em que os técnicos da OGX ainda preparavam — longe de concluir — o material a ser exibido aos interessados, para o qual faltava muita conta.

Se o negócio afinal não desse certo, todo aquele falatório se converteria em tiro no pé. Aquelas declarações poderiam ser compreendidas como manipulação de mercado, e a CVM e a Bovespa criariam um problemão. Eike, porém, descartou todos os avisos. Seus assessores eram mesmo uns calças-curtas, afirmou. Sabia o que estava fazendo. Era preciso falar a língua do "investidor pessoa física", o cliente da XP. Fazia apenas quatro meses que as ações da empresa haviam deixado de ser restritas aos grandes aplicadores, desde então liberadas para qualquer investidor. Todo esse público, explicava, precisava ser conquistado. Daí ele dizer que a OGX já superara a fase de exploração e que chegara a hora de colher os resultados — o que não era tecnicamente correto, mas era como Eike considerava ser. Segundo o empresário, a companhia valia muito mais do que o mercado pensava. Depois dessa entrevista, projetava, seria impossível não entenderem isso. Seria mesmo.

Afinal, ao contrário do que ele sugeria frequentemente, o investidor brasileiro sabia fazer conta. E o cálculo implícito nos números que recitara não era nem um pouco difícil de inferir: se havia debaixo da terra 1 trilhão de dólares, considerados os cem dólares por barril previstos, deveria haver 10 bilhões de barris em reservas recuperáveis só na bacia de Campos. Era uma cifra impressionante. Muito mais do que os 6,7 bilhões de barris já anunciados pela petroleira meramente como potencial. E Eike garantia que tudo se transformaria em dinheiro — para si e para os demais acionistas.

A entrevista foi exibida na internet na manhã do dia seguinte, 15 de abril. Em poucas horas, as afirmações do empresário ganharam manchetes nas agências de notícias e nos sites especializados. Mais um dia e estampariam as páginas dos jornais. Durante todo o dia 15, as ações da OGX dominariam o pregão. Acreditando ou não em Eike, gostando ou não da companhia, os operadores do mercado compreenderam que ali estava uma boa oportunidade de faturar e correram para adquirir os papéis. O volume de negociações triplicaria, passando de 244 milhões para 734 milhões de reais.[5]

Aquilo tinha cara de movimento especulativo, jeito de movimento especulativo — e era, de fato, uma tremenda especulação, inaugurada pelo próprio controlador da OGX. Nenhum dos números citados por Eike na entrevista fora anunciado oficialmente pela petroleira e não se conhecia qualquer comprovação técnica do que ele dizia. Diante da situação, portanto, Bovespa e CVM pediriam explicações. O xerife do mercado queria saber se o empresário pusera mesmo à venda uma participação na OGX e, em caso positivo, por que não comunicara a decisão de forma apropriada. E não só os órgãos reguladores, mas também investidores e jornalistas cobrariam mais informações à companhia. Todos buscando entender o que havia de tão sensacional na jovem petroleira de Eike Batista, e que números tão retumbantes eram aqueles que ele citara sem qualquer ressalva.

Às pressas, naquele mesmo dia, a diretoria de relações com investidores do grupo X emitiu um comunicado em que tentava aliviar o impacto das declarações do patrão. Conciso, o texto dedicava sete linhas à explicação da alta, que atribuíra a um relatório do Credit Suisse elevando o preço considerado ideal para as ações da OGX e a uma reportagem da Bloomberg sobre a possível venda.[6] A respeito da entrevista dada à XPTV por Eike, nenhuma palavra.

O empresário, nem um pouco preocupado com a CVM, estava era muito satisfeito com o próprio desempenho. E, enquanto especuladores se fartavam na bolsa, posava para fotos em Brasília, ao lado de Lula e Hu Jintao, assinando um memorando de entendimento com os chineses da Wisco para a instalação de uma siderúrgica no porto do Açu. O negócio foi mencionado por Lula em seu discurso como exemplo das boas relações entre os dois países. O documento assinado por Eike e os chineses não ia além de uma declaração de intenções e — só se saberia anos depois — nunca passaria disso. Mas servia então para lembrar os investidores do que ele era capaz quando o assunto era "megamonetização". Quem acompanhara a venda espetacular da MMX para a Anglo American não pretendia ficar de fora novamente, e todos saíram em busca de um bilhete premiado na Mega-Sena de Eike Batista.

A recente euforia dos IPOs e a grande adesão de pequenos aplicadores à bolsa haviam transformado o mercado de capitais brasileiro numa novidade pujante, à qual acorreram os grandes bancos estrangeiros e fundos de investimento do mundo. Em teoria, era um mercado sofisticado e com regras de governança e conduta tão estritas quanto as dos mais avançados do planeta. O sistema de regulação, porém, não acompanhara esse avanço. Comparada à máquina de fiscalização dos países onde o mercado de ações é uma indústria poderosa, como os Estados Unidos, a CVM parecia peça de museu. Processos em papel, muito trabalho para poucos técnicos e uma penúria crônica — faltavam dinheiro para táxi e até toner para impressoras — tornavam a autarquia uma engrenagem lenta, que levava em média dois anos até julgar um processo.[7] E quando, afinal, o julgamento ocorria, as punições com frequência eram brandas demais, com multas ínfimas em relação ao lucro obtido com as supostas operações ilegais. Nesse ambiente de cobertor curto e cultura condescendente, as bravatas de Eike eram um assunto "menor" para os órgãos de fiscalização.

Depois da entrevista do empresário à XPTV, contudo, as ações da petroleira começaram a se descolar do Ibovespa, transformando o que era apenas uma empresa promissora, uma queridinha dos investidores, em uma bolha de grandes proporções.

Com as ações da OGX subindo e a estrela de Landim se apagando, Paulo Mendonça passou a reinar absoluto, sem ninguém a lhe fazer sombra. (O presidente da petroleira, Francisco Gros, faleceria em maio de 2010 em decorrência de um câncer.) Mendonça, o homem dos 9 bilhões de barris de petróleo, ascendera na mesma velocidade e magnitude que o preço das ações da companhia.

Ninguém da órbita de Eike tinha, então, mais influência sobre o chefe do que ele. Dr. Oil estava longe de ser uma unanimidade, mas andava tão poderoso que até os mais antigos e íntimos escudeiros do empresário tomavam cuidado em seus comentários. Entre enciumados e preocupados, diziam uns aos outros, nos papos de corredor, que o patrão fora hipnotizado pelo português.

O empresário tratava Mendonça como um bibelô, massageando seu ego e carregando-o para todo lado. Mais do que o encanto com os bilhões de barris que o geólogo lhe "dera", guiava suas atitudes um raciocínio bem pragmático. O novo braço direito já estava virtualmente muito rico. Àquela altura, suas ações da OGX valiam mais de 320 milhões de reais. Ele precisava de outro estímulo além do dinheiro para continuar trabalhando para Eike. Tinha de ser mantido satisfeito, mas, ao mesmo tempo, sedento por mais. Assim, aos poucos, o empresário lhe ofereceria privilégios até então inéditos no grupo X. Dr. Oil era o único a poder usar o jato Gulfstream do chefe, o mais luxuoso e potente da frota de cinco aeronaves, em suas viagens a trabalho. Ademais, seu salário, inicialmente de 75 mil reais, fora aumentado para 200 mil mensais. Mendonça e Marcelo Torres circulavam em Hondas CR-V blindados cedidos pela companhia, mas só Dr. Oil tinha ainda motorista à disposição. Nenhum dos CEOs merecia tais mordomias — e os dois nem CEOs eram.

Eike justificava as benesses alegando que um homem como Mendonça, com todo aquele conhecimento acumulado, não poderia andar sem proteção. Ele era o próprio tesouro a ser preservado. Tampouco era mais o petroleiro de classe média que, de um hotel cinco estrelas, se maravilhara com a vista de Manhattan. Então já íntimo da cidade que nunca dorme, tornara-se cliente VIP e com espaço reservado na adega da Sherry-Lehmann, uma das mais sofisticadas e tradicionais lojas de vinho de Nova York. Voltava de suas visitas a Manhattan com caixas de bons vinhos e champanhes, alguns dos quais para a fornida geladeira da OGX, de onde eram sacados para celebrar, entre abraços e high fives, os frequentes anúncios positivos da empresa.

Só nos três primeiros meses de 2010 foram dez fatos relevantes — dos quais sete anunciavam novas descobertas. No jargão petroleiro, toda vez que se fura um poço e sai petróleo, dá-se uma descoberta. Até que se possa dizer que tal descoberta terá alguma serventia e que o óleo incrustado no subsolo marinho poderá ser retirado em larga escala e com lucro, porém, vai um longo caminho, que ainda não fora percorrido pela OGX. As descobertas anunciadas em grande estilo, portanto, ainda não significavam que a empresa estava no rumo da multiplicação do dinheiro prometido por Eike. O público leigo, contudo, não tinha clareza sobre essa particularidade e comemorava os anúncios do empresário com ele.

Na nova fase, a petroleira deixara para trás os tempos de miserê e passara a ocupar um andar inteiro, onde tinha uma sala de projeção para que as visitas, usando óculos especiais, apreciassem as imagens coloridas do subsolo marinho — a sala de sísmica 3-D, que custara ao grupo módico 1,5 milhão de reais.

Dos 360 funcionários, 72 tinham permissão para viajar de classe executiva e escolher os próprios hotéis, com cartão de crédito corporativo liberado para despesas. Num perfil do viajante do grupo X feito pelo setor administrativo da holding EBX, constatou-se que o custo médio dessas viagens era de 40 mil dólares, cerca de 75% das quais marcadas na última hora — e havia praticamente um hábito de agendar reuniões no exterior na sexta-feira ou na segunda, para poder aproveitar o fim de semana de folga fora do Brasil.

Apesar dos protestos de seus assessores, Eike não permitia que os privilégios fossem retirados — "No meu pessoal ninguém toca", dizia. Os pedidos de seus homens de ouro do petróleo — como o patrocínio a atletas de vôlei de praia amigos de Marcelo Torres — tinham prioridade na avaliação do empresário. A companhia era então a prima rica da família X e merecia, segundo o patrão, o upgrade — que, aliás, renderia à petroleira o apelido de OGChique.

Pelo menos quanto a Mendonça, os mimos surtiram efeito. O português andava exultante. Desfrutava do novo status com gosto e retribuía a atenção do chefe com atos de bajulação explícita. Logo que a OGX começou a realizar seus testes, apareceu na sala de Eike com uma pipeta cheia de lama preta, dizendo: "Mr. Batista, aqui está seu óleo!". Foi um sucesso. De outra vez, quando o patrão voltou ao escritório cheio de esparadrapos no rosto, depois de uns dias de ausência para se submeter a uma cirurgia plástica, Dr. Oil comentou, para surpresa dos colegas, que o empresário ficara ainda mais bonito com os curativos. E, quando chegou de uma viagem a Roma, surgiu no escritório com duas garrafas de vinho compradas na capital italiana especialmente para Eike. "Em cada rua de Roma eu me lembrava de você, Mr. Batista!"

Os anúncios da OGX mesmerizavam o mercado de tal forma que até a Petrobras — onde sempre reinara a certeza de que os campos exploratórios adquiridos por Eike não valiam o que ele declarava — decidiu rever os próprios estudos sobre os blocos da concorrente. Os informes positivos eram tantos e tão retumbantes que os técnicos da estatal começaram a balançar. Teriam deixado escapar alguma informação importante enquanto controlavam alguns daqueles blocos? Era algo a conferir — afinal, nenhuma outra companhia de petróleo do planeta conseguira resultados tão bons num período tão curto.

A gerência de exploração da Petrobras então mandou que seu time de Macaé analisasse com lupa as imagens sísmicas e os dados dos poços da região. Durante algumas semanas, os especialistas esquadrinharam os dados dos campos da OGX em busca da chave do mistério. E, por mais que procurassem, nada encontravam. Deram-se por satisfeitos ao concluir que o que Eike vendia era mesmo vento. Pelo menos, não haviam errado. Se os investidores quisessem acreditar no que o empresário panfletava, problema deles. E voltaram a se concentrar no próprio trabalho.

Os petroleiros de Macaé não estavam sozinhos. No próprio grupo X crescia o grupo dos que viam nas notícias espetaculares da petroleira um engodo. Vez por outra algum dos executivos pedia a Eike que o deixasse conferir os dados e tentar fiscalizar a coirmã, em prol da boa governança e da transparência que o chefe tanto apregoava. Ele concordava de início, mas a tal "auditoria" nunca acontecia, porque Mendonça sempre respondia com novas boas notícias que faziam o empresário esquecer a ideia.

Nem Eliezer Batista — cético quanto àquela indústria de fatos relevantes — conseguia abrir a guarda do filho. Não que Eike e "Papi" estivessem brigados. Pelo contrário. Depois de décadas de rusgas, estavam em paz. O empresário até havia financiado recentemente a realização de um documentário sobre a vida do pai, *Eliezer, o engenheiro do Brasil*.[8] Na prática, porém, andavam mais distantes. A OGX era a primeira iniciativa bem-sucedida de Eike em décadas sem um traço sequer de interferência ou influência paterna. E não só. Se dependesse de Eliezer, aquela empresa nunca teria existido, pois avaliava que se envolver com petróleo era arriscado e custoso demais para alguém já enredado em tantos projetos grandiosos.

No momento em que a petroleira se consolidava como um sucesso, uma nova ordem se estabelecia no império X — arranjo em que o patriarca e seus amigos ficariam progressivamente distantes do centro dos acontecimentos e do "sol" Eike Batista. Cada vez mais, seriam vistos pelas novas figuras centrais do grupo como um bando de velhinhos simpáticos, porém ultrapassados.

* * *

Pela estratégia desenhada, o processo de venda da OGX se daria de forma bem semelhante ao da mineradora, a MMX. Primeiro, a empresa seria cindida em duas partes: OGX Campos, dona dos blocos no mar, e OGX Maranhão, dos ativos em terra. A ideia era negociar 20% da primeira por cerca de 20 bilhões de dólares — considerando, é claro, que a OGX toda valesse cerca de 100 bilhões, como Eike dissera à XPTV. Ao contrário do que era praxe na indústria — contabilizar o que havia de reservas, dar preço a isso e oferecer aos compradores —, fizera-se uma conta de chegada. O objetivo era levantar os 20 bilhões, intento para o qual seria preciso convencer os chineses — e os italianos, americanos, franceses, russos e até noruegueses que se candidataram a conferir o data room da petroleira — de que a companhia poderia mesmo extrair do subsolo 10 bilhões de barris.

Dentro da OGX, a ordem passou a ser organizar o material e a numeralha interna de modo que as estimativas alcançassem os tais 10 bilhões. Houve, portanto, quem reclamasse ao receber a tarefa. "Ele tá maluco? Tá forçando a barra! Nenhuma empresa de petróleo é otária para olhar isso aqui e acreditar que tem 10 bilhões de barris", comentavam os geólogos nas conversas de corredor. Quem entendesse do riscado só precisaria aplicar uma regra de três para perceber o absurdo da projeção. Para ter tudo isso, a área da OGX tinha de estar 100% cheia de óleo, o que era raríssimo no mundo do petróleo, e ainda ter acumulado mais do que o triplo do que continha, por exemplo, o campo gigante de Roncador, o maior da bacia de Campos. Só mesmo um milagre geológico operaria tal fenômeno.

Contudo, a despeito de uma ou outra ressalva sarcástica, ninguém ousaria contestar frontalmente Paulo Mendonça. Afinal, muitos daqueles técnicos deviam o novo status de suas contas bancárias a Dr. Oil, ao redor do qual formavam um pequeno séquito e em nome de quem decidiram fazer o melhor que podiam em busca do preço definido como meta. "A gente começou a contabilizar todo e qualquer traço que aparecesse nas sísmicas. Até espirro valia", lembraria um dos membros da equipe.

Na ânsia de justificar as estimativas que saíam das conversas entre Eike e Mendonça, de vender a empresa e de fazer muito dinheiro, os técnicos da petroleira passaram a atravessar a tênue fronteira que separa o excesso de otimismo da maquiagem nas projeções, de modo que haveria, no meio do caminho, algumas poucas defecções no time, de gente que não topava cruzar esses limites. A maioria, porém, se manteve ali, superando o eventual incômodo em virtude da promessa de riqueza iminente. O futuro, entretanto, cristalizaria tal esforço como vão.

A primeira petroleira a ter acesso aos dados da OGX foi a Sinopec, no início de junho de 2010. Os chineses vieram ao Brasil com uma equipe de quase trinta pessoas, entre engenheiros, geólogos e advogados. O tamanho do entourage podia ser interpretado como sinal de apetite para negócios, mas também como de precaução.

De saída, alguns não tinham a menor ideia de onde ficava a bacia de Campos e a maior parte não propunha perguntas muito aprofundadas sobre as grandes descobertas da companhia. Eram muitas, no entanto, as questões a respeito da nova fronteira exploratória descoberta pela Petrobras. "Esses caras não estão aqui para saber da gente. O negócio deles é ter aula grátis sobre o pré-sal", comentou um dos geólogos, depois de uma longa explanação na sala 3-D. Mesmo assim, ao final de três dias checando os dados da OGX, os chineses pareciam interessados.

Ao longo de junho, outras três empresas — além da Sinopec, a francesa Total e a também chinesa CNOOC, que tinham garantido seu lugar na fila para avaliar os ativos — manifestaram interesse, mas o prazo inicial para o recebimento de uma proposta, o mês de julho, terminaria sem que houvesse uma oferta firme. Os pretorianos de Eike começaram a ficar ansiosos. A primeira ideia do empresário fora concentrar os esforços em três ou quatro potenciais compradores. Porém, como ninguém demonstrou disposição para fechar o negócio logo, ele mandou chamar mais competidores para o processo.

A verdade é que, mesmo que os blocos da OGX contivessem todo o óleo prometido, seria difícil repetir o feito de dois anos antes, com a MMX. O mundo vivia um momento bem diferente em 2010. Como as economias dos países desenvolvidos encaravam uma ressaca interminável da crise, o consumo e sobretudo os preços do petróleo se recuperavam muito lentamente do mergulho abissal sofrido em 2008. Continuavam ainda bem longe dos cem dólares por barril projetados por Eike. Por mais que trocassem as variáveis de formação de preço em suas planilhas, escolhendo sempre as mais favoráveis, os banqueiros tinham grande dificuldade em chegar à avaliação pretendida pelo empresário.

Aos poucos, também ficaria claro que perscrutar a labiríntica mente de um chinês era bem mais complicado do que lidar com a lógica cartesiana dos britânicos da Anglo. A Sinopec, de início uma aposta certa, começou a impor lapsos cada vez mais longos na comunicação com a OGX, que, por outro lado, não via surgir no horizonte qualquer outro potencial comprador com apetite suficiente para o grande lance. As reuniões de banqueiros e técnicos com Eike também eram complicadas. Ele fora de tal maneira tomado pelas incríveis perspectivas que projetara para a petroleira que se recusava a baixar o valor pedido. Vivia assombrado pelo receio de que, depois da venda, a companhia fizesse novas descobertas que acabassem por fazê-lo pensar que negociara muito barato o maior empreendimento de sua vida.

Quem acompanhava a ginástica feita por geólogos e banqueiros para sustentar as estimativas do empresário considerava esse comportamento não apenas esdrúxulo como temerário. Mas de nada adiantava interpelá-lo a respeito. Eike estava seguro de que tinha nas mãos o mais espetacular dos reservatórios de petróleo e se recusava até mesmo a imaginar que isso pudesse não ser verdade. Trazia a resposta pronta caso alguém tentasse chamar sua atenção para tal possibilidade: "Ô fulano, quantos bilhões de dólares você já fez?". E encerrava a questão.

Em meados de 2010, Eike Batista tinha cinco companhias com ações vendidas em bolsa e ao menos outras três fechadas, que administravam de barcos a edifícios comerciais. Sua fortuna, a maior do Brasil, era avaliada pela revista *Forbes* em 27 bilhões de dólares.[9] Ainda assim, segundo o empresário, os brasileiros não compreendiam a grandiosidade de seu império. E a culpa, nesse caso, era de sua equipe de relações com investidores, chamada à sala de reuniões para uma bronca coletiva cada vez que os papéis registravam alguma oscilação. "Vocês não sabem vender as minhas empresas!", reclamava, esquecendo-se de que, por lei, a função do diretor de relações com investidores é zelar pelos interesses dos pequenos acionistas, e não do controlador.

Os diretores de relações com investidores das companhias X viviam se equilibrando entre a pressão para ajudar a inflar as ações e o dever legal de orientar com clareza e honestidade os minoritários. O da OGX, Marcelo Torres, era considerado por Eike o melhor do grupo. Falava inglês perfeitamente, fazia apresentações convincentes, tinha bons contatos nos bancos e nas gestoras de recursos e nunca decepcionava em entusiasmo vendedor. Nenhum deles, porém, seria capaz de superar o próprio chefe, incansável na busca de canais para vender seus projetos.

As empresas X contavam, então, com um plantel de jornalistas maior do que o de quase todas as redações do Rio de Janeiro. Só na holding havia quarenta profissionais, entre assessores de imprensa, redatores e web designers, sem contar assessores externos e a produtora que fazia os vídeos, a Conspiração Filmes. Os filmes eram uma obsessão do empresário. Enquanto o padrão nos outros grandes conglomerados era de um vídeo institucional por mês, mais ou menos, o grupo colocava na internet um por semana. A demanda era tanta e tão constante que o contrato da produtora com a EBX previa um pagamento mensal, e não por trabalho. Quem conhecia bem o funcionamento dessa máquina calcula que tenham sido produzidos, entre 2008 e 2012, pelo menos cem vídeos diferentes, a um custo total estimado em pelo menos 6 milhões de reais.

Mesmo com toda essa estrutura, não havia nas empresas alguém capaz de controlar o que o chefe dizia. Ele mantinha o hábito dos velhos tempos, de falar com quem tivesse a sorte de alcançá-lo ao telefone. Nessas ocasiões, declarava o que bem entendia — e nem sempre era bem-sucedido. Preferia seguir o próprio instinto a ter de perguntar a um assessor de imprensa sobre como devia se comportar.

Eike decidiu, então, que o grupo deveria ter uma estratégia de atuação nas redes sociais. O assunto estava na moda entre as grandes corporações, e ele era aficionado da internet. Passava boa parte de seu tempo livre navegando na rede e até se cadastrara no site de relacionamentos Match.com. Num papo descontraído com auxiliares, chegou a confidenciar que já tivera um encontro por intermédio do site.

A discussão sobre como atuar na rede avançava quando seu pessoal tocou no tema que mais o irritava: qualquer que fosse a estratégia adotada, precisaria levar em conta as restrições da CVM. Eike teria de tomar mais cuidado com as projeções que fazia e evitar declarações bombásticas. "Vocês não decidem o que eu posso e o que não posso dizer. Se eu quiser, entro no Twitter agora, digo o que bem entender e ninguém vai me impedir!" Virou-se, então, para uma moça ruiva, integrante da equipe de internet, e mandou que conectasse seu smartphone ao Twitter. À noite, ao chegar em casa, escreveria sua primeira mensagem: "Mundão cheguei! vou twittar meus pensamentos! minhas diciplinas! [sic] Meus valores! Como continuar a fazer do Brasil uma Superpotencia!! [sic]".

A possibilidade de dizer o que quisesse, sem intermediários, tinha um sabor especial para Eike. No dia seguinte, mais um post: "Sabem o que dá o cruzamento de um burro e uma tartaruga? Um treinador francês de capacete!!". O empresário se apaixonara pelo Twitter, e o Twitter por ele. Em duas semanas, reuniria mais de 50 mil seguidores na rede social — o que logo se converteria em mais uma fonte de preocupação para os advogados do grupo, que lhe recomendavam expressamente que não tratasse das empresas e muito menos de seus planos, de modo a não correr o risco de ser punido ou mal interpretado pela CVM. Mas ele não resistiu e, em alguns dias, já desobedecia ao departamento jurídico. "Sou um apaixonado por tecnologia no estado da arte! Admiro muito o Steve Jobs. A ITX vem por aí!", publicou, referindo-se a uma de suas tantas companhias — esta, de tecnologia — em estágio inicial de formatação.

A sigla enigmática da nova empresa em gestação no grupo nada tinha a ver com a Apple. Tampouco era concebida para abrir capital e faturar bilhões, como as principais estrelas da constelação X. Seu real atrativo era ser a companhia dos sonhos do presidente do BNDES, Luciano Coutinho. O "professor", como seus auxiliares o chamavam, fora um dos mentores intelectuais da lei de reserva de mercado para equipamentos de informática, que impediu a importação de computadores no Brasil entre 1984 e 1991. E continuava tão fiel à crença de que cabia ao Estado induzir o desenvolvimento de uma indústria de tecnologia de ponta que ampliara sua convicção para todos os setores da economia. No comando do banco de fomento, Coutinho pusera em marcha um plano de criação de "campeões nacionais", empresas eleitas para receber incentivo e competir globalmente por mercados. Graças a essa estratégia, gigantes como a telefônica Oi e os frigoríficos Friboi e Marfrig recebiam bilhões em empréstimos subsidiados.

Para competir em tecnologia, o presidente do BNDES elegera uma companhia bem menor. Tratava-se da Padtec, uma fabricante de equipamentos para comunicações ópticas sediada em Campinas pela qual Coutinho, que tinha sido professor na Unicamp, tinha um xodó. Ele estava disposto a injetar capital na CPqD, dona de um polo de tecnologia e acionista da empresa campineira, para que adquirisse outras pequenas firmas e ganhasse musculatura para disputar grandes contratos mundo afora. Mas vivia aflito por achar que as coisas não andavam e resolveu apelar a Eike, que tinha participação indireta na Padtec por meio de uma de suas sócias. O BNDES já financiava vários dos empreendimentos do empresário: acabara de aplicar 1,2 bilhão de reais na construção do porto Sudeste da MMX, comprara 12% da LLX por 150 milhões de reais e emprestara outros 146,5 milhões ao projeto de reforma do Hotel Glória.[10] Aprovara, também, financiamento de 1,4 bilhão para a termelétrica de Pecém, no Ceará.

Assim que teve chance, ao receber o empresário para uma reunião no banco de fomento, Coutinho atacou. Enquanto os auxiliares falavam de bilhões e expunham planos "transformacionais" e revolucionários, perguntou ao bilionário: o que, afinal, pretendia fazer com a Padtec? Até essa reunião, Eike não tinha ideia do que fosse a tal empresa, mas imediatamente a incluiu no rol de prioridades.

Na segunda semana de junho de 2010, Eike, Coutinho e meia dúzia de assessores embarcavam para Nova York, onde se encontrariam com o alto escalão da IBM, com quem o BNDES já conversava. O objetivo era fechar parceria com a multinacional americana para a construção de uma nova fábrica de semicondutores no Brasil, uma variedade de chips relativamente simples, para instalar em instrumentos médicos, com o aval e o financiamento do banco. A presença de Eike seria uma forma de incluir a Padtec no negócio.

Acostumado a lidar com políticos, o empresário oferecera carona em seu jato, mas o "professor" recusou. Enquanto os executivos do grupo X ficaram hospedados no New York Palace, os do BNDES se instalaram num hotel mais modesto a poucas quadras de distância. Apesar da formalidade no trato, os dois dias de reuniões seriam produtivos — Eike, o BNDES e a IBM acertariam os termos de uma ambiciosa associação. Internamente, o empresário estabelecera a meta de investir 100 milhões de dólares na nova firma, mas desde o início disse que não pretendia participar da gestão.

Ao final da agenda, foram todos almoçar no restaurante Wolfgang's, um dos preferidos de Eike, onde se fartava com steaks e camarões, entremeados por algumas idas ao banheiro, e distribuía generosas gorjetas. O local estava lotado, mas ele não era de ficar esperando, de modo que, do nada, garçons fariam surgir um tampo de mesa, abrindo espaço ao empurrar e reposicionar os outros clientes. Rapidamente, o empresário e seus convidados se encontravam instalados no meio do salão — e em festa. Nem o fato de um garçom lhe ter derramado vinho sobre a camisa tiraria o bom humor do presidente do BNDES. Coutinho estava — assim se manifestou — contente por reunir dois grupos tão importantes para realizar aquele sonho. Eike se encheu de orgulho. É verdade que não conseguiria pagar a conta, porque o "professor" não admitia, mas isso era o de menos. Afinal, tinha motivos para celebrar a boa relação institucional estabelecida com o banco, pois a postura do BNDES evoluíra da hesitação demonstrada no episódio da Vale para a definição interna de que o grupo X era um dos campeões nacionais a ser incentivado.

Decepções como as apostas na Aracruz e na Sadia — até então consideradas pilares da tradição industrial brasileira — deram impulso decisivo a essa visão entre os técnicos do banco. Mais do que um empresário símbolo do novo capitalismo que emergia no Brasil, Eike Batista era agora alguém de confiança do BNDES — o mais poderoso banco de fomento da América Latina. Se havia tal coisa como um "empresário do PT", ele sem dúvida era um deles.

Duas semanas depois, em 2 de julho, ao discursar no lançamento das obras do porto Sudeste — empreendimento na região metropolitana do Rio que obtivera 1,2 bilhão de reais de financiamento, do 1,8 bilhão necessário, com a instituição presidida por Coutinho —, o empresário declararia: "O BNDES é o melhor banco do mundo".[11]

Os esforços para a venda da OGX seguiam a toda na segunda semana de agosto, quando Eike se reuniu com um grupo de geólogos que acabara de concluir a primeira perfuração da companhia na bacia do Parnaíba, no interior do Maranhão. "E aí, como foi o teste?" Muito bom, afirmaram os técnicos. "Bom quanto? Quais os volumes?" Ainda era cedo para saber. "Mas se tudo der certo, chefe, no futuro poderemos produzir algo como 15 milhões de metros cúbicos por dia." O empresário quis saber quanto isso significava. "Mais ou menos metade do que transporta hoje o gasoduto Brasil-Bolívia." Foi o bastante para ele, que ignorou o que os especialistas disseram em seguida: que se tratava de um chute, que ainda eram necessários novos testes para confirmar o potencial dos blocos e que, antes de saber se a reserva seria lucrativa, era preciso fazer muita conta.

A Petrobras também já passara por aqueles mesmos locais no passado, mas não prosseguira com as avaliações, por não considerar os blocos comercialmente interessantes. Convinha ter cuidado.

No dia seguinte, Eike chegou bem cedo ao escritório para uma teleconferência com analistas e investidores da OGX. Antes, telefonara para o senador José Sarney, que, além de maranhense, era um antigo aliado. Ao entrar na sala de reuniões, diante de assessores e executivos da petroleira que o esperavam de pé, anunciou com ar solene: "O presidente Sarney chorou ao receber a notícia!". E, aberto o sinal para a teleconferência, foi logo contando aos investidores as novidades do Maranhão: "São números de Eike Batista, mas, pelas extrapolações, estamos olhando algo em torno de 10 trilhões a 15 trilhões de pés cúbicos de gás em reservas". Segundo o empresário, a estimativa — oito vezes maior que suas expectativas — correspondia a "meia Bolívia".[12]

O frisson seria imediato. Isso equivalia ao triplo da produção de gás da bacia de Campos e representava sete vezes e meia a produção do maior campo brasileiro em terra, o de Urucu, na Amazônia. Era muito — ele sabia. "É uma coisa especial e podem ter certeza absoluta de que essa é uma nova província que se abre no país", assegurou, acrescentando que fizera questão de telefonar também para o presidente Lula e lhe comunicar a descoberta.

Assim como na entrevista à XPTV, Eike não abriu mão de deixar bem claro que ganharia "muito dinheiro" com a venda da OGX. Em sua euforia com o processo de venda da empresa, já chegara até a dizer que todos os *big boys* do petróleo no mundo — com exceção da BP, que passara a chamar de *big problem* por causa da explosão de uma plataforma no golfo do México —[13] analisavam então os dados da petroleira.

Esses seus "informes" periódicos sobre o processo de negociação da companhia mantinham os papéis da OGX bem mais valorizados do que a média do índice Bovespa — o que lhe era essencial, pois corroborava suas avaliações com vistas ao processo de venda da petroleira. No mesmo dia 12 de agosto, soltaria o verbo no Twitter (sempre se esquecendo de acentuar as palavras): "OGX e MPX encontram gás na bacia do Parnaíba. Viva o Brasil, viva a inteligência brasileira!!!". Pouco depois, mais um post: "A descoberta da OGX e da MPX abre uma nova fronteira em bacia terrestre, coisa que não acontecia há vinte anos no Brasil!!!".

Imediatamente, as ações da OGX e da MPX, cujas termelétricas utilizariam o gás produzido, começaram a subir de preço. Às 15h40, a alta da MPX era de 6,7% e a da OGX, de 2,1%. No mesmo momento, o Ibovespa caía 0,3%.

Como quando da entrevista à XPTV, nenhuma das estimativas de Eike constava no fato relevante divulgado pela petroleira horas antes. Novamente, portanto, a CVM repreenderia a companhia por carta. Mas, como da outra vez, a punição tampouco iria além. Para o time do empresário, pois, estava claro que a CVM era um xerife sem pistola, um caubói perdido no saloon em meio ao tiroteio. Assim, numa reação à admoestação da autarquia, Marcelo Torres redigiu um comunicado ao mercado não mais protocolar, em que oficializava todas as projeções do chefe.[14] O tal comunicado só seria divulgado em 16 de agosto, quatro dias depois das declarações de Eike, quando as ações já acumulavam alta de 7,7%.

A "meia Bolívia" de Eike surpreendeu até o presidente da República. No dia seguinte, Lula diria que considerava exagerado todo aquele otimismo. Ao tomar conhecimento da declaração, o empresário ficou inconformado. E não sossegou enquanto Roberto D'Avila não marcou uma audiência no Planalto. O presidente tinha de entender quão extraordinária era a nova província de gás que encontrara.

Nesse meio-tempo, obcecado por agradar ao mandatário, foi a um leilão beneficente promovido por Wanderley Nunes, cabeleireiro de d. Marisa — e arrematou por 500 mil reais o terno usado por Lula na primeira posse. Ato contínuo, devolveu a peça à família do presidente como doação para um futuro museu sobre sua passagem pelo comando da nação. Na mesma noite, exibindo-se ao lado da amiga ilustre, compraria ainda um Rolex do apresentador Fausto Silva, um capacete do piloto Emerson Fittipaldi e um vestido da modelo Gisele Bündchen, entre outras coisas — num total de 745 mil reais. Ao final, informado de que o leilão arrecadara "apenas" 2 milhões, decidiu dar mais 2 milhões de reais para engordar as doações, e ainda devolveu parte dos itens comprados.[15]

Três dias depois do leilão, Eike desembarcava em Brasília — de jatinho, com D'Avila e Paulo Mendonça — para um encontro de final de tarde com o presidente no Palácio da Alvorada.[16] Lula os recebeu à vontade, com as mangas da camisa social arregaçadas e sem assessores por perto. Ofereceu um café, enquanto os convidados se acomodavam defronte ao balcão da cozinha. O empresário então abriu seu laptop e começou a exibir as apresentações da OGX, pedindo a Dr. Oil que o ajudasse a descrever as maravilhas de sua "meia Bolívia". Falou também, animadíssimo, das obras de seu porto do Açu, sempre insistindo para que o presidente as visitasse.

Se Lula ainda tinha preguiça dos "mapas de Eike", ou se ainda o achava um chato, não demonstrou. Ao se despedir, depois de uma hora e meia de papo, parecia verdadeiramente empolgado: "Poxa, Eike, eu não sabia que seu grupo estava fazendo tanta coisa! É extraordinário!". Ao deixar o palácio, o empresário comentaria com Mendonça: "Tá vendo como o Lula é um cara legal? E você que não gostava do PT, hein?".

Vivia-se então o espectro das eleições de 2010. Tudo indicava que o pleito seria tranquilo para Dilma Rousseff, candidata de Lula, mas a campanha precisava de dinheiro — e Eike não faria economia.

Não se esqueceria de agraciar também a oposição, que mandava nos estados mais importantes do país, incluindo Minas Gerais, de Aécio Neves. Pelos canais oficiais, saíram de suas contas 1 milhão de reais para Dilma, 1 milhão para José Serra e 500 mil para Marina Silva, a grande surpresa daquele pleito. Os aliados nos estados também seriam bem aquinhoados, com destaque para os leais Sérgio Cabral, que recebeu 750 mil, e Delcídio do Amaral, que levou 500 mil — sem contar o comitê financeiro do PT de Mato Grosso do Sul, destino de outros 500 mil.[17]

Além de contribuir com dinheiro, Eike também arrebanhava votos e costumava interpelar seus executivos para saber em quem votariam. Como quase todos votavam na oposição, insistia em convencer os auxiliares a aderir à candidatura petista. Confiava que Dilma seria a presidente dos sonhos para as empresas X. Afinal, diferentemente do que ocorrera no passado, ele agora era um "empresário do PT".

Mas não só do PT. Sérgio Cabral, peemedebista, também tinha milhões de motivos para agradecer a Eike. O ciclo de boas notícias da OGX e a alta de suas ações fizeram com que o bilionário não quisesse ter "apenas" dinheiro e influência. Queria ser amado, idolatrado. Seria — assim desejava e projetava —

o maior benfeitor do Brasil, o empresário mais popular, personagem perene da vida nacional. No final de agosto de 2010, uma semana depois de um ataque de traficantes da favela da Rocinha a um hotel repleto de turistas na praia de São Conrado, ele desembolsou a primeira de cinco parcelas de 20 milhões de reais para a instalação das UPPs, projeto que era a principal vitrine do governador do Rio na segurança pública.[18]

Além da benemerência, outra atividade que dava cartaz a Eike era sua performance no Twitter. Ainda em agosto, ele reuniu num restaurante em São Paulo 28 de seus cerca de 120 mil seguidores, entre os quais alguns, os mais fervorosos, que colocavam a letra X sobre seus nomes na rede social. Havia garotas alucinadas por ele, que o chamavam de amigo e deliravam com suas respostas, sobretudo com suas "lições de vida". Coisas como: "Se você foi infeliz no amor pode ter inconscientizado isto e a partir daí só atrai e se interessa por pessoas que não o farão feliz"; ou "O fato da felicidade ser boa é unânime mas reparem como algumas pessoas inconscientemente não se permitem ser". Não raro os fãs lhe escreviam com idolatria — como por exemplo: "Sei que você está lendo, obrigado por me fazer sorrir, que amanhã seja o primeiro dos melhores dias da sua vida. Fica com Deus".

O encanto dos tuiteiros com Eike era compartilhado pela mídia, que o requisitava a todo tempo. O empresário, por sua vez, dedicava uma parcela generosa de seus dias à imprensa e dava declarações que sempre rendiam manchetes, como as de que pretendia produzir carros elétricos e fabricar iPads. Acreditava no Brasil — essa era a sua mensagem — e fazia propaganda do país para os gringos. Aos poucos, transformava-se numa espécie de profeta empresarial, um autointitulado "mega-arbitrador das ineficiências do Brasil". Onde houvesse espaço para ganhar dinheiro, lá estaria ele, sempre em nome da nação. Conhecedor do mecanismo de retroalimentação das notícias, tampouco se furtava a dar mais e mais detalhes sobre sua vida, porque sabia que tinha mais a ganhar do que a perder com isso.

No final de agosto, numa entrevista ao programa *Roda Viva*, na bancada comandada por Marília Gabriela, cutucou o rival empresarial Roger Agnelli, confessou à apresentadora que estava fazendo "um tratamento capilar" e ainda revelou aos telespectadores o quanto pagara de imposto de renda naquele ano: 670 milhões de reais. Quando lhe perguntaram se doava dinheiro aos dois principais candidatos à Presidência para ficar bem com todas as correntes políticas, não se esquivou: "Nossos projetos estão em vários estados e não vão ficar parados por questões políticas".[19]

Apesar da boa fase, o empresário por vezes ainda tinha de lidar com assuntos que o amolavam. Um deles era a mal resolvida saída de Rodolfo Landim do grupo. No final de agosto, depois de meses tentando negociar um acordo, o ex-braço direito entrou com um processo na Vara Empresarial do Rio de Janeiro contra Eike, exigindo que o ex-chefe lhe entregasse 1% de suas participações como prometido — por escrito, naquela capa de caderno — quatro anos antes.[20]

Caso o ex-CEOzão vencesse a parada, teria sua conta engordada em 270 milhões de dólares, quase meio bilhão de reais, o que deixava o empresário revoltado. Landim ganhara muito dinheiro, pensava. Dele, portanto, não tiraria nem mais um real. O executivo recebera 165 milhões de reais nos últimos anos. Não estava satisfeito? Não, não estava. "O Eike me enganou. Ele acha que pode dispor das pessoas, usar o talento delas e depois simplesmente descartá-las sem cumprir o que prometeu. Comigo isso não vai acontecer", dizia Landim a amigos na época. O amargor provocado pela lenta e longa fritura a que fora submetido demoraria a passar.

Desde que havia sido tornada pública, a rivalidade virara assunto caro aos colunistas, e os protagonistas passaram a trocar petardos pelos jornais. Ancelmo Gois, de *O Globo*, publicou que o ex-braço direito se preparava para escrever um livro intitulado *Fator X*,[21] o que deixou o empresário irritadíssimo. Eike, por sua vez, dizia a jornalistas que o algoz se achava muito mais importante do que era só porque fizera "um curso de férias em Harvard". Escalados pelo chefe, Godinho e Mendonça dariam diversas entrevistas sobre o ex--colega, classificando-o de arrogante, vaidoso e preguiçoso. Dr. Oil, a propósito, repetia de entrevista em entrevista: "O Landim, de cada dez minutos que fala, quinze é sobre ele".[22] E Godinho: "Quando ele entrou aqui, fazia os discursos de Natal da firma. Na hora de sair, nem o boy o cumprimentava mais".[23]

A disputa judicial ainda duraria mais nove anos. Landim chegou a obter uma vitória parcial em 2011, que liberava para venda um lote de 77 milhões de reais — em ações da OGX — que Eike mandara bloquear quando o auxiliar deixou o grupo.[24] Só que, em outubro de 2012, o Tribunal de Justiça do Rio reverteu essa decisão. Landim recorreu ao Supremo Tribunal de Justiça. Em 2019, a questão foi decidida em definitivo, com a derrota de Landim — que ainda teve de pagar 1 milhão de reais a Eike para compensar seus gastos com advogados.[25]

A derrota, porém, só impediu que Landim ficasse mais rico. Ao sair do grupo X, ele já tinha acumulado 242 milhões de reais. A partir de então, montou uma nova petroleira, a Ouro Preto, e uma empresa de investimentos, a Mare, mas a história que se seguiu não foi de sucesso. A Ouro Preto captou recursos de investidores privados e chegou a ter capital social de mais de 300 milhões de reais, mas só deu prejuízo. Acabou sendo vendida para uma gestora, que a fundiu com outra companhia, chamada 3R, e abriu capital na bolsa no ano passado.[26] Já a Mare captou recursos de fundos de pensão e de *family offices* (que administram dinheiro de famílias ricas), mas não só não rendeu dividendos como os sócios estão sendo processados pelo Ministério Público Federal por gestão fraudulenta, acusados de aplicar 100 milhões de reais em empresas de fachada no exterior.[27] Em 2019, ele se tornaria presidente do Flamengo e iniciaria uma carreira de cartola que dura até hoje.

Numa das primeiras tardes de setembro de 2010, quando Eike Batista desceu do helicóptero no gramado perfeitamente aparado e cercado de ciprestes do quartel-general da GE, no estado americano de Connecticut, o processo de Landim contra ele — iniciado na semana anterior — ficara no passado. Escoltado por Roberto D'Avila, sua diretora de relações com investidores, Andrea Pereira, e Zartha, diretor de investimentos, Eike seria recebido como convidado de honra. O próprio Jeff Immelt, comandante mundial da corporação, veio cumprimentá-lo. Mais de cinquenta altos executivos da multinacional o esperavam para um coquetel de final de tarde, montado ali mesmo, no gramado, enquanto apreciavam o dia de céu azul sem nuvens e a temperatura próxima dos vinte graus, bastante agradável para o início de setembro no hemisfério Norte.

Ciceroneado por Immelt, usando um de seus ternos de risca de giz e a tradicional camisa rosa, ele circulou pelo lugar distribuindo cumprimentos e sorrisos. Quando o sol começou a baixar, todos foram encaminhados ao salão de conferências e acomodados nas mesas de jantar. O anfitrião subiu ao palco e tomou a palavra. "Esta é uma noite muito especial. Eu trouxe vocês aqui para ouvirem o maior empreendedor do mundo na atualidade: Eike Batista!"

Ser convidado a falar para uma plateia internacional não era novidade para ele. O momento e a plateia é que eram especiais. Ali estavam alguns dos maiores talentos do mundo dos negócios, o suprassumo de uma empresa-símbolo do mercado de capitais americano, que sempre se orgulhou de ser a única companhia da formação original a sobreviver no Dow Jones desde a criação do índice, em 1896.[28] Os executivos da GE se diziam a elite da elite do capitalismo, os brâmanes do mercado financeiro. Uma casta superior, que não dispensava admiração gratuita a qualquer um. Diante dessa gente distinta, um Eike inspirado, charmoso e à vontade exibiu seus vídeos e falou, por mais de uma hora, de sua visão 360 graus, do grande momento do Brasil e de seu brilhante futuro. Quando terminou, foi ovacionado. Ao embarcar de volta para Nova York, no final da noite, estava exultante. "Estão vendo? Os caras me dão valor! Vocês, não!"

A admiração dos seguidores de Jeff Immelt lhe garantia uma chancela poderosa. Deveria ser suficiente para calar os Landins da vida e mostrar quem era, de fato, o cérebro e a alma do grupo X. Todos tinham de saber o que se passara ali. Seu pessoal, achava, não o "vendia" direito ao mundo. Ainda acontecia, por exemplo, de encontrar, em suas andanças pelo planeta, algum interlocutor que, ao ouvi-lo falar das próprias iniciativas, comentava algo do tipo: "Seus projetos são maravilhosos. Você precisa divulgar mais isso!". Pronto. Era a senha para que ele ficasse impaciente. Não era possível que, àquela altura, ainda houvesse alguém sem o pleno conhecimento da grandeza de seus empreendimentos.

Com os papéis da OGX escalando o Ibovespa, o homem mais rico do Brasil era alvo de grande curiosidade no exterior. Jornalistas de todo o mundo faziam fila para entrevistá-lo. Era "o cara" não apenas para os executivos da GE, mas também para a CNN, a CBS, o jornal *The Guardian* e a revista *The Economist*. Era, então, um dos empresários mais citados nas pesquisas do Google — o que lhe renderia um convite para participar do Google Zeitgeist, um badalado evento anual promovido pela gigante de buscas on-line com as personalidades que encarnavam o espírito do planeta naquele momento. Com seu discurso empreendedor, sua aura internacional e seu carisma, Eike ocupava o posto de grande porta-voz empresarial do recém-adquirido status de potência da economia brasileira.

Outra prova de que alcançara status de personalidade global foi o convite para a conferência de bilionários promovida pelo magnata, filantropo e bon-vivant Ted Forstmann, que prosperara dirigindo uma firma de investimentos na década de 1980 e se tornara conhecido como um dos primeiros a denunciar a bolha em formação em Wall Street naquela época. Todo ano, Forstmann reunia as pessoas mais ricas e interessantes do mundo para um convescote em Aspen, no Colorado. Durante um fim de semana, os ricaços se hospedavam num hotel exclusivo e desfrutavam de um privilegiado contato com outros figurões igualmente especiais, enquanto discutiam o futuro do capitalismo e da filantropia e prospectavam negócios.

Acontece que, logo ao chegar ao local em seu jato, duas semanas depois do encontro na GE, o empresário percebeu que ali ele era apenas mais um. O pátio do aeroporto local tinha pelo menos trinta outros aviões como aquele, que custara mais de 60 milhões de dólares. No debate de que participou, o representante do Banco Central da China monopolizou todas as atenções. De mau humor, reclamando de que o painel não fora feito só para ele, Eike se refugiou no quarto, de onde não quis sair nem para disputar uma partida de tênis com a outrora campeã Monica Seles, ou para um passeio de bicicleta com Lance Armstrong. Só no jantar, instalado na mesa do anfitrião Forstmann, entre Carlos Slim e uma linda executiva alemã chamada Nicole, o empresário se sentiria de fato especial. Naquela noite, descontraído, circulou entre pessoas como o ex-presidente do Banco Central americano Alan Greenspan, o dono da Amazon, Jeff Bezos, e o cineasta George Lucas, com quem teve um diálogo sui generis: "Por que você não faz um filme no Brasil?", perguntou Eike. "Só faço filme sobre outras galáxias", respondeu Lucas. "Mas o Brasil é uma outra galáxia..." E o cineasta, encerrando o papo, entre risadas: "É verdade, é mesmo. Eu já fui ao Carnaval carioca!".[29]

No dia seguinte, Eike embarcou em seu jato rumo à Coreia do Sul, onde faria aquilo de que realmente gostava: fechar a venda de mais uma fatia da MMX, para a trading SK Networks, por 700 milhões de dólares.[30] O Projeto Sagitário, batizado em "homenagem" a uma boate de striptease de Belo Horizonte chamada Sagitarius, fora negociado durante meses pelos executivos e banqueiros do grupo X e era essencial para o combalido caixa da mineradora. Nas palavras do empresário, pavimentava o "caminho para a Coreia", onde ainda pretendia captar muito mais recursos e novas parcerias.

Na volta ao Brasil, ainda passou por Paris, cidade em que tinha um encontro marcado com a nova amiga, Nicole.

Sua prioridade nesse terreno, porém, era ainda Flávia Sampaio. O último ano e meio do relacionamento havia sido tumultuado. Tudo começara no início de 2009, com uma crise que beirara o escândalo, poucos meses antes. Embora consciente da vida atribulada do namorado, ela passara a ter alguns ataques de ciúmes ao perceber que nem todas as ausências dele tinham a ver com negócios. E, num sábado de verão, decidiu tirar suas desconfianças a limpo. Na companhia da mulher de um executivo de quem se tornara amiga e que era funcionária da área de informática do grupo X, entrou no escritório de Eike e conseguiu, por meio de uma senha-padrão ter acesso aos e-mails de uma das secretárias do empresário. E o que descobriu a deixou possessa: entre agendas e compromissos de trabalho, havia uma boa quantidade de catálogos virtuais com fotos de garotas de programa de diversos locais do Brasil. Em algumas mensagens, as próprias meninas e seus agenciadores perguntavam à secretária se o "cliente" gostara do atendimento e se punham à disposição para novas aventuras. Com cópias de tudo aquilo nas mãos, Flávia ameaçou fazer um escândalo de grandes proporções, para expor como estava sendo gasto o dinheiro dos acionistas do grupo X.

Acalmá-la exigira de Eike e de seus pretorianos, alguns dos quais acionados em caráter de emergência fora do país, esforço digno de um IPO. Até mesmo familiares da moça foram envolvidos na operação, que acabaria com Flávia instalada em um confortável apartamento na praça Atahualpa, a poucos metros da praia do Leblon, com um novo carro esporte na garagem, com promessas do empresário de abrir um negócio próprio para ela e, claro, com juras de amor eterno. Era um "upgrade" em comparação ao acordo que tinham havia dois anos, desde 2007 — um documento em que declaravam não serem casados nem terem uma relação de união estável. Segundo esse papel, eram apenas namorados, e, se o namoro terminasse, ele se comprometia a pagar 1 milhão de reais à moça.[31]

Em decorrência do novo acerto, feito apenas informalmente, Flávia ganharia, em outubro de 2010, uma clínica de beleza para administrar — a Beaux, um amplo e luxuoso centro de tratamentos estéticos que oferecia spa, champanhe à vontade e serviço de manicure a noventa reais. O empreendimento, que consumiu investimentos de 15 milhões de reais, mas nunca deu lucro, fecharia de forma repentina em fevereiro de 2012.[32] Ela, porém, não precisava se preocupar, pois seu "namo", como o chamava, bancaria tudo. Nessa mesma época, aliás, seu escritório de advocacia — Sampaio, Morisson & Boquimpani Advogados Associados — foi contratado para prestar serviços a todas as companhias do grupo. Recebia, de cada uma, cerca de 20 mil por mês fixos, que podiam aumentar, a depender do tipo de assessoria prestada. Embora financeiramente insignificante perto da pujança das empresas X na bolsa, era um privilégio que nenhum outro assessor jurídico do grupo tinha.

No dia 15 de outubro de 2010, as ações da OGX atingiram seu maior valor histórico, vendidas a 23,27 reais. O apetite dos investidores para comprar "Brasil" e petróleo era tanto que, no final daquele mês, outra companhia de óleo e gás sem qualquer reserva, formada por ex-executivos da Petrobras, estrearia com sucesso na Bovespa. A HRT, presidida pelo geólogo Marcio Mello e assessorada por um banqueiro canadense — o bom e velho Mike Vitton, que ajudara Eike tantas vezes no passado —, captou então 2,6 bilhões de reais na bolsa paulista em seu primeiro dia de pregão.

As empresas X, porém, tinham um diferencial: as pessoas queriam comprar "Eike Batista" — e ele aproveitava essa sanha para fazer girar a roda da fortuna com seus anúncios bombásticos. Sempre que aparecia uma chance, afirmava que se tornaria o homem mais rico do mundo. Estabelecera até um prazo para cumprir a meta — 2015.[33] E, mesmo quando nada dizia, diziam por ele. Um dos balões de ensaio divulgados na época dava conta de que investiria no trem-bala. Outro, que fundaria um partido político. Esse último boato não procedia, embora tivesse, sim, alguma relação com a realidade.

Nos últimos tempos, Eike e Lula vinham estreitando laços e conversando mais amiúde. O presidente já vislumbrava como seria sua vida fora do governo e o empresário tencionava convidá-lo a fazer parte do conselho de alguma de suas empresas — ideia que contava com opositores fortes dentro do grupo X e acabaria não se concretizando. Num desses papos, Lula lhe perguntou o que faria depois que alcançasse a "meta" de ser o homem mais rico do mundo. Já pensara em ser candidato a presidente do Brasil? Até então, Eike nunca havia considerado a hipótese, mas ficou tão encantado com a possibilidade que decidiu testar seu apelo em encontros com pessoas que julgava entendidas em política. Chegou até a comentar que poderia ser uma espécie de Sebastián Piñera, então recém-eleito mandatário do Chile, que era também um dos principais empresários do país, acionista da companhia aérea LAN e do canal de TV Chilevisión. Apesar de o sonho ter povoado sua cabeça, Eike nunca levou a coisa adiante — até porque não haveria tempo para isso.

Já outro projeto antigo, o de ter a própria TV, avançaria um pouco mais. A ideia lhe ocorreu logo que começou a se tornar conhecido. Ele não gostava de ser retratado como um aventureiro e considerava tal abordagem, vez por outra adotada pela imprensa, um fator prejudicial ao desempenho das ações X na bolsa. Se tivesse o próprio veículo, pensava, poderia trabalhar por mudar essa imagem. No passado, já aventara montar um site, depois um jornal, mas nada foi adiante. Ultimamente, havia voltado a considerar o projeto depois de saber que o Sistema Brasileiro de Televisão (SBT), a RedeTV! e *O Estado de S. Paulo* se encontravam em situação financeira difícil. Estava disposto a gastar até 200 milhões de dólares na empreitada e resolveu convidar para auxiliá-lo um jornalista amigo, que o alertou: "Eike, se você está pensando em comprar uma TV para dizer só o que você quer, vai fazer um mau negócio. Há um grande risco de acabar apanhando mais ainda".

Eike, contudo, não era de desistir fácil de uma ideia. Se tantos empresários tinham seus próprios canais de TV, por que não ele? Durante meses, manteve contatos com a direção do *Estadão*, com a cúpula da RedeTV! e com executivos do SBT. Achou a RedeTV! muito endividada e cara para a pouca audiência que alcançava. O *Estadão*, por sua vez, tinha público limitado. Seu alvo preferido era o SBT, mas Silvio Santos nem sequer quis recebê-lo. A conversa se daria entre dois emissários de Eike e auxiliares do homem do Baú, que se comportaram com indisfarçável fastio, certos de que o flerte não passaria dali. Como tudo no grupo X, entretanto, a iniciativa vazaria e viraria notícia, enquanto Silvio Santos fazia uma mensagem chegar ao empresário: "Se ele pagar os 2,5 bilhões que estou devendo, é claro que vendo".[34]

Dessa vez, no entanto, nem mesmo os mais bajuladores o estimularam a ir em frente. José Sarney, ele próprio dono de uma concessão de TV, disse a Eike que, se insistisse na ideia, acumularia inimigos. Até Roberto D'Avila, seu principal conselheiro para o assunto, trabalhou contra. Sem que o chefe soubesse, procurou João Roberto Marinho e o avisou dos planos do empresário. Os donos da Globo então convidaram Eike para uma conversa na sede da empresa, no bairro carioca do Jardim Botânico. Conduziram-no por uma visita às redações dos telejornais, fizeram elogios às suas iniciativas, mas, quando entraram no tema mídia, foram gentilmente enfáticos. Disseram que não achavam um bom movimento enveredar por esse ramo e argumentaram que ele, como empresário, ficara muito grande para se tornar dono de um grupo midiático. Seriam, segundo avaliavam, muitos interesses entrelaçados — a vida dele só se complicaria. Eike entendeu o recado.

A preocupação que realmente vinha lhe perturbando os pensamentos era outra: o ano se aproximava do fim, outubro já ia adiantado, e ele ainda não conseguira vender a OGX. Em maio, a Sinochem havia adquirido 40% do campo de Peregrino, na bacia de Campos, da norueguesa Statoil.[35] Mais cedo naquele mês de outubro, e depois de muita tergiversação com o grupo X nos bastidores, a Sinopec fechara a compra de 40% dos negócios da espanhola Repsol no Brasil por 7,1 bilhões de dólares —[36] exatamente a cifra que os representantes da empresa chinesa, em março, no jantar com o empresário no Mr. Lam, disseram que investiriam no continente.

Durante algum tempo, contudo, os banqueiros de Eike ainda alimentaram a ilusão de que a Sinopec mantivesse interesse em algum negócio com o grupo. Logo ficaria claro que não. Os chineses não estavam dispostos a desembolsar o preço pedido pela petroleira. Nem eles, nem ninguém.

13. Déjà-vu (e uma solução das Arábias)

Na manhã do dia 25 de outubro de 2010, Paulo Gouvêa, Zartha, Marcelo Torres, José Faveret, diretor jurídico da OGX, Reinaldo Belotti, diretor de produção, e Paulo Mendonça sentaram-se ao redor da mesa de reuniões da OGX preparados para a última teleconferência do processo de venda da companhia, com a equipe da norueguesa Statoil. Nas semanas anteriores, todas as outras alternativas haviam sido eliminadas. Quem não pulara fora formalmente, como a chinesa CNOOC ou a italiana Eni, mantinha as conversas num ritmo bastante lento e protocolar. Pareciam querer deixar o assunto morrer sem ter de dar uma resposta clara. Os banqueiros se esfalfavam para manter o negócio vivo, simulando para os supostos competidores uma briga de bastidores que, no fundo, não existia. Estava cada vez mais difícil disfarçar o fato de que ninguém se candidatara a comprar a OGX.

Essa seria a hora da verdade, não só por ser a última, mas também porque os noruegueses, embora educados, não eram de muitos rapapés. Iam direto ao ponto. E honraram a fama. Às onze horas, o representante da Statoil abriu a reunião, falando de Oslo: "Bem, meus caros. Como vocês sabem, fizemos uma *due diligence* [processo de análise] rigorosa sobre os dados da OGX. Gastamos muitas horas-homem nesse processo, checamos todas as informações disponíveis, mas não conseguimos enxergar o mesmo volume de reservas que vocês".

Era até uma forma polida de os noruegueses dizerem o que pensavam sobre a empresa. Operadores de um campo na mesma região da OGX, eles conheciam muito bem os reservatórios daquela área e seu comportamento. E tinham certeza de que a petroleira de Eike Batista era um engodo.

Do lado brasileiro da conversa, a tensão era palpável. Gouvêa tentou apurar quão fritos estavam: "Qual é a discrepância entre as estimativas?". Fez-se silêncio, seguido de uma afirmação curta: "A gente não chega nem à metade". O clima pesou. O executivo, porém, ainda especulou sobre o que, a essa altura, seria a salvação da pátria. "Mas não há nenhum campo em que vocês tenham interesse em fazer uma oferta?" Os noruegueses, então, foram obrigados a ser mais explícitos. "A discrepância de avaliação se dá em todas as áreas. Não há nenhuma hipótese de associação entre nós agora. O melhor a fazer é encerrar este capítulo do nosso relacionamento e esperar uma próxima oportunidade."

Novo silêncio. Nesse momento, ante o revés, a equipe de Eike buscava uma forma de não deixar que os interlocutores desligassem; procurava um meio de reverter — ao menos minimizar — o cenário desfavorável. Mas não haveria criatividade que bastasse. Diante daquela resposta, era impossível reagir. "Bem, então até a próxima vez", encerraria Gouvêa, fazendo os agradecimentos de praxe.

Um clima fúnebre se instalou de imediato após o final da teleconferência. Marcelo Torres mantinha a cabeça baixa, olhando fixamente para o tampo da mesa. Faveret e Zartha se entreolhavam embasbacados com o tom adotado pelos noruegueses. O espírito da derrota fragorosa ainda não se havia dissipado quando o celular de Paulo Gouvêa tocou. Era o chefe, do carro, a caminho do escritório, em algum ponto entre a lagoa Rodrigo de Freitas e o Aterro do Flamengo. "E aí, como está a reunião?" "Acabou, Eike. Foi uma merda. Os caras estão fora. Eles dizem que não enxergam nem metade das reservas que estamos estimando. Não vão comprar nada." "O quê? Não é possível!", gritou o empresário, que prosseguiu: "Me passa o Paulo Mendonça". Gouvêa, que saíra para atender, entrou na sala e passou o aparelho a Dr. Oil diante de olhares ansiosos que logo se arregalariam ante a fala do geólogo ao telefone: "Não, Mr. Batista. Foi fantástico. Eles querem, querem sim! Estão dentro! Eles estão só negociando. Isso é conversa de comprador. Sim, sim, vamos almoçar. Falamos mais durante o almoço".

O patrão não sabia em quem acreditar. Pediu a Mendonça que pusesse

Zartha na linha, o que não ajudaria muito. "É, Eike, não sei, eles podem até estar negociando, mas não parecia..." O empresário desligou, confuso, enquanto, na sala de reunião, Gouvêa interpelava Mendonça, dando início a um bate-boca frenético. "Peraí, você assistiu à mesma reunião que eu? Você sabe falar inglês? Você entendeu o que o cara disse? Como é que você tem coragem de dizer que eles estavam só negociando? Seu mentiroso! Você está enrolando o Eike!" Mendonça não se deu por vencido. "Você é um menino, não entende nada disso! A indústria de petróleo é outro mundo. Você não conhece nada!" E ao final, quando Gouvêa e Zartha saíam, ainda completou: "Deixa pra lá. Se eles não quiserem, ainda temos os chineses".

Dr. Oil referia-se à Sinochem, mais uma das estatais chinesas que estavam de olho em petroleiras no Brasil. De início, a empresa ficara distante do leilão da OGX, uma vez que as outras duas companhias nacionais da China haviam entrado na disputa. Depois, estimulada pelo Credit Suisse, que ainda tentava salvar o negócio, decidiu dar uma olhada nas informações do data room. Pelos dados colocados ali, a petroleira deveria valer 130 bilhões de dólares, o que significava que teriam de desembolsar 26 bilhões se quisessem ficar com 20% da OGX. A situação estava, pois, nesse pé, sem qualquer movimento concreto. Mas Mendonça dizia ter sentido cheiro de negócio e seguia demonstrando confiança.

Quando o chefe chegou, Gouvêa e Zartha já o esperavam. Seguiram-no para dentro de sua sala e fecharam a porta. Exasperado, o primeiro repetiria o que já dissera ao telefone: "Eike, acabou. Não existe essa conversa de negociação. Os caras estão fora. Não tem petróleo, Eike. Os caras não acharam nada na empresa!". Zartha, sentado na cadeira ao lado de Gouvêa, balançava a cabeça como para corroborar. O empresário franziu a testa, preocupado, e lhes disse que pensaria no que fazer. Dispensou os dois auxiliares e mandou chamar Paulo Mendonça, com quem saiu para almoçar.

No dia seguinte, no Palácio Guanabara para uma reunião com Sérgio Cabral, acompanhado de Zartha e Flávio Godinho, Eike se mostrava confiante. Dr. Oil lhe garantira que aquilo tudo fazia parte do processo, que, se os noruegueses não quisessem comprar a OGX, os chineses certamente entrariam no jogo. Os chineses, afinal, o adoravam. Ele era Mr. Eight, um contumaz criador de riqueza que chegara ao posto de oitavo homem mais rico do mundo. Tudo daria certo, assegurara Mendonça, e logo o nó seria desfeito. O empresário, inclusive, pedira a Gouvêa que procurasse o interlocutor do grupo junto à

Sinochem, Marcus Silberman, do Credit Suisse, e o pressionasse por uma resposta. Talvez tivesse sido melhor continuar na ignorância. O retorno chegou enquanto ainda estavam na antessala do governador. A voz lúgubre do diretor de finanças corporativas do grupo X não deixava espaço para dúvidas. "O Silberman disse que os chineses recusaram veementemente fazer uma proposta. Eles não só não viram o mesmo valor que a gente como estão se sentindo ofendidos, ludibriados por termos tentado empurrar 100 bilhões para cima deles. Acabou. Ninguém vai comprar a OGX. Ninguém."

Ao ouvir isso, Eike ficou branco e pôs as mãos na cabeça. Era como se tivesse acabado de escutar o veredicto do Juízo Final. Então, abaixou-se, apoiou os cotovelos sobre os joelhos e se pôs a lamentar baixinho: "Puta que pariu. Ser fodido por um geólogo de novo, não... Geólogo, não...". Zartha e Godinho conseguiam imaginar o que o chefe sentia. Haviam acompanhado a prolongada agonia da TVX e sabiam que, na opinião do empresário, os maiores culpados por seu fracasso no Canadá eram os geólogos, que o tinham empurrado para as apostas erradas. De repente, todo aquele passado esquecido, os traumas da queda no mercado canadense, os erros cometidos, tudo veio à sua mente. Era como se sentisse tudo de novo. E ele não conseguia reagir.

Zartha então aproveitou para insistir na tese da intervenção na petroleira. "Eike, deixa a gente entrar na OGX. Chama uma auditoria para conferir os dados. Põe outra empresa para verificar tudo. Ou então chama alguém do grupo mesmo. Tem o Carneiro [CEO da OSX], que vive dando porrada no Paulo Mendonça. Ele está sempre dizendo que está tudo errado na empresa. Vamos pedir ajuda a ele, entrar lá e resolver!" Abalado, o empresário concordava com tudo. "Tá bom, tá bom. Pode fazer." Na mesma hora, Zartha telefonou para Gabriel De Biase, o Gabinha, gerente financeiro da OGX, logo abaixo de Marcelo Torres na hierarquia da companhia, e pediu que o rapaz estivesse em sua sala no final da manhã. Deixou o patrão com Godinho e Cabral e voltou para o grupo, para se encontrar com De Biase, a quem foi logo dizendo: "Está na hora de você escolher suas lealdades". Gabinha garantiu que estava fechado com Eike, comprometeu-se a entregar os papéis para a análise e saiu. Foi a última vez que os dois estiveram a sós no mesmo ambiente. Em seguida, Mendonça declararia guerra aberta a Gouvêa e Zartha. E o empresário preferiu esquecer o episódio, até porque já tinha em vista outra solução mágica. Não mais na China, mas em outro canto do planeta: as Arábias.

* * *

Na primeira semana de novembro de 2010, Eike, o filho Thor e Paulo Mendonça desembarcaram no aeroporto de Abu Dhabi, a capital dos Emirados Árabes Unidos, e foram recebidos por uma comitiva de turbantes. Eram esperados para uma reunião com sua alteza o sheik Mansour bin Zayed Al Nahyan, um dos dezenove herdeiros do fundador dos Emirados e dono de uma fortuna estimada pela *Forbes* em 4,9 bilhões de dólares.[1] Hospedaram-se no Yas Viceroy, um hotel de 499 quartos — coberto por 5 mil painéis de LED que mudam de cor —[2] construído sobre a pista do circuito de Fórmula 1, que receberia a prova nos próximos dias. Fora Mansour, um apaixonado por esportes, quem trouxera a categoria mais importante do automobilismo mundial para o emirado. Praticante de corridas de cavalos no deserto e amante do futebol, também comprara o Manchester City, da Inglaterra, e já havia investido mais de 750 milhões de libras no time, adquirindo os passes dos atacantes Robinho e David Silva.[3]

Prestes a completar quarenta anos, o sheik tinha um estilo jovem e midiático que combinava com o de Eike. Educado nos Estados Unidos e casado com uma das filhas do rei de Dubai, era uma estrela em ascensão na Arábia. Mas o que verdadeiramente interessava ao brasileiro era o fato de que, na divisão de tarefas da realeza, cabia ao seu anfitrião gerir um dos fundos soberanos de Abu Dhabi, o Mubadala, com mais de 88 bilhões de dólares em ativos.[4] Seu objetivo ali, portanto, era cativar Mansour. O Projeto Lam fizera água, é verdade, mas o empresário já tinha um plano B em mente. Se não queriam comprar a OGX, que comprassem a ele, Eike — um ativo já testado e aprovado.

No dia seguinte, pela manhã, o grupo foi levado pela comitiva do sheik para assistir à prova de testes do Grande Prêmio, no lugar reservado aos convidados VIPs. Depois, seguiram para a marina, onde estava ancorado o superiate de Mansour. Devidamente descalços e acomodados em um salão no primeiro nível da embarcação, foram servidos de água e caviar enquanto esperavam. O anfitrião não demoraria muito a aparecer, paramentado com seu turbante real. Embora educado, comportava-se de forma protocolar e distante. Enquanto Eike discorria sobre o momento mágico do Brasil e as inúmeras oportunidades ao sul do equador, Mansour se distraía com a TV de tela gigante que transmitia os aprontos da Fórmula 1.

Eike no final dos anos 1970, no apartamento da família em Bruxelas, na Bélgica.

Com a família no casamento do irmão e sócio Werner, em setembro de 1981. Abaixo, os pais, Eliezer e Jutta, e um tio. De pé, os seis irmãos, incluindo Dietrich, o Dide (de bigode, à esquerda de Eike), Monika e Werner, ao lado dela.

Ao lado do banqueiro Bill, no início da década de 1980, no aviãozinho em que levavam potenciais investidores para conhecer as minas na Amazônia.

No final dos anos 1980, com o ouro retirado da Amazônia.

O casamento com Luma, grávida, em 31 de janeiro de 1991, três meses depois de assumir o namoro e desistir da união com outra moça.

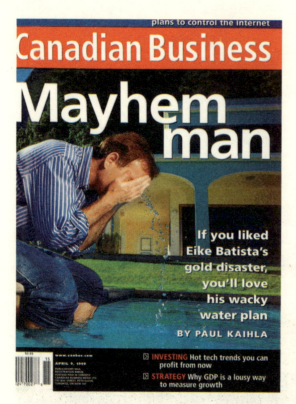

Capa da revista *Canadian Business* sobre a crise da TVX, em abril de 1999: chamado de "O homem caos", Eike culpava os executivos, pedia perdão aos acionistas e aproveitava para fazer propaganda de uma nova empresa.

De óculos escuros, com Luma e Oscar Maroni Filho, dono de um "clube de entretenimento adulto", no *Domingão do Faustão*, em junho de 2001. Cenas constrangedoras transmitidas ao vivo para milhões de brasileiros.

Em 2005, com a diretoria da EBX, pronto para decolar. Da esquerda para a direita: Joaquim Martino, Marcelo Cheniaux, Paulo Gouvêa, Paulo Monteiro, Adriano Vaz (em pé), Pedro Garcia (sentado), Dalton Nosé (sentado) e Ricardo Antunes (em pé).

Eike comemora com champanhe o sucesso do *road show* da OGX. Em primeiro plano, Paulo Mendonça, o Dr. Oil. Logo atrás, checando o celular, Rodolfo Landim.

Comemorando o IPO da OGX em 13 de junho de 2008. Da esquerda para a direita, na primeira fila: Mendonça, Gouvêa, funcionário não identificado da Bovespa, Landim, Eike, Francisco Gros e Flávio Godinho: 6,7 bilhões de reais arrecadados em um único dia.

Choro emocionado com a homenagem do governador Sérgio Cabral, em 30 de julho de 2008, após o final feliz da crise provocada pela Operação Toque de Midas, da Polícia Federal.

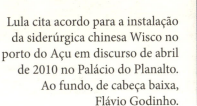

Lula cita acordo para a instalação da siderúrgica chinesa Wisco no porto do Açu em discurso de abril de 2010 no Palácio do Planalto. Ao fundo, de cabeça baixa, Flávio Godinho.

Em 16 de agosto de 2010, com a primeira-dama, d. Marisa, e o cabeleireiro dela, Wanderley Nunes, no leilão em que arrematou por 500 mil reais o terno usado por Lula na posse de seu primeiro mandato.

Três dias depois, saindo do Palácio da Alvorada, após uma conversa de uma hora e meia com o presidente Lula, que teve até apresentação de PowerPoint na cozinha.

DeGOLYER AND MacNAUGHTON
5001 SPRING VALLEY ROAD
SUITE 800 EAST
DALLAS, TEXAS 75244

April 29, 2011

OGX Petroleo E Gas Participacoes S.A.
Paulo Ricardo dos Santos
VP Exploratory Interpretation
Praia do Flamengo, 154/7th
Rio de Janeiro, Brazil 22210-030

Dear Mr. Ricardo dos Santos:

    DeGolyer and MacNaughton recently became aware that OGX Petroleo E Gas Participacoes S.A. issued a press release on April 15, 2011 in which OGX aggregated as "potential resources" D&M's estimates of (i) contingent resources, (ii) two estimates of prospective resources and (iii) potential petroleum quantities. In addition, the press release incorrectly estimated the OGX Net "Potential Resources" for the Santos basin as 1.8 billion boe (rather than 1.7 billion boe), a mistake that also affected the aggregate amount.

    OGX's totaling of these three very different categories is of great concern to D&M. Such three categories are not comparable, involve completely different risk parameters and are not susceptible to simple addition. Accordingly, OGX's dissemination of a combined total can be very misleading. Moreover, the use of a combined total for such categories is not in accordance with generally accepted petroleum engineering practices and is inconsistent with the procedures of the Petroleum Resource Management System. D&M is very concerned that, while the press release did not expressly indicate that D&M added the categories together, such press release clearly attributed the underlying estimates to D&M and many readers would naturally assume that D&M itself combined such categories. Furthermore, due to the error in the Santos volume, the total "net potential resources" number is wrong even if aggregation of the different categories were permitted. D&M is certain that OGX will understand, upon reflection, that its recent press release could be very damaging to D&M's professional reputation.

    D&M very much values its relationship with OGX and, at the same time, considers it essential that the press release be corrected in some manner. Accordingly, D&M respectfully requests that OGX issue a corrective press release. A suggested form of press release is enclosed.

    D&M requests that OGX endeavor to correct its disclosure as soon as possible and, in any event, by May 3, 2011. D&M is available at OGX's convenience to discuss this matter or any suggested modifications in the proposed press release.

Very truly yours,

DeGOLYER and MacNAUGHTON

John W. Wallace
Executive Vice President

Primeira carta da D&M advertindo a OGX da divulgação de dados incorretos — que, segundo a consultoria, poderia ser "muito enganadora".

Com o CEO mundial da GE, Jeff Immelt, que o chamava de "o maior empreendedor do mundo", num painel sobre o futuro da economia global, em maio de 2011.

Em dezembro de 2011, no lançamento de seu best-seller,
O X da questão, observado pelo ghost-writer, amigo e assessor
Roberto D'Avila.

Posando com o pastor-alemão Eric em janeiro de 2012: com a multiplicação da riqueza, mais um carro de luxo passou a enfeitar a sala.

No novo e amplo escritório, em fevereiro de 2012: de tão orgulhoso da capa da revista *Veja*, ele mandou fazer um pôster.

De braços cruzados em frente ao pescoço — o gesto do X — comemorando o início da produção da OGX e a visita de Dilma Rousseff ao porto do Açu, em abril de 2012.

Feliz com Cabral e Dilma no evento do Açu: "Me emocionem, eu quero chorar!".

Vindo da empresa de estaleiros osx, Luiz Carneiro assumiu o comando da ogx em 28 de junho de 2012, depois de o anúncio de produção menor que o prometido derrubar Paulo Mendonça.

Eike, Lula e o lobista Amaury Pires (de terno cinza) no Açu em janeiro de 2013. Dias depois, dois ministros se empenhariam na malograda tentativa de levar o estaleiro da cingapuriana Jurong para o porto.

O consultor Ricardo Knoepfelmacher, fissurado em relatos e estratégias de guerra, assumiu a reestruturação do grupo X em agosto de 2013.

Eike Batista ao chegar à sede da Polícia Federal em 31 de janeiro de 2017.

Só quando o brasileiro começou a falar sobre suas companhias o árabe passou a prestar atenção. Depois de apresentar seus projetos, o empresário disse que buscava um sócio estratégico, alguém para comprar um pedaço de sua holding e ser seu parceiro na condução do império X. Queria que Mansour avaliasse a possibilidade de fazerem algo juntos. Quando concluiu, o monarca destacou um subordinado para que avaliasse a OGX e encerrou o encontro, convidando-os para assistir ao Grande Prêmio de Abu Dhabi no camarote real. Agradeceram, mas, de volta ao hotel, decidiram não ficar para a corrida. Eike estava cansado e queria voltar para o Brasil.

Assim que pôs novamente os pés no hall do Yas Viceroy, o empresário, agora já satisfeito com as possibilidades inauguradas pelo encontro com o sheik, tocou no tema que tirava o sono de Paulo Mendonça. "Olha, não esqueci daquele assunto, viu? Vou autorizar." O português foi para casa satisfeito. "Aquele assunto" era a entrega dos pacotes de ações prometidos a toda a diretoria da OGX, que estavam por vencer no final daquele novembro de 2010. Os homens-chave do geólogo no Rio de Janeiro já estavam ansiosos pela grana — cerca de 195 milhões de reais a serem distribuídos a 27 executivos, dos quais o próprio Dr. Oil receberia 49 milhões.

Como sempre, Eike adiava ao máximo a decisão de liberar os pacotes, o que deixava o corpo gerencial ansioso. Aquele ano, porém, fora magnífico para a petroleira na bolsa. Contando com a fortuna certa, eles tinham comprado casas maiores, adquirido imóveis de veraneio em Angra dos Reis ou Búzios, carros importados e até — imitando o estilo de vida do patrão — lanchas. Com o malogro das negociações para a venda da OGX, no entanto, temeram que Eike resolvesse segurar as ações. Graças ao sheik Mansour, seu ânimo estava amansado.

Para aplacar também a ansiedade do mercado, que já se perguntava quando, afinal, sairia a venda, o empresário mandou que um de seus executivos "vazasse" aos jornais que o negócio ficara para 2011, o que, segundo a "fonte", poderia resultar em preço melhor, pois se aproximava a hora de a petroleira começar a produzir.[5] Faltava só pacificar o time, o que não tardaria a ocorrer. Antes, porém, Eike teria ainda uma surpresa desagradável.

O almoço do grupo X naquele início de dezembro transcorria como de hábito, com discussões esparsas sobre os assuntos das empresas, quando Leonardo Moretzsohn, diretor financeiro do grupo, chamou a atenção do chefe para uma situação sui generis. Na noite da sexta-feira anterior, o jato Legacy 600 de Eike decolara rumo às Bahamas levando a primeira-dama do Rio, Adriana Ancelmo, com os dois filhos pequenos, duas babás e a amiga Jordana, mulher do empreiteiro Fernando Cavendish, amigo de décadas de Sérgio Cabral e dono de mais de 1 bilhão de reais em contratos com o governo do estado. Entre eles estavam também o filho do primeiro casamento de Jordana, Luca, e a babá. Os demais — Cavendish, Sérgio Côrtes, secretário de Saúde do Rio, e acompanhantes — seguiriam num voo comercial.[6]

Ao pousarem em Manaus, para que os passageiros apresentassem seus documentos de saída do Brasil, descobriu-se que Luca não tinha a autorização do pai para deixar o país. Como os agentes da Polícia Federal não liberaram a saída do garoto, Adriana seguiu com seus meninos para o Caribe e Jordana ficou esperando pelo documento. Dois dias depois, quando a papelada finalmente chegou, o avião de Eike, estacionado em Nassau, regressou para buscar Jordana na capital amazonense — por ordem de Adriana. Faltava, porém, um integrante para que o time viajante ficasse completo: o próprio Cabral, que o Legacy, partindo das Bahamas, foi buscar no Rio. Uma semana depois, retornariam todos — governador, Adriana, Jordana e entourage. Ao final, o périplo custara mais de 600 mil reais ao grupo X, que pagava as despesas do jato. Moretzsohn, a quem cabia lidar com as demandas de Cabral, reclamou do que considerava um abuso. É verdade que, pela combinação que o político tinha com o empresário, bastava reservar o avião com antecedência para usá-lo, sem restrições. Mas todas aquelas idas e vindas já eram demais. O patrão concordou: "Que abuso! Alguém tem que dar um toque nele...". Sim, era o que todo mundo pensava. Até que se perguntou: "Mas quem vai fazer isso?". Silêncio absoluto. Ninguém iria. Nem o próprio Eike.

A briga entre Gouvêa e Mendonça havia piorado ainda mais o clima entre os executivos da OGX e os das outras empresas X. O advogado, que entrara no grupo ainda como estagiário, não achava mais possível frequentar o mesmo ambiente de trabalho que Dr. Oil. Além disso, depois de treze anos trabalhando para Eike, julgava merecer alguma compensação. Embora ainda jovem, com 35 anos, Gouvêa costurara uma ampla rede de contatos no exterior, montada em decorrência das andanças pelo mundo para cuidar dos interesses do chefe. Por suas mãos haviam passado todas as grandes associações de Eike desde 1997, incluindo as vendas de fatias da MMX para a Anglo e para a chinesa Wisco. Assim, tornara-se quase tão poderoso no dia a dia do grupo quanto Godinho, com a diferença de que não tinha um relacionamento pessoal tão íntimo com o patrão. Como o colega, detinha participação de 1% em quase todas as companhias X e cotas negociadas em separado com o próprio Eike, longe dos olhos dos outros executivos.

Para os interlocutores externos, era um jovem brilhante e diplomático, alguém com quem se podia conversar. O empresário também gostava muito do advogado, mas começara a rever e questionar tal apreço desde os últimos acontecimentos. Em suma, desconfiava de que o pupilo já estivesse enveredando por um caminho perigoso: o de se achar mais importante do que ele próprio. Como planejava abrir um escritório em Nova York, convidou-o então para comandar a expansão. Era uma boa maneira de desanuviar.

Durante todo o mês de dezembro de 2010, Gouvêa visitou alguns locais onde instalar o escritório e conversou com investidores, preparando terreno para a chegada do grupo aos Estados Unidos. Quando voltou, em janeiro de 2011, sentiu que o chefe estava diferente.

Para começar, passara a circular — para todo lado — com o cão Eric, um pastor-alemão que só respondia a comandos na língua pátria e chegara ao Brasil de jatinho, acompanhado de dois treinadores.[7] Era um presente do amigo Jeff Soffer, também bilionário e dono do hotel Fontainebleau, em Miami. Soffer se assemelhava a Eike em muitos aspectos: jovem, boa-pinta e empreendedor, gostava de belas mulheres — namorava a modelo australiana Elle Macpherson — e de negócios ousados. E também já vivera altos e baixos. Conheciam-se de longa data, desde que o brasileiro lhe vendera uma propriedade em Miami, mas haviam se aproximado recentemente, quando começaram a conversar sobre uma possível associação para administrar o Hotel Glória. Eram, então, os mais novos melhores amigos, e o cão Eric, a grande prova dessa amizade.

Orgulhoso do novo mascote, o empresário frequentemente o levava para o trabalho e o mantinha sempre por perto, muitas vezes falando-lhe em alemão enquanto conduzia reuniões ou dava entrevistas. Num desses papos, com Eric como testemunha, disse a Gouvêa que mudara de planos. A inauguração do escritório em Nova York ficaria para o final de 2011. O advogado teria de adiar sua ida para o exterior. Ele assentiu, mas não era um calouro no mundo de Eike. Sabia que isso queria dizer que seu tempo no grupo X estava perto do fim, o que se tornaria certeza pouco tempo depois.

Nos primeiros dias de 2011, sem maiores avisos, o empresário convocou Godinho, Zartha e Moretzsohn à sua sala e se pôs a se lamentar: "Chamei vocês aqui porque estou tendo problemas com o Paulo [Gouvêa]. Ele tem tomado decisões sozinho. Acha que pode ser mais importante do que eu". Como os subordinados ensaiavam uma defesa do colega, o patrão decidiu trazer Gouvêa para discutirem a questão abertamente. Na frente de todos, disse que pegara muito mal ele ter inserido o grupo entre os beneficiários de uma liminar contra a divulgação ao mercado dos salários dos executivos de companhias de capital aberto. Segundo Eike, a atitude provocara constrangimento numa reunião recente que tivera com a diretora da CVM, Maria Helena Santana. Reclamou, ainda, de que o advogado dera à nova empresa de portos criada no grupo o nome de PortX sem consultá-lo. "Por que você botou um nome de cinco letras em uma empresa minha, hein? Você não sabia que nome com cinco letras dá azar?"

Gouvêa não encaixou o golpe e passou a retrucar as alegações do chefe. "Eike, você tá maluco? Já fizemos isso quando criamos a IronX e a MMX11!" O empresário, no entanto, seguiria admoestando o auxiliar até que a conversa virasse discussão, com os decibéis subindo a cada resposta. Até que se falou no nome de Paulo Mendonça. O patrão acusava o advogado de maltratar Dr. Oil. "Ele é um funcionário dedicado e merece mais respeito!" O executivo então afirmou que o geólogo era um mentiroso e que o estava enganando. A essa altura, ambos já gritavam e o bate-boca podia ser ouvido de fora da sala. Eike atacou: "Você é um moleque arrogante! Quem você pensa que é? Não sabe nada de petróleo! Quer saber? Você não vai mais para Nova York!". "Tudo bem. Estou fora!", reagiu o outro. "Ótimo", encerraria o empresário.

Gouvêa saiu bufando. Godinho foi alcançá-lo no corredor. "Calma, Paulo. Vocês têm de conversar! Vocês estão de cabeça quente!" "Eu não estou de cabeça quente. Fiz exatamente o que tinha de fazer." O colega tentou contemporizar. "Pensa bem. Daqui a dez anos você estará no lugar dele!" Sem sucesso. "Flávio, essa empresa é dele. O grupo é ele. *One man show*. Ninguém nunca vai ocupar o lugar dele!" Antes de jogar a toalha, o interlocutor ainda argumentaria: "Vou te dizer a mesma coisa que disse para o Rodolfo. Você é muito burro de sair daqui". Era uma segunda-feira. Por obra de Godinho, ficou combinado que Eike e Gouvêa se encontrariam no dia seguinte para uma conversa civilizada.

Na terça-feira, portanto, perto da hora combinada, já pronto para sair, o advogado recebeu uma ligação da secretária: o chefe só poderia recebê-lo na quarta-feira. No dia seguinte, porém, a reunião seria adiada novamente, para quinta. Eram sucessivas — e evidentes — manifestações de desprestígio. Na sexta-feira, pois, sem afinal se despedir do patrão, Gouvêa mandou por e-mail uma carta de renúncia, em que registrava o encerramento de seu vínculo com o grupo.

Nos treze anos a serviço das empresas X, o diretor de finanças corporativas acumulara, além da agenda global, uma fortuna de mais de 200 milhões de reais. Nada mau para um jovem de apenas 35 anos. Alguns meses depois de deixar o grupo e de passar um período sabático em Nova York, Gouvêa se tornaria sócio da corretora XP.

Já para seu ex-chefe era o início de uma temporada difícil. Não dava para disfarçar o fato de que, após um ano anunciando que venderia parte da OGX, nenhum novo sócio importante investira na companhia. Começava ali um ciclo de desconfiança que algumas atitudes de Eike e de Dr. Oil só contribuiriam para agravar.

Se para parte da tropa a saída de Gouvêa representava uma perda importante, para Eike o episódio imediatamente virou passado. Ao contrário do que acontecia nos tempos das vacas magras, o grupo era procurado por executivos de alto nível, tanto no Brasil quanto no exterior. Todos queriam trabalhar com o empresário mais quente do momento. A rotatividade de quadros nas companhias X era grande — e o advogado logo seria substituído.

Naquele momento, Eike estava muito mais ocupado com uma nova conquista: a tcheca Veronica Varekova, loira deslumbrante de 33 anos, que conhecera na casa do amigo Jeff Soffer, em Miami, que mexera com seu coração. Modelo reconhecida mundo afora e garota-propaganda da marca Hublot, ela construíra uma carreira internacional de sucesso,[8] algo que o empresário admirava. No entanto, o que o deixara realmente fora de prumo haviam sido as curvas da moça, por oito anos uma das garotas de biquíni da edição anual da revista americana *Sports Illustrated* — espécie de selo de qualidade que apenas as mais belas do planeta têm o privilégio de ostentar.

O namoro com Flávia esfriara, o casal estava afastado, e ele viajava muito. Ao conhecer a tcheca, passara a se ausentar ainda mais, com frequentes paradas em Nova York para vê-la. Estava tão empolgado que mandara fazer o mapa astral da modelo, para verificar se havia compatibilidade entre eles. Veronica organizara um jantar para o empresário em seu apartamento no bairro do Village e convidara vários amigos. Eike, por sua vez, a levaria para Angra dos Reis com um grupo formado por Soffer e a mulher, o tenista Andre Agassi e outro amigo recente, Ted Forstmann. E também a apresentaria aos mais próximos, entre os quais o governador Sérgio Cabral e a mulher, Adriana. Por essa época, a modelo chegara até a visitá-lo no escritório, deixando o numeroso pelotão de marmanjos do grupo embasbacado ante a nova acompanhante do chefe. Amigos de outros tempos diziam que desde Luma não o viam tão encantado por uma mulher.

Como ele não fazia questão alguma de escondê-la, notas sobre o affair logo surgiram nos jornais. Mas o romance, dificultado pela distância e pelas agendas apertadas, morreu mais rápido do que ambos esperavam. E Eike acabaria voltando para Flávia, com quem já estava — entre idas e vindas — havia quase sete anos.

14. *Hellou!*

"Você ouviu isso? Você ouviu isso? *He-llo-ou!!*" A voz de Eike Batista soava estridente do outro lado da linha naquele dia 9 de fevereiro de 2011. Era quase possível vê-lo, sentado à cabeceira da enorme mesa de reuniões, com o dorso debruçado sobre o aparelho de viva-voz, vidrado no dispositivo, gesticulando como se houvesse uma multidão à sua frente. Como era costume quando nervoso, o timbre de sua voz subira vários decibéis. Quem o tinha diante dos olhos não conseguia disfarçar o constrangimento. Havia muito ele não se mostrava tão agitado. Já os menos chegados se preocupavam apenas com a própria pele.

Desde que abrira a teleconferência com os analistas dos bancos responsáveis pelas avaliações das empresas do grupo X, 48 minutos antes, Eike já havia despejado sobre a audiência pelo menos meia dúzia de números e projeções absolutamente desconectados da realidade. Como se justificariam perante seus pares do mercado se aquelas estimativas não fossem cumpridas? Essa era a apreensão de que se tomava quem o ouvia. Corrigi-lo, contudo, era impensável. A cada pergunta dos analistas, mesmo as mais gentis, o empresário contrapunha alguma expressão exasperada ou desafiadora — "Jesus!", "Amigo!", ou mesmo "*Listen!*" — com o deliberado propósito de evidenciar o tamanho de sua indignação.

O fato de toda a reunião ser conduzida em inglês — uma vez que, para ocasiões como essa, eram convidados investidores do mundo todo — dava um tom histriônico à coisa, tanto mais porque só os brasileiros faziam perguntas. Obviamente, Eike ignorava qualquer desses pormenores, concentrado em recuperar o controle sobre a manada de investidores que então fugia de suas ações. Desde janeiro, quando boatos começaram a brotar de todo canto como gremlins, a OGX já perdera 15% de seu valor na bolsa — e o valor total das empresas X diminuíra de 87,2 bilhões de reais para 75,4 bilhões. A petroleira estava no epicentro dos rumores, originados da suspeita cada vez mais forte de que não seria vendida tão cedo. Não havia óleo algum, já se dizia. A saída de Paulo Gouvêa, até então o responsável pela negociação da OGX, seria prova disso, especulavam outros. O empresário estaria tão abalado com a situação que tivera até um colapso nervoso, ditava um terceiro rumor.

Se a boataria continuasse nesse ritmo de crescimento, a companhia iria à lona antes mesmo de produzir o primeiro barril de óleo. E Eike sabia melhor do que ninguém que investidores só se acalmam com boas notícias. Eles *precisavam* de boas notícias. Tratou, então, de gerá-las em série, independentemente de serem concretas. Se o mercado o desafiava, ele punha mais fichas na mesa. Dobrava a aposta. Não fora assim que chegara até ali? *All in*. Tudo ou nada. De modo que não economizaria: em uma hora e meia de discussão com os analistas, anunciou que trazia para o porto do Açu uma montadora que produziria 400 mil carros por ano. Disse que o grupo passaria a negociar ações em Londres. Disse que as minas de carvão compradas na Colômbia — para abastecer as termelétricas da MPX — haviam se revelado tão boas que as apelidara de "Carajás do carvão", e que, com elas, formaria mais uma empresa para levar à bolsa, a CCX. E mais: segundo o empresário, as descobertas da OGX em Campos permitiam prever a extração de 40 mil barris por dia em 2012.

A maior parte dessas declarações era blefe, um conjunto de promessas improváveis — mas ainda incontestáveis, porque situadas no futuro. Havia, porém, pelo menos uma mentira deslavada. De acordo com Eike, a petroleira só não fora vendida até então porque novas descobertas teriam sinalizado que a companhia valia ainda mais do que o calculado inicialmente. Pelo menos 30% mais. Por isso, recusara todas as propostas recebidas. "A diferença de preço é brutal! É brutal! Nunca em nossas vidas imaginamos que seria tanto!" Ele chegava a gaguejar de tão exaltado. "Eu tenho uma lista fabulosa [de interessados na OGX] para escolher! E o que vou fazer é: eu vou cortar esse filé-mignon. O caviar vai para um lado, o contrafilé para outro, e a picanha argentina para outro!", explicava, misturando inglês com português. "Então, afinal, foi bom o negócio não ter saído?", perguntou Auro Rozenbaum, do Bradesco. O empresário, em tom enfático, mal pôde esperar que ele terminasse de falar: "*Yes, sir! Yes, sir!* Foi muito positivo!".[1]

Os analistas pareciam intimidados com aquele teatro. A maioria se dava por satisfeita com as respostas, mesmo que evasivas, e alguns, como se pedissem desculpas por questionar, procuravam deixar claro — antes de qualquer coisa — que concordavam com o empresário. Ainda assim, todos manifestaram ansiosa expectativa quanto aos resultados da avaliação encomendada pela petroleira à D&M, a empresa de certificação americana que costumava auditar as descobertas da OGX. A essa altura, o relatório era a única forma de os investidores terem uma ideia mais precisa do que realmente havia de concreto por trás de toda a espuma das declarações espalhafatosas e dos fatos relevantes dos últimos tempos.

No meio da boataria, uma das histórias que se espalhara pelas mesas dos operadores era justamente a de que o novo relatório seria decepcionante. Durante a teleconferência, Eike, ajudado por Paulo Mendonça, descartou a hipótese, afirmando que, em um mês, todos conheceriam os verdadeiros resultados da avaliação externa. "*We don't do* puxadinhos! Vamos calar muitas bocas!" O empresário garantiu também, diversas vezes, que não tinha qualquer problema de saúde. "O único colapso nervoso que tive foi por estar muito empolgado!"

Os dois tumultuados meses entre a constatação de que não havia compradores para a OGX e a "teleconferência do *Hellou!*" — como a chamava a tropa da praia do Flamengo — não haviam sido suficientes para abalar a visão otimista de Eike. Por mais estranho que parecesse, depois do primeiro baque, ele se comportava como se nada de mais houvesse ocorrido. Com a saída de Gouvêa, redistribuíra suas atribuições entre três outros diretores do grupo e se aproximara ainda mais de Mendonça.

Entre uma viagem e outra no G550, o jato Gulfstream que era o melhor da frota de Eike, o geólogo lhe contava maravilhas sobre os indícios de atividade vulcânica percebidos nos campos da companhia — o que, segundo Dr. Oil, levara à formação de uma reserva extraordinária de óleo no fundo do mar, ainda não identificada pelas grandes petroleiras no Brasil. Outro feito de Mendonça teria sido a descoberta de campos de pré-sal em águas rasas, bem mais perto da costa — uma espécie de ovo de Colombo do mundo do petróleo, uma vez que, quanto mais próxima do litoral e em menores profundidades fosse a produção, mais barata restaria a operação.

Eike, de sua parte, compartilhava essas informações — em dissimulado tom de confidência — com colaboradores, banqueiros e investidores. Um dia, enquanto discutia questões práticas com um dos banqueiros que frequentavam o grupo, fez questão de chamar Mendonça para que explicasse pessoalmente a descoberta, ao fim do que o empresário repetiria por um tempo: "Um vulcão, você acredita!? Descobrimos um vulcão no fundo do mar!".

Apesar do tom histriônico — ou talvez até por causa dele —, a "teleconferência do *Hellou!*" fora bem-sucedida. Nos dias seguintes, os jornais estavam cheios de notícias positivas sobre o grupo. As ações da OGX voltaram ao patamar de antes da onda de boatos. E Eike teve tempo para respirar. Provara que ainda tinha o condão de encantar o mercado e estava então ansioso por testar seu poder nas bolsas de além-mar. Contratara recentemente o australiano Peter Nathanial, um conselheiro da MMX, para fazer o IPO da holding EBX na bolsa de Londres.

Com dezesseis anos de experiência no Citigroup e mais dois trabalhando em Londres, no Royal Bank of Scotland, Nathanial prometia ao empresário abrir-lhe as portas do mercado britânico e fazer suas companhias valerem ainda mais. Contudo, vinha de uma passagem conturbada no emprego anterior, pois era justamente o chefe da equipe de gestão de riscos do RBS quando a instituição sucumbiu à crise de 2008 e precisou ser salva pelo governo.[2] Seu nome era sempre lembrado nas reportagens publicadas no Reino Unido a respeito dos excessos cometidos pelo banco em apostas com derivativos tóxicos naquele ano. Eike sabia das ressalvas a Nathanial, mas nunca lhes dera importância. Estava arrebatado pelo novo subordinado.

Muito além da competência, porém, o que mais lhe agradava no australiano era o porte. Era mesmo impossível deixar de notar quando o executivo, com quase dois metros de altura e jeito de bom moço, adentrava algum ambiente. "Um homão! Isso é que é executivo! Não esses baixinhos que temos aqui!", dizia Eike, referindo-se indiretamente ao recém-saído Gouvêa, de 1,74 metro, e a vários outros do grupo.

O empresário tinha uma questão mal resolvida com sua estatura. Com 1,77 metro, não era propriamente baixinho, mas, ainda assim, desde jovem usava saltos escondidos no interior das botas de caubói, para parecer mais alto.

Ainda no início de sua escalada com as companhias X, a revista *Exame* publicara uma reportagem — intitulada "O nanico que sonha grande" — sobre suas pretensões de desafiar a Vale com a MMX.[3] Embora não tivesse gostado do tom crítico do texto, o que o aborreceu de verdade foi o "nanico".

Meses antes, envolvera-se numa polêmica via Twitter com o humorista Marcelo Tas sobre a legitimidade de seu relacionamento com o BNDES. Em meio à troca de chumbo, Tas o chamou de "tampinha". O adjetivo era uma referência ao fato de Eike ter menos seguidores do que ele na rede social, mas o empresário se sentiu ofendido.

Fariam as pazes alguns dias depois, entre muitas risadas, num descontraído almoço no Mr. Lam. Ainda assim, depois disso, vez por outra Eike perguntava a um assessor: "Fala a verdade, você acha que eu sou tampinha?".[4]

Assim que chegou, cheio de moral, o "homão" Nathanial foi logo inteirado dos planos do grupo e encarregado de assuntos importantes, como participar da negociação com os representantes do sheik Mansour em Abu Dhabi. Sua base passara a ser Nova York, onde despachava no recém-montado escritório da holding, na Madison Avenue, a uma quadra do Central Park. Quando não estava ali, encontrava-se na sede no Rio, onde três consultores contratados por ele trabalhavam para montar a operação de desembarque no mercado britânico — que pretendia captar 10 bilhões de dólares. A ideia era reunir todas as participações de Eike nas empresas X em uma única companhia e oferecer seus papéis na City londrina. Nathanial prometia realizar o IPO até junho daquele ano, 2011 — perspectiva que deixara o empresário bastante animado.

Com um argumento convincente, contudo, o plano seria bombardeado no nascedouro pelo time da holding. Levar a EBX a Londres exigiria transferir seu domicílio fiscal para a Inglaterra, o que custaria pelo menos 200 milhões de dólares em impostos no Brasil. Era uma enormidade até mesmo para os padrões de Eike, ainda mais porque o resultado da mudança era financeiramente incerto. Em defesa de seu ponto de vista, Nathanial alegava que a migração sairia barata se comparada ao que poderia render, isso sem contar a notoriedade que garantiria ao empresário. Afinal, questionava o australiano, o que eram 200 milhões de dólares perto dos muitos bilhões que viriam em seguida? Sempre que ouvia isso, Eike assentia com a cabeça.

Só começaria a desistir da empreitada quando apresentado a um problema bem mais relevante sob seus critérios: como explicar que um grupo tão convicto do potencial da economia brasileira transferisse sua sede para outro país?

Aos poucos, portanto, Eike foi deixando de falar no assunto e jogando o australiano — obviamente desagradado — para escanteio. A relação azedaria de vez quando ele descobriu que o auxiliar estava para fechar, em nome da holding, um contrato — de 1 milhão de dólares por ano — com uma empresa de relações públicas que tinha, entre suas metas, "tornar Eike Batista e Peter Nathanial conhecidos nos Estados Unidos". Então o australiano queria brilhar mais do que ele? De imediato, o empresário pegou a papelada e rabiscou em letras garrafais para o subordinado: Stop! Chegara, pois, a hora da famosa "geladeira", onde Nathanial ficaria por algum tempo, embolsando o salário de 50 mil dólares mensais, até desaparecer tão repentinamente quanto surgira, levando consigo o projeto de internacionalização do grupo.

Eike se convencera, afinal, de que não precisava estar em Londres para seguir captando recursos no mercado internacional. Afora os poucos analistas e investidores que incentivavam a boataria contra seus negócios — e que, segundo o empresário, lucravam muito com apostas na queda da OGX —, o resto do mundo continuava admirando seu império brasileiro. Se as multis do petróleo não queriam comprar a petroleira, os fundos de investimento quereriam.

Nos primeiros meses de 2011, ele lançara seus executivos e banqueiros em uma rodada de reuniões com investidores internacionais que, em pouco tempo, comprariam 2,6 bilhões de dólares em títulos da dívida da empresa.[5] Era uma forma de injeção de recursos bem mais fácil de conseguir, já que não envolvia associação. Tratava-se pura e simplesmente de um empréstimo, com incidência de juros e prazo de vencimento — junho de 2018. E quem não queria emprestar dinheiro a um dos homens mais ricos do mundo? Além disso, os grandes fundos de investimento globais tinham de aplicar determinadas cotas do capital em países emergentes, e a OGX era considerada uma boa opção para cumprir tal compromisso. Entre os compradores dos títulos da dívida da companhia estavam gigantes como Pimco, BlackRock e outros fundos que não brincavam em serviço.

Dinheiro tampouco era problema para Eike junto aos bancos nacionais. Em março de 2011, dois deles, Itaú e Bradesco, lhe emprestaram 1,3 bilhão de dólares, tendo como garantia suas próprias ações nas empresas X. Sobre esse valor, Eike ainda colocara mais 200 milhões de dólares para adquirir mais 71% das ações da Ventana Gold, dona de minas de ouro na Colômbia de que ele já tinha 20%. Rebatizada como AUX, a empresa incrementava sua linha de produção para as bolsas de valores. A ideia era "cubar" as reservas, isto é, fazer os primeiros furos para estimar os volumes, montar um projeto e oferecê-la ao mercado, como com todas as outras.

Na mesma época, o BNDES, o Gávea — fundo administrado pelo ex-presidente do Banco Central Arminio Fraga — e o próprio Eike injetaram 1,3 bilhão de reais na MPX para financiar suas usinas termelétricas.[6] O aporte de Fraga representava o que Eike chamava de "selo de qualidade", muito bem-vindo naquele momento de desconfianças. Afinal, se um financista renomado aplicava dinheiro em seus empreendimentos, apostar contra o X só podia ser coisa de especulador.

O empréstimo do banco de fomento era mais uma prova das boas relações entre o empresário e o Palácio do Planalto. Eike estava entusiasmado com Dilma Rousseff, a quem visitara logo após a posse para mostrar seus vídeos e falar de seus projetos. Sua meta era levar a nova presidente da República para conhecer as obras do porto do Açu — algo que tentara com Lula, sem sucesso, durante anos. Ela prometia ir. Enquanto, porém, não abria espaço na agenda, mantinha uma troca de gentilezas com Eike em público, via Twitter. Dilma não raro até reproduzia os anúncios de descobertas da OGX alardeados por ele na rede social.

O veto dos advogados do grupo ao uso do Twitter para propagandear as iniciativas das empresas X, aliás, ficara esquecido em algum lugar do passado. No segundo semestre de 2010, quando Eike começou a se referir a si próprio como "Panda Gigante" na rede,[7] alguns de seus executivos chegaram a se preocupar. Mais do que uma punição da CVM, temiam que o chefe acabasse ridicularizado. No entanto, como não adiantava que eles falassem sobre o assunto, decidiram recorrer a alguém que o patrão respeitasse. Fizeram, então, um apelo ao vice-presidente do Itaú BBA, Candido Bracher, que, depois de checar as mensagens do empresário, concordaria em vir ao Rio e conversar com ele.

Eike, como sempre, recebeu o amigo banqueiro com todo o carinho. Após comentar amenidades com os executivos presentes, o visitante pediu que o deixassem a sós com o empresário. Depois de meia hora fechados, os dois saíram abraçados e alegres. E Eike, sorridente, anunciou: "Pessoal, o Candido está fascinado com a internet. Ele vai abrir uma conta no Twitter!".

Já era noite de sexta-feira, 15 de abril de 2011, quando Paulo Mendonça pegou o microfone na sala 3-D da OGX e se pôs a discorrer sobre as principais conclusões do relatório da consultoria americana D&M, que acabara de ser distribuído aos mais de vinte analistas presentes, acomodados nas confortáveis cadeiras azuis do auditório. Vários deles haviam pedido por aquele encontro, propositalmente marcado para depois do fechamento do último pregão da semana. A ideia era que tivessem tempo de digerir as informações antes da segunda-feira, quando deveriam divulgar suas próprias leituras acerca dos números apurados pela consultoria. Havia grande expectativa quanto ao resultado daquela sessão. Enfim seria conhecido o tão aguardado relatório sobre o potencial de reservas da petroleira, o primeiro feito com dados concretos de poços perfurados.

Além de Mendonça, outros funcionários graduados da OGX estavam presentes e disponíveis para tirar dúvidas. Os principais executivos do grupo haviam dedicado a semana toda a planejar o evento. Enquanto as apresentações em PowerPoint eram montadas, redigiam-se os press releases e os comunicados ao mercado. Paralelamente, ocorriam as reuniões preparatórias — em que os homens de Eike se dividiam sobre qual seria o efeito do conteúdo do documento no desempenho das ações na bolsa.

Para os mais familiarizados com a linguagem técnica do setor, estava claro que os dados não confirmavam as promessas feitas pela OGX. Até então, a maior parte dos recursos estimados para a petroleira se classificava como prospectiva — a projeção mais remota e com maior possibilidade de erro na escala do petróleo. Ao longo dos últimos meses, a própria companhia dissera claramente esperar que, após a verificação que estava em curso, a D&M promovesse muitos dos reservatórios à classe dos recursos contingentes, um patamar acima da posição atual. A OGX até estabelecera uma meta, baseada em seus próprios cálculos: 4,3 bilhões de barris — dos 6,8 bilhões incluídos então na faixa dos recursos com menos probabilidade de ocorrer — subiriam de nível.

Quando, porém, o relatório aterrissou na mesa de Eike Batista, os recursos incluídos na faixa prometida não passavam de 700 milhões de barris.[8] O documento da consultoria trazia ainda outra classificação para recursos hipotéticos, a de delineação, até então desconhecida do mercado financeiro — e até mesmo das empresas de petróleo — e ao que tudo indicava tão incerta quanto a anterior.

Para parte dos executivos, tanta vaguidão, a essa altura do campeonato, seria desastrosa. Mendonça e sua equipe, contudo, garantiam que aconteceria justamente o oposto. Primeiro porque, somando todas aquelas categorias, o total de barris de óleo possíveis agora passara dos 6,8 bilhões para 10,8 bilhões. E depois porque, segundo Dr. Oil, como terminara suas verificações dos dados da petroleira no final de dezembro, a D&M não incluíra em suas contas os dados dos quinze novos poços perfurados desde então. Antes de finalmente se decidirem por divulgar o relatório, o geólogo chegara a mandar ao Texas dois auxiliares, Gabinha e o braço direito Paulo Ricardo dos Santos, para mostrar as novidades aos americanos e tentar convencê-los a mudar a avaliação. A dupla, entretanto, voltou de mãos abanando. Sem um trabalho aprofundado, a D&M não acrescentaria um barril sequer à sua projeção.

Ainda assim, Mendonça mantinha sua versão. Segundo avaliava, a agência certificadora fora ultraconservadora. Eike e os investidores podiam confiar que os tais 4,3 bilhões de barris se enquadravam na categoria um pouco mais segura dos recursos contingentes. Era apenas uma questão de tempo até a D&M reconhecer. Quando tudo isso fosse explicado aos analistas, dizia Dr. Oil, certamente o impacto seria positivo.

Convencido de tal ponto de vista, Eike andava animado pelos corredores do grupo, e, aos mais próximos, chegara a antecipar uma alta de até 50% nas ações da companhia. Ignorando as restrições da CVM, passou a "dica" a alguns amigos, que aproveitaram para comprar ações da petroleira. Mal sabiam eles, contudo, que fora uma má ideia.

Eike não participou da exposição de Mendonça aos analistas, tampouco da sessão de perguntas e respostas, mas ouviu tudo pelo telefone. As principais questões haviam sido colocadas. Por que aquela diferença entre os recursos estimados pela petroleira e os apresentados pela certificadora? Por que a OGX não entregara à D&M os dados de seus poços no pré-sal? Por que não divulgar as projeções poço a poço? Duas horas foram necessárias até as perguntas se esgotarem — com Mendonça, Torres e os outros se revezando nas respostas. Ao final, por volta das nove horas, os analistas bateram palmas. Só então o empresário se manifestou. "Estou ouvindo palmas? Sim, acho que estou ouvindo palmas!", comemorou, antes de ordenar: "Pessoal, desce o champanhe!". As copeiras do grupo X então passaram a circular pelo salão, servindo as taças de analistas e funcionários com generosas doses do líquido borbulhante.

Para alguns dos presentes, porém, a conversa não acabara. Todos os outros analistas já haviam deixado o edifício da praia do Flamengo, mas Gustavo Gattass, do BTG Pactual, e Pedro Medeiros, do Citigroup, continuavam no auditório discutindo com os técnicos, insatisfeitos com as explicações. Não conseguiam entender os critérios adotados pela OGX para insistir em que houvesse os tais 4,3 bilhões de barris naquela categoria de recursos contingentes mesmo contra a avaliação da certificadora independente. Que conta faziam ali? Qual era a porcentagem de óleo dos reservatórios que achavam possível recuperar comercialmente? O que era necessário para que a D&M mudasse de opinião? Já que os números da consultoria não eram os mais precisos, eles queriam subsídios para conceber suas próprias estimativas.

A discussão se estenderia até pouco antes da meia-noite, quando analistas e técnicos foram vencidos pelo cansaço. Ao longo do fim de semana, a dupla ainda foi à sede do grupo para conversar com os funcionários da petroleira, mas a impressão de que havia algo errado só aumentou. A equipe não apenas não convencia em suas explicações como fornecia dados imprecisos — como o relativo à taxa de recuperação de óleo, que mudaria três vezes entre sexta e domingo.

As palmas no auditório não se refletiam no tom adotado pelos analistas, nos relatórios divulgados ao mercado na manhã de segunda-feira. Eles eram o que valia, e o que eles mostravam era que a OGX perdera a batalha de versões. Ao longo do último ano e meio, os bancos haviam sido generosos com a petroleira e encampado suas estimativas sem maiores dúvidas. Nada do que fora prometido, porém, acontecera — nem a venda de uma parte da empresa, nem o avanço na classificação dos recursos. O que a D&M informava era que muito pouca coisa evoluíra naquele período. A paciência dos investidores rareava, de modo que, apesar de uma ou outra análise positiva, alguns dos bancos mais renomados seriam implacáveis.

Não apenas o BTG, de Gattass, e o Citi, de Medeiros, consideravam decepcionantes os números levantados pela certificadora, mas também Santander, Deutsche Bank, Bank of America, Merrill Lynch, JP Morgan e Morgan Stanley. O relatório era um "anticlímax", definiu o BTG.[9] E aumentava — ainda mais — o grau de incerteza quanto às avaliações anteriores, cravou o Deutsche. Como consequência, quase todos esses bancos também reduziram a nota da OGX, o que levaria os investidores a vender desbragadamente suas ações.

Naquela mesma manhã, na tentativa de consertar o estrago, Eike Batista e Paulo Mendonça conduziram nova teleconferência. O empresário estava de novo exaltado, mas não chegaria a repetir seu famoso *"Hellou!"*. Ressaltando o aumento no número total de recursos, concentrou-se em desconstruir o parecer da certificadora americana. "O relatório já foi divulgado com notícias antigas. É um relatório Benjamin Button, já nasceu velho",[10] disse, citando o filme estrelado por Brad Pitt em que o protagonista nasce idoso e morre bebê. Em seguida, apelou: "Nós estamos dizendo que os 4,3 bilhões de barris já são recursos contingentes. Está na hora de as pessoas confiarem na equipe da OGX". Naqueles dias, passara a dizer que o óleo da petroleira era tão bom que, no futuro, seria chamado de "Batista Brent" — em referência ao tipo de petróleo considerado padrão de qualidade pelo mercado internacional.

A maior contradição desse discurso, contudo, não passaria despercebida: depois de meses sendo anunciado como marco importante, aguardado por supostamente conter surpresas incríveis para o investidor, o documento da D&M de repente se convertera em peça de museu. Outra incongruência com a qual os analistas não se conformavam consistia no fato de que, embora Eike e Mendonça divulgassem ao mercado — havia meses — o grande potencial dos campos da OGX no pré-sal da bacia de Santos, não tivessem encaminhado à avaliação da certificadora os dados relativos a essas áreas. Era o pré-sal, caramba! Que interesse a petroleira poderia ter em guardar as informações só para si? Ante tal questão, Dr. Oil se limitaria a dizer que se tratava de dados ainda muito preliminares, e que avaliá-los nesse momento iria contrariar o espírito "conservador" da equipe da companhia. Além de isso não ser convincente — a empresa era conhecida por gostar de bater bumbo sobre as próprias descobertas —, tampouco era verdadeiro. Os geólogos da OGX sabiam por quê. A campanha exploratória no pré-sal não ia nada bem, com resultados decepcionantes até mesmo para os técnicos mais otimistas.

Gattass, Medeiros e os outros ainda pressionariam Eike e Mendonça, mas ambos se mantiveram firmes no otimismo. Ao encerrar sua fala, o empresário assegurou: "Vamos continuar a surpreendê-los".

Terminada a teleconferência, o empresário estava indignado. "Eles não entenderam nada! E aquele Gattass, hein? Que filho da puta!", exclamava. De todas as análises distribuídas aos investidores naquela manhã, a do representante do BTG era a mais demolidora. Apesar de repetir que acreditava no futuro da petroleira, botava o dedo na ferida: "Uma empresa pré-operacional como a OGX depende primordialmente de sua habilidade de guiar o mercado. E essa habilidade, acreditamos, a companhia perdeu, pelo menos por ora". Esse fora o comentário que mais irritara Eike. Se havia algo em que se julgava imbatível era na habilidade de "guiar o mercado". De modo que, assim que entrou em sua sala, mandou que a secretária telefonasse para André Esteves.

Depois do racha entre eles por conta do avanço fracassado sobre a Vale, o comandante do BTG Pactual passara os últimos meses trabalhando por uma reaproximação e até conseguira ser novamente recebido pelo dono do grupo X, embora o relacionamento não fosse mais como no passado. Esteves recebeu a ligação de Eike com um cumprimento caloroso, mas logo teve de refrear o entusiasmo, porque o empresário estava colérico. "André, eu quero que você bote esse Gattass na rua! Esse cara me envergonhou diante do mercado hoje! Filho da puta!" O banqueiro então respirou fundo e começou uma longa explicação sobre a muralha chinesa que isolava o setor de pesquisa do banco, e argumentou que uma iniciativa tão radical poderia ser muito ruim para a imagem do BTG Pactual e a da própria OGX. Eike, no entanto, continuaria insistindo na demissão de Gattass — cuja fama de arrogante não diminuía o fato de que era considerado um dos principais analistas de energia do mundo pelas publicações especializadas. Esteves, portanto, enrolaria o quanto pudesse até encerrar a conversa sem nada prometer.

Logo, porém, ficou claro que o mal-estar com o BTG Pactual era o menor dos problemas. Dias depois da polêmica a respeito do "relatório Benjamin Button", o vice-presidente da D&M, um americano de olhos azuis e bochechas rosadas chamado John W. Wallace, telefonou para Paulo Ricardo dos Santos, com quem se encontrara semanas antes no Texas, quando do esforço do time da petroleira por tentar convencer a consultoria a incluir novos números na avaliação. Na conversa, Wallace reclamou que o press release da OGX sobre os dados da certificadora trazia muitas imprecisões, a pior das quais a forma como se haviam somado todas as estimativas de recursos para chegar aos famigerados 10,8 bilhões de barris — uma atitude expressamente vedada pelos manuais internacionais e, portanto, injustificável do ponto de vista técnico, que o americano classificaria como "enganadora".

Paulo Ricardo tentou acalmá-lo, mas Wallace, irritado, exigia uma retratação da companhia. Em seguida, enviou ao diretor da petroleira uma carta com o mesmo teor, que acrescentava até uma sugestão de texto a ser divulgado com as correções.[11] Ele queria que a OGX pelo menos assumisse como suas as projeções feitas e deixasse claro que aquela cifra descabida partira da empresa e não da consultoria. Os americanos tinham uma reputação a proteger e não hesitariam em recorrer à Justiça caso os reparos não fossem feitos. Para que não restassem dúvidas sobre sua disposição de ir até o final com a exigência, o pedido foi feito também por meio de uma notificação formal, anexada a um e-mail destinado à diretoria da petroleira. Em resposta, nos primeiros dias de maio de 2011, a OGX enviou à D&M uma explicação em que sustentava já ter assumido como suas as estimativas desdobradas do relatório. Ainda assim, adicionalmente, Eike preferiu convidar os americanos para "fumar o cachimbo da paz" no Rio de Janeiro.

No dia 16 de maio, um mês depois da divulgação do documento, uma equipe de técnicos da D&M, incluído o próprio John Wallace, foi recebida pelo empresário e seus pretorianos na sede do grupo X. Os representantes da certificadora não se preocuparam nem um pouco em disfarçar a contrariedade. Sentindo-se atingidos no que tinham de mais valioso — a reputação —, protestaram contra as declarações excessivamente otimistas da companhia e ameaçaram processar Eike e a petroleira. Diante daqueles americanos irados, o empresário sentiu que o melhor seria recuar. Adotando seu tom mais cordial e humilde, pediu desculpas a Wallace e sua turma e assumiu toda a responsabilidade pelo exagero. Disse que as ações da OGX eram mais líquidas que a maioria das moedas da América do Sul e reconheceu que a empresa tinha o dever de ser mais cuidadosa em seus comunicados. E precisou prometer várias vezes que seria mais ponderado quanto às informações que divulgava antes de começar a acalmar os estrangeiros.

Quando os técnicos da certificadora enfim embarcaram de volta a Houston, um pouco mais relaxados, os dirigentes da petroleira suspiraram aliviados. Dessa haviam escapado. Eike não disse palavra sobre o episódio — nem ao time da OGX nem a ninguém. Dele, só se ouviriam reclamações quanto à injustiça sofrida pela companhia.

A ironia das declarações do empresário sobre o relatório da D&M era que o grupo X também funcionava como Benjamin Button. Quase tudo ali era "planejado" de trás para a frente, desde a ponta, nas famosas contas de chegada estimuladas por Eike. Ao pensar, por exemplo, sobre como seria a companhia de fabricação de navios, a OSX, tudo o que se sabia a respeito da produção da OGX — a ser a principal cliente do estaleiro — era que seria "muito petróleo", e que, portanto, muitos equipamentos seriam necessários.

O empresário, então, começou a estimar quantos navios-sonda (para a perfuração) e plataformas (dedicadas à produção) se poderiam fabricar num estaleiro que fosse ao mesmo tempo o maior e mais moderno das Américas — ou construído no "estado da arte", como gostava de dizer. Chegou-se então ao número mágico de 48 plataformas em dez anos, a serem erguidas por um estaleiro capaz de processar até 220 mil toneladas de aço. Isso representava uma quantidade descomunal de encomendas, só equiparável à que a própria Petrobras — que pretendia agregar à sua produção mais 2 milhões de barris diários — planejava comprar para o mesmo período.[12]

O número seria incluído nos primeiros prospectos da OSX enviados a investidores, sem que se soubesse da real necessidade de equipamentos da OGX. O mesmo raciocínio fora aplicado ao tamanho das plataformas. Para que mandar construir aquelas capazes de 50 mil barris de óleo ao dia quando se poderia ter trapizongas com o dobro da capacidade? Ademais, com a riqueza do pré-sal vindo à tona e a obrigação de produzir no mínimo 60% dos equipamentos no Brasil, Eike tinha certeza de que não faltaria demanda para o estaleiro.

Claro que nem todo mundo concordava — dentro e fora do grupo. Internamente, porém, qualquer um que pusesse em dúvida tais projetos era chamado de "calça-curta". Mas e com gente de fora, como era? Durante algum tempo, Eike tentara convencer outro empresário, Marcelo Odebrecht, a investir na OSX. O herdeiro da maior empreiteira do país, no entanto, declinou. Disse que construir um megaestaleiro no Brasil era muito arriscado e que não tinha estômago para aquilo. O estaleiro de seu grupo, no litoral da Bahia, fora projetado com um sexto do tamanho do planejado por Eike, e já era um empreendimento arriscado.

A Eike Batista, todavia, o que não interessava eram justamente os negócios pequenos. A despeito do tom deferente adotado na reunião com os certificadores da D&M, encontrava-se no auge da egolatria.

Dias depois de humilhado diante dos americanos, ele foi ao fórum para grandes empresários e seus herdeiros realizado na Bahia pelo mexicano Carlos Slim, o homem mais rico do mundo segundo a *Forbes*. E surpreendeu seus pares ao lançar um desafio durante um debate com Slim Junior: que o patriarca Slim ficasse de olho aberto, pois iria ultrapassá-lo no ranking.[13] O herdeiro, claro, ouviu a provocação, mas preferiu agir com desdém, desenhando e ignorando ostensivamente o que o brasileiro dizia, enquanto os ricaços — gente do porte de Alejandro Santo Domingo, sucessor de um dos maiores magnatas da Colômbia, Roberto Irineu Marinho e Joseph Safra — tentavam disfarçar o constrangimento.

Pouco depois, a mesma Bahia seria palco de outro episódio bem mais do que constrangedor para Eike. Mas esse nada tinha a ver com o ranking da *Forbes*.

Sérgio Cabral vinha de uma semana agitada quando finalmente embarcou no jato Legacy, prefixo PR-AVX, com destino a Porto Seguro. Era tarde de sexta-feira, 17 de junho de 2011. Acompanhavam-no o filho, Marco Antônio Cabral, e a namorada dele, Mariana Noleto. Um dia antes, o governador estivera em Brasília, numa reunião sobre a polêmica da distribuição dos royalties do pré-sal. No Rio, parte de seu secretariado tentava evitar uma greve dos bombeiros, enquanto o resto preparava a instalação de uma Unidade de Polícia Pacificadora no morro da Mangueira, na região norte da capital.

Cabral precisava de um descanso, e o destino do fim de semana seria o lugar perfeito. Nos bangalôs confortáveis do Jacumã Ocean Resort, a 72 quilômetros de Porto Seguro, com sua vista paradisíaca para o mar azul em meio a um exuberante coqueiral, ele esperava ainda se recuperar do estresse e da ansiedade provocados pela crise conjugal que resultara numa recente separação.

Seu plano era esquecer um pouco as brigas dedicando-se às comemorações do aniversário de 48 anos de um grande amigo, o empreiteiro Fernando Cavendish, dono da Delta Construções e um dos maiores prestadores de serviços do estado do Rio.

Graças à generosidade de Eike Batista, Cabral não precisara tomar um avião de carreira para chegar ao aeroporto de Porto Seguro.[14] Confortavelmente acomodado no banco de couro bege do jato, rumo à Bahia, o governador, que já participara de outros rega-bofes no resort, saboreava por antecipação os vinhos raros e caros que decerto seriam servidos. Eike era um grande parceiro. Não criara problemas nem depois do abuso das idas e vindas às Bahamas, no final do ano anterior. Nem sequer mencionara o episódio, para não constrangê-lo. E como poderia? Cabral sempre lhe fora totalmente fiel, defensor dos interesses do grupo X como se fossem os seus. Dali a três dias, aliás, sairia a licença do estaleiro que Eike fora obrigado a transferir de Santa Catarina para o porto do Açu, consequência de problemas ambientais no estado sulista.

Apesar de, no íntimo, o empresário às vezes se incomodar com o fato de o governador usar o avião como se fosse propriedade sua, não fez nenhuma modificação no acordo: se quisesse usar o jato, bastava Cabral pedir que a chefe de cerimonial telefonasse para o grupo X e o reservasse. Assim tinha sido naquele fim de semana, com o pedido expresso para que a aeronave permanecesse à disposição, na Bahia, para trazê-lo de volta no domingo.

O voo até Porto Seguro fora tranquilo. A seguir, porém, veio a tragédia. Do aeroporto, Cabral, Cavendish e companhia seguiriam para o hotel no helicóptero pilotado por um sócio do empreiteiro, o ex-doleiro Marcelo Mattoso de Almeida. Como, entretanto, não havia lugar para todos na aeronave, dividiram-se em dois grupos, para fazer duas viagens, o que seria relativamente simples, pois se tratava de um percurso de apenas dez minutos. Por gentileza, os homens deixaram que as mulheres e as crianças fossem na primeira leva.

Mas o helicóptero — que sumira rápido em meio às nuvens cinzentas daquele dia chuvoso — nunca voltaria. Caíra no mar em algum ponto do trajeto, deixando sete mortos: a nora do governador, Mariana, a mulher de Cavendish, Jordana Kfuri, com o filho Luca, do primeiro casamento, a cunhada do empreiteiro, Fernanda Kfuri, que levava também o filho Gabriel e a babá, Norma Assunção. A sétima vítima era o piloto, Marcelo Mattoso.

O acidente expôs ao país não só a intimidade de Cabral com um empreiteiro que recebera contratos de 133 milhões de reais sem licitação com o estado do Rio,¹⁵ como também o "vale-transporte aéreo" que Eike Batista lhe franqueava. O próprio pinga-pinga entre Brasil e Bahamas, que consumira tanto dinheiro dos acionistas da OGX, veio a público depois da queda do helicóptero, na coluna do jornalista Ricardo Noblat. Até aquele momento, a única carona conhecida do governador no jato do empresário fora a viagem até Copenhague para a apresentação da candidatura carioca à sede da Olimpíada de 2016. Embora já fosse uma atitude imprópria, tinha pelo menos a desculpa de ser uma viagem em razão dos interesses do estado. Dessa vez, contudo, era pura e simplesmente uma benesse privada a um agente público a quem Eike devia muitos favores. Se fosse cobrado por seu valor de mercado, o aluguel de um avião como aquele, naquela mesma circunstância, custaria pelo menos 30 mil reais.[16]

Nas semanas que se seguiram, além da história da viagem às Bahamas, viriam à tona os incentivos fiscais — de 75 milhões de reais — concedidos pelo estado às empresas do grupo X, as licenças ambientais obtidas com rapidez pelos empreendimentos do empresário e as doações de Eike a projetos do governo Cabral. Fatos que manchariam indelevelmente não só a imagem do governador fluminense, mas também a do empreendedor moderno, fiel aos princípios de transparência e governança do mercado financeiro e avesso a coronelismos de qualquer tipo.

Questionado a respeito, o empresário apenas declararia: "Sou livre para selecionar minhas amizades. Faço tudo com dinheiro do meu bolso e me orgulho disso".[17] Definitivamente, os astros já lhe haviam sido mais camaradas.

15. O Serrador é uma festa

Mais de vinte pessoas se debruçavam sobre a sacada do último andar do edifício Serrador, a nova casa do grupo X, num dos primeiros dias de outubro de 2011. De onde estavam, tinham ampla vista de um Rio de Janeiro de cartão-postal. À direita, o Pão de Açúcar. À esquerda, a ponte Rio-Niterói. E ainda, olhando mais para trás, à direita, o Cristo Redentor.

Num dia de sol esplendoroso como aquele, as águas da baía de Guanabara, espalhadas pelo cenário, reluziam como se estivessem repletas de pequenos espelhos. Aglomerados sobre o parapeito de ferro e vidro que emoldurava o escritório de Eike Batista, os executivos conversavam amenidades, olhando de vez em quando para aquela beleza toda. Eram cerca de 11h30 quando um navio-plataforma apontou, ainda pequeno, à entrada da baía de Guanabara.[1] Assim como dezenas de outras embarcações que cruzavam aquele pedaço de mar todos os dias, tinha o fundo do casco pintado de vermelho-tijolo e azul-marinho na porção superior. Em cima, trazia um emaranhado de tubos e máquinas impossíveis de distinguir. O que tornava o navio especial era a inscrição osx-1 em letras brancas dos dois lados — a primeira plataforma da história do grupo, aquela a que caberia extrair o primeiro barril de petróleo na fase de testes da ogx.

Até então, a petroleira arrendara apenas navios-sonda, específicos para a perfuração do solo e exploração de petróleo. Agora, com a OSX-1, daria início ao teste de longa duração, etapa anterior ao início da produção em caráter comercial. O óleo a ser produzido ao longo desse período experimental — 1,2 milhão de barris — já estava vendido para a Shell,[2] segundo um contrato que seria assinado naquele mesmo dia.

Seguida de perto por um helicóptero que transportava a equipe responsável pelos vídeos institucionais da EBX, a OSX-1 foi recebida com exclamações de satisfação. Diante da cena, os executivos se cumprimentavam entre sorrisos e abraços. Andando no meio deles, Eike, com um brilho quase infantil nos olhos, fazia observações críticas sobre a nova aquisição. "Mas essas letras estão pequenas demais! Não deveríamos fazer uma faixa para chamar mais a atenção?" Conforme a embarcação se aproximava, porém, ficaria claro que de pequena nada tinha. Com 271 metros de comprimento, 190 mil toneladas e altura de um prédio de seis andares, destacava-se e impunha-se na paisagem. Com o navio-plataforma desfilando bem perto de sua sacada, o empresário não se cansava de dizer: "E essa é a menor delas, hein? Imagine o que vem por aí!".

Para quem passara o último ano lidando com o ceticismo dos investidores e até com a própria e inconfessável desconfiança de que as coisas talvez não saíssem como planejado, a visão daquela nau em movimento oferecia algum conforto aos executivos do grupo. *Está acontecendo mesmo. A coisa é pra valer*, era o pensamento comum entre os presentes. Os últimos meses em especial haviam sido de muito trabalho e pouco reconhecimento.

Eike Batista vivia em sua órbita própria, brilhando nos fóruns nacionais e internacionais, dando entrevistas, confraternizando com banqueiros e políticos e circulando entre belas mulheres. Não que estivesse alheio aos negócios. Mas não era ele quem chafurdava em gabinetes de bancos e de servidores públicos, escritórios de lobistas e — literalmente — na lama de obras atrasadas para tentar fazer deslanchar todos aqueles projetos imensos ao mesmo tempo.

Também não era Eike o responsável por lidar com os mais de 150 técnicos — entre os quais cinquenta geólogos e vinte auditores — enviados ao Rio pelo fundo soberano de Abu Dhabi para avaliar os projetos do grupo. E tampouco lhe cabia lidar com os investidores das empresas X, especialmente da petroleira, que continuavam a se desfazer das ações. Desde abril, quando a estimativa de potencial segundo a D&M ficara bem abaixo do que o mercado esperava, o preço do papel só caíra — e já estava bem mais perto dos dez reais do que dos vinte de um ano antes.

Para quem observava o bilionário, a chegada do navio-plataforma era o sinal de que, dali em diante, as coisas certamente melhorariam. Na semana anterior, as ações já haviam subido um pouco, quando a OGX anunciou o acordo para fornecer petróleo à Shell. No balanço cósmico do supersticioso Eike, a OSX-1 trazia novas energias, bem mais positivas do que as do quadrante astral anterior.

O Serrador, joia art déco dos anos 1940, próximo à Cinelândia e à praça Paris, dois marcos históricos do centro do Rio, era ele mesmo um símbolo da nova fase do império X. Depois de alugar o edifício por 2,6 milhões de dólares mensais do grupo hoteleiro Windsor, Eike mandou reformá-lo para que ficasse "no estado da arte" — como sempre imaginou que deveria ser uma sede à altura de seus empreendimentos. Até então, suas empresas estavam distribuídas em dois prédios na praia do Flamengo, em escritórios antiquados que, com o crescimento das companhias, ficaram cada vez mais apertados — a ponto de os funcionários chamarem os próprios espaços de trabalho de baias-beliche.

Para abrigá-los a contento, o empresário desembolsou 60 milhões de reais na reforma, que durara pouco mais de um ano. Foram instalados elevadores inteligentes, teto elevado com fiação embutida e vidros especiais mais resistentes, para enfrentar os fortes ventos que vinham do mar. Quanto aos escritórios, todos receberam decoração clean, quase sem divisórias, à maneira das sedes de grandes bancos de investimento de São Paulo e de Nova York.

No upgrade geral, a "OGChique" ficara ainda mais requintada. Agora ocupando seis andares em vez de um, ganhara uma adega para oitenta garrafas, instalada dentro da sala de reuniões, além de dezessete terminais da Bloomberg que mostravam a variação das ações do grupo em tempo real — inclusive nas salas dos geólogos, cujo trabalho, em tese, nada tinha a ver com a bolsa ou o mercado de capitais.

Em cerca de três meses, os 3 mil funcionários lotaram todos os 23 pisos do edifício. Era tanta gente entrando e saindo que se formavam filas nas portas dos elevadores, todos sempre cheios. Eike foi o último a se mudar,[3] o que acrescentou uma dificuldade extra à logística interna do Serrador. Alguns minutos antes de ele ou os filhos chegarem, um elevador era interditado para seu uso exclusivo e dos pelo menos quatro seguranças que o acompanhavam até o escritório. A novidade causou estranheza entre os funcionários mais antigos, acostumados a ver o patrão circular à vontade pela sede anterior. Explicaram-lhes, então, que esse procedimento era uma recomendação da nova equipe de guarda-costas, composta de ex-policiais federais.

No Serrador, o escritório do empresário finalmente passara a corresponder ao que se esperava de seu status. Além das duas mesas de trabalho, havia ainda uma de reunião, vários sofás e um mural de vidro branco em que ele costumava rabiscar as projeções para a evolução de sua fortuna. Tudo disposto de acordo com as regras do feng shui — para atrair boas energias. Eike levara ainda os muitos amuletos reunidos ao longo de décadas, que antes se espremiam entre a estante e a mesa abarrotada de papéis da antiga sala e que, no novo espaço, se espalhavam organizadamente. Um enfeite indiano afixado acima de sua cadeira, no teto, simbolizava prosperidade. Sobre a mesa de trabalho, dois guerreiros incas de prata e madrepérola serviam para afugentar vibrações negativas, auxiliados pelo olho grego à porta de entrada. "As energias estão por aí. É por isso que eu acredito que tudo que você faz retorna",[4] explicava aos visitantes.

A efervescência daqueles tempos em que tudo parecia deslanchar — com gente de todo o mundo chegando para reuniões no grupo — faria com que o hall de entrada do edifício fosse apelidado de "saguão das Nações Unidas". Era ali, onde banqueiros americanos, geólogos noruegueses, engenheiros britânicos, chineses engravatados e árabes de turbante esperavam lado a lado pelos elevadores, que o império X encarnava a própria imagem do Brasil que dava certo. A afluência era tanta que às vezes acontecia de gringos, seguranças de terno preto e o pastor-alemão Eric dividirem a mesma sala de espera enquanto aguardavam o início de alguma reunião.

O mais animado de todos era o próprio Eike. Logo após a mudança, seu ex-diretor de relações institucionais, Adriano Vaz, foi visitá-lo no novo escritório. Vaz deixara o grupo na leva dos que não aceitaram devolver parte de seus pacotes de ações, logo após a crise de 2008. Com o ex-diretor financeiro

Marcelo Cheniaux, montara uma gestora de recursos para administrar o dinheiro acumulado a serviço de Eike. Mas, ao contrário do sócio, que preferira expurgar de sua vida o antigo chefe, continuava próximo. De vez em quando, encontravam-se socialmente, e Vaz ajudava num ou noutro negócio.

Assim que começaram a conversar sobre os projetos das empresas X, o empresário se levantou e, com a caneta Pilot, pôs-se a rabiscar no mural de vidro uma linha do tempo com os empreendimentos de cada companhia, as datas de entrada em operação e as respectivas receitas. As projeções e as premissas com que Eike e seus altos executivos trabalhavam haviam sido formuladas pelo diretor financeiro da holding, Leonardo Moretzsohn. O patrão tinha gostado tanto do resultado que mandara imprimir uma tabelinha de bolso com os dados e determinara aos CEOs e diretores que a levassem na carteira, de modo a sempre terem aqueles números em mente.

Segundo as estimativas, em 2016 as cinco empresas X com ações na bolsa estariam gerando para o grupo, livres de impostos e outros encargos, pelo menos 20 bilhões de reais por ano. Era uma projeção tão fantástica que o ex-diretor chegou a sentir um arrepio. Quando terminou de despejar os números sobre o quadro, Eike se virou para Vaz e disse: "E aí, entendeu?". O visitante foi direto: "Entendi. Entendi que você tem que vender tudo isso já!". O anfitrião se exasperou. "Você não entendeu nada!" Escaldado por tudo o que vivera em episódios como a expulsão da Bolívia, as dificuldades de licenciamento dos empreendimentos de mineração e a tentativa frustrada de compra da Vale, o ex-diretor sabia que a probabilidade de tudo aquilo dar errado era enorme. "Você é quem não entendeu, Eike! Quem é que consegue tocar todos esses projetos ao mesmo tempo num país como o Brasil?"

Nos anos em que trabalhara com o empresário, Vaz vira o chefe ganhar dinheiro negociando as próprias ideias. Todas as vezes que se metera a executá-las, só tivera problemas. Além do mais, era o próprio Eike quem sempre dizia que um empreendedor eficiente nunca devia se apaixonar pelos próprios projetos. "*Stop loss*", ou vender para estancar as perdas, era um dos pilares de sua famosa "visão 360 graus". Por essa lógica, manter o distanciamento era fundamental à avaliação sobre a hora de pular fora.

De saída, ao cruzar a porta do edifício e divisar lá adiante a praça Paris, lindamente arborizada, com seus canteiros e estátuas em plena harmonia com o gramado podado com esmero, Vaz balançou a cabeça. Eike abandonara a própria cartilha, caíra de amores por seus empreendimentos e decidira tocá-los. *Isso não vai acabar bem*, pensou.

Eike, então, adotara um novo discurso. Passara a se dizer um especialista em execução de projetos e um "mega-arbitrador das ineficiências do Brasil". Segundo ele, esse era o traço que distinguia seu conglomerado dos demais e explicava sua crença tão arraigada na própria capacidade de erguer tantas catedrais ao mesmo tempo. Contudo, quem prestasse atenção ao que ocorria no grupo X, longe dos holofotes e das manifestações efusivas, veria que, nos bastidores, as coisas eram bem mais complexas.

De acordo com o primeiro cronograma apresentado aos investidores quando do ingresso de suas companhias na bolsa, 2011 deveria ser o ano da virada — o momento em que deixariam a condição de projetos para se tornarem empresas do mundo real. A MMX tinha até o final do ano para estender sua produção de 7,7 milhões para 37 milhões de toneladas de minério.[5] A MPX precisava inaugurar pelo menos duas de suas usinas em construção, uma no Ceará e outra no Maranhão.[6] A OGX, por sua vez, assumira o compromisso de iniciar a produção de óleo no final de 2011. A LLX planejava dar partida na operação do porto. E a OSX necessitava ter as obras do estaleiro em estágio avançado para poder dar conta das 48 plataformas que a petroleira pretendia encomendar. As companhias X tinham, portanto, até o final do ano para fazer as coisas acontecerem.

Os projetos, contudo, estavam todos atrasados, comprometidos não raro pela insistente busca por financiamento. Apesar dos tantos bilhões captados na bolsa nos anos anteriores, ainda faltava muito dinheiro para que as empresas pudessem custear as próprias atividades. As obras em curso tinham se convertido em pesadelo. Os orçamentos para os dois principais empreendimentos da MMX — a expansão das minas de Serra Azul, em Minas Gerais, e a construção do porto Sudeste, em Itaguaí, na região metropolitana do Rio — já haviam sido estourados sem que se tivesse chegado ao final dos trabalhos. A MPX, por sua vez, encarava muita lama e problemas logísticos para fazer homens e máquinas levantarem sua termelétrica no porto de Itaqui, em São Luís, capital do Maranhão. Deficiências de gestão e de planejamento também haviam elevado o custo da usina, que de início fora planejado para ser de 1,5 bilhão de reais, mas já estava em 2,3 bilhões. De Pecém, no Ceará, onde a empresa erguia outra usina, chegavam, vez por outra, notícias de operários que batiam o ponto, deixavam seus macacões no mato próximo, iam curtir a praia e voltavam no final da tarde, só para registrar a saída e ir para casa.

Os casos mais dramáticos, porém, eram o da LLX, que construía o porto do Açu, a "Rotterdam dos trópicos", e o da OSX, dona do estaleiro, ou "Embraer dos mares". Dos setenta memorandos de entendimento assinados em solenidades públicas e gabinetes com empresas interessadas em se instalar no Açu, muito poucos já haviam se transformado efetivamente em contratos. Os executivos da LLX ainda corriam o país e o exterior atrás de grandes clientes que sustentassem o porto. E cada vez mais ficava claro que existiam, no Brasil mesmo, alternativas mais interessantes do que o Açu — como o porto de Santos, que passaria por uma ampliação, ou um terminal privado logo ao lado, que estava sendo construído pela empreiteira Odebrecht.

No quesito logística, o lugar escolhido para a construção do porto de Eike era sofrível. A única linha férrea que chegava até perto dali era um ramal de trezentos quilômetros de propriedade da Vale, sucateado e fora de uso.[7] Para que a ferrovia chegasse até o Açu, seria preciso instalar mais 45 quilômetros de trilhos, cujo custo ainda não havia sido previsto nos orçamentos do porto. A rodovia mais próxima, embora uma estrada federal, não passava de uma via de mão dupla muito movimentada e toda esburacada. Para fazer o empreendimento deslanchar, era necessário restaurar a ferrovia, construir o trecho extra e ainda colocá-la em funcionamento. Uma alternativa seria transformar a área num polo de empresas de serviços para a indústria de petróleo, já que havia a bacia de Campos em frente — e a melhor forma de acesso era mesmo pelo mar.

Qualquer que fosse a escolha, dependia da boa vontade dos maiores desafetos do empresário. A ferrovia só podia ser restaurada e utilizada mediante um acordo com a Vale. E, se quisesse concretizar a ideia do centro de suporte à indústria de petróleo, ele precisaria ter a Petrobras como cliente. Roger Agnelli, que saíra da Vale em março de 2011, depois de um longo desgaste com o governo, sempre dissera que, enquanto fosse o CEO, Eike não transitaria por aquela ferrovia. Com o substituto, Murilo Ferreira, mineiro de nascença e de estilo, as relações até melhoraram, e as duas empresas chegaram a fechar um acordo que permitia a reforma e o uso da linha férrea. Mesmo assim, nada saiu do papel.

Quanto à Petrobras, Eike ficara na mão de José Sergio Gabrielli, o presidente da companhia, que o havia transformado em inimigo desde a cooptação de vários de seus técnicos para a OGX. Gabrielli tratava o empresário com ostensiva frieza, mesmo sabedor de sua recente proximidade com o ex-presidente Lula. A primeira tentativa de Eike de fazer uma proposta à Petrobras — para que instalasse uma base no Açu, em 2009 — fora um fiasco. Primeiro Gabrielli o deixou por uma hora e meia na sala de espera. Quando enfim recebeu a dupla, numa reunião rápida, disse apenas que poderia ser um projeto interessante, despediu-se e nunca mais tocou no assunto.

De tanto buscar caminhos, Eike acabou recorrendo a um que, segundo os empresários do setor, era o mais eficiente para se conseguir negócios na Petrobras: o diretor de abastecimento e refino, Paulo Roberto Costa. Funcionário de carreira da estatal, tornara-se um de seus mais poderosos dirigentes, graças à sua ligação com políticos aliados do governo federal. Era sustentado, segundo se costumava comentar em Brasília, por um "condomínio" de partidos. E costurara uma rede de contatos tão extensa e ramificada dentro da empresa que seus detratores diziam que ele havia montado uma "federação" própria dentro da Petrobras.

Era homem de negócios, e de negócios milionários, não de ideologia. E amigo de muitos anos de Paulo Mendonça, a quem recebia com frequência nas rodas de carteado que promovia em casa.

Eike e Costa se entenderam muito bem e passaram todo o ano de 2011 discutindo os termos do negócio: a LLX construiria uma base de apoio para que o petróleo extraído da bacia de Campos e trazido em grandes navios cargueiros fosse transposto para embarcações menores, que distribuiriam dali mesmo o combustível para diferentes regiões do país. Tal operação faria o custo do transporte do petróleo para a Petrobras diminuir. Para o porto, também, seria um grande negócio. Pelos termos do contrato, a estatal pagaria pelos serviços algo em torno de 36 milhões de dólares por mês logo de início — além de atrair várias outras empresas do ramo de petróleo, dando impulso fundamental ao Açu.

O empresário depositava muita esperança em Paulo Roberto Costa. O problema era que nem mesmo o todo-poderoso diretor de abastecimento podia tudo na estatal, como ficaria demonstrado na última reunião de conselho de 2011. Ao dar seu parecer sobre o assunto, o diretor de exploração e produção, Guilherme Estrella, antigo desafeto de Paulo Mendonça e de Eike, enterrou o projeto, argumentando que, de acordo com a curva de produção prevista pela Petrobras, a estação de transbordo só seria necessária a partir de 2025.

Anos depois, em 2014, Costa seria preso pela Polícia Federal, acusado de corrupção e lavagem de dinheiro, na Operação Lava Jato. Em seu acordo de delação premiada, ele escancararia o esquema de corrupção que estava espalhado por vários escalões da estatal, envolvendo empresários, empreiteiros sobretudo, e políticos de vários partidos da base do governo. O acordo com Eike não figurou nos depoimentos.

Como se não bastasse, ainda em meados de 2011 um problema surgiria nas obras do porto do Açu. Verificou-se, numa inspeção de rotina, que havia problemas na ponte de três quilômetros construída para levar os caminhões até o píer de embarque de petróleo e minério. Os blocos de neoprene usados para amortecer o impacto da pista sobre as estacas eram finos demais. Havia risco de instabilidade e rachaduras no solo. Um reparo teria de ser feito, retirando pedaço por pedaço da pista em construção para trocar o neoprene e depois colocando de volta. Tratava-se de uma intervenção trabalhosa, mas tecnicamente simples. Contudo, ao saber que a razão do problema havia sido um grosseiro erro de cálculo dos engenheiros, Eike Batista ficou furioso.

Inconformado, o empresário decidiu colocar a questão em debate entre seus pretorianos num almoço do grupo e na presença de Otávio Lazcano, o CEO da LLX, que tocava a obra com a Anglo American. Como de hábito, fez uma introdução rápida, em que registrou considerar aquela situação bastante grave, e então lançou uma pergunta aos presentes, a começar por Godinho. "Flávio, como você acha que devemos tratar todos esses problemas?" O executivo insistiu no que já vinha defendendo havia tempos. "Acho que deveríamos criar uma diretoria de supervisão de engenharia, para tomar conta de todas as obras e prazos." Eike seguiu inquirindo os colaboradores, que davam opiniões parecidas, para constrangimento de Lazcano, que acompanhava tudo quieto.

O último a falar foi o filho do empresário, Thor, de dezenove anos, que abandonara recentemente o curso de economia no Ibmec, por achá-lo muito puxado.[8] O pai não se importara. Ele mesmo não havia terminado a faculdade e isso nunca lhe fizera falta. Acreditava que a experiência era a melhor forma de preparação para os negócios e instou o primogênito a participar mais dos negócios. Perguntou-lhe: "Thor, o que você aprendeu aqui hoje?". O rapaz, compenetrado, refletiu: "Pai, acho que é aquilo que você vem falando sempre:

tem que controlar. É como fez o Hitler. Primeiro, ele criou a SA. Depois, criou a SS para controlar a SA, e a Gestapo para controlar a SS. Sem controle, não há como avançar".

Diante do palpite constrangedor, o pessoal baixou a cabeça e procurou se concentrar na refeição. Eike, porém, parecia satisfeito. Em decorrência desse almoço, foi criada a Diretoria de Engenharia e Implantação de Projetos (Deip), sob o comando de Eduardo Karrer, CEO da MPX, com a finalidade de supervisionar o andamento dos projetos, auditando orçamentos e recomendando soluções para atrasos e problemas operacionais.

O assunto mais melindroso do Serrador, contudo, era como fazer o estaleiro da OSX deslanchar. No segundo semestre de 2011, a empresa já perdera um ano tentando mantê-lo em Santa Catarina, local do projeto original, até capitular e migrar para o Açu. Tinha, portanto, de acelerar as obras para alcançar o cronograma apresentado aos investidores. Era preciso conseguir financiamentos para a construção e o arrendamento das primeiras plataformas, que seriam produzidas no exterior, além de erguer o estaleiro.

Só o estaleiro custaria 3 bilhões de reais. No caso das plataformas, que consumiriam mais 2,6 bilhões de reais, havia um dilema: ninguém no mercado estava disposto a conceder empréstimo sem saber se havia reservas de petróleo suficientes para justificar a construção do equipamento e garantir a dívida. Só que a OGX se recusava a fornecer tal informação. Paulo Mendonça argumentava que só poderia certificar todos os campos juntos — e não um a um. Ademais, dizia Dr. Oil, se tivesse de certificar reservas, seria obrigado a atrasar a exploração. As alegações não convenciam a equipe da OSX, e as reuniões entre as empresas acabavam sempre em brigas e provocações de parte a parte.

Nessa queda de braço, Eike apoiava Mendonça. Tudo no grupo X tinha de ser rápido. Burocracia e processos formais de decisão, para ele, eram coisa de "calça-curta". Por isso, não havia alternativa senão buscar os financiamentos sem a comprovação de reservas. Assim seria. Depois de meses de negociações, que incluíram visitas de seus representantes à petroleira, os fundos de investimento aceitaram conceder empréstimos para as duas primeiras plataformas, tendo como garantia apenas os próprios equipamentos. Em contrapartida, impuseram juros muito mais altos e garantias mais pesadas do que o padrão do mercado — a forma que encontraram de se proteger sem peitar o homem mais rico do Brasil e dono da oitava maior companhia da bolsa. Preferiram acatar o argumento de que, pelo menos para essas duas primeiras plataformas, seria certo haver petróleo. Afinal, como se dizia na época, era "muito óleo".

Para erguer o estaleiro, no entanto, só havia uma fonte possível de recursos: o Estado. Para concretizar o plano de produzir no Brasil pelo menos 60% dos componentes usados na indústria do petróleo — a política do conteúdo nacional definida por Lula no início de seu primeiro mandato —, o governo havia ressuscitado o moribundo Fundo da Marinha Mercante (FMM), direcionando aportes do Tesouro e taxas cobradas sobre o frete. Desde 2003, o fundo já fechara contratos de empréstimos de 17,3 bilhões de reais, dos quais 2,1 bilhões já haviam sido liberados no final de 2010.[9] Era uma poderosa injeção de ânimo para uma indústria formada nos anos 1950 com forte incentivo público, e que havia se tornado uma das mais pujantes do mundo nos anos 1970, mas que, desde a década de 1980, amargava um longo declínio.

As decisões do fundo passavam por um conselho de treze membros, dos quais sete ligados ao governo e seis a entidades setoriais. Para conseguir a liberação do empréstimo, era preciso cativar toda essa gente. E cativar era tarefa de Eike, que saiu a campo com Flávio Godinho, promovendo diversas reuniões em Brasília para apresentar o projeto do estaleiro. Godinho, que sempre fora o braço direito do empresário para o ambiente político, conhecia muita gente, mas ainda havia algumas autoridades relacionadas ao FMM com quem não falava. Isso, porém, não chegaria a ser um problema, graças ao surgimento de um "facilitador" com credenciais especiais: o próprio diretor do departamento que administrava os recursos do fundo, Amaury Ferreira Pires Neto.

Nos meios políticos, a indicação de Pires Neto, advogado de carreira até então pouco conhecido, era atribuída ao deputado federal Valdemar Costa Neto, um dos próceres do Partido da República (PR), integrante da base de sustentação do governo no Congresso.[10] Embora o partido realmente dominasse a máquina do Ministério dos Transportes, Pires Neto se comportava como se tivesse também bastante proximidade com os petistas, citando nomes de ministros do PT e seus assessores num tom de intimidade. Educado e solícito, sempre com ternos bem cortados e em perfeita harmonia com as gravatas Hermès, os cabelos impecavelmente penteados para trás, ele se mostrou, desde o início, um eficaz agendador de encontros para o grupo X, abrindo portas não só no Ministério dos Transportes, feudo do PR de Costa Neto, mas também no do Desenvolvimento, Indústria e Comércio Exterior, administrado pelo petista Fernando Pimentel.

A atuação de Pires Neto e o peso do nome empresarial de Eike ajudariam a suavizar o caminho da OSX pelos meandros da burocracia governamental. Da mesma forma que os analistas dos bancos, também os técnicos do fundo questionavam a companhia a respeito da comprovação de reservas da OGX e sua respectiva carteira de encomendas. O fato de a certificação não existir era um entrave em potencial. Em que bases, afinal, o FMM justificaria a concessão de um empréstimo de 2,7 bilhões de reais, o maior de sua história, com juros camaradíssimos, de 3,38% ao ano, sem ao menos uma carteira de encomendas? Ora, tratava-se de um projeto do homem mais rico do Brasil, um "empresário do PT", símbolo do capitalismo emergente nacional. Ademais, Eike daria os avais necessários à operação, novamente garantindo — *all in* — pagar a dívida com seu próprio dinheiro, caso houvesse alguma dificuldade no futuro.

Assim, em junho de 2011, o conselho do fundo autorizou o financiamento,[11] que seria administrado pela Caixa Econômica Federal ou pelo BNDES. O empresário ficou eternamente grato a Pires Neto — gratidão que logo se revelaria providencial, quando o Ministério dos Transportes e o PR se viram no centro de uma sucessão de escândalos de corrupção, o que levou a presidente Dilma a sacar mais de vinte afilhados do partido de cargos no governo.[12] Pires Neto seria atingido em cheio, no início de julho, por uma denúncia, três semanas depois de aprovado o crédito à OSX. Na ocasião, o jornal *O Globo* mostrou que, sob seu comando, o FMM aprovara um financiamento de 113,5 milhões de reais para uma empresa de navegação do senador Blairo Maggi, do PR mato-grossense,[13] que tinha ainda como diretor outro amigo do partido, o ex-número um do Departamento Nacional de Infraestrutura de Transportes Luiz Antonio Pagot. O fundo liberara, ainda, mais 8 milhões de reais para um amigo do ex-ministro Alfredo Nascimento, também derrubado por denúncias de corrupção.

Um mês depois de revelada a ação entre amigos, em agosto de 2011, Pires Neto foi demitido do fundo.[14] Mas não ficou sem emprego. O grupo X estava de braços abertos para ele.

A ideia inicial de Godinho era mantê-lo como uma espécie de freelancer, fazendo trabalhos eventuais para as companhias de Eike. Mas o empresário gostava do jeito do novo lobista, que sempre ressaltava a grandeza de seus empreendimentos, e apreciava especialmente sua agenda, fornida de telefones quentes no Planalto Central. Pronto. De uma hora para outra, o ex-diretor do FMM se convertia em diretor de relações institucionais do grupo X.

Incomodados com a presença desse novo elemento, alguns executivos ainda procurariam Godinho para alertá-lo. Um deles trazia na mão uma página impressa de noticiário, retirada da internet, com as denúncias que haviam apeado Pires Neto do governo. "Flávio, vocês sabem quem estão colocando aí? Esse cara é Valdemar, cara. Esse cara é mensaleiro!" Godinho, no entanto, dispensaria o conselho muito calmamente. "Não é nada disso. Nós desenvolvemos um relacionamento muito bom com ele no Fundo da Marinha Mercante. Ele é bom, não se preocupe."

Entre os executivos do grupo, o lobista foi recebido — e sempre tratado — com reservas. Ele tampouco se empenhava em fazer amigos. Concentrava-se apenas em agradar a Eike e Godinho, e logo passaria a ser visto internamente como uma espécie de delegado do governo nos negócios do empresário — imagem que alimentava com frequentes menções a nomes importantes da administração pública e do PT. Era comum que recebesse ligações de Brasília em meio a reuniões com os outros pares e saísse da sala simulando discrição, protegendo o telefone com a boca, mas sempre deixando escapar com quem falava, em especial se alguém "da cúpula", como o chefe de gabinete de Dilma, Giles Azevedo, ou o ministro Gilberto Carvalho, secretário-geral da Presidência. Outra de suas relações supostamente veladas era com o próprio ex-presidente Lula — a quem chamava de "o instituto" e com quem, vez por outra, sugeria ter conversado.

Tais conexões deixavam Eike orgulhoso, mas despertavam estranhamento no resto da tropa. Parecia um tanto esdrúxulo aos executivos que alguém da importância de Eike precisasse de um sujeito como Pires Neto, até outro dia um ilustre desconhecido, para falar com Dilma Rousseff ou com qualquer ministro de Estado. O empresário, todavia, tinha outra visão das coisas.

Com o passar dos meses, o novo diretor de relações institucionais passaria a ser incluído em várias reuniões para tratar de assuntos do porto e de outras pendências das empresas X junto ao governo. Mesmo quando os encontros eram técnicos, se havia alguma autoridade importante, ele aterrissava nas antessalas de Brasília na última hora sem ser convidado e participava das conversas normalmente, acompanhando e anotando tudo. E sempre que existiam dúvidas sobre a posição do governo em relação a um projeto do grupo, Pires Neto intervinha para acalmar o patrão: "Eike, o governo te adora. O governo te idolatra. Dinheiro não vai faltar". O que era verdade, pelo menos nos primeiros tempos.

Ao longo de 2011 o BNDES injetaria ainda 600 milhões de reais, por meio da BNDESPar, sua empresa de participações, na compra de debêntures conversíveis em ações da MPX,[15] de energia, e autorizaria a liberação de 227,9 milhões de dólares do Fundo da Marinha Mercante para a OSX,[16] que entrariam na conta da empresa em janeiro.

Graças a essa boa vontade, por vezes Eike simplesmente não conseguia conter o ímpeto empreendedor — mesmo que quisesse. Numa noite de dezembro de 2011, estava pronto para sair do Serrador quando recebeu um telefonema de uma das secretárias de Luciano Coutinho, presidente do BNDES. O "professor" vinha de Brasília, de um encontro com a presidente, e precisava muito lhe falar. O empresário ficou esperando. A previsão era que Coutinho chegasse por volta das dezenove horas, mas seu voo atrasou. Só às 21h30 o presidente do banco de fomento apareceu, desculpando-se pela demora.

Assim que entrou e cumprimentou alguns dos executivos presentes, pediu para conversar a sós com Eike. O assunto que o levava ali, disse, era justamente um pedido de Dilma. Ele ouvira dizer que o empresário pensava em deixar o investimento na fábrica de semicondutores em Minas Gerais — empreendimento em parceria com a IBM em que entrara só para agradá-lo — e estava ali para pedir que não o fizesse. Era, segundo o comandante do BNDES, uma iniciativa estratégica para o Brasil, que o aval de alguém como Eike tinha o condão de viabilizar. A presidente considerava de suma importância que ele se mantivesse no negócio e pedira a Coutinho que fizesse o pedido pessoalmente.

De fato, Eike pensava em passar adiante a participação na fábrica, detida pela SIX, de semicondutores. O volume de investimentos, de 150 milhões de dólares, nem era tão impressionante perto da grandiosidade dos números com que lidava. Mas consumia esforço e tempo a serem mais bem empregados em outros negócios. A questão era que Eike não tinha como negar o pedido do presidente do BNDES, um dos mais importantes credores do grupo. Quando

Coutinho deixou o Serrador, por volta de onze da noite, o empresário disse aos auxiliares: "Não vai dar para sair da fábrica. Pelo menos não agora".

Era uma segunda-feira do início de dezembro de 2011 e a fila para cumprimentar o homem mais rico do Brasil se estendia uns cem metros para fora da Livraria da Travessa, tumultuando a rotina das lojas e dos frequentadores do Shopping Leblon. Em determinado momento, os seguranças do empresário, com medo de tumulto, acharam melhor fechar as portas — o que deixaria para fora dezenas de pessoas. Lá dentro, espremiam-se autoridades, jornalistas e celebridades à espera de um autógrafo de Eike Batista. Ele atendia a todos com um sorriso e não se cansava de tirar fotos, que inundariam os sites e revistas de celebridades nos dias seguintes.

O X da questão era o título do livro, escrito a partir de depoimentos dados ao assessor Roberto D'Avila. Com 160 páginas e muitas fotos, o texto misturava as histórias da vida de Eike a lições de gestão e de autoajuda empresarial, como: "Um pouco de megalomania ou ousadia é recomendável. Quando o negócio se torna viável, seu idealizador deixa de ser um megalomaníaco. Ele se torna alguém visionário, persistente, obstinado, ousado", pensata que o empresário mesclava com afirmações sobre si próprio. "Há quem diga que tenho um ego grande. Nunca alguém apareceu na minha frente com um aparelho que o medisse. Se um dia for inventado o 'egômetro', é possível que muita gente se surpreenda."[17] Nas entrevistas sobre a obra, ele assim lhe resumiu o espírito: "Não é um livro para quem quer ser milionário, mas para quem deseja se tornar bilionário".

Mais de quinhentas pessoas[18] saíram da livraria com um autógrafo de Eike, entre as quais o governador Sérgio Cabral, o secretário de Segurança do Rio, José Mariano Beltrame, e a apresentadora de TV Sabrina Sato, então integrante do humorístico *Pânico na TV*, da RedeTV!, que foi ao lançamento pedir patrocínio para que o piloto Rubens Barrichello, então prestes a se aposentar, tivesse mais uma temporada na Fórmula 1.

Mesmo depois da noite de autógrafos, o empresário gastaria muito tempo dedicando exemplares a serem enviados como presente a amigos, sócios e investidores. Um dos que receberam uma cópia foi o analista do BTG Pactual Gustavo Gattass, aquele que desancara a OGX quando da divulgação do decepcionante relatório da D&M. Em sua dedicatória, logo acima da própria assinatura e da letra X em destaque, Eike escreveu: "Tem petróleo sim, Gattass! Tem muito petróleo!".

Como tudo que o envolvia, *O X da questão* seria um sucesso, com 100 mil exemplares vendidos em apenas dois meses[19] — belíssima marca para o mercado editorial brasileiro, que o listaria entre os mais presenteados no Natal de 2011. Os clientes saíam das livrarias com pilhas do título. Pelo contrato com a editora, 10% do preço de capa, de 29,90 reais, cabia ao autor — cerca de 300 mil reais. Era uma mixaria para os padrões de Eike, mas ele fez questão de receber metade das receitas, divididas com D'Avila. Não pelo dinheiro, claro. Mas porque nunca abria mão de receber o crédito por suas ideias.

Certo de que sua história tinha mesmo muito a ensinar aos brasileiros, até já encomendara outro livro — este, uma biografia tradicional. Escolheu para o trabalho um amigo de D'Avila, o jornalista Alan Riding,[20] que já fora correspondente do *New York Times* e do *Financial Times* na América Latina, nos anos 1970 e 1980. Pagou-lhe um adiantamento de 50 mil dólares e almoçou com o biógrafo algumas vezes, para contar suas experiências. O trabalho, porém, nunca seria concluído.

Já ia longe o tempo em que Eike era visto nos corredores das empresas ou papeando com auxiliares nos restaurantes próximos. Cercado de seguranças e cumprindo uma agenda que se desenrolava a 15 mil metros de altitude, entre sheiks, celebridades e autoridades de alto calibre, não se encontrava mais com seus funcionários nem no elevador. O *corridor management*, a tal gestão de corredor de que tanto se orgulhava, ficava para trás à medida que alçava voos maiores.

Se tivesse circulado pelos corredores na virada de 2011 para 2012, ele teria visto que, quanto mais se aproximavam as datas previstas para a entrega dos empreendimentos, mais intensa ficava a disseminação de versões e informações descasadas sobre o que se passava nas companhias. Se havia algo que funcionava perfeitamente nas empresas X era a indústria do boato. Dificuldades de relacionamento e divergências sobre como resolver os problemas haviam criado grupos de interesse e corriolas políticas que travavam uma guerra surda pelo poder, a ponto de o pessoal da média gerência comparar a situação ao reality show *Big Brother Brasil* — um estava sempre querendo eliminar o outro da "casa".

A bem da verdade, o estímulo de divergências entre executivos e a disseminação de boatos compunham o estilo de gestão de Eike, com suas rodadas de palpites a respeito de assuntos de que os consultados eventualmente nada entendiam, seu hábito de falar mal de uns para os outros e a mania de deixar "escapar", nas conversas informais com amigos, sócios ou investidores, "dicas" de alguma grande novidade que estava para surgir.

Um dos alvos desse tipo de comportamento foi o investidor Paulo Nobre, que era também um dos maiores acionistas individuais da OGX. Numa reunião para falar dos planos da empresa, com a presença de funcionários da petroleira e assessores financeiros de Nobre, Eike repetiu várias vezes que havia muita coisa boa a ser divulgada, enquanto brandia um pedaço de papel como se sugerisse haver ali informações bombásticas que fariam as ações subir no dia seguinte. Em outra ocasião, num jantar na casa do amigo Jeff Soffer, em Miami, disse ao jogador de beisebol Alex Rodriguez e à namorada, a atriz Cameron Diaz, que a OGX estava para anunciar fantásticas descobertas de petróleo, com o que certamente as ações subiriam. "Comprem", instou o empresário, segundo testemunhas relatariam ao jornalista Elio Gaspari. Alex então ligou para seu corretor de ações, mas voltou um tanto constrangido. "Ele disse para eu esquecer essa história e não voltar a mencioná-la, porque, se o fizesse, iríamos os dois para a cadeia."[21]

Em fins de 2011, coube aos executivos da MPX descobrir que o chefe cometera mais uma inconfidência. De uma hora para outra, no final de novembro, a ex, Luma de Oliveira, e a atual, Flávia Sampaio, haviam começado a comprar ações da empresa de energia. Entre os dias 22 e 28, Luma adquirira 508 600 ações da empresa — a dez reais cada. Praticamente ao mesmo tempo, Flávia comprara 41 900 ações. A movimentação acendeu o alerta na companhia. Além do próprio Eike, só alguns poucos diretores da MPX e da holding sabiam que, naquele exato momento, o grupo estava bem próximo de fechar a venda de 11,7% da empresa — por 1 bilhão de reais — para a alemã E.ON. O anúncio da operação deveria acontecer em breve e decerto elevaria o valor das ações da companhia na bolsa. Quem tivesse os papéis na mão apuraria um bom lucro com sua venda.

Acontece que usar uma informação privilegiada para ganhar na bolsa, em detrimento de outros investidores, é crime. Portanto, competia à direção da MPX alertar seu controlador para o perigo de as duas serem pegas. Ao ser avisado, contudo, Eike não demonstraria espanto ou indignação. Disse apenas que ordenaria que as duas não vendessem as ações, de modo a não dar margem a uma acusação da CVM. Se a determinação foi dada, porém, uma das duas não a obedeceu totalmente. Flávia manteve os papéis, mas Luma negociou 180 700 ações da MPX a 12,70 reais cada, em 9 de fevereiro de 2012. Obteve, na operação, um lucro de 27% sobre o que desembolsara em novembro. Mais à frente, em 31 de maio, venderia outro lote. Mas aí as ações já valiam dez reais, o mesmo patamar em que comprara. Não lucrou, portanto. Ao menos, nada perdera — o que, nesse caso, já era muito bom, já que, dali em diante, afinal, as ações da companhia só cairiam.

Em meio a tantos atropelos, Eike Batista tinha pelo menos um alento: a presença cada vez mais constante de um novo amigo, o tunisiano Aziz Ben Ammar, a quem conhecera numa viagem com Flávia para a França, curtindo alguns dias no balneário de Saint-Tropez. Com 36 anos recém-completos, Aziz era neto do ex-primeiro-ministro da Tunísia Tahar Ben Ammar e filho de um banqueiro, Chedly Ben Ammar. E dizia ter uma poderosa agenda de contatos não só no mundo árabe como na Europa, resultado de sua ascendência e do fato de ter estudado em Paris.

Experiência profissional mesmo, ele tinha pouca. Envolvera-se em cinco negócios diferentes de sua família — nenhum deles muito grande. Sua principal atividade era a de diretor de uma empresa chamada Arab Debt Recovery,[22] firma de cobranças tunisiana que lhe fornecia endereço e cartão de visitas. O currículo inexpressivo, porém, não incomodava Eike. O empresário gostava do estilo jovial e empolgado daquele rapaz alto, moreno, careca e de olhos azuis, que expressava grande admiração pelos empreendimentos do brasileiro, ao mesmo tempo que divisava inúmeras oportunidades de negócios para o grupo X no mundo árabe.

Logo os dois se tornaram inseparáveis, e Aziz passou a ser visto com cada vez mais frequência no Serrador. Vez por outra, Eike o levava para reuniões de conselho ou de diretoria, apresentando-o apenas como "um amigo". Sempre que vinha ao Brasil, o tunisiano se hospedava na casa do bilionário. Iam juntos a festas, jantares e viagens de fim de semana para a mansão de Angra dos Reis. Embora fosse amigo também de Flávia, Aziz era um dos pares preferidos do empresário para saídas exclusivamente masculinas — o que lhe renderia o apelido de "*chief entertainment officer*", algo como diretor de diversões.

O próprio Eike costumava usar o aposto para se referir a Aziz, que, em suas noitadas cariocas, esbanjava e pagava rodadas de champanhe Cristal aos amigos em camarotes de boates descoladas. O tunisiano, entretanto, ambicionava mais do que lazer. Nos últimos meses de 2011, apresentou a Eike um projeto de construção de uma fábrica de fertilizantes no Açu, em parceria com o conglomerado egípcio Orascom, e a ideia de uma sociedade com Eike na empresa de catering francesa Newrest. Os dois negócios, apesar de anunciados com estardalhaço, não chegariam a ser concretizados.

A ampla fauna que frequentava o Serrador abrigava também outro tipo de personagem: os gerentes de banco e corretores responsáveis por ajudar os ricos *X-men* de Eike Batista a administrar os próprios milhões. Entre esses, uma tinha especial desenvoltura. Tratava-se de Yara Rocco, uma experiente gestora de fortunas do JP Morgan. De vez em quando, ela aparecia para conversar pessoalmente com os clientes no império X. Seu sonho era conquistar a conta do próprio Eike.

Enquanto não conseguia, atendia com desvelo os menos graduados. Razoavelmente magra, conservava os cabelos compridos e se vestia com elegância, embora a voz rouca fosse incômoda a alguns interlocutores. Apesar disso, era bastante convincente ao vender seus produtos — e talvez por isso tivesse tantos clientes no grupo, em especial na petroleira.

Num dos últimos dias de 2011, Yara decidiu dar uma volta pelo 22º andar do prédio, onde ficava, além dos diretores da holding, a mesa de operações de Eike Batista. Os operadores que administravam a fortuna pessoal do empresário, rapazes muito jovens, ocupavam uma sala contígua à dele e passavam os dias grudados em seus terminais da Bloomberg. Assim como tantos outros funcionários da casa, também tinham ações das companhias abertas, mas obviamente nenhum interesse em contratar um corretor, já que negociar ações era o que faziam para ganhar a vida.

O produto que Yara tinha para oferecer, porém, nenhum deles podia criar sozinho. Um swap, instrumento financeiro baseado em troca de papéis. Na versão mais simples, o executivo contraía um empréstimo no banco, trocando suas ações por quantia equivalente em dólares, mediante o pagamento de uma comissão. Mas só precisava entregar os papéis lá na frente, na data do vencimento do contrato. As ações da OGX, por exemplo, estavam então cotadas a catorze reais. Quem as trocasse por dinheiro naquele momento sacaria um pouco menos — e pagaria adiante com as mesmas ações, independentemente do valor. Na prática, a tal operação só seria vantajosa se o valor dos papéis caísse. Nesse caso, transformava-se numa proteção, numa forma de retirar o dinheiro antes.

"É um produto muito bom. Inclusive, eu já faço para o pessoal da OGX e eles gostam muito", afirmou Yara. O que a gerente do JP Morgan oferecia a um dos jovens executivos da EBX, portanto, era simplesmente uma forma de vender suas cotas antes que se desvalorizassem. Yara sustentava ser um ótimo negócio, uma maneira rápida e segura de dar liquidez a todos os papéis recebidos. A linguagem era cifrada e edulcorada, mas o rapaz, um profissional, logo entendeu do que se tratava. Por isso, recusou a proposta. "Yara, o que você está me dizendo é grave e vai contra todas as regras do grupo. O pessoal aqui só pode negociar as ações quando termina a restrição estabelecida no contrato. Se eles estão fazendo isso, estão burlando as regras da empresa e traindo a confiança do Eike." Yara, então, percebeu que tinha cometido uma gafe perigosa. Começou a tremer e a gaguejar, argumentando que tudo estava sendo feito de acordo com os contratos — o que, obviamente, não era verdade. O rapaz interrompeu a gerente e encerrou a reunião.

No mesmo dia, o operador comunicou a Eike o que tinha ouvido. Levou consigo uma lista de diretores da petroleira e dos negócios que eles haviam realizado com ações da empresa nos meses anteriores. Para sua surpresa, porém, o bilionário não só não se abalou com a revelação como descartou de pronto a hipótese de repreender os executivos da OGX: "Deixa para lá. Não vamos mexer com esses caras. A gente precisa deles. *Don't rock the boat* [não chacoalhe o barco]!".

Dois anos depois, em 2014, viria à tona, numa investigação da CVM que apurou a prática de insider trading e manipulação de mercado por executivos da OGX, que um dos funcionários da petroleira a fazer tal empréstimo fora o gerente financeiro Gabriel De Biase, o Gabinha. Nunca se soube quem mais estava nesse barco.

Uma das explicações para tanta descrença interna no futuro da ogx parecia provir de um boato que circulava fortemente no grupo: Paulo Mendonça estava "enrolando" para começar os testes de longa duração no poço de Tubarão Azul.

A promessa feita ao mercado era produzir ainda antes do final de 2011, o que não acontecera. O cronograma já tinha sido revisto, e agora a produção estava prevista para começar no final de janeiro de 2012.[23] Especulações sobre as razões do atraso proliferavam nos corredores do Serrador, todas sugerindo que havia algo de muito errado acontecendo na petroleira.

Coincidência das coincidências, um dos maiores apostadores contra as ações da ogx na bolsa naquele momento era justamente um fundo do banco jp Morgan.

16. *One man road show*

Corriam os primeiros dias de 2012 quando o geólogo Edmundo Marques, gerente de exploração na bacia de Santos, foi chamado a explicar, diante do conselho da OGX, os resultados do último poço perfurado em sua "jurisdição". Eike estava ansioso para exibi-los aos investidores, uma vez que era nas reservas de Santos que a Petrobras obtinha então seus maiores sucessos no pré-sal.

Antes de o governo retirar os blocos do pré-sal do leilão da ANP ocorrido em 2007, era também em Santos que se depositavam as grandes apostas da OGX. Mas os resultados dos blocos da região afinal adquiridos pela petroleira de Eike — em áreas em que havia, sim, óleo abaixo da camada de sal, porém nas chamadas águas rasas, bem distante dos campos da estatal — não animavam.

Só o empresário continuava confiante em que dali sairia uma grande notícia. Ao saber que teria de falar no conselho, Marques ficou contrariado. Não tinha nada de bom para contar, ainda mais para os notáveis daquele colegiado, entre os quais os ex-ministros Pedro Malan e Rodolpho Tourinho e a ex-ministra do STF Ellen Gracie Northfleet. Seria constrangedor, pensou o geólogo, já sabendo que não adiantaria argumentar. Com um suspiro, apanhou suas coisas e rumou para a reunião. "Tivemos que fechar o poço, dr. Eike, porque vazou gás bem na hora da perfuração. Era muita pressão. Podia acontecer um acidente. Não houve tempo nem de recolher dados sobre os indícios de hidrocarbonetos. Não tenho como fornecer nenhuma estimativa de reserva." O empresário não se conformou. Queria ter um poço no pré-sal e seria aquele. "Mas não é possível nem especular?" "Mesmo se eu lhe desse um número, dr. Eike, estaria especulando tanto que seria um dado inútil, não significaria nada", argumentou Marques. "Pode me dar um valor hipotético, uma variação", insistiu o chefe. "Bem, não sei…", ponderou o outro, hesitante. "Se conseguirmos reabrir o poço sem novos vazamentos, pode até variar de 150 a 600 milhões de barris." "Boa! Seiscentos milhões! Seiscentos milhões de barris!"

Desse momento em diante, para Eike, o poço teria 600 milhões de barris. A animação era tanta que o batizou de OGX-63, seu número da sorte, e correu a dar a notícia a dois importantes interlocutores. A primeira, a presidente Dilma Rousseff, a quem disse que a descoberta espetacular ocorrera na 63ª tentativa[1] — e, claro, encaixando na conversa alguns comentários elogiosos à Petrobras sobre a aventura do pré-sal. O segundo, o colunista Lauro Jardim, de *Veja*, a quem o empresário, eufórico, exagerou ainda mais nas projeções, como mostrava a nota publicada em 16 de janeiro de 2012: "A OGX, de Eike Batista, comunicou há pouco à CVM a descoberta de óleo na bacia de Santos. São, e isso não consta do comunicado, reservas equivalentes a 2 bilhões de barris de petróleo. É um volume capaz de fazer muito barulho no mundo do petróleo. Para que se possa comparar, as reservas estimadas no pré-sal são de 5 bilhões de barris. A diferença é que o óleo descoberto nos poços de Eike Batista estão em águas rasas, tanto em área do pré quanto do pós-sal. O custo de produção, portanto, será mais baixo do que se fosse em águas profundas".[2]

Quinze dias depois, o mesmo poço já estaria valendo mais ainda na coluna do Ancelmo Gois, do jornal *O Globo*, que publicou uma nota intitulada "Meio Tupi": "Sabe aquele poço OGX-63, de petróleo, que Eike Sempre Ele Batista descobriu na bacia de Santos, perto de Paraty? Há quem aposte que tenha de 3 bilhões a 4 bilhões de barris — ou meio Tupi. A conferir".[3]

Com a virada do ano, o empresário (mais uma vez) parecia ter decolado. O livro fizera muito bem à sua imagem no Brasil, sobretudo entre os chamados formadores de opinião. Depois de *O X da questão*, Eike afinal havia ascendido a um status diferente, tornado uma espécie de guru empresarial, uma quase unanimidade. Pontificava em todos os lugares — e não mais só no Twitter, em que já contava com mais de 500 mil seguidores —[4] sobre o que faria um negócio dar certo. Era modelo de comportamento para os jovens e alvo da admiração de todo brasileiro que sonhava em começar o próprio empreendimento. Aquela insatisfação que antes o atormentava, por não se julgar suficientemente conhecido, perdera a razão de ser. Agora podia se gabar de ser bajulado até mesmo pela elite paulista, que antes o via com preconceito e descrença.

A prova de que se aproximava da unanimidade estava também em reportagens veiculadas pelos dois mais influentes veículos de comunicação do país, a Rede Globo e a revista *Veja*. Em seu primeiro programa de 2012, por exemplo, o dominical *Fantástico* dedicou dez minutos ao empresário — uma enormidade para padrões televisivos. Na reportagem, ele aparecia trabalhando em seu escritório, supervisionando megaempreendimentos, dando lições de empreendedorismo e falando com franqueza sobre plásticas, sobre o "implante capilar" e sobre ser rico. "Eu me considero um criador de riqueza, assim como um compositor compõe uma música. As minhas notas, por acaso, são dinheiro", declarou à repórter Sônia Bridi, com um sorriso no canto dos lábios. Duas semanas depois, a edição de *Veja* exibia na capa uma montagem com seu rosto no lugar do de Deng Xiaoping, o líder chinês que havia criado o "socialismo de mercado" e cunhara a frase "Enriquecer é glorioso".[5]

A reportagem se baseava em uma pesquisa inédita sobre os novos milionários do Brasil — que o apontavam como ícone. O que mais essa elite ascendente admirava em Eike Batista era o fato de não ter vergonha de ser rico. Na entrevista que deu para aquela edição, no hall de sua mansão, então decorado com mais um carro, uma Lamborghini Aventador avaliada em 1 milhão de dólares, justificou seu hábito de exibir a própria riqueza como parte de uma nova mentalidade que florescia no país. "Por gerações, os brasileiros aprenderam com seus pais que, no Brasil, as coisas sempre dão errado, e só se fica rico à custa de falcatruas. O momento atual é bem diferente. Todos querem investir e ganhar dinheiro aqui. E eu, sem falsa modéstia, sou um dos primeiros que os estrangeiros procuram. Querem saber como construí minhas empresas e de que forma podem se associar a mim."[6]

Ao ver a própria imagem decorando todas as bancas de jornal e chegando ainda à casa de cerca de 1 milhão de assinantes, Eike exultou. Nenhuma outra reportagem a seu respeito o deixara tão orgulhoso. Nos dias seguintes, andava feliz pelo Serrador, perguntando a um e outro se haviam visto a publicação. Pergunta dispensável. Era impossível ignorá-la. Ademais, ele mandara fazer e enquadrar dois pôsteres gigantes com a capa para enfeitar seu escritório, e durante muito tempo manteve sobre sua mesa duas pilhas com os exemplares daquela edição — para presentear as visitas.

Eike não mentia ao dizer que era o primeiro brasileiro a ser procurado pelos estrangeiros para fazer negócios. Superado o pior abalo da crise, os investidores internacionais haviam retomado a liquidez e passado a buscar projetos nos países emergentes — voltando a aplicar na bolsa paulista e buscando associações com empresas locais, especialmente as de infraestrutura.

Assim como as commodities ou o petróleo, o de infraestrutura era o setor da vez para os gringos que tencionavam ganhar dinheiro no Brasil. O país do pré-sal, da Copa e da Olimpíada não poderia crescer sem estradas, ferrovias, portos e energia. Como Eike tinha os maiores empreendimentos do ramo, o roteiro dos investidores passava inevitavelmente pela sede do grupo X. E, muitas vezes, terminava ali também, pois era difícil escapar ao charme vendedor do empresário.

Eike e seus pretorianos haviam passado todo o ano de 2011 em busca de associações. Negociaram com emissários do sheik Mansour em infindáveis reuniões em Nova York, Londres, Abu Dhabi e no Rio de Janeiro; visitaram os quartéis-generais de praticamente todos os grandes fundos de investimento do mundo para mascatear os títulos da OGX; iniciaram tratativas com a GE nos Estados Unidos; e passaram meses costurando a entrada da maior empresa de energia da Alemanha, a E.ON, no quadro societário da MPX. Essa foi a primeira iniciativa a dar resultado. Os alemães compraram 10% da MPX e ainda se comprometeram a dividir com o grupo X o investimento de 18 bilhões de reais[7] necessários ao aceleramento das obras das termelétricas — algumas atrasadas e outras nem sequer iniciadas — e à construção do maior parque privado de geração de energia do Brasil.

Empolgado, Eike começou a se preparar para levar mais companhias à bolsa. Na fila, a CCX, de carvão, e a REX, de empreendimentos imobiliários, dona do Hotel Glória. E havia ainda muitas outras: a AUX, de ouro, a SIX, de semicondutores, a IMX, de entretenimento, e até a SGX, de segurança, dirigida pelo filho Thor. O bilionário continuava montando empresas com a rapidez de quem trocava de roupa — todas com o intuito de, em algum momento, lançar à bolsa ou vender. Sabia que o sucesso de todas dependia do seu próprio. Ele era a marca que contava em todos os empreendimentos X.

Assim, já que estava entre os sete homens mais ricos do mundo e se tornara um símbolo do "novo capitalismo brasileiro", pediu ao diretor da EBX internacional, Marcello Horcades, que organizasse um tour de acordo com sua nova estatura. Queria ficar tête-à-tête com as maiores cabeças do capitalismo global, conhecê-las e trocar ideias sobre negócios. Era como se partisse num *road show*. Só que, dessa vez, para vender a si próprio. Antes, porém, desejava celebrar o início da produção na OGX.

Eike estava visivelmente emocionado no último dia de janeiro de 2012, ao abrir a garrafa de Veuve Clicquot que guardara com carinho para a ocasião. Nesse exato momento, o campo de Tubarão Azul, na bacia de Campos, começava o teste de longa duração em seu primeiro poço, conectado por tubos gigantes flexíveis à plataforma OSX-1. Do Rio de Janeiro, os técnicos da OGX acionaram remotamente a plataforma — evento transmitido ao vivo pela internet.

O que tinha início ali, porém, era apenas a primeira etapa do processo produtivo, de modo que só depois de aferidos os padrões de extração a petroleira poderia decretar ao certo se o empreendimento era comercial e se seguiria adiante. Para antecipar a entrada de receitas, contudo, a companhia conseguira a permissão da agência reguladora para vender o óleo estimado.[8] E todos no grupo X se comportavam como se de fato tivessem transposto a barreira que separava a exploração da produção.

Em suas entrevistas, Eike e Paulo Mendonça prometiam, só naquele primeiro poço, 20 mil barris por dia. Quando outros dois poços fossem conectados à plataforma, no segundo semestre de 2012, seriam de 40 mil a 50 mil barris diários. Em 2013, garantiam, a OGX produziria 165 mil barris por dia. Em 2015, 730 mil; e, em 2019, quase 1,4 milhão.[9]

Passados o estouro do champanhe, os brindes e os high fives, o empresário pediu silêncio. Queria dizer algumas palavras às cerca de trinta pessoas reunidas em sua sala — diretores da holding e da OGX e CEOs das outras empresas. Foi uma fala relativamente rápida para seus padrões. Com o cão Eric parado em posição de descanso a seu lado, lembrou a descrença que tomara a companhia desde o início e louvou o espírito de equipe que levara a petroleira até ali. Segurando as lágrimas, agradeceu a todos — inclusive às secretárias — pelo trabalho duro.

Eram visíveis, no semblante dos presentes, a empatia e a admiração pelo chefe. Por um momento, pareceu que as rivalidades fratricidas e o ceticismo entre eles haviam sido apagados pelo carisma de Eike. Para os mais antigos, era como se tivessem entrado no túnel do tempo e voltado à época em que almoçavam todos juntos no centro da cidade, ouvindo o patrão contar suas aventuras. Chegou-se até a ensaiar algumas palmas, prontamente desencorajadas, já que o cachorro poderia se agitar.

O tom meloso da cena só seria quebrado quando Paulo Mendonça, então se julgando entendido em vinhos e champanhes, reclamou que o Veuve Clicquot se encontrava um tanto passado. Foi imediatamente contestado por um executivo do grupo, reconhecido especialista em borbulhas, que assegurou que o cheiro e a textura da bebida estavam perfeitos. Alguém, então, disse: "Ô, Dr. Oil, você só entende mesmo é de petróleo!". A sala irrompeu em gargalhadas.

Dias depois, imbuído de bom astral, o empresário embarcou em seu Gulfstream — a mais vistosa aeronave da frota X — para o tour internacional em que pretendia conhecer os maiores ícones do empreendedorismo mundial. Não fora difícil encontrar espaços mesmo nas mais concorridas agendas do planeta. A curiosidade geral acerca de Eike e de seus negócios era imensa. "A gente liga, o pessoal atende", explicou, na ocasião, à revista *Época*.[10]

Durante uma semana, em fevereiro de 2012, ele circulou pelos Estados Unidos com Horcades e o novo amigo, Aziz, o tunisiano, que acabara de se mudar para a mansão do Jardim Botânico enquanto procurava um local para se instalar em definitivo no Brasil. Os dois estavam cada vez mais próximos do chefe, a quem dedicavam todo o tempo livre. Além de jovens e ambiciosos, compartilhavam dos mesmos gostos do patrão — carros, aviões e mulheres, não necessariamente nessa ordem — e estavam sempre a postos, fosse para uma reunião de negócios, uma escapada de fim de semana em Angra dos Reis ou um encontro com algumas moças num hotel requintado de São Paulo.

A primeira parada do tour aconteceu no Vale do Silício, na Califórnia, e o principal compromisso foi uma reunião com Tim Cook, o CEO da Apple, com quem o brasileiro planejava discutir uma aliança para a fabricação de iPhones e iPads no Brasil.

No ano anterior, executivos do grupo X haviam participado de uma concorrência promovida pela Foxconn, a fabricante dos produtos Apple, com o objetivo de levar ao Açu a fábrica de iPads que a companhia tencionava instalar no país. O porto fora gongado logo no início, por falta de logística e infraestrutura adequadas aos compromissos da empresa taiwanesa. Mas Eike, que já divulgara a associação como certa no Twitter, insistia. Meses depois, quando o dono da Foxconn, Terry Gou, veio ao Brasil, a própria Dilma Rousseff lhe pediu que estendesse a estada para conhecer o empresário, segundo Eike declarou numa entrevista. "Ela achou que poderíamos fazer uma grande parceria."[11] Formou-se, então, um grupo de trabalho, e Gou enviou um executivo ao Brasil, para estudar o que poderiam fazer juntos. Primeiro, os assessores de Eike tentaram lhe vender uma das minas de ouro da AUX. Depois, sugeriram uma parceria para a fabricação de telas de cristal líquido. Porém, como em tantos outros casos, horas de trabalho seriam perdidas sem qualquer evolução.

Na Califórnia, Eike tentaria impressionar Cook diretamente, para que o sucessor de Steve Jobs lhe desse mais uma chance. O papo foi agradável, mas inconclusivo. Ainda assim, depois do encontro, o empresário tuitou: "Acabo de encontrar o Tim Cook da Apple! Adorei! Acredito que sob sua liderança a Apple continuará surpreendendo! Falamos sobre a montagem com a Foxconn de Apple's [sic] no Brasil para oferecer produtos a custos civilizados!".

A movimentação naqueles dias seria intensa. Na sede da Google, o brasileiro foi recebido pelo próprio Larry Page, um dos dois maiores acionistas da companhia, a quem definiria como "um ermitão". Em seguida, caminhou por quarenta minutos com Mark Zuckerberg, do Facebook, e saiu do encontro dizendo que lançara uma provocação ao "garoto", quando informado de que a rede social tinha 3 mil funcionários e valor de mercado potencial de 100 bilhões de dólares. "Foram me desafiar, né? Aí eu falei: 'Curioso. A minha empresa de petróleo, a OGX, tem 350 funcionários e valor de mercado de 34 bilhões de dólares.'"[12]

Jack Dorsey, o fundador do Twitter, e Elon Musk, da Tesla, a fabricante do carro elétrico, também o receberam. Mas a reunião que deixaria Eike realmente eufórico se deu em 11 de fevereiro de 2012, em Omaha, no Nebraska, na casa de Warren Buffett — àquela altura o terceiro homem mais rico do mundo, segundo a *Forbes*. Buffet era o fundador da muito bem-sucedida Berkshire Hathaway, que reúne participações em empresas do porte da Coca-Cola e do

Goldman Sachs. Depois do encontro, o empresário postou: "Acabei de estar com o Warren Buffett! Duas horas de conversa fantástica! Quer ser bilionário, tome Coca-Cola como ele e eu! Tomei mais que ele! Hehe". O brasileiro ainda compartilhou suas impressões sobre Buffett: "É megadivertido e transmite muita serenidade". E disse que se identificava com ele: "Os dois adoram Coca-Cola! Sabemos identificar Macro Tendências e só compramos o que conhecemos e entendemos!!!".

Ao desembarcar no Brasil, Eike e seus novos favoritos pareciam adolescentes recém-chegados de um parque da Disney, descrevendo as parcerias incríveis que arquitetavam com todos aqueles figurões e se divertindo com as "traquinagens" perpetradas. A mais repetida, às gargalhadas, supostamente fora obra do tunisiano Aziz, que, no meio de uma conversa com o octogenário Buffett, apontou para o Bulgari que tinha no pulso e disparou com seu inconfundível sotaque árabe: "*You see this? This is my pussy magnet!*" [Está vendo isso? É meu ímã de xoxotas!]. O americano, segundo eles, não entendeu a piada — ou fingiu não entendê-la.

De volta ao batente, Eike se reuniria com os executivos do grupo encarregados de tratar com o fundo de investimentos de Abu Dhabi, que tinha consultores esquadrinhando cada documento das empresas X. O que estavam para comprar era uma parte de tudo o que o empresário tinha, uma fatia da holding EBX, de modo que convinha saber quanto as companhias valiam de verdade — e quanto ainda poderiam valer, se descontada a grossa camada de espuma que cobria os preços das ações.

O próprio Eike já fora a Abu Dhabi três vezes para conversas com os governantes dos Emirados Árabes. Depois da primeira, com Mansour, passara a ser recebido pelo irmão do sheik, Mohamed, a quem então cabia supervisionar os investimentos do principado. Os encontros eram sempre repletos de gentilezas e se encerravam com frases de efeito como: "Vamos fazer grandes coisas juntos! Nossa parceria tem um grande futuro!".

Quando as tratativas desciam ao nível gerencial, porém, o torniquete apertava. Os representantes dos árabes questionavam o preço das empresas, as premissas de crescimento e os compromissos financeiros assumidos pelo grupo. Em determinado momento, chegaram à conclusão de que o império X estava exposto a muitos e variados riscos. Sabiam que Eike assumira dívidas pessoais de 1,3 bilhão de dólares com Itaú e Bradesco, e perceberam que o cobertor financeiro das companhias era curto.

Também olharam com lupa os dados sísmicos e os números da OGX. Como a petroleira fizera furos dispersos em várias áreas, sem se concentrar especificamente em nenhuma, logo notaram que as informações embutiam um alto grau de incerteza — o que, nessa negociação, poderia tanto querer dizer que não havia óleo quanto que existia um volume razoável. Tudo dependia do que se quisesse ver.

Os assessores financeiros do fundo de Abu Dhabi, o Mubadala, eram da opinião de que, diante de tantas dúvidas, o melhor seria pular fora do negócio. No entanto, tanto os sheiks quanto os executivos do fundo queriam investir no grupo X. Queriam participar do bom momento do Brasil. Gostavam de Eike, de sua visão e de seu estilo. Os consultores reagiram: se era assim, então que exigissem garantias extras, para que o dinheiro desembolsado não evaporasse caso tudo desse muito errado.

Desse entendimento decorreram negociações árduas. Depois de reuniões quase infinitas, chegou-se a uma proposta que visava proteger os recursos do Mubadala: transformar a operação, de início prevista como compra de participação, em um empréstimo com garantias leoninas. A mecânica da coisa era sofisticada. O fundo estava disposto a injetar 2 bilhões de dólares na EBX em troca de 5,63% — o 0,63% fora incluído por superstição de Eike — das ações da holding, que, contudo, só virariam participação de fato no grupo caso o conjunto dos papéis alcançasse um retorno de pelo menos 5% ao ano até 2019.[13] Do contrário, os árabes poderiam receber uma cota extra de ações X, a variar conforme o tamanho da diferença entre o desempenho esperado e a performance real das empresas. Ou seja: quanto mais caísse o valor das companhias, maior seria a fatia reivindicada.

O lastro seria de 3 bilhões de dólares em ações da OGX, depositados numa conta do Itaú monitorada em tempo real pelo grupo e pelo Mubadala. No mesmo fundo, havia 450 milhões de dólares — lastro do empréstimo dado pela GE, que pegou carona no esquema combinado por Eike com o fundo árabe. Se o valor de mercado da participação do empresário na petroleira ficasse menor do que esse valor, acionava-se o gatilho. E ele então passaria a dever ao Mubadala não 2 bilhões, mas sim 2,4 bilhões de dólares. "Se você cair abaixo dos 3 bilhões de dólares, Eike, eles vão começar a tomar os seus ativos", explicou-lhe Zartha. "O quê? Ah, imagina, isso nunca vai acontecer!" Naquele mês de março de 2012, o valor das empresas X na bolsa chegaria a 39 bilhões de dólares. A OGX sozinha alcançaria 28 bilhões, dos quais 17 bilhões correspondiam à fatia do controlador. "Posso fazer, então?", perguntou o executivo. "Pode, claro!"

O empresário, naquele instante, autorizara que 3 bilhões de dólares em ações da petroleira fossem depositados em uma conta especial no Itaú, à qual os árabes teriam livre acesso. Sempre que quisessem, poderiam conferir junto ao banco o status da conta — algo que, com o passar do tempo, fariam com cada vez mais frequência.

Além de ser uma forma de proteger o dinheiro do Mubadala, a solução do lastro bancário fora a maneira que os executivos do grupo encontraram de não serem obrigados a identificar o aporte de recursos como empréstimo no balanço da EBX. Essa era, aliás, a única contrapartida exigida por Eike no acordo: acontecesse o que acontecesse, nenhum dos envolvidos poderia confirmar que a operação com o fundo árabe era um empréstimo. Para todos os efeitos, tratava-se de uma compra de participações.

O contrato final entre as partes, com mais de oitocentas páginas, foi assinado em março de 2012. E não demorou a circularem rumores de que, na verdade, o dinheiro do fundo estrangeiro era uma boia de salvação para uma holding com sérias dificuldades de caixa — o que Eike e seus auxiliares negavam candidamente. "Nós só queríamos ter um selo extra de qualidade. Nós gostamos de ter nosso grupo auditado e, quando um grupo como o Mubadala avalia um negócio, o mundo todo sabe o quão fundo eles vão em suas análises."[14] Tanto o empresário quanto seus assessores viram o acordo como uma espécie de aval ao que diziam Paulo Mendonça e sua turma. Se os geólogos contratados pelo fundo, entre os mais capacitados do planeta, haviam mergulhado nos dados da OGX e autorizado o investimento, a petroleira não deveria ser um engodo tão grande assim.

Havia algo, porém, que Eike não conseguia esconder. Era notório que o grupo X dedicara os últimos meses a passar o pires entre os maiores fundos de investimento do mundo. Além da venda recente de participações aos alemães e do negócio com os árabes, seus executivos também haviam rodado o planeta oferecendo uma nova fornada de títulos da OGX. E ainda venderam 0,8% da holding à GE por 300 milhões de dólares.

Aziz e Horcades, utilizando-se dos contatos no mundo árabe, também prometiam ao empresário trazer recursos de fundos do Qatar para suas empresas. Segundo a dupla, os qatarianos estavam especialmente interessados em ouro e mineração. À primeira vista, portanto, toda essa movimentação era natural em um grupo com empreendimentos tão gigantescos. Quem conhecia a verdadeira situação financeira do império X, contudo, sabia que algo mais havia nessa caça por dinheiro.

No final de janeiro daquele ano, um novo executivo havia assumido as finanças do grupo: Nicolau Chacur, advogado de 47 anos que vinha da área de investimentos do banco Itaú BBA. O anterior, Leonardo Moretzsohn, havia sido deslocado para a recém-criada Carvão da Colômbia S.A., a CCX,[15] com a missão de prepará-la para a abertura de capital.

Chacur desenvolvera um relacionamento estreito com Eike durante o período em que trabalhava do outro lado do balcão. Como banqueiro, havia participado de quase todas as operações que envolviam as companhias X e aprendera a admirar a ousadia e o espírito empreendedor do novo chefe. Embora tivesse personalidade completamente oposta à dos executivos então em alta com Eike — era discreto, não gostava de piadas ou bravatas nem vivia colado no patrão —, aterrissou no Serrador com toda a moral dispensada aos recém-chegados e com liberdade para cumprir sua missão: um diagnóstico da situação do grupo e uma completa organização das finanças.

Saiu, então, em busca de dados para montar suas tabelas e projeções — tarefa que lhe traria a primeira surpresa. Era impressionante, para um executivo meticuloso como ele, a dificuldade de obter informações e números que conversassem entre si. As previsões de receita, lucro e geração de caixa variavam conforme o documento e também de acordo com o momento em que tinham sido feitas. Tampouco pareciam fazer sentido diante do que se verificava na prática.

Quando afinal conseguiu fazer as contas, ficou ainda mais preocupado. A primeira conclusão: mesmo o cenário mais realista da famosa tabelinha de geração de caixa — que todo executivo X carregava na carteira — era uma rematada ficção. Segundo seu antecessor, Moretzsohn, o grupo deveria colocar no caixa, em 2012, já livres de impostos e outras despesas, 1 bilhão de dólares.

Pelo que Chacur apurara junto aos colegas, porém, não se chegaria ao final do ano sequer com metade disso, visto que as cinco maiores companhias da casa estavam para anunciar um prejuízo total de 1 bilhão de reais. O novo diretor financeiro constatou ainda haver 3 bilhões de dólares em caixa — o que era muito pouco diante da necessidade de investir pelo menos 15 bilhões nos dois anos seguintes apenas para pôr as empresas para funcionar. Mesmo com os novos aportes, a conta não fechava.

Foi exatamente isso que ele disse a Eike logo que terminou seu levantamento. O empresário concordou, com cara de preocupado, e o autorizou a expor a situação na reunião semanal dos CEOs. Assim foi. Com objetividade, Chacur mostrou os números de forma bastante didática e deixou claro que todas as empresas teriam de fazer cortes. E a ninguém escapou a diferença entre a previsão de receitas e a quantidade de dinheiro que teria de ser gasta, tampouco o tamanho das contenções necessárias para a conta fechar. Bastava olhar o quadro para perceber que, mesmo sem qualquer contratempo, o risco de o grupo ficar sem dinheiro em breve era grande.

Quando o almoço terminou, os CEOs voltaram a seus afazeres com um peso nas costas. Lívido, um deles ainda passou na sala de um diretor e resumiu o resultado da reunião: "Meu caro, estamos fodidos!".

A mudança no estado de ânimo dos executivos não passaria despercebida aos novos escudeiros de Eike. Aziz e Horcades logo chamaram a atenção do chefe para o baixo-astral reinante. Na opinião da dupla, Chacur fora a cassandra a espalhar o pânico, o que poderia prejudicar ainda mais o desempenho das companhias. Além do mais, ambos — e Paulo Mendonça, que continuava a desfrutar de grande prestígio — discordavam do diagnóstico do novo diretor. Afinal, seus amigos do Qatar não tardariam a injetar mais dinheiro nos empreendimentos X. Pelas suas contas, os árabes se dispunham a investir até 15 bilhões de dólares no grupo, divididos principalmente entre a mineradora e o estaleiro.

Eike não gostava de más notícias — acreditava piamente que más energias atraíam vibrações ainda piores —, de modo que logo se arrependeu de ter autorizado Chacur a contar a verdade aos colegas. Temia que o executivo se transformasse numa influência negativa. Supersticioso, se fiava no poder das palavras. Se ficassem repetindo que tudo daria errado, então tudo daria errado mesmo. Chamou então o diretor financeiro à sua sala e lhe passou uma carraspana. O jeito como expusera a situação, segundo o chefe, assustara o pessoal. Tudo bem querer fazer cortes, mas disseminar o medo já era demais.

Ainda assim, pelo menos no início, Eike concordou com alguns cortes menores. Em fevereiro, aceitou fechar a clínica de beleza da namorada, a Beaux, entubando um prejuízo de mais de 15 milhões de reais. Permitiu também revisões nos gastos com as reformas do Hotel Glória, cuja conclusão, em consequência, foi adiada em pelo menos um ano. Outras contenções se desenhavam — como a redução do tamanho da holding, que empregava mais de 450 pessoas — das quais quarenta na área de comunicação e cinquenta na de sustentabilidade. Toda essa estrutura tinha custos mastodônticos e não dava nenhum lucro, o que era surreal para uma empresa com tanta necessidade de caixa.

A holding, que administrava as participações de Eike em todas as companhias X, era seu reino particular. A EBX pagava praticamente todas as suas despesas, incluindo viagens, almoços e jantares. Ele tinha, sim, um salário, como conselheiro de algumas de suas empresas, que girava em torno dos 100 mil reais. Mas achava pouco. Seus hábitos, suas casas e seus funcionários custavam bem mais do que isso. Sem contar a frota de seis jatos e um helicóptero sempre à disposição não só dele, mas também de seus parceiros de negócios, de seus principais executivos e dos amigos políticos. Todos esses gastos eram divididos pelas empresas e pagos com recursos aplicados pelos acionistas — por meio de um mecanismo chamado custos compartilhados.

Só em 2011, a EBX e os aviões haviam custado às companhias 126 milhões de reais — e nada indicava que o valor fosse diminuir. Apesar do esforço de Chacur, esse era um corte que o chefe não pretendia fazer. Em 2012, mesmo com o grupo já em parafuso, as despesas com a EBX chegariam a 170 milhões de reais.

Contudo, embora o problema da holding fosse grave, a maior preocupação de Nicolau Chacur era mesmo com a OGX. Ao longo de 2011, a empresa decidira furar 47 poços, em vez dos 28 previstos, e só com isso gastara 328 milhões de reais a mais do que o programado. Até 2013, seriam 121 poços, mais do que qualquer outra petroleira privada já perfurara na costa brasileira.[16]

Tanto no mercado quanto no próprio grupo se comentava então que a

OGX estava "furando desesperadamente" para compensar os resultados decepcionantes. Uma vez que haviam entrado na fase de produção, não era mais possível manter a informação sobre os reservatórios restrita aos mais chegados a Paulo Mendonça. Pesquisando, Chacur constatou que nenhum campo de petróleo na região onde ficava Tubarão Azul produzia os tais 20 mil barris diários anunciados ao mercado. A maioria extraía, no máximo, a metade disso. Se o padrão se mantivesse, não só a petroleira seria afetada. O impacto maior seria sobre a OSX, a fabricante de navios criada para fornecer equipamentos à coirmã.

Preocupado, Chacur foi falar com Luiz Eduardo Carneiro, o CEO do estaleiro, que lhe confessou alimentar o mesmo tipo de inquietação e lhe disse que considerava as estimativas de Paulo Mendonça altamente improváveis. A própria petroleira já fornecera novos dados do campo de Waikiki, o próximo a ser testado, com projeções bem abaixo das anteriores. Como estavam abaixo do previsto, as informações não haviam sido divulgadas, mas constavam de uma apresentação da OSX a potenciais financiadores da terceira plataforma do grupo, a OSX-3.

Carneiro contou ainda a Chacur que havia mais de um ano enfrentava dificuldade em fazer os projetos das plataformas reservadas pela OGX, pois a equipe de Dr. Oil nunca liberava as especificações desejadas para os equipamentos. Temeroso de que a petroleira sozinha não fosse capaz de sustentar as receitas necessárias ao estaleiro, o CEO da OSX saíra em busca de novas encomendas. Entre janeiro e abril de 2012, fechara contratos para a fabricação de navios com empresas como a Sapura e a Kingfish. Havia procurado também a Petrobras, que passara a ser comandada por Graça Foster, sua velha amiga dos tempos da estatal, para tentar uma encomenda — que viria no segundo semestre. Ele esperava que fosse suficiente, mas estava apreensivo.

No final de fevereiro de 2012, Chacur foi para uma reunião conjunta de conselho e diretoria da OGX disposto a desmascarar Paulo Mendonça. Como ali seria feita a apresentação dos primeiros resultados dos testes de Tubarão Azul, o interesse era grande e a sala estava lotada.

Dr. Oil começou explicando que a produtividade do poço naquele primeiro mês fora de 11,6 mil barris, bem abaixo do anunciado pela companhia, mas afirmou em seguida que isso era natural e que aos poucos aumentaria. E disse que o segundo poço a entrar em produção, Tubarão Martelo, chegaria facilmente aos 20 mil barris diários. Quando o geólogo terminou, o diretor financeiro, muito calmo, começou a inquiri-lo sobre o fato de a média de produção na bacia de Campos ser bem menor do que os 20 mil barris havia pouco previstos. Talvez os 11,6 mil barris fossem, afinal, a expectativa razoável.

Mendonça, por sua vez, argumentou que as outras empresas produziam menos porque usavam tecnologias antigas, enquanto a da OGX era mais moderna, mais sofisticada. Com as novas máquinas, os 20 mil barris certamente viriam. Tudo bem, disse Chacur, para então apresentar outra questão: se, com essa mesma tecnologia avançada, Tubarão Azul não passava dos 11 mil barris, como era possível garantir que o novo campo, Tubarão Martelo, passaria? *Touché*. Dr. Oil ficou quieto. Não encontrou resposta.

Um breve — mas constrangedor — silêncio se instalou no ambiente, antes que, em meio a olhares enviesados, o próximo ponto da pauta fosse abordado. Eike assistia a tudo calado. A cena originaria muitos comentários nos corredores e nos almoços da firma, e marcaria a memória dos presentes. Até então, ninguém antes ouvira um executivo se contrapor a Mendonça — na frente do patrão — daquela forma. E a impressão de muitos era de que Chacur tinha razão.

Eike, porém, ou não prestou atenção ou preferiu fingir que nada acontecera. Talvez estivesse ocupado demais para se ater a esse tipo de "detalhe". Havia alguns anos que o mês de março lhe mobilizava um misto de ansiedade e euforia, que aumentava conforme se aproximava a data de divulgação da lista das pessoas mais ricas do mundo elaborada pela *Forbes*.

Desde que começara a acumular bilhões, Eike havia abandonado as corridas de lancha — "Nenhum seguro me cobriria", disse certa vez —[17] para se dedicar aos rankings de riqueza. Além de fazer suas próprias contas, chegava a pedir que assessores sondassem o pessoal da revista para tentar antecipar se subiria ou cairia. Em 2008, reclamara dos cálculos que o haviam colocado em 142º lugar — 10 bilhões de dólares seus teriam sido ignorados.[18] Em 2010, quando passou a figurar entre os dez mais, estabeleceu para si, publicamente, a meta de chegar à primeira posição. Naquele início de 2012, embora já tivesse feito as próprias contas, não tinha muita certeza do que viria.

Os altos e baixos do ano anterior haviam mantido as ações do grupo X

— e, consequentemente, sua fortuna — estacionadas. Ele continuava tendo, portanto, os mesmos 30 bilhões de dólares do último levantamento, mas apareceria na sétima colocação, porque o indiano Lakshmi Mittal, antes o sexto, desabara para a 21ª posição.[19] Logo que a relação de 2012 foi divulgada, Eike postou em seu Twitter: "Uma honra representar o Brasil mais uma vez no ranking da Forbes. O Brasil merece ter mais brasileiros nessa lista".

Mas rapidamente ele transitaria de animado a irritado com a publicação de uma reportagem de capa da revista *Época Negócios* de março de 2012, que questionava sua habilidade para concluir os empreendimentos. "A extraordinária capacidade de vender projetos fez de Eike Batista um dos homens mais ricos do mundo. Agora chegou o momento de mostrar resultados." A matéria mostrava que, embora o adulassem publicamente, quando protegidos pelo anonimato muitos o criticavam e desconfiavam de seus negócios. O empresário ficou furioso e, por dias, tuitou respostas e ameaças. "O Dragão saiu da garagem, com vontade de cuspir fogo! Não se toca na Honra e Orgulho sem consequências!"[20]

O processo contra a revista, porém, nunca se concretizaria. Eike fora desaconselhado por seus advogados, segundo os quais a ação só renderia desgaste à sua imagem. Ele, todavia, não se esqueceria da "ofensa". Dias depois, ao anunciar a entrega da primeira carga de petróleo da OGX — 600 mil barris vendidos à Shell —, escreveu que descarregaria esse volume todo "na porta da revista *Época Negócios*".

O empresário andava literalmente vitaminado. Todos os dias, afinal, ingeria sua cota de vitaminas, receitadas pelo médico Fábio Jucá. Várias pilulazinhas eram engolidas de uma vez só, e tal era a excitação do chefe depois de consumi-las que alguns colaboradores desconfiavam de que, no meio daquelas pastilhas coloridas, houvesse algum tipo de aditivo. Sempre que estava assim, animado, Eike se lançava a uma nova ideia de negócio, como se já não bastassem as catorze empresas em funcionamento sob o guarda-chuva do X. Em março, tentou engajar o BNDES no que seria sua 15ª iniciativa: uma oferta pelo controle da montadora alemã Daimler AG, dona da marca Mercedes-Benz.

O projeto lhe fora levado por um amigo alemão de seu pai, que o apresentara aos donos de uma firma de investimento de Munique chamada General

Capital Group. A ideia era adquirir parte da montadora e fazer com que produzisse no Açu, além dos caminhões que já fabricava no Brasil, também automóveis ou vans. Além disso, com a aquisição, receberia dividendos, o que era bem-vindo para um grupo que ainda não tinha receitas significativas. A nova empresa, pós-Eike, já tinha até nome, DMX. Só havia um problema: comprar 10% da montadora alemã custaria cerca de 4,8 bilhões de euros —[21] dinheiro de que o empresário não dispunha, já que seu patrimônio, quase todo em ações, estava comprometido nas companhias X.

Ele, então, decidiu apresentar o projeto ao BNDES. Depois de uma conversa, Luciano Coutinho enviou um grupo de técnicos — capitaneados pelo diretor industrial e de mercado de capitais Julio Ramundo — para uma reunião com os alemães no Serrador. Dos 4,8 bilhões de euros necessários à operação, só 500 milhões sairiam do bolso de Eike. O banco de fomento colocaria 2 bilhões de euros e outros financiadores contribuiriam com 2,3 bilhões. Estava tudo bem explicadinho. Só o que não estava claro era a condição da montadora, que, logo ficou evidente, carregava uma dívida de 76 bilhões de euros, mais de dez vezes o lucro que teria naquele ano de 2012, de 6,5 bilhões.

Quando a longa exposição terminou e o pessoal já se levantava para deixar a sala, o empresário perguntou: "E aí, Julio? O que acha?". O diretor do BNDES preferiu não tergiversar. "Eike, essa não é bem a nossa praia. Indústria automobilística não está dentro dos nossos interesses, aquisição hostil não tem a ver com banco de desenvolvimento..." Ramundo fora ao encontro em deferência ao empresário, mas a instituição não tinha o menor interesse no negócio.

Ao ouvir a resposta, Eike fez uma expressão desiludida. O diretor de relações institucionais do grupo X, Amaury Pires Neto, então se aproximou, com um bloquinho aberto, e indagou ao visitante, com arrogância: "Qual é o seu nome?". "Julio", ouviu em resposta. "Julio de quê?", insistiu o outro. "Julio Ramundo." "E o senhor é o que no BNDES?" "Diretor industrial." "O.k. Vou ter que reportar nossa conversa para a alta cúpula do PT", encerrou Pires Neto, com ar superior, para espanto de todos.

O diretor do BNDES deixou a sala com olhar pasmo, enquanto Eike ria, como quem se sentisse vingado. A ameaça, porém, não faria efeito, e as tratativas do empresário para controlar a Daimler AG, afinal, não dariam em nada.

Março se aproximava do fim, e, apesar da apreensão disseminada internamente, o grupo continuava a fazer anúncios positivos — para encanto de investidores e acionistas. Além da venda do 1,2 milhão de barris à Shell, o equivalente a um dia de produção da Petrobras, comunicou-se ainda a captação de 1,1 bilhão de dólares entre investidores estrangeiros, que compraram uma nova rodada de títulos da ogx, dessa vez com vencimento em 2022.[22]

O próprio Eike ajudou a animar os mercados ao informar que começaria, no segundo semestre de 2012, a injetar na osx o bilhão de dólares prometido à época da estreia na bolsa. Coroando esse ciclo virtuoso, no final daquele mês de março foi divulgado o aporte dos 2 bilhões de dólares provenientes de Abu Dhabi —[23] tudo sempre noticiado como compra de participação, nunca como empréstimo.

"Dinheiro não é problema", dizia o empresário, que de fato acreditava que a boa vontade do capital seria infinita, desde que se soubesse jogar o jogo dos mercados. Aqueles aportes, no entanto, podiam iludir os investidores comuns e a imprensa, mas não enganavam os executivos do grupo nem os bancos, que acompanhavam — em detalhe — o que acontecia no dia a dia de um de seus principais clientes e devedores. Nesse período, eram comuns os alertas dos banqueiros sobre o perigoso nível de endividamento das empresas. O que mais os incomodava era o fato de Eike ter fornecido seu próprio patrimônio, as ações das companhias, como garantia para Itaú bba, Bradesco e Mubadala. Só com essas três linhas de crédito ele comprometera 3,3 bilhões de dólares.

Nesse momento, tal volume poderia parecer pouco ante o tamanho do império X. Mas quem conhecia os números sabia que um forte ajuste não tardaria. Começava a se consolidar entre os financistas mais atentos a impressão de que o grupo era como o gigante de pés de barro da história bíblica. Segundo a lenda, o imperador Nabucodonosor, da Babilônia, sonhou um dia com uma estátua cuja cabeça era de ouro; o peito e os braços, de prata; o ventre e as coxas, de cobre. Tinha, porém, pés em parte de barro, em parte de ferro. Então, uma pedrinha veio rolando da montanha, atingiu-lhe a frágil base e pôs tudo ao chão.

No final de março de 2012, um dos maiores e mais astutos gestores de fundos do Brasil passou pela imponente fachada de vidro do edifício Serrador e atravessou o hall do prédio rumo aos elevadores para uma reunião com Eike Batista. Como fazia sempre nessas ocasiões, o empresário o recebeu sorridente, na presença de alguns executivos e CEOs, e exibiu um de seus vídeos sobre a história do grupo e os negócios em desenvolvimento. Em seguida, passou a discorrer com animação a respeito dos planos e das perspectivas das empresas.

O visitante, mais interessado na OGX do que nas outras, perguntou a Eike como lidava com dificuldades como atrasos nas obras e escassez de técnicos qualificados — uma constante em todas as grandes companhias brasileiras. Ele havia se encontrado recentemente com Marcelo Odebrecht — que também decidira produzir equipamentos para a indústria do petróleo com o objetivo de suprir a demanda a ser criada pela exigência de "conteúdo nacional". Na conversa, ouvira um longo relato das agruras enfrentadas: os orçamentos estourados, a falta de gente qualificada, os prazos nunca cumpridos. Enfim, como tudo naquela indústria custava uma enormidade, já havia muita gente perdendo o sono e se arrependendo da aventura.

Eike, porém, se dizia tranquilo. "Nós não temos esses problemas! Conosco os prazos estão adiantados, não atrasados. Nossa cultura é de eficiência. Nós fazemos melhor e mais rápido o que corporações engessadas levam um tempão para conseguir."

O encontro se estenderia por mais uma hora — com o empresário falando com empolgação sobre o porto do Açu, as usinas termelétricas em breve espalhadas pelo país e as promissoras descobertas da OGX no pré-sal. O financista assistia a tudo atentamente, mas não sem associar a imagem de Eike à de um vendedor de carros usados. Relembrando esse dia, tempos depois, comentaria: "Pensei: esse cara não está mentindo pouco. Ele está mentindo muito". E, ao tomar o táxi rumo ao Aeroporto Santos Dumont, tinha um só impulso. "Saí de lá com uma vontade suicida de fazer um short."

No jargão do mercado financeiro, short é a aposta na queda do valor de uma empresa na bolsa. Em vez de comprar um papel e esperar que suba para vendê-lo e embolsar o lucro, o investidor que faz o short ganha quando as ações caem. Funciona assim: o sujeito aluga um lote de ações por um determinado período, com o compromisso de devolvê-las, na mesma quantidade, ao final do contrato. Imediatamente, no entanto, desfaz-se dos papéis e passa a torcer para que, ao final do período contratado, o valor deles tenha caído. Se, então, na hora de recomprá-los para os devolver o preço estiver menor, o investidor se dá bem. Contudo, se a ação subir, ou assume o prejuízo ou renova a aposta — e fica pendurado na brocha. Trata-se de uma operação bem mais arriscada do que a habitual, porque a aposta tem prazo para se concretizar. Por isso, no mercado, costuma-se dizer que o short não é para os fracos.

Em seus mais de vinte anos de experiência, o financista que acabava de visitar Eike estabelecera para si uma espécie de manual com três regras sagradas. A primeira era escolher para cristo empresas flagrantemente supervalorizadas, ou porque inseridas em uma bolha (como a imobiliária, por exemplo) ou porque de fato incapazes de entregar os resultados prometidos. A segunda: nunca atacar uma ação que tivesse ascensão constante por um longo tempo. A terceira: esperar que a tal ação já tivesse ficado abaixo do pico histórico por pelo menos um ano antes de empatar o dinheiro.

Quando entrou na reunião com Eike, ele já vinha observando o comportamento da OGX na bolsa havia mais de um ano. O maior valor obtido pelo papel da empresa, 23,27 reais, fora registrado em 15 de outubro de 2010, e desde então nunca mais voltara àquele patamar. Parecia realmente um caso clássico para seu manual. Mas ainda faltava algo que lhe desse certeza. Durante o encontro, teve o clique. "Entendi, ali, que os preços a que a empresa era vendida na bolsa só valiam se desse tudo certo, o que era virtualmente impossível." De volta ao escritório, portanto, mandou bala no aluguel de ações da petroleira, aplicou algumas dezenas de milhões de reais na aposta e ficou esperando. Não estava sozinho no movimento.

Entre março e junho de 2012, a quantidade de ações da OGX alugadas no mercado aumentou 41,8% e a comissão dos corretores também já começara a subir, indicando que havia mais gente no mercado interessada em apostar contra a empresa.[24]

A noite do sábado, dia 17 de março, estava apenas começando quando Thor Batista, então com vinte anos, saiu do restaurante Clube do Filet, na serra de Petrópolis, e entrou na Mercedes-Benz SLR McLaren prata 2006 — que ostentava a placa EIK-0063.[25] Ele e o amigo Vinícius Balian Racca estavam bastante animados para a festa que o irmão mais novo de Thor, Olin, promoveria logo mais na casa do pai. Congestionamentos não eram comuns nos sábados à noite, e o primogênito de Eike, além de acostumado ao trajeto, também era um amante da velocidade. Não à toa, nos últimos dezoito meses acumulara nove multas por exceder os limites.[26] Seus seguranças, que costumavam segui-lo num Toyota Hilux, viviam reclamando de perdê-lo de vista. Então, recém-finda a descida da serra, ocorreu a tragédia.

Depois de ultrapassar um ônibus da linha Petrópolis-Nova Iguaçu pela pista da direita, Thor decidiu passar — também pela direita — um Ford Fiesta que vinha em seguida. Nesse exato momento, Wanderson Pereira dos Santos, de trinta anos, ajudante de caminhoneiro e operário nas horas vagas, começava a atravessar a pista. Sentado na bicicleta, ele a empurrava com o pé esquerdo no chão e o direito no pedal. Uma mão segurava o guidão. A outra levava uma sacola de supermercado com algumas latas de cerveja.

Apesar de ser uma atitude altamente arriscada e imprudente, não era incomum, naquele trecho povoado dos dois lados, ciclistas e pedestres cruzarem a rodovia. Na falta de uma passarela na área, lançavam-se mesmo pela estrada, calculando sempre que haveria tempo para transpor a pista em segurança. Não houve para Wanderson, atingido — quando no meio da travessia — pelo Mercedes-Benz de Thor, a pelo menos 135 quilômetros por hora, segundo apontaria a perícia feita pela Polícia Civil no local.[27] O impacto da colisão o lançou a 65 metros de distância.

O motorista só conseguiria parar a máquina alguns metros adiante. Empurrou-lhe a porta para cima, abriu e saiu do veículo — todo ensanguentado, com cacos de vidro espalhados pelo corpo e tremendo muito. Os seguranças chegaram logo em seguida. Outros motoristas também estacionaram para ver o que acontecera. Em meio ao tumulto, Thor entrou com o amigo no carro dos seguranças e deixou o local do acidente. Foi, então, até o posto médico do pedágio mais próximo, três quilômetros adiante. Recebeu ali os primeiros socorros — e teria sido orientado a ir para um hospital, mas foi para casa.[28]

Da mansão no Jardim Botânico, onde a festa começava, um dos seguranças ligou para Flávio Godinho, vice-presidente e apagador de incêndios do grupo X, para lhe relatar o episódio. O executivo tomou duas providências. Primeiro, telefonou para o advogado Márcio Thomaz Bastos e o contratou, no ato, para defender o herdeiro de Eike. Depois, rumou para a casa do chefe e ordenou que Thor voltasse ao local do acidente imediatamente. Temia que ele fosse acusado de não prestar socorro, ou que dissessem que estava bêbado ao volante. O rapaz então regressou ao posto do pedágio, apresentou-se aos policiais rodoviários e pediu para fazer o teste do bafômetro — que não encontrou traço de álcool. Perguntou, em seguida, se teria de prestar depoimento ali, mas os agentes lhe informaram que deveria ir à delegacia. Com medo da imprensa, assinou uma declaração e se comprometeu a comparecer ao distrito policial em outra ocasião. Só então foi para casa.

Nos dias seguintes, confirmou-se que Wanderson estava alcoolizado e que atravessava a pista em local proibido. Para muitos, porém, o fato de o carro de Thor não ter sido periciado na hora do acidente e ainda o de ter sido liberado para depor mais tarde demonstravam que o filho do homem mais rico do Brasil havia sido protegido. Para outros tantos, estava claro que toda a exposição dada ao caso era uma forma de perseguição ao rapaz, que fizera tudo certo e só se encontrava sob escrutínio por ser rico.

Eike cobriu o enterro da vítima e todas as despesas da família. Nos meses seguintes, pagou ainda, em segredo, uma indenização de mais de 1 milhão de reais.[29] O acordo, porém, não livrou Thor de ser denunciado e, um ano e três meses depois, condenado por homicídio culposo. A pena imposta consistiu na suspensão da carteira de motorista, no pagamento de multa de 1 milhão de reais, destinada a entidades assistenciais, e na prestação de serviços comunitários.

Os advogados recorreram e, no curso do processo, conseguiram anular a perícia que estimara a velocidade do Mercedes — não porque o cálculo estivesse errado, mas porque o perito informou ter comunicado o resultado ao Ministério Público com antecedência, o que feria o protocolo.

17. "Meu Deus, onde é que isso vai parar?"

"Por favor, me emocionem! Eu quero chorar!" Eike Batista praticamente flutuava em meio aos convidados ilustres que aguardavam pelo início da solenidade com Dilma Rousseff, que visitava o porto do Açu com uma comitiva de ministros. Desde os tempos de Lula, ele tentava fazer um evento desses acontecer. E só então, com Dilma, conseguira ter um presidente da República em seu megaempreendimento. Escoltando a presidente pelo Açu, seguido de perto por seu diretor de relações institucionais, Amaury Pires Neto, e pelos principais executivos do grupo, o empresário quase precisava ser beliscado para acreditar no que ocorria.

O helicóptero da Força Aérea Brasileira atravessara um céu enfarruscado e chegara por volta das dezesseis horas daquele 26 de abril de 2012, trazendo Dilma e também o governador Sérgio Cabral e a ministra da Comunicação Social, Helena Chagas. Os ministros Edison Lobão, de Minas e Energia, e José Leônidas Menezes Cristino, da Secretaria de Portos, já a esperavam no local, assim como Eike, seus CEOs e diversos políticos e autoridades regionais. Um auditório provisório de quatrocentos lugares[1] fora montado para o evento que aconteceria depois de um tour com a presidente e os ministros pelos dois terminais, um de contêineres e outro de minério, e de uma parada para fotos com os funcionários. O ápice do roteiro seria o discurso de Dilma sobre o início da produção de petróleo da ogx.

Logo que todos se acomodaram no auditório, um dos indefectíveis vídeos do grupo X foi exibido. Encerrado o filmete, as luzes se acenderam e um fundo musical apoteótico serviu de deixa para que dois operários, que apareciam na tela, subissem ao palco e entregassem à presidente um pequeno barril — ato literalmente simbólico, já que o líquido dentro do recipiente era óleo diesel. Em seguida, duas pipetas em forma de gota, com o mesmo líquido preto, foram dadas a ela e ao governador. E então Eike, Dilma e Cabral receberam jaquetões cor de laranja com o símbolo da ogx e com a palma de uma mão carimbada com óleo — que vestiram, entre sorrisos, posando para fotos.

O empresário era pura adrenalina, fazendo o V da vitória com as duas mãos e o sinal do X com os braços cruzados sob o pescoço. A plateia, formada em boa parte por funcionários do grupo, aplaudia calorosamente e respondia aos gestos do patrão, que ora levantava os braços com as mãos dadas, como quem erguesse uma taça, ora os erguia para o alto como que a comemorar um gol de placa.

Já era noite quando a presidente iniciou seu discurso. "O Eike é um tipo especial de empreendedor. É uma pessoa que delimita o seu sonho de uma forma extremamente ambiciosa e busca cumpri-lo e busca realizá-lo." Sobre o fato de a ogx ter começado a produzir petróleo, afirmou: "Tanto o primeiro óleo de uma empresa privada nacional de petróleo como toda a realização desse porto integrado [...], merecem o nosso respeito e merecem, da parte do governo, vocês podem ter certeza, toda a atenção e todo o suporte". Poderia haver recado mais claro do que esse sobre a relação entre o empresário e a administração federal? Dilma continuou: "Não há, não pode haver concorrência, no nosso espírito, entre duas grandes empresas, como é o caso da Petrobras e da ogx. Ambas se situam em patamares diversos. Agora, ambas podem ganhar muito com uma parceria".[2]

O aval público da presidente à aproximação das duas petroleiras apenas oficializava uma mudança já em curso nas relações entre a ogx e a estatal. Por todo o tempo em que José Sergio Gabrielli comandara a Petrobras, o empresário tivera dificuldades em conseguir contratos e até em marcar reuniões — mesmo com a boa vontade de Lula.

Em fevereiro de 2012, no entanto, a diretora Graça Foster assumiu a presidência da estatal, e as coisas ficaram mais fáceis. Uma das primeiras reuniões da nova comandante da Petrobras se deu justamente com Eike e mais três ex-colegas de Graça: Carneiro, CEO da OSX, Carlos Bellot, também diretor da OSX, e Reinaldo Belotti, diretor de produção da OGX. O empresário tinha ido oferecer o porto do Açu como base aeroportuária da estatal, o que seria uma forma de desafogar o intenso tráfego de helicópteros em Macaé. Apresentou, ainda, o velho projeto de instalar tanques de armazenamento de combustível no porto, derrubado no ano anterior pelo conselho da petroleira. Pediu também a Graça que ajudasse o estaleiro da OSX a conseguir encomendas de sondas na Sete Brasil, empresa criada pela Petrobras, com investidores privados e fundos de pensão, para fornecer equipamentos próprios à operação no pré-sal. E aproveitou para falar de uma concorrência para o fornecimento de plataformas à estatal, de que a OSX participaria em sociedade com a empreiteira Mendes Júnior.

Para Eike, a chancela da presidente significava que ele e o governo do PT se imbricavam de forma definitiva. "Dilma está mandando uma poderosa mensagem para os investidores", disse aos jornalistas ao final do evento no Açu.[3] Os vídeos produzidos na ocasião seriam exibidos *ad nauseam* pelos próximos meses e anos, sempre que o empresário quisesse impressionar algum visitante — ou mesmo por nada, só para lembrar o bom momento.

A ida de Dilma ao Açu foi um marco histórico para o império X. O que Eike não sabia é que era, também, o marco do começo do fim.

No início de maio, com Eike ainda flanando por causa do evento com Dilma, um visitante ilustre apareceu na sede do grupo: Luiz Inácio Lula da Silva, que estava no Rio para receber o título de doutor honoris causa de cinco universidades públicas fluminenses. Acompanhado do governador Sérgio Cabral, chegou de bengala. Ainda se recuperava do tratamento de um câncer e encontrou o empresário animadíssimo com as negociações para mais um aporte de recursos do mundo árabe.

O tunisiano Aziz Ben Ammar havia iniciado conversas com representantes dos emires do Qatar sobre uma possível venda de parte da MMX e da AUX, de ouro, e acenava para Eike com cifras estontenantes. Se estivesse certo, os representantes da família Al Thani injetariam 5 bilhões de dólares no grupo. A nova empresa a ser formada a partir da associação com os qatarianos tinha até nome: QMX, em referência à Qatar Mining, empresa estatal de mineração que provavelmente representaria o país no negócio.

Mas apesar de tudo ir tão bem, algumas empresas X, como a de logística e a de estaleiros, enfrentavam dificuldades para liberar dinheiro no BNDES. E o empresário pediu ao ex-presidente que desse uma força. Os encontros com Lula sempre o deixavam eufórico. Depois de conversar com o ex-presidente, Eike sempre tinha a sensação de que todos os seus problemas estariam resolvidos em breve. Além disso, o fato de haver um novo fundo árabe interessado em investir em seu grupo o fazia imaginar que uma região inteira do globo ainda estava por ser desbravada, e reforçava sua crença de que "dinheiro não faltaria".

A possibilidade de atrair fundos bilionários do mundo árabe fez com que Aziz ganhasse mais status e poder. Eike, que antes mantinha o rapaz como um personal friend ou chief entertainment officer começou a mudar sua visão sobre o tunisiano, que passou a ser convocado para reuniões sobre negócios de diversas companhias e para cuidar de assuntos relevantes para o chefe. Como, por exemplo, cobrar dos diretores jurídicos das empresas que aumentassem as missões delegadas ao escritório de Flávia Sampaio, a primeira-dama do mundo X. Com seu inglês arabesco, Aziz não poupava esforços para "motivar" os executivos a contratar a banca da moça. Um dia, contrariado, chamou um deles em sua sala. "É inaceitável, cara, inaceitável! Você só pagou 37 mil reais à Flávia neste mês, cara. Só 37 mil! Você não é muito bom com números, cara. Nós estamos remando aqui, cara. Eu quero ver 100 mil, cara. Me dê 100 mil!"

Com esse comportamento, em pouco tempo conquistaria a antipatia geral no grupo. Ninguém entendia direito como e por que ganhara tanta importância. Os mais indignados eram os parceiros antigos de Eike, como Zartha e Flávio Godinho, que duvidavam daquelas promessas bilionárias e achavam que o forasteiro estava a ponto de induzir o chefe a alguma bobagem. O empresário, no entanto, interpretava tais sinais como "ciúme de homem", que, como reza o dito popular, é ainda pior que o de mulher. Aziz era jovem, rico e fazia parte da elite do mundo árabe. E Eike achava natural que tivesse conexões facilitadas entre seus pares, da mesma forma que via como previsível que seus antigos colaboradores se sentissem ameaçados. Desde os tempos em que ainda era um desconhecido do distinto público, ele sempre despertara em seus pretorianos reações passionais e muito ciúme. Com sua ascensão ao status de ícone nacional, tal disputa, pensava, ficaria mesmo mais acirrada. Era normal.

O fato concreto foi que a ascensão do tunisiano e suas recorrentes promessas de trazer novos recursos para o grupo fizeram Eike se "esquecer" da recomendação de Nicolau Chacur — para economizar, economizar e economizar.

Ainda em maio, ele anunciou a compra de 50% da marca Rock in Rio — que custou à IMX, sociedade com a IMG, de Ted Forstmann, 120 milhões de reais.[4] O negócio foi divulgado numa entrevista coletiva à beira da lagoa Rodrigo de Freitas, onde o empresário posou para fotos com o criador do festival, Roberto Medina. Usava seu figurino preferido — terno de risca de giz com camiseta de malha e um par de óculos escuros — e empunhava uma guitarra enquanto fazia o sinal dos roqueiros heavy metal. A mesma IMX fecharia, logo em seguida, uma parceria com a Odebrecht para disputar, numa licitação, o direito de administrar o Maracanã.[5]

Na época, não faltou investidor dizendo que Eike dispersava esforços com assuntos menores. Mas o pior era ele gastar um dinheiro em que, supostamente, não deveria mexer.

Para ele, no entanto, todo aquele papo de austeridade era coisa de calça-curta. Não precisava disso. Era especial, como deixou claro numa apresentação para investidores no Copacabana Palace, ainda em maio. Durante o discurso, desdenhou dos antigos inimigos Roger Agnelli, agora ex-Vale, e José Sergio Gabrielli, ex-Petrobras. "Fiquei sete anos com esses dois buzinando no ouvido da presidente Dilma e do presidente Lula dizendo que eu não ia produzir um grama de minério nem uma gota de petróleo. Eu ainda estou aqui. Não sei dizer dos outros dois" — e então proferiu uma frase lapidar: "Tenho alguma coisa com a natureza, porque onde eu furo eu acho".[6]

Como a realidade em breve mostraria, achar petróleo numa região sabidamente pujante como a bacia de Campos, de onde provêm 80% da produção brasileira, não chegava a ser um ovo de Colombo. Produzir, contudo, era outra conversa — bem mais complicada.

Enquanto Eike despejava suas bravatas para o público externo, o Serrador se encontrava em polvorosa. Em todos os andares, um só assunto existia: a produção do campo de Tubarão Azul estava em queda livre. Os 11 mil barris extraídos em fevereiro, que já representavam metade do prometido aos investidores, haviam se tornado 10 mil em março. E, ao final de abril, caído a 8,8 mil.

Os dados eram todos comunicados à ANP, mas a política de repassar imediatamente ao mercado tudo o que era enviado à agência fora abandonada. Mesmo dentro do grupo os resultados haviam se tornado ainda mais restritos e sigilosos, controlados pelos executivos mais graduados. Sabia-se dessas coisas de maneira informal, assim como se levantam, nas ruas do Rio de Janeiro, os números do sorteio do jogo do bicho. Nas rodinhas, entre cochichos, ou mesmo abertamente, nos almoços em restaurantes próximos ao prédio, a pergunta do momento era: como interpretar tudo isso?

Pelas informações que escapavam aqui e ali de técnicos do "baixo clero", a situação ia de mal a pior. A bomba submersa conectada ao primeiro poço era inadequada e a pressão interna do poço diminuía com rapidez — o que logo obrigaria os especialistas a lhe injetar água na parte inferior para fazer o óleo jorrar com mais força. Tratava-se de uma operação básica na indústria, mas para dar certo tinha de ter sido calculada previamente a partir dos testes e programada antes de começar a produção. Era inclusive preciso furar um novo poço, o chamado poço injetor. No caso da OGX, nada disso fora previsto, e a produção seguia caindo.

Cobrado diariamente pelos executivos da petroleira, Paulo Mendonça tentava manter a fleuma. No final de abril, fora nomeado CEO da OGX no lugar de Eike. Precisava mostrar que tinha o controle da situação. "Calma, pessoal, vai estabilizar. Isso é assim mesmo, leva tempo." Mas a vazão do óleo continuava caindo. O diretor jurídico da OGX, José Faveret, que nunca trabalhara com petróleo e não entendia patavina de pressão, vazão e injeção de água, era um dos mais tensos, questionando Dr. Oil a todo momento: "Paulo, essa pressão no poço não estabiliza nunca!". O geólogo, por sua vez, o acalmava: "Estabiliza, sim, Faveret. Pode ficar tranquilo".

A pressão do mercado sobre o grupo também aumentara muito desde fevereiro, consequência de um deslize cometido por Paulo Mendonça e Marcelo Torres. No final de 2011, depois de muita insistência da OSX para ter ao menos uma estimativa acerca do novo campo da OGX a entrar em produção, Tubarão Martelo — importante para sustentar os pedidos de financiamento para a construção das plataformas —, a petroleira enfim forneceu as projeções.

Só que o número passado à OSX por aquele campo específico — 212 milhões de barris, segundo a estimativa mais provável feita pela D&M —[7] era 50 milhões de barris menor do que o previsto pelos analistas do mercado a partir dos dados fornecidos anteriormente pela própria OGX. Torres e Mendonça, porém, preferiram não divulgar um novo cálculo, mesmo cientes de que o que haviam informado à OSX seria incluído no material que chegaria aos investidores, no início de março de 2012. Ocorre que uma parte dos mais de cinquenta fundos que receberam o prospecto também tinha ações da OGX, e logo identificaria algo de estranho. Imediatamente, começaram a vender os papéis da petroleira, e o zum-zum-zum se espalhou. Não tardaria para que uma torrente de investidores insatisfeitos começasse a procurar a companhia — assim como a CVM, que demandou explicações ao seu diretor de relações com investidores. Por que apenas um grupo de acionistas tivera acesso a um dado tão crucial como a estimativa de reservas? O que estava acontecendo, afinal, com a produção da OGX?

Como não havia respostas satisfatórias para tais questões, o mercado começou a punir a petroleira. Em 24 horas, suas ações caíram 7%. Vê-las baixar era o que mais irritava Eike Batista. Até esse momento, o empresário considerava Torres o mais preparado e hábil de seus diretores de relações com investidores. E, assim como Mendonça, gostava dele. Entretanto, desde meados de março, o valor da companhia passara a cair de forma consistente — e sem que o executivo fosse capaz de estancar as perdas. Na condição de diretor financeiro da holding, Nicolau Chacur tentava obter mais informações de Torres, que exercia cargo similar ao seu na OGX, e com quem julgava possível conversar de forma pragmática. "Me explica qual é a história", pedia. "Se há um problema, eu preciso saber para ajudar a resolver." Nada feito. Torres não só não lhe mostrava os dados como não seguia suas orientações. Até Chacur — que, apesar de muito sério e compenetrado, perdia as estribeiras com facilidade — impor um ultimato. "Eike, ou fica o Torres ou fico eu."

Já fazia algum tempo que o empresário ouvia reclamações sobre Torres e sua dobradinha de segredos com Dr. Oil. Mas, enquanto estivesse tudo bem com a companhia na bolsa, seu status seguiria incólume. Com os papéis da petroleira em queda, porém, o chefe não via mais motivos para mantê-lo — e cedeu à cobrança de Chacur. Depois de cinco anos a serviço de Eike, Torres deixou o grupo de forma quase clandestina — ainda que com uma fornida cota de ações, avaliada então em 100 milhões de reais. Nenhum comunicado público sobre a saída foi feito. No fato relevante divulgado dias depois, constava apenas a informação de que a diretoria antes ocupada por ele agora tinha novo titular, Roberto Monteiro,[8] que cumpria função semelhante na OSX e estava rodando o mundo para vender os títulos da dívida do estaleiro.

A troca deixou Mendonça preocupado. Monteiro integrava as hostes de Luiz Carneiro, seu maior inimigo no grupo. O novo CEO da OGX, no entanto, preferia confiar em seu taco. Seu negócio era com Eike e só com ele. Não havia intermediários entre Mr. Batista e Dr. Oil.

Duas coisas incomodaram Monteiro logo ao desembarcar na petroleira. A primeira, constatar que os dados relativos à produção dos poços só eram divulgados ao mercado 45 dias depois de apurados, no fechamento do mês. No intervalo, portanto, vários técnicos da companhia e de outras empresas do grupo tomavam conhecimento dos números — mas os investidores, não. Daí decorria a segunda surpresa: desde o início de 2012, praticamente todos os gerentes e geólogos do segundo escalão da OGX haviam vendido suas ações como se não houvesse amanhã.

Pelas regras da CVM, diretores do primeiro escalão, os chamados estatutários, como Torres e Mendonça, têm o dever de notificar a autarquia sobre toda venda e compra de papéis — justamente para evitar que utilizem informações privilegiadas para fazer negócios. Os demais, contudo, não precisam, por lei, prestar contas a ninguém — e de fato, ao menos na OGX, não prestavam. Nos primeiros cinco meses de 2012, seis executivos próximos a Paulo Mendonça embolsaram 50 milhões de reais negociando ações da empresa. A lista, que circularia entre os principais diretores do grupo X, era de dar arrepios, sobretudo nos que já nutriam suspeitas de que a petroleira tomava um rumo perigoso. Havia, sem dúvida, algo de muito errado em curso. Quando o mercado descobrisse, a coisa ficaria feia.

A pressão sobre a OGX aumentou em meados de maio, quando a companhia anunciou que tinha informado a comercialidade de parte de Tubarão Azul à ANP.[9] Embora parecesse uma grande notícia, o fato era que, para a agência, a declaração de comercialidade não significava necessariamente que o campo daria lucro — por mais esdrúxulo que pudesse parecer. Queria dizer apenas que, diante das condições observadas nos testes de longa duração e em face de seu plano de negócios, a empresa o considerava viável. Ou seja: ainda que desse prejuízo naquele momento, se a petroleira o avaliasse, de modo geral, como um bom negócio, podia declarar a comercialidade.

Era exatamente o caso de Tubarão Azul. Embora, a essa altura, só acumulasse prejuízo, a OGX bancara a aposta ao supor que, com todos em atividade, o lucro de um poço maior compensaria o prejuízo de outro, menor. Para o mercado financeiro, todavia, isso era tecnicalidade. Se a companhia dizia que o poço era comercial, significava que teria lucro com ele. Por esse raciocínio, comercialidade total era bom; só em parte, como era o caso, ruim.

Para acalmar os investidores, Paulo Mendonça fez uma teleconferência com analistas de mercado em 15 de maio. E disse que, se os números não correspondiam ao prometido, era porque, ao contrário do que imaginavam, Tubarão Azul, em vez de um só, consistia num "complexo" de campos. O termo "complexo" maquiava uma realidade bem menos animadora, que poderia ser assim traduzida: Tubarão Azul não era um reservatório gigante, um enorme manancial sobre o qual bastava um canudinho para chupar o conteúdo todo — mas um campo relativamente pequeno, cercado de outros também miúdos ou até menores, do qual seria caro e pouco compensador extrair óleo.

Mendonça e seu "núcleo duro" preferiram esconder esse cenário dos investidores e apelavam a uma credibilidade que já não tinham. Segundo o geólogo, o desempenho de Tubarão Azul era "sólido", e a produção, de 10 mil a 18 mil barris.[10] Cifras ainda bem longe da realidade, já que, naquele exato instante, o poço — que deveria gerar 20 mil barris — não dava mais do que 5 mil. Discretamente, Dr. Oil revisara a estimativa para algo em torno de 13 mil barris.

Naquela manhã, ele falou por quase uma hora, rodeado por cerca de vinte técnicos e funcionários que haviam parado suas atividades para acompanhar a performance do chefe. Quando o aparelho de viva-voz foi desligado, os investidores do outro lado da linha estavam bastante irritados. Ficava cada vez mais claro que o discurso da OGX se descolara da prática. Mas Mendonça foi aplaudido pelos subordinados.

A impaciência do mercado com a petroleira não tinha a ver apenas com a falta de transparência no trato das informações. Muitos investidores já estavam fartos dos recentes movimentos de Eike. Diziam que o empresário colocara os recursos do Mubadala no próprio bolso e não no caixa das empresas. Que ele ganhava dinheiro, mas não o distribuía aos outros acionistas. Reclamavam, ainda, de vê-lo, com tantos desafios à frente, perder tempo e capital em negócios que mais pareciam vaidades de bilionário excêntrico — como comprar um festival de rock e entrar em concorrência para administrar estádio de futebol.

A avaliação era que, a menos que se operasse uma guinada radical no comportamento de Eike e seu grupo, não havia ambiente para as ações da OGX voltarem a subir. Até porque, a essa altura, o volume dos que apostavam contra a petroleira na bolsa — por meio dos "shorts" — já crescera muito, e aumentava cada vez mais. Tudo levava a crer que o gestor de fundos que visitara o empresário em março não fora o único a ser tomado de um "desejo suicida" de abrir uma frente contra a companhia. Ao final de maio, 6% das ações da OGX em negociação na bolsa estavam na mão desse tipo de investidor.

Nesse momento, o diagnóstico a respeito dos pequenos campos dispersos não era conhecido nem mesmo por parte da diretoria da OGX, os que eram não petroleiros, que de resto não acompanhavam quase nada. Enquanto Marcelo Torres estivera na empresa, ele e Mendonça, que se entendiam muito bem, haviam se acostumado a tomar quase todas as decisões sozinhos — quais fatos relevantes soltar e como escrevê-los, quais equipamentos comprar e por que valores, e assim por diante. Agora que o parceiro se fora, Dr. Oil passara a agir por conta própria e apenas comunicava suas decisões aos demais.

Ele podia. Seu cacife junto ao patrão continuava praticamente intocado, apesar dos alertas vindos de várias direções. Eike, afinal, vira a entrega dos barris à Shell. Vira as plataformas serem ligadas. Se Mendonça assegurava que tudo ficaria bem, o empresário julgava não ter razões para desconfiança.

Claro que entendia o que lhe diziam e, no fundo, sabia que os avisos tinham fundamento — mas não queria ver os problemas. Afinal, se os visse, teria de tomar providências que fatalmente derrubariam o valor das ações. Naquele jogo, para Eike, não poderia haver recuo. Cada vez que alguém o desafiava, ele cobria a aposta e seguia adiante. Com sua crença mística no poder das palavras, parecia esperar que, de tanto garantir que os blocos da OGX tinham muitas reservas, o petróleo de súbito brotasse. Havia, porém, uma coisa com a qual não se conformava. Por que Paulo Mendonça não fechara ainda as encomendas de novas plataformas com a OSX?

Sempre que questionado a respeito, o geólogo se saía com a desculpa de que a coirmã cobrava mais caro do que a média do mercado, e que queria forçá-la a diminuir os preços. Mas ao mesmo tempo pedia ao chefe que não deixasse a osx fechar contratos com a Petrobras, pois temia que a estatal ocupasse todo o espaço do estaleiro e prejudicasse a petroleira. Já Carneiro, CEO do estaleiro, argumentava que os preços eram os de mercado e garantia haver área suficiente para todos. Eike, então, resolveu tirar a história a limpo.

Carneiro fazia uma apresentação ao conselho de administração da companhia sobre as encomendas firmes já recebidas pelo estaleiro, na reunião de 18 de maio, quando Eike notou que nenhuma das novas plataformas se destinava à petroleira do grupo — e questionou: "Mas cadê as plataformas da OGX?". O executivo respondeu de bate-pronto: "Tem que perguntar para a OGX, porque eles não me mandaram nenhum pedido". O empresário olhou em volta. "Cadê o Paulo Mendonça?" Dr. Oil era conselheiro da osx, mas estava atrasado para o encontro. O chefe, então, mandou chamar o responsável pelas encomendas, Reinaldo Belotti, que disse, candidamente: "Não recebeu porque estamos fazendo novas análises, Eike. Os campos são um pouco menores do que esperávamos e estamos revendo as especificações". O empresário ficou intrigado. Menores? Menores, como?

Mendonça chegou justamente nessa hora e, antes mesmo de se sentar, ouviu a pergunta de Eike. "Paulo, está havendo algum problema? Os campos são menores do que pensávamos?" O geólogo nem piscou: "Imagine, Mr. Batista. Claro que não. Nenhum problema. Os custos da OSX é que são muito altos". Antes que o empresário dissesse qualquer coisa, Carneiro já atalhava: "Eu já disse um monte de vezes que nossos custos são iguais aos do mercado, e posso provar isso. Agora, toda vez que digo isso fico esperando que me façam a seguinte pergunta: se os custos são iguais, por que não desenvolvem o campo? Como ninguém pergunta, vou responder assim mesmo: não encomendam porque não tem óleo!".

O tempo fechou. Paulo Mendonça pulou da cadeira e partiu para cima de Carneiro, aos berros. "Isso é mentira! Não admito que você se meta nos meus assuntos! Seus dias de certificador de petróleo acabaram!" O CEO da OSX, exaltado, gritava de volta. "Não acreditem no que ele está dizendo! Eu conheço muito do assunto. Passei a minha vida pondo poços para produzir na bacia de

Campos! Ele não conhece e nunca implantou um projeto!" A turma do deixa-disso logo interveio e Eike encerrou o encontro, que não durara mais de meia hora. Num intervalo de tempo igualmente curto, todo o Serrador já sabia que os executivos por pouco não haviam trocado sopapos na reunião de conselho.

A briga, entretanto, geraria mais do que fofocas. Preocupado com o que ouvira, Flávio Godinho procurou Carneiro para uma conversa — em que o CEO da OSX repetiu o que todo o baixo clero já sabia: que o grande campo de Tubarão Azul, na verdade, eram vários campinhos, talvez inviáveis comercialmente, e que Paulo Mendonça estava escondendo o jogo. Godinho, que já andava apreensivo com os rumos que Eike tomava, decidiu que era hora de uma atitude mais dura diante do amigo de trinta anos. De todos os dirigentes das empresas X, o advogado e vice-presidente talvez fosse o mais fiel a Eike, por quem tinha uma admiração cega e a quem defendia de quase tudo.

Como em toda relação muito íntima, tinham também brigas homéricas, muitas vezes provocadas por ciúme. Dos que haviam acompanhado a ruína da TVX, Godinho e o irmão de Eike, Werner, que se tornara diretor administrativo, eram os únicos que continuavam ao lado do empresário. E o norte que as coisas tomavam era assustadoramente parecido com o qual haviam se deparado no Canadá. Godinho conhecia o chefe o suficiente para saber que de nada adiantaria falar. Decidiu, então, escrever um e-mail em que expressava sua preocupação e lhe pedia que prestasse atenção ao que vinham dizendo de Mendonça.

Diante de tanta insistência, Eike aceitou fazer uma verificação nos dados dos campos da OGX. Chamou para a missão o CEO da MPX, Eduardo Karrer, que já fora presidente da El Paso no Brasil e entendia do métier. Ele também era presidente da Diretoria de Engenharia e Implantação de Projetos do grupo, a Deip — e, nessa função, havia supervisionado as obras do Açu quando encontrados problemas na ponte. Karrer, então, organizou um workshop para rever a situação de cada campo e entender o que se passava na petroleira.

A essa altura, o ceticismo em relação ao império X estava tão disseminado que até a revista *The Economist* — a voz que os gringos ouviam — publicaria uma reportagem a respeito. Em "O vendedor do Brasil",[11] um extenso perfil do empresário, a publicação não apresentava uma falha específica no projeto de Eike, mas apenas uma sensação difusa de ele era "um vendedor bom demais para ser verdade". E reproduzia a piada então onipresente no mercado financeiro — que o bilionário era, depois de Bill Gates, a pessoa que mais ganhara dinheiro com o PowerPoint, o programa com que os executivos do grupo faziam suas apresentações.

Eike declarou à revista que sua maneira de vender projetos, exagerada e exibida, era uma "decisão consciente". Segundo ele, a ideia era impulsionar a confiança dos empreendedores brasileiros. Repetindo a pergunta feita por *Época Negócios* dois meses antes, *The Economist* provocava: "Eike poderá entregar (o que promete)?". E ele próprio respondia: "Deem-me tempo. Deixem-me trabalhar". A publicação, contudo, não se renderia: "Eike fez o suficiente para convencer os investidores a lhe darem mais tempo. Mas, cedo ou tarde, o vendedor do Brasil vai ter de entregar". O empresário reagiu à reportagem. "Eu sempre entrego meus projetos. Um exemplo é a OGX. Já estamos produzindo petróleo", disse, ao listar na bolsa uma nova companhia, a CCX, que passara a concentrar os ativos de carvão mineral da MPX na Colômbia.

Contudo, apesar da propalada autoconfiança, cada vez que Eike contemplava a curva de preços das ações de sua petroleira, uma sombra de preocupação o assaltava. Desde o início de março, quando valiam cerca de dezessete reais, os papéis da OGX tinham caído 35% e chegado à cotação de 10,30 reais — o que fizera seu valor total encolher 9,5 bilhões de reais. Nessas horas de intranquilidade, fosse no horário do expediente, tarde da noite ou de madrugada, ele sacava o celular e ligava para Roberto Monteiro, o novo diretor de relações com investidores, nomeado no lugar de Marcelo Torres. "Roberto, o que está acontecendo? Por que as ações estão caindo tanto?" O executivo, de sua parte, repetia tantas vezes quanto fosse preciso, variando apenas as palavras. "Eike, tem uma enorme diferença entre o que a companhia está dizendo e os fatos. Isso está minando a nossa credibilidade. O mercado entende que ou nós não sabemos o que está acontecendo ou então somos um bando de fanfarrões." O empresário desligava inconformado, para então telefonar no dia seguinte e ouvir tudo de novo.

O próprio Monteiro vivia uma queda de braço com Paulo Mendonça e sua equipe para saber, afinal, quais eram os verdadeiros números da produção. Só com esses dados poderia fazer alguma projeção de receitas, saber quanto de fato valia a petroleira e planejar o futuro. Com base no pouco de informação que conseguira extrair dos técnicos de reservatório, no entanto, preparou um cálculo para o cenário em que a empresa produziria 5 mil barris por dia em

Tubarão Azul e o apresentou ao chefe. Com essas novas estimativas, as ações da OGX, cujo preço estava em dez reais, passariam a valer algo entre seis e sete reais.

Como de costume, estavam na sala do empresário vários diretores da holding que nada tinham a ver com o assunto, mas que eram sempre estimulados a opinar. Ali se encontrava também Dr. Oil, que ficou furioso com o diagnóstico. "Isso é um absurdo! Você não entende nada de petróleo e ainda está contestando nossos dados! Nós temos a melhor equipe técnica do mundo!"

Durante todo o mês de junho de 2012, várias reuniões como essa ocorreram — e sempre para discutir o mesmo assunto. Monteiro, apoiado pelos pretorianos da velha guarda, defendia que se divulgassem os números verdadeiros ao mercado, mas Mendonça relutava.

O geólogo, aliás, passara a não dar as caras no escritório por longos períodos. Depois de anos reinando absoluto na órbita de Eike, via seus inimigos se agigantarem e o pressionarem. Isolado, precisava bolar algum plano que revertesse a situação. O movimento resultante, no entanto, poderia ser classificado como um capítulo cômico da história do grupo — não fosse, em si, um sinal de que as coisas realmente iam de mal a pior. Diante do desmanche por que passava sua aura de competência e genialidade, Mendonça partira para a bajulação explícita.

Numa tarde, enquanto o caldo entornava nos bastidores da OGX e o chefe se preparava para uma palestra para os funcionários no auditório do primeiro andar, Dr. Oil chegou com um minibarril de petróleo feito de acrílico, com pouco mais de um palmo de altura e meia dúzia de pedrinhas de diamante soltas. Em volta, ao lado do logotipo da petroleira, corria uma inscrição — algo mais ou menos assim: "A Eike Batista, que, com sua visão empreendedora, está fazendo um sonho se tornar realidade". O geólogo balbuciou alguns elogios, que fizeram marejar os olhos do patrão, e entregou o objeto ao patrão. Sem saber bem o que fazer com aquilo, Eike levou o barrilzinho nas mãos para o auditório e manteve o objeto junto a si durante toda a palestra. Só o largaria depois de voltar à sala, onde o colocou entre os amuletos que enfeitavam sua mesa.

Dias depois, na terceira semana de junho, depois de muita lavagem de roupa suja e concluído o diagnóstico do workshop interno comandado por Eduardo Karrer, Mendonça finalmente capitulou. O campo estava, sim, gerando 5 mil barris diários. Até poderia vir a produzir mais no futuro. Naquele momento, porém, aquele era o número. Começava, então, uma nova polêmica — dessa vez em torno de divulgar ou não as informações ao mercado.

Parte do time defendia que fosse feito o quanto antes. Mas Mendonça ainda dizia que era uma atitude muito precipitada. As reuniões se sucediam umas às outras, por duas, três horas, sem qualquer conclusão. De cada encontro, Eike saía com uma resolução. Num dia, autorizava a redação de um comunicado. Depois, à noite, de casa, ligava para Monteiro e mandava que nada fosse divulgado. No dia seguinte, novas conversas e novo desgaste — até que ele finalmente se decidiu. "O.k., tem que divulgar. Vamos colocar um número com que o mercado se sinta confortável."

Assim, no dia 26 de junho, depois do fechamento da bolsa de valores, o fato relevante foi publicado. Informava o seguinte: depois de cinco meses de testes, a OGX apresentara à ANP um plano de desenvolvimento que estimava em 5 mil barris de óleo a chamada "vazão ideal" do campo de Tubarão Azul, com dois poços —[12] apenas um quarto do prometido pela petroleira. Não se fornecia, no texto, qualquer explicação para tamanha diferença entre o que fora projetado e a realidade, a não ser uma afirmação vaga atribuída a Mendonça: "Todas essas decisões foram tomadas de forma a garantir ao campo de Tubarão Azul uma explotação [termo técnico que designa a fase posterior à exploração] sustentável e de acordo com as melhores práticas da indústria".

Logo que o pregão abriu, as ações da OGX passaram a descer velozmente a ladeira, assim como as de todas as companhias do grupo, enquanto os analistas iam, um a um, rebaixando a classificação da petroleira e derrubando os preços-alvo das ações.

"Crise de confiança" era o termo mais usado por jornalistas e investidores para definir o que se passava. Os grandes fundos, acostumados a um valor em torno de dez reais para as ações, se assustaram quando caíram a nove e, em seguida, a oito reais, e imediatamente acionaram seus mecanismos de *stop loss* — a venda a qualquer preço, para estancar as perdas. Goldman Sachs, Morgan Stanley e JP Morgan estavam entre os maiores vendedores. Na outra ponta, adquirindo-as, Itaú, Citi e XP, imbuídos da crença de que o preço baixo era uma oportunidade e que as ações voltariam a subir.

Nesse dia, Eike acordou em Belo Horizonte, mas, assim que se deu conta da gravidade da situação, voou para o Rio. Quando chegou ao Serrador, era a agitação em pessoa. Com o olhar aparvalhado, entrou em sua sala e permaneceu praticamente o dia todo ali, vidrado na tela da Bloomberg. Quem o visse não teria dúvida: o grande jogador estava desnorteado. Com as mãos na cabeça, alternando revolta e desilusão, ele passou o dia chamando auxiliares para conjecturar sobre como proceder. Um deles foi Monteiro. "Roberto, meu Deus! Onde é que isso vai parar?"

Com Godinho, chorou as mágoas. Ele imaginava que as ações fossem sofrer, mas não esperava tanto. Era um evidente exagero, um castigo. "O mercado pune", repetia, com os olhos esbugalhados e o gestual carregado por um misto de temor e decepção.

Fechado em sua sala, nas conversas com Karrer, Zartha e Godinho, os mais próximos então, concedeu-se uma brecha para admitir o quanto era ruim o cenário. "E se a OGX quebrar? O que eu faço?" Mesmo para quem o conhecia havia muito tempo, essa era uma cena impressionante. Na intimidade, Eike Batista estava ferido.

Para o público externo, porém, ele ainda tentava se mostrar no controle. Uma das providências que tomou foi telefonar para Jeff Immelt, o CEO da GE, que acabara de injetar 300 milhões de dólares na EBX,[13] e lhe explicar que a produção menor absolutamente nada significava, que novas tecnologias seriam usadas para melhorá-la e que, no final, todas as promessas seriam cumpridas. Candido Bracher, que havia se tornado presidente do Itaú BBA, também credor importante, recebeu ligação semelhante. Eike ainda cogitou telefonar a Lula e Dilma, para dar satisfações, mas desistiu — pareceria muito desesperado.

Não se sabe se Immelt, Bracher e outros acreditaram no discurso. Os investidores, certamente não. A OGX já havia perdido 26% de seu valor — ou 8 bilhões de reais — quando o pregão se encerrou e o empresário abriu uma teleconferência para explicar a situação da petroleira ao mercado.

Falando pausada e assertivamente, buscava inutilmente disfarçar o cansaço. Seu tom de voz era vacilante e já não guardava um traço sequer da estridência desafiadora de outrora. "Só gostaria de reforçar que, em toda a minha carreira, corri muitos riscos desenvolvendo muitos projetos. O único risco que eu nunca corri foi o risco de não ter dinheiro para concretizar meus projetos."[15]

Junto de Mendonça e Monteiro, repetiria várias vezes, de maneiras diferentes, que os planos da petroleira continuavam os mesmos.[16] Não convenceu. A verdade, afinal, era uma só: mais de cem poços já haviam sido furados, mais de 5 bilhões de dólares gastos, e o máximo conseguido até ali eram 5 mil barris por dia.

As perguntas e respostas que se sucederam à exposição do bilionário e seu time foram um massacre. Os investidores estavam renitentes, desconfiados e irritados. Houve até quem perguntasse sobre as possibilidades de falência da ogx — questão que Roberto Monteiro dispensou polidamente, mas que deixou os executivos chocados.

Foi um dos poucos momentos na história do grupo X em que todos no entorno de Eike concordaram a respeito de uma coisa: chegara a hora de demitir Paulo Mendonça. Como costumava ocorrer sempre que tinha de tomar uma decisão difícil, o patrão resistia e demorava a agir. Até porque ainda ia ter que escolher um substituto para o geólogo. Nesse caso, havia outra unanimidade entre os pretorianos: Carneiro, que sempre fora o mais enfático opositor de Mendonça. Os últimos fatos pareciam lhe dar razão. Além disso, o empresário ainda tinha em mente uma pesquisa que mandara fazer entre investidores, meses antes, cujos resultados apontavam o ceo da osx como a figura pública do grupo com maior credibilidade.

Carneiro, porém, estava prestes a pedir demissão. Por dois meses, havia mantido contato com um headhunter, que lhe apresentara uma proposta razoavelmente atraente, que ele estava propenso a aceitar. Disse isso assim que o chefe o convidou. "Estou de saída, mas sugiro o nome do João Carlos de Luca, que é um ótimo executivo e tem boa imagem no mercado. Seria uma bela aquisição." O empresário não quis ouvir. "Não dá, Carneiro. Tem que ser alguém da casa. Tem que ser você." O outro resistiu. "Eike, eu não sou um vendedor. Não sei fazer esses discursos que vocês fazem. Para os padrões da ogx, eu sou até sem graça." O patrão apelou. "Mas é isso o que o mercado quer agora. Alguém que passe credibilidade. Eu preciso de você, Carneiro. A ogx precisa de você. Não tem outra pessoa que possa resolver essa situação. Você tem de ficar."

Por muito tempo, isso fora exatamente o que Carneiro queria ouvir. Pena que demorara tanto. Ainda assim, ficou de pensar e prometeu responder no dia seguinte.

No dia seguinte, quando Eike chegou ao Serrador, após o almoço, as ações do grupo X continuavam a derreter. Logo ao entrar, o empresário mandou chamar Flávio Godinho, Zartha, Chacur, Karrer e Carneiro. O empresário era o retrato da devastação: tinha o rosto macerado e o olhar perdido — talvez estivesse sob o efeito de algum tipo de medicação, pensaram alguns —, e trajava o terno risca de giz com camiseta de malha, sua marca registrada, com um detalhe que não escaparia ao mais observador dentre os presentes: a peça tinha a mesma manchinha de sujeira aparente da véspera, o que fazia supor que nem sequer dormira.

Nas últimas horas, os diretores da holding haviam insistido com Carneiro para que assumisse a petroleira. E, apesar da sensação de que entrava numa fria, ele decidiu aceitar o desafio. Mas ali, diante dos colegas, fez uma única exigência. No momento em que ingressasse na companhia, Paulo Mendonça deveria sair. Eike teria de demiti-lo, pois não coabitaria sequer um dia com o desafeto. E não queria que o geólogo continuasse a exercer influência sobre os funcionários. Animado com a resposta positiva, o empresário concordou imediatamente.

Ao pisar no amplo escritório de Mr. Batista, Dr. Oil já sabia o que o esperava. "Paulo, o mercado está muito zangado comigo", começou Eike, que parecia relutante em seguir com o discurso. O interlocutor, porém, facilitou o trabalho: "É simples, chefe. Me demite". O empresário ainda expressaria incerteza por alguns minutos, enquanto ressaltava a importância do colaborador para o grupo. Então, concluiu o vaivém com uma solução bem ao seu estilo. Mendonça sairia da petroleira, mas ficaria na EBX, como consultor. Em tese, ajudaria numa transição. Na prática, Eike não conseguira cumprir a promessa de se livrar do português. Tinha uma ligação ainda muito forte com ele e, no fundo, acreditava que a empresa podia se recuperar.

Da sala do patrão, o geólogo passou à de Aziz, com quem negociou um contrato de saída. Pelos próximos seis meses, receberia metade do salário, ou 100 mil reais, e uma parcela de seu pacote de ações, cerca de 2,5 milhões de papéis, que poderia vender a partir de dezembro de 2012. Naquele momento, valiam 13 milhões de reais.

Naquela altura, exatos 13,8 bilhões de reais da fortuna de Eike haviam evaporado na Bovespa. Se o ranking da *Forbes* fosse publicado então, ele provavelmente teria caído da sétima para a 46ª posição. Em dois dias, a OGX perdeu 40% do valor.

* * *

No mercado financeiro, a desgraça de uns era a festa de outros. Em meio ao turbilhão, um grupo específico de bancos e gestoras de fundos ganhou muito dinheiro. Eram os short sellers que vinham apostando contra a empresa havia pelo menos três meses. As maiores apostas anti-OGX na bolsa eram, então, as do banco Opportunity e dos fundos dos bancos Credit Suisse e JP Morgan, segundo levantamento da consultoria Economatica feito a pedido de *Exame*. Segundo a revista, só o Opportunity lucrara 40 milhões de reais em dois dias com a queda da petroleira — um rendimento de aproximadamente 30% sobre o capital investido.[16] Ninguém, em 2012, ganharia tanto com a OGX.

Tacadas certeiras como o "short da OGX" costumam fazer história no mundo dos investidores. Por isso, muita gente copiou o movimento, em busca dos mesmos ganhos espetaculares. No final de julho, 9% das ações da petroleira estavam alugadas, ou seja, nas mãos de short sellers. Na mesma época, apenas 0,5% das ações ordinárias da Petrobras estavam na mesma situação. A empresa se tornara uma das maiores e mais seguras apostas negativas da Bovespa.

Sete dias depois da grande queda, numa quinta-feira, um diretor do grupo X encontrou Paulo Mendonça em sua nova sala, um espaço bem menor que o anterior, agora no mesmo andar que o do chefe. A falta de objetos pessoais e uma certa desorganização, fruto da recente mudança, davam um ar desolado ao ambiente. O geólogo, todavia, não denotava grande abatimento. Estava, aliás, de saída, conforme revelou ao colega. Dali a algumas horas, tomaria um avião rumo a Las Vegas para assistir à "luta do século" do UFC: a disputa pelo cinturão dos pesos médios entre o brasileiro Anderson Silva e o americano Chael Sonnen.

Foi um combate memorável. Silva nocauteou Sonnen sem perdão antes de o segundo round completar dois minutos.

18. Uma vela para São Lula

Nas semanas após o grande abalo da ogx nas bolsas, o humor de Eike Batista oscilava como montanha-russa. Num dia, perambulava pelo grupo abatido, com a barba por fazer, soltando seu bordão — "O mercado pune" — a qualquer um que se dispusesse a ouvi-lo. Noutro, surgia eufórico com alguma saída mágica que divisara. Nos momentos de ansiedade e depressão, chamava Luiz Carneiro e fazia a mesma pergunta pela enésima vez: "Você acha que vamos conseguir produzir?". O executivo tentava ser o mais claro possível. "Acho que dá para melhorar, Eike, mas, antes disso, ainda vai piorar muito. Os poços vão produzir menos e a empresa ainda vai passar por muitas dificuldades. Se conseguirmos sair dessa, será um feito." Sempre que escutava isso, o empresário balançava a cabeça e se penitenciava por ter confiado tanto em Paulo Mendonça.

Para Carneiro, os dias eram de grandes surpresas. A primeira, logo ao assumir, foi descobrir que tinha direito a um carro blindado. Carneiro, que morava em Niterói e ia para o trabalho de ônibus executivo, o famoso frescão, carregando sua mochila, rejeitou de pronto o "mimo". A segunda surpresa veio de uma reunião com Roberto Monteiro, que, sempre em busca por maneiras de cortar despesas, lhe sugeriu: "Tem umas cem garrafas de vinho e champanhe lá embaixo, na sala de reuniões. Quer vender?". Carneiro ficou pasmo. A ogx não tinha petróleo, mas tinha champanhe. Sugestão feita, sugestão aceita — e as garrafas foram imediatamente vendidas ao Mr. Lam.

Outra surpresa foi descobrir o tamanho da conta de recursos compartilhados, aquela que custeava as despesas da holding. A petroleira desembolsara, só em 2012, 34,4 milhões de reais para cobrir gastos da EBX — aumento de 53% em relação ao ano anterior.[1] Do caixa da companhia saíam também 14 milhões de reais em patrocínios e outros 50 milhões em doações, incluído o montante que Eike destinava às Unidades de Polícia Pacificadora. Em outros tempos, seriam despesas irrelevantes. Naqueles, porém, o dinheiro começava a fazer falta.

Mas o grande nó da OGX, obviamente, não estava nas garrafas de champanhe acumuladas nos tempos de empolgação ilimitada ou na generosidade de seu controlador. A real dificuldade a ser debelada antes que a OGX arrastasse todas as empresas para o buraco era fazê-la produzir petróleo e gerar receita.

A primeira providência de Carneiro foi trocar o comando da área de reservatório e modificar o organograma. Dali por diante, o responsável pela gestão do reservatório ficaria subordinado diretamente a ele e seria desvinculado do chefe da área de exploração. Assim, o executivo imaginava criar uma dicotomia saudável, impedindo que um grupo fechado continuasse a agir sem prestar contas. O responsável pela exploração, porém, permanecia o mesmo: Paulo Ricardo dos Santos. Quando na Petrobras, Santos e Carneiro haviam sido muito amigos, mas a fidelidade do primeiro a Mendonça esfriara a relação. Paciência. Se todos fossem demitidos, não sobraria quem tivesse memória do que fora feito até ali.

O segundo movimento do CEO foi pedir ao novo chefe da área de reservatório, Armando Ferreira, que revisasse imediata e amplamente os dados de seu setor. Durante dez dias, os técnicos trabalharam sobre as planilhas e as imagens sísmicas em esquema de mutirão, simulando o comportamento dos campos já perfurados e da curva de produção. Ao final, entregaram uma lista de poços com as respectivas projeções de vazão. O grupo de especialistas concordava com o seguinte: qualquer campo que tivesse menos de 30 milhões de barris de reservas seria considerado antieconômico e teria de ser abandonado. Diante da lista, Carneiro traçou então uma linha acima dos poços que tinham potencial abaixo dos 30 milhões. Não sobrou quase nada. Só Tubarão Martelo e Tubarão Azul ainda poderiam valer a pena. E, mesmo esses, ainda como incógnitas.

Havia grande risco de também serem antieconômicos, pois os equipamentos eram muito caros e o custo de operação, muito alto.

Com o trabalho concluído, Carneiro e Ferreira abriram, na terceira semana de julho, uma reunião com os mais de vinte técnicos da área de exploração da OGX. Segundo a apresentação, a petroleira conseguiria retirar, no máximo, 315 milhões de barris das principais áreas em Campos — volume bem abaixo do potencial de 4,3 bilhões que Mendonça apregoava pouco mais de um ano antes, quando da divulgação do relatório da consultoria D&M que Eike chamara de "relatório Benjamin Button". A nova estimativa caiu como uma bomba entre os geólogos, quase todos levados à companhia por Dr. Oil. Apenas uma minoria acataria o novo cenário com tranquilidade. Os responsáveis pelas projeções anteriores se sentiram pessoalmente ofendidos. Para eles, os fatores de recuperação de óleo usados pela equipe de Carneiro eram ridículos. Na prática, diziam, a pressão no reservatório era muito maior do que a nova análise considerara.

Mais do que uma discussão sobre o conteúdo das projeções, o que ocorria ali era um embate entre facções inimigas. Para os remanescentes da era Mendonça, os adversários só queriam desacreditá-los para que saíssem do caminho. No meio do debate, um dos geólogos, de posição equidistante entre os dois extremos, declarou que sempre considerara as estimativas anteriores exageradas. A afirmação deixou alguns pares possessos. Para espanto de todos, Celso Martins, o Pantera, o mais antigo do time, se ergueu com o rosto vermelho e começou a gritar, enquanto partia para cima de Carneiro e Ferreira: "Seus incompetentes! Incompetentes!". Não fosse a turma do deixa-disso, a primeira reunião técnica da OGX após a saída de Paulo Mendonça teria virado um ringue de UFC.

Logo ficou claro para o novo CEO que seria impossível tomar qualquer decisão naquele clima. Não havia consenso sobre coisa alguma, e qualquer iniciativa provocaria um racha capaz de parar a empresa por falta de braços e cérebros. Tudo o que ele não precisava era agravar a crise. Portanto, quando os ânimos arrefeceram, Carneiro decretou: "O.k., vamos fazer o seguinte. Vamos contratar o maior especialista em reservatórios fechados do mundo para reavaliar tudo e dar seu veredicto. Acho que ninguém aqui discorda de que a Schlumberger é a consultoria adequada para isso, certo?". O trabalho levaria ainda algum tempo, durante o qual a companhia operaria os poços normalmente.

Era preciso dar a má notícia a Eike. Como se tratava de um assunto extremamente sensível e confidencial, a reunião foi feita na casa do empresário — presentes também Thor, Zartha, Godinho, Karrer e Aziz. Chacur não fora convidado. "Olha, pessoal, sinto muito, mas a coisa é pior do que eu imaginava", começou Carneiro, explicando que havia feito um exercício até então inédito na ogx: mandara os técnicos rodarem seus modelos para saber o que aconteceria no pior cenário possível. E o resultado era de fato alarmante.

Os campos eram dispersos e pequenos e não poderiam ter as reservas contabilizadas em conjunto, como se fossem uma só. O maior deles, Tubarão Martelo, poderia ter, no máximo, 100 milhões de barris. Para piorar, Carneiro descobrira, ao chegar, que até aquele momento não havia sido feito sequer um estudo de viabilidade técnica e econômica dos campos. Era assustador: mais de 5 bilhões de reais do dinheiro dos investidores já tinham sido gastos sem que alguém se tivesse dado ao trabalho mais básico, aquilo que reza o bê-á-bá de qualquer operação industrial.

"E o que se pode fazer?", perguntou Eike. O plano de Carneiro era inverter prioridades. Dali em diante, a ogx trocaria os campos com alta probabilidade de encontrar petróleo — de onde normalmente vinham as descobertas e os indícios anunciados ao mercado, mas que dariam pouco lucro — por campos com risco um pouco maior, porém com chance de retornos mais altos. Outro ponto da estratégia previa reorganizar a casa, usando parte do dinheiro em caixa para comprar participação em campos de outras empresas com reservas comprovadas. Carneiro já integrara as equipes de geólogos, antes dispersos por região do país e por tipo de reservatório, e dera uma ordem expressa: a era dos fatos relevantes e comunicados sobre qualquer coisa havia acabado. A essa agenda, aprovada por todos, Eike acrescentou um ponto: tentaria novamente vender a petroleira ou parte dela, trazendo um sócio com mais recursos.

Ao final do encontro, o empresário mandou que rasgassem todos os papéis com anotações feitas, e determinou que não comentassem sobre o que haviam ouvido com ninguém, muito menos com o diretor financeiro, Nicolau Chacur. "Ele é muito sensível. Não tem estômago para lidar com isso." Apesar da recomendação, nessa mesma noite Carneiro escreveu um e-mail em que resumia tudo o que fora dito, anexou-lhe as apresentações e encaminhou aos participantes da conversa. Não queria, depois, que o acusassem de não ter avisado.

Ficara evidente a Eike que ele precisava de uma saída rápida para aquele emaranhado de problemas, antes que o dinheiro acabasse e o crédito secasse.

A crise da OGX certamente afetaria todas as companhias do grupo, espantando bancos e parceiros comerciais. A chinesa Wuhan, que comprara uma fatia da MMX e assinara um memorando de entendimentos para construir uma siderúrgica no Açu, já enviava sinais de que estava caindo fora — o que deixaria o porto sem clientes relevantes, a não ser a própria Anglo, com quem o empresário vivia às turras e que, na melhor das hipóteses, só conseguiria concluir o mineroduto em 2014. A MPX, por sua vez, enfrentava seus próprios problemas, com atrasos importantes na implantação das usinas. A pior situação, contudo, era a da OSX, que dependia quase que integralmente das encomendas da petroleira. Com a provável baixa na produção, era consenso que o projeto do estaleiro deveria ser refeito ou reduzido, mas Eike se recusava a admitir essa possibilidade. Só havia um caminho para o ex-homem mais rico do Brasil: pedir ajuda ao governo.

Na hora do aperto, o empresário símbolo da pujança do mercado de capitais nacional, o maior porta-voz do discurso do empreendedorismo puro, se igualava aos pares que tanto criticara pelo velho recurso de bater à porta do governo. Só o governo, pensava, poderia oferecer solução para o estaleiro e para o porto. "Não se preocupe, Eike. O governo te adora", dizia-lhe o lobista Amaury Pires Neto, aquele que viera do Fundo da Marinha Mercante. "O 'instituto' não vai te deixar na mão." O "instituto", no código interno de ambos, era Lula. E foi ao ex-presidente que o empresário recorreu.

Entre maio e setembro de 2012, o ex-presidente e Eike se encontrariam a sós por três vezes.[2] Duas, em visitas de Lula ao Serrador. Nessas conversas, que aconteciam praticamente sem testemunhas, ficava cada vez mais claro que o futuro da OGX — e do grupo X — estava nas mãos da Petrobras. Lula, então, acionou seus dois maiores aliados no governo: a própria presidente Dilma Rousseff e o ministro da Fazenda, Guido Mantega.

Coube ao ministro, que era também presidente do conselho da Petrobras, receber Eike, com Pires Neto a tiracolo, no início de julho, em Brasília. O empresário foi claro. Sua petroleira, infelizmente, tinha menos óleo do que se imaginava. Estava a perigo — e precisava de ajuda. Uma possibilidade seria a Petrobras alugar da OGX parte dos equipamentos que ela não usaria. A estatal poderia, ainda, garantir algumas encomendas de sondas e plataformas à

OSX, ou, quem sabe, recomendar que a Sete Brasil comprasse o estaleiro. Havia também o projeto de fazer do Açu uma central de abastecimento e transbordo de petróleo. Na atual situação, qualquer dessas alternativas seria bem-vinda. Eike tinha, ainda, uma reclamação: os empréstimos já aprovados pelo FMM não saíam, pois o BNDES e a Caixa Econômica Federal, ambos órgãos ligados ao ministro, impunham uma série de exigências. Além disso, o grupo precisaria de ainda mais financiamento. Mantega, de sua parte, prometeu ajudar, avaliando a situação na Petrobras e falando com os presidentes dos dois bancos. Ao sair de Brasília, Eike estava esperançoso de que o governo o resgataria do atoleiro.

O ânimo renovado com que voltara do Planalto Central — mencionando a salvação que logo viria — se alternava com momentos de profunda depressão. No turbilhão que achatava as ações de suas empresas, as reações de Eike variavam da total apatia à ruidosa euforia. Se estava por baixo, ficava dias trancado em casa, sem aparecer no escritório. E, quando ia, mal trocava de roupa. Tomava remédios que ninguém sabia exatamente o que eram. Às vezes, em momentos críticos, sumia dois ou três dias e então voltava com esparadrapos e adesivos no rosto — que, suspeitavam os mais próximos, haviam sido colocados pela dermatologista de Belo Horizonte que o atendia havia anos. Quando recuperava a energia, no entanto, arquitetava planos megalômanos e pretensamente geniais que, tinha certeza, dentro em breve reconstituiriam sua antiga fortuna e glória.

Nessa época, ficava horas em sua sala com Aziz, com quem discutia maneiras de reverter a crise. O que mais o angustiava era o que considerava um ataque especulativo contra suas empresas. Passara a ver o mercado, que tanto o incensara, como um bando de especuladores sanguinários, interessados apenas em lucrar com a queda de seus empreendimentos. Uma gente obtusa, incapaz de perceber o valor daquelas iniciativas "transformacionais" — de acordo com a definição de Eike. Como não conseguiam entender que catedrais como as dele levavam tempo para ficar prontas? Vários projetos estavam atrasados, sim, mas, afinal, estávamos no Brasil, onde tudo atrasa. Nada disso, avaliava, diminuía o peso do que estava desenvolvendo. O tunisiano não só concordava com tudo isso como ia mais longe: o empresário tinha de demonstrar ao mercado que confiava no próprio taco, como em tantas outras vezes. Em sua análise, era isso o que faltava para que os potenciais compradores de suas companhias — como os qatarianos, interessados, segundo Aziz, em colocar 15 bilhões de dólares nas empresas do grupo — finalmente se decidissem.

Entre desabafos e planos, Eike chegara a uma conclusão. "Quer saber? Se o mercado não me quer, eu me quero. Vou recomprar todas as empresas. Quando os projetos ficarem prontos, os especuladores vão se arrepender!" Ao saber da nova ideia do chefe, parte de seus executivos, principalmente Nicolau Chacur, entrou em pânico. O chefe estava indo contra tudo o que lhe haviam recomendado. Em vez de guardar dinheiro, ia torrá-lo com os próprios negócios, apenas para confrontar os investidores. Ele, porém, estava convencido da genialidade de sua decisão. E, entre os dias 5 e 17 de julho de 2012, adquiriu mais 8,6 milhões de ações da OGX — por 53 milhões de reais.[3] Era pouco, menos de 0,5% de sua participação na petroleira. Mas, para Eike, era uma forma de dar um aviso ao mercado: se queriam apostar contra o X, ele dobrava a aposta. *All in.*

A primeira companhia que tentaria recomprar e retirar da bolsa seria a LLX, dona do porto do Açu. Em 15 de julho, Eike voou para Nova York para conversar com emissários do fundo de pensão dos professores da província canadense de Ontário, antigo parceiro, um dos maiores financiadores da OGX e também acionista da empresa de logística.[4] Depois de cinco dias de reuniões, acertaram fazer, juntos, uma oferta aos investidores para readquirir todas as ações da LLX — então cotadas a 2,31 reais. O empresário pretendia pagar 3,13 reais por papel. Tratava-se, entretanto, de operação delicada, que sem dúvida provocaria oscilações no preço das ações ao ser anunciada. Por isso, deveria ser altamente confidencial.

No grupo X, porém, era muito difícil manter sigilo sobre algo tão quente. Nem bem Eike regressou — novamente confiante, excitado com a possibilidade de surpreender o mercado com mais um lance de gênio — e já havia quem perguntasse aos diretores da companhia se era verdade "o que estavam dizendo por aí". A informação já tinha vazado, e a especulação começou. Entre os dias 20 e 23 de julho, o volume de negócios com as ações da companhia de logística triplicou, e a cotação dos papéis subiu de 2,31 reais para 2,59 — 12,2% a mais — em um único pregão. Todo o mercado então comentava que Eike fecharia o capital da empresa e que essa seria apenas a primeira da fila. Em seguida, especulava-se, viriam CCX e OSX.

No mesmo dia 23, o portal InfoMoney publicou uma nota sobre o movimento atípico que chamara a atenção da CVM: "Ações da LLX e CCX disparam com rumores sobre fechamento de capital".[5] A autarquia pediu esclarecimentos. Queria saber se havia alguma operação em curso que justificasse aquela oscilação atípica. Apesar de enfronhada em negociações telefônicas com o fundo de pensão de Ontário a respeito das condições da oferta, a diretoria da LLX preferiu responder ao mercado com um comunicado propositalmente vago: "A companhia constantemente estuda possibilidades de novos negócios, sendo certo que, até o presente momento, não há proposta, documento vinculante ou qualquer decisão nesse sentido".

No dia 26, a CVM encaminhou novo pedido de explicações, dessa vez perguntando claramente se procediam os rumores acerca do fechamento de capital. Lembrava, também, que os diretores da empresa tinham a obrigação legal de informar caso houvesse algo de relevante em curso. A nova resposta ao órgão regulador seria enviada no dia seguinte, 27 de julho, quase ao mesmo tempo que Eike, Aziz, Marcello Horcades e o diretor jurídico da LLX, Claudio Lampert, desembarcavam em Nova York para costurar os termos finais do acordo com o fundo de pensão de Ontário. Nela, o presidente da companhia, Otávio Lazcano, comunicava que inquirira o empresário a respeito da operação aventada — sem qualquer resposta afirmativa. Segundo a empresa, portanto, não havia nada a informar ao mercado.

Era um despiste inútil, que logo seria descoberto, porque o plano, a essa altura, se tornara um segredo de polichinelo. As ações continuavam a subir. Em Nova York, no entanto, Aziz, Horcades e o patrão apreciavam o resultado das manobras com satisfação. "Eu já fiz 400 milhões de dólares para Eike Batista, meu caro! É preciso ser bom com números!", dizia o tunisiano a um colega.

Eufóricos, fizeram uma videoconferência com os colegas do Rio de Janeiro a partir do escritório da EBX em Nova York. No Brasil, participavam o diretor jurídico e de novos negócios da holding, Joel Rennó Jr., Zartha, Chacur e Rodrigo Motta, um dos operadores dos investimentos pessoais de Eike. O empresário abriu a comunicação. "*Breaking news!* Acabo de assinar com o Ontario Teachers'. Vamos fazer o fechamento de capital da LLX!" Chacur, estressado, apelou: "Eike, eu te exorto a parar essa operação agora! Você está quebrado!".

O chefe ficou furioso ao ouvir o subordinado falar dessa maneira. Seu rosto enrubesceu na tela e ele começou a gritar, chamando o executivo de calça-curta, enquanto Aziz e Horcades botavam lenha na fogueira. "Quem é você? Você não apita nada! Quem manda aqui é o Eike! Mesmo se não der certo, a operação é boa! Só de dizermos que vamos fechar a ação vai subir!" Isso era demais para o diretor financeiro. Chacur então abandonou a reunião no mesmo momento, bateu a porta e foi embora para não mais voltar.

No escritório de Nova York, Eike e os demais abriram uma garrafa de champanhe — cena narrada aos executivos do Serrador em tempo real por funcionários de lá e de cá.

Só no dia 30 de julho a LLX admitiria publicamente que o empresário desejava recomprar suas ações.[6] A essa altura, muita gente já ganhara dinheiro com a informação privilegiada, nas barbas da CVM. E o preço dos papéis na bolsa brasileira continuava a subir. Para a transação ser confirmada, porém, ainda era preciso que um banco fizesse uma avaliação independente, aferindo o valor justo da companhia. Alguns diretores do grupo achavam que o laudo poderia ser um tremendo complicador, uma vez que, se consideradas todas as previsões feitas pela própria LLX aos investidores, a empresa deveria valer bem mais do que os 3,13 reais que Eike oferecera por ação. Ele, contudo, se sentia onipotente outra vez. Só pensava na jogada brilhante que acabara de fazer.

Com o aparente sucesso do fechamento de capital, o cartaz de Aziz com o chefe aumentou muito. Nesse momento, o tunisiano era quem o empresário mais ouvia e uma das pessoas com quem mais passava o tempo, de quem elogiava as ideias "geniais". Para que o rapaz tivesse um pouso confortável, Eike passara a pagar 35 mil reais mensais pelo aluguel de um apartamento na orla de Ipanema. Oficialmente, Aziz continuava a ser assessor exclusivo da presidência da EBX, mas, na prática, desempenhava a função de diretor de novos negócios, fusões e aquisições. Participava, assim, de todas as reuniões importantes, que passaram a ser faladas em inglês para que ele pudesse acompanhar. Para quem conhecia bem o empresário, era fácil entender suas razões. Num ambiente cheio de problemas, Aziz trazia soluções.

Só que, com exceção do próprio Eike e do amigo Marcello Horcades, quase ninguém gostava dele. Não só os colegas, mas também os banqueiros que lidavam com o grupo costumavam se referir a Aziz como um aventureiro sem qualificações para o tamanho do desafio. Sem contar o estilo um pouco descontraído demais, a mania de contar piadas sujas e usar por vezes chapéu-panamá em compromissos de trabalho.

Havia — é verdade — muito de ciúme nesse tipo de reação, uma vez que a ascensão de Aziz jogara para escanteio figuras antes influentes, como Zartha e Nicolau Chacur. Mas havia também muita preocupação legítima. Jovem e impetuoso, o rapaz possuía pouca experiência de mercado e um espírito de jogador que reforçava os traços mais temerários de Eike. Se o chefe tinha receio de não conseguir vender alguma de suas empresas, Aziz o convencia de que não faltariam compradores. Se as ações estavam em baixa, incentivava o empresário a desafiar os investidores. E só lhe oferecia ideias que o fariam gastar ainda mais. Fragilizado, o patrão se apegava ao novo amigo. Se alguém tentava alertá-lo para o risco que as ideias do tunisiano representavam, Eike reagia: "Vocês falam mal do Aziz, mas, quando vão embora para suas casas, é ele quem fica comigo". Diante de um argumento como esse, não havia muitas possibilidades de resposta.

Viviam-se mesmo dias esdrúxulos no edifício Serrador. Enquanto as companhias derretiam na bolsa, Eike, Aziz e Horcades confabulavam sobre novas formas de reerguer o grupo. Cada vez que uma dessas ideias dava errado, logo surgia outra — ainda mais mirabolante. Nas primeiras semanas de agosto, ficou claro para o trio que a instituição contratada para avaliar a LLX, o Bank of America, não endossaria a oferta de 3,13 reais por ação feita pelo empresário.

Para o banco, a empresa de logística valia mais do que o dobro, algo entre 6,94 reais e 7,63 reais,[7] valor que o fundo de pensão de Ontário não pagaria. Antes mesmo de divulgar publicamente a inviabilidade de sua primeira alternativa, porém, Eike já pensava em outras saídas. Em meio ao brainstorming contínuo, ressurgiu a hipótese de comprar a rede de televisão SBT, por meio da qual se poderia inverter a crise de imagem do grupo. Afinal, para o empresário, o problema era mais de imagem do que financeiro. Pensou-se, também, em adquirir participações minoritárias na Vale e na Petrobras, para facilitar o projeto de anexar a essas empresas as minas, os campos de petróleo, os portos e as termelétricas das companhias X.

Considerando a situação financeira do grupo, só podia mesmo ser um delírio coletivo. Na holding, onde estava o dinheiro de Eike, havia cerca de 3 bilhões de dólares — mas totalmente comprometidos com os credores. No conjunto das empresas, todo o caixa, somado, alcançava 10,2 bilhões de reais para um investimento de 6 bilhões previsto só para aquele ano de 2012, segundo levantamento feito, na época, pela consultoria Economatica. Com base nesses números, a conta que o mercado fazia era de que, mesmo que não acrescentasse qualquer nova despesa às já existentes, o dinheiro só daria para mais um ano e meio. Se nada fosse feito, o grupo X não chegaria inteiro a 2014. E isso porque, até então, não se conheciam as condições do empréstimo do Mubadala. Sempre que questionados a respeito, o empresário e seus executivos garantiam de pés juntos que os recursos dos árabes tinham sido aplicados numa compra de participação e não demandariam qualquer contrapartida.

Logo, porém, esse pano também baixaria — e o empréstimo dos sheiks de Abu Dhabi começaria a pesar sobre a cabeça de Eike como a espada de Dâmocles.

Eike nunca precisara tanto de seu talento vendedor. O humor dos investidores internacionais era ruim e havia pouca disposição para injetar dinheiro no Brasil. Mas o empresário era persistente e confiava em seu poder de sedução — e, claro, na ajuda do governo. No início de agosto de 2012, depois de uma parada na Rússia para reuniões com representantes da petroleira estatal Lukoil, ele se juntou a Aziz em Putrajaya, capital administrativa da Malásia, para um encontro com a alta cúpula da administração local, em busca de dinheiro para a OGX.

Pleiteava uma injeção de recursos da petroleira estatal malaia, a Petronas, e levava um cartão de visitas especial. Na noite anterior, a própria Dilma Rousseff telefonara ao primeiro-ministro Datuk Seri Najib Tun Razak. Na ligação de meia hora, a presidente "convidou a Malásia a entrar numa parceria inteligente e substancial com o Brasil via grupo EBX, para obter uma posição estratégica no setor de energia e recursos naturais", segundo o *New Straits Times*,[8] noticiário de tom francamente favorável ao governo.

A parceria com a holding de Eike seria parte de um programa conjunto entre as duas nações, que asseguraria àquele país o fornecimento contínuo de recursos energéticos. De modo a concretizá-lo, portanto, a Malásia "receberia direitos exclusivos" para explorar e produzir petróleo com a EBX — que, segundo o *New Straits Times*, tinha recursos estimados de mais de 10 bilhões de barris.

Com a associação convertida em assunto de Estado, Eike e Aziz foram muito bem recebidos no monumental palácio do primeiro-ministro, o Perdana Putra, marco arquitetônico malaio por seu gigantismo e suas cúpulas verdes de inspiração islâmica. Além do próprio Najib Tun Razak, participaram da reunião o ministro do Planejamento e o presidente da Petronas. Para convencer os anfitriões a adquirir uma participação na EBX, o brasileiro prometeu investir no país. "Estamos impressionados com o potencial da Malásia e gostaríamos de anunciar nosso compromisso de aportar 6 bilhões de dólares em investimentos estratégicos e de alto impacto, a serem implementados rapidamente." Combinou-se ali que uma comitiva de malaios iria ao Brasil no mês seguinte, setembro, para analisar os dados da OGX e fazer uma oferta.

Naquele mês de agosto, aliás, Eike daria praticamente uma volta ao mundo. Além da Rússia e da Malásia, buscava recursos também no Cazaquistão e em Dubai. Sem contar as conversas com o Qatar, que, segundo Aziz, caminhavam bem. Logo os emires chegariam com uma proposta.

De Kuala Lumpur, Aziz decolou rumo a Düsseldorf, sede da empresa alemã de energia E.ON, para uma missão especial: acompanhar o time da MPX em mais uma tentativa de trazer dinheiro para o grupo. A E.ON já tinha participação de 10% na companhia de energia, adquirida no início de 2012. A aquisição tivera como fim diversificar os ativos da empresa, muito concentrados na Alemanha.

Os germânicos se interessaram pela MPX porque a companhia já tinha contratos fechados para fornecimento de longo prazo — um indicativo de grande potencial de valorização. Ao desembolsarem 850 milhões de reais por essa fatia, haviam deixado claro que, se pudessem, teriam comprado naco maior. Na época, Eike não quis. Achava que a MPX cresceria ainda muito mais — e que, assim, venderia o restante das ações por valor bem superior.

Meses depois, com cenário tão diverso — em que o empresário e a própria

MPX precisavam de dinheiro para concluir os projetos de usinas termelétricas que permitiriam cumprir os contratos —, Eike e sua equipe voltavam aos sócios dispostos a negociar um aumento de capital. Os alemães já conheciam a diretoria da MPX e tinham com o CEO uma boa relação. O carioca Karrer vinha de uma experiência de mais de duas décadas em empresas como Petrobras, El Paso e Rio Polímeros, e cultivava uma postura ao mesmo tempo empertigada, discreta e afável, que combinava com o jeito sisudo dos parceiros. Ultimamente, contudo, Eike só se sentia seguro numa negociação se Aziz estivesse junto.

Desde o primeiro momento, porém, ficou claro que o tunisiano não estava bem sintonizado com o jeito de fazer negócios dos alemães. Os germânicos haviam convidado os representantes de Eike para um jantar de boas-vindas no domingo, antes da primeira reunião, a ser realizada na segunda-feira. O encontro se deu num restaurante às margens do lago Unterbach, um cenário turístico de Düsseldorf. Aziz chegou segurando um charuto, que nunca acendia, e lançou seu primeiro petardo logo no início. Ao ouvir um dos executivos da E.ON comentar que a cidade tinha uma numerosa colônia japonesa, pediu: "Então vocês têm de me indicar um restaurante japonês daqui para eu ir. Só que tem de ser do tipo que eu gosto: aqueles em que se come o sushi em cima de mulheres nuas, sabe como é?".

Os anfitriões deram umas risadinhas sem graça e seguiram com a conversa. Aziz, contudo, insistiria no tema imigratório, dessa vez falando sobre seus conterrâneos. Disse que Düsseldorf também tinha uma grande colônia tunisiana — informação que os germânicos desconheciam. Explicou: "É que as mulheres alemãs gostam muito de ir à Tunísia para transar com os homens de lá. E elas gostam tanto deles que os trazem para a Alemanha. Eles se cansam das mulheres, se separam e terminam vendendo maconha por aqui". Deram-se mais alguns risos sem graça e olhares enviesados, enquanto os brasileiros morriam de vergonha.

Ao final do jantar, um executivo da E.ON puxou Eduardo Karrer num canto. "Escuta, quem é esse cara? Isso é algum tipo de pegadinha?" O CEO contou que ele era o novo homem de confiança do chefe e pediu desculpas, prometendo que isso não se repetiria. Ledo engano.

Na segunda-feira, depois de um dia inteiro de reuniões, era evidente que havia um impasse. Os alemães queriam comprar mais ações da MPX, mas não a ponto de assumir o controle da empresa. Temiam fazê-lo e acabar sendo obrigados a fazer uma oferta pelas ações dos outros investidores, por no mínimo 80% do valor oferecido a Eike — como a lei brasileira determina quando a aquisição de ações resulta em transferência de comando. O mecanismo, conhecido como *tag along*, é disseminado em vários países como forma de estimular a igualdade de condições entre os acionistas de uma mesma empresa. Aziz, então, se levantou e chamou o diretor financeiro da E.ON, Marcus Schenck, para uma conversa em particular. Disse que entendia a preocupação do interlocutor e propôs uma solução: "Olha, Marcus, o que importa nesse negócio é o Eike ganhar dinheiro. Então, por que não fazemos o seguinte: para todos os efeitos, eu te vendo as ações bem baratinho, para você poder pagar o *tag along*, e depois você põe o resto por fora, em participação no Açu ou em outra empresa do grupo?". O executivo ficou horrorizado com a proposta heterodoxa e logo deu um jeito de encerrar o encontro. Antes, pediu aos brasileiros que não levassem mais o tunisiano às reuniões. Eles não tinham tal poder, mas fizeram questão de relatar ao empresário o que ocorrera.

Eike, porém, minimizou o episódio. "Isso não quer dizer nada, a negociação ainda vai evoluir. O que o Aziz estava querendo era só fechar um preço." O assessor, portanto, continuava a comandar as tratativas com a E.ON. E ainda aumentaria seu cacife com o patrão, sendo nomeado, entre agosto e setembro de 2012, conselheiro de todas as empresas X com ações em bolsa.[9]

A rodada seguinte de conversas com os germânicos ocorreu em outubro, num escritório da companhia em Londres. E o tunisiano mais uma vez se superou. Apresentou-se de terno azul-marinho, com camisa aberta, sem gravata, e usando o indefectível chapéu-panamá. Sentou-se e foi logo cruzando os pés sobre a mesa de reuniões, enquanto esperava os outros chegarem. Quando todos se acomodaram, baixou os pés e começou a apertar todos os botões da mesa. O objetivo, disse, era verificar se estavam gravando o encontro. Em seguida, iniciou uma performance. "Já entendi que o problema de vocês é preço. Mas isso é problema de vocês, não nosso. Porque nós já temos comprador para a empresa, a quinze reais por ação. Se não quiserem pagar, esqueçam, porque vocês estão fora." E, dizendo isso, saiu da sala e foi embora. Deixou ali, sozinho com os sócios alemães, o diretor de novos negócios da MPX, Leandro Cunha, que voltaria da Inglaterra com uma proposta de aquisição de parte da cota de Eike por treze reais o papel.

O ato final da participação de Aziz nas tratativas se deu em novembro, quando uma equipe da E.ON viajou ao Brasil. Numa sala do Serrador, o tunisiano e os visitantes se digladiavam numa troca infrutífera de propostas quando o árabe desdenhou: "Não sei o que vocês vieram fazer aqui. Vocês discordam de tudo!". Ao ouvir isso, o vice-presidente de novos negócios da empresa germânica, Frank Possmeier, um alemão alto de bochechas rosadas, naturalmente sisudo, levantou-se com o rosto vermelho e disparou: "A reunião acabou. Acabou agora!". E, virando-se para sua equipe: "Peguem suas coisas e vamos embora. Não tem mais negócio!".

Aziz ficou atônito. Nos meses anteriores, sempre que o questionavam sobre seu comportamento, dizia que os alemães estavam doidos para comprar a companhia e afirmava que, se não quisessem, sempre haveria a alternativa do Qatar. Agora prestes a perder o negócio, ele não parecia mais tão confiante. Enquanto outros executivos da MPX tentavam acalmar os alemães, o tunisiano recobrou a fleuma e pediu para falar a sós com Possmeier. Em quarenta minutos de conversa, desculpou-se, disse que poderia perder o emprego se não avançassem e implorou que a discussão fosse retomada. O alemão concordou, ambos voltaram à sala e o encontro prosseguiu como se nada tivesse acontecido. Quando o dia terminou e a equipe estrangeira deixou o Serrador, com uma oferta de compra encaminhada, Aziz relatou aos demais. "Pessoal, o Frank está maluco. Ele está com sérios problemas pessoais, está se divorciando, e se desequilibrou. Mas me pediu desculpas e eu entendi. Só peço a vocês que essa história fique entre nós, porque o Eike quer muito fechar esse negócio e pode ficar mal para vocês." E nunca mais tocou no assunto.

As negociações entre as duas empresas ainda se arrastariam por alguns meses, até que se fechasse, em março de 2013, um acordo de venda — que acabou só se concretizando em julho.

Em agosto de 2012, enquanto Aziz chocava os alemães com suas gafes em Düsseldorf, no Brasil, Eike e o pai, Eliezer Batista, eram recebidos com uma comitiva de empresários no Palácio do Planalto, convidados ao lançamento do novo plano de Dilma para a infraestrutura. Um pacote ambicioso, que previa a licitação de 7,5 mil quilômetros de rodovias federais à iniciativa privada, além da expansão de ferrovias e portos e de mudanças nas regras para concessões de aeroportos.

A economia brasileira vinha então em franco desaquecimento, e as previsões de crescimento do PIB sofriam constantes diminuições. O plano visava animá-la não mais através do estímulo ao consumo interno, como o governo fazia desde a gestão de Lula, mas por meio de incentivos a investimentos em infraestrutura. Para a maioria dos analistas econômicos, um diagnóstico correto, embora um tanto tardio. O modelo do pacote também era controverso, por trazer para o Estado o risco dos investimentos em ferrovias. Para Eike, no entanto, era simplesmente perfeito — "um kit felicidade",[10] segundo ele próprio declararia, cercado por repórteres após o anúncio. Se as concessões previstas fossem mesmo adiante, teria razões para comemorar.

Na lista estava uma ferrovia que poderia dar nova vida ao porto do Açu, interligando São João da Barra a Mato Grosso, passando por várias regiões produtoras de grãos e de minérios. Apesar da crise, o empresário ainda tinha boa imagem pública. Mesmo entre os que conheciam bem a natureza de seus problemas havia uma profunda crença de que o governo não o deixaria naufragar. Sinais disso não faltavam.

Dias depois, Eike participaria de um jantar do "PIB brasileiro" com Lula, na casa de Abilio Diniz, do Grupo Pão de Açúcar. Estavam presentes, também, João Roberto Marinho, da Globo, Murilo Ferreira, da Vale, Roberto Setubal, do Itaú, Jorge Gerdau e Luiz Carlos Trabuco, do Bradesco.[11] Discutiram economia, política e investimentos.

Naquele mesmo mês de agosto, a Petrobras finalmente formalizara uma encomenda à OSX — para a montagem de duas plataformas de petróleo.[12] Pela sua parte no serviço, a ser realizado em parceria com a construtora Mendes Júnior, em uma instalação semipronta do estaleiro no Açu, a companhia receberia 450 milhões de dólares. Para Eike, o contrato não só era um reconhecimento à capacidade técnica da OSX, mas também uma compensação pelo fato de o pedido que lhe havia sido prometido de duas sondas, via Sete Brasil, nunca ter se concretizado. Se a avaliação estivesse correta, tratava-se de um prêmio de consolação modesto. Afinal, o valor do contrato com a Petrobras representava uma pequena parte do 1,6 bilhão de dólares que as sondas nunca encomendadas trariam. Ademais, ao contrário do negócio com a Sete Brasil, esse não era suficiente para garantir os financiamentos de que a OSX precisava para terminar de construir o estaleiro.

A Sete Brasil era, nesse momento, dona da maior carteira de encomendas de sondas do planeta. A empresa, constituída por bancos privados e fundos de pensão estatais, com uma participação minoritária da própria Petrobras, ganhara o direito de fornecer 28 das 33 sondas que a estatal usaria na perfuração dos poços do pré-sal. E desembolsaria 27 bilhões de dólares por sua construção.[13] Era então a maior encomenda do mundo na área de petróleo, que deveria ser prioritariamente executada por estaleiros nacionais.

A disputa pelas sondas da Petrobras se convertera num dos mais pesados jogos empresariais do país em 2012. Todas as grandes empreiteiras brasileiras se movimentavam nos bastidores para garantir um naco. Briga de gente grande, travada no maior sigilo, e da qual vários empresários sairiam insatisfeitos, falando em jogo de cartas marcadas para privilegiar as construtoras amigas do governo. Um desses excluídos seria Eike. Durante meses, ele dera como certo que receberia o pedido das duas sondas — sempre atribuído a uma determinação "de Brasília". Por volta de agosto, porém, as negociações foram suspensas sem maiores explicações. Se sabia o que o levara a ficar de fora, o empresário nunca contou a ninguém. E foi à luta, em busca de alternativas para sua OSX.

Não era missão fácil. A única empresa que tinha encomendas da Petrobras, afora a Sete Brasil, era a grega Ocean Rig, que atuava em parceria com o boliviano naturalizado brasileiro Germán Efromovich.

Dono de um conglomerado que incluía a companhia aérea Avianca, o estaleiro Eisa e a Marítima, prestadora de serviços para a indústria do petróleo, Efromovich tinha décadas de relacionamento conturbado com a Petrobras. Desde 1999, movia contra ela um processo judicial em cortes nacionais e internacionais, cobrando o pagamento de plataformas cuja entrega ele teria atrasado. Depois, em 2007, sua empresa fora acusada pela Polícia Federal de fraude nas licitações da estatal. Finalmente, após um longo período excluído das concorrências da petroleira, conseguira se reaproximar, utilizando-se de todo o seu poder de convencimento e de muito lobby de políticos aliados. Apesar de também ter perdido a disputa pelas sondas da Sete Brasil, dera um jeito de conseguir outro contrato, feito à parte, com a Ocean Rig,[14] do armador grego George Economou — um magnata sexagenário que apreciava a boa vida e circulava sempre acompanhado de belas mulheres em iates e jatinhos.

Efromovich e o sócio grego, porém, começaram a se desentender quanto ao montante que cada um deveria aportar no negócio. E a informação de que estavam prestes a romper chegou a um lobista enfronhado no mundo das sondas e plataformas — Fernando Soares, o Baiano.

Baiano conhecera Eike como representante da Acciona, uma empreiteira espanhola que trabalhava na construção do porto do Açu, e se tornara próximo de Flávio Godinho. Estava sempre na sede do grupo X oferecendo oportunidades, e dele se dizia que era bastante ligado não só a Paulo Roberto Costa, o todo-poderoso diretor da Petrobras, como também a figuras ilustres no petismo. Ao saber que a sociedade entre Efromovich e o grego estava por um fio, Eike lhe pediu que marcasse uma reunião com Economou em Londres. As negociações correram aceleradamente — e em segredo — nas últimas semanas de agosto e no início de setembro. Até que, no dia 19 de setembro, um diretor da Petrobras declarou, em uma feira de petróleo, no Rio de Janeiro, que a estatal estava prestes a fechar contrato com a Ocean Rig — mas num consórcio com a OSX. Efromovich ficou irado.[15]

No dia seguinte, enquanto as equipes de Eike e Economou ainda discutiam freneticamente os pormenores do acordo, Efromovich entrou no circuito, procurando seus interlocutores na Petrobras e no mundo político e ameaçando jogar lama no ventilador. Criou-se, então, um impasse, que faria com que as negociações entre brasileiros e gregos andassem em câmera lenta. No final de novembro, com a Petrobras em regime de contenção de despesas, a encomenda das cinco sondas extras ao consórcio da Ocean Rig seria formalmente cancelada[16] — o que fulminava mais uma tentativa de Eike para capitalizar a OSX.

Na terceira semana de agosto, um e-mail atípico pulou na tela do computador do colunista Lauro Jardim, de *Veja*. A mensagem, anônima, vinha de alguém que dizia conhecer muito bem o grupo X e estar disposto a fornecer informações relevantes, "muitas não exatamente elogiosas", sobre o que se passava nos bastidores. O anônimo encerrava o e-mail perguntando se o jornalista teria interesse em recebê-las.

O colunista respondeu que sim — e ficou aguardando.

No mesmo dia, veio a primeira inconfidência: quem então dava as cartas no grupo era Aziz Ben Ammar, que os banqueiros consideravam uma "piada". Bem escrita e elaborada, a mensagem impressionou Jardim, talvez o jornalista que mais tinha contatos nas empresas X. As informações que a fonte anônima trazia estavam restritas a pouquíssimas pessoas, obrigatoriamente muito próximas a Eike. E eram 100% verídicas, como ele logo verificaria com outros interlocutores.

No início de setembro, pois, o jornalista publicou, na versão virtual de *Radar*, sua coluna semanal na revista impressa, uma nota com o título "O tunisiano do Eike",[17] em que dava notícia do protagonismo de Aziz e descrevia os planos em gestação no grupo, todos comandados pelo estrangeiro. Um deles, dizia Jardim, seria a venda de mais uma fatia da companhia de energia, a MPX, aos alemães da E.ON. Era a primeira vez que o nome de Aziz era apresentado ao público.

Ao ler na coluna o tipo de vazamento que não lhe interessava, o empresário ficou furioso. Havia alguém traindo sua confiança no seio da "távola do sol eterno", um X-9 — e ele descobriria quem era.

E não era só dentro do próprio grupo que Eike via traidores. Apesar da boa vontade do governo, havia flancos de resistência na máquina estatal que nem Lula nem Dilma conseguiam (ou queriam) dobrar. O mais problemático era o BNDES. A essa altura, o banco tinha aprovado créditos de mais de 10 bilhões de reais para as empresas X, mas jogava duro para autorizar os desembolsos, porque as companhias não conseguiam cumprir os pré-requisitos à liberação do dinheiro.

Lula e Mantega haviam prometido ajudar. Mas nada mudava, e o empresário se exasperava. Na primeira semana de setembro, depois de muitas reuniões restritas entre as partes, um dos diretores do BNDES abriu o coração a um interlocutor do grupo X: Eike era um empresário querido do governo, "campeão nacional", e o banco estava disposto a ajudar, mas, dali em diante, só lhe liberaria mais dinheiro depois de vistoriar os planos das empresas e o andamento dos projetos. As companhias eram todas interligadas — e a instituição precisava ter noção exata do risco que corria.

Os burocratas tinham suas carreiras e reputações a proteger, e os assessores de Eike não tiveram saída senão concordar. Montaram, então, uma espécie de data room no primeiro andar do Serrador, com documentos e apresentações para os técnicos do BNDES. Durante um dia e meio, os CEOs das empresas X se sucederam em exposições, de mais ou menos duas horas cada, para dezenove técnicos da elite do banco. Nessas conversas, os técnicos propuseram questões de todo tipo aos executivos e analisaram centenas de documentos, incluídos os do acordo com o Mubadala. E ouviram explicações a respeito de prazos e de quanto dinheiro ainda seria preciso para que todos os projetos começassem a operar. Finalmente, com um calhamaço de planilhas e brochuras nas mãos, voltaram ao banco para fazer a lição de casa.

Dez dias depois, o diretor do BNDES Roberto Zurli chamou dois diretores do grupo para um encontro. Recebeu-os acompanhado da superintendente de crédito do banco, Cláudia Prates. Aflito, foi direto ao ponto. "Que porra é essa? Vocês têm 40 bilhões de investimentos programados!? Estão malucos? Como é que pode um orçamento desse tamanho...", disse Zurli, abrindo os braços exageradamente, "e um balanço desse tamanhinho!?", prosseguiu, enquanto juntava o indicador bem próximo ao polegar. "Isso não vai rodar!" Pegos de surpresa, os executivos se empenhariam em convencê-los de que os projetos eram espetaculares. Quando começassem a operar, fariam toda a diferença para o grupo X e para o Brasil. E eram projetos de longo prazo, do jeito que o banco queria. Fizeram, enfim, o que podiam para convencer de que a coisa toda fazia sentido, mas saíram da reunião completamente desenganados. Tinham sido avisados: dali por diante, o BNDES fecharia as torneiras.

De volta ao Serrador, contaram ao chefe o que se passara. O empresário fez cara de velório. Se aquilo fosse verdade, seu futuro seria sombrio. Pires Neto, que ouvia tudo, no entanto, descartou tal hipótese. "Eike, isso não tem o menor fundamento! Você é o maior empresário do Brasil. O governo te ama! Nós vamos a Brasília resolver esse assunto. Pode deixar." E saiu da sala com o celular nas mãos — para mais uma ligação de emergência a seus contatos na capital.

Dias depois, na terceira semana de setembro, Eike, Pires Neto, Zartha, Lazcano e Godinho embarcaram rumo ao Distrito Federal. Na agenda, uma reunião com o ministro da Fazenda, Guido Mantega, e um almoço com o ministro do Desenvolvimento, Indústria e Comércio, Fernando Pimentel. Sentados lado a lado nas confortáveis poltronas bege do Legacy, Zartha e Lazcano abriram suas planilhas e começaram a mostrar os números para Eike e Pires Neto, acomodados do outro lado da mesa de trabalho. No fundo do avião, Godinho observava a cena em silêncio. Os dados eram autoexplicativos: caixa apertado, muitas dívidas e uma necessidade de financiamento maior ainda para pôr os empreendimentos a funcionar. Enquanto os dois executivos recitavam sua cantilena pela enésima vez, Pires Neto, como um grilo falante de desenho animado, dizia baixinho ao ouvido do empresário: "Não escuta isso, Eike! Os fundos do governo para você são infinitos! Imagine se Brasília vai te deixar na mão! Fique tranquilo, nada disso vai acontecer!". E o chefe, como se tomasse uma injeção de energia, se dirigia aos demais: "Estão vendo? Quem manda menino fazer trabalho de homem? Ouçam o que ele está dizendo! É assim que se fala!".

O encontro com Mantega, a portas fechadas, duraria cerca de meia hora. Ao sair, Eike não disse palavra. Carregava, porém, um sorriso confiante. No Desenvolvimento, seriam recebidos pelo titular da pasta, Fernando Pimentel, para o almoço. Enquanto saboreavam a comida caseira, com opções de carne e peixe, e uma vistosa travessa de verduras e legumes, o empresário, o político e o lobista desceram o malho no BNDES. Eike reclamava da falta de visão estratégica do banco, com o que Pimentel concordava: "Um bando de tecnocratas!". Durante a refeição, falaram dos incríveis projetos do grupo X — e o ministro prometeu ajudar.

Uma possível solução seria juntar à OSX outro estaleiro, quem sabe o dos cingapurianos da Jurong Shipyard, incluído na lista da Sete Brasil. Tudo o que a companhia de Eike precisava era sobreviver pelos próximos cinco anos, quando certamente o desenvolvimento do pré-sal traria mais encomendas. Pimentel lhe disse que ficasse despreocupado. A situação se resolveria.

Em meio às despedidas, antes de sair, com um despudor raro até para os padrões de Brasília, o ministro chamou o empresário para uma sala próxima, onde conversaram sozinhos por dez minutos. Já no carro, enquanto tomavam o rumo do aeroporto, Eike ainda comentou: "Estão vendo? Pimentel ficou tão animado que até me pediu ajuda para campanha!".

Com tantos negócios sendo arquitetados e tantos bancos envolvidos, as notícias sobre as dificuldades das companhias X chegavam ao mercado financeiro quase que por osmose. Em São Paulo, nas mesas de operação dos investidores, contar "a última do Eike" era uma diversão e sempre rendia alguma popularidade. As gafes do tunisiano, as brigas internas e uma suposta debandada de executivos eram temas recorrentes. Em reuniões e almoços, os grandes banqueiros também comentavam abertamente o esforço de Lula para salvar o empresário.

Nesse período, o ex-presidente disse a pelo menos outro bilionário — com quem dividia mesas de almoço — que resgatar Eike Batista era importante até para a imagem do Brasil, uma vez que ele assumira a posição de ícone do novo capitalismo brasileiro. Com esse argumento, fazia o que podia nos bastidores. Mas, como o próprio mercado deixava claro, não seria tarefa fácil. Os investidores "vendidos", que empenhavam seu dinheiro em apostas na queda das ações das empresas X — sobretudo da petroleira —, eram cada vez mais numerosos e audazes.

Naquele final de setembro, o empresário estava especialmente contrariado por saber que o BTG, de André Esteves, era um dos grandes short sellers de suas companhias. "Ele quer me derrubar", dizia a quem quer que o questionasse a respeito da incessante baixa nas bolsas, para na mesma hora desafiar: "Mas quem apostar na minha queda vai se dar mal". E prosseguia: "Deixa eu entregar os meus gigantes. Terei seis meses de novidades, entregando projeto de bilhão. Aí vou ser medido pelo mundo real. Quando virem os projetos entrando em operação, quero ver o que vão dizer. Vão ter que me dar uma medalha pela execução".[18]

O relatório encomendado por Carneiro sobre a viabilidade dos campos que a petroleira ainda pretendia pôr em operação — Tubarão Gato, Areia e Tigre — ficou pronto nas últimas semanas de setembro. O documento, escrito por técnicos da OGX com o apoio da consultoria Schlumberger, foi resumido em uma apresentação de dezessete páginas e exposto à diretoria da petroleira e a Eike Batista no dia 24 de setembro.[19]

A situação era bem clara: o volume de petróleo passível de ser recuperado era estimado em 43 milhões de barris — bem menor, portanto, do que os 75 milhões previstos na avaliação anterior. Mas pior do que o número decepcionante era o fato de que, em nenhuma das hipóteses traçadas, a produção se mostrava viável. Em todas elas, a exploração, com os equipamentos caros e superdimensionados da OGX, resultaria num retumbante prejuízo. A explicação dos especialistas: além de serem pequenos e esparsos, os poços eram também muito fechados, sem muitas fraturas por onde o óleo aprisionado no subsolo pudesse escapar. A única forma economicamente viável de produzir nesses locais era encontrar os pontos exatos das fissuras nas rochas e sugar o óleo direto desses desvãos. Localizá-los, contudo, era muito caro e complexo — o que também tornaria a produção antieconômica. Havia, ainda, um problema adicional. Além do óleo, escapava dos poços da OGX uma grande quantidade de gás sulfídrico — substância letal que, se não pudesse ser isolada, outra manobra dificílima e cara, tornaria inviável o funcionamento das plataformas.

Contudo, apesar da evidente impossibilidade de se extrair algo lucrativo daqueles poços, a recomendação dos técnicos foi continuar os estudos, para esgotar todas as alternativas possíveis antes de condenar as áreas em definitivo. Algumas técnicas de produção, como a injeção de água e o fraturamento do subsolo, ainda não haviam sido testadas. Decidiu-se então contratar uma terceira consultoria para estudar como isolar o gás letal das plataformas. Tamanha insistência tinha a ver com o fato de que, se a companhia abandonasse imediatamente os campos considerados inviáveis, sobraria quase nada no seu portfólio.

Quando outubro entrou, uma das iniciativas mais promissoras da OGX estava fora dos limites dos "tubarões". A empresa estudava comprar a participação que a Petrobras tinha em duas áreas na bacia de Campos, Atlanta e Oliva. A estatal negociava então vários ativos mundo afora, uma forma de levantar recursos para investir no pré-sal. Para a direção da petroleira X, portanto, era uma boa chance de agregar reservas ao portfólio. A fatia de 40% dos campos, porém, custaria 270 milhões de dólares — e todo o caixa da OGX, de 2,6 bilhões de dólares, se encontrava comprometido com a campanha exploratória.

Reunidos na sala do chefe, num final de tarde do início daquele mês, cerca de dez diretores da petroleira e da holding discutiam uma forma de realizar a operação. Eles tinham pensado em pedir aos investidores que injetassem mais capital na empresa. Se o plano fosse adiante, Eike, dono de 61,1% do negócio, seria convocado a colocar 300 milhões de dólares do próprio bolso para comprar os tais campos — os outros 200 milhões, que viriam da bolsa, financiariam o desenvolvimento da produção. O empresário achava a ideia ótima, mas não queria ter de empregar mais recursos na jogada.

Em meio ao debate caótico, com várias pessoas dando palpite ao mesmo tempo, uma voz se levantou: "Já sei, vamos fazer uma *put*". *Put*, ou *put option*, é o nome técnico da operação em que uma parte se compromete a adquirir de outra, num determinado período, certa quantidade de ações a um preço fixo. Eike já fizera algo parecido na OSX, quando se comprometeu a injetar 1 bilhão de dólares na companhia, na época do IPO. Ele, aliás, começava a colocar o dinheiro na empresa de estaleiros. A ideia era fazer o mesmo na OGX.

O empresário achou bom. Prometeria ao mercado aportar mais 1 bilhão de dólares na petroleira. Seria uma tremenda manifestação de confiança no empreendimento, levaria outros investidores a segui-lo. Então, mandou chamar o pessoal que administrava seu patrimônio. O chefe da equipe era Zartha, o "profeta do apocalipse", que foi peremptório: "Não dá, Eike. Todo o dinheiro que você tem já está comprometido com os credores". O chefe se irritou. E a polêmica se instalou.

Se não queria colocar 300 milhões de dólares para a OGX comprar os campos da Petrobras, como injetaria 1 bilhão na companhia? Além disso, o prognóstico para as ações era muito ruim. Carneiro, o CEO da petroleira, ainda tentou avisar: "Eike, já não te falei que as ações ainda vão cair muito antes de começar a subir? Os técnicos ainda estão fazendo as avaliações para saber o quanto vamos produzir de fato".

Para o empresário, porém, Zartha e Carneiro eram dois calças-curtas. O dinheiro viria — tinha certeza. A OSX, por exemplo, acabara de ter aprovado um novo financiamento, de 1,5 bilhão de dólares, no Fundo da Marinha Mercante —[20] evidência concreta de que o governo não o deixaria na mão. Verba não faltaria. E a *put* daria uma chacoalhada no mercado, acalmando os investidores. Afinal, quem colocaria 1 bilhão de dólares do próprio bolso numa empresa que estivesse de mal a pior? Ele sabia o que estava fazendo. Quem fizera bilhões de dólares ali fora ele, e só ele. Encerrando a discussão, declarou-se determinado a conceder a *put* de 1 bilhão à OGX. E repetiu seu mais novo bordão: "Se ninguém me quer, eu me quero".

Em meia hora, um contrato pousava sobre sua mesa, uma versão adaptada do mesmo compromisso assumido anteriormente com a OSX, enquanto se redigia um comunicado. O empresário fez publicar o anúncio e se pôs a esperar pela subida das ações. Segundo o fato relevante divulgado em 24 de outubro de 2012, Eike se comprometia a comprar até 1 bilhão de dólares em ações da petroleira, ao custo de 6,3 reais por ação.[21] O mercado, porém, reagiria de modo avesso. E as ações, que estavam caindo, assim continuaram. No dia seguinte, analistas explicavam nos jornais que a resposta fria dos investidores se devia à desconfiança de que o compromisso não fosse para valer, mas uma jogada para levantar o preço dos papéis. O ceticismo a respeito de tudo o que vinha com o carimbo X só aumentava.[22]

Naquele dia, Eike não assinou o contrato da *put*.

A iniciativa da *put* deixara os executivos do grupo preocupados. Parte deles achava que o patrão nunca deveria ter assumido aquele compromisso na situação financeira em que estava. Prevendo um ano difícil, ao final de 2012 alguns CEOs e diretores financeiros começaram, por conta própria, a cortar suas previsões de investimento. Um deles foi o da OSX, Carlos Bellot. Numa reunião com Eike para definir o orçamento do estaleiro, ele propôs dividir a construção em fases, para que o projeto pesasse menos no caixa da holding. Segundo as projeções da área financeira, a menos que conseguisse da Petrobras duas encomendas de plataformas por ano, o empreendimento quebraria. Mas Eike tinha outra maneira de ver as coisas. Para ele, o certo a fazer era acelerar a obra, e não o contrário. Achava que, quanto mais rápido o estaleiro ficasse pronto, mais rapidamente viriam as encomendas, e maior seria a chance de vendê-lo. Gostava de dizer que a presidente da estatal, Graça Foster, achava o estaleiro da OSX "espetacular". E tinha certeza de que os pedidos viriam, de que havia finalmente dobrado as resistências do corpo técnico da Petrobras. Portanto, aquela conversa de conter despesas só podia ser coisa de calça-curta. O certo era acelerar as obras — não pará-las. Dinheiro não faltaria, insistia ele, que continuava a se comportar como se nada de grave estivesse ocorrendo.

Em outubro mesmo, Eike adquiriu, por 300 milhões de dólares, duas minas de ouro vizinhas às da AUX na Colômbia.[23] Comprou também participação na Ivanplats, uma mineradora canadense com reservas de ouro, cobre, zinco e platina na África. Foram-se, aí, mais 100 milhões de dólares.[24] Logo em seguida, anunciou um aumento de capital de até 700 milhões de dólares na MMX —[25] a maior parte a sair de seu próprio caixa. Para dar aos malaios da Petronas uma demonstração de que os projetos da OGX tinham futuro, mandou pagar o sinal de 85 milhões de dólares para a italiana Techint começar a construir a plataforma destinada aos campos de Tubarão Areia, Gato e Tigre — justo aqueles sobre os quais havia tantas dúvidas.

Estimulados pelo empresário, os CEOs das companhias X continuavam tocando seus projetos normalmente. Diante de todo aquele gás, parte dos executivos pensava que a versão de que havia dificuldades financeiras na holding fosse só uma ladainha. Circulava, no edifício Serrador, o boato de que o chefe ainda tinha alguns bilhões guardados em suas "contas secretas" — e que, se o caixa acabasse, bastaria mandar vir o dinheiro. A realidade, entretanto, era outra: Eike não só havia empatado quase todo o seu patrimônio nas empresas como se encontrava excessivamente endividado. O dinheiro que possuía fora do Brasil nunca seria suficiente para cobrir o gigantesco rombo que se anunciava.

Do final de outubro em diante, as ações da petroleira caíram mais ainda — e os papéis depositados no fundo do Itaú, aqueles que serviam de lastro ao Mubadala, passaram a valer menos do que o patamar mínimo estabelecido no contrato de empréstimo. De acordo com as regras, Eike teria um prazo de sessenta dias para recompor o lastro. Se as ações não voltassem a um nível razoável nesse intervalo, o empresário teria de entregar parte de seu império aos árabes. Havia, nos inúmeros alertas sobre a necessidade de enxugar custos, um grande temor de que a ameaça se concretizasse.

Dezembro, então, chegou — e todas as iniciativas de Eike para salvar seu grupo não tiveram resultado. Nem mesmo ele, com todo o seu otimismo, conseguia esconder a ansiedade. Ausentava-se do trabalho com cada vez mais frequência e tinha momentos de profundo baixo-astral. Continuava também se encontrando amiúde com Lula, e era bem recebido no Palácio do Planalto — mas as coisas simplesmente não evoluíam. Nas negociações privadas, idem: muita conversa e pouco avanço. Além dos qatarianos, também malaios, alemães e russos negociavam compras de participação nas empresas X, mas nunca batiam o martelo.

Os representantes do empresário tinham a impressão de serem vítimas de um dos piores efeitos colaterais que se podem abater sobre um grupo empresarial em crise, quando os possíveis compradores prolongam as negociações à espera de um nocaute financeiro que lhes permita adquirir os alvos a preço de banana.

Preocupado, Eliezer Batista, que ficara mais distante nos tempos de bonança, passou a procurar maneiras de ajudar o filho. Os dois voltaram a conversar com maior frequência e a pensar, juntos, em alternativas. Desses papos, emergiria um novo plano: transformar todo o grupo numa companhia só, com ações em bolsa, e vender 10% para a BNDESPar, a empresa de participações do banco de fomento. Era uma ideia ainda em gestação, mas, depois da carraspana que seus diretores haviam tomado dos técnicos da instituição, só mesmo novos interlocutores para fazê-la evoluir.

Eliezer tinha uma sugestão que pareceu adequada a Eike. E atendia pelo nome de Eduardo Eugenio Gouvêa Vieira, o presidente da Federação das Indústrias do Estado do Rio de Janeiro (Firjan), onde "Papi" dava expediente como consultor havia alguns anos. Um dos herdeiros da família que fundara a distribuidora de combustíveis Ipiranga, Gouvêa Vieira já não era mais acionista da companhia. Concentrava-se, desde 1995, em administrar a Firjan.[26] No comando da associação, construíra uma extensa rede de contatos institucionais e ocupava uma cadeira no conselho do BNDES. Era o tipo de executivo que Eliezer queria próximo ao filho — culto, refinado, inteligente e bem relacionado. Um homem de estirpe, com a credibilidade de que Eike precisava.

Na primeira semana de dezembro, o empresário, Eliezer, Gouvêa Vieira e um amigo dos dois, Pedro Wongtschowski, sentaram-se à mesa de almoço do escritório no Serrador para discutir saídas para a crise. "Papi" foi direto: "O Eike está cercado de vagabundos. Está precisando de gente boa em volta dele. Com essa equipe, o grupo não vai a lugar nenhum". O filho acedeu e ainda acrescentou: "Meus executivos não me dão a situação real. Ninguém quer me dar más notícias. Preciso de alguém de estrita confiança. Venha trabalhar com a gente". Gouvêa Vieira então perguntou para qual função, exatamente, estava sendo convidado. O empresário perguntou: "Que cargo você quer? Qualquer um está à sua disposição". "Então quero ser vice-presidente", disse o visitante.

O vice-presidente da holding, Flávio Godinho, tirara um período sabático para cuidar da saúde, de modo que Gouvêa Vieira seria o único na função. Aceito o convite, ambos passaram a discutir o plano. Eike incorporaria todas as suas ações das companhias X à EBX, compondo uma única empresa. Em seguida, negociaria com os demais acionistas a troca de suas ações X por papéis dessa nova firma. Não fora dito claramente ali, mas restara óbvio que, implementada a mudança, a participação do empresário na nova companhia diminuiria de maneira significativa. Ele, porém, demonstrava bastante animação com o projeto. Achava que a modificação traria novos investidores e daria o fôlego financeiro de que precisavam, além de ser uma configuração empresarial mais palatável ao BNDES.

A participação do banco de fomento, aliás, era o ponto alto do plano, o chamariz para que outros investidores aderissem. O discurso de convencimento a ser usado rezava que todos os empreendimentos de Eike eram ligados à infraestrutura — ponto fulcral da estratégia de Dilma Rousseff para o crescimento do Brasil. O empresário apostava no fato de seu novo vice-presidente ser o conselheiro mais antigo do BNDES, e muito bem relacionado com Luciano Coutinho, para voltar a abrir caminho na tecnocracia.

Já Gouvêa Vieira queria ajudar o amigo Eliezer, mas principalmente se sentia atraído pela possibilidade de desatar um nó que ninguém ainda havia conseguido desfazer. Para isso, porém, queria ter consigo na empreitada alguns executivos em quem confiava: o próprio Wongtschowski, o advogado Paulo Aragão, especializado em fusões e aquisições, o ex-presidente do BNDES Eleazar de Carvalho Filho e o ex-vice-presidente do banco Armando Mariante. Com exceção de Eleazar, os outros aceitaram de pronto. O presidente da Firjan chamou ainda alguns assessores de imprensa para conversar com Eike e talvez trabalhar com ele, já que o empresário não desistira de atribuir seus problemas a uma questão de imagem. A iniciativa, porém, não foi adiante, porque o próprio Gouvêa Vieira consideraria o preço dos serviços muito alto.

A virada do ano estava próxima. Aproveitando que Gouvêa Vieira, assim como ele, passaria o Réveillon na paradisíaca ilha de Saint-Barths, reduto de bacanas no Caribe, Eike o convidou para um jantar em seu iate, que estava ancorado na marina local. Foi ao redor da mesa da embarcação, com vista para o céu estrelado refletido sobre as águas calmas do balneário, que Eike, Flávia e Aziz receberam o presidente da Firjan, sua mulher, Cristina, o publicitário Nizan Guanaes e sua esposa, Donata.

Seria uma noite agradável, em que não se falaria em crise. Pelo contrário. O empresário ainda assimilava a notícia da gravidez da namorada, confirmada semanas antes. Não se podia dizer que ficara exultante ao saber, mas tampouco demonstrara contrariedade. Nessa ocasião, parecia contente. Tanto que sugeriu a Nizan que "vendesse" aos Marinho a ideia de veicular na Globo uma novela sobre o empreendedorismo e a importância do capitalismo.

No dia seguinte, ainda participou de um festão[27] promovido pelo bilionário russo Roman Abramovich, dono do Chelsea FC e do CSKA Moscou. Um raro momento de sossego, uma escapada bem-vinda das atribulações que o esperavam no Brasil.

Na manhã do dia 16 de janeiro de 2013, o operador de mesa de uma pequena corretora de São Paulo recebeu uma ligação de um amigo da diretoria da

CCX, a companhia de carvão do grupo. "Vou te dar um presente de aniversário", disse o executivo. "A CCX vai anunciar o fechamento do capital. Pode comprar." O aviso significava que Eike se disporia a recomprar, no mercado, todas as ações da companhia, o que invariavelmente faria o preço dos papéis subir. Eike persistia na estratégia de desafiar os investidores.

Os dois amigos, por sua vez, haviam fechado um acordo, semanas antes, em um encontro regado a chope num bar do Rio de Janeiro: as companhias X ofereciam muitas oportunidades de lucro com a especulação, mas o executivo não tinha dinheiro nem poderia fazer as operações em seu próprio nome sem deixar rastro. O acerto entre ambos, portanto, consistia numa sociedade, segundo a qual o operador, usando recursos próprios, negociaria lotes de ações em datas e valores pré-combinados com o parceiro. O lucro seria repartido meio a meio — a parte do executivo enviada diretamente para sua conta no exterior.

O esquema configurava crime de insider trading, ou de uso de informação privilegiada, para o qual a pena podia chegar a cinco anos de prisão. Embora no Brasil fossem poucos os punidos, os dois sabiam que precisavam fazer com que a operação fosse invisível aos olhos da CVM. Mas já tinham a estratégia azeitada. O operador já fizera esse tipo de transação várias vezes. Usariam o que no mercado se conhece como conta-ônibus — uma conta de investidor estrangeiro por onde passam dezenas, centenas de negociações feitas em nome de indivíduos ou firmas, que pagam a seu proprietário uma taxa de corretagem. Entre eles, não haveria recibo, papel ou nota. O trato era no fio do bigode. Um avisava o outro quando comprava, como e por qual corretora — para que a contabilidade pudesse ser conferida por ambos depois.

Assim que recebeu o aviso por telefone, o operador pôs a disparar ordens de aquisição de papéis da CCX. Em poucas horas, o executivo ligou para conferir o andamento dos trabalhos. "E aí, já comprou o que é nosso?" Sim, o "sócio" já arrematara um bom lote, pagando 1,90 real por ação. O diretor da CCX, então, passou a espalhar o boato do fechamento de capital entre interlocutores escolhidos a dedo no grupo. A estratégia foi certeira. De repente, a onda de aquisições se avolumou, o que, em cinco dias, impulsionaria o preço da ação a 3,83 reais. O operador estava eufórico. Só no primeiro dia, despejara 3 milhões de reais na conta-ônibus. Ao final dos cinco dias, suas ações já valiam o dobro. Comprando e vendendo freneticamente ao longo daquele período, cada um conseguiu enviar, limpo, 1 milhão de dólares para contas no exterior.

O frenesi duraria uma semana. Num único dia, 21 de janeiro, o papel da CCX aumentou 45%[28] e foi alvo de 15 milhões de reais de negociações de compra e venda — quinze vezes a média dos vinte dias anteriores. Nesse dia, depois do fechamento do mercado, a companhia finalmente emitiu o comunicado que confirmava o que todos os investidores já sabiam: Eike pretendia comprar até 100% das ações da empresa de carvão a, no máximo, 4,31 reais o papel.[29]

No mês seguinte, a instituição financeira contratada para fazer o laudo de avaliação da CCX disse que a companhia valia bem menos do que o empresário se dispunha a pagar. Ele, porém, seguiu firme em sua oferta. Embora houvesse alguma desconfiança de que Eike não tivesse a menor intenção de concretizar a operação, durante meses os papéis da empresa continuariam a ser vendidos por mais de três reais. Em junho, o operador paulista notou que as ações começavam a cair e achou que era hora de faturar uma graninha extra. Voltou, então, a arrematar papéis da CCX — até receber, no dia 18, um telefonema do amigo executivo: "Vende tudo! Vende tudo, cara. Melou. Amanhã sai um fato relevante. Não vai ter mais nada!".

A essa altura, o preço das ações já havia caído para menos de dois reais. Diante do aviso do "sócio", entretanto, não restava alternativa ao operador senão vender tudo e entubar o prejuízo — cerca de 200 mil dólares, bem menos do que o milhão de dólares que cada um ganhara lá atrás. Liquidada a aposta, ele respirou aliviado. Continuava no lucro. E então se lembrou da máxima de um velho dono de corretora que fora seu professor: "Nesse ramo, a gente nunca deve voltar ao local do roubo, ou acaba tendo de devolver o que ganhou".

Assim que começou a dar expediente no Serrador, em fevereiro, Gouvêa Vieira se impressionou com a falta de organização do grupo. Era difícil saber quem cuidava de quê. Não havia um rito padrão para a tomada de decisões. Surpreendeu-o, também, a forma como Eike trabalhava. Quando estava no escritório, sempre havia algum executivo em sua sala, discutindo algo. A porta ficava aberta. Se precisasse que outro auxiliar fosse convocado, raramente usava o interfone. O mais comum era gritar "Luuuucia! Chama fulano". O método era o mesmo quando queria comer um de seus vários lanches diários. "Lucia! Pede cinco cheeseburgers do Bob's e três combos do KFC!"

Para um lorde como Gouvêa Vieira, aquilo era um tanto esdrúxulo. Chamou-lhe a atenção, ainda, a dificuldade em conseguir pôr as mãos nos dados financeiros das companhias. A antipatia entre ele e Lazcano, o diretor financeiro, fora imediata — o que em nada ajudava. Quando por fim conseguiu checar os números, ficou mais assustado ainda. Eike assumira, nos últimos seis meses, compromissos de 2,7 bilhões de dólares, dos quais 500 milhões já haviam sido desembolsados. Somadas às aquisições e parcerias recentes, tais iniciativas tinham praticamente exaurido o caixa. Em breve começaria a faltar dinheiro até para pequenas despesas. O novo vice-presidente, contudo, teria pouca chance de fazer alguma coisa, porque logo o grupo X se veria enredado em um escândalo.

Em meados de janeiro, Eike recebeu Lula e Sérgio Cabral no edifício Serrador.[30] À mesa, em vez do habitual tom confiante e da pose de empresário de sucesso, estava um homem baqueado. A Sete Brasil e a Petrobras haviam cancelado as encomendas prometidas, a situação financeira de seus empreendimentos se deteriorava com rapidez e as soluções do governo não vinham. Sem ajuda, quebraria. A única chance era acelerar o plano que, até então, ele arquitetava lenta e discretamente: trazer para o Açu o estaleiro da cingapuriana Jurong Shipyard no Brasil.

Uma das maiores construtoras de navios do mundo, a Jurong fora aquinhoada com o primeiro lote de encomendas da Sete. Seriam sete sondas, cuja construção, iniciada em Cingapura, deveria ser arrematada em solo nacional a partir de 2014. Para realizar o trabalho, a empresa começara a erguer um novo estaleiro no Espírito Santo — investimento de 550 milhões de dólares.[31] O CEO da OSX, Carlos Bellot, já fizera algumas reuniões com o representante da Jurong no país, Martin Cheah, para tentar uma parceria, mas os asiáticos não lhe haviam dado o menor espaço, e deixaram claro que seguiriam com o empreendimento no Espírito Santo. O jeito seria Lula entrar no circuito.

O ex-presidente prometeu e cumpriu. Na tarde de 16 de janeiro de 2013, Dilma Rousseff recebeu Eike no Palácio do Planalto acompanhada de um entourage de peso: Miriam Belchior, do Planejamento, Paulo Sérgio Oliveira Passos, dos Transportes, com seu secretário-executivo, Miguel Masella, o presidente da Empresa Brasileira de Planejamento e Logística, Bernardo Figueiredo, e o ministro da Secretaria de Portos,[32] José Leônidas Menezes Cristino. O objetivo do encontro era cristalino e prioritário: resgatar o grupo X do atoleiro.

Para Dilma, a melhor forma de fazê-lo era mesmo por meio do estaleiro, uma vez que ela considerava a petroleira um caso mais complicado. O governo não podia fazer brotar petróleo da terra, mas poderia ajudar a OSX a rodar. Depois de uma ampla discussão, Dilma distribuiu tarefas e mandou que seus subordinados fizessem o dever de casa. No mesmo dia, Eike ainda se encontraria com o ministro Edison Lobão, para falar sobre a OGX.

Mais eufórico do que nunca, o empresário mais uma vez chegou ao Rio bradando que finalmente as coisas iriam adiante. E se lhe perguntavam como tinha tanta certeza disso, respondia de pronto: "Ordens de cima. Autoridade máxima". De sua parte, o lobista Pires Neto, cheio de cartaz, antecipava novos tempos de glória para o grupo — graças ao "instituto".

A confiança de ambos seria reforçada, na semana seguinte, pela visita de Lula ao Açu. Era manhã de 24 de janeiro.[33] O ex-presidente desembarcou do jato Legacy na pista improvisada em meio às obras do porto. Estava acompanhado de Eike, que trajava jeans e tênis, e de Pires Neto, impecável em seu terno cinza, o cabelo fixado para trás. Depois de uma breve recepção na casa de visitantes, Lula entrou num micro-ônibus para conhecer o empreendimento. Sentado ao seu lado, o empresário indicava ao petista os principais marcos da construção, aproveitando para ressaltar os grandes números daquela obra.

Ao final do passeio, empolgado com o que vira, o ex-presidente levantou-se e postou-se de pé, entre as fileiras de cadeiras e de frente para os outros ocupantes do veículo. Ali mesmo, fez um breve discurso, gravado em vídeo no celular de um dos funcionários do grupo. Em sua fala, admitiu que, por muito tempo, quando ainda não conhecia bem Eike, tinha dele a imagem de um aventureiro, um falastrão. A essa altura, porém, podia dizer, sem medo de errar, que estava diante do maior empresário do Brasil. Um empreendedor extraordinário, um grande brasileiro, cujo exemplo todos deviam seguir. Sentado, escutando tudo, Eike surgia sorrindo, orgulhoso, no vídeo — que passaria a ser exaustivamente exibido no Serrador.

A visita de Lula ao Açu, aparentemente, teve o condão de chancelar os novos planos. Dez dias depois, em 4 de fevereiro, Pires Neto enviou um e-mail ao embaixador do Brasil em Cingapura, Luís Fernando Serra,[34] pedindo que arranjasse um encontro de executivos da Sembcorp Marine — empresa controladora dos estaleiros Jurong — com o ministro Fernando Pimentel. Como o diplomata demorava a responder, o lobista lhe telefonou diretamente, no dia 6, deixando mais claras as suas pretensões. Falando como alguém com poder de mando no governo petista, Pires Neto reforçou o objetivo da reunião: convencer a Sembcorp a transferir seu investimento do Espírito Santo para o Açu. Avisou que o embaixador seria procurado pelo ministro e desligou, deixando o interlocutor atônito do outro lado da linha.

Em quarenta anos no Itamaraty, o diplomata nunca vira um agente privado se imiscuir em um órgão de Estado com tamanha desenvoltura. Talvez, porém, o representante de Eike agisse desse modo porque realmente detivesse poder — o que ficaria demonstrado no dia seguinte, 7 de fevereiro.

Dessa vez foi o próprio Pimentel quem telefonou. Na conversa, o ministro do Desenvolvimento pediu ao embaixador que marcasse o encontro para Brasília. Em seguida, em papel e por e-mail, formalizou a demanda, solicitando os "bons préstimos"[35] de Serra para conseguir a reunião, mas com uma ressalva: o diretor da Sembcorp que já se prontificara a viajar para o Brasil não servia. Ele e a EBX queriam alguém mais graduado na hierarquia da estatal, com poder para tomar, rapidamente, a decisão de trocar o estaleiro de lugar. O embaixador fez o que lhe pediam — afinal, eram ordens de um ministro — e passou todo o mês de fevereiro tratando com Pires Neto os detalhes do encontro.

Durante os preparativos, o próprio Fernando Pimentel fez questão de ir pessoalmente ao Rio de Janeiro dar as boas-novas a Eike. Numa rápida visita ao Serrador, relatou o que já havia feito e se mostrou animado com a possibilidade de levar o estaleiro da Jurong para o Açu. Pelo discurso do ministro, seria uma boa para todo mundo — para os cingapurianos, para o empresário e para o Brasil. Só os capixabas perderiam. "Mas isso a gente vê depois", disse o petista.

Na segunda semana de março, o vice-presidente executivo da Sembcorp, Tan Cheng Guan, e o diretor financeiro, Tan Cheng Tat, desembarcaram em Brasília para duas reuniões com a cúpula da administração federal.[36] Na primeira, Guido Mantega, ministro da Fazenda e presidente do conselho da Petrobras, deu logo o recado: em razão do atraso no desenvolvimento do pré-sal, o governo avaliava que a tendência era os estaleiros nacionais se unirem para evitar ociosidade,[37] de modo que, para a Jurong, o melhor seria se associar a Eike na OSX e construir sua base no Rio. O mesmo discurso foi feito no gabinete de Pimentel.

Os cingapurianos argumentaram que as obras no Espírito Santo já haviam avançado um bom pedaço e disseram que seria difícil uma modificação tão brusca a essa altura. A terraplanagem fora concluída e já estavam erguidos trezentos metros de quebra-mar. A pedido do ministro, no entanto, concordaram em visitar as instalações da osx no Açu. Mas enquanto tratavam de agradar o governo federal, os cingapurianos fizeram chegar ao governo do Espírito Santo os relatos sobre a pressão que sofriam.

Ao saber da movimentação de Mantega e Pimentel, o governador Renato Casagrande, do Partido Socialista Brasileiro (PSB), ficou revoltado. Ele já sabia que o lobista Pires Neto trabalhava firme pela transferência do investimento. Embora desagradável, era uma atitude legítima, contra a qual nada havia a fazer. Mas agora a situação mudava de figura: dois ministros de Estado e um embaixador se mobilizavam para privilegiar o grupo de Eike Batista em detrimento de todo o estado do Espírito Santo. Procurado por Casagrande, o diplomata confirmou que Pimentel havia endossado o lobista e solicitado o encontro. O governador então cobrou explicações do ministro, mas ele saiu pela tangente. Jurou de pés juntos que só tratara da "ampliação de investimentos no país" — e ainda sustentou que seu nome fora usado indevidamente por Serra.

Vendo que, se não fizesse algo rapidamente, poderia acabar perdendo o estaleiro, Casagrande acionou seu aliado no Senado, o tucano Ricardo Ferraço, e pediu que fizesse um discurso denunciando o caso —[38] que logo ganhou contornos de escândalo. O embaixador foi chamado ao Brasil para prestar esclarecimentos ao Itamaraty e convidado a depor no Congresso — e se declarou disposto a entregar os e-mails e ofícios que comprovavam a pressão do lobista e do ministro. O episódio não tardou a ganhar as páginas de jornais e revistas, com Mantega e Pimentel negando tudo e Eike se recusando a falar a respeito.

A péssima repercussão do caso sepultou a tentativa de levar a Jurong para o Açu — e praticamente inviabilizou qualquer iniciativa de ajuda a Eike. Dali por diante, ele teria de se virar sem o governo.

19. Esteves toma conta

O auditório do primeiro andar do Serrador estava cheio para ouvir Eike Batista. Cerca de cem diretores e gerentes aguardavam, naquele início da tarde de quarta-feira, 6 de março de 2013, o anúncio que o controlador faria. O empresário chegou animado, postou-se no pequeno palco e deu uma olhada geral na plateia. Em seguida, passou a explicar a novidade. Naquele dia, assinaria um acordo de parceria com o BTG Pactual para a recuperação financeira do grupo X.[1] Além de aportar recursos, o time reunido pelo banqueiro André Esteves passaria a dar expediente no Serrador — para ajudar a reestruturar as empresas. Eike estava confiante em que encontrara o caminho certo para sair do atoleiro: "Eu já devia ter feito isso há muito tempo. O André tem uma cabeça diferenciada. Pensa como industrialista. E os caras do Pactual são os mais competentes do Brasil. Não vai faltar dinheiro para nenhuma companhia aqui dentro". Depois da breve exposição, os funcionários puderam fazer perguntas. Um gerente comercial da osx levantou o dedo: "Eike, as concorrências para venda de sondas e plataformas estão cada vez mais apertadas. A Transocean acaba de alugar uma sonda para a Petrobras com taxa de retorno de 2,5%. A gente vai ter dinheiro para ser competitivo?". O chefe respondeu com a confiança de sempre: "Esquece! O dinheiro vem! Vai ter dinheiro para tudo!". E encerrou a reunião com um novo bordão, dito com a vozinha fina e cadenciada, como que quase cantando: "*The Magic Eike is back!*". Deixou o palco sob aplausos.

No final do dia, Eike e Esteves assinaram o contrato. Reunidos na sala do empresário, os principais diretores do grupo ouviram os discursos dos dois. O chefe, o primeiro, concentrou-se em mostrar como seus ativos eram bons e, ao mesmo tempo, mal avaliados pelo mercado financeiro — esse animal imediatista, que não tem paciência para ver grandes projetos amadurecerem. Depois, o banqueiro apresentou as linhas gerais da associação, por meio da qual diretores do BTG formariam — com os principais executivos do grupo X — um comitê de gestão semanal destinado a avaliar a situação. Como parte do pacote, cerca de vinte jovens financistas do banco ficariam em tempo integral no Serrador, renegociando as dívidas e buscando compradores para as empresas. O BTG ainda colocaria à disposição do grupo uma linha de crédito de 1 bilhão de dólares para projetos específicos e garantiria a oferta de ações que capitalizaria a MPX na bolsa.

Esteves estava convencido de que, após a reorganização, o mercado saberia avaliar os ativos de Eike como mereciam. E se mostrou confiante em poder guiar o grupo X para fora da crise. Encerrada a explicação, devolveu a palavra ao anfitrião, que fez um discurso motivador. Disse que o auxílio do banqueiro seria decisivo para mostrar ao Brasil o verdadeiro valor de seus empreendimentos. "Nós vamos virar o jogo", afirmou, para em seguida cruzar os punhos em frente ao pescoço e emitir, com um som gutural, um grito de guerra que combinava com os olhos arregalados: "Xiiiiiiis!".

O pessoal do BTG estava impressionado com a capacidade de reação de Eike às intempéries. Ele era um empreendedor de primeira, e aquela seria a maior reestruturação da história do país. E então vieram os risos, os abraços, e os high fives.

A reaproximação de André Esteves e Eike Batista começara em janeiro, quando emissários do empresário procuraram o diretor de investimentos do banco, Carlos Fonseca, para discutir uma junção da OSX com a Sete Brasil. Um dos principais acionistas da Sete, o BTG poderia ser um aliado importante se comprasse a ideia. O plano do banco sempre fora abrir o capital da empresa na Bovespa, mas o mau humor dos investidores com IPOs o fizera adiar o projeto.

Uma junção com a OSX, que já tinha ações na bolsa, eliminaria essa etapa. Seria, porém, uma operação delicada — tanto financeira quanto politicamente.

Ainda assim, Fonseca achava que poderia dar samba, e a esse primeiro contato se seguiram várias reuniões para discutir que cara teria o híbrido de OSX com Sete Brasil. As duas empresas se dedicavam a fornecer equipamentos para a indústria de petróleo, mas as semelhanças paravam aí. A Sete, embora com a maior parte do capital privado, tinha como único objetivo fornecer sondas para a Petrobras, que possuía 5% das ações e a prerrogativa de indicar nomes para sua presidência.[2] Qualquer tentativa de sociedade com a companhia, portanto, precisava passar pelo crivo do governo.

Para sondar os ânimos estatais, alguns executivos do grupo X procuraram o BNDES. O banco ainda dificultava os repasses do Fundo da Marinha Mercante para a fabricante de estaleiros, mas mesmo assim eles imaginavam que o banco de fomento pudesse aprovar a nova sociedade e até trabalhar por ela, já que poderia trazer mais segurança no pagamento dos empréstimos. Os burocratas da instituição, entretanto, não chegariam a se emocionar com o que ouviram. "Já falaram com a 'vizinha'?", perguntaram, referindo-se a Graça Foster, da Petrobras, cujo edifício-sede fica de frente para o prédio do BNDES, no centro do Rio. "A vizinha só tem 5% da Sete. Mas manda pra caramba." Eike, então, marcou uma audiência com a presidente da estatal, à qual compareceu acompanhado de seus ex-colegas Carneiro, da OGX, e Bellot, da OSX. Graça só ouviu e prometeu avaliar a proposta.

Só que o empresário, ansioso, não queria — nem podia — esperar muito. Dias depois de sua visita, foi a vez de André Esteves ser recebido na sede da Petrobras para discutir o mesmo assunto. O retorno do banqueiro, entretanto, deixou Eike desanimado. "A conversa não foi boa. Acho que não vai dar para fazer. Vamos ter de esperar."

Esteves estava preocupado com as dificuldades financeiras de Eike. E não só ele, mas também seus colegas do Itaú e do Bradesco. Todos escravos da velha máxima do mundo das finanças: "Se você deve cem dólares aos bancos, é problema seu. Se deve 100 milhões, é problema deles". No início de 2013, a dívida das empresas X com o Itaú somava 5,5 bilhões de reais. O Bradesco vinha logo em seguida na lista de passivos, com 4,8 bilhões a receber. O BTG, 1,6 bilhão de reais.[3] O futuro do empresário, portanto, era de sumo interesse para aqueles banqueiros. E eles estavam tensos.

Nos primeiros dias de fevereiro, em razão da queda nas ações da OGX e do desfalque no lastro da conta no Itaú que servia de garantia ao empréstimo do fundo de Abu Dhabi, Mubadala e GE entravam na fila — e provavelmente não haveria dinheiro para pagar a todos. Não restava dúvida, naquele círculo restrito e muito bem informado, de que o desmanche do império X era questão de tempo. Cada instituição, contudo, escolhera uma forma diferente de lidar com a situação. Enquanto os outros bancos pressionavam pela troca de garantias, o BTG optou pela tática da empatia.

Foi um movimento inteligente. Se havia algo de que Eike precisava naquele momento era carinho. O empresário se sentia cada vez mais sozinho. O pai, seu maior apoiador nas horas difíceis, estava na Alemanha para o tratamento de um câncer na região pélvica. E no grupo não havia muitos interlocutores com quem ele pudesse contar para desenhar uma estratégia de recuperação além de Zartha, Lazcano, Aziz e Horcades. Só que os dois primeiros não se davam com a segunda dupla. E para piorar, dia após dia um membro da equipe abandonava o barco.

Em um ano, cinco das seis empresas de capital aberto haviam trocado de CEO e vinte executivos alojados em postos-chave tinham deixado o grupo.[4] Atrair novos quadros era ainda mais difícil do que mantê-los. O comportamento do próprio empresário não ajudava muito. Nos últimos meses, sua paranoia quanto à existência de traidores só aumentara, tornando-o irritadiço e desconfiado. Sumia do escritório com frequência e era comum aparecer para trabalhar com a barba por fazer e um ar zonzo. E em nada ajudava o clima já pesado o fato de que diariamente informações de cocheira sobre a crise que se desenrolava no Serrador continuavam a pipocar — quase em tempo real — nos mais diversos veículos.

A tática de vazar informações positivas para a imprensa, de que Eike tanto se havia beneficiado, se voltara contra ele, o que o deixava inconformado. Quanto mais notas saíam, mais o empresário ficava obcecado em descobrir quem era o X-9 — como se referia ao possível traidor. Todos os dias, lia o noticiário à procura de pistas que lhe revelassem quem estava por trás dos vazamentos. E a cada semana focava um novo suspeito.

Até Flávio Godinho, que, mesmo no ano sabático se mantinha como um cão de guarda para Eike, defendendo o chefe de tudo e de todos, entrou na lista de possíveis traidores. Alguns executivos se dedicavam pessoalmente a descobrir quem seria o tal X-9, reforçando a paranoia do patrão. Na terceira semana de fevereiro, um deles entrou na sala do empresário com uma notícia: ele sabia quem era o "traíra". Tratava-se, segundo o dedo-duro, de Claudio Lampert, que deixara o cargo de diretor jurídico da LLX havia cerca de dois meses. O detetive improvisado vira Lampert alguns dias antes almoçando com o colunista Lauro Jardim, de *Veja*, num restaurante de Ipanema, em suposto clima de camaradagem. Por aqueles dias, uma nota foi publicada na coluna, sobre uma dívida de Imposto Predial e Territorial Urbano (IPTU) da área onde a LLX tentara construir um porto, em Peruíbe, no litoral de São Paulo.[5]

Ao ser informado do almoço, Eike ficou possesso. Sabia que o advogado assessorava o grupo americano EIG na elaboração de uma proposta para adquirir o porto do Açu — e decidiu se vingar. Imediatamente, ordenou que ele fosse excluído de todas as reuniões com seu grupo e pressionou os americanos para que o demitissem, sem sucesso. Nos meses seguintes, as informações continuaram vazando, deixando claro que Lampert não era o X-9 que o empresário procurava.

Eike ainda dedicaria um bom tempo a caçar o traidor, mas nunca conseguiria descobrir quem era de verdade.

Uma das razões para o fracasso da busca era que não havia uma fonte, mas várias. A outra era que a identidade do informante principal de Jardim — aquele que se poderia chamar de o X-9 original — era desconhecida até do próprio jornalista. Desde o primeiro e-mail, em agosto de 2012, até o final, o missivista — que o municiara com informações precisas e incrivelmente atuais sobre tudo o que se passava no Serrador — se manteve anônimo.

O acordo entre Eike Batista e André Esteves começou a ser arquitetado no início de fevereiro de 2013, na casa do empresário, numa reunião com seus conselheiros mais próximos naquele momento: Gouvêa Vieira, Wongtschowski, Zartha e Adriano Vaz — ex-executivo do grupo, que era amigo dos sócios do BTG e tentava unir as duas pontas. Eike estava deprimido com a falta de opções. O bom relacionamento de Gouvêa Vieira com o BNDES de nada adiantou. E de outros setores do governo tampouco vinha alguma coisa. A economia brasileira enfrentava um momento difícil e o empresário entendia que não estava fácil para Dilma e sua turma o ajudarem. Zartha e Lazcano tentavam tourear os bancos — sem sucesso. Aziz ainda prometia trazer dinheiro de fora, mas os recursos nunca chegavam.

Todas as empresas X estavam à venda, e eram muitas as conversas e negociações em curso: com americanos, que estudavam comprar o porto do Açu; com os malaios e com os russos, que avaliavam arrematar uma fatia da OGX; e com representantes de várias multinacionais, para passar adiante o porto Sudeste e a MMX. Só a E.ON fizera uma proposta concreta, mas o assunto continuava indefinido.

Eike estava convencido de que possuía ótimos ativos. O que lhe faltava, admitia, eram braços e credibilidade. Esteves, diziam seus conselheiros, tinha as duas coisas — e uma vantagem adicional: ao contrário dos outros credores, não temia riscos. Aceitaria um acordo em que não entrasse dinheiro em curto prazo.

Em 2010, o BTG já coordenara um bem-sucedido processo de reestruturação financeira na TAM, que culminou com a fusão da aérea com a chilena LAN,[6] em que sua remuneração era atrelada à valorização das ações na bolsa. Só que nesse caso, além de uma comissão estimada em 150 milhões de dólares, a atuação de Esteves renderia também bastante polêmica, uma vez que, mesmo sendo assessor financeiro da empresa, passara a integrar o conselho. Na época, alguns dos conselheiros deixaram a TAM, e um deles acusou os controladores da companhia aérea de "botar a raposa para tomar conta do galinheiro".

O mesmo tipo de questionamento poderia surgir se o banqueiro entrasse no grupo X, já que ele, um credor, teria mais chance que os outros de intervir na gestão das empresas. Essa era a ressalva de Gouvêa Vieira e Wongtschowski, que tentaram convencer o chefe a não contratar Esteves. Zartha e Vaz, porém, viam a coisa de forma diferente, e defendiam que o fato de ser um credor faria com que o banqueiro se empenhasse ainda mais na salvação do grupo.

Eike, afinal, concordou em conversar, e Vaz se encontrou com o comandante do BTG Pactual num sábado à noite, em pleno Sambódromo carioca, num camarote onde assistiam ao desfile das escolas de samba campeãs do Carnaval.[7] Num papo breve, entre caipirinhas, muito barulho e celebridades de variados calibres, combinaram que, no dia seguinte, o banqueiro iria ao encontro do empresário. Horas depois, estavam reunidos na mansão de Eike no Jardim

Botânico para uma primeira conversa. Apesar de abatido, Eike falava apaixonadamente sobre seus empreendimentos, e disse que precisava da capacidade de gestão e do pensamento estratégico de Esteves para a engrenagem funcionar. E falava tanto do porto do Açu e do estaleiro que o banqueiro, com seu espírito de são Tomé, logo sugeriria: "Então, vamos para o Açu. Quero conhecer".

Na terceira semana de fevereiro, um jato fretado saiu de São Paulo levando o pessoal do BTG para o porto do Açu. A grandiosidade do empreendimento — que os vídeos do grupo X apregoavam ter uma vez e meia a área da ilha de Manhattan — encheu os olhos de Esteves e dos membros da equipe, boquiabertos ao ver que Eike fizera abrir, no meio de um areal, um canal de um quilômetro de comprimento, com trezentos metros de largura, para dar acesso a um dos lotes do distrito industrial. Era uma obra impressionante, um sinal de grande arrojo por parte do empresário. Mas, para aqueles jovens pragmáticos que pareciam ter uma calculadora financeira na cabeça, significava ainda outra coisa: aquele mamute havia engolido um dinheirão. Na melhor das hipóteses, levaria décadas até recuperar o valor do investimento.

Terminada a visita, Esteves quis conversar com Eike a sós. O banqueiro achava possível resolver os problemas do grupo. Para isso, contudo, o empresário teria de concordar em vender o controle de suas empresas e se tornar minoritário. Esteves sabia que, a essa altura, ninguém aceitaria se tornar sócio de Eike. Não apenas os alemães, mas todos os potenciais investidores daquelas companhias então repetiam o mesmo bordão: "O problema das empresas X se chama Eike Batista". À semelhança do que ocorrera, havia mais de dez anos, com a derrocada da TVX, os investidores estavam seguros de que o grupo só teria chance de se reerguer se ele saísse do comando.

O plano do banqueiro era simples: cortar custos, vender o que pudesse ser vendido e considerar a hipótese de reduzir o tamanho dos projetos que não encontrassem comprador. Propunha a Eike um contrato de três anos, em que o primeiro seria dedicado à reorganização das companhias. A remuneração corresponderia a 10% da valorização das ações X a partir do momento em que o BTG entrasse no grupo.[8] Um comitê de gestão, composto de Esteves e mais dois sócios, faria reuniões semanais para decidir, com os executivos do grupo, os rumos a seguir. O acerto previa ainda que o BTG teria a preferência nos mandatos de ofertas de ações ou de vendas de participações nas empresas. Esteves se pôs à disposição para adquirir algumas dessas fatias, desde que fizesse sentido para o banco. E se comprometeu a abrir a linha de crédito de até 1 bilhão de reais para projetos que tivessem boas perspectivas financeiras. Por fim, insistiu para que o empresário começasse pela MPX. A companhia precisava de um aporte, e discutia-se um aumento de capital com a oferta de papéis na bolsa. O BTG negociaria com os outros sócios — como o fundo Gávea, do ex-presidente do Banco Central Arminio Fraga, a gestora Dynamo e o BNDES — para que injetassem dinheiro na operação.

Quem via com muito bons olhos a possível aliança entre Eike Batista e André Esteves era o ex-presidente Luiz Inácio Lula da Silva. Ele admirava ambos e achava que o banqueiro tinha condições de ajudar o empresário a se reerguer. Self made man que ascendera de estagiário a dono do próprio banco em pouco mais de uma década, Esteves tinha em comum com Eike o discurso pró-Brasil. A maior parte das apostas de seu banco se relacionava ao sucesso da economia nacional — como a onda de aquisições que sua área de investimentos comandava e que estava despejando 30 bilhões de reais[9] em empresas ligadas aos setores imobiliário e de infraestrutura.

Esteves e o ex-presidente haviam se tornado próximos desde que se conheceram, logo que o petista deixou o governo. No mundo financeiro, era visto como o banqueiro mais próximo do PT. Nos últimos tempos, Lula vinha manifestando preocupação com Eike, muitas vezes perguntando ao amigo financista se a situação do grupo X tinha jeito. Ele, Lula, estava fazendo sua parte. Numa frente, trabalhava pela junção entre OSX e Jurong. Noutra, fazia lobby pela entrada da Sete Brasil no capital da companhia de estaleiros do empresário. E o ajudava também nos contatos com potenciais sócios.

No final do mês de fevereiro, o primeiro-ministro russo, Dmitri Medvedev, visitou o Brasil. Acompanhando a comitiva, um grupo da estatal russa Lukoil veio para se encontrar com Eike. Para impressionar os potenciais compradores, o empresário acionou Lula, que foi ao Rio no dia 27 para uma reunião privada com os russos. A conversa, de pouco mais de meia hora, aconteceu no hotel Sofitel, em frente ao Forte de Copacabana, onde o ex-presidente gostava de se hospedar. Lula deixou claro que o Estado brasileiro tinha muito interesse num negócio entre Lukoil e OGX. Eike, afinal, era o ícone do capitalismo brasileiro. O encontro causou impressão. No almoço oferecido em seguida na casa do empresário — sem a presença do ex-presidente —, os visitantes pareciam bastante interessados.

Assim como a malaia Petronas, a Lukoil falava em comprar uma parte da petroleira, algo acima de 10%, para se tornar acionista relevante. Mas a atenção maior se voltara mesmo para o campo de Tubarão Martelo. Pelas contas que faziam internamente, se o campo — que a OGX sustentava ser seu melhor ativo — tivesse pelo menos 200 milhões de barris, cada ação da companhia deveria valer pelo menos seis reais. Como estavam cotadas a três reais, tudo indicava se tratar de um bom negócio. Depois das conversas iniciais, os dois times continuaram em contato. A proposta da Lukoil, porém, veio menor do que a da Petronas — e as conversas esfriariam.

A relação de Eike com a OGX se tornara, então, bem mais distante e profissional do que na época de Paulo Mendonça. Ao contrário de Dr. Oil, Carneiro não fazia a menor questão de agradar o chefe. Pelo contrário. Contestava a sua opinião sempre que achava necessário. E não suportava a presença de Aziz nas negociações com potenciais interessados em comprar a petroleira. Exigira do empresário que tirasse o tunisiano de sua órbita e simplesmente não atendia a pedidos que considerasse descabidos.

Eike, por sua vez, achava que o subordinado tinha pouco jogo de cintura, mas dependia dele para fazer a companhia seguir adiante. Nos primeiros dias de 2013, temendo que os diretores debandassem da empresa em crise, pagara a Carneiro e equipe 3 milhões de reais — por executivo — a título de bônus de retenção.[10] Pelo contrato, o dinheiro seria um adiantamento sobre as ações que ainda teriam a receber. Caso pedissem demissão, o montante virava empréstimo. O incentivo foi bem-vindo, mas o comando da OGX ainda não pensava em abandonar o barco. Pelas contas que faziam, com o bilhão de Eike, mais os recursos que viriam numa possível venda de ativos, e ainda com os campos que entrariam em produção, conseguiriam pagar a dívida de 3,6 bilhões de dólares. Seria apertado, teriam de passar alguns anos a pão e água, mas daria certo.

A iminente chegada de André Esteves fez com que Eike perdesse o interesse nas ideias e iniciativas de Gouvêa Vieira. O novo vice-presidente nem se instalara adequadamente, e seus homens de confiança ainda começavam a chegar, quando sentiu que o empresário passara a evitá-lo. Sabia das negociações com o BTG, mas pretendia permanecer em sua posição, exercendo um papel mais institucional e de liderança do que o de botar a mão na massa. Acontece que era exatamente isso o que incomodava Eike. Quando o trouxe, o empresário imaginou que o novo executivo se envolveria mais nos problemas do grupo. E ficou bastante irritado ao saber que ele não quis receber o diretor executivo do Mubadala, Hani Barhoush, no Rio justamente para renegociar a dívida com a EBX. Gouvêa Vieira disse que não conhecia o assunto a fundo e enviou seu braço direito, Pedro Wongtschowski, para uma reunião com os árabes na casa do chefe.

Já Esteves mandara seu time preparar uma apresentação com a proposta de renegociação de dívidas cheia de números e de slides, o que impressionou o bilionário. Fiéis ao estilo agressivo do banco, os emissários do BTG dominaram a reunião e se mostraram bem informados e com muito gás para as complicadas tratativas que se anunciavam.

Ao final do encontro, Eike estava convencido de que seu império nunca mais seria o mesmo, e quase simultaneamente decidiu jogar Gouvêa Vieira e seu time para escanteio. No entanto, como era de seu feitio, não disse palavra a respeito. Preferiu deixar seu vice-presidente fritar na fogueira das vaidades do Serrador, incentivando comentários irônicos sobre seu hábito de só chegar para trabalhar depois das onze horas e sobre ter se instalado num escritório com vista para o mar. Até o dia em que deixou patente o processo de fritura — e de uma forma que deixaria Gouvêa Vieira indignado.

Por ordem de Eike, o executivo havia marcado uma reunião com Luciano Coutinho na sede do BNDES, para discutirem a proposta de reunir todas as empresas X numa só e aumentar o capital da MPX. Na hora de sair, porém, o patrão disse ao vice-presidente que Coutinho pedira que fosse sozinho. Quando Eike chegou, o "professor" perguntou por Gouvêa Vieira, mas o empresário falou que o executivo estava muito ocupado e não pudera ir. À noite, porém, ele mesmo se trairia num telefonema ao subordinado. Ao relatar a reunião, deixou escapar que dois superintendentes do banco haviam participado do encontro. Não fora, portanto, uma conversa a sós, como dissera. No dia seguinte, o presidente do BNDES ligou para saber por que o amigo não fora — e os dois então compreenderam o que havia se passado.

Imediatamente, Gouvêa Vieira tirou suas coisas do escritório e foi para a Firjan. O empresário ainda pediu que voltasse, mas ele se recusou. Na semana seguinte, ao mesmo tempo que os "faca na bota" do BTG se integravam à rotina do grupo X, Gouvêa Vieira entregava a Eike uma carta de demissão de cinco linhas em que se despedia e desejava boa sorte.[11] Seus amigos e assessores se mandaram em seguida, deixando o espaço livre para Esteves e sua turma.

Com a tropa de elite de André Esteves dando expediente no grupo, Eike de novo parecia ter retomado o ânimo. Nem a divulgação da nova lista da *Forbes*, em que caía da sétima para a centésima posição no ranking, abalou a confiança rediviva. E, se "Magic Eike" estava de volta, era preciso deixar isso bem claro ao governo.

Na manhã de 7 de março, ele conseguiu uma brecha na agenda de Dilma Rousseff, que estava de partida para a Venezuela, para acompanhar o velório de Hugo Chávez. Eike sustentava ter algo importante para comunicar à presidente, que concordou em recebê-lo no Palácio do Planalto antes de viajar. Na conversa, que não durou mais do que quinze minutos, ele disse a Dilma que Esteves agregaria capacidade de gestão e análise ao grupo, além de uma linha de crédito de até 1 bilhão de dólares. Após reconhecer que enfrentava uma crise de credibilidade e financeira, mostrou-se disposto a reduzir sua participação nas empresas e se declarou confiante em sair "vivo" daquela situação adversa. A presidente lhe desejou boa sorte e se despediu, para, segundo relato de *O Estado de S. Paulo*, comentar em seguida com um auxiliar: "Ele não sabe com quem está se metendo...".[12]

Dilma Rousseff não era a única a ter dúvidas sobre a aliança entre Eike e Esteves. Os funcionários do grupo também se dividiam quanto aos potenciais efeitos daquela associação. Enquanto os escalões mais baixos comemoravam, na esperança de que o BTG conduzisse o chefe às decisões certas para a sobrevivência das companhias, alguns diretores punham as barbas de molho. Quem conhecia bem as fragilidades internas das empresas — e sabia como o BTG operava — duvidava de que o tal bilhão prometido fosse um cheque em branco, como o empresário sugerira no auditório do Serrador, dias antes.

O mais provável, pensavam, era que o banqueiro estivesse ali para comandar uma liquidação organizada, por meio da qual teria acesso às informações antes dos outros credores. Como se disse no mercado, à época, a associação fez de Esteves "o primeiro na fila do bufê", podendo escolher o que financiar, onde investir, que ativos tomar e o que descartar.[13] Não eram poucos os que achavam que o dono do BTG não embarcara naquela aventura para sair perdendo — ainda mais diante de Eike Batista, com quem já tivera rusgas. Investidores chegaram a comentar com repórteres do jornal *Valor* que, para fechar um acordo com o banqueiro, Eike deveria estar mesmo a perigo.[14]

Por isso, embora nos primeiros dias as ações do grupo tivessem subido, a maré não tardaria a se inverter. Reconheça-se que havia outros motivos para pessimismo. O prejuízo total de 2,5 bilhões de reais registrado pelas companhias X de capital aberto em 2012;[15] o fato de a dívida crescer aceleradamente; o registro de uma baixa contábil de 4 bilhões de dólares no balanço da Anglo American[16] apenas com o projeto comprado da MMX cinco anos antes; e os fortes rumores de que o empresário estaria sendo executado pelos árabes do Mubadala.

Em suma: os mais atentos desconfiavam de que os problemas de Eike Batista eram demais até mesmo para a destreza financeira de André Esteves.

20. Barata-voa

Pois a prova de que talvez nem mesmo Esteves fosse capaz de ajudar Eike veio a público na manhã do dia 11 de março de 2013. Logo após o fechamento do pregão, a OGX deu mais uma notícia amarga ao mercado: o terceiro poço de Tubarão Azul, que entrara em operação dois meses antes, produzia menos do que o previsto.[1] Mesmo conectando mais um poço à plataforma, a vazão total de óleo do campo diminuíra em vez de aumentar — e chegara a ser menor até do que a de um ano antes. E, se os dados já eram ruins, a explicação era pior ainda: ao entrar em operação, o terceiro poço havia diminuído a vazão dos outros dois, como se tivesse sugado o óleo dos demais. Para os engenheiros de produção da petroleira, um sinal claro de que fatalmente o poço se esvaziaria em um prazo bem mais curto do que imaginavam.

A empresa até já declarara à ANP a comercialidade de outro campo, o de Tubarão Martelo —[2] que, na opinião dos geólogos e engenheiros, era o único que valeria alguma coisa. Internamente, contudo, sabia-se que a declaração de comercialidade era apenas um recurso técnico por meio do qual se evitava devolver o campo à União. Só os testes, ainda em curso, seriam capazes de atestar se a boa impressão do corpo técnico era correta.

A real situação dos "tubarões", porém, nunca fora devidamente informada aos acionistas da petroleira, que chegaram a acreditar na possibilidade de recuperação do primeiro e na excelência das reservas do segundo.

Assim, quando a notícia de que Tubarão Azul fazia água chegou ao mercado, a reação do mercado financeiro foi feroz. Vários bancos e agências de rating rebaixaram ainda mais as classificações da companhia. Em consequência, muitos dos investidores que haviam comprado os papéis da OGX nos meses anteriores — avaliando que estavam muito baratos e que, dali para a frente, só poderiam subir — desistiram de vez da petroleira.

A percepção de que o risco X era alto demais e de que os empreendimentos de Eike provavelmente iriam à bancarrota se espalhou como um vírus. Nos meses que se seguiram, o dia 11 de março de 2013 seria lembrado pelos egressos do mundo X como uma espécie de Onze de Setembro particular. Ao fim do dia, uma ação da OGX valia menos 14,8%, ou 2,65 reais –– o menor patamar da história da companhia. Só a CCX, de carvão, mantinha preços razoáveis — porque os investidores ainda esperavam que Eike, como anunciado no final de janeiro, fosse recomprá-las a 4,31 reais por papel.

O desmoronamento de mais uma parte do império X na bolsa representaria um forte golpe no otimismo do empresário. Era como se uma nuvem funesta tivesse estacionado acima de sua cabeça, e nada do que fizesse seria capaz de afastá-la. Sentado em seu escritório, olhando para as telas da Bloomberg, ele era o retrato do desamparo. "Tá tudo desabando! O que eu faço? O que eu faço?" Ninguém sabia o que dizer.

Na presidência da OGX, o epicentro da crise, o clima era ainda mais dramático. Quanto mais os estudos e a revisão das imagens sísmicas avançavam, mais ganhava corpo a convicção de que todos aqueles "tubarões" pouco valiam — e que, se quisesse sobreviver, a petroleira precisaria adquirir novas áreas.

Contudo, quase todos os recursos captados no IPO haviam sido gastos em perfurações e compra de máquinas e equipamentos. Para a campanha exploratória, a petroleira contratara dez sondas, que fizeram mais de 120 furos em três anos.[3] O dinheiro fora embora com despesas necessárias e outras nem tanto. Esqueletos pulavam dos armários a todo momento — fossem financeiramente insignificantes, como as garrafas de champanhe estocadas na adega, ou bem maiores, como a aquisição de 200 milhões de reais em tubos e brocas feita pela gestão de Paulo Mendonça,[4] sob o argumento de que a exigência de conteúdo nacional para equipamentos do setor faria as peças faltarem justamente quando mais precisassem delas.

Em março, a empresa ainda tinha 1,1 bilhão de dólares em caixa, mas o montante se esvaía rapidamente e não seria suficiente para garantir o pagamento aos credores. Os diretores da ogx já sabiam, portanto, que, em algum momento, teriam de exigir do chefe que colocasse na petroleira o bilhão de dólares prometido meses antes.

O compromisso da *put* era um dos poucos fatores ainda capazes de dar algum alento não só aos investidores que insistiam em manter as ações da empresa, mas também à diretoria, que via o caixa minguar. O problema era que, a cada dia, crescia entre eles a suspeita de que nunca veriam a cor do dinheiro.

Desde outubro, quando Eike mandara emitir o comunicado ao mercado garantindo a *put*, os executivos da ogx pediam aos assessores do empresário que lhes entregassem o contrato assinado. Mas sempre havia uma desculpa. Uma hora o documento estava no cartório, noutra, na casa do patrão. Quando os diretores da petroleira manifestavam alguma apreensão, a turma da holding procurava acalmá-los, pois estaria tudo certo com a papelada. E embora nada calmos, eles não tinham muita alternativa a não ser confiar nos colegas. Além do mais, estavam tratando com aliados que os haviam apoiado quando Paulo Mendonça foi ejetado da companhia.

Apesar de toda a tensão interna, pelo menos em público era importante mostrar controle sobre a situação. Naqueles dias, interlocutores do BTG Pactual e da holding procuravam passar à imprensa informações que mostrassem que havia, sim, saídas para o grupo — de modo a não deixar que as más notícias dominassem completamente o panorama.

Uma ideia reciclada e reformulada por Eike era fazer da Petrobras uma "âncora" para o porto do Açu, com a estação de tancagem e abastecimento para navios petroleiros. O plano apareceria detalhado numa reportagem do *Valor*[5] já em 12 de março, com declarações de "fonte próxima ao empresário", sugerindo que Esteves poderia pôr dinheiro do banco na construção do terminal para a Petrobras e ressaltando que Dilma tinha todo o interesse em salvar Eike. Mas a matéria também dizia que, apesar da boa vontade, tudo dependeria de convencer a estatal. Era um retrato fidedigno do cenário, que, nas entrelinhas, informava que Eike e Esteves estavam fazendo de tudo para demover a resistência da Petrobras ao projeto — até então sem sucesso.

Ao dizer de várias formas diferentes que a presidente pretendia resgatar o grupo, Eike tentava disparar um sinal ao petismo de que as várias promessas feitas nos últimos meses seriam cobradas — e, ao mercado, de que o governo não o deixaria naufragar. Ele continuava acreditando nisso, e justificava a demora com a complicada situação da economia brasileira e mundial. A economia crescia pouco e havia vários grupos em dificuldades, muitos dos quais "campeões nacionais" eleitos pelo BNDES, que então naufragavam em dívidas,[6] como o Frigorífico Bertin e o Marfrig, dois dos maiores.

Enquanto esperavam o governo, Esteves trabalhava.

O primeiro negócio a ser fechado com a participação do BTG foi a venda de parte da MPX à E.ON. Os germânicos, que tinham então 11,7% da empresa, já haviam manifestado o desejo de comprar uma fatia maior e passar a controlá-la. E o empresário precisava vendê-la. Um dos executivos do grupo, resumindo a situação na época, costumava dizer que a transação era imprescindível e urgente: "Senão, daqui a pouco vai faltar dinheiro para pagar o Sushi Leblon" — referência a um dos restaurantes preferidos de Eike, depois do Mr. Lam.

O principal objetivo dos alemães ao adquirir o controle da empresa era afastar Eike da gestão. Apesar da relação cordial que mantinham com ele, queixavam-se da forma como conduzia a parceria. E se sentiam ofendidos pelo fato de o tunisiano Aziz ter continuado no conselho mesmo depois do fatídico episódio em Düsseldorf. Achavam que faltava profissionalismo nas reuniões de conselho, todas comandadas pelo empresário. Avaliavam também que sobrava PowerPoint e faltavam debates mais aprofundados sobre os temas de interesse da companhia. As discussões sobre tirá-lo do comando da empresa eram tão frequentes que haviam criado um verbo em inglês: "to de-X", algo como "tirar o X" — o que já mostrava que, para os germânicos, o "efeito Eike", antes multiplicador, se tornara um fardo.

A questão era que a E.ON queria tirar Eike do comando, mas não tinha vontade nem cacife para comprar todas as ações sozinha. Criou-se, então, uma solução de mercado, uma oferta de papéis em que todos os acionistas — menos Eike — comprariam mais participação. Dessa forma, ele ficaria com uma parcela bem pequena da MPX — que, aliás, passaria a ter outro nome assim que possível. Se concretizada, a transação poderia render a Eike até 2 bilhões de dólares. Mas ele não estava satisfeito com o preço proposto pelos alemães, em torno de dez reais por ação. "Se já me ofereceram doze no passado, por que agora vou vender a dez?", perguntava.

Eike tinha ainda outro dilema quanto a se desfazer da companhia. Em sua visão, a MPX era o mais eficiente de seus negócios, o único com receitas garantidas por até vinte anos, graças aos contratos de longo prazo conquistados nos leilões de energia do governo. "Não posso vender. Aquilo é um CDB [certificado de depósito bancário] eterno, vai sustentar meus filhos", dizia. Mais um erro. Isso porque antes de o "CDB" começar a dar receitas perpétuas, era preciso terminar de construir as usinas e colocá-las para funcionar na data prevista. Caso contrário, a empresa teria de comprar energia de terceiros para repassar — o que, com a alta nos preços, já começara a transformar o potencial de lucros em prejuízo. Em 2012, as perdas com o atraso na conclusão de duas termelétricas tinham sido de 190 milhões de reais.[7] E ainda assim a companhia podia se dar por satisfeita, pois conseguira, nos primeiros meses de 2013, o perdão da Agência Nacional de Energia Elétrica para outra dívida, de 400 milhões de reais, também provocada pelo atraso nas obras das usinas.

O "CDB eterno", portanto, não era nem tão rentável nem tão seguro assim. Mas Eike ignorava — ou fingia que ignorava — tais detalhes. Numa semana, dizia que não podia vender toda a empresa, e ligava para os assessores no meio da madrugada, angustiado, tentando achar uma saída. Em outros momentos, telefonava eufórico, afirmando que se decidira a fechar negócio. O fato concreto, no entanto, era um só: a essa altura, a proposta da E.ON era a única chance real de captar recursos para o grupo.

Depois de os alemães pedirem que Aziz fosse retirado das conversas, o empresário delegou à XP — de seu ex-diretor Paulo Gouvêa — a tarefa de chegar a um acordo. Itaú e Bradesco também haviam sido incluídos. Com a entrada do BTG no grupo X, o banco passou a ser a quarta assessoria financeira ao lado de Eike. Do outro lado da mesa, representando os germânicos, o americano Goldman Sachs.

Na última semana de março, depois de idas e vindas, chegou-se finalmente ao ponto de fechar o negócio. Eike cristalizara sua posição de vender apenas uma parte da MPX e continuar como acionista relevante. Na nova configuração, os alemães comprariam mais 24,5% da empresa, por 1,5 bilhão de reais, e ficariam ao todo com 36,2%.⁸ O empresário, que tinha até então metade da companhia, ficaria com 29%, mas dividiria o controle com os germânicos por meio de um acordo de acionistas. Só que a mpx ainda precisaria de mais 1,2 bilhão de reais para conseguir inaugurar suas usinas. Os alemães se comprometiam a colocar sua parte, cerca de 366 milhões, mas os outros sócios precisariam arcar com o restante. Ninguém sabia ainda, entretanto, se Gávea, Dynamo e bndes, os maiores acionistas, acompanhariam o aumento de capital se Eike não estivesse fora, ou quase fora, como previsto inicialmente.

O próprio empresário não tinha dinheiro para fazer o aporte. Se queria vender pelo menos parte da empresa, o btg não tinha saída senão assegurar ele mesmo o lado de Eike Batista e oferecer algum tipo de conforto aos outros sócios. O banco se comprometeu então a adquirir até 1,2 bilhão de reais em ações da mpx, a dez reais por papel, caso ninguém mais se interessasse. A esse tipo de instrumento dá-se o nome de garantia firme, ou apenas "firme", algo a que uma instituição financeira só recorre quando acredita muito numa determinada operação. Tal condição seria essencial ao fechamento do negócio. O empresário pôde então respirar aliviado, ao menos por um tempo.

Mas ainda tinha outros sócios a enfrentar: seus próprios auxiliares.

Assim como todos os executivos das companhias X, os diretores da mpx tinham uma parcela das ações que cabiam ao chefe. Fazia parte do acordo entre eles que, quando Eike vendesse a empresa, os papéis dos executivos fossem negociados na mesma leva. Fora assim com a Anglo — e todos esperavam que seria assim também no caso da mpx. No entanto, na hora de assinar o contrato, o empresário, que estava no Serrador com André Esteves, enviou um recado à equipe, que se reunia com o time do btg na sede carioca do banco, em Botafogo. "O Eike mandou dizer que não vai liberar a parte de vocês, porque o dinheiro da venda não vai para o bolso dele. Vai todo para pagar as dívidas", comunicou um dos assessores financeiros.

O ceo Eduardo Karrer enrubesceu. "Como é que é?!" Imediatamente, sacou o celular e, do corredor, aos berros, telefonou para o chefe. Os gritos eram ouvidos à distância. "Seu moleque! A única empresa sua que funciona é esta, e agora você quer sacanear a diretoria? Se você fizer isso, não volto mais à companhia e você vai ter de explicar a razão para todo mundo!" Não foi necessário. Depois de alguns minutos de gritaria, Eike cedeu. Os executivos receberiam suas partes: 10 milhões de reais para Karrer e mais 5 milhões para cada um dos outros três diretores. Ao final do dia, apesar do percalço, pelo menos um negócio parecia bem encaminhado.

Até passarem a dar expediente no Serrador, os banqueiros do BTG achavam que bastaria reduzir o tamanho dos projetos, além de captar o dinheiro necessário a que funcionassem, para que as ações subissem. Conforme os dias avançavam, contudo, descobriam que a situação de Eike Batista era bem pior do que haviam imaginado. Não só faltava dinheiro para tudo nas companhias como também na própria holding. E a dívida era maior do que o banco calculara.

A LLX pelejava para receber os recursos do FGTS que financiariam as obras do porto. Os técnicos da Caixa Econômica Federal demoravam demais para liberar os aportes. Como a empresa de logística chegara a março com apenas 50 milhões em caixa[9] para 300 milhões em despesas programadas para abril, a área financeira já começara a escolher a quem pagar e com quem rolar a dívida, e as obras foram colocadas em ponto morto.

Na MMX, o 1,4 bilhão de reais que Eike dissera que injetaria na empresa para ampliar a produção adiantaria muito pouco se os outros 3 bilhões necessários para completar o financiamento do projeto não fossem liberados pelo BNDES. Na OSX, pelo menos, o dinheiro prometido pelo empresário por ocasião da abertura de capital — outra *put* — já começara a entrar no caixa. Contudo, os 250 milhões de dólares depositados eram insuficientes para dar seguimento às obras do estaleiro.

Espanto de verdade, porém, os banqueiros do BTG tiveram quando foram informados da situação da petroleira.

Carneiro, o CEO da OGX, vinha pedindo a Eike para ser incluído nas reuniões com o pessoal do banco, mas nunca era chamado. Até que, no final de abril, os dois times finalmente se encontraram para uma discussão sobre a situação dos campos.

Todos os membros da "missão" do BTG, com exceção de André Esteves, estavam na sala de reuniões da petroleira para ouvir os técnicos da OGX. Chegaram ali acreditando no que os executivos da holding diziam: mesmo havendo menos petróleo do que se imaginara, seria possível produzir. Em quinze minutos, porém, tiveram sua convicção desmontada. Usando os gráficos que confrontavam os custos com a curva de produção, Carneiro e o diretor financeiro da ogx, Roberto Monteiro, mostraram que o desempenho dos "tubarões" era bem pior do que o esperado — e disseram que havia, inclusive, a possibilidade de a produção ser suspensa. Só não tinham tomado essa iniciativa radical ainda porque esperavam os resultados de estudos complementares. O ceo então deixou o resto da apresentação a cargo de Monteiro e saiu da sala.

Os banqueiros ouviam tudo em silêncio e de cara fechada. Durante mais uma hora, fizeram perguntas típicas de quem tentava fazer contas para saber qual seria o real desfecho de tudo aquilo. Ao final, os semblantes eram de velório. A ficha caíra: a comissão que o btg projetava receber com a alta das ações X nunca viria, porque os papéis, dali em diante, provavelmente desabariam. Enquanto o problema fosse calcular e levantar dinheiro, eles sempre poderiam dar um jeito. Fazer brotar petróleo no subsolo, entretanto, já era bem mais complicado.

A única forma de a ogx sobreviver era mesmo vender uma participação em seus campos o quanto antes e usar o dinheiro para comprar novas áreas.

Em março de 2013, a malaia Petronas enviou uma carta à ogx manifestando a intenção de comprar uma participação na companhia.[10] Começaram aí tratativas entre Eike e os malaios que levaram os diretores jurídico e financeiro da petroleira, José Faveret e Roberto Monteiro, a viajarem no final de março a Kuala Lumpur para fechar o negócio. Por ordem do chefe, levaram Marcello Horcades e Aziz Ben Ammar, mas lhes avisaram que deveriam ficar quietos e não interferir.

No Rio, ao saber que o quarteto estava na Malásia, Esteves se abespinhou. Uma operação como aquela não podia continuar sem a supervisão do btg. Além do mais, um dos negociadores era justamente o tunisiano, a quem o banqueiro considerava um obstáculo em sua estratégia de recuperação. Os dois se detestavam. Aziz achava que o banqueiro estava no grupo para depenar Eike. Para Esteves, o árabe não passava de um aproveitador. Assim, com a concordância do empresário, o btg enviou à Malásia seu melhor negociador, o sócio Marco Gonçalves, que comandava a "missão X", para tomar as rédeas das tratativas.

Conhecido no BTG como Marcão, o executivo já conhecia bem Eike e seu pessoal desde seu emprego anterior, como banqueiro de investimentos do Credit Suisse. Fora um dos responsáveis pela ida de Eike ao evento com empresários durante a visita de Lula à China, em 2009, e trabalhara no IPO da OGX. Falante e desbocado, tinha um estilo agressivo de negociação que despertava amores e ódios no mercado, mas era da mais estrita confiança do dono do BTG.

Logo ao chegar ao hotel em Kuala Lumpur em que estavam todos hospedados, Gonçalves viu uma cena que o fez torcer o nariz: Aziz confraternizando com um grupo de malaios no bar do lobby. Achou muito estranho que o principal homem de Eike estivesse naquele trelelê com o grupo de que, em tese, os representantes da petroleira deveriam manter distância. Imediatamente, chamou o tunisiano e determinou que abandonasse o convescote. Em poucas horas, espalhava-se no Serrador a história de que Aziz tinha uma relação "muito estranha" com os malaios.

Estranha também seria a reação dos diretores da companhia aos diversos vazamentos de informação sobre o negócio ocorridos enquanto estavam na Malásia. Em 3 de abril, mal eles haviam chegado a Kuala Lumpur, o jornal *Valor* estampava a notícia: "OGX pode levantar 1 bilhão de dólares com venda de fatias em blocos".[11] A CVM pediu explicações, mas, assim como haviam feito no passado os colegas da LLX, os da petroleira também emitiram um comunicado vago, dizendo apenas que estavam sempre em conversas com potenciais investidores, e seguiram adiante.

Acontece que as notícias a respeito do potencial negócio não paravam de sair, e a CVM continuava insistindo — pela lei, a companhia tem obrigação de relatar ao mercado sempre que uma informação confidencial escapa ao controle e sempre que há oscilação atípica do valor das ações. Durante todo o mês em que os diretores da OGX ficaram na Malásia, especuladores aproveitaram o sobe e desce das ações da petroleira de Eike. Nesse período, o xerife do mercado financeiro questionou por cinco vezes os diretores a respeito da veracidade das notícias — e recebeu, em todas elas, a mesma resposta vaga. Até que, no início de maio, ao assinar o negócio de fato, a empresa finalmente revelou que não só estava em conversas com a Petronas como assinara naquele dia um acordo para a venda de 40% do campo de Tubarão Martelo, por 850 milhões de dólares.[12] A desobediência dos diretores da OGX à CVM os levaria a responder a um processo na autarquia.[13]

O acordo com a Petronas previa que a malaia poderia, no futuro, comprar mais 5% do capital total da OGX a 6,3 reais por ação. O pagamento de 850 milhões de dólares pelos 40% do campo se daria em etapas e dependeria do cumprimento de determinadas condições. A mais importante era começar a produção. Ocorre que a instalação da plataforma naquele campo estava prevista apenas para outubro de 2014 —[14] o que, no novo contexto, seria desastroso para o fluxo financeiro da companhia. Era preciso acelerar o cronograma para começar a receber o dinheiro dos malaios, mas não se faria isso sem contratar um supernavio-guindaste capaz de levantar 14 mil toneladas. E só duas empresas no mundo possuíam tal equipamento.

A OGX havia reservado o seu com a italiana Saipem, mas a fornecedora informava não haver possibilidade de antecipar o envio do equipamento ao Brasil. Foi quando Carneiro conheceu, num restaurante, o carioca Gabriel Chagas, antigo "facilitador de negócios", figura assídua no Country e no Gávea Golf Club, dois locais com alta concentração de empresários e ricaços do Rio de Janeiro. Chagas disse que podia resolver o problema por uma "módica" comissão: 40 milhões de dólares — 10 milhões pagos a fundo perdido, na contratação, e outros 30 milhões quando conseguisse a nova data. A remuneração representava 16% do custo do serviço — muito além do que se pagava no mercado, algo entre 1,5% e 5%.[15] Carneiro e seus diretores, porém, toparam pagar para ver. Se não pudessem antecipar a instalação, pensavam, perderiam ainda mais.

Com a autorização de Eike, o acordo foi cumprido e o dinheiro, depositado na conta da empresa representada por Chagas, a World Engineering Services. A WES era uma companhia de papel, uma trust sediada em Hong Kong e administrada por uma dessas financeiras que abrem offshores para corporações e figurões que querem proteger seu patrimônio colocando-o em contas no exterior. Não tinha sequer sede física. Mas se provaria bastante eficiente. Em 9 de maio, dois dias depois de fechado o acordo com a Petronas, a diretoria da OGX recebeu um e-mail da antes irredutível Saipem, que agora confirmava nova data para a instalação da plataforma. Os executivos comemoraram e pagaram o que ainda deviam à empresa de Hong Kong.

Mal sabiam, no entanto, que o esforço seria em vão, porque a plataforma não ficaria pronta a tempo e o campo também seria menor do que o esperado. Também não contavam que, meses depois, ao serem revelados ao mercado, os detalhes da "facilitação" despertariam a suspeita de má-fé pelo pagamento de uma comissão tão polpuda a uma empresa de papel, por um serviço que nunca se realizou.

Em maio de 2013, a situação do grupo X passara da tensão à agonia pública. Depois que o lobby do governo para levar o estaleiro da Jurong para o Açu fora denunciado pelo governador do Espírito Santo, os detalhes sobre a movimentação de Lula e Amaury Pires Neto nos bastidores passaram a ser revelados em capítulos diários pela imprensa. O escândalo levou os técnicos do BNDES e da Caixa a se retraírem ainda mais e inviabilizou qualquer outra iniciativa governamental mais arrojada em favor dos empreendimentos de Eike.

As reuniões com o banco de fomento eram então absolutamente improdutivas e aflitivas. Numa delas, a instituição avisou que liberaria o financiamento de 3 bilhões de reais à MMX apenas em 2014 — e, mesmo assim, só se a situação do grupo melhorasse. Os subordinados de Coutinho afirmavam, com todas as letras, que o BNDES já sofrera demais com os outros "campeões nacionais" também afundados em dívidas. O próprio presidente do banco já declarara publicamente que a política de escolher vencedores em cada setor havia se esgotado.[16]

Na Petrobras, que vivia suas próprias dificuldades financeiras, a hora não era de gastar, mas sim de promover um rearranjo geral nas contas para sustentar a exploração do pré-sal. Além do aperto de caixa que levara a estatal a ir mais devagar, existia uma concentração de esforços na bacia de Santos. Portanto, não havia urgência em instalar uma estação de armazenamento de óleo no Açu, mais próximo de Campos. Graça Foster já dera, inclusive, declarações públicas afirmando que não haveria salvamento ao grupo X.[17] Como, porém, a pressão de Eike e Esteves não diminuía, mesmo depois do constrangimento causado pelo caso Jurong, a presidente da Petrobras decidiu tomar uma atitude mais enfática. Um de seus executivos chamou interlocutores das empresas X à sede da estatal e passou um recado claro: que parassem de pressionar Mantega, Coutinho, Dilma e outros no governo, e cessassem também com os factoides à imprensa, porque o negócio entre a Petrobras e o grupo X não ia rolar.

Num dos últimos movimentos em busca de sensibilizar o governo, membros da equipe de Eike e figuras do mercado financeiro começaram a espalhar a tese de que a eventual quebra do grupo X poderia provocar um "risco sistêmico" para a economia. Por esse raciocínio, o empresário havia se tornado muito grande para quebrar — ou *too big to fail*, expressão bastante usada durante a crise das hipotecas americanas de 2008 para justificar o salvamento de alguns bancos. Até havia na máquina governamental quem fosse sensível a esse tipo de argumento — mas não quem realmente importava.

Dilma e sua equipe pareciam ter decidido que o suporte a Eike e a seus negócios tinha limites — e esses já haviam sido atingidos. Isso já ficara bem claro em fins de abril, quando o empresário foi conversar com Luciano Coutinho a respeito do estaleiro da OSX. Como nem a Jurong nem a Sete Brasil participariam do esforço de resgate do empreendimento, ele não tinha alternativa senão parar as obras. A decisão o feria tremendamente. Alguém, então, sugeriu: por que não comunicá-la ele mesmo ao presidente do banco de fomento? Quem sabe, diante de atitude tão radical, o "professor" se sensibilizasse? Assim foi.

Coutinho recebeu o empresário, Esteves e Zartha numa antessala de seu gabinete. Eike, visivelmente abalado, lhe deu a notícia fatídica. Para sua surpresa, contudo, o anfitrião não lamentou. Pelo contrário. Levantou-se e deu-lhe um abraço caloroso. "Eike, eu sei como é dolorosa essa medida, mas quero lhe dar os parabéns. É a coisa certa a fazer." Ao ouvir isso, o bilionário não pôde segurar a decepção. Baixou a cabeça, chorando, deu as costas e foi embora. Constrangidos, os demais então passaram à sala de reuniões, onde diretores do banco os esperavam. Foi o próprio presidente do BNDES quem disse: "O Eike teve de ir embora porque tinha outro compromisso. Ele veio me comunicar formalmente que vai fechar o estaleiro". Os subordinados comemoraram, sem esconder o alívio, com expressões como "Parabéns, que grande notícia" e "Puxa, foi a melhor decisão".

O fracasso de todas as tentativas que arquitetara para sair da lama fez com que Eike começasse a pensar se haveria algum fator sobrenatural o levando a tanta desgraça. Como sempre acontecia quando em apuros, ele resolveu apelar à superstição. No passado, durante a crise da TVX, tinham sido videntes e xamãs. Dessa vez, entraria em campo uma "consultora esotérica" que lhe fora recomendada pelo governador Sérgio Cabral e pela primeira-dama, Adriana Ancelmo. Nos últimos dias de abril de 2013, a moça, conhecida apenas como

Tais, percorreu todo o Serrador, aferindo a energia do local — e se concentrou no escritório do empresário. Visitou também o porto do Açu.

Como tudo naquele prédio, a presença gerou muito disse que disse. Os comentários eram tantos que a secretária de Eike, Lucia Lento, seria compelida a enviar um e-mail geral a respeito.[18] Na mensagem, informava que a "terapeuta e filósofa" era especializada em empresas e fora convocada para, "com a visão global", ajudar a reestruturar o grupo. O texto prosseguia citando certa "doença filosófica" que fazia a firma ficar com "olhos viciados", sem conseguir "ver soluções e problemas". A secretária, que tinha fama de ser bastante rígida e leal ao patrão, mandava ainda um recado aos colegas: "A fofoca maliciosa e o boato negativo são sintomas de uma empresa que não está coesa". E encerrava: "Espero que tenha esclarecido as dúvidas de todos e explicado que a filósofa não é mãe de santo".

Ao final de alguns dias, a terapeuta faria diversas recomendações, das quais a principal era um tanto bizarra: o sol estampado no logotipo das companhias X estava "girando para o lado errado", isto é, para a esquerda. O certo era que os raios no desenho simulassem o movimento à direita — para atrair melhores energias.[19] Depois disso, sem dúvida as coisas melhorariam. Eike, que já era normalmente dado a esoterismos, seguiu de imediato os conselhos. Em poucos dias, toda a comunicação visual do grupo tinha o novo sol girando para o lado certo.

Não era preciso pesquisar muito para notar a falta de coesão a que a secretária de Eike se referia. Naquele conglomerado de projetos em que um dependia do outro para sobreviver, e onde todos lutavam em tempo integral pela empatia do chefe, as relações entre funcionários não eram um exemplo de harmonia nem quando as coisas iam bem. Na crise, com o barco afundando, só pioraram. O próprio empresário acusava os subordinados de iniciativas que ele mesmo os mandara tomar.

Ficaria famosa internamente a história da reunião em que, em janeiro de 2013, o ceo da osx, Carlos Bellot, tentara propor ao patrão dividir a construção do estaleiro em fases, para poupar dinheiro, mas não conseguira sequer terminar a fala — porque Eike passara a chamá-lo de calça-curta. E no entanto, depois de quase 1 bilhão de reais consumidos em plena crise, o chefe passou a culpá-lo por ter posto o pé no acelerador das obras contra sua vontade. No passado, todas as vezes que fora alertado de que os custos das companhias X eram mais altos do que a média do mercado, o empresário reagira mal. "Não toquem nos meus executivos! Eles são os melhores do Brasil!", costumava bradar. Nos momentos de maior amargor, porém, era um dos primeiros a sugerir que havia sido roubado por eles.

O racha mais evidente de todos era o existente entre André Esteves e a dupla Aziz-Horcades. Em suas conversas semanais com Eike, o banqueiro insistia em jogar o jovem árabe para escanteio. E contava com o apoio de quase todo o grupo, já que o tunisiano era unanimidade — a Geni do Serrador. De certa forma, entrar em conflito com ele era até uma maneira de angariar a simpatia dos outros funcionários. Aziz, por sua vez, se empenhava em convencer o chefe de que o único fim do BTG ao assessorá-lo era depená-lo de vez. "O Pactual só está aqui para te foder, Eike", garantia. Mas nisso, também, o empresário oscilava. Em determinados momentos, ia na onda do amigo, falava mal de Esteves e procurava esconder-lhe algumas informações. Noutros, achava que o banqueiro só tinha a ganhar ficando a seu lado e não via problema em continuar com ele.

O próprio Eike aproveitava as reuniões semanais com a equipe do BTG para tentar vender seus ativos ao banco — ou pelo menos parte deles. Só que, quando Esteves dava seu preço, revoltava-se. O pragmático banqueiro fingia desconhecer os humores do empresário e tentava seguir com seu plano de salvamento — mesmo desconfiado de que a meta fosse inatingível.

Para o banco, afinal, aquela associação se revelava um transtorno — e não só em decorrência dos humores de Eike. O BTG colocara algumas de suas melhores cabeças voltadas dia e noite para decifrar os números do grupo e organizá-los de forma adequada. Mas mesmo acostumados a trabalhar muito, exasperavam-se por ter de enfrentar "uma surpresa por semana", e logo passaram a chamar suas tarefas no império X de "os trabalhos de Hércules". O aparente bom humor, porém, se esgotava quando constatavam que o empresário ou não entendia a dimensão dos problemas ou não tinha a menor intenção de enfrentá-los. Além disso, conforme os meses se passavam e a situação financeira do grupo se deteriorava, o próprio banco começara a sofrer efeitos colaterais.

Era maio, e as ações do BTG na bolsa estavam caindo de forma consistente. Até julho, o banco ainda acumularia uma perda de valor de 26% em relação ao momento em que se ligara a Eike. Para comparar, o Itaú perderia 17% e o Bradesco, 18% no mesmo período.[20] Para piorar, as agências de risco começavam a estimar os efeitos que um calote do empresário poderia provocar nas finanças do banco, e a lista da *Forbes* já passara a abater alguns bilhões da fortuna de Esteves. Para parte dos sócios do banco, era prova suficiente de que chegara a hora de pular fora daquela aliança.

O banqueiro, entretanto, insistiria: achava que não havia jeito senão seguir até o final. Abandonar a empreitada no meio do caminho podia ser ainda mais prejudicial à imagem do BTG. O melhor a fazer era tocar o plano de negociar o máximo de ativos possível e pagar os credores. Uma das etapas mais importantes dessa programação, a renegociação das dívidas com o Mubadala, estava para ser concluída.

Depois das primeiras reuniões, em fevereiro, os executivos de Eike tinham proposto pagar ao fundo de Abu Dhabi 400 milhões de dólares em dinheiro e trocar o lastro formado de ações da OGX por papéis de outras companhias, como a AUX, de ouro, a REX, de empreendimentos imobiliários, e a IMX, de entretenimento. O fundo concordara com a operação e também aceitara reduzir os juros do empréstimo, além de alongar o prazo de vencimento de 2015 para 2018.

Preocupado com os efeitos de uma possível execução pública da dívida — pior do que estar falido seria expor isso ao mercado —, Eike acatara os termos do acordo, mas ficara irritadíssimo. Julgava que seu patrimônio estava sendo rapidamente dilapidado pelos banqueiros. Para resolver o problema com o Mubadala, o caixa da holding, de 1 bilhão de dólares, acabara de ser reduzido quase à metade. Nesse ritmo, logo ficaria sem nada. E isso era algo que não engolia.

Numa das primeiras sextas-feiras de maio, Eike convocou Zartha para uma reunião em sua casa no sábado ao meio-dia. Ao chegar, o "profeta do apocalipse" encontrou, além do anfitrião, Aziz, Horcades e o presidente da LLX, Marcus Berto, novo personagem a ganhar a confiança do chefe nos últimos tempos. Thor, o herdeiro, também fora convidado. De pé em frente ao grupo, o tunisiano rabiscava seu plano num grande bloco de papel branco anexado a um cavalete de madeira. "Tenho um amigo cujo primo é gerente de um banco no Togo. Nós vamos transferir 1 bilhão para lá", dizia o árabe, orgulhoso de sua obra. "Nós vamos foder o Mubadala!", completaria, triunfante, enquanto Horcades, Eike e Thor riam, satisfeitos.

No mesmo pé em que entrara, Zartha se levantou, entrou no carro e foi para casa. No caminho, recebeu diversas ligações do chefe, mas não o atendeu. Preferiu telefonar para André Esteves, que ouviu tudo estupefato. No domingo, o banqueiro pousou no Rio de Janeiro e foi direto para a casa do empresário, levando consigo, de testemunha, o sócio Guilherme Paes.

Na mesma saleta em que Aziz expusera seu plano mirabolante, Esteves explicou o dele. Listando os números gravados no HD mental, fez diversas contas para provar a Eike que, ao final do processo de reestruturação, tudo ficaria bem. Pagariam a dívida e o empresário deixaria aquela crise limpo. Não seria necessário fazer malabarismos nem adotar saídas heterodoxas. Em nenhum momento mencionou o episódio da véspera ou a palavra Togo. Não precisava. Eike entendeu o recado e agradeceu os conselhos. E Esteves atravessou o portão verde-musgo da mansão confiante de que impedira um desvario.

Os amigos Flávio Godinho e Zartha, que haviam participado do encontro e permanecido um pouco mais, ainda alertaram o empresário. "Se esse dinheiro for para o Togo, você nunca mais vai ver a cor dele. E pode começar a comprar cigarro!" Eike, sorridente, tentando disfarçar o constrangimento, respondeu: "O que é isso? Só queria testar vocês!".

A "bomba Togo" não era o único foco de incêndio a se formar no império X. Naquela mesma semana, outro curto-circuito tivera início na OGX. Na manhã de 10 de maio, o telefone da sala de Luiz Carneiro tocou. Era José Faveret, que havia sido enviado pelo CEO da petroleira a uma conversa com Otávio Lazcano, o diretor financeiro da holding, e Joel Rennó Jr., o diretor jurídico e de finanças corporativas. A missão de Faveret era voltar do 22º andar com o contrato da *put* assinado — mas, ao chegar na sala de Lazcano, recebera um redondo não. "Não vamos dar", foi a resposta. Faveret saiu de mãos abanando e foi buscar reforços.

Carneiro, que dividia uma sala grande, sem divisórias, com os outros executivos da OGX, convocou o diretor de relações com investidores, Roberto Monteiro. "Vamos lá em cima que a discussão da *put* está dando merda." A dupla subiu ao 22º, encontrou-se com Faveret e chamou Lazcano e Rennó Jr.

para uma reunião. Entraram num escritório vazio, acomodaram-se como dava, fecharam a porta e iniciaram uma conversa tensa. "Como é isso? Vocês não vão entregar o contrato da *put* assinado?", perguntou Carneiro. "Não vamos dar e vamos dizer para o Eike não assinar", respondeu um deles. "Vocês estão malucos? Como é que não vão dar? Isso já foi acertado e divulgado para o mercado. Com papel ou sem papel, o Eike já assumiu o compromisso publicamente e não pode voltar atrás", disse o CEO. Rennó Jr. e Lazcano, porém, continuavam irredutíveis. Faveret se irritou. "Isso é coisa de moleque! Sabe o que vai acontecer? A gente vai exigir o pagamento na Justiça e vocês vão ter de explicar para o juiz por que não quiseram assinar!"

A discussão esquentava, o tom de voz subia, com acusações de ambas as partes — até que Lazcano, exasperado, apelou: "Vocês estão querendo que o Eike ponha uma arma na própria cabeça?". Monteiro reagiu, desafiador: "Que culpa nós temos se foi ele quem deu a *put*?". O diretor da OGX sugeriu então que Lazcano não sabia o que estava falando e nada entendia do assunto. Ao ouvir isso, o executivo, um ex-jogador de vôlei, alto como eles costumam ser, avançou por cima da mesa e botou o dedo na cara do outro.[21] "Você não tem o direito de falar assim comigo! Não aceito que me trate assim, seu filho da puta!" Praticante de jiu-jítsu e conhecido pelo temperamento difícil, Monteiro permaneceu parado, escutando, como quem se segura para não reagir. Foi a senha para Carneiro e Faveret encerrarem a reunião, dizendo que voltariam ao assunto quando os ânimos estivessem menos exaltados.

Dois dias depois, Carneiro foi falar com Eike. Contou que a conversa terminara em meio a gritos e palavrões. Explicou que a questão se transformara num foco de tensão no grupo e ganhara proporção muito maior do que merecia. O empresário, então, manifestou apoio a Carneiro. "Isso é um absurdo. Imagina! Como fizeram uma coisa dessas? Uma briga assim não tinha que acontecer! Não pode..." O executivo balançava a cabeça em concordância, já se preparando para pedir ao chefe que, se concordava com ele, que assinasse o fatídico documento. Depois de um breve silêncio, porém, Eike se virou para o CEO e disse: "Mas por que eu vou dar a carta?".

Carneiro quase não acreditou no que ouvia. Respirou fundo. "Porque você prometeu isso ao mercado." "Mas ela vai ser usada contra mim! Vai me prejudicar!" Na mesma hora, o executivo percebeu que aquilo não levaria a nada, mas ainda insistiu. Eike, então, encerrou a conversa: "Preciso pensar".

Sem o dinheiro prometido pelo empresário, tudo poderia ir abaixo mesmo. Afinal, a produção no poço de Tubarão Azul continuava desacelerando acentuadamente, sem perspectivas de recuperação. Carneiro olhava para aquela plataforma gigantesca, que custara milhões de dólares à companhia, e não conseguia vislumbrar outro desfecho que não a interrupção da produção.

Em todo o Serrador, a expectativa quanto àquele campo era enorme. Num dia de junho, o irmão de Eike, Werner, que o acompanhara nas aventuras na Amazônia, nos tempos de TVX, e que ocupava o cargo de diretor administrativo do grupo, deu uma passada na sala do CEO da petroleira e perguntou: "E aí, qual é a situação?". O executivo não escondeu o jogo: "A produção está caindo a cada dia. Tenho a impressão de que logo teremos de abrir mão da plataforma". O outro pôs as mãos na cabeça. "Caramba, eu já vi isso acontecer! Não acredito que está acontecendo de novo!" E despediu-se pensativo, rumo à sua própria rotina de problemas.

Enquanto a cizânia se espalhava no grupo, Eike se refugiava no Twitter, defendendo suas companhias publicamente e desafiando, inclusive, internautas que o cobravam pelo mau desempenho da OGX na bolsa. Depois de alguns dias de ausência, tempo em que segundo sua própria definição estivera em "avestruz *style*", o empresário voltou à rede social com a corda toda. Ante a afirmação de um investidor de que a petroleira quebraria, reagiu: "Que bobinho!", provocando uma enxurrada de comentários. E emendou várias postagens. A primeira: "Vamos apresentar plano de negócios em breve! Lastreado nos bons projetos antigos e nos blocos e parcerias novas!". Depois, mais uma: "Radio Boato não vai florecer [sic]! Às vezes tenho que me recolher para trazer resultados! Pronto! Entreguei e redesenhei todas as Cias.".

A um tuiteiro que lhe perguntou por que ainda não vendera a OGX à Lukoil, respondeu: "Porque uma dúzia de compradores estratégicos me pagariam 3x o preço das ações. Não vendo! Para mim vale 6x". E se queixou do ceticismo geral: "Ninguém presta mais atenção a nada! Quando mudar vamos ter um efeito manada!".

Quando junho chegou, aquele do Twitter parecia ser mesmo um personagem virtual, pois o Eike da vida real se rendera aos fatos. Diante de tantas evidências de que o grupo caminhava para o buraco, ele finalmente aceitou cortar os custos de sua holding. Todas as empresas estavam mandando gente embora — no Açu, pelo menos oitocentas pessoas já haviam sido dispensadas —,[22] e a EBX não podia ser a única a manter seu quadro de pessoal intacto.

Nos primeiros dias daquele mês, foram demitidos cinquenta funcionários, principalmente na área de sustentabilidade.[23] O Legacy 600 foi posto à venda por 14 milhões de dólares. Em breve seria o Gulfstream — a joia da frota.[24] O desmanche começara.

Sem dinheiro e enfrentando negociações que se arrastavam indefinidamente, o empresário passava o tempo confabulando com Aziz e Horcades, enxergando conspirações em toda parte. Fragilizado, apegava-se cada vez mais aos dois — e ao lobista Pires Neto, que continuava vendendo otimismo e dizendo ser capaz de encontrar soluções mágicas. Ansioso, telefonava para os mais chegados várias vezes no meio da noite ou nos fins de semana, perguntando se achavam que ele conseguiria negociar determinada companhia. No início de junho, Eike recebeu um pedido do ex-presidente Lula, a quem continuava visitando vez por outra no Instituto Lula, em São Paulo: que demitisse o lobista. Eike ouviu e assentiu, mas simplesmente não conseguia (ou não podia) fazê-lo.

Nessa época, um experiente executivo do grupo resumiu assim o clima reinante: "É como a saída do Maracanã na Copa de 50. Todo mundo com cara de velório. E o Eike com jeito de Hitler no final da Segunda Guerra, dando as ordens mais absurdas, e todo mundo obedecendo, assustado". Uma delas foi mandar a diretoria da OGX fazer lances de 376 milhões de reais no leilão seguinte da ANP. Outra, ordenar a compra de equipamentos de 200 milhões de dólares para a mina de ouro da AUX na Colômbia, mesmo sem saber se teria o resto do capital necessário à implantação.

A primeira determinação foi obedecida.[25] Já a segunda, solenemente ignorada.

A turbulência havia deixado Eike Batista irreconhecível. Andava abatido e com o ar cansado de quem não dormia. Talvez esperasse por um milagre de última hora, como já ocorrera tantas vezes. A salvação, porém, parecia cada vez mais distante — e quem podia se apressava em retirar o último tostão.

No início do mês, o presidente da LLX, Marcus Berto, expôs ao empresário um dilema: seus executivos estavam pedindo demissão e iriam todos embora, a menos que recebessem um "bônus de permanência". Tratava-se de um pagamento não previsto, fora da norma de remuneração da companhia, mas ele já havia feito algo parecido na petroleira. E depois, pensou, era isso ou a debandada geral, o que poderia abalar ainda mais a imagem da empresa de logística que ele ainda tentava vender.

A essa altura, bastava ameaçá-lo com mais perturbações na bolsa para convencê-lo de qualquer coisa. No entanto, ao contrário da OGX, que, apesar da crise, tinha caixa mais fornido, a LLX então contava com apenas 21 milhões disponíveis,[26] de modo que o pagamento à diretoria consumiria quase todo o dinheiro. E os executivos sabiam que, caso não se calçassem juridicamente, poderiam ser acusados de dilapidar os recursos da companhia em meio à crise e em benefício próprio. Conseguiram, então, dois pareceres em que advogados apontavam o caminho das pedras: bastaria que Eike fizesse uma carta em que recomendava o pagamento de um bônus de retenção, que este fosse aprovado no conselho e a ata, enviada à CVM. Dito e feito. Em dez dias, toda a papelada estava em ordem, com um adendo: um terceiro parecer dizia que não era preciso sequer mandar qualquer papel à autarquia.

O caixa da LLX, então, foi direto para o bolso de seus diretores, que assinaram um contrato nos mesmos moldes do firmado meses antes com a diretoria da OGX — e assim a notícia desses bônus só apareceria nas linhas miúdas das notas explicativas do balanço trimestral da empresa, divulgado quase dois meses depois, em 14 de agosto.

O próprio Eike não estava em condições de argumentar. Afinal, em 10 de junho, depois do fechamento do pregão, o mercado ficaria sabendo de algo que o empresário esperava nunca ter de admitir publicamente. Nas semanas anteriores, enquanto trocava petardos com tuiteiros indignados ante a queda das ações da OGX, defendendo a petroleira com paixão, ele mesmo havia vendido 70,5 milhões de papéis da companhia por 121,8 milhões de reais. Só no dia em que prometera um novo plano de negócios para a empresa, 28 de maio, arrecadara 25,5 milhões de reais com os papéis da OGX.[27]

Ao saber da movimentação do empresário, os investidores, que perdiam poupanças inteiras com o derretimento de suas ações da petroleira, se sentiram afrontados. Não havia sinal mais evidente de que nem Eike acreditava mais no poder de seus empreendimentos. Ao longo de anos, ganhara o mercado com sua autoconfiança sem freio, sua fé nos próprios projetos e o sangue-frio de um exímio jogador de pôquer. Mas a realidade se impunha.

Nos bastidores, seus assessores se apressaram em espalhar que a venda fora exigência do Itaú, como parte do pagamento das dívidas. Era verdade, mas não aliviava o fato de que ele, antes um defensor incondicional da transparência e da governança corporativa, promovera suas ações no Twitter com perspectivas sabidamente falsas enquanto as negociava, e de que pedira a confiança dos investidores ao mesmo tempo que desovava papéis no mercado. Sempre que acusado de manipular os preços das ações de suas companhias para lucrar com a alta, Eike se defendia lembrando que nunca vendera qualquer papel e que, portanto, nada lucrara. Nesse momento, diante do ocorrido, o argumento já de nada valia.

O empresário continuou se desfazendo de suas ações ao longo de junho. Arrecadou, ao todo, 197 milhões de reais, reduzindo sua participação na petroleira a 57,18%.[28] Naturalmente, a revelação de que Eike estava vendendo ajudaria a empurrar para baixo o valor dos papéis da OGX, que só naquele dia 11 de junho chegaram a cair 9,3%, encerrando o pregão cotados a 1,17 real. Perto dos 23 reais que cada ação já havia valido no passado, parecia até estranho acusá-lo de má-fé, como fariam, nos meses seguintes, acionistas minoritários e a CVM. O fato, porém, era que, com as vendas, ele evitava perder ainda mais. Se tivesse esperado até o mês seguinte, por exemplo, receberia 123 milhões de reais a menos.

A boataria sobre as disputas em torno da *put* era forte nas primeiras semanas de junho, quando Rodolpho Tourinho — que, além do conselho da OGX, integrava também um comitê de auditoria com dois antigos amigos de Eliezer Batista, Samir Zraick e Luiz do Amaral de França Pereira — resolveu cobrar de Carneiro o contrato. "Quero uma cópia da *put* assinada", disparou. "Eu não tenho isso assinado", disse o CEO. O conselheiro deu um pulo da cadeira e foi num pique até o fundo da sala, exaltado. "Isso é um absurdo! Esse cara está ficando maluco!? Ele não está vendo que não faz a menor diferença ter ou não o papel? Ele quer ser preso e levar a gente com ele? E cadê seu Flávio Godinho? Encontrei ele outro dia na rua e ele disse que estava num sabático. Ele num sabático e eu aqui me fodendo!? De jeito nenhum! Diga ao Eike que, se ele não assinar esse contrato, eu, Malan e Ellen Gracie [que não estavam presentes, pois não participavam do comitê de auditoria] vamos sair atirando. Vamos denunciar o que ele está fazendo!"

O recado chegaria ao empresário nos dias seguintes. Tudo o que ele não precisava era de uma briga pública com três ex-ministros que lhe haviam emprestado prestígio durante tantos anos. Seus assessores, então, impuseram uma única condição para que assinasse, finalmente, o documento: incluir a expressão "na data da assinatura deste contrato" junto ao trecho que registrava que a *put* financiaria o plano de negócios da petroleira. O que antes era apenas "plano de negócios", portanto, virou "plano de negócios nesta data" — termo em que os advogados de Eike se aferrariam nos meses seguintes, durante as disputas judiciais em torno do contrato.

Pouco depois do ultimato de Tourinho, Eike assinou os papéis, com data retroativa a 24 de outubro de 2012, e mandou entregá-los à diretoria. Ainda assim, os ministros, como eram chamados na empresa, avisaram que não voltariam mais ao conselho.

Eike não podia evitar que eles se fossem. Mas precisava pedir a eles um último favor para resolver uma pendência delicada. Coube a José Faveret explicar tudo aos ex-ministros. Eike queria que os três ex-ministros dessem aval a um pagamento de 449 milhões de dólares da petroleira à OSX. Era uma compensação negociada entre as duas empresas pela suspensão da produção, que aconteceria em alguns dias, com o consequente cancelamento das encomendas.

Se a petroleira não estivesse prestes a parar boa parte de suas atividades e dar um calote em sua dívida, o pagamento seria natural. Contudo, numa crise daquela natureza, raros gestores se arriscariam a fazer um desembolso tão relevante — correspondente a 40% do caixa da companhia. O mais provável (e correto) seria primeiro anunciar a suspensão das atividades e depois abrir negociações com todos igualmente, credores e fornecedores, incluída aí a fabricante de navios. Como as duas empresas tinham o mesmo controlador, entretanto, deu-se o contrário — e a OSX passou na frente dos demais.

Tratava-se de uma clássica situação de conflito de interesses, que tinha como agravante o fato de Eike ter participações de 57,18% na OGX e de 74,83% na OSX — o que levantava a suspeita de que estivesse passando o dinheiro da companhia em que detinha uma fatia menor para a outra, em que sua presença era bem maior. Era certo que os credores o acusariam de desviar recursos da petroleira.

Tudo isso fora discutido em tensas e cansativas reuniões entre a diretoria da ogx e os executivos da holding — e, apesar das ressalvas, decidiu-se pelo pagamento. Para revesti-lo de legitimidade, porém, era necessário que fosse aprovado pelo conselho. A questão era que quase todos os conselheiros da petroleira o eram também da osx, à exceção de Tourinho, Malan e Ellen Gracie. Se justamente os três não lhe dessem chancela, a operação seria o que se costuma chamar no mercado de "Zé com Zé", o que a deixaria ainda mais frágil. Faveret então se reuniu com os notáveis na terceira semana de junho e fez o pedido, mas a resposta foi um sonoro não. Deles não sairia mais qualquer apoio aos atos de Eike Batista. Em 21 de junho, divulgaram uma carta de renúncia coletiva.[29]

O pagamento à osx seria aprovado assim mesmo pelo conselho no dia 28, quando o trio não mais o integrava. O mercado, porém, só saberia de tudo dias depois, quando a primeira parcela, de 369 milhões de dólares, já havia sido paga.[30]

A essa altura, mesmo os investidores que não tinham acesso privilegiado aos elevadores inteligentes e às antessalas do Serrador já haviam percebido que algo de muito grave aconteceria. A procura por apostas na queda da ogx era tão intensa que a taxa de aluguel aumentara a 100% do valor da ação —[31] e ainda assim havia quem quisesse. Pressionada por fundos que queriam investir ainda mais contra a petroleira, a Bovespa chegara a elevar em maio, por duas vezes, o limite máximo permitido para operações de short com papéis da companhia.

Na prática, isso indicava que a situação da ogx era tão ruim que apostar em sua queda deixara de ser um movimento de risco. Os títulos da dívida da petroleira, antes considerados de alta liquidez, então eram repassados com desconto de 80% — cenário típico de empresas em situação falimentar. O mercado já não via futuro para a companhia símbolo do império X. Faltava apenas a pá de cal.

21. Crash

"Não dá para esperar mais um pouco?" Mais do que uma pergunta, o que Eike Batista fazia era um apelo. Sabia, porém, que se tratava de mero exercício de retórica. De nada adiantaria pedir. Ao longo dos últimos meses, Carneiro, o CEO da OGX, vinha preparando o ânimo do chefe para a notícia. Chegara a hora. "Não dá. Daqui eu não posso passar. Tudo o que podia fazer eu fiz. Agora o relatório tem de ir para a rua." O empresário então abaixou a cabeça, suspirou e assentiu. O executivo virou as costas e saiu, sem dar oportunidade a dramas ou discussões adicionais.

A petroleira já planejava esse momento havia alguns dias. O conselho da já fora informado. Os fatos relevantes estavam escritos. As providências práticas, todas tomadas. Faltava apenas soltar a bomba — lançada no dia 1º de julho de 2013, uma segunda-feira, assim que o pregão abriu.

O comunicado — de seis itens e três páginas — dava conta de que, com exceção do campo de Tubarão Martelo, cuja produção a OGX pretendia iniciar em dezembro, todos os outros "tubarões" seriam abandonados. Tubarão Azul não receberia qualquer novo investimento e talvez parasse de produzir até o final do ano, e os campos de Tubarão Areia, Tigre e Gato seriam devolvidos à ANP. A construção das plataformas destinadas a essas áreas estava suspensa. E mais: "A companhia informa que não devem mais ser consideradas válidas as projeções anteriormente divulgadas, inclusive as que dizem respeito a suas metas de produção".[1]

Depois de revisados todos os dados geológicos daqueles campos, a empresa concluíra que eram fragmentados ao extremo, o que tornava impossível produzir em condições economicamente viáveis. O texto noticiava ainda o pagamento dos 449 milhões de dólares à osx para compensá-la pelo cancelamento de suas encomendas. O tempo das promessas havia acabado. Um longo e doloroso processo de desmonte se anunciava.

Ao aviso seguiu-se um tsunâmi — e não apenas sobre a OGX, mas sobre todas as outras empresas X na bolsa. As linhas dos gráficos da cotação dos papéis na tela da Bloomberg, sempre ao alcance de Eike, só caíam, como se não houvesse fundo do poço. No pior momento do dia, a ação da OGX chegou a valer 48 centavos — uma queda de 39% em poucas horas.

O anúncio de que a produção em Tubarão Azul seria interrompida deixou a todos chocados no Serrador. Não propriamente pela surpresa, mas pela constatação de que esse dia tão temido afinal chegara. Por muito tempo, houvera a crença em que, de súbito, algum fato extraordinário faria com que a OGX escapasse daquela situação. Finalmente, porém, a ficha caíra. Nunca tinha havido outro desfecho possível. Já era hora de procurar emprego, de buscar alternativas pessoais. O cenário era de medo e pavor, porque as demissões se acelerariam — e não havia lugar nem salário para todos no mercado.

Do lado de fora do prédio, precipitava-se um dilúvio, enquanto Carneiro convocava os funcionários da petroleira para uma reunião no auditório. Sobre o palco onde meses antes o chefe do grupo X soltara seu sonoro *"The Magic Eike is back!"*, o CEO da OGX trazia mensagem bem menos apoteótica. "Todos viram o aviso que enviamos ao mercado. Imagino que vocês devam estar se perguntando o que isso quer dizer. Gostaria de pedir a todos que procurem ficar calmos e mantenham o ritmo de trabalho. Sabemos que nos próximos dias vamos tomar muita porrada na imprensa e na bolsa, mas esse era um passo necessário para fazer um rearranjo de portfólio, já que a empresa será vendida." Ele ainda acreditava que, concretizado o acerto com os malaios, seria questão de tempo até que Eike deixasse o comando da companhia — assim como se dera na MPX. Ainda não desconfiava, portanto, que não veria esse dia chegar.

Ao final daquela segunda-feira trágica, a ogx tinha perdido um terço do valor, e suas ações eram negociadas a meros 56 centavos. O derretimento afetou toda a bolsa, que despencou no dia seguinte ao mesmo nível de 2009. Das 71 principais ações que compunham o índice Bovespa, apenas duas fecharam o dia em alta.[2] Era como se o tal risco sistêmico a que Eike se referia estivesse se materializando justamente ali, naquele momento. Os estrangeiros passaram a temer os efeitos de uma eventual quebra do império X sobre os bancos — que por tanto tempo haviam sustentado os negócios do empresário não só com empréstimos, mas também com sua máquina de espalhar ações no mercado.

A derrocada de Eike ajudava a piorar a percepção internacional — que já vinha se deteriorando — a respeito da saúde da economia brasileira. Estatísticas recentes mostravam queda no consumo das famílias e na produção industrial, em curioso contraponto à ameaça de aumento da inflação, que parecia cada vez mais concreta. Nesse ambiente, o interesse em financiar projetos no Brasil simplesmente desaparecera. Nem a poderosa Vale escapou. A empresa, que conduzia um *road show* nos principais mercados do planeta em busca de dinheiro para a expansão de uma de suas minas, foi obrigada a desistir. Os estrangeiros não queriam ouvir falar de financiar projetos de commodities. Era o efeito X em plena manifestação.

Outro efeito da queda das ações da ogx foi dar corda a um debate represado havia muito tempo no mercado financeiro. Para muita gente, não fazia sentido a bolsa cair tanto por causa de uma companhia que mal tinha receitas. Porém, como o índice levava em conta apenas o volume de papéis negociados, sem considerar outros indicadores, como valor de mercado ou receita das empresas, a contaminação fora generalizada. No passado, vez ou outra surgira uma crítica a essa distorção do índice.[3] Mas, enquanto o grupo X estivera em alta, atraindo novos investidores para a bolsa e movimentando-a freneticamente, ninguém tomou qualquer providência.

Agora, contudo, analistas estimavam que só o "efeito X" já causara perdas de seis pontos percentuais à Bovespa,[4] o que provocava indignação entre os investidores e dentro da própria bolsa. Começava ali, então, um movimento pela modificação dos critérios formadores do índice, que já em setembro produziria resultados positivos.

Foi o próprio Eike quem abriu a reunião do conselho da MPX, a empresa de energia, em 3 de julho. "Bem, eu quero dizer que o grupo está numa fase de reestruturação e algumas empresas estão passando por grandes dificuldades financeiras. Temos certeza de que vamos superar tudo isso. Mas, para evitar que a turbulência afete a MPX, ao final desta reunião vou renunciar à presidência do conselho e vocês terão de escolher alguém para o meu lugar." Seguiu-se um breve e respeitoso silêncio antes que a pauta fosse retomada. A decisão surpreenderia alguns conselheiros, mas não os sócios alemães. A última versão da carta de afastamento havia até sido revisada pelo pessoal da E.ON. Fora o representante dos germânicos na companhia, por acaso um norueguês, Jørgen Kildahl, quem sugerira a renúncia do empresário, para evitar a contaminação da companhia pelo risco X.

Para surpresa dos sócios, que temiam resistência maior, Eike aceitou a ideia de pronto. Apesar de sua tendência à negação, até ele já entendera que o X havia se tornado tóxico para tudo que o carregava. Os alemães já lhe haviam comunicado, inclusive, que pretendiam modificar o nome da empresa, escolhendo também nova marca e novo endereço, longe da influência do antigo controlador. Que, aliás, antes de a reunião começar se manifestara com um meneio de cabeça e a afirmação: "Acabou. Agora acabou".

O tom melancólico da saída, porém, não aliviou o clima pesado entre Eike e os sócios. O mal-estar havia começado semanas antes, quando o BTG Pactual enviou o negociador Marco Gonçalves ao quartel-general da E.ON em Düsseldorf para formalizar junto aos germânicos uma notícia nada agradável: com a deterioração das condições do mercado, o banco tinha desistido de garantir a oferta de ações da empresa na bolsa.

A garantia havia sido concedida pelo BTG para viabilizar a oferta no mercado e a injeção de mais capital na companhia. O banco se comprometera a comprar até 1,2 bilhão de reais em papéis ao preço de dez reais. Mas as ações vinham caindo aceleradamente, e chegariam ao início de julho valendo 6,45 reais. Se mantivesse a promessa, o banco perderia, naquele momento, quase 500 milhões de reais. O BTG recorreu então a uma cláusula do contrato que previa seu rompimento em caso de mudanças bruscas nas condições da economia e do mercado. Alegou, também, que os outros acionistas, como o BNDES, haviam decidido não acompanhar a operação, o que a tornava inviável.

O BTG sabia que os alemães ficariam furiosos, e com razão. Afinal, a bolsa enfrentava, sim, um momento difícil, mas não havia uma catástrofe na economia nacional, e o fenômeno do derretimento das companhias X já estava em andamento quando eles tinham dado a garantia. O objetivo principal de Marcão na Alemanha, portanto, era sair com um acordo amigável, para evitar que fossem cobrar o cumprimento da promessa na Justiça. Por isso, ele trocou seu jeito sanguíneo por um tom cuidadoso, frio e racional, modulando a voz e o discurso para não atiçar a ira dos executivos da E.ON — que, pesando os prós e contras da situação, prefeririam não fazer marola.

A crise do grupo X era grave e as duas partes precisavam uma da outra. Depois de muito debate, chegaram a uma solução intermediária. A oferta de ações seria cancelada, a E.ON continuaria adquirindo os papéis de Eike — e o BTG se tornava sócio da MPX e se comprometia a injetar 434 milhões de reais na companhia.[5]

Com o tempo, a empresa de energia alemã e o banco brasileiro acabariam se acertando. Naquele momento, porém, os germânicos só se referiam aos banqueiros como "aqueles criminosos".

Foi nesse clima que o representante da E.ON aproveitou a reunião — a mesma em que Eike renunciaria ao comando — para colocar em pauta um assunto melindroso. O conselho havia descoberto, poucos dias antes, mais um dos movimentos feitos pelo empresário em meio ao barata-voa do final de junho. Sem consultar os outros acionistas, o CEO Eduardo Karrer pagara — com dinheiro da MPX — a comissão de 50 milhões de reais devida por Eike ao BTG pela venda da empresa.[6] Tanto a E.ON quanto o Gávea, de Arminio Fraga, que tinha algo como 3% das ações e um conselheiro na companhia, estavam revoltados e exigiam explicações do executivo. Para eles, estava claro que Karrer não havia se comportado como um defensor dos interesses da MPX, mas como um delegado do patrão.

O executivo ainda tentou se justificar, dizendo que o BTG prestara também outros serviços, incluindo a elaboração da garantia que, ao final, não viera. Não convenceu. Os alemães não engoliram seus motivos e determinaram que fosse feita uma auditoria no pagamento ao banco. Eike assistiu a uma parte da discussão e ainda tentou defender o CEO, mas deixou a sala dizendo que ia resolver algo e só voltou no final. Só meses depois ele aceitaria reembolsar a

MPX em 15 milhões de reais pela comissão paga ao BTG. Para que o mal-estar não fosse exposto ao mercado, porém, as opiniões dos conselheiros não ligados ao empresário que questionavam as atitudes da diretoria acabaram registradas à parte, fora da ata colocada à disposição do público e mantidas longe da vista dos minoritários.[7]

Antes que a tumultuada reunião fosse encerrada, porém, Eliezer Batista, que voltara de um período de tratamento na Alemanha, fez um discurso em homenagem ao filho. Debilitado pela idade e pelos medicamentos, o patriarca se locomovia lentamente, com a ajuda de uma bengala, mas fizera questão de voltar à ativa para ajudar Eike a enfrentar a crise. Em sua fala, definiu como genial a concepção que orientara a criação da MPX e atribuiu as dificuldades da empresa aos efeitos adversos a que empreendimentos daquele tipo estavam naturalmente sujeitos num país como o Brasil. Ressaltou o valor do filho como empreendedor e pediu que se registrasse uma moção de agradecimento a ele na ata da reunião. Represando as lágrimas, com a fisionomia visivelmente cansada e com a barba por fazer, Eike disse apenas: "Jamais esperava estar nesta situação quando negociei minha parceria com vocês".

A partir de então, o empresário passaria a ser apenas mais um acionista da companhia, rebatizada como Eneva. O novo nome pretendia remeter à expressão "energia nova", mas a maldade do mercado financeiro imediatamente cunhou outro significado: *Eike never again* — em inglês, Eike nunca mais.

Em meio à derrocada, logo depois de um dia massacrante, Eike recebeu dois amigos para uma conversa. Afundado no sofá da sala de estar, tinha a expressão exausta. O mercado pune, sabia bem, mas lhe parecia demais que alguém como ele, que inaugurara tantos empreendimentos capazes de elevar o Brasil de patamar, tivesse que passar por tudo aquilo. Em seu delírio particular, pensava ter sido tão enganado quanto todos os outros acionistas. Deixara-se iludir por Paulo Mendonça e seu otimismo, e então se tornar alvo de um linchamento público por parte da imprensa, que até outro dia lhe dispensava tratamento de rei. Assim como doze anos antes, quando tivera de deixar a TVX, culpava os outros pela derrocada — e insistia no discurso de que era vítima. A prova disso, segundo lembrava, era o fato de ter mantido suas ações até o final.

Por horas, naquela noite, Eike repetiu seus lamentos. Ferido, era já um homem em busca de redenção. Não seria fácil, porém. Se considerava o que passava um linchamento, decerto não encontraria palavras para classificar o que viria em seguida. Enquanto se penitenciava por ter confiado demais em seus executivos e posto Dr. Oil num pedestal inalcançável, um grupo de acionistas minoritários começava a planejar um cerco ao ainda bilionário. Nos tempos de glória, a OGX mobilizara milhares de investidores e fizera muitos novatos aderirem à bolsa. Mesmo depois de toda a crise, ainda havia mais de 50 mil investidores individuais e 2040 fundos e empresas com ações da petroleira.[8] Muitos tinham perdido todas as suas economias. Gente que juntara dinheiro para comprar um imóvel, para pagar os estudos dos filhos ou até mesmo sustentar a aposentadoria — e que decidira aplicar tudo no sonho propagandeado por Eike. E então, de repente, o pó.

Decididamente, queriam reparação, embora poucos tivessem tomado iniciativa tão enfática quanto o advogado Márcio Lobo, acionista minoritário, que atuava em conjunto com outro companheiro de infortúnio, o economista Aurélio Valporto. Em 10 de julho, nove dias depois de a OGX frustrar todas as promessas, Lobo apresentou à Justiça um pedido para que os bens de Eike fossem bloqueados.[9]

Mesmo que fosse aceita, porém, tal requisição chegaria tarde. Quando a companhia entrou em colapso e todos os movimentos de Eike passaram a ser monitorados, seus advogados já haviam previsto que, em algum momento, alguém poderia solicitar o bloqueio de seus bens. Haviam, então, recomendado ao chefe e aos executivos do grupo X que mantivessem o patrimônio a salvo de eventuais ações judiciais. Para tentar escapar de qualquer sanção desse tipo, por exemplo, o próprio Eliezer Batista renunciara ao conselho da OSX no dia da ação dos minoritários. Contudo, voltaria dois dias depois,[10] a pedido de Eike, que temia a má repercussão da saída do próprio pai de suas empresas.

Longe dos olhos do público, o empresário se precavera. Na véspera de o pedido de bloqueio de bens ser formalizado, em 9 de julho, doou aos filhos Thor e Olin, segundo certidões registradas em cartório,[11] dois imóveis avaliados em cerca de 50 milhões de reais —[12] a mansão do Jardim Botânico e um prédio nesse mesmo bairro. Repassou, ainda, 60 milhões de dólares à conta de Thor em uma agência do Citibank no Brasil. Já tinha repassado, antes, 20 milhões de reais, no Itaú, para a conta da namorada, Flávia Sampaio, mãe de seu terceiro filho, o recém-nascido Balder. Comprara ainda, para doar a ela, uma cobertura no bairro de Ipanema, no Rio, avaliada em 5,3 milhões de reais. Em dezembro, doaria aos dois filhos maiores também a mansão de Angra dos Reis. Os advogados o haviam aconselhado a registrar tudo em cartório, declarar à Receita Federal e recolher todas as taxas, mesmo apesar do risco — mínimo, alegavam — de ele ser acusado de fraude contra credor.

Eike simplesmente diria que se tratava de transferências normais, de pai para filho, e que nada tinham a ver com fraude.

Na longa lista de credores do grupo X, os que mais tinham perdido dinheiro eram os detentores de títulos da dívida da OGX — fundos de investimento internacionais que haviam injetado 3,6 bilhões de dólares na companhia, no auge da bolha, esperando receber os dividendos da produção de petróleo. Com a petroleira aceleradamente a caminho da falência, toda aquela papelada virara pó. A empresa estava prestes a cometer o maior calote corporativo da América Latina, e uma complexa renegociação logo começaria.

Diz um velho ditado do mercado financeiro que, numa crise, alguém sempre sai no lucro, nem que seja o vendedor de lenços. No caso da OGX, os vendedores de lenços eram as grandes bancas de advogados e as firmas especializadas em recuperação de créditos, que, enquanto tentavam reunir os credores para formar um grupo de negociação, logo perceberam algo estranho e curioso: alguns dos mais sagazes negociadores de títulos podres do mercado estavam fora daquela operação — simplesmente porque não haviam comprado os papéis da petroleira. Nem eles queriam meter a mão naquela cumbuca.

No final de julho, os maiores credores de Eike se organizaram para negociar em bloco e escolheram o banco Rothschild, o mesmo que assessorara os credores da antiga TVX, para auxiliá-los. Doze anos depois da derrocada canadense do empresário, ele e o Rothschild se enfrentariam novamente numa disputa pelo espólio de uma companhia.

Ao contrário de praticamente todos os casos de colapso financeiro ocorridos no Brasil, os credores mais significativos da OGX eram externos. Um grupo de seis gestores — incluídos a americana Pacific Investment Management Co., mais conhecida como Pimco, e o BlackRock — detinha cerca de 50% dos títulos podres da empresa.[13] Além de se tratar da maior reestruturação de dívida privada da América Latina, o caso da petroleira era especialmente mais complicado do que a média em razão de um fator essencial. Mesmo nas piores falências, sempre há meios de calcular o espólio a ser usado no pagamento da dívida. Na OGX, no entanto, era muito difícil definir qual seria ele. Como a companhia decretara inválidas as próprias projeções, ninguém sabia mais quando nem quanto ela produziria nem com quais receitas contar.

O dinheiro que sobrara no caixa da petroleira era pouco — menos de 100 milhões de reais.[14] Se a malaia Petronas afinal desistisse de adquirir uma participação, faltariam recursos até para pôr o campo de Tubarão Martelo em produção. Se quisesse seguir operando, a empresa teria de entrar num acordo com os credores — que fatalmente acabariam tomando-a de Eike.

Com o desmanche do império X, acentuou-se o da imagem de seu criador. O primeiro baque foi a constatação pública de que Eike deixaria de ser bilionário. Só naquele ano, ele já perdera 25 bilhões de dólares na bolsa. Seu conglomerado, que chegara a valer 34,5 bilhões de dólares nos tempos de glória, agora valia 2,9 bilhões de reais — e seguia derretendo.[15] Dentro de pouco tempo, portanto, seria um ex-bilionário, como a *Forbes* e a Bloomberg, responsáveis pelas principais compilações de fortunas do mundo, começavam a especular.

O empresário sabia que seu patrimônio encolheria brutalmente. Só não conseguia vislumbrar, então, de que tamanho sairia do outro lado do túnel. Nem ele nem ninguém. A velocidade com que os problemas surgiam e a falta de instrumentos para enfrentá-los surpreendiam os mais experientes administradores de crise. Era difícil até estimar o volume total de dívidas e a quantidade de avais pessoais que Eike dera para obtê-las.

Alternando momentos de lucidez com outros de raiva e de choro, e por vezes da mais completa apatia, o empresário se tornara um espectro do empreendedor entusiástico e confiante que um dia encantara banqueiros e fazedores de riqueza do mundo todo. Transformara-se, também, em alvo de piadas variadas — como aquela segundo a qual ele e seu grupo teriam de recorrer à recém-criada Secretaria da Micro e Pequena Empresa.[16]

Eike já fora informado também de que a Bloomberg divulgaria em breve uma nova contabilidade sobre sua fortuna, na qual não mais apareceria como bilionário. O desaparecimento de seus bilhões rapidamente o converteu de empreendedor genial e incansável, ícone do capitalismo nacional que dá certo, em símbolo da falta de responsabilidade e da ganância dos grandes figurões do mercado sobre a boa-fé de pequenos investidores. Num artigo de *O Globo* que o deixou especialmente contrariado, a colunista Míriam Leitão escreveu: "A ousadia no empreendedor muitas vezes é qualidade, mas é preciso que uma empresa de capital aberto, quando faz declarações sobre as suas potencialidades, esteja com os pés na realidade. Do contrário, só permite a especulação. Nas grandes oscilações da bolsa, em momentos de volatilidade, os que ganham dinheiro são os grandes, os tubarões. Os pequenos investidores perdem sempre".[17]

Cansado de receber ataques sem se defender, ele queria falar. Vários haviam sido os pedidos para que se pronunciasse. Bastava escolher um veículo — ou mais de um, se quisesse. Contudo, seus conselheiros, entre os quais o jornalista Roberto D'Avila — que já havia se desligado formalmente do grupo X, mas continuava próximo de Eike —, achavam que ele estava muito abalado para dar uma boa entrevista. Preferiram, então, escrever um artigo e negociar sua publicação com jornais de grande circulação. Enquanto discutia o conteúdo do texto, o empresário alternava lamentos chorosos e raivosos a respeito de Paulo Mendonça, da "mídia" e de outros executivos, com momentos de estranha empolgação com o futuro. Nessas ocasiões, passava vídeos sobre a SpaceX, fabricante de foguetes de Elon Musk, o "amigo" que fizera no Vale do Silício. Na crise, Musk, que era bilionário e também já enfrentara momentos de baixa, mas se reerguera, havia se transformado na inspiração de Eike.

Aos poucos, o artigo foi tomando forma, entre idas e vindas por e-mail, até ser publicado, em 19 de julho, nos jornais *O Globo* e *Valor*, com o título "O Brasil como prioridade: ontem, hoje e sempre".[18] O texto delineava uma defesa muito parecida com a adotada quando a TVX foi à lona. Professando alguns arrependimentos — como ter confiado demais em alguns executivos e ter se exposto excessivamente na mídia —, afirmava não ter havido alguém mais prejudicado por sua derrocada do que ele mesmo. "Alguém que deseja iludir o próximo faz isso a um custo de bilhões de dólares?"

Essa era certamente a mais intrigante entre as centenas de perguntas que rondavam a cabeça de jornalistas e investidores naqueles dias. Eike sustentava que acreditara nas projeções de seus especialistas tanto quanto qualquer interessado de fora. E apontava o dedo para as "cabeças coroadas" que contratara, cujas estimativas, ademais, eram endossadas por "consultorias de renome" e "agências de rating de renome". "De acordo com um relatório divulgado em

2011, auditado por empresas independentes de renome internacional, a OGX possuiria recursos aproximados de 10,8 bilhões de barris de petróleo equivalente (incluídos recursos contingenciais e prospectivos). Meu corpo técnico me reafirmava, dia após dia, a mesma coisa. Minhas empresas eram auditadas por três das maiores agências de risco do mundo, e nunca uma delas veio a mim ou a público alertar que não era bem assim."

De todas as afirmações feitas pelo empresário no artigo, esta última era, possivelmente, a mais polêmica — e, logo ficaria provado, a mais falaciosa. Vários ex-executivos se consideraram ofendidos pela menção a "cabeças coroadas" e interpretaram o texto como uma ameaça de que logo poderiam vir a ser processados pelo ex-patrão, de forma que trataram de se armar.

Dentre eles, o mais cauteloso foi Paulo Mendonça, o Dr. Oil, que passara os meses anteriores submerso, tentando ser esquecido, mas que já transferira a um filho um dos três apartamentos comprados no bairro nobre do Leblon[19] e que procurara dois advogados para se preparar contra uma eventual ofensiva do antigo chefe. Contou-lhes que nada fizera sem ordem de Eike e que poderia provar. Juntou documentos, registros de ligações e mensagens pelo celular e organizou antigos e-mails, para o caso de ter de se defender contra uma acusação formal. Também passou a procurar alguns interlocutores selecionados para dizer que nunca vendera sequer uma ação da OGX desde que saíra da companhia — e que não o faria. Repetia, ainda, sempre ter acreditado nas previsões que divulgava.

Entre Mr. Batista e Dr. Oil, porém, nenhuma acusação surgiria. Os dois nunca falaram sobre o que se passava nas conversas que tinham sozinhos, fechados no escritório ou viajando mundo afora para apregoar a petroleira. Quem não ficou em silêncio, contudo, foram os americanos da D&M — a agência certificadora que, segundo Eike afirmava no artigo, computara recursos de 10,8 bilhões de barris para a OGX em 2011.

Dias depois da manifestação pública do empresário, uma carta endereçada a ele e a Luiz Carneiro aterrissou no Serrador. Era assinada pelo vice-presidente da D&M, John Wallace, e foi com grande surpresa que o CEO da petroleira lhe percorreu o conteúdo. O missivista exigia que Eike se corrigisse publicamente e retificasse suas declarações. "A D&M nunca fez nenhuma estimativa de recursos equivalente a 10,8 bilhões de barris para a OGX."[20] A carta, de quatro páginas e cinco anexos, recordava, lance por lance, a atribulada relação entre as duas firmas. E lembrava que, desde 2011, a certificadora havia se oposto à forma como o empresário e sua diretoria utilizavam as análises constantes em seus relatórios para "enganar" o mercado. Descrevia também os encontros com Mendonça e outros diretores da empresa no Rio de Janeiro e mencionava que o próprio Eike já pedira desculpas à D&M no passado pelo mau uso dessas informações.

"Os 10,8 bilhões de barris declarados no comunicado da OGX de 15 de abril de 2011 foram somados de forma errada a partir de uma combinação de estimativas de recursos contingentes, recursos prospectivos e potenciais de petróleo de relatórios da D&M publicados entre setembro de 2009 e março de 2011. [...] Enquanto as quantidades usadas no comunicado podem ser encontradas nos relatórios, a forma como foram utilizadas não é consistente com o que prescrevem as diretrizes do Sistema de Gestão de Recursos Petrolíferos."

Ao final, Wallace era ainda mais claro. "Acreditamos que seria prudente para a OGX, no mínimo, comunicar-se com a imprensa diretamente para esclarecer que a D&M não forneceu à empresa as estimativas de 10,8 bilhões de barris, que a divulgação de tais volumes deve ser atribuída apenas à manipulação de estimativas fornecidas pela D&M e que a D&M tem se manifestado desde abril de 2011 sobre suas preocupações e seu desacordo com a maneira como os dados foram agregados e apresentados pela companhia."

Nada disso era do conhecimento de Carneiro e de sua equipe, e muito menos do resto do grupo X. A carta confirmava uma desconfiança que ele cultivava havia tempos: a de que Eike fora avisado formalmente de que enganava o mercado com seus números retumbantes, e de que, mesmo assim, preferira continuar. Todo aquele papo de ter sido enganado pelos executivos é que era uma enganação. A carta da D&M também jogava por terra a afirmação, feita pelo empresário em seu artigo, de que "nunca ninguém veio me avisar que não era bem assim".

Chocado com o que lera, o CEO da OGX foi falar com o chefe em sua sala, mostrou-lhe o documento e pediu explicações. O ex-bilionário leu a missiva em silêncio. Carneiro perguntou se o relato de Wallace procedia. Eike respondeu, lacônico: "Foi isso mesmo o que aconteceu". E sugeriu que a petroleira emitisse uma nota se corrigindo. O executivo recusou. "Isso não é problema meu. Você é que tem de divulgar essa correção." E o mal-estar entre os dois, que já era grande, aumentou mais ainda.

Foi o diretor jurídico da companhia, José Faveret, quem veio com a solução: a OGX soltaria uma nota, mas atribuiria a divulgação dos dados à diretoria anterior. Em 8 de agosto, portanto, um comunicado discreto foi publicado no site da empresa. Dizia que a soma das quantidades de óleo estimadas para cada categoria dos recursos considerados pela certificadora "foi realizada pelo então diretor-geral e de Exploração da companhia em 2011, a título ilustrativo, e resultou no número de 10,8 bilhões de barris de óleo equivalente". Era uma admissão vaga e envergonhada, que passou praticamente despercebida pelos investidores, mas deixou os americanos satisfeitos, pois lhes deu uma forma de prestar satisfação aos clientes, de modo que não criariam problemas ante o fato de que apenas parte da exigência fora atendida.

Ficou faltando contar que desde 2011 a D&M alertava Eike de que ele estava "enganando" o mercado e manipulando dados.

O outrora numeroso grupo de executivos que costumava cercar Eike estava bem reduzido. Os poucos que ainda frequentavam sua casa, a maior parte parceiros de outros tempos, ficavam surpresos com a solidão em que ele se encontrava. Sem interlocutores, seja porque muitos haviam deixado o grupo, seja porque vivia às turras com os diretores de algumas de suas companhias, o próprio empresário se voltara a alguns ex-sócios em busca de apoio e conselhos.

Nessa época, era comum comentarem, surpresos, tê-lo encontrado sozinho em casa, em pleno sábado à noite, ou numa tarde de domingo — algo antes raro. A namorada, Flávia, estava atarefada com o recém-nascido Balder e passava mais tempo com o bebê do que com Eike. Seu mais próximo aliado continuava a ser Aziz, com quem seguia falando diversas vezes por dia e prometendo fechar a venda de alguns ativos em breve. O tunisiano, porém, ia pouco à sede do grupo e passava a maior parte do tempo viajando. Até das boates cariocas ele sumira.

O empresário, por sua vez, consumia todo o tempo e energia tentando reerguer seu império, mas estava cada vez mais desconfiado dos que o rodeavam. O principal alvo de suspeitas era André Esteves, com quem o relacionamento degringolara depois de o banqueiro ter retirado a garantia de compra das ações da MPX. Eike repetia, com cada vez mais frequência, que a agenda de Esteves consistia em salvar o próprio dinheiro e não em ajudar o grupo X.

Achava que o banqueiro queria tomar seus ativos a preço de banana e já pensava numa forma de se livrar dele. Tampouco escondia sua impressão de outros interlocutores.

Numa ocasião, aproveitou uma conversa com o presidente do BNDES, Luciano Coutinho, para dizer que Esteves queria prejudicá-lo. Noutro momento, telefonou ao CEO da trading Glencore, Ivan Glasenberg, para pedir que não se associasse ao BTG em uma eventual proposta de aquisição do porto. Glasenberg estudava o assunto, mas recuou ao sentir que os dias do banqueiro na órbita X poderiam estar terminando.

O único de quem Eike não reclamava era Lula, que continuava a recebê-lo para reuniões a sós em seu instituto, em São Paulo, e nunca deixara de fazer gestões junto a amigos em favor do empresário. Nada, porém, daria certo.

Nesse cenário tumultuado, uma figura em especial começara a se tornar mais e mais assídua no cotidiano de Eike. Era o mineiro Marcus Berto, o presidente da LLX, um executivo de 42 anos que havia tido curta passagem pela companhia de logística, anos antes, e voltara em 2012. Fora ele quem, em junho, conseguira do patrão o bônus de retenção que secara dois terços do caixa da empresa. Em razão de sua pouca estatura, da compleição atarracada e do cabelo bem preto, cortado de maneira semelhante ao dos bonequinhos de mesmo nome, recebera dos subordinados o apelido de Playmobil. Comportava-se em relação ao chefe com propalada idolatria, copiando seu jeito de se vestir e até de falar. E, assim como Aziz, estava sempre disponível — o que era reconfortante para o empresário, devastado por ataques públicos e recriminações privadas.

Berto, porém, ganhou mesmo a confiança de Eike ao conseguir desfazer um nó que intrigava o patrão. O empresário tentava havia meses vender o porto do Açu e vinha insistindo para que o próprio BTG comprasse uma participação, mas Esteves lhe dizia que sua oferta não chegaria nem ao valor que a LLX tinha na bolsa em junho, de um real. Para Eike, não era possível que um ativo que considerava tão espetacular não tivesse qualquer outro interessado. Em junho, Berto levou a ele a informação de que o fundo americano EIG Global Energy Partners elaborara uma proposta de aquisição do porto — mas que não conseguia fazê-la chegar ao empresário. Segundo o executivo, os representantes do EIG haviam tentado se aproximar outras vezes, mas o BTG lhes dizia não ser ainda a hora de negociar o empreendimento.

Ao saber da história, Eike ficou possesso. Ordenou a Berto que tocasse a conversa com os americanos — e decretou sigilo absoluto nas negociações. Esteves não deveria saber em hipótese alguma que as tratativas estavam em curso, nem os executivos do grupo mais próximos ao banqueiro, como Lazcano e Zartha. Por dois meses, o empresário tratou com o EIG longe da vista do BTG, enquanto esvaziava propositalmente as reuniões do comitê de gestão que seus executivos formavam com os representantes do banco. Em 14 de agosto, anunciou o negócio — já fechado.

O porto do Açu seria vendido por 1,3 bilhão de reais — com as ações da LLX avaliadas em 1,2 real.[21] Eike reduzia de 53% para 20,86% sua participação no empreendimento, e assim abandonava o controle de mais uma empresa X. O dinheiro, porém, nem entrou na sua conta, todo destinado a pagar dívidas com os bancos. Sua saída do comando da companhia abriu caminho para a concessão de novos empréstimos, pelo Bradesco e pelo Santander, e para a renegociação das dívidas com o BNDES.[22]

Nos meses seguintes, assim como a MPX, a LLX também mudaria de nome. Seria rebatizada como Prumo e se mudaria do Serrador para outra sede, longe dos eflúvios daquele mundo perdido.

Além de representar mais um ato na lenta derrocada do grupo X e de seu criador, a operação selaria ainda o fim da associação com o BTG. O empresário conduzira a fritura do acordo lentamente, de modo que, enquanto negociava o porto com os americanos, já se ocupava de encontrar um substituto para Esteves — de quem estava determinado a se livrar. Eike ficara bastante próximo de um antigo conhecido, o ex-embaixador dos Estados Unidos no Brasil Cliff Sobel, que morava em São Paulo e era então diretor de uma empresa de perfuração de petróleo. Nas conversas que mantinham, o empresário se queixava do BTG e de alguns executivos que, em sua opinião, haviam acabado de dilapidar seu patrimônio — golpe que descrevia com palavras bem menos lisonjeiras. Sobel, por sua vez, o apresentou a um amigo e parceiro de negócios que descrevia como incorruptível: Ricardo Knoepfelmacher, mais conhecido como Ricardo K.

Sócio de uma firma especializada em reestruturação de empresas em dificuldades, a Angra Partners, o brasiliense K., de 47 anos, tivera seu momento de glória no mundo nos negócios em 2005, quando comandou a tomada da Brasil Telecom pelos fundos de pensão, em meio à guerra societária contra o banqueiro Daniel Dantas, do Opportunity.[23] Em sua gestão, demitira muita gente, reorganizara a companhia e a vendera à Oi, formando a chamada "supertele", a primeira grande fusão financiada pelo BNDES dentro da política dos "campeões nacionais". E fizera uma transição bem-sucedida entre o Opportunity e os empresários Sérgio Andrade e Carlos Jereissati.

No comando da telefônica, K. experimentou a proximidade com o poder. Era procurado por políticos dos mais variados matizes e recebido no Palácio do Planalto. Ficara próximo da então ministra da Casa Civil, Dilma Rousseff. E se tornara um interlocutor frequente da grande imprensa. Desde então, trabalhara em outras reestruturações importantes, como a do grupo Bertin, mas nenhuma o devolvera à antiga evidência.

Ambicioso, K. se autointitulava um "caçador de elefantes"[24] e não escondia estar à procura de outro elefante corporativo para reorganizar. Bem-humorado, com habilidade incomum para entender e se adaptar ao perfil psicológico do interlocutor, e experiente no trato com empresários em crise, conquistou Eike logo no primeiro contato, num almoço na mansão do Jardim Botânico. Durante horas, contou histórias e procurou se inteirar do que se passava no grupo X. E deu palpites tão certeiros que o ex-bilionário, encantado, convidou-o ali mesmo a trabalhar com ele. K. aceitou na hora. Não havia no mercado algo mais parecido com um "elefante corporativo" do que os negócios de Eike. E sua primeira missão seria tirar o BTG do caminho.

22. Salvador da pátria número dezoito

A tensão no ambiente era palpável, mas ninguém ali estava disposto a apertar o gatilho. Ricardo K. chegara com a missão de dispensar os serviços dos banqueiros do BTG, mas sabia que teria de encontrar esses mesmos interlocutores no futuro, e portanto calibrava o tom para que a assertividade não fosse grosseira. Guilherme Paes e Marco Gonçalves, os líderes da missão X do BTG, tampouco queriam melindrar o enviado de Eike, e por consequência o próprio, e perder os mandatos de venda de empresas que sobravam — e isso sem falar no que restava do pagamento de comissões.

Quem conhecia K., no entanto, teria identificado facilmente seu nível de tensão pela ausência de piadas. Foi ele quem começou a falar, e foi direto ao ponto. Agora ele estava no comando. Dali para a frente, o BTG não receberia mais qualquer novo mandato para a venda de empresas. E de nada mais seria informado. Eike não gostara da forma como eles haviam se comportado no tempo em que estiveram à frente dos trabalhos. Na opinião de K., os banqueiros não haviam sabido administrar as situações de conflito de interesses que surgiram no caminho — como no caso da oferta dos americanos pelo porto do Açu. "Vocês estão fora", resumiu.[1]

Os escudeiros de André Esteves, por outro lado, seriam pragmáticos. Eike já havia informado ao controlador do BTG que contrataria K. para cuidar das empresas cujo futuro inevitável era a recuperação judicial. O banqueiro concordara. Essa não era a praia do banco e ele nem queria que fosse. Mas o discurso de K. viera num tom acima. Em outros tempos, o mercurial Gonçalves teria reagido com um soco na mesa e meia dúzia de palavrões. Nesse momento, porém, nada havia a fazer. Um rompimento litigioso poderia passar a imagem de que o BTG fora chutado do grupo X, tudo o que Esteves não queria. Manter uma boa reputação era seu mantra e era nisso que Paes e Gonçalves, resignados e no fundo até um pouco aliviados, tentavam se concentrar.

Depois de algumas idas e vindas, combinou-se que os mandatos de venda que já estavam com o banco seriam mantidos[2] e que, para todos os efeitos, a separação já era esperada e estava sendo realizada na mais completa harmonia. A dupla ainda tentou ser recebida novamente por Eike. Nada feito. Dali em diante, estavam relegados a falar com o assessor.

Ao sair do encontro, o já inquieto Ricardo K. parecia ter recebido uma poderosa injeção de adrenalina. A reestruturação de um grupo com a visibilidade do de Eike era tudo o que procurava — uma oportunidade preciosa que ele prometeu a si mesmo não desperdiçar. Na negociação com Eike, havia obtido um pagamento generoso pelos serviços de sua equipe de nove pessoas: 10 milhões de reais no ato da assinatura do contrato e mais 900 mil mensais por até um ano.

Quando K. e seu pessoal se envolviam numa missão como essa, dedicavam-se a resolvê-la em tempo integral. Desde a primeira semana de trabalho, seu expediente no Serrador durava dezessete horas — com direito a mensagens e telefonemas constantes de Eike durante a noite e nos fins de semana. Como dificilmente a missão acabaria no período combinado, mais milhões viriam. Para a carreira de K., contudo, o valor da chance de desfazer os embaraços do grupo X era muito maior.

Fissurado em relatos de guerra, estudioso de estratégias e táticas de combate, K. tinha plena consciência de que ninguém vence sem deixar vítimas pelo caminho. As primeiras, o BTG, acabavam de ficar para trás. Em seguida, debandariam também Zartha e Lazcano, a quem o chefe acusava de fazer o jogo do Pactual e de entregar seus ativos para o Mubadala. Outros, como Joel Rennó Jr., tomariam o mesmo rumo. Flávio Godinho, que nunca voltaria do sabático, ainda dava seus palpites, mas como amigo. Na maior parte do tempo, mantinha-se à distância.

* * *

No mesmo momento em que K. despachava o time de André Esteves para fora do universo de Eike, na última semana de agosto, outro conflito nascia numa sala de Wall Street, em Nova York. Os diretores financeiro e jurídico da OGX, Roberto Monteiro e José Faveret, estavam na cidade para uma série de reuniões com fundos especializados em financiar empresas em dificuldades e fechar o plano de recuperação com a cúpula da gestora Blackstone.

Convencer algum desses fundos a colocar mais dinheiro na OGX era uma etapa importante do plano, que tinha de ser apresentado aos credores externos dentro de alguns dias. Segundo a estratégia proposta pela diretoria e aprovada em meados de agosto por Eike, a petroleira seria entregue aos credores, e o empresário ficaria com algo entre 5% e 10% da empresa.[3] Para isso, porém, teriam de aceitar a entrada de um novo sócio — ou pagar eles mesmos os custos de pôr em funcionamento o único poço em condições de começar a produzir, o de Tubarão Martelo. A OGX, afinal, estava praticamente sem caixa.

O único jeito de começar a ter receita para pagar as dívidas era vender o petróleo extraído do único "tubarão" que restava — mas, para isso, só lançando mão de recursos extras para instalar os equipamentos necessários para o poço começar a produzir até janeiro de 2014. Colher pelo menos uma manifestação de interesse de alguns fundos era importante, porque encorparia a pressão para os credores aderirem ao plano de recuperação. Era isso que a dupla fora buscar em Nova York.

Se já tivesse à sua disposição o bilhão de dólares prometido por Eike em outubro de 2012, a petroleira estaria em situação mais confortável. Depois da briga em torno da assinatura do contrato da *put*, no entanto, seus diretores tinham sérias desconfianças de que não veriam a cor desse dinheiro. Os executivos da OGX vinham avisando o pessoal da holding que pretendiam exigir do empresário o cumprimento da promessa, mas os assessores de Eike pediam que esperassem um pouco, pois levantariam a primeira parcela do aporte prometido com a venda de alguma outra empresa X.

O desmanche do império X prosseguia acelerado. Depois da LLX, Eike estava prestes a passar adiante o Hotel Glória ao grupo suíço Acron por 200 milhões de reais.[4] Também estava a um passo de concluir a venda do porto Sudeste, o terminal de embarque de minério que a MMX mantinha em Itaguaí, na região metropolitana do Rio de Janeiro. Por mais que vendesse ativos, porém, o dinheiro que entrava nunca era suficiente. Só as empresas com ações em bolsa deviam, naquele momento, 24,5 bilhões de reais.[5] Havia, ainda, o dinheiro do Mubadala e as dívidas das companhias fechadas — no total, um papagaio de inacreditáveis 32 bilhões de reais.

A essa altura, com talvez uma ou outra exceção, nenhum executivo do grupo X ainda alimentava ilusões de que Eike pudesse ter mais muito dinheiro escondido em algum lugar do planeta. A dúvida geral, agora, era se ele ficaria com algum após toda a carnificina.

Nesse contexto, a promessa da *put* de 1 bilhão de dólares ainda pairava como uma sombra sobre o Serrador. Enquanto o BTG estivera no controle, muito tempo se perdeu tentando encontrar uma maneira de Eike escapar do compromisso, sem sucesso. O contrato previa que, se a petroleira precisasse de dinheiro e não houvesse nenhuma alternativa melhor para captar recursos, cabia à diretoria exigir o aporte. O momento chegara, mas a última coisa que Eike queria era ser confrontado publicamente com aquela promessa inoportuna.

Por causa da *put*, o mal-estar entre a turma de Eike e a de Luiz Carneiro, o CEO da OGX, crescera a ponto de eles mal se falarem. Nos últimos meses, os dois times vinham limitando as conversas ao estritamente necessário. E, ainda assim, sempre saía faísca. Os executivos da OGX sabiam que Eike faria o que estivesse ao seu alcance para não ter de desembolsar o dinheiro, mas ainda alimentavam alguma esperança de que ele se sentisse constrangido a fazê-lo, com medo da má repercussão do calote no mercado.

Naquele final de agosto, enquanto revisava a papelada do plano de recuperação da OGX com o colega José Faveret na sala de reuniões da Blackstone, o diretor financeiro Roberto Monteiro começou a divagar, admirando a vista dos prédios de Wall Street. Pensava nas sucessivas vendas de ações que o chefe fizera recentemente e lembrou-se de alguns comentários que ouvira, aqui e ali, sobre Eike passar o controle da companhia adiante. De repente, teve um clique. "Faveret, o que acontece se o Eike vender as ações? O que acontece se ele perder o controle da companhia?" O outro respondeu: "Se ele deixar de ser o controlador, a *put* também deixa de valer". Monteiro exclamou: "É isso! Ele está vendendo tudo para sair do controle!".

Faveret, o que mais defendia Eike no grupo da OGX, ainda duvidou. Achava que Monteiro, sempre o mais desconfiado, exagerava. Ainda assim, dispôs-se a telefonar para o Rio e dar uma incerta. Na ligação para um executivo da holding, Faveret agiu como se já soubesse de tudo. "Puta que pariu, vocês estão vendendo as ações do Eike! Vocês estão deixando o controle! Isso é uma sacanagem, isso não se faz!!!" A reação vacilante do interlocutor fez Faveret se convencer de que, sim, estava acontecendo. Diante das ameaças de revelar tudo ao mercado imediatamente, os executivos da holding admitiram que Eike vinha se desfazendo de suas ações na bolsa, mas prometeram que ele não deixaria o controle da empresa.

No calendário dos investidores comuns, que não estavam a par do jogo interno da OGX, aqueles dias ofereciam uma última oportunidade de se desfazer das micadas ações da empresa, graças a uma tecnicalidade do mercado financeiro. O enorme volume de ações da petroleira negociadas naqueles dias de efervescentes apostas a respeito do futuro do império X fizera com que a participação dos papéis da empresa na composição do índice Bovespa aumentasse de 2% para 4%.

Pelas regras, cabia aos chamados fundos passivos, que replicavam em seus investimentos a distribuição exata das ações no índice, atualizar suas carteiras na virada do mês. Estimava-se que esses fundos tivessem de comprar entre 69 milhões e 187 milhões de papéis[6] da OGX — o que, imaginavam os pequenos investidores, ajudaria a diminuir o prejuízo. Só que, quando chegou a hora de os tais fundos comprarem as ações, os pequenos não conseguiram vendê-las. Consultando seus contatos nas mesas de operações dos bancos, ficaram sabendo que havia alguém desovando uma grande quantidade de papéis no mercado e tomando conta de todas as ordens de compra.

Depois do fechamento do pregão de dia 29 de agosto, a OGX emitiu um aviso que esclarecia o mistério.[7] O grande vendedor era o próprio Eike. E os pequenos acionistas haviam perdido uma grande chance de se livrar do mico em que haviam se transformado as ações da petroleira.

Cumprindo uma regra da CVM que manda que as empresas com ações em bolsa avisem o mercado sempre que o acionista controlador vender seus papéis, a OGX informou que, entre os dias 28 de agosto e 3 de setembro, o empresário se desfizera de 227 milhões de ações, ou 7,03% da companhia, arrecadando 111 milhões de reais. No mesmo período, vendera também uma fatia de 5,38% da OSX, embolsando mais 15 milhões de reais.

Os comunicados, porém, omitiam um detalhe. Desde 30 de julho, a diretoria fizera circular um aviso em que proibia funcionários, conselheiros e até parentes de negociar suas ações,[8] dada a proximidade da divulgação do balanço semestral da empresa. Em 14 de agosto, a restrição fora reforçada, dessa vez em razão da negociação com os credores. A diretoria já havia até negado permissão para que um dos conselheiros da OGX vendesse parte de seus papéis. E então justo Eike aparecia vendendo participação a rodo?

Foi nesse ambiente de alta voltagem que Monteiro, Faveret e Carneiro se sentaram à sala de reuniões da OGX, no primeiro dia de setembro, para uma reunião em que relatariam a Eike os avanços no plano de recuperação. O trio já estava acomodado à mesa quando o ex-bilionário chegou com dois desconhecidos. "Esse é o Ricardo K., esse é o Darwin Correa, advogado, eles são especialistas em reestruturação empresarial e vão me ajudar."

Carneiro, o CEO da petroleira, não gostou. Quando começara a montar o plano de negociação com os credores, lá atrás, em julho, combinara com o patrão que o processo teria um único comando. O dele. Apostava tudo na operação. Achava que era a última chance de sobrevida da petroleira. E trabalhara intensamente para evitar que uma das famosas guinadas de rumo do empresário prejudicasse um acordo rápido. Então, quando o processo caminhava para os finalmentes, Eike chegava com aqueles dois forasteiros para atrapalhar tudo.

Dirigindo-se a K., Carneiro disse: "Maravilha, mas a gente não precisa de ninguém para nos ajudar. Não me leve a mal, mas você não entende nada de petróleo. Eu teria de te ensinar até o que é uma plataforma. Desculpe, mas não há tempo para isso". K. ficou irado, mas lançou mão de sua entonação mais simpática para tentar amaciar o interlocutor: "Não se preocupe, eu aprendo rápido. A gente só está aqui para ajudar". Não funcionou. Carneiro fechou a cara.

Ainda assim, apresentou todo o plano, a pedido do chefe. Ao final da exposição, o ex-bilionário pediu um tempo para pensar e entregou o material a K. e Darwin, para que o revisassem. Minutos depois, o CEO da OGX foi à sala de Eike para tirar satisfação. "Que negócio é esse de aparecer um novo cara para comandar a negociação com os credores? Sempre que aparece um salvador da pátria nesse grupo a gente leva um tempão até fazê-lo entender todos os detalhes, e o sujeito acaba indo embora. Esse é o salvador da pátria número dezoito! Nós não precisamos disso, Eike. Já sabemos tudo o que temos de fazer. Já contratamos a Blackstone. A última coisa de que nós precisamos é de alguém que nos faça perder tempo a esta altura do campeonato. O dinheiro está acabando! Ou você não confia na gente e está querendo nos vigiar?" Eike se esquivou. "De jeito nenhum! Prometo que o K. não vai atrapalhar em nada o trabalho de vocês."

Em vão. As divergências entre os dois times começaram já nos dias seguintes. Os assessores de K. achavam que a turma de Carneiro dava muita moleza aos credores. Para eles, era preciso jogar mais duro, oferecendo menos garantias e deixando os oponentes com medo de ficar de mãos abanando — assim como haviam feito em várias ocasiões. "Isso aqui é Brasil, não estamos nos Estados Unidos", costumavam dizer. De fato, pelas regras americanas, muito provavelmente Eike teria de entregar toda a empresa para os credores. No Brasil, a lei prevê a possibilidade de um acordo e de Eike permanecer com pelo menos uma parte das ações.

Semanas depois, entretanto, ao assumir a negociação, Ricardo K. acabaria oferecendo aos credores a mesma proposta dos antecessores, já que não havia alternativa. A disputa, obviamente, era por espaço e poder.

Em paralelo a essas disputas, continuava o impasse em torno da *put*. Os recursos da OGX se esvaiam rapidamente. Logo eles teriam de exigir que Eike começasse a depositar o dinheiro. Nos primeiros dias de setembro, Monteiro e Faveret conseguiram a autorização de Eike para apresentar aos credores a proposta original. Acompanhados de Aziz e Horcades, partiram para Londres, para uma conversa com representantes da Petronas. Chegariam à Malásia sob o impacto de uma declaração do presidente da estatal, Shamsul Azhar Abbas, que afirmara ter suspendido o pagamento inicial de 250 milhões de dólares à OGX até que se decidisse como seria a reestruturação da companhia.[9]

O anúncio tivera o efeito de um balde de água fria para a diretoria da petroleira, que contava com esse dinheiro para pagar alguns fornecedores. Em Londres, Monteiro e Faveret tentaram acalmar o time da Petronas. A maior preocupação dos malaios era que, com a quebra, a OGX tivesse retiradas suas concessões para explorar petróleo. Até que estivessem seguros de que isso não aconteceria, nenhum dólar novo pingaria na conta da empresa.

Entre uma reunião e outra, Monteiro e Faveret receberam uma ligação do CEO da OGX. Carneiro tinha uma informação explosiva. Soubera, por um amigo na holding, que Eike estava cogitando substituí-los por uma nova diretoria, que estivesse disposta a não exigir o cumprimento da *put*. Se não agissem rápido, eles poderiam ser acusados, no futuro, de negligência e conluio com o controlador da empresa. "Você tem certeza disso?", perguntaram os dois subordinados. "Absoluta", respondeu Carneiro. A conclusão do trio foi unânime. "Então só tem um caminho. Exigir a *put* agora."

Às sete horas do dia 5 de setembro, um e-mail de Carneiro surgiu na caixa de mensagens do chefe. O conteúdo era simples: exigia o pagamento imediato dos primeiros 100 milhões de dólares. Antecipando uma reação virulenta do ex-bilionário, Carneiro estava tenso. Seus companheiros de diretoria nesse momento voavam de Londres de volta para o Rio. Às 10h30, um membro da equipe de Ricardo K. o procurou em sua sala. "Você tem duas opções. Ou pede demissão agora, ou fica e acaba demitido em meio a uma guerra com o Eike. Porque ele não vai te perdoar." O executivo disse que não voltaria atrás e passou a empacotar suas coisas para ir embora.

O boato de que o CEO da OGX estava deixando a empresa começou a circular pelo Serrador, até que, no início da noite, Eike o chamou à sua sala. Carneiro foi direto ao ponto: "Você me chamou para me demitir?". O chefe tinha a expressão devastada dos dias ruins, com a barba por fazer e o olhar cansado, de quem não dormia havia muito. "Não, Carneiro, o que é isso? Eu adoro você. Imagina, você é quem me ajuda em tudo..." Eike pediu a Carneiro que ficasse e ignorasse qualquer ordem em contrário. O CEO ficou, mas sabia que seus dias na empresa estavam contados.

A exigência do cumprimento da *put* foi comunicada ao mercado no dia 6, assim que o pregão se iniciou.[10] Para os investidores que amargavam enormes prejuízos com a OGX, era uma grande notícia. O aporte de Eike representaria um alívio importante e, quem sabe, poderia ajudar a salvar a companhia da falência.

Nesse dia, as ações chegariam a subir mais de 49%, até que começou a circular entre os operadores o boato de que se tratava de mais uma jogada do empresário para fazer os papéis ascenderem.[11] Procurados por repórteres e banqueiros, os assessores de Eike garantiam que ele não injetaria mais nenhum real na OGX. O próprio empresário se manteve em silêncio. No final do dia, as ações começariam a cair, mas ainda assim registravam alta de 27%.

Uma das várias especulações era de que a diretoria e Eike estavam mancomunados para divulgar notícias positivas e fazer as ações subirem com algum propósito espúrio. Quem disseminava tal versão não podia imaginar a guerra que se desenrolava nos bastidores.

Três dias depois de ter sido chamado a injetar os primeiros 100 milhões de dólares da *put*, em 9 de setembro, Eike reconheceu oficialmente, numa carta à diretoria da OGX, o que até as moças do cafezinho do Serrador já sabiam: ele não cumpriria a promessa.[12] Consultados por jornalistas, banqueiros e investidores, seus assessores diziam que o contrato lhe dava tal respaldo — e que o empresário recorreria a uma comissão independente de arbitragem para decidir a disputa.

O argumento de Eike era que as circunstâncias haviam mudado radicalmente desde que ele assinara o compromisso, tanto que as ações que prometera comprar por 6,30 reais agora estavam cotadas a menos de cinquenta centavos. E toda a empresa — que já fora a oitava maior companhia da bolsa e chegara a valer, no auge, 75 bilhões de reais — poderia ser arrematada por pouco mais de 1 bilhão.

Apesar do curto-circuito interno, porém, nenhum diretor da OGX foi demitido. Havia um compromisso urgente a ser cumprido: a apresentação do plano de recuperação aos credores. Antes disso, ninguém tomaria nenhuma providência drástica. Com o conflito em suspenso, era como se cada lado mantivesse as mãos no coldre, esperando para ver quem seria o próximo a atirar.

A equipe da OGX viajou para Nova York na terceira semana de setembro. Foi junto Darwin Correa, o braço direito de Ricardo K. Por duas horas, os diretores expuseram o plano a mais de cinquenta representantes dos credores, silenciosamente acomodados numa sala de reuniões da Blackstone. A receptividade foi melhor do que esperavam. Depois de semanas de indefinição, alguém estava fazendo uma proposta clara e construtiva, disseram. O pleito de Eike para ficar com 10% da petroleira, contudo, não foi bem-vindo.

Quando os representantes dos credores começaram a falar, cada um expondo sua opinião, alguém comentou: "A propósito, essa distribuição das ações da empresa que vocês colocaram no slide está errada, porque se o plano der certo queremos que a diretoria fique com uma parte da companhia". Era claramente uma tentativa de atrair a simpatia dos administradores da petroleira, de que Monteiro, constrangido, tentou se desviar — esse, alegou, seria assunto para depois.

O encontro seguiu até a noite, mas o representante de Ricardo K. não pôde ficar até o final, pois tinha marcado um voo de volta para o Brasil. Na manhã seguinte, ele estava na sala de Eike. Levava consigo uma gravação da reunião, com o diálogo entre Monteiro e o representante dos credores. Darwin interpretara a menção a uma futura participação dos diretores na companhia como um indício de que a administração tinha um acordo com os credores para tomar a OGX do ex-bilionário. Ao ouvir o material, Eike ficou furioso. Não se contentaria com menos do que a demissão imediata de Monteiro e acionou o conselho da OGX — que, além do próprio Carneiro, era composto também de Eike, seu pai, Eliezer, seu principal assessor jurídico, Pedro Borba, e o independente Julio Klein — para corroborar a decisão.

Na mesma tarde, enquanto esperava uma contraproposta dos credores, o BlackBerry corporativo de Monteiro de repente parou de funcionar. Nesse mesmo momento, o CEO da OGX recebia uma ligação. Do outro lado da linha, Eike tomou a palavra. "Carneiro, estou aqui com o conselho, queremos lhe transmitir uma decisão. Nós vamos demitir o Roberto Monteiro. Ele está articulado com os credores e pretende favorecer os interesses deles em detrimento dos meus."

O executivo ficou indignado. Se fossem demitir seu diretor financeiro, teriam de mandá-lo embora também. Deu-se uma discussão acalorada, com cada um defendendo seu argumento, sem qualquer avanço prático. Eike não queria que Carneiro fosse embora. Monteiro, porém, estava definitivamente fora.

O CEO, então, foi correndo comunicar a notícia ao diretor e o encontrou já com os credores. Pediu que saísse por um momento da sala e contou o que se passara, mas Monteiro deu de ombros. Atribuiu a decisão a mais uma oscilação de humor de Eike e voltou para a reunião, certo de que, até o final do dia, o patrão mudaria de ideia. Os credores, porém, não chegaram a apresentar uma contraproposta formal. Disseram apenas que, para que aceitassem o plano, a diretoria teria de lutar para atrair de volta a proposta da Petronas — e Eike precisaria concordar em ficar com bem menos de 10% da empresa. Tais pontos só seriam explicitados, por escrito, no dia seguinte. Antes que eles pudessem fazê-lo, porém, uma notícia lhes caiu como uma bomba. Num comunicado divulgado na sexta-feira, 20 de setembro, a OGX informava que Monteiro acabara de ser demitido.[13] Indignados, os credores suspenderam as negociações.

O fim de semana seria tomado por conversas entre Faveret, Carneiro e Eike, com os dois primeiros tentando convencer o ex-bilionário a readmitir o diretor financeiro. Não conseguiram. Eike não iria demitir Carneiro e Faveret, mas Monteiro para ele era um traidor. No fundo, estava desconfiado de toda a diretoria, que para ele estava entregando a companhia aos credores sem resistência. Questionava o valor que eles diziam ser necessário para a sobrevivência da petroleira e achava que a empresa não deveria pagar as parcelas devidas do investimento no bloco recém-comprado da Petrobras.

Certa vez, telefonou para Faveret, o jurídico da OGX, no meio da noite, para perguntar por que K. lhe falava que a companhia precisava de 150 milhões de dólares e não de 300 milhões, como os demais propunham. No meio da conversa, disse que via "má-fé" no comportamento dos executivos. Embora ele não dissesse com todas as letras, estava claro que, se pudesse, Eike demitiria todos eles.

Depois do fim de semana tentando — em vão — trazer Monteiro de volta, Carneiro foi falar com Eike logo que chegou ao escritório, na segunda-feira. Disse que estava de saída do grupo, e que só não partiria imediatamente porque ainda queria concluir as negociações com os credores, pois se sentia em dívida com eles, com os funcionários e com os sócios no campo recém-comprado da Petrobras. "Eike, depois do que você fez com o Roberto, não dá mais para confiar em você."

O empresário não respondeu. Apenas baixou a cabeça e deixou que as lágrimas rolassem, num pranto muito sentido. Carneiro não se emocionou, pelo contrário. Irritado e constrangido, saiu e o deixou chorando sozinho. Os dois sabiam que a saída de Carneiro do grupo X estava selada. Era apenas questão de tempo.

Poucas vezes Eike estivera tão solitário. O Serrador, progressivamente desocupado, lhe servia de ilustração. As companhias vendidas deixavam o prédio, centenas de pessoas estavam sendo demitidas — e logo o próprio Eike teria de sair dali, porque já começara a falhar no pagamento do aluguel.

Para onde quer que se virasse, encontrava pressão, cobrança ou acusações. À sensação de solidão somavam-se a revolta e a impotência, que o faziam explodir em lágrimas a todo momento. O último acesso de choro em público ocorrera no final de agosto, depois de sua última reunião como presidente do conselho da LLX, a dona do porto do Açu, comprada pelos americanos. Em ocasiões como aquela, aos prantos, não tardava a iniciar um prolongado lamento em que se colocava como vítima. "Que tragédia... Que tragédia... Como foi acontecer isso? O que me fizeram? Como fui confiar naquele Paulo Mendonça..."

Conforme o interlocutor e o momento, o alvo deixava de ser Paulo Mendonça e passavam a ser Esteves e sua equipe. "Os caras do BTG me foderam", dizia ele, com frequência. "Prometeram 1 bilhão e depois tiraram. São gente sem palavra." Da primeira vez que ouviu o empresário dizer isso, K. pediu que não o repetisse publicamente. "Eike, você pode falar o que você quiser, mas não fala mal do André. Ele é poderoso. Você não quer tê-lo como inimigo", aconselhava. De nada adiantou, já que Eike não conseguia se conter. Os relatos sobre o que o ex-bilionário andava dizendo chegaram aos ouvidos de Esteves, que já estava suficientemente irritado com o malogro de sua aposta no grupo X. Furioso, pediu a K. que enviasse um recado a Eike. "Não vou aturar esse tipo de coisa. Banqueiro vive de reputação e não vou permitir que ele ponha a minha em risco." Eike até deu uma maneirada, mas nunca deixaria de maldizer seu ex-banqueiro.

Nos raros dias em que acordava otimista, Eike chegava ao escritório animado e ordenava que o boy fosse buscar um de seus fartos lanches, sempre com vários sanduíches do McDonald's e outros tantos pacotes de batatas fritas do Bob's. Nesses momentos de euforia, vislumbrava diversas possibilidades de solução para seus problemas.

Numa dessas ocasiões de revigorada autoconfiança, no final da tarde da sexta-feira, dia 13 de setembro, ele concordou em receber dois repórteres do *Wall Street Journal* no Brasil em seu escritório no Serrador.[14] Vestia terno cinza de risca de giz e camiseta também cinza, e tinha os cabelos despenteados e os olhos turvos — fruto do cansaço das intensas negociações daqueles dias, justificou.

Apesar do aparente abatimento, teve forças para fazer um discurso otimista. Disse estar confiante em que o imbróglio seria resolvido dentro de pouco tempo e manteve a versão já defendida no artigo publicado em julho. Mais uma vez, afirmou ser ele próprio a maior vítima da crise que abatera seu império e insistiu em ter sido enganado pelos antigos executivos. "Eles me apresentavam relatórios brilhantes e me convenciam a fazer grandes investimentos", disse ao *WSJ*. Mas introduziu uma inovação esotérica em sua tese. "Se você olhar para o meu mapa astrológico, esse período não foi favorável para mim. O bom momento? Ele já começou, literalmente, este mês." Garantiu que conseguiria injetar o bilhão prometido na OGX assim que vendesse as plataformas de petróleo da OSX, e encerrou a entrevista com uma frase de seu novo ídolo, o amigo Musk. "Ele sempre diz que começar um negócio é como comer vidro. Eu estou comendo vidro."

A entrevista repercutiu muito mal no mercado. O descompasso entre o que Eike dizia e a realidade o fazia parecer um lunático. Dali por diante, K. e Sergio Bermudes — o famoso advogado, que passara a acompanhar cada passo do ex-bilionário — decidiram que ele não falaria mais à imprensa.

Empolgado com o estilo seguro e confiante de Ricardo K., Eike lhe deu todo o poder que ele reivindicou. Autorizou-o, até, a mandar embora a dupla Aziz e Horcades. Ambos tiveram seus celulares cortados já no início de setembro. Estavam em Londres, acompanhando a diretoria da OGX na reunião em que se tentava convencer a Petronas a retomar a compra da empresa.

A rigor, demissão não era a melhor palavra para descrever a situação, já que eles eram terceirizados. Mas K. fez questão de dar à coisa um tratamento formal. Queria que todos no grupo soubessem quem mandava ali agora, já que não podia haver dois generais comandando o mesmo exército — ainda mais em condições tão adversas.

Além de ter o celular cortado, a dupla teve a conta do hotel subitamente encerrada. O aluguel do apartamento mobiliado em que Aziz morava também foi suspenso. Tudo de um golpe só. Mas mal eles haviam sido informados de que estavam fora e Eike já voltara a telefonar para seus celulares pessoais, pedindo informações e palpites. Aziz e Horcades reagiram com incredulidade. "Você nos mandou embora. O que pretende que a gente faça?", disse Horcades, na presença dos colegas. O ex-bilionário pediu desculpas e contemporizou, prometendo reverter a decisão.

De fato, seus celulares corporativos voltaram a funcionar e a diária restante no hotel foi paga. A dupla até chegou a dar as caras no edifício Serrador, para a cólera de K. No entanto, sentindo que o clima era inóspito, o tunisiano e seu colega preferiram se refugiar no escritório de Nova York, aproveitando os últimos dias antes que o espaço também fosse desocupado.

Aziz, o sujeito que encantara Eike, que se tornara seu parceiro de planos mirabolantes e com quem o empresário dividira, durante mais de um ano e meio, viagens a trabalho, fins de semana de lazer e programas noturnos, deixou a empresa da mesma forma que entrara, sem cerimônia. Tampouco deixara algo ali. Nenhum dos negócios que propusera ou idealizara chegou a ser fechado.

Quanto mais isolado Eike ficava, mais se ligava a Ricardo K. e a Marcus Berto, o executivo da LLX que passara à holding depois de entregar o Açu aos americanos. A ambos, o ex-bilionário fazia dezenas de ligações diárias e enviava seguidas mensagens de texto com comentários sobre quase todos os assuntos. K. não ficava exatamente confortável com tanta demanda, mas sabia que esse era o modus operandi do chefe.

Pragmático, procurou usar tal característica a seu favor. Percebera logo que o empresário costumava se fixar na última opinião ouvida sobre cada assunto, independentemente das credenciais do interlocutor. Cuidava, então, para que essa opinião fosse sempre a sua, estabelecendo o hábito de ser sempre o último a lhe falar no final do dia. Era uma tática inteligente, já que havia inúmeras decisões a serem tomadas rapidamente e em caráter irrevogável.

Em linhas gerais, a estratégia estabelecida por K. era a mesma levada de Esteves — vender tudo o que pudesse ser vendido e preservar ao máximo o patrimônio de Eike. A diferença era que ele, K., não era candidato a comprar nada nem oferecera crédito ao próprio cliente. Era um plano relativamente simples, mas de execução complexa, sobretudo em razão do comportamento do empresário. Mesmo vergado pelas dificuldades, ele não queria deixar nenhum tostão sequer na mesa. Ainda que todo o império X estivesse desmoronando, achava que seus ativos valiam mais do que lhe ofereciam, e assim dificultava as negociações.

Nos bons tempos, tal postura sempre lhe rendera bem mais do que seus executivos sonhavam. No sufoco, porém, a mesma atitude lhe custava um tempo precioso. Ele, por exemplo, se recusava a aceitar que não houvesse comprador para as duas plataformas da OSX que haviam ficado sem uso com o fiasco dos "tubarões da OGX". Achava que a qualquer momento apareceria um comprador, vindo de algum lugar do globo — o que nunca aconteceu. No desespero, Eike dera ouvidos até a um autodenominado consultor que apareceu sugerindo transformar a plataforma em hotel para os visitantes estrangeiros da Copa do Mundo e da Olimpíada — ideia descartada por absoluta inviabilidade.

Nesse contexto, K. despendia uma dose razoável de energia alertando Eike de que seu tempo estava acabando.

Com a OGX e a OSX a cada dia com menos dinheiro e sem nenhuma perspectiva de receber novos recursos, a recuperação judicial se configurava inevitável. Quando isso ocorresse, os bens de Eike poderiam ser todos congelados para pagar os credores — e até o fim do processo. Era preciso, portanto, vender tudo o que fosse possível o quanto antes. Em meados de setembro, ainda havia à mesa a venda dos poços da OGX no Maranhão para a Eneva, a ex-MPX, que precisava deles para movimentar suas usinas. E ainda o Porto Sudeste, alvo de um leilão entre a anglo-suíça Glencore Xstrata e o consórcio formado pela também suíça Trafigura com os árabes do Mubadala.

Eram tantas e tão variadas as questões de vida ou morte no grupo X que K. fez uma bem-humorada analogia a um amigo com quem conversou sobre sua nova missão. Disse que se sentia como um médico do Sistema Único de Saúde (SUS), que passava o dia indo de um doente a outro para evitar que morressem. O moribundo maior na fila da emergência era o próprio Eike, que perguntava, preocupado: "K., será que vai dar certo? Porque isso é tudo o que tenho. Não tenho caixa dois".

Não era totalmente verdade. Eike tinha algumas dezenas de milhões guardados em contas não declaradas no Panamá e na Suíça, das quais apenas um grupo muito restrito de funcionários tinha notícia. Esse dinheiro não poderia resolver os problemas das empresas, mas era mais do que suficiente para prover uma luxuosa aposentadoria.

Em meio a todo o desalento, tiveram pelo menos um alívio. Em 10 de setembro, K. conseguiu fechar um acordo para a venda do Porto Sudeste com Trafigura e Mubadala.[15] De todos os ativos incompletos de Eike, o porto era o que estava em fase mais adiantada de construção e despertava o maior interesse de tradings e mineradoras, por estar num polo de embarque de minério, com outros terminais em volta. Como não fora incluído entre os ativos que o Mubadala podia tomar do empresário como garantia pelas dívidas contraídas pela holding, sua venda foi negociada à parte. O negócio resultaria num aporte de 900 milhões de reais — dinheiro do qual Eike nem viu a cor, todo usado para pagar empréstimos com bancos. Além disso, os compradores assumiam dívidas de 1,3 bilhão de reais da MMX, dona do empreendimento.[16]

As negociações para a venda da OGX Maranhão à Eneva e seus sócios da família Moreira Salles, herdeiros do Unibanco, também andavam rápido. Se tudo desse certo, até o final de outubro a subsidiária maranhense estaria vendida.

Mas as pendências continuavam. A situação era mais do que crítica. Com a saída de Monteiro, a quem consideravam um interlocutor confiável, os credores haviam suspendido as negociações e enviado a Eike uma carta dramática. Com data de 21 de setembro, ela trazia o aviso "estritamente confidencial" no topo e era quase uma declaração de guerra. "A demissão do diretor financeiro no momento em que a companhia está buscando urgentemente um novo financiamento, um financiamento precipitado por sua decisão imprópria de pagar 449 milhões de dólares do limitado caixa da OGX para cumprir as obrigações com uma empresa coligada e por sua recusa em cumprir as suas obrigações sob o contrato da *put*, levanta sérias questões a respeito dos verdadeiros objetivos do conselho e do controlador." E ia além: "Nós não estaríamos exagerando se disséssemos que é a própria existência da companhia que está em risco".

O grupo de credores garantia que buscava o caminho da negociação, mas deixava claro que, se não fosse possível, agiria "vigorosamente e sem hesitação" para que "os responsáveis pela situação da companhia e aqueles que agiram de forma inapropriada e em interesse próprio sejam perseguidos de todas as formas legais possíveis, em fóruns nacionais e internacionais".[17] Traduzindo: estavam dispostos a acusar Eike de dilapidar o patrimônio da OGX na Justiça brasileira e na estrangeira. O pau ia quebrar. E a única forma de evitar isso era readmitir Monteiro ou contratar algum outro profissional independente e respeitado — e, claro, pagar a *put* imediatamente.

Depois dessa carta, os credores impuseram a Eike duas semanas de silêncio.

Em 1º de outubro, a OGX deu o primeiro calote oficial nos credores internacionais e deixou de pagar uma parcela de 45 milhões de dólares dos empréstimos.[18] E, como se já não houvesse problemas suficientes, no dia 3 ainda foi divulgada para o mercado uma revisão que a consultoria D&M realizara no campo de Tubarão Martelo. Em vez dos 212 milhões de reservas prováveis (com 50% de chance de serem comercialmente viáveis) estimados antes pela companhia, agora eram 87,9 milhões de barris.[19] O anúncio afastou de vez a possibilidade de trazer a Petronas como sócia. A OGX caminhava célere para a falência.

A única forma de salvá-la era fechar um acordo com os credores, passo decisivo para um processo de recuperação judicial — em que Eike certamente seria apenas um coadjuvante incômodo.

Sem alternativas, na segunda semana de outubro, Eike pediu a Monteiro que fosse conversar com ele no Serrador. "Roberto, a gente precisa muito de você aqui. Eu queria que você retomasse a negociação com os credores. Não dá para pôr você de novo como diretor financeiro, senão vou ficar parecendo um idiota. Mas pensamos em te contratar como consultor. Você aceita?" O executivo, que havia transformado aquela negociação num desafio pessoal, concordou em voltar. Eike então o levou para uma reunião com a equipe de K. e os remanescentes da OGX. Explicou que o ex-diretor financeiro agora era *chief restructuring officer*, um diretor de reestruturação, e disse que ele era o "dono" do processo de recuperação da petroleira.

K., é óbvio, torceu o nariz, mas se manteve quieto, pelo menos em público. Nos bastidores, não desistira de chamar a atenção de Eike para a "estranha" ligação de Monteiro com os credores. A relação de K. e Carneiro, então, era quase nula. Os dois não se falavam, a menos que fosse estritamente necessário.

Ambos, porém, estavam igualmente incomodados com a presença de uma nova integrante no séquito do empresário. Era Patrícia Coelho,[20] advogada de 44 anos que fora apresentada a Eike havia um mês pelo pai, Eliezer. Ex-executiva do grupo Opportunity, de Daniel Dantas, Patrícia enveredara recentemente pela carreira de armadora e constituíra uma empresa para montar frotas e alugá-las a grandes empresas, com foco especial na Petrobras. Batizara sua nova firma de Asgaard, por coincidência o mesmo nome do reino habitado pelo deus Thor na mitologia nórdica. Baixinha, com a pele bem branquinha e sempre usando os cabelos presos para trás num rabo de cavalo, óculos e uma bolsa enorme, a advogada destoava dos outros funcionários do grupo não apenas por ser mulher naquele ambiente eminentemente masculino.

Era intrigante para os executivos do grupo o fato de ela estar sempre colada ao ex-bilionário, ou fechada com ele em sua sala, ou quieta, observando suas reuniões e as conversas. Quando se dava ao trabalho de apresentá-la aos outros, Eike dizia apenas que era uma amiga ou uma conselheira. Quem investigasse um pouco mais sobre ela no mercado ouviria algumas histórias esquisitas. K. e Carneiro fizeram tal pesquisa e ficaram de cabelo em pé.

O assunto que levara Patrícia até o grupo fora sua intenção de comprar uma ou as duas plataformas da osx. Ela impressionou o empresário ao lhe garantir ter um canal especial na Petrobras e na própria Presidência da República. Inteligente e articulada, demonstrava segurança ao falar, tinha opiniões fortes sobre praticamente tudo e logo conquistou a atenção de Eike. Sua presença constante no 22º andar do Serrador constituía mais uma ameaça ao trabalho de Ricardo K., que já começara a imaginar uma forma de se livrar dela.

Feliz ou infelizmente para Eike, K. não precisou esperar muito. No dia 3 de outubro de 2013, o "salvador da pátria" recebeu uma chamada de André Esteves, que estava em São Paulo. Irado, o banqueiro lhe disse que fosse se encontrar com um emissário seu no Copacabana Palace. Ao chegar, K. foi logo ouvindo: "Que merda é essa, K.?! O que é que vocês pensam que estão fazendo?! Isso é fraude a credor! Se insistirem nisso, vamos botar vocês na cadeia!". Buscando pistas em meio aos impropérios, K. entendeu o motivo da indignação: Esteves acabara de barrar uma transferência milionária de uma conta pessoal de Eike em seu banco para uma conta desconhecida, aparentemente em Miami. A ideia, segundo lhe haviam dito, fora de uma tal de Patrícia. K. sentiu um misto de irritação e calafrio. Agradeceu ao banqueiro pelo aviso e prometeu que resolveria a situação.

A celeuma acabara de se desenrolar no Rio de Janeiro, sem que Ricardo K. soubesse. Depois de dias confabulando com a nova conselheira em sua sala, Eike e Patrícia chamaram um dos dois únicos remanescentes da mesa de operações, que outrora tivera nove funcionários administrando o dinheiro do então bilionário. Assim que Jack Guimarães, o operador a quem Eike chamava de "matematicozinho", entrou na sala, ele deu a ordem para transferir 100 milhões de dólares da conta da holding numa subsidiária do Pactual nas Bahamas para uma conta indicada por Patrícia.

O saldo da conta era de quase 200 milhões de dólares. Se a ordem do empresário fosse cumprida, metade do dinheiro que ele ainda tinha iria parar em uma conta em Miami da qual nenhum daqueles operadores jamais tinha ouvido falar. Tenso, o rapaz peitou o chefe: "Eike, meu dever é te proteger. Não vou fazer, não".

O ex-bilionário começou a gritar, listando em meio a xingamentos tudo o que já havia feito pelo rapaz. Jack apelou: "Você não pode fazer isso, está todo mundo de olho em você. Vai ser uma merda, você vai para a cadeia!". Patrícia reforçava a bronca: "Você está pensando que é quem?". Ao final, o rapaz cedeu. "Tá bem, mas, se vocês querem fazer, façam sozinhos."

A carta foi enviada ao BTG por e-mail. Jack telefonou em seguida para o administrador da conta. "Cara, não me responsabilizo pelo que está escrito nesse documento. Estou inclusive deixando o grupo. Acho melhor você confirmar tudo isso aí com o Eike." O funcionário do BTG entendeu o recado e alertou Esteves. O banqueiro imediatamente mandou que parassem tudo e telefonou para chamar K. à responsabilidade.

Acuado pelo BTG, K. foi à casa de Eike lhe passar uma descompostura. Disse que ele só podia estar maluco de fazer uma tentativa dessas, que poderia deixá-lo em maus lençóis. Todos os credores estavam de olho nele e a notícia da remessa logo se espalharia. Eike se justificou, dizendo que estava apenas querendo proteger o patrimônio dos filhos. Naqueles dias, Thor vinha manifestando receio de "ficar pobre", e o pai temia por seu futuro.

Apesar da contrariedade, o empresário se conformou em manter o dinheiro "refém" na conta do BTG. No dia seguinte, telefonou pessoalmente para Jack Guimarães e disse que ele podia voltar, porque não haveria mais transferência. O rapaz se recusou e nunca mais deu as caras no Serrador. Patrícia, por sua vez, desapareceu do grupo, e o negócio com as plataformas da OSX não foi para a frente.

Na segunda semana de outubro, depois de uma primeira rodada de conversas com os credores, em Nova York, K. voltou ao Brasil e pediu que Carneiro ficasse na cidade até o final das negociações. O CEO da OGX passou o fim de semana esperando por reuniões que se realizariam na terça e na quarta-feira, enquanto K. tentava uma última cartada antes da recuperação judicial para aportar dinheiro novo na petroleira.

Fora Eike quem trouxera a ideia, nos últimos dias de setembro. Ele faria um último apelo a Gilberto Sayão, o ex-sócio do Pactual que o levara para o banco como cliente e até já correra com ele de lancha. Nos primeiros dois anos da MMX, o financista fora conselheiro da mineradora. Depois, saíra do Pactual para montar a própria gestora de recursos, a Vinci Partners, e os dois tinham se afastado.

Naqueles dias, a gestora de Sayão começara a estudar a possibilidade de comprar uma fatia da MPX, de energia, e também da IMX, uma empresa menor, de entretenimento, com a qual Eike se associara ao Rock in Rio. Num dia do final de setembro, já tarde da noite, Eike recebeu Sayão em sua casa para falar do investimento na IMX. Tinha a fisionomia abatida, mas não perdera a veia de vendedor. Embora o assunto da conversa fosse outro, o empresário insistia em que o banqueiro avaliasse a possibilidade de injetar algum dinheiro na OGX. Dizia ser uma oportunidade única, já que faltavam "apenas" 50 milhões de dólares, no máximo 80 milhões, para a petroleira colocar o campo de Tubarão Martelo para produzir.

O discurso do ex-bilionário era efusivo, mas a linguagem corporal, de apelo. Sayão disse que talvez pudesse formar um fundo para dar crédito à empresa, em parceria com algum banco, mas nada prometeu. Ainda seria preciso avaliar a situação da OGX para entender se havia algo a ser feito. Antes, porém, o banqueiro, totalmente avesso à publicidade de qualquer ordem, fez um alerta — condição fundamental que costumava repetir em todas as conversas de negócios que mantinha: se houvesse qualquer vazamento a respeito daquele papo à imprensa, as portas de sua gestora se fechariam.

Nos dias seguintes, as equipes da Vinci e da OGX ainda se reuniram mais duas vezes — uma no escritório de Sayão, no Leblon, e outra no edifício Serrador. Quando a última reunião terminou, numa sexta-feira de outubro, o sócio da Vinci que ficara cuidando do caso, Ricardo Kobayashi, estava convencido de que a situação era tão crítica que não valia a pena sequer montar o fundo. Ele ainda não dissera isso à equipe do Serrador, mas, para a Vinci, o flerte rápido com a OGX terminara ali.

Eike e K., contudo, tinham outros planos.

Na tarde do dia 15 de outubro, terça-feira, enquanto se preparava para mais uma reunião com os credores internacionais da OGX, em Nova York, Carneiro recebeu uma ligação do ex-bilionário em seu quarto de hotel. Falando no viva-voz, ele disse ter a seu lado os demais conselheiros da petroleira — e uma novidade: conseguira um investidor para colocar dinheiro novo na companhia. Havia, porém, um senão: para fazer o aporte dos recursos, o tal investidor exigia a demissão de toda a diretoria. Eike, portanto, sentia muito, mas era necessário que Carneiro e sua turma saíssem para que o capital entrasse.

Carneiro não sabia, mas junto aos conselheiros, ouvindo tudo, estavam K. e seus escudeiros, o advogado Correa e o novo CEO, Paulo Narcelio. Ele tampouco sabia que as negociações com o tal investidor — supostamente a Vinci — jamais tinham chegado ao ponto de se discutir o que fazer com a diretoria. Aquela mise-en-scène era apenas uma forma de Eike demitir Carneiro, Monteiro e Faveret sem ter de confrontá-los diretamente com a razão pela qual, de fato, Eike os despachava. Ele estava convencido de que eles não o defendiam e que — isso, sim — faziam o jogo dos credores. O homem para liderar essa missão — estava seguro disso — era K.

Sem saber do que se passava do outro lado da linha, Carneiro ainda pediria para ficar e pelo menos concluir o trabalho que estava fazendo. Não foi atendido. Em minutos, seu celular corporativo pararia de funcionar, assim como o dos outros dois, que se encontravam no Brasil. Estavam definitivamente fora da empresa.[21] Oscilando entre a decepção e o alívio, o CEO da OGX pegou um avião no dia seguinte e voltou para casa.

O campo ficara limpo para Ricardo K. Para comandar a petroleira, então, ungiu ao cargo de CEO Paulo Narcelio, seu escudeiro de outras missões, e promoveu Correa a diretor jurídico. Renovou o contrato com Eike e passou por mais um ano a prestar serviços também para a OGX e a OSX. Outro contrato, em separado, foi feito com a banca de Correa, a Paulo Cezar Pinheiro Carneiro Advogados — ou PCPC, como era conhecida no meio jurídico.

A demissão da diretoria provocou tumulto entre os credores da OGX, que de novo suspenderam as negociações. A reviravolta no mundo X pegara todos de surpresa, e a pergunta que mais se fazia era por que Eike demitira os executivos. A boataria sobre o assunto no mercado financeiro começou imediatamente, e a especulação sobre a entrada de um novo investidor logo tomaria conta das mesas de operação. Até que a resposta apareceu, numa matéria da

Agência Estado: "OGX receberá aporte de 200 milhões de dólares", informava a nota,[22] publicada às 2h16 do dia 16, sustentando ainda que a demissão fora uma exigência do novo investidor.

Horas depois, o InfoMoney publicou que esse novo investidor era a Vinci.[23] A notícia divulgada pelo site era detalhada: de acordo com "uma fonte próxima do caso", a Vinci compraria entre 25% e 30% das ações da OGX, a setenta centavos por ação, o que injetaria na companhia 220 milhões de dólares. A operação estaria, inclusive, tão avançada que o BNDES já fora informado a respeito.

Apesar dos alertas de Sayão sobre as consequências de um vazamento, Eike comemorou a divulgação da notícia. Afinal, a perspectiva de uma salvação para a petroleira, vinda de um financista reconhecidamente competente, fez as ações da OGX subirem em velocidade comparável à de outros tempos. Entre os dias 14 e 16 de outubro, os papéis subiram de 23 para 47 centavos, uma valorização de mais de 100%.[24] O banqueiro, contudo, foi pego de surpresa pela notícia, ao chegar ao Taiti para uma expedição de pesca submarina — um raro momento de folga, atrapalhado pela divulgação da informação infundada. Furioso, ele mandou que a assessoria da Vinci emitisse na mesma hora uma nota negando "cabalmente" qualquer possibilidade de associação com a petroleira de Eike.

No mesmo dia 16, após o fechamento dos mercados, a própria OGX divulgou um comunicado negando a notícia.[25] Depois voltou atrás, confirmando as conversas com a Vinci Partners.[2]

Embora todos no grupo já soubessem que a possibilidade de a Vinci colocar dinheiro na petroleira já havia sido sepultada, o boato tinha rendido a alguém no mercado financeiro milhões de razões para comemorar. Esse alguém — *ou alguéns* — havia executado uma manobra de mestre.

A jogada era a seguinte: por tradição, os dias 15 e 16 de cada mês são os mais adotados como data de vencimento nos contratos de opções, um tipo de aposta bastante arriscada, só executada pelos mais experimentados nos meandros do mercado financeiro. Quando um investidor compra uma opção de uma empresa, paga um valor normalmente pequeno pelo direito de adquirir a ação da companhia na data do vencimento do contrato a um preço determinado e, em regra, um pouco maior do que a cotação do dia. Se na data do vencimento o papel tiver subido ainda mais do que o previsto, o investidor estará na confortável condição de comprar a ação ao preço combinado e vendê-la imediatamente pela cotação bem mais alta, embolsando o lucro. Se o valor do papel não subir, contudo, ele perde — porque tem de pagar o preço combinado, mais caro. Trata-se de uma aposta arriscada não apenas porque depende de acertar que a ação estará em alta em um período muito específico, mas também porque é preciso calibrar bem o valor da aposta.

No caso da OGX, que caminhava célere para o buraco, fechar um contrato de opção só podia ser coisa de suicida ou de louco. Ou então de alguém com informações suficientes para antecipar uma alta imprevista. Naqueles dias de outubro, havia um volume enorme e totalmente atípico de contratos de opções da companhia vencendo, prestes a virar pó, e a boataria em torno da entrada da Vinci fizera os papéis se valorizarem até 1500% em apenas dois dias.[27] Quem tinha os papéis na mão nessa data, portanto, fez um bom dinheiro.

Ao perceberem que alguém estava ganhando muito com os boatos, os operadores começaram a especular. Quem seria o insider? Ninguém nunca soube. Mas o palpite mais óbvio a correr as mesas das corretoras era que se tratava de alguém com ótimo trânsito nos elevadores do Serrador.

Com a antiga diretoria fora da OGX e as negociações com os credores emperradas, a recuperação judicial passara a ser o desfecho mais provável para o caso da petroleira. A medida daria à empresa um prazo de dois meses para negociar um plano com os credores e de mais dois anos para colocá-lo em prática.

A etapa que ainda precisava ser cumprida antes de apresentar o plano à Justiça — a venda dos campos da petroleira no Maranhão — foi concluída em 30 de outubro, com um acordo para que a gestora dos Moreira Salles pagasse 200 milhões de reais pelos ativos.[28] A seguir, no mesmo dia, os advogados da companhia entravam com o pedido de recuperação judicial da OGX na 4ª Vara Empresarial do Rio de Janeiro.

A petição, escrita por Sergio Bermudes e seus sócios, equivalia a uma espécie de autópsia.[29] Resumia-se, ali, a enormidade de recursos empregados pela petroleira, autora da maior campanha exploratória já realizada por uma empresa privada no Brasil: dez sondas haviam sido mobilizadas para furar mais de 120 poços, e mais de 10 bilhões de reais haviam sido consumidos, dos quais 1,9 bilhão no campo de Tubarão Azul e outro 1,7 bilhão nas demais áreas. A empresa acumulara dívidas de 11,2 bilhões de reais com credores estrangeiros e fornecedores.

Em 11 de novembro, foi a vez de a OSX também pedir recuperação judicial. Além da OGX e da OSX, restavam sob o controle de Eike ainda a mineradora MMX e a CCX, de carvão. Ao final da recuperação judicial, ele fatalmente ficaria com uma fatia muito pequena das duas empresas, caso elas não fossem à falência. Mantinha, ainda, participações pequenas na ex-MPX, agora Eneva, e na ex-LLX, agora Prumo, que enfrentavam muitos desafios. Todas as outras X menores seriam vendidas para pagar credores ou entregues ao maior deles, o fundo Mubadala.

O cotidiano de Eike estava dominado, então, por discussões intermináveis com assessores financeiros, advogados e credores. Sua frota de seis aeronaves se reduzira a duas: o helicóptero em que Thor e Olin viajavam nos fins de semana para a mansão de Angra dos Reis e o Gulfstream, o mais luxuoso dos jatos de Eike, que estava à venda por 40 milhões de dólares.[30]

No auge, o edifício Serrador chegara a abrigar 1300 pessoas trabalhando em suas salas envidraçadas. Agora, era um mausoléu em que só remanesciam Eike e 65 funcionários da holding. Na entrada, a outrora imponente fachada de vidro que era o orgulho do empresário estava toda quebrada e cercada por tapumes — alvo de uma de tantas manifestações que tomaram as ruas das grandes cidades brasileiras em 2013. Nos protestos, a ira da multidão era dirigida principalmente ao governador Sérgio Cabral, mas sobrara inspiração para atacar o próprio Eike com gritos de guerra desaforados.

A parede com os vidros quebrados e deformados dava ao Serrador um aspecto terrível, mas seu locatário não tinha dinheiro para mandar consertá-la. Nos quatro meses anteriores, não pagara sequer o aluguel, de 2,6 milhões de reais mensais.[31] Ainda assim, recusava-se a deixar o edifício e voltar para o da praia do Flamengo, em que ainda tinha o antigo andar. Era como se não quisesse admitir que sua era de ouro havia chegado ao fim.

O empresário só se convenceria de que a mudança seria uma boa no final de outubro, quando K. apelou para seu lado supersticioso: "Eike, foi lá que tudo começou, lá foi onde as coisas deram certo! Vamos sair dessa energia negativa e pesada que existe aqui!".

No dia 20 de dezembro, uma sexta-feira, o Serrador já praticamente vazio, o ex-bilionário por fim se rendeu ao destino. As semanas anteriores haviam sido consumidas pelos boys que empacotavam a mudança, e por isso o andar de Eike estava de pernas para o ar. Sua sala era então um amontoado de caixas, quadros e objetos à espera de serem levados para o antigo prédio da praia do Flamengo, onde o ex-bilionário começaria a trabalhar em janeiro de 2014.

Enquanto esperava a mudança ser acomodada no novo prédio, ele trabalhava na sala do auxiliar Marcus Berto, com quem passava a maior parte do tempo. Já não havia mais visitas para o almoço, agenda cheia nem muitas pessoas a quem chamar gritando pela porta aberta da sala. Os telefones quase não tocavam. Não havia reuniões que não fossem relacionadas à recuperação judicial da OGX, cujo plano seria aprovado dias depois, na véspera do Natal. O assédio da mídia, agora, era inconveniente, e já havia tempos que Eike não dava uma entrevista ou sequer conversava com jornalistas.

O ambiente desolado e a sensação de fim de festa, contudo, não deixaram o empresário mais abalado do que já havia ficado. Continuava tendo dias bons, em que via não apenas uma, mas várias soluções para o grupo. E dias ruins, em que chegava ao escritório com olhos macerados e expressão abobalhada, repetindo pela enésima vez as queixas quanto a Paulo Mendonça, ao BTG e André Esteves, ao governo, que o deixara na mão, e aos executivos que o haviam "deixado cair" naquela armadilha.

Nos últimos meses, alguns de seus auxiliares mais próximos chegaram a acreditar na possibilidade de o patrão cometer suicídio. Ele já quebrara tantas vezes ao longo de sua carreira — e, ainda assim, nunca houvera uma situação como essa. Sua queda, dessa vez, era um tombo planetário, uma debacle tão espetacular como fora sua ascensão. Aos poucos, porém, ia ficando claro que seu modo de processar os acontecimentos era muito particular. Sua capacidade de absorver os fatos era impressionante.

Eike passou os últimos dias no Serrador anestesiado — ou simplesmente indiferente. Até que, ao final do expediente da última sexta-feira útil de 2013, ele se levantou da cadeira que ocupava na mesinha que tomara emprestada de seu subordinado, disse que ia para casa e saiu do Serrador, sem choro, sem drama e sem nenhum comentário sequer — para nunca mais voltar.

Deixou para trás o passado com tudo o que lhe dera e tirara, levando consigo o presente turvo e sem glamour.

Epílogo
De volta ao começo

A tarde ensolarada e agradável se aproximava do final, na segunda semana de abril de 2014, quando o coreano de pouco mais de sessenta anos, com uns raros cabelos remanescentes, impecavelmente vestido com terno e gravata, recebeu Eike Batista empertigado na poltrona amarelada da luxuosa suíte do Sheraton Grande Walkerhill, um dos hotéis mais caros de Seul, a capital da Coreia do Sul. O visual ocidentalizado, a voz grave e o tom imperioso do discurso de Choi Jun Wang em nada preenchiam as expectativas de um leigo sobre um monge budista, e muito menos sobre aquele que seria um dos mais brilhantes discípulos do dalai-lama, como o haviam descrito ao empresário. Tampouco o diagrama impresso em couro que o asiático desenrolou sobre a mesa, diante de Eike, de seu consultor, Roberto Hukai, amigo da família Batista, e da tradutora convocada para aquele encontro, tinha a ver com as tradições budistas. Ainda assim, a performance fez sucesso.

Logo ao chegarem, Hukai disse ao guru que o empresário viera fazer negócios na Coreia do Sul e queria conselhos. Wang, então, abriu o tabuleiro que trouxera consigo e começou a analisar o que os desenhos lhe informaram. Depois de alguns segundos, começou a falar, muito sério. "O senhor é um líder nato. O senhor nunca atuou em política, mas é um talento político. O senhor será presidente do Brasil."

Dito assim, de chofre, o vaticínio impressionou. Hukai encarava Eike de olhos arregalados, e o ex-bilionário sorria discretamente, procurando se manter impassível. Até ele sabia que se tratava de uma previsão esdrúxula — assim como a que foi feita logo em seguida, com jeito de verdade incontestável: "O senhor será o homem mais rico do mundo em 2017". Hukai exultava. O empresário se mantinha quieto.

Para quem conhecia sua história, a previsão só faria sentido numa peça de ficção, mas nem Eike nem seu acompanhante fizeram qualquer objeção. Durante uma hora, o ex-sétimo homem mais rico do mundo ouviu as previsões do monge. Ao sair do encontro, Hukai ria. "Pô, Eike, ficou com cara de bunda, hein?" "De bunda, não, Hukai. De Buda!", respondeu o empresário, às gargalhadas.

Foi um raro momento de descontração. Eike passara os últimos meses assimilando o novo status de empresário falido. Depois do calote da OGX e do início da recuperação judicial da petroleira, ele submergira. Por orientação de advogados, abandonara as entrevistas — e evitava qualquer tipo de exposição pública. Até das costumeiras corridas na lagoa Rodrigo de Freitas abdicara. Mas continuava vivendo no mesmo conforto, com suas casas, seus carros, os seguranças, o jato Gulfstream e um helicóptero. Ainda frequentava os mesmos restaurantes. Os filhos ainda gastavam milhares de reais em uma única noitada e mantinham os luxos.[1] Só procuravam ser mais discretos.

Contudo, nas arenas que mais lhe importavam — a mídia, o governo e o mundo dos negócios —, Eike Batista se transformara num proscrito. Com a crise da OGX, a CVM acordara de seu estupor e produzira, desde março de 2013, onze peças acusatórias contra ele e seus ex-executivos,[2] por crimes como manipulação de mercado, uso de informação privilegiada e indução de investidor a erro. Desde 2009, a comissão havia aberto mais de duzentos procedimentos relativos às companhias X, a imensa maioria sobre aspectos burocráticos da vida das empresas. Só depois de elas passarem a derreter na bolsa a autarquia começou a identificar irregularidades mais graves. Eike se transformara então no alvo primordial.

Em decorrência das denúncias da CVM, a Polícia Federal abrira um inquérito contra o empresário e ex-diretores da OGX, e o Ministério Público se preparava para pedir — e conseguir, em maio — sua quebra de sigilo financeiro e bancário.[3]

Paralelamente, uma complexa negociação com credores, em especial os do Mubadala, se desenrolava sob o comando de Ricardo K. Os árabes lançavam mão de cada cláusula do acordo renegociado em 2013, em meio ao barata-voa da petroleira, para retirar de Eike o máximo que pudessem, enquanto o empresário, K. e os advogados procuravam formas de ganhar tempo e diminuir o tamanho do prejuízo. Não seria fácil.

Desde que haviam renegociado o pagamento do empréstimo de 2 bilhões de dólares, no auge da crise que sepultou as esperanças da OGX, eles vinham tomando os ativos de Eike um a um — os 400 milhões de dólares em dinheiro, a participação no Burger King, comprada de Jorge Paulo Lemann, e a IMX, de entretenimento. Para quitar a dívida, nos meses seguintes ainda levariam a REX, de empreendimentos imobiliários, uma parte das MMX11, debêntures que pagam um valor fixo de cinco dólares por tonelada de minério negociado pela MMX, uma participação na Prumo, a ex-LLX, dona do porto do Açu, e o dinheiro da venda da AUX — que o empresário tentava, desde 2012, repassar aos emires do Qatar. Quase tudo o que Eike tinha passava às mãos dos sheiks de Abu Dhabi, que até abriram um escritório no Rio de Janeiro para administrar a herança recebida.

Depois de deixar o Serrador, na virada do ano, ele voltara ao antigo reduto na praia do Flamengo —[4] o mesmo prédio, o mesmo andar, onde se instalara ao voltar do Canadá desacreditado, onde arquitetara as empresas X e dera os primeiros passos para a ascensão fulminante que o transformaria no sétimo homem mais rico do mundo. Ao retornar, levara consigo algumas TVs e parte dos móveis comprados nos tempos de glória, feitos sob medida para a sala luxuosa — os restantes haviam sido leiloados para ajudar a pagar despesas do grupo.[5] O ambiente ganhara carpete novo e móveis brancos, e a sala de Eike não era mais tão apertada quanto nos velhos tempos. Tinha um formato em L, que acomodava duas mesas grandes, trazidas do Serrador, uma poltrona grande de massagens e um conjunto de sofás aparentemente mais velho — tudo decorado com os badulaques de sempre. Nas salas em volta, apenas vinte funcionários e um clima de triste tranquilidade.

Amigos que o visitaram na época o encontraram baqueado, com a barba por fazer e uma discreta barriguinha se destacando sob a camiseta de malha sempre usada com o terno. Apesar da aparência e da linguagem corporal, o discurso ainda era o de quem esperava dar a volta por cima.

Desde que fechara o acordo com os credores da petroleira e definira um cronograma para entregar a eles a gestão da companhia, Eike e os poucos executivos que restaram seguiam tentando captar dinheiro novo para um fundo de infraestrutura, com o objetivo de recomprar parte das empresas em dificuldades, adquirir poder para influir de novo em suas decisões e fazer deslanchar as companhias que ainda controlava.

Quem o encontrava então achava impressionante que, depois daquela derrocada acachapante, ainda tivesse forças para se apresentar a investidores e pedir-lhes dinheiro — mais precisamente 1 bilhão de dólares. Os amigos chamavam isso de resiliência. Os detratores, de cara de pau. Foi com esse adjetivo que o diretor de um dos fundos de investimento visitados em janeiro, em Nova York, por Eike e pelo braço direito da vez, Marcus Berto, se referiu ao empresário, ao relatar o encontro a um amigo brasileiro.

Durante uma semana, a dupla passara o chapéu entre administradores de fundos que já haviam feito muito dinheiro com as empresas X e também entre especialistas em adquirir ativos em dificuldades — como os gestores do fundo Cerberus, um dos maiores desse tipo no mundo. Nas conversas, o empresário se defendeu, alegando que não tivera culpa pela quebradeira de seus empreendimentos. Como no passado, mais uma vez dividia a responsabilidade pelo fracasso entre os executivos, que lhe haviam dado falsas perspectivas, as dificuldades da economia mundial e brasileira, e o governo, que o incentivara a investir e depois o abandonara.

Dessa vez, porém, não colou. Ao contrário do que se passara no Canadá, quando do tombo da TVX, a queda do grupo X fora grande demais. Algo como 65,1 bilhões de dólares haviam simplesmente evaporado com a derrocada, se contabilizados os 48,6 bilhões que as companhias X valiam na bolsa em 2012, os 2,5 bilhões pelos quais as empresas de capital fechado foram avaliadas nessa época, os cerca de 12 bilhões de dólares em dívidas não pagas e os 2 bilhões que os fornecedores de todas as firmas X deixaram de receber.

Tratava-se de um colapso equivalente ao provocado no mercado financeiro americano pela quebra do Lehman Brothers ou pelo esquema fraudulento do banqueiro Bernard Madoff.

Ao final da viagem, ficaria claro que Eike ainda não deixara de ser tóxico.

Ele voltou de Nova York no início de fevereiro em avião de carreira —[6] e de mãos abanando.

A viagem à Coreia do Sul, em abril, era a segunda tentativa de retornar à cena. Na programação montada pelo consultor Hukai, havia conversas com potenciais parceiros para o tal fundo de infraestrutura, mas não só. Nos últimos tempos, Eike passara a considerar outras áreas de atuação, como saúde e tecnologia. "Não quero mais negócios que dependam só do governo", dizia, amargurado com o resultado de sua aposta na generosidade petista.

A verdade é que seria difícil voltar a atuar muito rapidamente nos setores em que se dera tão mal, então o ex-bilionário passou a pensar fora da caixa.

Dos dez encontros que teve na Coreia do Sul, o primeiro foi com Woo Suk Hwang — um cientista que, assim como ele, já tivera momentos de glória planetária convertidos em escândalo.[7] Entre 2004 e 2005, proclamara ter conseguido clonar células-tronco embrionárias a partir de pessoas adultas, células de cachorro e, ainda, ter obtido onze linhagens de células embrionárias clonadas de pessoas com determinados problemas de saúde. Tornara-se, com isso, famoso no mundo todo e herói nacional em seu país. Em poucos meses, porém, surgiram acusações de que as informações e conclusões de seus trabalhos eram falsas. A polêmica fez com que ele deixasse a universidade em que lecionava e fosse proibido pelo governo coreano de continuar pesquisas com células humanas.[8] Reconheceu a falsificação em alguns trabalhos e atribuiu a culpa a auxiliares, mas continuou sustentando dominar a técnica da clonagem de células embrionárias.

Mais recentemente, Hwang tinha conseguido registrar algumas patentes e recuperar um pouco da credibilidade. Captara alguns milhões de dólares e montara um laboratório em Seul, onde dizia já ter clonado seiscentos cães.[9] Procurava, então, parceiros para investir na clonagem de animais em escala industrial. Eike almoçou com ele e depois o visitou em seu laboratório. No mês seguinte, o coreano viria ao Brasil assinar um memorando de intenções para que tentassem captar investimentos juntos — com o objetivo de instalar um laboratório no país.

Nos dias em Seul, o empresário esteve ainda na CL Pharm, uma fábrica que produzia medicamentos sublinguais para 35 tipos de doenças, de malária a impotência. Pelas contas apresentadas a Eike, montar uma planta industrial dessas no Brasil exigiria um investimento de 10 milhões de dólares — para um retorno potencial de até 400 milhões em quatro anos. O ex-bilionário se empolgou com a ideia e saiu da sede da farmacêutica, na região oeste de Seul, com uma caixa cheia das amostras do remédio para impotência, uma espécie de "viagra sublingual", que ofereceria animado às visitas no Rio de Janeiro — sempre com um desafio na linha "satisfação garantida ou seu dinheiro de volta", para que o interlocutor comprovasse sua eficácia.

A questão era que ele não tinha — ou não podia sacar — o dinheiro necessário à implantação da fábrica. Mas, confiando que conseguiria o dinheiro, Eike recebeu os representantes da CL Pharm no Rio semanas depois de voltar ao Brasil e pagou 1 milhão de dólares pelo direito de seguir com o projeto no país. Dinheiro jogado fora, já que o projeto nunca foi adiante.

Ao final da estada em Seul, o encontro que realmente importava: com coreanos e malaios de uma companhia chamada EPCF Holdings, que afirmava ter dez escritórios na Ásia e no Oriente Médio e mais de 3 bilhões de dólares para aplicar em infraestrutura e energia ao redor do globo. O dinheiro, diziam os coreanos, vinha sobretudo de famílias ricas da Malásia, que supostamente possuíam visão diferenciada para os negócios e estariam dispostas a ouvir os planos de Eike.

A cifra mágica para o empresário passara a ser 1,4 bilhão de dólares — que os coreanos lhe dariam em troca de assumir a AUX e da CCX. A companhia de carvão já havia vendido as duas minas mais promissoras a uma mineradora turca, a Yildirim,[10] mas Eike achava que as vendera barato demais e que valia a pena recomprá-las e fazer com que alcançassem todo o seu potencial. A AUX, por sua vez, estava quase nas mãos dos árabes, mas Eike acreditava que os coreanos lhe pagariam um preço melhor.

As negociações prosseguiriam por mais cinco meses, com reuniões em Nova York, na Coreia do Sul e no Rio de Janeiro, aonde os asiáticos chegaram no final de agosto. Em vez de evoluir, porém, pareciam girar em círculos, sem chegar a ponto concreto. E nunca avançariam além disso, porque, na outra ponta, os credores de Eike faziam de tudo para que vendesse logo as minas da AUX para os qatarianos e lhes entregasse logo o dinheiro das garantias.

Em 15 de setembro de 2014, ele finalmente assinou a venda da AUX ao fundo do Qatar, por 400 milhões de dólares,[11] e pagou mais uma parte da dívida que tinha com o Mubadala, o Bradesco e o Itaú. Era um alívio no rombo que o ex-bilionário lhes causara, mas ainda pouco perto do que esperavam conseguir. Por isso, a pressão para Eike continuar se desfazendo do que mais pudesse continuava. Como o Hotel Glória, cuja venda era dada como certa no passado, mas se arrastava em uma interminável negociação com o grupo suíço Acron.

O que, sim, avançavam eram as investigações da CVM, da Polícia Federal e do Ministério Público Federal sobre os crimes financeiros cometidos por Eike. No foco, estavam as vendas de ações da OGX e da OSX que ele fizera entre maio e junho de 2013, semanas antes de a petroleira suspender a produção de seus poços, e no início de setembro, dias antes de o empresário admitir que não pretendia injetar na empresa o bilhão de dólares prometido por meio da *put*.

Além dele, outros administradores — como o ex-presidente da OGX Paulo Mendonça e o diretor financeiro Marcelo Torres — estavam na mira, por terem obtido 45 milhões de reais com a venda de papéis da companhia logo após a divulgação de notícias otimistas sobre descobertas que, segundo a própria CVM, eram infundadas e nada relevantes.[12] Outro grupo de ex-executivos da petroleira — que incluía Carneiro, Belotti, Monteiro e Faveret — era acusado de ter omitido informações do mercado em março de 2013, ao divulgar a declaração de comercialidade dos campos de Tubarão Areia, Tigre e Gato. Os campos seriam abandonados apenas quatro meses depois.

Em 15 de julho, Eike depôs na Polícia Federal,[13] acompanhado pelo advogado Sergio Bermudes, e manteve a versão de que fizera todas aquelas promessas ao mercado baseado em informações de seus executivos e técnicos, sempre ressaltando ter sido quem mais perdera em toda aquela história.

Conforme o tempo passava, aumentava entre os advogados e assessores o temor de que ele acabasse preso, a pedido de algum procurador ou delegado, sob um pretexto qualquer. Afinal, o empresário era um troféu, alvo fácil — e ainda midiático. Com a quebra de seus sigilos fiscal e financeiro, a situação poderia se complicar ainda mais. As transferências a Thor e Flávia Sampaio no auge da crise com os credores, além de alguns fundos offshore que Eike mantinha no Panamá e na Suíça, ainda desconhecidos dos investigadores, poderiam se transformar em um nó bastante difícil de desatar.

Dependendo do que viesse à tona, seria difícil conter o dano à já queimada imagem do empresário. O ex-bilionário, porém, seguia em constante negação, dizendo que não fizera nada de errado e que nada devia à Justiça. Estava cada vez mais sozinho.

Nos últimos meses, conforme a situação da OGX e da OSX se estabilizara, Ricardo K. e seu time haviam se voltado para a MMX e se distanciado de sua órbita. Como já ocorrera outras vezes, Eike começara a se sentir incomodado com o desfecho de algumas negociações e passara a espalhar que K. só pensava nas comissões que tinha por receber. Também mandara embora outro auxiliar bastante próximo, Marcus Berto, ao descobrir que ele tentara passar alguns milhões de reais do grupo para sua conta pessoal.

Só quem continuava firme no apoio ao chefe era o lobista Amaury Pires Neto, sempre exaltando seu brilhantismo e sua capacidade empreendedora.

Mantendo o estilo misterioso, Pires Neto ia com frequência a Brasília e voltava dizendo que "estava tudo resolvido" no Planalto: a Polícia Federal, assegurava, não lhe faria mal. Tratava-se de uma garantia no mínimo temerária, uma vez que o governo não conseguia conter nem mesmo as investigações sobre o mastodôntico esquema de corrupção operado na Petrobras pelo ex-diretor Paulo Roberto Costa — este, sim, caso bem mais danoso aos interesses de Dilma, que disputava a reeleição. De qualquer maneira, já ia longe o tempo em que a presidente e o PT tinham Eike entre suas prioridades.

Em meados de setembro, com a campanha eleitoral pegando fogo, a situação judicial do ex-bilionário se complicou ainda mais. A pedido de procuradores da República do Rio e de São Paulo,[14] foram abertos dois processos por crimes financeiros contra ele e ex-executivos do grupo X. A Justiça ordenou, ainda, o arresto de 1,5 bilhão de reais em bens do empresário, para compensar os prejuízos causados aos investidores pelo não pagamento da *put*, entre outras irregularidades.[15]

Mesmo tirando-lhe tudo o que ainda restara, seria impossível obter todo esse dinheiro em contas do empresário. Apesar de ainda manter algumas dezenas de milhões de dólares em suas contas e nas dos filhos, Eike se transformara em um homem de menos de 1 bilhão de reais.[16] E ainda assim vivia praticamente como antes, com os carros, o helicóptero, as estadas no New

York Palace, o iate com que passeava em Angra dos Reis e os seguranças que o acompanhavam por toda parte.[17] Fora preservado pelos bancos, que não tinham interesse em registrar em seus balanços, como perda, o prejuízo tomado com os empréstimos ao grupo X. Para minimizar os danos e sair daquele imbróglio da melhor forma possível, era preciso ajudar a preservar também o que ainda restava de fôlego às poucas companhias em que Eike ainda possuía participação.

Todas andavam mal das pernas. A OGX seguia em recuperação judicial, aguardando que os credores cumprissem o plano de lhe aportar 200 milhões de dólares para que pudesse seguir tocando os campos exploratórios. Passado um ano do pior momento da crise, a petroleira ainda mantinha o campo de Tubarão Azul, mesmo a produção tendo caído para 3 mil barris por dia, e conseguira pôr para operar Tubarão Martelo, que extraía 12 mil barris diários.[18] Somada, a produção era menos de um terço do prometido ao mercado só para o primeiro campo, lá em 2010. Os 3,6 bilhões de dólares que os fundos haviam emprestado à petroleira se converteram em participação na empresa, e muito provavelmente nunca serão recuperados.

A OSX seguia um percurso cada vez mais difícil e ainda não conseguira aprovar o próprio plano de recuperação judicial. As obras do estaleiro, no porto do Açu, haviam se transformado em um enorme esqueleto que ninguém se dispusera a adquirir. A Eneva, de energia, lutava para sobreviver com dívidas de 5 bilhões de reais e receitas bem aquém desse patamar.[19] Os novos preços do minério de ferro, a oitenta dólares a tonelada, haviam tornado inviável comercialmente a produção da MMX.[20] A companhia estava no centro de uma complexa renegociação de dívidas com credores, fornecedores e a Receita Federal, e tentava postergar a recuperação judicial. Só a Prumo, de logística, seguia em condições um pouco melhores. No final de agosto, enfim o minério da Anglo começara a chegar ao Açu.[21]

A inauguração do porto estava marcada para dezembro de 2014, com um tamanho ainda bem menor do que o previsto por Eike para a sua "Rotterdam dos trópicos". Os poucos clientes que haviam confirmado os investimentos atuavam no ramo de petróleo, vocação mais óbvia. Ainda havia um longo caminho a percorrer até que se tornasse um investimento compensador para os americanos do fundo EIG. Ainda assim, o Açu era o mais próximo do que se poderia chamar de legado, obra de infraestrutura realmente impressionante — que o empresário esperava ainda ser capaz de reabilitá-lo no mundo dos negócios.

Provar a importância de seu legado, aliás, se tornara uma obsessão para o ex-bilionário. Em 16 de setembro de 2014, um dia depois de a Justiça mandar bloquear os bens de Eike e de seus familiares, o advogado Bermudes, que comandava sua defesa, desencadeou uma estratégia destinada a posicionar seu cliente como vítima diante da opinião pública.[22] Convocou, então, uma sequência de entrevistas com quatro veículos de comunicação para que o próprio empresário dissesse que estava quebrado e que não tinha o dinheiro que o Ministério Público procurava.

Depois de um ano de absoluta reclusão, Eike voltaria a se expor. Sem conseguir refrear o impulso de produzir declarações midiáticas, ele disse à *Folha de S.Paulo* ser "um baque gigantesco" voltar à classe média —[23] afirmação que virou motivo de deboche nas redes sociais, uma vez que seu padrão de vida estava a anos-luz do da verdadeira classe média brasileira.

Como editora de *Veja* no Rio de Janeiro, fui uma das quatro jornalistas recebidas por ele naquele dia. Em uma hora de conversa, Eike reproduziu a defesa de praxe, eximindo-se de quase toda a culpa pelos prejuízos que a OGX provocara no mercado. Aceitou, apenas, a responsabilidade por não ter sabido julgar adequadamente a capacidade dos executivos que o cercavam.[24] Para quem o acompanhara de perto nos tempos de glória, era impossível não se impressionar com o ar abatido, o olhar cansado e a expressão de quem parecia que a qualquer momento deixaria escapar algumas lágrimas. Entre uma declaração e outra, sobrevinham lampejos de fulgor e o antigo discurso desafiador.

Nesses momentos, defendia ardorosamente seu império, criticava a imprensa, que julgava ser uma das culpadas por seu "desmonte", e, mesmo sem ter conseguido captar um centavo desde que retomara seus périplos pelo mundo, garantia continuar sendo capaz de cativar investidores e atrair dinheiro.

Para atravessar o deserto financeiro em que mergulhara, conseguira do Mubadala uma compensação de 5 milhões de dólares por mês durante os três anos seguintes,[25] desde que ajudasse a agilizar a transferência dos ativos para os árabes. Era uma bela quantia, cerca de 60 milhões de dólares ao ano. Contudo, do ponto de vista de quem já tivera em sua conta, num único dia, 5 bilhões de reais, os 5 milhões de dólares mensais com que teria de se ajeitar pelos próximos três anos pareciam mesmo coisa de classe média.

Como sempre, Eike tratou de virar a situação a seu favor, dizendo que os árabes estavam pagando por sua capacidade administrativa. E garantiu que se reabilitaria diante do público. "Se passei por essa crise gigantesca e estou aqui honrando meus compromissos, eu devo ter alguma coisa diferente, não é?"

Só o tempo será capaz de responder se Eike Batista passará para a história como visionário. Hoje, seu legado mais evidente são as perdas das dezenas de milhares de acionistas de suas companhias e o prejuízo bilionário que se espraiou pelos mais diversos setores da economia brasileira, em especial a fluminense.

Desde que o império X mergulhou no abismo, a janela histórica de exuberância que Eike aproveitou como ninguém se fechou. A China reduziu seu consumo de commodities, os preços baixaram, o Brasil entrou em recessão técnica e deixou de ser um dos mercados mais cobiçados do planeta para se converter num enclave difícil e inóspito para investidores nacionais e internacionais. O Rio de Janeiro também perdeu o impulso econômico. Anuncia-se, nos anos à frente, um tempo de pouca margem para delírios, em que a palavra de ordem será cautela.

Quem conhece a história dos ciclos econômicos, porém, sabe que, em algum momento, uma nova onda de exuberância irracional se sobreporá ao pessimismo geral. Eike Batista, que já sobreviveu a tantas intempéries, muito provavelmente estará a postos, pronto para uma nova tentativa. Talvez, no fundo, acredite que a profecia reluzente ouvida na Coreia do Sul possa se tornar realidade — e que ele ainda venha a ser o homem mais rico do mundo.

Como já diziam os galegos a respeito das bruxas, dessas coisas é melhor não duvidar. Se vier a acontecer, entretanto, será um lance de sorte fenomenal, típico da trajetória de Eike — mas, que fique bem claro, sem qualquer relação com a presciência do profeta coreano. Porta-vozes do dalai-lama dizem que o tal budista não é seu discípulo e que tampouco o conhece. E talvez não seja nem mesmo monge.

Posfácio
Eterna metáfora do Brasil

Eike Batista desceu do helicóptero em uma manhã ensolarada de dezembro de 2020 e já foi guiando seus convidados em direção ao centro de visitantes do porto do Açu, no litoral norte do Rio de Janeiro. Nas viagens até o Açu, o helicóptero chacoalha muito, e o visitante por vezes chega ao porto um tanto mareado. Mas Eike estava bem-disposto e até eufórico. Assim que se ambientaram, ele conduziu os convidados, o jovem executivo brasileiro Pedro Guimarães e o franco-egípcio Edmond Amir, a um painel gigante, com uma foto aérea do porto em preto e branco ocupando toda a parede. Marcações com sinais coloridos indicavam os locais das bases de empresas que já haviam se instalado ali.

Quem observasse a cena desavisado, sem saber que Eike já entregara todas as suas ações da llx para a Prumo Logística, controlada pelo fundo americano EIG Partners e pelos árabes do Mubadala,[1] pensaria que ele ainda era o dono do porto. A forma como cumprimentava os funcionários e a intimidade com o local davam a impressão de que nada havia mudado desde a queda do império X. Pura ilusão. Por deferência dos novos donos, Eike tinha acesso livre a todas as instalações do porto. Mas não estava ali a passeio. Se havia baixado no Açu num domingo, a poucos dias do Natal de 2020, era para tentar salvar a própria pele.

Fazia pouco mais de um mês que o ex-sétimo homem mais rico do mundo conseguira a chancela do Supremo Tribunal Federal à sua delação premiada.[2] Para fechar o acordo, Eike assinou dezoito confissões de crimes como pagamento de propina a parlamentares, manipulação de mercado, insider trading e lavagem de dinheiro. Assumira também o compromisso de pagar uma multa de 800 milhões de reais, a segunda maior já imposta a um delator no Brasil.[3] Em contrapartida, ganhou o direito de substituir os 46 anos de prisão (oito no regime semiaberto) aos quais já fora condenado[4] em três processos pela pena de um ano em regime fechado e mais três anos em regime semiaberto e aberto domiciliar.

Sem o acordo, ele estava fadado a passar os anos seguintes, possivelmente décadas, em uma via-crúcis de recursos e embargos, sem nenhuma garantia de que não acabaria atrás das grades no final.

Agora, podia esperar em liberdade pelo desfecho dos processos. Só depois que todos os recursos estivessem esgotados ele começaria a cumprir a pena combinada na delação. Soava estranho que alguém que já tinha feito um acordo continuasse recorrendo, mas era possível e até comum. Em 2019, o STF decidiu que os delatores só devem cumprir a pena depois que o processo transitar em julgado, ou seja, após todas as etapas serem cumpridas.[5] Assim, todo delator passou a apelar até o final para adiar o momento fatídico.

Uma obrigação, porém, nenhum deles conseguia adiar: a multa.

Pelo cronograma combinado com o Ministério Público no final de 2020, a primeira parcela da multa de Eike foi paga com os 116 milhões de reais já bloqueados pela Justiça, que simplesmente passaram para as contas da União. O restante, 684 milhões, seria pago em quatro parcelas de pouco mais de 170 milhões a partir de novembro de 2021. Faltava, portanto, menos de um ano para o primeiro depósito. Mas Eike não tinha de onde tirar o dinheiro.

Sua esperança estava nos dois visitantes do Açu e no personagem que eles representavam, um chinês chamado Andy Lai. Apresentado a Eike como "chairman Lai", ele dizia ser presidente de um fundo de investimentos especializado em infraestrutura e sediado em Hong Kong. O CDIL, ou China Development Integration Limited, teria "capital infinito"[6] para aplicar em empreendimentos de infraestrutura ao redor do mundo, e 3 bilhões de dólares[7] já estariam reservados para o Brasil. Segundo Guimarães e Amir, Chairman Lai era ligado ao Partido Comunista chinês e à iniciativa da Rota da Seda, um portentoso programa do governo de Xi Jinping para incentivar a criação de megaempreendimentos de infraestrutura e energia em diversos continentes.

Ao ser apresentado a Amir e Lai por Pedro Guimarães, Eike viu a chance de fazer decolar um plano que poderia tirá-lo daquele enrosco.

A ideia era resgatar da falência a MMX Sudeste, a parte da mineradora do grupo que ficara com Eike após a venda para a Anglo. Dona de minas no estado de Minas Gerais, a companhia teve a falência decretada em 2019, mas vinha conseguindo adiá-la por meio de seguidos recursos judiciais. No último, alegava ter um investidor interessado em comprá-la. Só precisava de tempo para levantar o dinheiro.[8]

Mas o ativo em que todos estavam de olho não era propriamente a mineradora falida, e sim um lote de títulos a que os envolvidos no imbróglio se referiam, de modo quase reverencial, como "as debêntures".

As debêntures haviam sido emitidas pela Anglo American e entregues a Eike e uns poucos sócios como parte da operação de compra do complexo Minas-Rio, em 2008. Eike ficou com 90% dos papéis, que prometiam pagar a seus detentores 2,415% da geração de caixa da mina a partir de 2025, até 2049. Dariam um rendimento entre 20 milhões e 50 milhões de dólares ao ano, a depender da cotação do minério de ferro.

Nas apresentações que fizera a Guimarães, Amir e Andy Lai, Eike calculou que com 50 milhões de dólares seria possível negociar um plano de pagamento aos credores e resgatar a mineradora da falência. E, para atrair o interesse do chinês, colocou no pacote as debêntures. Se, no final, as minas não fossem um bom negócio, pelo menos o rendimento dos papéis estava garantido.

Havia apenas um detalhe: esses mesmos títulos já haviam sido dados à Procuradoria-Geral da República como garantia pelo pagamento da multa da delação premiada. Caso Eike não tivesse dinheiro para pagar a multa, a União ficava com as debêntures. Para poder resgatá-las, os futuros sócios teriam que pagar a multa de Eike à vista. Com elas, reergueriam o império X a partir de seus ativos "de classe mundial".

Eike sonhava em criar, a partir da MMX, uma nova empresa de exportação de minério a preços competitivos, usando o terminal que apontava empolgado no mapa fotográfico do Açu. O empreendimento ainda abrigaria, também no Açu, uma usina de energia solar de 1100 MW, a maior do tipo no Brasil.

No papel, como sempre, eram planos grandiosos. Do ponto de vista prático, nem tanto. Empecilhos não faltavam, a começar pelo fato de que nem os visitantes de Eike tinham o dinheiro que diziam ter, nem o plano de negócios parava de pé do ponto de vista financeiro. As dívidas da MMX somavam mais de 1 bilhão de reais e a produção não justificava todo o investimento previsto. A construção da usina, por sua vez, já tinha sido avaliada por diversos investidores. Mas eles haviam abandonado a ideia por ser antieconômica.

Nada disso importava a Eike e seus parceiros, depois do passeio pelo Açu. Inebriados pela ideia de se tornarem bilionários, agora sob a chancela do "sócio chinês", eles só falavam do meganegócio e de suas grandes cifras.

Do carro, enquanto circulavam pelo porto, fizeram uma videochamada com o chairman Lai para comentar a visita. Ao final da conversa, um efusivo Eike fez uma promessa bem característica. "*Yes! Done!* Nosso negócio vai ser vendido num IPO em Hong Kong, e será tudo seu!" E diante da imagem do chinês sorridente na tela do celular, todos começaram a gritar em uníssono, como meninos numa excursão do colégio: "Chairman! Chairman! Chairman!".

Quem conhecia de perto a história de Eike Batista perderia a conta ao tentar lembrar quantas vezes já vira cenas como aquela. O empresário sempre teve um ímã para personagens insólitos que surgem do nada com projetos que dizem valer bilhões. Foi assim antes de ele se tornar o sétimo homem mais rico do mundo, e continuou sendo mesmo depois que suas empresas viraram pó. Os arrivistas acreditam que ele ainda tem muito dinheiro escondido em algum lugar para aplicar em seus negócios mirabolantes. É uma crença baseada em diversas lendas que até hoje circulam no mercado financeiro. Uma delas conta que, às portas da bancarrota, Eike fez uma operação secreta para ocultar bilhões em Hong Kong, por meio de um operador muito conhecido entre empreiteiras e lavadores de dinheiro brasileiros. Outra reza que, num dos piores momentos da crise do grupo X, Eike foi disfarçado à província de Macau, paraíso fiscal na China, levando dinheiro em malas para depositar em cofres de bancos locais. Infelizmente, para eles e para o próprio Eike, são apenas lendas.

Nos anos que se seguiram à quebra do grupo X, investidores, o Ministério Público e credores saíram à caça de contas secretas e ativos de Eike escondidos pelo mundo. Em 2017, a pedido de um investidor coreano, a Justiça americana mandou bloquear 63 milhões de dólares em contas do empresário, qualquer que fosse o país onde estivessem. Foram descobertos apenas 7 milhões de dólares em uma conta nas Ilhas Cayman.[9] Em 2019, calculando que Eike pudesse ter escondido dinheiro com o filho, o administrador judicial da MMX conseguiu na Justiça o bloqueio de 778 milhões de reais das contas de Thor Batista. Mas foram encontrados 130 milhões, devidamente arrestados.[10] Os bens dos filhos — incluindo os que haviam recebido de Eike, em meio à ruína do grupo X — também foram tomados para pagar os credores.[11]

Quando os representantes do chairman Lai chegaram ao Açu, portanto, a situação de Eike em nada se parecia com a dos golpistas de filmes hollywoodianos que se refugiam no Brasil e vivem do dinheiro que amealharam com seus truques.

É fato que ninguém sabia muito bem como ele se sustentava. O próprio Eike dizia viver de palestras, consultorias e vídeos com conselhos de empreendedorismo que fazia para o YouTube e o Instagram. Ele ainda tinha o Mr. Lam, o restaurante chinês que montou no auge do império X. Mas não consta que seus clientes ou o Mr. Lam sejam suficientes para mantê-lo com escritório, secretária e alguns auxiliares.

Até hoje há um certo mistério em torno de como Eike paga suas contas. Uma das hipóteses aventadas por vários executivos e ex-executivos do empresário é que pelo menos parte dos custos seja paga pelo estaleiro OSX, a única empresa que ele ainda controla e que ainda tem receita.

A suspeita se funda no fato de que a companhia, que saiu da recuperação judicial em novembro de 2020, recebe 26 milhões de reais anuais pelo aluguel de lotes que ainda detém no complexo do Açu. Pelo acordo firmado com os credores, esse dinheiro já poderia ser usado para antecipar o pagamento das dívidas da OSX, que somam mais de 7 bilhões de reais, mas a empresa gasta 12 milhões só com remuneração de pessoal e de prestadores de serviço, como advogados[12] — e ainda não começou a pagá-los.

A direção da OSX, porém, nega ter pago qualquer despesa de Eike e diz que os desembolsos aos credores vão seguir o combinado na recuperação judicial e começarão a partir de 2025.

Sabe-se que, vez por outra, pingam nas contas dele recursos de uma ação judicial vencida ou da venda de algum bem não bloqueado. No que falta, ele sempre pode contar com a mulher, Flávia Sampaio, que recebeu pelo menos 25 milhões de reais do marido a partir de 2013, quando as empresas X começaram a ruir.[13] O casal, que já tinha o filho Balder, nascido em 2013, ganhou em março de 2022 uma menina, Tyra. Todos seguem morando na mansão do Jardim Botânico, que ainda não foi arrestada pela Justiça — por ser bem de família, a casa não pode ser tomada para pagar dívidas. Com frequência, Eike é visto caminhando pelas ruas do bairro carregando uma sacola de compras ou fazendo compras sozinho na padaria, sem o esquema de segurança ou o entourage de outros tempos.

Nos dois primeiros anos após a quebra, Eike já não era mais bilionário, embora ainda tivesse algumas centenas de milhões de dólares à disposição, nas contas que não haviam sido localizadas e nas empresas que não haviam sido tomadas. Mas consumiu o dinheiro rapidamente, tentando erguer novos negócios.

A iniciativa em que o ex-bilionário mais se empenhou foi a Clean World Technologies, ou CWT, que ele montou para explorar a hidroxiapatita, substância que dois cientistas de Minas Gerais diziam ser revolucionária: serviria para fabricar desde uma pasta de dentes milagrosa, que restaura o esmalte, até para sequestrar carbono na atmosfera e quebrar moléculas de petróleo, tornando menos poluente o funcionamento de motores de carros e máquinas em geral. Confiando que a CWT seria a sua redenção, ele contratara um dos escritórios de advocacia mais caros dos Estados Unidos para registrar as patentes de suas descobertas.

Acionando velhos contatos, Eike conseguiu ser recebido pelo presidente mundial do Bank of America e chegou a fechar memorandos de investimento com o bilionário austríaco Johann Graf, dono de um grupo de cassinos espalhados pelo mundo. Mas apesar de anos de esforço e dos milhões consumidos em patentes, protótipos e viagens, a tecnologia até hoje não se provou viável, e nada foi adiante.

O desfecho não chegou a surpreender os aliados de Eike. O que realmente impressionava os executivos e advogados que o seguiam, quase todos incorporados já depois da queda, era a deferência com que ainda o tratavam.

Eike respondia a três processos na Justiça, era alvo da então temida operação Lava Jato, e qualquer avaliação de risco ou de compliance de instituição financeira proibiria seus funcionários de terem uma única reunião de negócios que fosse com uma figura com aquele currículo. No caso dele, porém, parecia não haver compliance ou impedimento. Muitos dos banqueiros que tinham ascendido no mercado financeiro e enriquecido com as comissões arrecadadas nos IPOs das empresas X agora se sentiam na obrigação de dar a Eike uma chance de ao menos tentar vender seus planos. Ele estava baqueado, mas seu histórico de fazedor de dinheiro ainda exercia um razoável poder de atração. Muita gente se recusava a acreditar que o propalado poder multiplicador de Eike tinha realmente se esgotado. Sempre havia quem ainda apostasse em uma nova jogada genial.

O Brasil também não enfrentava um bom momento. A economia mergulhava numa recessão. A cotação do dólar e as taxas de juros atingiam patamares cada vez mais altos. A presidente da República, Dilma Rousseff, estava cada vez mais pressionada pelas investigações da Lava Jato. Ainda assim, durante meses o impeachment foi tratado como uma possibilidade remota, e também havia ainda quem apostasse na recuperação econômica do país.

Só que, à medida que o tempo passava, foi ficando evidente que uma volta por cima não seria tão simples — nem para o governo Dilma, nem para Eike Batista. A Lava Jato vinha crescendo em importância e poder, avançando sobre territórios ainda inexplorados do "Petrolão". E foi quando ela começou a se estender para a Sete Brasil e seus negócios de contratações de plataformas que a trajetória de Eike voltou a se interligar com a dos governos petistas.

As primeiras menções às empresas X começaram a aparecer na Lava Jato em agosto de 2015. Primeiro foi o ex-diretor da OSX, Eduardo Musa, que relatou pagamento de uma propina de 5 milhões de reais a um antigo lobista da Petrobras em troca de um contrato para a construção de plataformas. Segundo Musa, o suborno era negociado pela Mendes Júnior, associada da OSX no empreendimento, em nome das duas empresas, para que a licitação fosse dirigida e garantisse a vitória do consórcio. Musa contou que era o CEO, Luiz Carneiro, quem se reunia com Eike para tratar de assuntos da OSX, mas não envolveu o empresário na negociata.[14]

Dois meses depois, em outubro, foi a vez de o lobista Fernando Baiano dizer que intermediara o pagamento de quase 2 milhões de reais da OSX para o pecuarista José Carlos Bumlai, amigo de Lula. O dinheiro seria o adiantamento de uma comissão pelo fechamento de um contrato para o arrendamento de plataformas da OSX pela Sete Brasil — que, ao final, nunca se concretizou.[15] Segundo Baiano, Bumlai disse que o adiantamento seria para pagar uma dívida da nora de Lula pela compra de um apartamento. Baiano também não mencionou o nome de Eike. Segundo ele, seus interlocutores nas negociações com a OSX eram Luiz Carneiro e Carlos Bellot. Bumlai negou tudo.

Até então, Eike também podia negar tudo.

As coisas começaram a se complicar a partir de fevereiro de 2016, quando o casal de marqueteiros Mônica Moura e João Santana foi preso pela Lava Jato. Mônica, que cuidava das finanças da firma de propaganda política, havia estado na sede do grupo X para acertar o pagamento de 5 milhões de reais atrasados da campanha de Fernando Haddad, em 2012.[16] Disso, Eike sabia; não tinha como negar. Ele mesmo havia combinado o pagamento com o ministro da Fazenda, Guido Mantega, num encontro em Brasília.[17] E ele mesmo havia assinado a ordem de transferência do dinheiro, que saiu de uma de suas contas.

No final de março, a Lava Jato prendeu doze executivos e operadores da Odebrecht[18] e divulgou as transferências de recursos da empreiteira para a mesma conta de Mônica Moura e João Santana que tinha recebido dinheiro de Eike. Por isso, quando surgiram as primeiras notas informando que o casal de marqueteiros negociava uma delação, ele sentiu que precisava agir rápida e preventivamente.

Em 20 de maio de 2016, Eike desembarcou em Curitiba num jato particular com três advogados, para um depoimento voluntário aos procuradores da Lava Jato.[19] Fazia um mês que o processo de impeachment de Dilma Rousseff estava em curso na Câmara dos Deputados. A operação de Curitiba parecia então uma força inabalável, contra a qual não se podia lutar. O melhor, calcularam Eike e seus advogados, era tentar se aliar a ela — ou pelo menos fingir que se aliavam.

Numa narrativa meio caótica, mas suficientemente clara, ele contou que, em novembro de 2012, o ministro da Fazenda de Dilma lhe pedira os 5 milhões após uma reunião no gabinete, em Brasília, sobre os projetos do grupo X. Entre várias ressalvas para tentar dar legitimidade ao gesto — "minha cultura é de fazer a coisa certa"; "eu queria que fosse tudo legal"; "comigo não tem dessas coisas" —, Eike confessou que uma conta sua no exterior enviara dinheiro à Shellbill, de Mônica Moura.[20]

Já sabendo que um relatório de prestação de serviços fajuto tinha sido produzido para justificar os pagamentos, ele floreou a história. Disse ter pedido aos marqueteiros, em troca do dinheiro, uma consultoria sobre o ambiente de negócios na Venezuela e em Angola. "Eu já investi nesses países", enrolou. Na verdade, ele tinha comprado, nos anos 1990, uma área de exploração de ouro na Venezuela, que nunca chegara a ser desenvolvida. Com Angola, sua única ligação fora vender fardas para o governo quando ainda estava na faculdade, na Alemanha. Eike até admitiu: "Era um contrato interessante, tem informações interessantes, mas se você me perguntar se valiam 5 milhões, não valiam, não". Quando o procurador perguntou quanto valia, na verdade, derrapou de novo: "Metade".[21]

Por um tempo, o depoimento livrou Eike do escrutínio da Lava Jato. Mas só por um tempo.

O risco Lava Jato se abateu novamente sobre Eike Batista no final de janeiro de 2017. O ano tinha começado com um sopro de esperança na recuperação econômica do país, depois de um 2016 tumultuado e sofrido. Dilma Rousseff havia sido tirada do poder pelo impeachment, e Michel Temer se tornara presidente da República. Num ambiente mais favorável para os investimentos estrangeiros no Brasil, Eike tinha expectativa de que a CWT enfim decolasse.

Tudo isso se tornou irrelevante quando o advogado do empresário, Fernando Martins, recebeu uma informação que mudaria o rumo das coisas. Martins tinha feito carreira defendendo policiais federais e, por meio de seus contatos, ficou sabendo que a Lava Jato do Rio de Janeiro estava prestes a prender Eike.

Com a prisão de Sérgio Cabral em novembro de 2016, os irmãos Chebar — doleiros conhecidos no Rio que atuavam no Uruguai lavando dinheiro de boa parte da elite fluminense — perceberam que logo seriam pegos também. Então se anteciparam, procurando o Ministério Público para oferecer uma delação. Em troca de um acordo com penas bastante brandas e uma multa de

4,7 milhões de reais,[22] forneceram informações valiosas à Lava Jato do Rio — incluindo uma história que Eike omitira de seus colegas de Curitiba.

A Golden Rock, mesma offshore pela qual Eike pagara Mônica Moura e João Santana, tinha sido usada para enviar ao governador Sérgio Cabral 16,5 milhões de dólares em propinas. O pagamento, feito em 2011, fora justificado por um contrato de fachada entre Eike e os doleiros. O documento dizia que os irmãos Chebar haviam intermediado a venda de uma mina de ouro na Colômbia, o que eles nunca fizeram.[23] As semelhanças com o contrato de serviços fajuto dos marqueteiros não eram coincidência, e sim modus operandi.

Em 2015, quando uma ação de busca e apreensão da Polícia Federal encontrou na casa de Eike um extrato com o nome da conta Arcadia e uma anotação que dizia apenas "Renato Chebar", um alerta soou no grupo X[24]. Apreensivos, Cabral, os doleiros e o diretor jurídico do grupo, Flávio Godinho, se reuniram no Rio para discutir o caso e combinar os detalhes de sua versão sobre a intermediação da venda da mina de ouro. Agora que eles tinham entregado o serviço à Lava Jato, Eike percebeu que estava prestes a engrossar a lista de figurões presos. Para isso, ele definitivamente não estava preparado.

Na madrugada de 26 de janeiro de 2017, quando os três carros da PF chegaram ao Jardim Botânico, bem embaixo do sovaco do Cristo Redentor, e pararam em frente ao imenso portão da mansão protegida por um muro alto coberto de hera, Eike estava a salvo em Nova York. Godinho, que àquela altura já deixara a diretoria do grupo X, não teve a mesma sorte e foi preso logo pela manhã. Além dele e de Eike, mais sete pessoas ligadas a Cabral eram alvo da Operação Eficiência, baseada na delação e nos documentos entregues pelos irmãos Chebar.

Ao decretar a prisão preventiva de Eike, o juiz Marcelo Bretas considerou que, solto, ele poderia tentar obstruir as investigações, como já fizera no passado, ao mentir para a Justiça.[25] Num depoimento em juízo, o empresário dissera que a quantia de 1 milhão de reais que ele havia repassado ao escritório da ex-primeira-dama Adriana Ancelmo era o pagamento pela estruturação de um contrato que o grupo X teria feito com a Caixa Econômica Federal, para montar um fundo de investimentos. Só que o juiz consultou a Caixa, que informou que nem tal contrato nem o fundo de investimentos existiam — muito menos qualquer serviço feito pela ex-primeira-dama.

Ao longo da manhã, enquanto os policiais revistavam a mansão e prendiam os outros alvos da operação, o advogado de Eike procurou a Lava Jato e disse que o empresário estava em viagem de negócios, mas voltaria para se entregar. Assim como em 2008, quando a sede do grupo X fora alvo de busca e apreensão pela Polícia Federal na Operação Toque de Midas, o empresário não estava no Brasil. Mas, ao contrário do que acontecera naquela época, dessa vez havia uma ordem de prisão contra ele.

Formalmente, Eike era um foragido, e a Interpol foi acionada para localizá-lo. Se ele não voltasse ao país, seria caçado pelo mundo. Como não se sabia ao certo seu paradeiro, por alguns dias especulou-se que poderia ter se refugiado na Alemanha, o que tornaria sua captura quase impossível — Eike tem cidadania alemã, e o país não extradita seus cidadãos. Só que o suspense durou pouco. Ele evitou a prisão por uns dias, mas, segundo disse a várias pessoas nos anos seguintes, nunca pensou em fugir para sempre.

Na noite de 29 de janeiro, um domingo, Eike Batista embarcou em Nova York num voo para o Rio de Janeiro. Foi preso ao chegar, na manhã do dia 30. Nos dias entre a ordem de prisão e o encarceramento, a saga de Eike voltou a mesmerizar o Brasil.

As imagens do empresário na poltrona da classe executiva do avião, se recostando no travesseiro e dizendo coisas como "estou cumprindo meu dever", ou "quero ser transparente, tem que cumprir as regras do jogo", foram repetidas à exaustão nos programas da Globo, que colocara um repórter em seu encalço e na poltrona ao lado, no avião.[26] A mesma coisa se passou com as imagens de um Eike já careca, sendo escoltado por policiais federais rumo a Bangu 9. Mesmo depois da queda, Eike era o símbolo de um país que um dia tinha dado certo. Agora, estava atrás das grades.

Ao contrário de seus colegas da elite empresarial brasileira que tinham sido alvo da operação, porém, ele não lutava publicamente contra a Lava Jato. No claro intento de se diferenciar dos "culpados", elogiava a operação e tratava tudo o que estava acontecendo a ele como um engano. Ao ser localizado pela equipe da TV Globo no aeroporto de Nova York, antes de embarcar para se entregar, disse ao repórter Felipe Santana que a Lava Jato era "espetacular": "O Brasil que está nascendo agora vai ser diferente. Você vai pedir suas licenças, vai passar pelos procedimentos normais, transparentes, e se você for melhor, você ganhou e acabou a história". E completou: "O Ministério Público está passando o Brasil a limpo de uma maneira fantástica".[27]

Três meses depois da primeira prisão, em abril de 2017, Eike foi solto por uma liminar do ministro Gilmar Mendes, do Supremo Tribunal Federal.[28] Nos dois anos seguintes, foi condenado a trinta anos de prisão no processo[29] sobre os irmãos Chebar e multado em quase 560 milhões de reais pela Comissão de Valores Mobiliários (CVM) por uso de informações privilegiadas e pela manipulação de preço das ações da OGX[30] — empresa que, após o fim da recuperação judicial, mudou de nome para Dommo Energia e hoje tem apenas 20% do único campo que ainda produz alguma coisa, Tubarão Martelo, extraindo 10 mil barris de óleo por dia (a título de comparação, a Petrobras produz 2,5 milhões de barris diários). Eike recorreu das multas e da condenação e continuou enfrentando os processos em liberdade.

Nesse meio-tempo, Eike tentou negociar um acordo de delação premiada com a Lava Jato do Rio de Janeiro. As conversas, porém, davam em nada, porque ele sempre se propunha a contar bem menos do que os procuradores já sabiam.

Até que, em agosto de 2019, foi preso de novo. Dessa vez, quem o delatou foi o banqueiro Eduardo Plass.[31] Ex-sócio e CEO do então Pactual, Plass conhecera Eike antes do auge. Depois, saiu do banco e criou sua própria gestora de investimentos. Montou também o TAG Bank, um banco no Panamá que não tinha agências e quase nenhum funcionário, mas abrigava contas de Eike e de vários outros endinheirados com interesse em operações obscuras. Um deles era o governador Sérgio Cabral, que segundo o próprio Plass lavou em seu banco 6 milhões de dólares.[32]

Era no TAG que ficava a Golden Rock, a offshore que Eike usou para enviar dinheiro a João Santana e Sérgio Cabral. E foi por lá que passou parte das operações pelas quais o próprio Eike e outros executivos do grupo X apostavam ilegalmente em ações que eles sabiam que iriam se valorizar, ou faziam shorts milionários a partir da informação de que as empresas teriam más notícias para o mercado. A delação de Plass impôs a Eike mais dois dias na cadeia. Ele, que continuava negando tudo, logo foi libertado por ordem da desembargadora Simone Schreiber, do Tribunal Regional Federal do Rio de Janeiro. Estava livre, mas definitivamente condenado para os negócios.

No final de 2019, o Brasil era, sim, um país bem diferente daquele que presenciara a ascensão da Lava Jato e as primeiras prisões de Eike. Mas, ao contrário do que o empresário previra em suas entrevistas, o Brasil que emergiu daquela vez não era mais transparente e melhor, tampouco havia sido passado a limpo. Pelo contrário.

Vivíamos os dias seguintes a uma reviravolta do naipe das mais malucas viradas que Eike já experimentara. Tínhamos atravessado uma campanha eleitoral nervosa, marcada pela ausência de Lula, preso pela Lava Jato, e pelo atentado a faca contra o candidato de extrema-direita Jair Bolsonaro. O ex-capitão do Exército saiu vencedor, mas o embate político não arrefeceu.

Eleito com uma plataforma de "limpeza" da política e reforço da agenda anticorrupção, Bolsonaro atraiu o ex-juiz da Lava Jato, Sergio Moro, para o governo. Mas, desde o dia em que assumiu o cargo, trabalhou firme para desmontar o aparato institucional que permitira o surgimento da operação. Entre outras iniciativas, nomeou para chefiar o Ministério Público um procurador das antigas, que dizia ser contra a criminalização da política e os abusos da Lava Jato.

Pouco tempo antes, o caso da Vaza Jato havia exposto à opinião pública o modo como os procuradores e o juiz operavam, jogando junto nos bastidores e extrapolando alguns limites da sua atuação. O golpe sobre a operação foi forte, fragilizando Moro no governo, e àquela altura nem a operação nem seu ex-juiz pareciam mais imbatíveis.

A reação à nomeação de Augusto Aras para procurador-geral da República em Brasília mostrou que alguma coisa tinha mudado. No dia em que ele foi indicado, bolsonaristas e moristas protestaram nas redes sociais, mas políticos de todos os matizes envolvidos em investigações comemoraram. Até a oposição ao governo celebrou "o fim da Lava Jato".

Bolsonaro, assim como boa parte da classe política, não queria saber de ver seus filhos, sua mulher e sua ex-mulher investigados por receber dinheiro com origem na rachadinha. Não achava a menor graça em ver as movimentações financeiras dos funcionários fantasmas dos gabinetes da família serem escrutinadas pelo Conselho de Controle de Atividades Financeiras (Coaf). Na hora de investigar seus inimigos políticos, a Polícia Federal, a Receita e o Ministério Público eram heróis. Quando chegou a sua vez, Bolsonaro melou o jogo e promoveu o único acordo possível com petistas e parte importante do Supremo Tribunal Federal.

Politicamente inviabilizado, sem força no governo, Sergio Moro deixou o Ministério da Justiça atirando contra o ex-presidente Luiz Inácio Lula da Silva. Mas seus gestos já não eram recebidos da mesma forma que antes. Em dois anos, passara de juiz da maior operação contra a corrupção já realizada no Brasil a facilitador de um governo que minava as instituições de controle e desafiava sistematicamente a própria ordem democrática. Sem cargo no Judiciário nem no Executivo, Moro se tornou mais um nome na planície política.

Com a mudança dos ventos, mudaram também os consensos jurídicos, e as sentenças da Lava Jato que o Supremo endossara no passado começaram a ser revistas, canceladas e até revertidas pela mesma corte. Por ironia, ou talvez por necessidade, o maior beneficiado por esses novos tempos seria o grande inimigo político de Bolsonaro, Lula. Por ironia, ou talvez por conveniência, Eike Batista foi escolhido como escudo.

Para Eike, a Lava Jato não acabara, muito pelo contrário. A negociação com a equipe de Augusto Aras era a sua última esperança. A relação do ex-bilionário com os procuradores do Rio de Janeiro era de total descrédito. Ele era visto como alguém inconfiável, que não tinha no fundo a menor intenção de confessar crime nenhum. Até ali, o empresário conseguira se safar da prisão por meio de subterfúgios jurídicos, mas não tinha podido evitar se tornar um proscrito no mundo financeiro. De seu lado, Aras fora confirmado no cargo sem problemas, mas estava sob ataque da imprensa e de parte da opinião pública, que o considerava um aliado dos corruptos, um engavetador-geral da República. No final de 2019, os interesses dos dois convergiram, mas fechar o acordo não foi simples.

Eike se reuniu com os procuradores, prometeu confessar vários crimes e concordou com as condições do acordo. Na última hora, porém, roeu a corda e disse que não ia assinar documento nenhum. Convencido de que as condições impostas pelos investigadores eram muito duras, ele demitiu o advogado

Fernando Martins e o acusou de traí-lo e de fazer o jogo do MP. Em seguida, contratou outros defensores e pediu que tentassem começar tudo de novo em Brasília.

O argumento era que, como entregaria parlamentares e autoridades com foro privilegiado, o correto seria fechar o acordo na capital federal. Naquele momento, a jurisprudência a esse respeito não era clara sobre o que fazer quando o crime de um parlamentar havia sido cometido num mandato já terminado. Como era o caso de todos os delatados pelo ex-bilionário, os procuradores fluminenses diziam ter legitimidade para processá-los no Rio mesmo.

Os advogados de Eike achavam que levar o caso para Brasília era plenamente justificável. Além disso, todo mundo naquela negociação também sabia que fazia todo o sentido para o empresário esperar, pois seria bem mais fácil negociar com Aras, alguém que se dizia contra a espetacularização das operações e a criminalização da política.

O que Eike não podia calcular era que o procurador-geral também tinha seus planos para aquela delação. Aras queria provar que era tão ou mais capaz de "combater a corrupção" do que a Lava Jato — mas pelos próprios métodos. Se Eike não queria fechar o acordo com o Rio, era muito bem-vindo em Brasília. Mas, como os fluminenses eram quem mais conheciam o caso do empresário, eles foram chamados para assessorar a zero dois de Aras. Ele queria um acordo vistoso para assinar. Por essa Eike já não esperava.

"Está faltando coisa nesses anexos", disseram os procuradores na primeira conversa com os advogados, em novembro de 2019, assim que leram a proposta de delação. "Ele está cometendo um crime agora. A gente sabe disso e não adianta tentar esconder." Os novos defensores de Eike, Rodrigo Mudrovitsch e Victor Rufino, não puderam disfarçar o espanto. Eles já tinham ouvido muitas histórias sobre o cliente, mas não conseguiam acreditar que, precisando fechar um acordo que já estava tão difícil, Eike ainda pudesse estar escondendo coisas do Ministério Público. Que crime poderia ser esse? Então àquela altura do campeonato Eike ainda não havia contado tudo? "Voltem lá e vejam se não tem mais nada que ele queira confessar."

De volta ao Rio, os advogados perguntaram a Eike do que, afinal, os procuradores estavam falando. O ex-bilionário fez cara de paisagem. Não havia nada, imagina! Eles insistiram, mas não conseguiam descobrir nada. Só depois de dois meses de idas e vindas entre Brasília e Rio de Janeiro os auxiliares de Aras baixaram a guarda: "Estamos vendo que vocês estão de boa-fé, então vamos tentar ajudá-los. Ele está cometendo um crime agora, e é no BNDES".

Desta vez, Eike não teve como negar. Segundo relatos dos participantes das conversas, naquele período, mensagens de celular, e-mails e documentos mostravam que ele havia iniciado uma negociação com o senador Zequinha Marinho, do PL do Pará, em que pedia sua ajuda para conseguir financiamento no BNDES para um projeto de exploração de minas de ouro no estado. Eike também contratara uma consultoria que dizia ter uma entrada privilegiada no BNDES. Com a descoberta das negociações, o esquema foi abortado.

Os advogados ficaram embasbacados. Ou Eike realmente não tinha noção do perigo, ou o impulso de esconder e mentir era mais forte do que ele. Ou os dois. Eles estavam suando para tentar demonstrar ao MP que o acordo podia ser feito em Brasília mesmo sem envolver parlamentares no exercício do cargo. E eis que Eike tinha uma história sobre um parlamentar na ativa, mas não contava? Afinal, ele queria ou não um acordo?

A negociação com o senador não se concretizara, e quando eu o consultei a respeito do caso, ele negou sequer ter se encontrado com Eike.[33] Mas, para os advogados, a história era suficiente para justificar que a negociação continuasse em Brasília. Do ponto de vista político, aliás, a delação de Eike não era, por assim dizer, suculenta. Os nomes que ele entregava já haviam sido implicados em outros inquéritos bem mais complexos e detalhados. Eduardo Cunha, Andre Vargas, Aécio Neves, Edison Lobão, Sérgio Cabral e outras figuras carimbadas da Lava Jato também tinham uma pilha de processos e acusações com que se preocupar. Além do mais, não surpreendia ninguém que estivessem envolvidos em negociações heterodoxas.

O verdadeiro chamariz da delação de Eike, na opinião dele e de seus advogados, era outro: um seleto conjunto de bancos que ele dizia terem possibilitado que ele e outros executivos do grupo X realizassem operações de insider trading e manipulação de mercado ao longo de anos. Segundo o relato de Eike, seis bancos haviam abrigado operações irregulares avaliadas em 1 bilhão de dólares — BTG, Itaú, Morgan Stanley, Credit Suisse, Deutsche e Goldman Sachs. O esquema, que ele descreveu em um anexo de mais de vinte páginas, teria sido feito ao longo de anos, usando um instrumento financeiro chamado P-Notes.

As P-Notes são um tipo de derivativo, um contrato bancário que se faz para aplicar dinheiro no exterior e que prevê certo rendimento em caso de valorização ou desvalorização de um ativo específico. No caso, o ativo eram as ações das empresas X. Por meio desses contratos, Eike podia comprar e vender ações do próprio grupo sem se identificar, ganhando com informações privilegiadas e manipulando o movimento dos papéis conforme seus interesses.

Parecia realmente uma delação bem mais afinada com o novo momento do Brasil. Não enredava políticos relevantes, mas implicava grandes bancos em crimes com valores elevados. Com uma confissão de 1 bilhão de dólares, que avançava contra o grande poder econômico, quem poderia acusar o PGR de se recusar a combater a corrupção?

O único problema era que, depois do impasse em torno do caso de Zequinha Marinho, Eike perdera a capacidade de barganha por penas muito menores. Ao final, o acordo ficou semelhante à proposta que havia sido feita antes pelos procuradores do Rio. Reduziram-se alguns meses da pena em regime fechado, somando um ano. A multa, que seria de 1 bilhão de reais, passou para 800 milhões.

Perto do que Eike e seus advogados esperavam no início das tratativas, era pouco. Ainda assim, ele se mostrou satisfeito. A bem da verdade, as condições do acordo já não importavam tanto. Eike também parara de se queixar o tempo todo da traição de advogados e de executivos. Animado com a perspectiva de fechar logo o acordo, o ex-bilionário tornou-se mais colaborativo com advogados e procuradores. Resolver a questão criminal era sua prioridade, mesmo que o preço fosse alto. Tratava-se de uma das mais altas multas individuais da história.

No escritório, Eike voltou a exibir um comportamento que lembrava o dos bons tempos. Recomeçou a fazer reuniões com pessoas que traziam projetos e novas ideias de negócios e a encontrar estrangeiros que vinham ao país buscar oportunidades, além de ter ressuscitado seu bordão preferido, *"Eike is back"*, entre risadinhas enigmáticas. Dizia que os investidores estavam chegando, que o Brasil em breve voltaria a ser a bola da vez e que ele logo retornaria ao jogo dos grandes negócios, pois estava fechando seu acordo de delação. Depois de limpar a barra com a Justiça, pensava, os investidores certamente viriam, porque havia coisas que só ele, Eike Batista, era capaz de fazer.

Considerando as circunstâncias, era preciso reconhecer que a situação tinha toques de surrealismo.

Naquele momento, Eike estava com dificuldades até para pagar os salários dos poucos funcionários que tinha. Devia honorários a vários times de advogados. Quem visitava o escritório da praia do Flamengo percorria diversos ambientes vazios antes de chegar às raras salas ocupadas. Eike restringira sua vida social ao Mr. Lam e a saídas muito discretas, e circulava pelo Rio com o mesmo suv blindado dos áureos tempos — agora já um carro velho até para os padrões de um milionário, quanto mais de um ex-bilionário.

Contudo, em suas conversas com amigos, executivos e em especial com estranhos, Eike só falava em bilhões, grandes planos e projetos revolucionários para um futuro que ele e uns poucos visionários conseguiam vislumbrar. Uma de suas previsões favoritas era a de que a China estava prestes a lançar uma moeda digital tão poderosa que rapidamente substituiria o dólar. Os papos sobre nanotecnologia e inovação se misturavam a teorias claramente saídas de algum site ou canal trumpista. Num deles, chegou a dizer que não achava fora de propósito uma teoria segundo a qual a própria cia tinha ordenado o assassinato de John F. Kennedy.

Nesse clima, não surpreendia que Eike considerasse muito natural o interesse do mítico chairman Lai pelos projetos estruturantes do grupo X. Pouco depois de conhecer o Açu e se oferecerem para o "salvamento" da mmx, Guimarães, Amir e Lai deram entrevistas para jornais e veículos especializados em economia dizendo ter "capital infinito" para investir nas empresas de Eike Batista. Nessas teleconferências com jornalistas, pontificavam sobre as boas perspectivas de investimento no Brasil e se portavam como verdadeiros globetrotters dos negócios.

Mas bastava um trabalho básico de pesquisa para colocar essa versão em xeque. Guimarães era um executivo ainda jovem, de 36 anos, sem nenhuma experiência relevante em captação de recursos ou na execução de grandes projetos. Ele havia trabalhado por pouco tempo em funções de iniciante em escritórios de advocacia, e depois passara um tempo como gerente na PetroRio, firma do empresário Nelson Tanure, pai de um amigo seu. Em março de 2020, fundara a própria gestora de investimentos, mas ainda não tinha aplicado recursos em empresa nenhuma, grande ou pequena.

A respeito de Edmond Amir se sabia ainda menos. Uma busca no Google revelava uma surpreendente falta de citações para alguém que se dizia enfronhado no mundo dos negócios, lidando com somas bilionárias. As poucas referências ao "francês de ascendência árabe", como ele se apresentava, surgiam em sites ligados ao próprio CDIL. Sua presença nas redes sociais era praticamente nula. Na página que ele mantinha no LinkedIn, com sete seguidores, constava apenas uma experiência prévia na CMEC, firma americana de certificação de edificações, equipamentos e materiais de construção com cinquenta funcionários.

O mesmo se passava com o chairman Lai. Embora dissesse ter larga experiência com investimentos internacionais, ele só aparecia mesmo em sites do CDIL ou de divulgação de releases corporativos. Uma consulta ao registro de empresas de Hong Kong mostrava que o fundo tinha capital social de apenas 128 dólares — algo bem estranho para quem dizia ter bilhões à disposição.

Embora Guimarães e Amir afirmassem que o fundo era ligado à iniciativa da Rota da Seda, no site oficial do programa não havia qualquer menção a ele. Quem procurasse a embaixada da China no Brasil atrás de referências também era informado de que o CDIL não tinha nenhuma ligação com o governo chinês.[34] Dos cinco projetos listados no portal, o único que parecia de fato existir era a implantação de uma mina de carvão na Mongólia que o próprio Guimarães admitia estar suspensa, segundo ele em razão da pandemia de covid-19.

Os funcionários e executivos que trabalhavam com Eike perceberam o que se armava e tentaram alertá-lo. Mas ele estava eufórico, sentindo mais uma vez o frenesi que precedia os grandes negócios. Não queria que ninguém perturbasse aquela sensação. Quando alguém dizia que, em vez de tentar dar um golpe no chinês, ele é que podia estar tomando um golpe, respondia com seu clássico chega pra lá: "Você é um calça-curta! A inveja é uma merda!".

Só que o prazo final para o CDIL injetar os 50 milhões de dólares na MMX passou, o dinheiro não veio, e o grupo de chairman Lai foi se distanciando de Eike. Em maio de 2021, a Justiça decretou em definitivo a falência da MMX[35] e arrestou os bens de Eike e dos filhos para leiloar e pagar os credores. E como não tinha recebido nenhum aviso oficial de que as debêntures já tinham sido dadas em garantia ao Ministério Público como parte do acordo de delação, o administrador da massa falida colocou os títulos à venda por 200 milhões de dólares. Os únicos compradores que apareceram, uma corretora com sede nas

Ilhas Virgens Britânicas chamada Argenta Securities, ofereceram bem menos do que isso, 612 milhões de reais (que correspondiam, então, a 110 milhões de dólares).[36] Mas, até abril de 2022, quando este texto foi concluído, ainda não haviam depositado o dinheiro.

Em paralelo, Eike tentava sustar a venda e conseguir outros compradores. Interessados não faltaram. Nos primeiros meses de 2022, vários deles analisaram a possibilidade de comprar os títulos. Mas a perspectiva de enfrentar uma briga judicial de desfecho absolutamente imprevisível os afastou.

Acontece que o impasse em torno das debêntures ocorria num momento crítico para Eike. A primeira parcela da multa prevista na delação premiada, de 170 milhões de reais, vencera em novembro de 2021, e ele obviamente não pagara um real. Vendo que estava sob o perigo de tomar um calote histórico, a PGR pediu à ministra Rosa Weber, que havia homologado a delação no STF, que suspendesse a venda das debêntures. Se haviam sido dadas como garantia do pagamento da multa, não poderiam ser entregues aos credores. Weber, por sua vez, deu uma liminar salomônica. Permitiu que a 1ª Vara Empresarial de Belo Horizonte prosseguisse com a venda, mas mandou segurar o dinheiro enquanto o plenário do Supremo não decidisse o que fazer com ele.[37]

E esse não era o único ponto constrangedor da situação. Um ano depois do fechamento do acordo, os inquéritos derivados da delação de Eike não haviam resultado em nenhuma descoberta ou acusação relevante, e mesmo a investigação sobre os bancos que ele propagandeara tão bem em Brasília ainda engatinhava.

Os seis bancos acusados de acobertar as manobras de insider trading e manipulação de mercado já tinham preparado suas defesas e, nos bastidores, diziam que, ao final da investigação, não seriam acusados de nada. Oficialmente, eles não gostam de comentar o assunto. Consultei todos eles, mas só Itaú e BTG se manifestaram, dizendo que as P-Notes são produtos conhecidos e legítimos no mercado e que todas as operações realizadas com esses títulos foram feitas de forma lícita e seguindo as melhores práticas do mercado financeiro.

Em questão de um ano, portanto, Eike retornou do otimismo ao sufoco, e agora com ainda menos condições de se safar. Se a briga jurídica em torno das debêntures se estender demais e os anexos de Eike se revelarem tão reais quanto as megarreservas dos poços da OGX, há um risco de o acordo de delação ser cancelado. Se isso acontecer, seus processos voltam ao ponto em que estavam antes, mas a confissão permanecerá válida. Isso significa que os processos em que ele já foi condenado por corrupção e crimes contra o mercado financeiro voltam a andar. Nesse caso, o melhor cenário para o ex-bilionário é passar ainda muito tempo lidando com tribunais. Na pior, pode acabar preso em um curto espaço de tempo. Mesmo sendo muito pouco provável, é uma possibilidade que tira o sono de Eike.

O drama particular daquele que já foi o homem mais rico do Brasil se desenrola enquanto o país se prepara para mais uma campanha eleitoral. De novo, o embate entre o bolsonarismo e o petismo domina a cena.

Como Eike, o Brasil ainda tenta recuperar o impulso dos tempos de bonança econômica, enquanto patina em torno de discussões antigas sobre soluções ultrapassadas: intervir ou não no preço dos combustíveis? Estimular ou não o crescimento por meio da escolha de campeões nacionais?

Em meio ao desmonte de um legado institucional que deveria servir para preservar a própria democracia, figuras públicas do tempo em que Eike viveu seu auge — e que também já estiveram na pior, como ele — caminham para a reabilitação. Lula, que ficou mais de um ano e meio preso, agora tem chances reais de ser eleito de novo presidente do Brasil.

Eike Batista, porém, parece um personagem perdido no tempo. Está preso, mas não na cadeia, e sim no passado, numa espécie de dia da marmota decadente, em que a cada repetição vai tornando mais e mais difícil se livrar da armadilha. É como se Eike estivesse condenado a viver sempre a mesma história de esperança e derrota, euforia e depressão, à espera de um futuro glorioso que nunca chega. É como se ele estivesse condenado não a viver atrás das grandes, mas a ser, para sempre, uma metáfora do Brasil.

Notas

PRÓLOGO [pp. 15-8]

1. Press release da TVX. *Sedar*, 9 mar. 2001.
2. "'Por muito menos, o Madoff está preso', diz líder de minoritários da OGX". *IstoÉ Dinheiro*, 6 nov. 2013; Vitor Sorano, "'Eike não é um estelionatário', diz advogado". IG, 9 maio 2014.
3. Felipe Moreno, "Eike enfrentará família que 'quebrou' homem mais rico do Brasil no século XIX". InfoMoney, 28 ago. 2013; Rodrigo Constantino, "A mensagem de Eike Batista". Blog do Rodrigo Constantino, 19 jul. 2013.
4. Alex Ribeiro, "O Brasil pós-Lehman Brothers". *Valor Econômico*, 6 set. 2013.

1. A TEMPESTADE PERFEITA [pp. 19-37]

1. Visagie v. TVX Gold Inc. (processo judicial), 1998.
2. Ibid.
3. Cadu Ladeira, "O dono da mina". *Jornal do Brasil*, 19 maio 1991.
4. Paul Kaihla, "Mayhem Man". *Canadian Business*, 9 abr. 1999.
5. Palmério Dória, Licínio Rios e Michael Koellreutter, "Baú da felicidade". *Interview*, maio 1992.
6. Ibid.
7. Ivo Ribeiro, "O estrategista da TVX Gold". *Gazeta Mercantil*, 2 maio 1995.
8. Paul Kaihla, "Mayhem Man", op. cit.
9. Ibid.

10. Ibid.
11. Ibid.
12. Ibid.
13. Paul Kaihla, "Another Country... Same Old Story". *Canadian Business*, 9 abr. 1999.
14. Ibid.
15. Ivo Ribeiro, "O estrategista da TVX Gold", op. cit.
16. Cristina Calmon e Sônia Araripe, "Engenheiro faz fortuna garimpando ouro na mata". *Jornal do Brasil*, 5 jun. 1989.
17. Paul Kaihla, "Mayhem Man", op. cit.
18. Ibid.
19. Ibid.
20. Juan Pablo Spinetto, Peter Millard e Ken Wells, "How Brazil's Richest Man Lost $34.5 Billion". *Business Week*, 3 out. 2013.
21. TVX, "Becoming a 1,000,000 Ounce Producer", 12 mar. 1997.
22. Paul Kaihla, "Mayhem Man", op. cit.
23. TVX, "Preliminary Short Form Prospectus Dated March 5, 1997", 5 mar. 1997.
24. Paul Kaihla, "Another Country... Same Old Story", op. cit.
25. "TVX enfrenta resistência a sua mina de ouro na Grécia". *Gazeta Mercantil*, 26 fev. 1998.
26. Paul Kaihla, "Another Country... Same Old Story", op. cit.
27. Visagie v. TVX Gold Inc. (processo judicial), 1998.
28. "TVX Gold and Normandy Mining form Partnership to Create Dynamic Gold Player in the Americas" (press release da TVX), 26 abr. 1999.
29. Paul Kaihla, "Mayhem Man", op. cit.
30. Press release da TVX (sem título), 9 mar. 2001.
31. Edmund Lee, "My View on TVX". Silicon Investor, 23 mar. 2001. Disponível em: <www.siliconinvestor.com/readmsgs.aspx?subjectid=3819&msgnum=790&batchsize=10&batchtype=-Next>. Acesso em: 10 fev. 2022.
32. Valores ajustados de acordo com os grupamentos de ações da TVX ocorridos até dezembro de 2001.

2. NA CORRIDA PELO OURO [pp. 38-59]

1. Zózimo, "Contrabandão". *Jornal do Brasil*, 29 jul. 1986.
2. Orivaldo Perin, "Ouro dá para pagar cinco dívidas externas". *Jornal do Brasil*, 13 jul. 1986.
3. Paul Kaihla, "Mayhem Man", op. cit.
4. Eike Batista, *O X da questão: A trajetória do maior empreendedor do Brasil*. Rio de Janeiro: Sextante, 2011.
5. José Donizetti Ribeiro, *Terra e garimpos: Um estudo da violência na consolidação do espaço de colonização Alta Floresta-MT (1978-1983)*. Cuiabá: UFMT, 2001. Dissertação (Mestrado em História).
6. Eike Batista, *O X da questão: A trajetória do maior empreendedor do Brasil*, op. cit.

7. Cristina Calmon e Sônia Araripe, "Engenheiro faz fortuna garimpando ouro na mata", op. cit.

8. Luiz Cesar Faro, Carlos Pousa e Claudio Fernandez, "Conversas com Eliezer". *Insight Engenharia de Comunicação*, 2005.

9. Ibid.

10. Perla Sigaud, "Borbulhantes!!!". *O Globo*, 13 ago. 1983.

11. Orivaldo Perin, "Ouro dá para pagar cinco dívidas externas". *Jornal do Brasil*, 13 jul. 1986.

12. Sofia Cerqueira, "Caridade milionária". *Veja Rio*, 28 dez. 2011.

13. Sergio Danilo, "Empresas canadenses se associam para explorar reserva no Chile". *Gazeta Mercantil*, 3 mar. 1989.

14. Luiz Cesar Faro, Carlos Pousa e Claudio Fernandez, "Conversas com Eliezer", op. cit.

3. DE VOLTA AO JOGO [pp. 60-84]

1. "Gold Price in a Range of Currencies since December 1978". *World Gold Council*, 2014.

2. Consuelo Dieguez, "Mais do que o marido da Luma". *Exame*, 16 out. 2002.

3. Fernando Godinho e Fernando Rodrigues, "Estrangeiros dominam novo projeto do BNDES". *Folha de S.Paulo*, 25 fev. 2000.

4. Termo de compromisso entre MPX Termoceará Ltda., Petróleo Brasileiro S.A. (Petrobras) e Companhia de Gás do Ceará (Cegás).

5. Nicola Pamplona, "Térmica denuncia calote da Petrobras". *O Estado de S. Paulo*, 14 jan. 2005.

6. Adriana Dias Lopes, "Avenida não é lugar para marido". *Uma*, fev. 2001.

7. Palmério Dória, Licínio Rios e Michael Koellreutter, "Baú da felicidade", op. cit.

8. Sebastião Reis, "Mulheres gostam de apanhar". *O Estado de S. Paulo*, 10 jun. 1992.

9. "Iniciais do maridão". *Tudo*, 13 maio 2001.

10. Consuelo Dieguez, "Mais do que o marido da Luma", op. cit.

11. "Eike na energia e mineração". *IstoÉ Dinheiro*, 22 jun. 2004.

12. Monica Weinberg, "O senhor polêmica". *Veja*, 21 ago. 2002.

13. "Atriz Luma de Oliveira foi a maior doadora da campanha Lula". *Folha de S.Paulo*, 27 nov. 2002.

14. "Wheaton Completes Acquisition of Amapari Gold Development Project". *Wheaton River's News Release*, 12 jan. 2004.

15. Marco Antonio Chagas, Alan Cunha e Charles Chelala, "EIAS como instrumento de fortalecimento da gestão ambiental na Amazônia". In: Seminário Internacional "Amazônia e Fronteiras do Conhecimento", 2008, Belém. *Anais do Seminário Internacional "Amazônia e Fronteiras do Conhecimento"*. Belém: UFPA, 2008.

16. "Wheaton Completes Acquisition of Amapari Gold Development Project". *Wheaton River's News Release*, 12 jan. 2004.

17. Daniela Pinheiro, "Um casamento em chamas". *Veja*, 10 mar. 2004.

18. Wagner Victer, "Porto do Açu". Blog do Wagner Victer. *O Globo*, 14 abr. 2010.

19. "Prospecto definitivo de distribuição pública primária de ações ordinárias de emissão da MMX", 20 jul. 2006.

20. Nicola Pamplona, "Térmica denuncia calote da Petrobras", op. cit.
21. Ibid.
22. Sérgio Ripardo, "Petrobras fecha acordo para a compra da 'TermoLuma'". *Folha de S.Paulo*, 24 mar. 2005.

4. RUMO AO TOPO DA CADEIA ALIMENTAR [pp. 85-103]

1. Cláudio Gradilone e Giuliana Napolitano, "O Brasil descobre a bolsa". *Exame*, 29 mar. 2006.
2. Denise Carvalho, "Mais cariocas que suíços". *Exame*, 22 mar. 2007.
3. Guilherme Fogaça, "Eu não durmo, tu não dormes no Credit Suisse". *Exame*, 3 nov. 2010.
4. *Trabalho interno*. Direção de Charles Ferguson. Sony Pictures, 2010.
5. "Prospecto definitivo de distribuição pública primária de ações ordinárias de emissão da MMX", 20 jul. 2006.
6. Roberto Lameirinhas, "Evo: 'Quem não gostar deve sair'". *O Estado de S. Paulo*, 25 abr. 2006.
7. João Naves, "Ministros bolivianos feitos reféns são libertados em ação violenta". *O Estado de S. Paulo*, 20 abr. 2006.
8. Cláudia Schüffner, "Eike espera até sexta para cancelar projeto siderúrgico na Bolívia". *Valor Econômico*, 25 abr. 2006.
9. "Lula diz que Brasil autossuficiente em petróleo é 'dono de seu nariz'". *Folha de S.Paulo*, 24 abr. 2006.
10. Daniela Pinheiro, "O consultor". *piauí*, jan. 2008.
11. Luiz Maklouf Carvalho, "A baleia branca de Rodolfo Landim". *piauí*, jan. 2011.
12. Lauro Jardim, "Classificados: vende-se jato usado". Radar On-line, 18 maio 2013.
13. Renan Geishofer, "Comida chinesa no Rio às margens da Lagoa". *VIP*, 4 jul. 2012.
14. Hildegard Angel, "Tempero forte". *Jornal do Brasil*, 28 maio 2006.
15. Samantha Lima, "O nanico que sonha grande". *Exame*, 6 dez. 2006.
16. MMX, "Anúncio de encerramento da oferta pública de distribuição primária de ações ordinárias", 24 ago. 2006.

5. VAMOS AO LEILÃO [pp. 104-24]

1. Ação ordinária movida por Luiz Rodolfo Landim Machado contra Eike Fuhrken Batista — 4ª Vara Empresarial da Comarca do Rio de Janeiro, 30 ago. 2010.
2. Luiz Maklouf Carvalho, "A baleia branca de Rodolfo Landim", op. cit.
3. Malu Gaspar, "Bye, bye, Petrobras". *Exame*, 12 set. 2007.
4. Id., "O vendedor de sonhos". *Exame*, 24 out. 2007.
5. Consuelo Dieguez, "Tesouro submerso". *piauí*, abr. 2008.
6. Rafael Rosas, "CNPE decide retirar da Nona Rodada da ANP 41 blocos que podem estar em reserva gigante de petróleo". *Valor Econômico*, 8 nov. 2007.

7. Robson Viturino, "A hora da entrega". *Época Negócios*, 7 mar. 2012.
8. Ramona Ordoñez e Mirelle de França, "Leilão de áreas de petróleo tem recorde: R$ 2 bi". *O Globo*, 28 nov. 2007.

6. O PASSEIO DE CYNTHIA [pp. 125-38]

1. "Prospecto definitivo de distribuição pública primária de ações ordinárias de emissão da MPX", 12 dez. 2007.
2. "Anglo American compra fatia da MMX Minas-Rio por US$ 1,15 bi". *Folha de S.Paulo*, 24 abr. 2007.
3. IBRAM, *Informações e análises da economia mineral brasileira*. 6. ed. Brasília: Instituto Brasileiro de Mineração, 2011.
4. "Anglo American Announces Record Underlying Earnings of $ 5.8 Billion". Release da Anglo American, 20 fev. 2008.
5. Dale Crofts e Tan Hwee Ann, "Rio Tinto Bids $38.1 Billion for Alcan; Alcoa Quits (Update 10)". Bloomberg, 12 jul. 2007.
6. Rafael Rosas, "Anglo American quer investir US$ 16 bi para produzir 100 milhões de toneladas de minério no Brasil". *Valor Econômico*, 21 jan. 2008.
7. Mariana Durão, "Tão valioso quanto ouro". *Exame*, 13 fev. 2008.
8. Vera Saavedra Durão, "Grupo investe US$ 3,1 bi em níquel e ferro". *Valor Econômico*, 15 maio 2007.
9. "Belo Horizonte entra no circuito dos museus internacionais". CDN, 25 mar. 2010.
10. Fato relevante da MMX, 17 jan. 2008.
11. Nilson Brandão Junior e Márcia Vieira, "Ele quer ser o homem mais rico do mundo". *O Estado de S. Paulo*, 26 jan. 2008.
12. Samantha Lima e Carolina Meyer, "Sou o homem mais rico do Brasil". *Exame*, 30 jan. 2008.
13. Nilson Brandão Junior e Márcia Vieira, "Ele quer ser o homem mais rico do mundo", op. cit.
14. Bruno Rosa, "Mais US$ 10 bi". *O Globo*, 6 mar. 2008.

7. FEED THE DUCKS [pp. 139-56]

1. MPX, "Anúncio de encerramento de distribuição pública primária de ações ordinárias de emissão da MPX Energia S.A.", 17 jan. 2008.
2. Bruno Rosa, "Eike Batista faz aporte de US$ 1 bi na MPX". *O Globo*, 22 fev. 2008.
3. Samantha Lima e Carolina Meyer, "Sou o homem mais rico do Brasil", op. cit.
4. Alessandra Saraiva e Roberta Pennafort, "Eike Batista compra o Hotel Glória". *O Estado de S. Paulo*, 15 mar. 2008.
5. Processo nº 900810149, Instituto Nacional da Propriedade Industrial (INPI), 20 mar. 2008.

6. "Prospecto definitivo de distribuição pública primária de ações ordinárias de emissão da mmx", 20 jul. 2006.
7. Taxa aproximada de janeiro de 2008 dos papéis com vencimento em dez anos. Tesouro Americano.
8. Daniella Camargos, "A alegria durou pouco". *Exame*, 30 jul. 2008.
9. Ibid.
10. "Prospecto definitivo de distribuição pública primária de ações ordinárias de emissão da ogx", 11 jun. 2008.
11. Ibid.
12. Maria Luiza Filgueiras, "O que seria da ebx e seus acionistas em Nova York?". *Exame*, 7 ago. 2013.
13. Frank McGann, "ogx: Bringing a Full-fledged e&p Company to Life in Brazil". Merrill Lynch, 12 maio 2008.
14. Tullow Oil Plc. Disponível em: <www.tullowoil.com> (seção About Us/Our History and Performance). Acesso em: 10 fev. 2022.
15. Nilson Brandão Junior e Márcia Vieira, "Ele quer ser o homem mais rico do mundo", op. cit.
16. "Agência Fitch classifica Brasil como grau de investimento". uol, 29 maio 2008.
17. Cíntia Borsato, "O petróleo nunca mais será barato". *Veja*, 2 jul. 2008.
18. "ogx faz o maior ipo da história da bolsa brasileira". *Exame*, 13 jun. 2008.
19. Aguinaldo Novo e Juliana Rangel, "Gás na bolsa e R$ 24 bi no bolso". *O Globo*, 14 jun. 2008.
20. cvm, Processo Administrativo-Sancionador rj-2009-485, 15 jan. 2009.
21. Ronaldo França e Ronaldo Soares, "Nasce o maior bilionário brasileiro". *Veja*, 18 jun. 2008.

8. O MIDAS ACUADO [pp. 157-71]

1. Bruno Rosa e Bernardo Mello Franco, "pf agora aperta Eike Batista". *O Globo*, 12 jul. 2008.
2. Pablo Solano e Breno Costa, "pf faz buscas em empresa e casa de Eike". *Folha de S.Paulo*, 12 jul. 2008.
3. José Eduardo Camargo, "Serra do Navio: Uma viagem no tempo". *National Geographic Brasil*, fev. 2011.
4. Pablo Solano, "Eike foi quem mais doou para reeleição de governador do ap". *Folha de S.Paulo*, 13 jul. 2008.
5. Processo Administrativo Disciplinar da Corregedoria-Geral de Polícia Federal.
6. Cristiane Agostine e Marli Olmos, "Vavá é um ingênuo, diz Lula". *Valor Econômico*, 13 jun. 2007.
7. Bruno Rosa, "Eike Batista vai contratar Márcio Thomaz Bastos para questionar ações da pf". *O Globo*, 14 jul. 2008
8. Pedido de liminar para o direito de vista dos autos do inquérito policial sobre a mmx Amapá. Vilardi & Advogados Associados, 7 jul. 2008.

9. "MMX presta esclarecimentos sobre o processo de licitação da ferrovia do Amapá". Comunicado da Diretoria de Relações com Investidores da MMX, 22 jul. 2008.

10. Malu Gaspar, "Reação ao bombardeio". *Exame*, 13 ago. 2008.

11. Teleconferência da EBX com analistas, 14 jul. 2008.

12. Felipe Frisch, "Ação da MMX cai 14% em dois dias". *O Globo*, 15 jul. 2008.

13. Habeas corpus nº 2009.01.00.027852-0/AP. Tribunal Federal Regional da 1ª Região, 2009.

14. Luiz Roberto Marinho, "Tarso e Mendes selam pacto contra abusos de autoridade". *O Estado de S. Paulo*, 15 jul. 2008.

15. Malu Gaspar, "Reação ao bombardeio", op. cit.

16. Ibid.

17. Adriana Chiarini, "Anglo aguarda fim da operação da PF para pagar a MMX". *O Estado de S. Paulo*, 19 jul. 2008.

18. Lauro Jardim, "Apesar da operação da PF, Eike fecha acordo com a Anglo". Radar On-line, 28 jul. 2008.

19. Teleconferência da EBX com analistas, 28 jul. 2008.

20. "Anglo American and Eike Batista Progress Transaction in Brazil". Release da Anglo American, 28 jul. 2008.

21. Ramona Ordoñez, "Governo do Rio e empresários apoiam Eike". *O Globo*, 31 jul. 2008; Sérgio Cabral, "Discurso de entrega da licença prévia do Porto do Açu". Subsecretaria de Comunicação Social, 30 jul. 2008.

22. Jailton de Carvalho, "Prisão na sala do diretor da PF". *O Globo*, 17 set. 2008.

9. LA GARANTÍA SOY YO [pp. 172-86]

1. Andrea Murta, "Madoff é preso e poderá pegar 150 anos". *Folha de S.Paulo*, 13 mar. 2009.

2. "BC mantém juros em 13,75% ao ano". G1, 10 dez. 2008.

3. Banco Central do Brasil, taxas de câmbio.

4. "Demonstrações financeiras em 31 de dezembro de 2008 e 2007". MMX, 30 mar. 2009.

5. "Emissão de debêntures, nomeação de assessor financeiro e operação entre Centennial e Banco Itaú Europa S.A.". Fato relevante da MMX, 31 mar. 2009.

6. Gustavo Gantois, "La garantía soy yo". *IstoÉ Dinheiro*, 3 abr. 2009.

7. Ação ordinária movida por Luiz Rodolfo Landim Machado contra Eike Fuhrken Batista na 4ª Vara Empresarial da Comarca do Rio de Janeiro (processo nº 0279970-14.2010.8.19.0001), 31 ago. 2010.

8. "Alteração na composição da diretoria executiva". Comunicado ao mercado da OGX, 22 abr. 2009.

9. Leonardo Attuch, "OGX sai à caça de petróleo". *IstoÉ Dinheiro*, 19 nov. 2008.

10. Matheus Lombardi, "Empresário que tem Eike como cliente fatura R$ 400 mi com barcos de luxo". UOL, 2 maio 2013.

11. Tribunal Superior Eleitoral (TSE). Prestação de contas eleitorais, 2008.

12. Daniel Rittner, "Multado pelo Ibama, Eike doa R$ 11 milhões para Minc". *Valor Econômico*, 15 out. 2008.
13. "Eike Batista doa R$ 13 milhões para a candidatura Rio-2016". *O Estado de S. Paulo*, 28 jul. 2009.
14. "Aumento de capital com entrada do BNDESPar". Fato relevante da LLX, 16 mar. 2009.
15. André Miranda, Evandro Éboli e Jailton de Carvalho, "Cinema de resultados". *O Globo*, 19 nov. 2009.

10. SEÑORITA [pp. 184-200]

1. Leonencio Nossa, "Lula critica empresário que demitiu". *O Estado de S. Paulo*, 19 dez. 2008.
2. Lauro Jardim, "A fusão do Itaú e do Unibanco". Radar On-line, 3 nov. 2008.
3. Vale, Relatório anual, 2008.
4. "CVRD anuncia oferta para aquisição de Canico". Release da Vale, 15 set. 2005.
5. Daniele Carvalho, "Vale quer a 'Carajás do níquel'". *Jornal do Brasil*, 16 set. 2005.
6. Juliana de Souza, "Acionistas realizam lucro e vendem 20% da Canico". *Valor Econômico*, 21 set. 2005.
7. Samantha Lima, "O nanico que sonha grande", op. cit.
8. Lauro Jardim, "Eike diz que ex-presidente da GM é um idiota". Radar On-line, 30 abr. 2009.
9. David Friedlander, "De volta, Esteves sonha em virar lenda". *O Estado de S. Paulo*, 20 set. 2009.
10. Denise Carvalho, "Mais cariocas que suíços", op. cit.
11. Milton Gamez e Cláudio Gatti, "Bradesco — A empresa do ano". *IstoÉ Dinheiro*, 13 ago. 2009.
12. Samantha Lima, "Eike negocia comprar fatia do Bradesco na Vale". *Folha de S.Paulo*, 5 set. 2009.
13. Mário Magalhães, "O rei do Rio". *Folha de S.Paulo*, 11 out. 2009.
14. Mônica Bergamo, "José Mayer versus Lula". *Folha de S.Paulo*, 7 out. 2009.
15. Nalu Fernandes, "Em jantar com Lula, Eike Batista elogia 'Brasil novo'". *O Estado de S. Paulo*, 22 set. 2009.
16. Jamil Chade, "Viagem no jato de Eike Batista". *O Estado de S. Paulo*, 30 set. 2009.
17. Pedro Fonseca, "Para Lula, sede da Olimpíada deu cidadania internacional ao país". Reuters, 2 out. 2009.
18. Irany Tereza e David Friedlander, "Enxergo na Vale diamantes não polidos". *O Estado de S. Paulo*, 10 out. 2009.
19. Rafael Rosas, "Vale reduz plano de investimentos do ano para US$ 9 bilhões". *Valor Econômico*, 21 maio 2009.
20. Malu Gaspar, "José Mayer ficou para as calendas". Esquerda, Direita, Centro, 8 out. 2009.
21. Ronaldo França e Felipe Patury, "O PT quer engolir a Vale". *Veja*, 21 out. 2009.
22. Murillo Camaroto e Vera Saavedra Durão, "Vale lança plano de US$ 13 bilhões para acalmar governo". *Valor Econômico*, 20 out. 2009.

11. NADA SERÁ COMO ANTES [pp. 201-19]

    1. CVM, Processo Administrativo-Sancionador RJ-2014-6517, 16 jun. 2014.
    2. Ação ordinária movida por Luiz Rodolfo Landim Machado contra Eike Fuhrken Batista na 4ª Vara Empresarial da Comarca do Rio de Janeiro (processo nº 0279970-14.2010.8.19.0001), 31 ago. 2010.
    3. Lauro Jardim, "O X da questão". Radar On-line, 10 dez. 2009.
    4. Adriana Chiarini, "OGX, de Eike Batista, encontra primeiros indícios de petróleo e gás". *O Estado de S. Paulo*, 3 out. 2009.
    5. "OGX finaliza perfuração do primeiro poço no bloco BM-C-43". Fato relevante da OGX, 14 out. 2009.
    6. Sabrina Lorenzi, "OGX redescobre óleo da Petrobras". *Jornal do Brasil*, 15 out. 2009.
    7. CVM, Processo Administrativo-Sancionador RJ-2014-6517, 16 jun. 2014.
    8. "Demonstrações financeiras em 31 de dezembro de 2009 e 2008". MMX, 12 mar. 2010.
    9. Fato relevante da MMX, 30 nov. 2009.
    10. Pedro Soares e Cirilo Junior, "Eike vende por US$ 700 mi 11% da mineradora MMX a coreanos". *Folha de S.Paulo*, 14 set. 2010.
    11. Renata Agostini, "No papel parecia fácil". *Exame*, 18 nov. 2009.
    12. Maria Luiza Filgueiras, "Os mineiros contra a mina". *Exame*, 6 ago. 2014.
    13. Renata Agostini, "No papel parecia fácil", op. cit.
    14. "Brazil Takes Off". *The Economist*, 14 nov. 2009.
    15. Nelito Fernandes, "Madonna, a padroeira do Brasil". *Época*, 13 nov. 2009.
    16. Carolina Godoi e André Lamounier, "O furacão das agulhas". *Encontro*, 31 jan. 2012.
    17. Vídeo publicitário da Cesare Ragazzi Company no YouTube.
    18. Paula Scarpin, "Rumo ao topo". *piauí*, nov. 2010.
    19. Toni Sciarretta, "Ação de empresa de Eike cai 12,5% na estreia". *Folha de S.Paulo*, 23 mar. 2010.
    20. Roberta Paduan, "Ele não contava com os golfinhos". *Exame*, 11 ago. 2010.
    21. "Offshore & Engineering Brochure", Hyundai Heavy Industries, 2009.
    22. Toni Sciarretta, "Ação de empresa de Eike cai 12,5% na estreia", op. cit.
    23. "Eike Batista fica US$ 3,5 bi mais rico com OSX". *Veja*, 19 mar. 2010.

12. A BOLHA [pp. 220-49]

    1. Helder Marinho, "Billionaire Batista Says He Plans to Sell 20% Holding in Oil Company OGX". Bloomberg, 15 abr. 2010.
    2. "OGX — Resultados referentes ao primeiro trimestre de 2010". Release de resultados da OGX, 14 maio 2010.
    3. Sala de imprensa do site da XP Investimentos.
    4. Entrevista de Eike Batista à XPTV, disponível no YouTube.
    5. Histórico de cotações da OGX Petróleo, disponível no UOL.

6. "Esclarecimentos sobre consultas CVM/Bovespa". Comunicado ao mercado da OGX, 16 abr. 2014.
7. Thiago Bronzatto, "A CVM é um xerife desarmado e anacrônico". *Exame*, 30 out. 2013.
8. José Meirelles Passos, "Eliezer, o visionário que convenceu o Japão". *O Globo*, 26 nov. 2009.
9. Keren Blankfeld, "Big Man in Brazil". *Forbes*, 3 nov. 2010.
10. Janaina Lage, "LLX financia R$ 1,2 bilhão para o porto Sudeste". *Folha de S.Paulo*, 24 jun. 2010; Daniele Carvalho, Nicola Pamplona e Adriana Chiarini, "BNDES terá participação de 12% na LLX". *O Estado de S. Paulo*, 17 mar. 2009; Janaina Lage, "Hotel de Eike recebe R$ 147 mi para a Copa". *Folha de S.Paulo*, 18 ago. 2010.
11. Samantha Lima, "Eike pega R$ 1,2 bi emprestado do BNDES e diz que é o melhor banco do mundo". *Folha de S.Paulo*, 1 jul. 2010.
12. Denise Luna, "Eike anuncia 'meia Bolívia' de gás no Maranhão; ações sobem". Reuters, 12 ago. 2010.
13. Samantha Lima, "Eike negocia com 'grandes' do petróleo, mas chama BP de 'Big Problem'". *Folha de S.Paulo*, 1 jul. 2010.
14. "Informações complementares acerca dos recursos potenciais na bacia de Parnaíba". Fato relevante da OGX, 16 ago. 2010.
15. Mônica Bergamo, "Eike dá milhões em leilão de 'madrinha' Marisa". *Folha de S.Paulo*, 18 ago. 2010.
16. Guilherme Barros, "Lula saiu convencido que descobrimos meia Bolívia de gás no Maranhão, diz Eike Batista". Blog do Guilherme Barros, 19 ago. 2010.
17. Tribunal Superior Eleitoral (TSE). Prestação de contas eleitorais 2010.
18. "Eike anuncia doação de R$ 20 mi para UPPs no Rio". *Exame*, 24 ago. 2010.
19. Programa *Roda Viva*, 30 ago. 2010.
20. Ação ordinária movida por Luiz Rodolfo Landim Machado contra Eike Fuhrken Batista na 4ª Vara Empresarial da Comarca do Rio de Janeiro (processo nº 0279970-14.2010.8.19.0001), 31 ago. 2010.
21. Ancelmo Gois, "Fator X". *O Globo*, 28 abr. 2010.
22. Luiz Maklouf Carvalho, "A baleia branca de Rodolfo Landim", op. cit.
23. Malu Gaspar, "Um barraco bilionário". *Veja*, 15 set. 2010.
24. Danielle Nogueira, "Landim vence Eike em briga por venda de R$ 77 milhões em ações da OGX". *O Globo*, 20 jul. 2011.
25. Joana Cunha, "Presidente do Flamengo é condenado a pagar R$ 1 mi a Eike Batista". *Folha de S.Paulo*, 31 mar. 2019.
26. André Ramalho e Bruno Villas Bôas, "Starboard compra Ouro Preto e estreia como produtora". *Valor*, 28 fev. 2020, e formulário de referência "3R Petroleum Óleo e Gás S.A. 2020".
27. Henrique Coelho e Vicente Seda, "Justiça aceita denúncia contra Rodolfo Landim e mais 4 por prejuízo a fundo de pensão". G1 Rio e GE, 3 nov. 2021.
28. Carol J. Loomis, "The Really, Really, Really Long-term Record for GE". *Fortune*, 13 maio 2011.
29. Lauro Jardim, "Eike, George Lucas e as outras galáxias". Radar On-line, 27 set. 2010.
30. Pedro Soares e Cirilo Junior, "Eike vende por US$ 700 mi 11% da mineradora MMX a coreanos", op. cit.

31. Escritura pública declaratória, 23º Ofício de Notas, 13 jun. 2007.
32. "Beaux, clínica de estética de Eike Batista, suspende operações". *Veja*, 7 fev. 2012.
33. "Eike Batista é o 10º mais rico do mundo e diz que será 1º até 2015". *O Globo*, 5 mar. 2012.
34. Mônica Bergamo, "'Se pagar bem, claro que vendo o SBT', diz Silvio Santos". *Folha de S.Paulo*, 12 nov. 2010.
35. Juliana Cardoso, "Sinochem vira parceiro em campo Peregrino". *Valor Econômico*, 21 maio 2010.
36. Pedro Soares, "Estatal chinesa paga US$ 7,1 bilhões por fatia de 40% da Repsol no Brasil". *Folha de S.Paulo*, 2 out. 2010.

13. DÉJÀ-VU (E UMA SOLUÇÃO DAS ARÁBIAS) [pp. 250-60]

1. "The Gulf's Newest Billionaire". *Forbes*, 11 mar. 2009.
2. Informações da página do Yas Viceroy Abu Dhabi na internet. Disponível em: <www.yasisland.ae>. Acesso em: 10 fev. 2022.
3. Brian Viner, "Sheikh Mansour: The Richest Man in Football". *The Independent*, 14 ago. 2010.
4. Mubadala Development Company, Relatório anual, 2009.
5. Ana Paula Ragazzi, "OGX adia venda de parte dos ativos para próximo ano". *Valor Econômico*, 6 dez. 2010.
6. Ricardo Noblat, "Nas asas de Eike". Blog do Noblat, 4 jul. 2011.
7. Bruno Astuto, "Cachorro de Eike Batista tem passaporte alemão e dois adestradores que só falam com ele na língua". *O Dia*, 24 fev. 2011.
8. "Exclusivo: A nova namorada do bilionário Eike Batista". IG, 29 abr. 2011.

14. HELLOU! [pp. 261-77]

1. Teleconferência internacional da EBX, 9 fev. 2011.
2. Nick Mathiason, Heather Connon e Richard Wachman, "Banking's Big Question: Why Didn't Anyone Stop Them?". *The Observer*, 15 fev. 2009.
3. Samantha Lima, "O nanico que sonha grande", op. cit.
4. Marcelo Tas, "O tampinha e o pau-brasil". *Folha de S.Paulo*, 31 dez. 2013.
5. Mirela Portugal, "OGX emite títulos de dívida no exterior no valor de US$ 2,563 bilhões". *Exame*, 26 maio 2011.
6. Janaina Lage, "MPX, de Eike Batista, faz capitalização de R$ 1,3 bilhão". *Folha de S.Paulo*, 10 mar. 2011.
7. Tuítes de Eike Batista. Twitter @eikebatista, de 23 jul. 2010 a 5 set. 2010.
8. "Relatório em 31 de dezembro de 2010 acerca dos recursos contingentes atribuíveis a certos ativos pertencentes à OGX Petróleo e Gás Participações S.A. nas bacias de Campos e do Parnaíba na República Federativa do Brasil". DeGolyer & MacNaughton, 15 abr. 2011.

9. Gustavo Gattass, Rafael Fonseca e Luiz Felipe Carvalho (BTG Pactual), "The Measure of Success: Downgrading to Neutral", 18 abr. 2011.

10. Teleconferência da OGX com analistas, 18 abr. 2011.

11. Carta enviada por John Wallace, vice-presidente executivo da DeGolyer & MacNaughton, para Paulo Ricardo dos Santos, vice-presidente de interpretação exploratória da OGX, 29 abr. 2011.

12. Apresentação "Plano Estratégico Petrobras 2020", 26 jul. 2011.

13. "Eike Batista não perde uma oportunidade de cutucar o homem mais rico do mundo...". Glamurama, 19 maio 2011.

14. Malu Gaspar e Sandra Brasil, "Cabral, o *muy* amigo". *Veja*, 29 jun. 2011.

15. Gustavo Alves e Italo Nogueira, "Rio contratou empreiteira sem licitação". *Folha de S.Paulo*, 23 jun. 2011.

16. Nelito Fernandes, Hudson Corrêa, Leopoldo Mateus e Martha Mendonça, "O inferno astral de Sérgio Cabral". *Época*, 24 jun. 2011.

17. "Sou livre para selecionar minhas amizades". *Folha de S.Paulo*, 22 jun. 2011.

15. O SERRADOR É UMA FESTA [pp. 278-98]

1. "FPSO OSX-1 chegou ao Rio de Janeiro". Vídeo do canal do Grupo EBX no YouTube, 7 out. 2011.

2. "OGX e Shell assinam contrato de comercialização de petróleo de Waimea". Comunicado ao mercado da OGX, 6 out. 2011.

3. Roberta Paduan, "Eike de casa nova — e com vista mais ampla ainda". Exame.com, 9 set. 2011.

4. Sofia Cerqueira, "Caridade milionária", op. cit.

5. "MMX — Resultados referentes ao 4º trimestre de 2010". Release de divulgação dos resultados da MMX em 2010, 23 mar. 2011; Vera Saavedra Durão, "MMX quer ir à bolsa de Toronto e busca sócios". *Valor Econômico*, 20 set. 2006.

6. "Prospecto definitivo de distribuição pública primária de ações ordinárias de emissão da MPX Energia S.A.", 12 dez. 2007.

7. Francisco Góes, "FCA e LLX negociam ferrovia de R$ 1,67 bi no Norte Fluminense". *Valor Econômico*, 15 maio 2012.

8. Sofia Cerqueira, "No reino encantado de Thor". *Veja Rio*, 1 jun. 2011.

9. Rafael Rosas, "Fundo da Marinha Mercante deve encerrar 2014 com R$ 30 bi contratados". *Valor Econômico*, 18 nov. 2010.

10. Malu Gaspar e Daniel Pereira, "Lula fez lobby para ajudar Eike Batista — e quase deu certo". *Veja*, 23 mar. 2013.

11. Karen Camacho, "Marinha Mercante aprova crédito para estaleiro de empresa de Eike". *Valor Econômico*, 22 jun. 2011.

12. Gabriel Castro, "PR confirma saída do bloco de apoio ao governo Dilma". *Veja*, 16 ago. 2011.

13. Jailton de Carvalho, "Empresa de Blairo Maggi é abastecida com dinheiro público". *O Globo*, 8 jul. 2011.

14. Rosana de Cássia, "Planalto exonera mais cinco dos Transportes". *O Estado de S. Paulo*, 2 ago. 2011.

15. "BNDES aprova capitalização da MPX através da subscrição de debêntures conversíveis". Fato relevante da MPX, 1 jun. 2011.

16. "OSX capta US$ 227,9 milhões para a Unidade de Construção Naval do Açu". Comunicado ao mercado da OSX, 10 jan. 2012.

17. Eike Batista, *O X da questão: A trajetória do maior empreendedor do Brasil*, op. cit.

18. Sofia Cerqueira, "Caridade milionária", op. cit.

19. Lauro Jardim, "Um pouco mais rico". Radar On-line, 16 fev. 2012.

20. Ancelmo Gois, "Alan e Eike". *O Globo*, 7 jan. 2011.

21. Elio Gaspari, "Anatomia de uma maracutaia". *Folha de S.Paulo*, 20 abr. 2014.

22. "Proposta da Administração à Assembleia Geral Extraordinária a ser realizada, no dia 15 de agosto de 2012, às 10h30min, conforme edital de convocação divulgado nesta data". Divulgação da MPX, 31 jul. 2012.

23. "OGX e OSX apresentam contagem regressiva para o primeiro óleo". Comunicado ao mercado da OGX e da OSX, 14 dez. 2011.

16. ONE MAN ROAD SHOW [pp. 299-320]

1. Lauro Jardim, "Eike e Dilma". Radar On-line, 16 jan. 2012.

2. Ibid.

3. Ancelmo Gois, "Meio Tupi". *O Globo*, 1 fev. 2012.

4. Id., "É fantástico". *O Globo*, 8 jan. 2012.

5. Carolina Rangel, Julia Carvalho e Laura Diniz, "Eu quero ser Eike". *Veja*, 18 jan. 2012.

6. Malu Gaspar, "Serei o mais rico do mundo". *Veja*, 18 jan. 2012.

7. Leila Coimbra, "MPX e alemã E.ON investirão R$ 18 bi em energia — fontes". Reuters, 10 jan. 2012.

8. "OGX e Shell assinam contrato de comercialização de petróleo de Waimea". Comunicado ao mercado da OGX, 6 out. 2011.

9. Sabrina Lorenzi, "OGX inicia produção até dezembro; já realizou vendas". Reuters, 6 out. 2011.

10. Robson Viturino, "A hora da entrega", op. cit.

11. Felipe Monteiro, Natalia Montuori e Rachel Pacheco, "EBX: Eike Batista and the X-Factor". Estudo de caso para The Wharton School, Universidade da Pensilvânia, 2012.

12. Robson Viturino, "A hora da entrega", op. cit.

13. Alex Cuadros, Juan Pablo Spinetto e Cristiane Lucchesi, "Batista Said to Pledge Extra EBX Stake to Back Mubadala Deal". Bloomberg, 12 dez. 2012.

14. Ibid.

15. "Ata de reunião do conselho de administração realizada em 17 de junho de 2011". Divulgação da CCX, 20 jun. 2011.

16. "OGX divulga resultados de 2011". Release da OGX, 22 mar. 2012.
17. Entrevista de Eike Batista ao *Programa do Jô*, 20 maio 2011.
18. Bruno Rosa, "Mais US$ 10 bi", op. cit.
19. "Forbes: Eike Batista e outros 35 brasileiros estão entre os mais ricos do mundo". UOL, 7 mar. 2012.
20. Robson Viturino, "A hora da entrega", op. cit.
21. "Project DMX". Apresentação interna do General Capital Group para a EBX, maio 2012.
22. "OGX anuncia emissão de títulos de dívida no exterior no valor de US$ 1,063 bi". Fato relevante da OGX, 27 mar. 2012.
23. "Mubadala investe US$ 2 bilhões no Grupo EBX como parte de parceria estratégica firmada com Eike Batista". Release da EBX, 26 mar. 2012.
24. Histórico de aluguel de ações da OGX3. Disponível em: <infomoney.com.br/onde-investir/entenda-o-aluguel-de-acoes-e-por-que-a-ogx-foi-alem-do-limite/>. Acesso em: 10 fev. 2022.
25. "Homem atropelado por Thor Batista é enterrado em Xerém". *O Dia*, 18 mar. 2012.
26. Mônica Teixeira, "Filho de Eike Batista tem 51 pontos na carteira de motorista e continua dirigindo". *Jornal Nacional*, 19 mar. 2012.
27. Laudo pericial do acidente. Serviço de Perícia de Local de Duque de Caxias. Departamento Geral de Polícia Técnico-Científica, Polícia Civil do Rio de Janeiro (documento integrante do processo nº 0026925-48.2012.8.19.0021).
28. "Thor Batista se defende no Twitter sobre acidente com morte de ciclista". G1, 19 mar. 2012.
29. Diana Brito, "Thor comprou meu silêncio e depois me traiu, afirma tia de vítima". *Folha de S.Paulo*, 18 maio 2013.

17. "MEU DEUS, ONDE É QUE ISSO VAI PARAR?" [pp. 321-39]

1. Juan Pablo Spinetto, Peter Millard e Ken Wells, "How Brazil's Richest Man Lost $34.5 Billion", op. cit.
2. "Discurso da presidenta da República, Dilma Rousseff, durante cerimônia de celebração do início da produção de petróleo da OGX". Portal do Planalto, 26 abr. 2012.
3. Marta Nogueira e Paola de Moura, "OGX deve atingir produção de 400 mil barris por dia em 2015, diz Eike". *Valor Econômico*, 26 abr. 2012.
4. Lauro Jardim, "Rock milionário". Radar On-line, 26 maio 2012.
5. Id., "Concessão do Maracanã". Radar On-line, 28 dez. 2012.
6. Bruno Villas Bôas, "Eike: 'Tenho alguma coisa com a natureza. Onde eu furo eu acho'". *O Globo*, 22 maio 2012.
7. Ana Paula Ragazzi e Cláudia Schüffner, "Potencial de reservas da OGX gera nova polêmica". *Valor Econômico*, 7 mar. 2012.
8. "OGX anuncia a nova composição da sua Diretoria Executiva". Fato relevante da OGX, 27 abr. 2012.

9. "OGX declara comercialidade de parte do Complexo de Waimea na bacia de Campos (1º módulo de produção)". Fato relevante da OGX, 14 maio 2012.
10. Teleconferência da OGX (1T12), 15 maio 2012.
11. "The Salesman from Brazil". *The Economist*, 26 maio 2012.
12. "OGX define nível de produção por poço no Campo de Tubarão Azul". Fato relevante da OGX, 26 jun. 2012.
13. "GE conclui investimento de 300 milhões de dólares na EBX, de Eike Batista". G1, 1 jun. 2012.
14. Roberta Paduan e Alexandre Rodrigues, "Eike Batista sob pressão total". *Exame*, 5 jul. 2012.
15. Teleconferência da OGX, 27 jun. 2012.
16. Roberta Paduan, "O homem que ganhou 40 milhões de reais em dois dias". *Exame*, 8 ago. 2012.

18. UMA VELA PARA SÃO LULA [pp. 340-73]

1. "Demonstrações financeiras da OGX", 31 dez. 2012.
2. Malu Gaspar, "A prova de fogo do X". *Veja*, 10 out. 2012.
3. "Formulário consolidado — Negociação de Administradores e Pessoas Ligadas — Art. 11 — Instrução CVM número 250/2002". Comunicado da OGX, 10 ago. 2012.
4. CVM, Processo Administrativo-Sancionador RJ-2013-2400, 4 mar. 2013.
5. Mariana Mandrote, "Ações da LLX e CCX disparam com rumores sobre fechamento de capital". InfoMoney, 23 jul. 2012.
6. Fato relevante da LLX, 30 jul. 2012.
7. Lauro Jardim, "Mais um revés". Radar On-line, 13 set. 2012.
8. "Brazilian Group to Invest RM18.6 b in Malaysia". *New Straits Times*, 10 ago. 2012.
9. Lauro Jardim, "O tunisiano do Eike". Radar On-line, 1 set. 2012.
10. Cida Alves, "'É um kit felicidade para o Brasil', diz Eike Batista". *Veja*, 15 ago. 2012.
11. Lauro Jardim, "O PIB janta com Lula". Radar On-line, 28 ago. 2012.
12. "Petrobras contrata OSX para integração de 2 FPSOS replicantes". Fato relevante da OSX, 13 ago. 2012.
13. Leila Coimbra, "Sete eleva capital para financiar sondas da Petrobras". Reuters, 27 abr. 2012.
14. Sabrina Lorenzi e Leila Coimbra, "Petrobras fecha licitação recorde de US$ 76 bi". Reuters, 9 fev. 2012.
15. Leila Coimbra, "OSX e Ocean Rig apresentam à Petrobras proposta para sondas". Reuters, 19 set. 2012.
16. Juliana Schincariol, "Petrobras cancela processo de afretamento de sondas com Ocean Rig". Reuters, 29 nov. 2012.
17. Lauro Jardim, "O tunisiano do Eike", op. cit.
18. Malu Gaspar, "A prova de fogo do X", op. cit.
19. "Grupo de Trabalho — Análise de Pipeline — FITO — Reunião da Diretoria Executiva (7ª reunião de acompanhamento)". Apresentação interna da OGX, 24 set. 2012.
20. "Conselho diretor do FMM aprova priorização de financiamento adicional de até US$

1,5 bilhão para Unidade de Construção Naval da OSX no Açu". Comunicado ao mercado da OSX, 15 out. 2012.

21. "Eike Batista concede 'put' de US$ 1 bilhão em favor da OGX". Fato relevante da OGX, 24 out. 2012.

22. Felipe Moreno, "OGX Petróleo: Eike Batista tentou apagar o incêndio com gasolina?". InfoMoney, 29 out. 2012.

23. Kip Keen, "Batista's AUX Moves on Juniors in California Gold District in Colombia". Mineweb, 19 out. 2012.

24. Lauro Jardim, "Às compras". Radar On-line, 20 out. 2012.

25. Glauber Gonçalves e Mônica Ciarelli, "MMX quer aumentar capital em R$ 1,4 bi". *O Estado de S. Paulo*, 3 dez. 2012.

26. Nice de Paula, "Eduardo Eugenio é reeleito pela sétima vez para a presidência da Firjan". *O Globo*, 19 ago. 2013.

27. Bruno Astuto, "Eike Batista passa Réveillon em casa de outro bilionário no Caribe". *Época*, 14 jan. 2013.

28. "Ações da CCX, do bilionário Eike Batista, disparam mais de 45% na Bolsa". UOL, 21 jan. 2013.

29. Fato relevante da CCX, 21 jan. 2013.

30. Malu Gaspar e Daniel Pereira, "Lula fez lobby para ajudar Eike Batista — e quase deu certo", op. cit.

31. "Jurong investe US$ 550 milhões em construção de estaleiro no Espírito Santo". Release do Estaleiro Jurong Aracruz, 6 dez. 2011.

32. Lauro Jardim, "Time is money". Radar On-line, 16 jan. 2013.

33. Tatiana Farah, "Ex-presidente Lula visita as obras do porto do Açu, acompanhado de Eike Batista". *O Globo*, 24 jan. 2013.

34. Leandro Loyola, "O governo, Eike e um lobby de US$ 500 milhões". *Época*, 18 mar. 2013.

35. Ofício nº 11/GM-MDIC (enviado pelo ministro Fernando Pimentel ao embaixador do Brasil em Cingapura, Luís Fernando de Andrade Serra), 7 fev. 2013.

36. Ofício nº 20/GM-MDIC (enviado pelo ministro Fernando Pimentel ao embaixador do Brasil em Cingapura, Luís Fernando de Andrade Serra), 11 mar. 2013.

37. Malu Gaspar e Daniel Pereira, "Lula fez lobby para ajudar Eike Batista — e quase deu certo", op. cit.

38. Pronunciamento do senador Ricardo Ferraço (PMDB-ES) sobre a atuação do embaixador brasileiro em Cingapura. Senado Federal, 13 mar. 2013.

19. ESTEVES TOMA CONTA [pp. 374-85]

1. Daniel Haidar, "Eike recupera R$ 2,7 bilhões após parceria com BTG Pactual". *O Globo*, 8 mar. 2013

2. Francisco Góes, "Sete Brasil prepara fase de operação das sondas". *Valor Econômico*, 6 maio 2014.

3. Malu Gaspar, "O bilionário balança". *Veja*, 15 abr. 2013.

4. Roberta Paduan e Maria Luiza Filgueiras, "O problema dos negócios de Eike Batista é mais embaixo". *Exame*, 20 mar. 2013.
5. Lauro Jardim, "10 bilhões". Radar On-line, 14 fev. 2013.
6. Mariana Barbosa, "TAM anuncia fusão com a chilena Lan". *Folha de S.Paulo*, 14 ago. 2010.
7. Lauro Jardim, "Saindo do sufoco". Radar On-line, 6 mar. 2013.
8. Vanessa Adachi e Ana Paula Ragazzi, "Esteves levará fundos soberanos a Eike". *Valor Econômico*, 7 mar. 2013.
9. Tatiana Bautzer e Thiago Bronzatto, "Carlos Fonseca, do BTG, é um homem de R$ 30 bilhões". *Exame*, 5 fev. 2014.
10. "Demonstrações financeiras em 31 de dezembro de 2013". OGpar, 28 mar. 2014.
11. Lauro Jardim, "Bye, bye Eike". Radar On-line, 6 mar. 2013.
12. Mauro Zanatta e Débora Bergamasco, "Governo armou blindagem para manter Eike longe de Dilma". *O Estado de S. Paulo*, 2 nov. 2013.
13. Roberta Paduan e Maria Luiza Filgueiras, "O problema dos negócios de Eike Batista é mais embaixo", op. cit.
14. Ana Paula Ragazzi e Cláudia Schüffner, "Após acordo com BTG Pactual, Eike busca o apoio da Petrobras". *Valor Econômico*, 8 mar. 2013.
15. "Prejuízo de empresas de Eike mais que dobra em 2012". *Época Negócios*, 27 mar. 2013.
16. Olivia Alonso, "Anglo American faz baixa contábil de US$ 4 bi no projeto Minas-Rio". *Valor Econômico*, 30 jan. 2013.

20. BARATA-VOA [pp. 386-408]

1. Natalia Viri, Rodrigo Polito, Luciana Bruno e Cláudia Schüffner, "Petrolífera de Eike Batista cai 15% na bolsa com dado de produção". *Valor Econômico*, 11 mar. 2013.
2. "OGX declara comercialidade da acumulação de Waikiki na bacia de Campos". Fato relevante da OGX, 25 abr. 2012.
3. Pedido de recuperação judicial da OGX. Escritório de Advocacia Sergio Bermudes, 30 out. 2013.
4. "Demonstrações financeiras da OGX em 31 mar. 2013", 9 maio 2013.
5. Cláudia Schüffner, "EBX quer Petrobras como 'âncora' do porto do Açu". *Valor Econômico*, 12 mar. 2013.
6. Elio Gaspari, "As campeãs nacionais de desastres". *Folha de S.Paulo*, 6 out. 2013.
7. Roberta Paduan e Maria Luiza Filgueiras, "O problema dos negócios de Eike Batista é mais embaixo", op. cit.
8. "Acordos definitivos entre o acionista controlador e a E.ON e capitalização da MPX". Fato relevante da MPX, 28 mar. 2013.
9. "LLX: Relatório de resultado primeiro trimestre de 2013", 13 maio 2013.
10. "OGX anuncia venda de 40% de participação nos blocos BM-C-39 e BM-C-40 na bacia de Campos". Fato relevante da OGX, 7 maio 2013.
11. "OGX pode levantar US$ 1 bilhão com venda de fatias em blocos". *Valor Econômico*, 3 mar. 2013.

12. "OGX anuncia venda de 40% de participação nos blocos BM-C-39 e BM-C-40 na bacia de Campos". Fato relevante da OGX, 7 maio 2013.

13. Em outubro de 2021, a CVM informou que as multas de dois executivos haviam sido pagas, mas as de Eike e Aziz Ben Ammar ainda não. As multas, de 300 mil reais cada, continuavam pendentes.

14. Raquel Landim e Renata Agostini, "Operação atípica fez OGX, de Eike, 'perder' US$ 40 milhões". *Folha de S.Paulo*, 15 dez. 2013.

15. Ibid.

16. Raquel Landim, Ricardo Leopoldo e Irany Tereza, "BNDES decide abandonar a política de criação de 'campeãs nacionais'". *O Estado de S. Paulo*, 22 abr. 2013.

17. Rodrigo Polito e Luciana Bruno, "Conversas com Grupo EBX são negócios, e não ajuda, afirma Graça Foster". *Valor Econômico*, 9 abr. 2013.

18. E-mail redigido por Lucia Lento, 26 abr. 2013.

19. Lauro Jardim, "O sol girando para o lado errado". Radar On-line, 29 abr. 2013.

20. Francisco Marcelino, "Esteves's Billions Tangled in Batista's Fall: Corporate Brazil". Bloomberg, 4 jul. 2013.

21. Roberta Paduan, "Um blefe bilionário de Eike Batista na OGX". *Exame*, 13 nov. 2013.

21. Mariana Durão, "Liminar suspende demissões na OSX". *O Estado de S. Paulo*, 219 jun. 2013.

23. Marta Nogueira, "EBX extingue diretoria e corta funcionários". *Valor Econômico*, 4 jun. 2013.

24. Lauro Jardim, "Classificados: vende-se jato usado", op. cit.

25. Sabrina Lorenzi e Gustavo Bonato, "OGX economiza R$ 280 mi ao devolver blocos da 11ª rodada". Reuters, 27 ago. 2013.

26. "LLX: Relatório de resultado segundo trimestre de 2013", 14 ago. 2013.

27. "Formulário consolidado — Negociação de Administradores e Pessoas Ligadas — Art. 11 — Instrução CVM número 358/2002". Comunicado da OGX, 10 jun. 2013.

28. Ibid.

29. "OGX anuncia alterações na composição de seu Conselho de Administração". Comunicado da OGX, 21 jun. 2013.

30. Joe Leahy e Samantha Pearson, "OGX Highlights Flaws in Brazil's Bankruptcy Laws". *Financial Times*, 7 nov. 2013.

31. Téo Takar, "Aluguel de OGX atinge teto da bolsa de novo". *Valor Econômico*, 11 set. 2013.

21. CRASH [pp. 409-24]

1. "Suspensão do desenvolvimento dos campos de Tubarão Tigre, Tubarão Gato e Tubarão Areia e Adequação do Afretamento de Unidades de Produção". Fato relevante da OGX, 1 jul. 2013.

2. Téo Takar, "Bovespa tem maior queda do ano com empresas 'X' e produção industrial". *Valor Econômico*, 2 jul. 2013.

3. Julia Wiltgen, "'Novo' Ibovespa deve dar menos sustos no pequeno investidor". *Exame*, 12 set. 2013.

4. Mariana Sallowicz, "Sem empresas de Eike, índice da bolsa teria queda de 14% em 2013, e não de 21%". *Folha de S.Paulo*, 25 jul. 2013.

5. "Aumento de capital social da companhia, no valor de R$ 800 milhões". Fato relevante da MPX, 3 jul. 2013.
6. Lauro Jardim, "Pagou duas vezes". Radar On-line, 14 set. 2013.
7. "Ata da reunião do Conselho de Administração realizada em 03 de julho de 2013". Comunicado da MPX, 3 jul. 2013.
8. "OGX — Ações em circulação no mercado". Dados da Bovespa, 29 abr. 2013.
9. Ramona Ordoñez e Danielle Nogueira, "Acionista minoritário pede bloqueio dos bens da OGX e de Eike". *O Globo*, 10 jul. 2013.
10. "OSX informa reconsideração de renúncia em seu Conselho de Administração". Comunicado ao mercado da OSX, 12 jul. 2013.
11. Escrituras de doação com reserva de usufruto, 24º Ofício de Notas do Rio de Janeiro, 9 jul. 2013 e 9 dez. 2013.
12. Raquel Landim e Renata Agostini, "Eike Batista doa aos filhos casas que têm valor estimado em R$ 50 milhões". *Folha de S.Paulo*, 4 maio 2014.
13. Emily Glazer e Luciana Magalhães, "Cresce tensão entre credores internacionais de Eike Batista". *The Wall Street Journal*, 1 out 2013.
14. "OGX — Resultados referentes ao terceiro trimestre de 2013". Release de divulgação dos resultados da OGX, 27 nov. 2013.
15. Juan Pablo Spinetto, Peter Millard e Ken Wells, "How Brazil's Richest Man Lost $34.5 Billion", op. cit.
16. Lauro Jardim, "Afif e Eike Batista". Radar On-line, 15 maio 2013.
17. Míriam Leitão, "Tubarão e peixinhos". *O Globo*, 2 jul. 2013.
18. Eike Batista, "O Brasil como prioridade: Ontem, hoje e sempre". *O Globo*, 19 jul. 2013.
19. Escritura de doação com reserva de usufruto vitalício, 10º Ofício de Notas do Rio de Janeiro, 13 ago. 2013.
20. Carta enviada por John Wallace, vice-presidente executivo da DeGolyer & MacNaughton, para Eike Batista, presidente do Conselho da OGX, e Luiz Eduardo Carneiro, CEO da OGX, 22 jul. 2013.
21. "LLX e Grupo EIG assinaram termo de compromisso para investimento de R$ 1,3 bilhão na companhia". Fato relevante da LLX, 14 ago. 2013.
22. "LLX anuncia aprovação de aumento do capital por subscrição privada". Fato relevante da LLX, 10 out. 2013; "LLX alonga prazo de financiamento com o BNDES por 3 anos". Fato relevante da LLX, 19 set. 2013.
23. Márcio Juliboni, "Quem é Ricardo K., o fã de guerra cuja missão é resgatar Eike". *Exame*, 6 set. 2013.
24. Malu Gaspar, "O caçador de elefantes". *Exame*, 11 jun. 2009.

22. SALVADOR DA PÁTRIA NÚMERO DEZOITO [pp. 425-49]

1. Lauro Jardim, "O K de Eike". Radar On-line, 30 ago. 2013.
2. Id., "Eike e a Angra: O contrato é de um ano". Radar On-line, 30 ago. 2013.
3. "Presentation to Rothschild". Apresentação da OGX, 23 out. 2013.

4. Raquel Landim, "Eike vende Hotel Glória, no Rio, por R$ 200 milhões". *Folha de S.Paulo*, 1 fev. 2014.

5. Denise Luna, Mariana Sallowicz e Raquel Landim, "Dívida de empresas de Eike vai a 25,1 bilhões de reais". *Folha de S.Paulo*, 16 ago. 2013.

6. Fernando Torres, "Pressão compradora de OGX pode atingir 14% das ações em circulação". *Valor Econômico*, 26 ago. 2013.

7. "Alienação de Participação relevante". Comunicado da OGX, 29 ago. 2013.

8. Malu Gaspar, "Operações sob suspeita". *Veja*, 15 dez. 2013.

9. Cláudia Schüffner, "Petronas condiciona negócio com OGX". *Valor Econômico*, 27 ago. 2013.

10. "OGX exerce '*put*' de US$ 1 bilhão concedida por seu acionista controlador". Fato relevante da OGX, 6 set. 2013.

11. Cláudia Tozetto, "OGX exige injeção de recursos por Eike Batista, mas dúvidas rondam operação". IG, 7 set. 2013.

12. "Resposta do acionista controlador ao exercício da '*put*'". Fato relevante da OGX, 9 set. 2013.

13. "OGX anuncia alteração na composição de sua diretoria". Comunicado da OGX, 20 set. 2013.

14. John Lyons e Luciana Magalhães, "Brazil's Batista Says He'll Rise Again". *The Wall Street Journal*, 15 set. 2013.

15. Guillermo Parra-Bernal, "Mubadala e Trafigura controlarão porto da MMX em acordo de US$ 996 mi". Reuters, 15 out. 2013.

16. João José Oliveira, "Trafigura e Mubadala concluem compra do Porto Sudeste". *Valor Econômico*, 27 fev. 2014.

17. Carta enviada por Richard J. Cooper e Giuliano Colombo, representantes de detentores de bônus da dívida da OGX, para Eike Batista, 21 set. 2013.

18. Márcio Juliboni, "OGX confirma calote de US$ 45 milhões a credores". *Exame*, 1 out. 2013.

19. "OGX anuncia certificação de reservas para o campo de Tubarão Martelo". Fato relevante da OGX, 3 out. 2013.

20. Lauro Jardim, "A conselheira". Radar On-line, 13 out. 2013.

21. "OGX anuncia mudanças na diretoria e outras deliberações". Fato relevante da OGX, 15 out. 2013.

22. Irany Tereza, "OGX receberá aporte de US$ 200 mi". *O Estado de S. Paulo*, 16 out. 2013.

23. Felipe Moreno, "Vinci Partners deve assumir controle da OGX; empresas negam". InfoMoney, 16 out. 2013.

24. Id., "Ação da OGX dispara 100% em 2 dias; opções sobem mais de 1500%". InfoMoney, 16 out. 2013.

25. "Esclarecimentos sobre eventual acordo de capitalização com novos investidores". Fato relevante da OGX, 16 out. 2013.

26. "Esclarecimentos sobre consulta CVM/Bovespa". Comunicado da OGX, 17 out. 2013.

27. Lara Rizério, "Em dois dias, opções da OGX passaram de 'pó' para alta de mais de 1500%". InfoMoney, 16 out. 2013.

28. "Investimento da E.ON e Cambuhy na OGX Maranhão Petróleo e Gás S.A. e Venda da participação da OGX na OGX Maranhão para a Cambuhy". Fato relevante da OGX, 31 out. 2013.

29. Pedido de recuperação judicial da OGX. Escritório de Advocacia Sergio Bermudes, 30 out. 2013.

30. Lauro Jardim, "À venda". Radar On-line, 29 set. 2013.

31. Id., "Aluguel de gente grande". Radar On-line, 2 out. 2013.

EPÍLOGO: DE VOLTA AO COMEÇO [pp. 451-61]

1. "Olin Batista pendura conta de R$ 16 mil em boate". *Extra*, 30 out. 2013.

2. CVM, Processos Administrativo-Sancionadores RJ-2013-2400, RJ-2013-7916, RJ-2013-10321, RJ-2013-10909, RJ-2013-13172, RJ-2014-0578, RJ-2014-6225, RJ-2014-6517, RJ-2013-12595, RJ-2014-2314 e RJ-2014-2050.

3. Cristina Grillo, "Justiça determina quebra de sigilo fiscal e bancário de Eike". *Folha de S.Paulo*, 10 maio 2014.

4. Malu Gaspar, "Eike: 'Não sou diferente dos outros acionistas. Perdemos juntos'". *Veja*, 21 set. 2014.

5. Idiana Tomazelli, "Após mudar de sede, ex-OGX faz leilão de computador a xícara". *O Estado de S. Paulo*, 7 mar. 2014.

6. "Depois de férias em Nova York, Eike Batista desembarca no Brasil". O Fuxico, 16 fev. 2014.

7. Herton Escobar, "Woo Suk Hwang quer clonar cães e vacas no Brasil". *O Estado de S.Paulo*, 17 maio 2014.

8. Ibid.

9. Ibid.

10. "CCX celebra contratos definitivos com Yildirim Holding A.S.". Fato relevante da CCX, 27 mar. 2013.

11. Lauro Jardim, "Vende mas não embolsa". Radar On-line, 16 set. 2014.

12. CVM, Processo Administrativo-Sancionador RJ-2014-6517, 16 jun. 2014.

13. "Termo de declarações de Eike Fuhrken Batista". Ministério da Justiça, Departamento de Polícia Federal, Superintendência Regional no Estado do Rio de Janeiro, 15 jul. 2014.

14. Denúncia do Ministério Público Federal em São Paulo a partir da Notícia de Fato nº 1.34.001.001411/2014-82, 11 set. 2014; Denúncia do Ministério Público Federal em São Paulo a partir da Notícia de Fato nº 1.34.001.002738/2014-71, 23 set. 2014; Denúncia do Ministério Público Federal no Rio de Janeiro a partir do inquérito policial nº 0025/2014-11, 11 set. 2014.

15. Samantha Lima, "Justiça manda bloquear contas de Eike Batista". *Folha de S.Paulo*, 16 set. 2014.

16. Malu Gaspar, "Saldo negativo". *Veja*, 10 ago. 2014.

17. Id., "Como é a vida do 'classe média' Eike Batista". *Veja*, 21 set. 2014.

18. "OGpar anuncia produção mensal de petróleo em agosto de 2014". Comunicado da OGpar, 15 set. 2014.

19. "Eneva divulga resultados do segundo trimestre de 2014". Release de resultados da Eneva, 13 ago. 2014.

20. Samantha Lima, "'Voltar à classe média é um baque gigantesco', afirma Eike Batista". *Folha de S.Paulo*, 17 set. 2014.

21. Marta Nogueira, "Anglo faz primeiro carregamento de minério em teste do projeto Minas-Rio". Reuters, 25 ago. 2014.

22. Malu Gaspar, "Como é a vida do 'classe média' Eike Batista", op. cit.

23. Samantha Lima, "'Voltar à classe média é um baque gigantesco', afirma Eike Batista". *Folha de S.Paulo*, 17 set. 2014.

24. Malu Gaspar, "Eike: 'Não sou diferente dos outros acionistas. Perdemos juntos'". *Veja*, 21 set. 2014.

25. Id., "Como é a vida do 'classe média' Eike Batista", op. cit.

POSFÁCIO [pp. 463-83]

1. "EIG fica com 32,3% das ações da LLX após ficar com fatia de Eike Batista". *Valor*, 15 out. 2013; "Eike transfere participação na Prumo para fundo Mubadala". *Valor*, 19 dez. 2014.

2. Marcelo Rocha e Matheus Teixeira, "Eike Batista tem delação homologada no STF pela ministra Rosa Weber". *Folha de S.Paulo*, 4 nov. 2020. Disponível em: <www1.folha.uol.com.br/mercado/2020/11/ministra-rosa-weber-do-stf-homologa-delacao-premiada-de-eike-batista.shtml>.

3. A maior, de 1 bilhão de reais, foi imposta em agosto de 2020 ao fundador da antiga Hypermarcas, João Alves de Queiroz Filho.

4. Ramona Ordoñez, "Eike Batista é condenado a oito anos de prisão por enganar mercado de capitais a respeito da existência de petróleo". *O Globo*, 11 jun. 2020. Disponível em: <oglobo.globo.com/economia/eike-batista-condenado-oito-anos-de-prisao-por-enganar-mercado-de-capitais-respeito-da-existencia-de-petroleo-1-24475128>.

5. Rogério Sanches Cunha, "STF: Execução da pena só é possível após o trânsito em julgado da sentença condenatória". Meu Site Jurídico, 8 nov. 2019. Disponível em: <meusitejuridico.editorajuspodivm.com.br/2019/11/08/stf-execucao-da-pena-e-possivel-apos-o-transito-em-julgado-da-sentenca-condenatoria>.

6. Geraldo Samor, "Os chineses que estão apostando em Eike Batista — e querem investir bilhões no Brasil". Brazil Journal, 5 abr. 2021. Disponível em: <braziljournal.com/os-chineses-que-estao-apostando-em-eike-batista-e-querem-investir-bilhoes-no-brasil>; site do CDIL: <cdil.com.cn/management>.

7. Malu Gaspar, "O sócio chinês de Eike Batista: uma história que não para em pé". *O Globo*, 30 abr. 2021. Disponível em: <blogs.oglobo.globo.com/malu-gaspar/post/o-socio-chines-de-eike-batista-uma-historia-que-nao-para-em-pe.html>.

8. Petição nº 202100275432, processo relacionado nº 0053657-85.2019.8.19.0000.

9. Lauro Jardim, "Justiça de Cayman bloqueia US$ 7 milhões de Eike Batista". *O Globo*, 22 jan. 2017. Disponível em: <blogs.oglobo.globo.com/lauro-jardim/post/justica-de-cayman-bloqueia-us-7-milhoes-de-eike-batista.html>.

10. Jennifer Ann Thomas, "Thor Batista sofre bloqueio judicial de 780 milhões de reais". *Veja*, 19 mar. 2019. Disponível em: <veja.abril.com.br/coluna/impacto/thor-batista-sofre-bloqueio-judicial-de-r-790-milhoes>.

11. Os bens de Eike, incluindo direitos minerários da MMX, seriam ofertados em leilão para credores em maio de 2022. Até o Mr. Lam e a casa de Angra, onde Eike conquistou a CEO da Anglo American, Cynthia Carrol, para a compra da MMX, estava sendo vendida.

12. Demonstrações financeiras da OSX Brasil S.A., "Relatório dos auditores independentes sobre as demonstrações financeiras", 31 dez. 2021.

13. Glauce Cavalcanti, "Com a OGX já em crise, Eike transferiu R$ 40 milhões para Luma de Oliveira e Flávia Sampaio". *O Globo*, 5 fev. 2015. Disponível em: <oglobo.globo.com/economia/negocios/com-ogx-ja-em-crise-eike-transferiu-40-milhoes-para-luma-de-oliveira-flavia-sampaio-15251921>.

14. Termo de declaração nº 3 de Eduardo Costa Vaz Musa, 20 ago. 2015. Disponível em: <politica.estadao.com.br/blogs/fausto-macedo/wp-content/uploads/sites/41/2016/09/1_OUT-8-dela%C3%A7%C3%A3o-de-musa-sobre-osx-consorcio-integra.pdf>.

15. "Fernando Baiano diz que pagou R$ 2 milhões para uma nora de Lula". G1, 15 out. 2015. Disponível em: <g1.globo.com/pr/parana/noticia/2015/10/fernando-baiano-diz-que-pagou-r-2-milhoes-para-uma-nora-de-lula.html>; Andréia Sadi, "Eike pagou dívida de R$ 5 milhões da campanha de Haddad, diz Mônica". G1, 1 maio 2015. Disponível em: <g1.globo.com/politica/blog/andreia-sadi/post/eike-pagou-divida-de-r-5-milhoes-da-campanha-de-haddad-diz-monica.html>.

16. Petição nº 6890, anexo 7, p. 346. Disponível em: <static.poder360.com.br/2017/05/VE-Jsant-vol3-11mai2017.pdf>.

17. Termo de transcrição do depoimento de Eike Batista à Lava Jato, 20 maio 2015. Disponível em: <politica.estadao.com.br/blogs/fausto-macedo/wp-content/uploads/sites/41/2016/09/10_OUT3-DEPOIM-EIKE.pdf>.

18. Andreza Matais, Julia Affonso, Ricardo Brandt e Fausto Macedo, "PF deflagra Operação Xepa, a 26ª fase da Lava Jato". *O Estado de S. Paulo*, 22 mar. 2016. Disponível em: <politica.estadao.com.br/blogs/fausto-macedo/pf-deflagra-26a-fase-da-lava-jato>.

19. "Eike fala à Lava Jato: assista ao depoimento que entregou Mantega". *Veja*, 22 set. 2016. Disponível em: <veja.abril.com.br/politica/eike-fala-a-lava-jato-assista-ao-depoimento-que-entregou-mantega>.

20. Depoimento de Eike Batista à Lava Jato. Disponível em: <youtube.com/watch?v=67l-FEOhF78k> (parte 1) e <youtube.com/watch?v=6SXSfrkrE6Y> (parte 2).

21. Por causa do depoimento de Eike, a Lava Jato desencadeou, em 22 de setembro de 2016, uma desastrada operação para prender Guido Mantega por ter "atuado diretamente" para negociar com o empresário "repasses de recursos para pagamentos de dívidas de campanha". A operação foi realizada enquanto o ex-ministro cuidava da mulher, hospitalizada com câncer num hospital de São Paulo. A ação acabou não prendendo Mantega e foi desautorizada pelo próprio Sergio Moro, que disse que a polícia, o MP e ele não sabiam que Mantega acompanhava a mulher no hospital e que a prisão estava revogada porque não havia "riscos de interferência da colheita de provas" naquele momento.

22. Pelo acordo, a condenação foi reduzida a prisão domiciliar em regime fechado por seis meses em Portugal, onde moravam, mais seis meses de prestação de serviços à comunidade, sem tornozeleira ou qualquer outra restrição. Depois disso, passariam ao regime aberto. Quando o processo tivesse transitado em julgado, poderiam voltar ao Brasil para cumprir o resto da pena.

23. Decisão, processos nºs 0501024-41.2017.4.02.5101 e 0501027-93.2017.4.02.5101. Disponível em: <politica.estadao.com.br/blogs/fausto-macedo/wp-content/uploads/sites/41/2017/01/Eficiencia_decisao.pdf>.

24. Ibid.

25. Ibid.

26. Henrique Gomes Batista, "Retorno de Eike ao Brasil: nove horas de sono embaladas por dois copos de leite". *O Globo*, 30 jan. 2017. Disponível em: <oglobo.globo.com/politica/retorno-de-eike-ao-brasil-nove-horas-de-sono-embaladas-por-dois-copos-de-leite-20842207>.

27. "Foragido, Eike Batista desembarca no Rio nesta segunda-feira (30)". *Bom Dia Brasil*, 30 jan. 2017. Disponível em: <g1.globo.com/bom-dia-brasil/noticia/2017/01/foragido-eike-batista-desembarca-no-rio-nesta-segunda-feira-30.html>.

28. Renan Ramalho e Yvna Sousa, "Gilmar Mendes manda soltar o empresário Eike Batista". G1, 28 abr. 2017. Disponível em: <g1.globo.com/politica/noticia/gilmar-mendes-manda-soltar-o-empresario-eike-batista.ghtml>.

29. Sentença, processo nº 0501634-09.2017.4.02.5101. Disponível em: <conjur.com.br/dl/eike-batista-condenado-30-anos-prisao.pdf>.

30. Vinicius Neder, "cvm multa Eike Batista em mais de R$ 550 mil por omissão de informações". Estadão Conteúdo, 25 jun. 2019. Disponível em: <economia.uol.com.br/noticias/estadao-conteudo/2019/06/25/cvm-multa-eike-batista-em-mais-de-r-550-mil-por-omissao-de--informacoes.htm?cmpid=copiaecola>.

31. Daniel Biasetto, "Delator de Eike lavou dinheiro de joias de Cabral e apareceu no 'Swissleaks'". *O Globo*, 8 ago. 2019. Disponível em: <oglobo.globo.com/politica/delator-de-eike-lavou--dinheiro-de-joias-de-cabral-apareceu-no-swissleaks-23862795#:~:text=RIO%20%2D%20Respons%C3%A1vel%20pela%20dela%C3%A7%C3%A3o%20que,gestora%20de%20recursos%20Opus%20Investimento>.

32. Ibid.

33. A respeito do assunto, o senador enviou a seguinte nota: "De uma maneira muito tranquila e transparente, o senador Zequinha Marinho afirma nunca ter encontrado o empresário Eike Batista e muito menos tratado sobre qualquer projeto de mineração no Pará. Reforçamos que, para dar efetividade à lei n. 12850, de 2013, faz-se necessário que o instrumento da delação premiada esteja inteiramente apartado do direito de faltar com a verdade".

34. Malu Gaspar, "O sócio chinês de Eike Batista: uma história que não para em pé", op. cit.

35. Leonardo Vieceli, "Justiça derruba liminar e decreta falência da mmx, de Eike Batista". *Folha de S.Paulo*, 19 maio 2021. Disponível em: <www1.folha.uol.com.br/mercado/2021/05/justica-derruba-liminar-e-decreta-falencia-da-mmx-de-eike-batista.shtml?origin=folha>.

36. Felipe Mendes, "Procura-se o comprador da debênture milionária de Eike Batista". *Veja*, 28 dez. 2021. Disponível em: <veja.abril.com.br/coluna/radar-economico/procura-se-o--comprador-da-debenture-milionaria-de-eike-batista>.

37. Lauro Jardim, "stf libera a venda de ativo mais valioso de Eike, mas não decide sobre a destinação do dinheiro". *O Globo*, 16 mar. 2022. Disponível em: <blogs.oglobo.globo.com/lauro-jardim/post/stf-libera-venda-de-ativo-mais-valioso-de-eike-mas-nao-decide-sobre-destinacao-do-dinheiro.html>.

Créditos das imagens

1-9 e 15: Acervo pessoal
10: Fernando Cavalcanti
11: Hipólito Pereira/ Agência O Globo
12: André Dusek/ Estadão Conteúdo
13: Paulo Giandalia/ Estadão Conteúdo
14: Fábio Pozzebom/ Agência Brasil
16: Fred Prouser/ Fotoarena
17: Daniel Delmiro/ AG News
18: Paulo Vitale
19: Karine Xavier/ Folhapress
20: Ricardo Moraes/ Fotoarena
21: Rui Porto Filho/ Fotoarena
22: Gabo Morales/ Folhapress
23: Carlos Grevi/ Futurapress
24: Regis Filho/ Valor
25: Ricardo Borges/ Folhapress

Índice onomástico

Abbas, Shamsul Azhar, 431
Abramovich, Roman, 367
Acciona, 357
Adastra Minerals, 126
Agassi, Andre, 29, 260
Agência Nacional de Energia Elétrica (Aneel), 390
Agência Nacional de Vigilância Sanitária (Anvisa), 78
Agência Nacional do Petróleo, Gás Natural e Biocombustíveis (ANP), 107, 110, 114, 116-9, 122, 124, 207, 299, 326, 328, 335, 386, 404, 409
Agnelli, Roger, 79, 185, 187-9, 191-200, 241, 284, 325
Agnes, Fernanda, 197
Al Nahyan, Mansour Bin Zayed, 254-5, 265, 302, 306
Alcan, 127-8
Alckmin, Geraldo, 131
Alexandre, o Grande, 20
Almeida, Marcelo Mattoso de, 276
Alpha Group, 20, 23-4, 33-5

Amaral, Delcídio do, 64, 81-5, 130-1, 164, 240
Amaral, Paulo Narcelio Simões, 445
Amato, Mario, 71
Amazon, 245
Ambrus, Jozsef, 24, 56-7
Amir, Edmond, 463-5, 480-1
Ammar, Aziz Ben, 295-6, 304, 306, 309-10, 323-4, 338, 343, 345-54, 357-8, 367, 377, 379, 382, 389-90, 393-4, 399-401, 404, 421-2, 431, 437-8
Ammar, Chedly Ben, 295
Ammar, Tahar Ben, 295
Ancelmo, Adriana, 212, 256, 472
Angel, Hildegard, 76
Angélica (esposa de Luciano Huck), 212
Anglo American, 56, 125-31, 133-4, 136-8, 140-1, 152, 156-7, 163-4, 166-9, 172, 175-7, 179, 208-12, 220-1, 223, 227, 233, 257, 286, 344, 385, 391, 459, 465
AngloGold, 72-3
Antunes, Augusto Trajano de Azevedo, 48
Antunes, Ricardo, 78-9, 81, 94, 176-7
Aoki, John, 50-3

Apple, 235, 304-5
Arab Debt Recovery, 295
Aracruz, 173, 237
Aragão, Paulo, 367
Aras, Augusto, 475-8
Arcadia, 472
Argenta Securities, 482
Aristóteles, 31
Armstrong, Lance, 245
Assef, Michel, 76
Assembleia Legislativa do Rio de Janeiro (Alerj), 130
Atlântico Gold, 73, 81, 160, 164, 187
Autram Aureum, 43-4, 53-4
AUX, 267, 302, 305, 323, 364, 400, 404, 453, 456-7
Avianca, 356
Azevedo, Giles, 290

Badenes, Francisco, 158
Baiano *ver* Soares, Fernando
Banco Central da China, 245
Banco Central do Brasil, 41, 107, 109, 267, 381
Banco Central dos Estados Unidos, 245
Banco do Brasil, 184
Banco Mundial, 79
Banco Real, 186
Banco Rothschild, 36, 416
Bangu 9 (presídio), 473
Bank of America, 271, 349, 468
Barhoush, Hani, 383
Barreto, Luiz Carlos, 181
Barrichello, Rubens, 292
Barrick, 32
Batista, Dietrich (Dide, irmão de Eike), 38
Batista, Eliezer ("Papi", pai de Eike), 23, 27, 29, 38-43, 45-50, 53-4, 59, 61-3, 66, 70, 73, 78-80, 84, 113, 131, 138, 160, 165, 181, 189, 192-3, 230, 354, 365-7, 406, 414-5, 434, 441
Batista, família, 38-9, 45-6, 49, 451
Batista, Balder (filho de Eike Batista), 415, 421, 468
Batista, Jutta Fuhrken (mãe de Eike), 39, 47, 66
Batista, Monika (irmã de Eike), 40

Batista, Olin (filho de Eike), 29, 67, 99, 170, 318, 415, 448
Batista, Thor (filho de Eike), 22, 67, 99, 170, 254, 286, 302, 318-20, 343, 400-1, 415, 441, 443, 448, 457, 467
Batista, Tyra (filha de Eike Batista), 468
Batista, Werner (irmão de Eike), 40, 43, 45, 219, 332, 403
Baum, Philip, 125-6
Belchior, Miriam, 370
Bellot, Carlos, 323, 364, 370, 376, 398
Belotti, Reinaldo, 250, 323, 331, 457
Beltrame, José Mariano, 292
Berkshire Hathaway, 305
Bermudes, Sergio, 437, 447, 457, 460
Berto, Marcus, 400, 404, 422, 438, 449, 454, 458
Bezos, Jeff, 245
BHP, 136
Billionaire (empreendimento), 141
BlackRock, 101, 267, 416
Blackstone, 427-8, 431, 433
Bloomberg, 60, 174, 226, 280, 296, 336, 387, 410, 417
BMO (Banco de Montreal), 28, 36
BNDES (Banco Nacional de Desenvolvimento Econômico e Social), 62, 64, 107, 181, 184, 186, 191, 194, 235-7, 265, 267, 289, 291, 314-5, 324, 345, 358-60, 366-7, 376, 378, 381, 383, 389, 391-2, 396, 397, 412, 422-4, 446, 478
BNDESPar, 291, 365
BNP Paribas, 182
Bolsa de Valores de São Paulo (Bovespa), 85, 90, 103, 143, 154-5, 165, 182, 225-6, 238, 247, 338-9, 375, 408, 411, 429
Bolsonaro, Jair, 475-6
Borba, Pedro, 434
Bowie, David, 98
BP, 238
BR Distribuidora, 94-5
Bracher, Candido, 154, 189, 267, 336
Bradesco, 184, 186-7, 191-5, 263, 267, 307, 316, 355, 376, 390, 423, 457

Bradespar, 193
Brandão, Lázaro, 191-3, 199
Bretas, Marcelo, 472
Bre-X, 33
Bridi, Sônia, 301
BTG Pactual, 191, 195, 270-2, 292, 361, 374-81, 383-5, 388-94, 399-400, 412-4, 422-6, 428, 436, 443, 449, 478
Buffett, Warren, 305-6
Bumlai, José Carlos, 470
Bündchen, Gisele, 239
Burger King, 453

Cabral, Fernando, 54-5, 78
Cabral, Marco Antônio, 275
Cabral, Sérgio, 130, 141, 169, 180, 184, 187, 196-7, 212, 240, 252, 256, 260, 275, 292, 321, 323, 370, 397, 448, 471-2, 474, 478
Caemi, 48
Caixa Econômica Federal, 40, 45, 289, 345, 392, 472-3
Câmara de Gestão da Crise de Energia Elétrica ("Comissão do Apagão"), 68
Camargo Corrêa, 181
Campeonato Brasileiro de Offshore, 98
Canadian Business (revista), 34-5
Canico, 187-8
Cappi, Luiz Carlos Trabuco, 191
Carajás (mina de ferro), 43, 49, 79, 81, 187, 262
Caras (revista), 72
Cardoso, Fernando Henrique (FHC), 62, 64-5, 144, 166
Cargill, 122
Carneiro, Luiz Eduardo, 214-6, 253, 312, 323, 328, 331-2, 337-8, 340-3, 361, 363, 376, 382, 392-3, 395, 401-3, 406, 409-10, 419-20, 428, 430-2, 434-5, 441-5, 457, 469-70
Carroll, Cynthia, 125-30, 132-5, 138, 163-4, 167-9, 209-11
CarVal (fundo de investimentos americano), 122
Carvalho, Clóvis Paes de, 40, 42
Carvalho, Gabriel Paes de, 40

Carvalho, Gilberto, 290
Carvalho, Olavo Monteiro de, 49, 51, 53
Carvalho Filho, Eleazar de, 367
Casagrande, Renato, 373
Cassandra (minas gregas), 19-20, 23-4, 27, 30, 33-4, 37, 149
Castro Júnior, José Albucacys de, 75
Cavalieri, Rubens, 147
Cavendish, Fernando, 256, 276
CBS, 244
CCX (Carvão da Colômbia S.A.), 262, 302, 309, 333, 347, 368-9, 387, 448, 456
CDIL (China Development Integration Limited), 464, 481
Centro de Pesquisa, Desenvolvimento e Inovação Leopoldo Américo Miguez de Mello (Cenpes), 118
Chacur, Nicolau, 309-13, 325, 327, 338, 343, 346-9
Chagas, Gabriel, 395
Chagas, Helena, 321
Chávez, Hugo, 384
Chebar, irmãos, 471-2, 474
Cheah, Martin, 370
Cheniaux, Marcelo, 86-7, 115, 174-5, 177, 282
Chilevisión, 248
Chillé, Felix, 43-4
CIA (Central Intelligence Agency), 480
Citibank, 415
Citigroup (Citi), 264, 270-1, 335
Clarity, 61, 66
Cleveland-Cliffs, 104, 129, 209
CMEC, 481
CNN, 244
CNOOC, 222, 232, 250
Coaf (Conselho de Controle de Atividades Financeiras), 476
Coca-Cola, 69, 86, 305-6
Coelho, Patrícia, 441-3
Collor de Mello, Fernando, 71
Comissão de Valores Mobiliários (CVM), 90, 102, 144, 146, 155, 225-7, 234-5, 239, 258, 267, 269, 295, 297, 300, 327-8, 347-8, 368, 394, 405-6, 429, 452, 457, 474

Companhia de Gás do Ceará (Cegás), 64
Companhia de Mineração e Participações (CMP), 50-1
Companhia Siderúrgica Nacional (CSN), 63, 128-9
Conselho Nacional de Política Energética (CNPE), 119
Conspiração Filmes, 234
Cook, Tim, 304-5
Correa, Darwin, 430, 433-4
Correia, Luiz Arthur (Zartha), 25, 32, 115-6, 216, 222, 243, 250-3, 258, 308, 324, 336, 338, 343, 347, 349, 359, 363, 377-9, 397, 400-1, 423, 426
Cortés, Hernán, 39
Côrtes, Sérgio, 256
Costa, Paulo Roberto, 285, 357, 458
Costa Neto, Valdemar, 288-9
Coutinho, Luciano, 191, 194-5, 235-7, 291-2, 315, 367, 383, 396-7, 422
Cover, Walter, 185
Credit Suisse (CS), 87-9, 101-2, 140, 143, 145, 148, 153-5, 165, 182, 189, 226, 252-3, 339, 394, 478
Cristina (esposa de Eduardo Eugenio Gouvêa Vieira), 367
Cristino, José Leônidas Menezes, 321, 370
Crivella, Marcelo, 180
Cunha, Eduardo, 478
Curragh Resources Inc., 20
CWT (Clean World Technologies), 468, 471

D'Avila, Roberto, 82, 93, 150, 154, 181, 239, 243, 248, 292-3, 418
Daimler AG, 314-5
Dantas, Daniel, 122, 166, 423, 441
Dantas, San Tiago, 48
De Biase, Gabriel (Gabinha), 107, 221, 253, 269, 297
Defant, Marc, 24-5
DeGolyer & MacNaughton (D&M), 145, 147, 263, 268-75, 280, 293, 327, 342, 419-21, 441
Delta Construções, 276

Departamento Nacional de Infraestrutura de Transportes (DNIT), 289
Departamento Nacional de Produção Mineral (DNPM), 53
Deutsche Bank, 36, 166, 271, 478
Dias Leite Júnior, Antônio (Toninho), 48-9, 51, 53
Dias Leite, Antônio, 49
Diaz, Cameron, 294
Dieguez, Consuelo, 71
Diniz, Abilio, 95, 355
Dirceu, José, 93
DMX, 315
Domingão do Faustão (programa de TV), 67-8, 87, 197
Dommo Energia, 474
Donata (esposa de Nizan Guanaes), 367
Dorsey, Jack, 305
Dow Jones, 244
Downey, Roger, 88-9, 165, 208
Dresdner Kleinwort, 107
Dutra, José Eduardo, 95
Dynamo, 381, 391

EAS, 104
EBX, 63, 71, 73-4, 77, 82, 91-2, 98-9, 108, 135, 144, 150, 157, 161, 177, 192, 205, 229, 234, 264-5, 279, 297, 303, 306-8, 311, 336, 338, 341, 347-8, 350-1, 366, 372, 383, 404
ebX Express, 61
Economatica (consultoria), 339-50
Economist, The (revista), 211, 244, 332-3
Economou, George, 356-7
Efromovich, Germán, 356-7
EIG Partners, 463
Eisa (estaleiro), 356
El Chino Kong (minerador chileno), 56-7
El Paso, 83, 332, 352
Eletrobolt, 83
Empresa Brasileira de Planejamento e Logística, 370
Eneva, 414, 439-40, 448, 459
Eni, 250

Enron, 61-2, 83
E.ON (empresa de energia alemã), 294, 302, 351-4, 358, 379, 389-90, 412-3
Época (revista), 304
Época Negócios (revista), 314, 333
Escola de Samba Tradição, 66
Estado de S. Paulo, O (jornal), 138, 167, 198-9, 248, 384
Esteves, André, 87-8, 190-2, 195, 272, 361, 374-6, 378-86, 388-9, 391-3, 396-7, 399-401, 421-3, 425-7, 436, 438, 442-3, 449
Estrada de Ferro do Amapá, 159, 168
Estrella, Guilherme, 107, 109, 118-9, 123, 285
Exame (revista), 71, 137, 140, 189, 265, 339
Exim Bank, 64
Exxon Mobil, 197

Faveret, José, 250-1, 326, 393, 401-2, 407-8, 421, 427-32, 435, 445, 457
Federação das Indústrias do Estado de São Paulo (Fiesp), 71
Federação das Indústrias do Estado do Rio de Janeiro (Firjan), 366-7, 384
Ferraço, Ricardo, 373
Ferreira, Armando, 341-2
Ferreira, Murilo, 284, 355
Fidelity (banco), 111, 116
Figueiredo, Bernardo, 370
Financial Times (jornal), 293
Fiocca, Demian, 185
Fischer, Vera, 67
Fitch (agência de rating), 153
Fittipaldi, Emerson, 239
Folha de S.Paulo (jornal), 193
Fonseca, Carlos, 177, 375-6
Forbes (revista), 138, 176, 190, 222, 224, 233, 254, 275, 305, 313-4, 338, 384, 400, 417
Forstmann, Ted, 245, 260, 325
Foster, Graça, 312, 322, 364, 376, 396
Foxconn, 305
Fraga, Arminio, 122, 267, 381, 413
Friboi, 235
Frigorífico Bertin, 389

Fuhrken, Eduard Karl Gustav (avô de Eike Batista), 47
Fundação Nacional do Índio (Funai), 161
Fundo da Marinha Mercante (FMM), 288-91, 344, 345, 376

Gabeira, Fernando, 180
Gabrielli, José Sergio, 95, 107, 118, 285, 322, 325
Galliez, Vicente, 166
Garambone, Sidney, 22
Garotinho, Rosinha, 82, 130
Gaspari, Elio, 294
Gaspetro, 64
Gates, Bill, 138, 333
Gattass, Gustavo, 145, 206, 270-2, 292-3
Gávea Investimentos, 122, 267, 381, 391, 413
Geller, Uri, 50-3
General Capital Group, 314-5
General Electric (GE), 243-5, 302, 307-8, 336, 377
General Motors, 190
Genro, Tarso, 166
Geoplan, 61
Gerdau, Jorge, 355
Gibson, Brian, 120
Glasenberg, Ivan, 422
Glencore Xstrata, 136, 422, 439
Globo, O (jornal), 242, 289, 300, 418
Globo, Rede, 20, 249, 301, 473
Godinho, Flávio, 20, 32, 74-5, 77-8, 134-5, 158-64, 168, 170, 177-8, 204, 216, 218, 220, 242, 252-3, 257-9, 286, 288-90, 319, 324, 332, 336, 338, 343, 357, 359, 366, 377, 401, 406, 426, 472
Góes, Waldez, 159-60, 180
Gois, Ancelmo, 242, 300
Gold Fields South Africa, 56-8
Golden Rock, 472, 474
Goldman Sachs, 85, 191, 306, 335, 390, 478
Gomes, Alexandre, 126
Gonçalves, Anselmo, 162
Gonçalves, Marco, 182, 393, 412, 425-6
Google, 108, 209, 244, 305

Google Zeitgeist, 244
Gorbatchóv, Mikhail, 24
Gou, Terry, 305
Goulart, João, 48
Gouvêa Vieira, Eduardo Eugenio, 366-7, 369, 378-9, 382-4
Gouvêa, Paulo, 63, 75, 96, 102, 134-5, 157, 164, 170, 176-7, 192-3, 220, 222, 250-3, 256-9, 262-4, 366-7, 369, 378-9, 382-4, 390
Graf, Johann, 468
Greenspan, Alan, 245
Gros, Francisco, 65, 107, 111, 114, 120-2, 227
Guan, Tan Cheng, 372
Guanaes, Nizan, 367
Guardian, The (jornal), 244
Guimarães, Jack, 442-3
Guimarães, Pedro, 463-5, 480-1
Guimarães, Walter (Waltinho), 76
Guitti, Nelson, 177
Gulf Investment Corporation (GIC), 99

Haddad, Fernando, 470
Hagemann, Roberto, 57
Hambro, Evy, 101
Harvey, T. Sean, 36-7, 61, 74
Hick, John, 28
Hill Samuel (banco inglês), 53
Hitler, Adolf, 47, 287, 404
Horcades, Marcello, 303-4, 309-10, 347-9, 377, 393, 399-401, 404, 431, 437
Hotel Glória (Rio de Janeiro), 132, 141, 181, 236, 257, 302, 311, 427, 457
HRT, 247
Hubner, Nelson, 118
Huck, Luciano, 132, 212
Hukai, Roberto, 61-4, 451-2, 455
Hwang, Woo Suk, 455
Hyundai, 217, 223

Ibama, 167
IBM, 236, 291
Ibovespa, 227, 239, 244
Icomi, 159

Igreja Universal do Reino de Deus, 180
IMG, 325
Immelt, Jeff, 243-4, 336
IMX, 302, 325, 400, 444, 453
Inco Gold, 22
Indeco, 45
InfoMoney, 347, 446
Instagram, 467
Instituto Chico Mendes de Conservação da Biodiversidade (ICMBio), 217
Instituto Lula, 404
Instituto Nacional da Propriedade Industrial (INPI), 141
Interview (revista), 66
Ipiranga (distribuidora de combustíveis), 366
IronX, 157, 258
IstoÉ (revista), 176
IstoÉ Dinheiro (revista), 179
Itaipu, 40
Itaú, 64, 143, 186, 189-90, 192, 267, 307-8, 335, 355, 365, 376-7, 390, 399, 406, 415, 457, 478, 482
Itaú BBA, 140, 145-6, 154, 165, 267, 309, 316, 336
ITX, 235

Jardim, Lauro, 205, 300, 357
Jereissati, Carlos, 65, 424
Jereissati, Tasso, 63-5, 82
Jinping, Xi, 465
Jintao, Hu, 182, 226
João Monlevade (mina), 81
Jobim, Nelson, 166
Johnson, Don, 21
Jornal do Brasil, 76, 93
Josaphat, Braz Martial, 159
JP Morgan, 271, 296-8, 335, 339
JPX, 61
Jucá, Fábio, 213-4
Jurong Shipyard, 360, 370-3, 381, 396-7

K. *ver* Knoepfelmacher, Ricardo (K.)
Kaihla, Paul, 34

Kamchatka (minas siberianas), 24-5
Karrer, Eduardo, 215, 287, 332, 334, 336, 338, 343, 352, 391-2, 413
Kayath, Marcelo, 154
Kennedy, John F., 480
Kepezhinskas, Pavel, 24-5
Kfuri, Fernanda, 276
Kfuri, Jordana, 256, 276
Kildahl, Jørgen, 412
Kingfish, 312
Kinross Gold Corp., 37, 70
Klein, Julio, 434
Knoepfelmacher, Ricardo (K.), 423-7, 430-9, 441-5, 448, 453, 458
Kobayashi, Ricardo, 444
Kovarsky, Paula, 145-6, 165

La Coipa (mina chilena), 56-8, 73, 190
Lacombe, Octávio, 46, 52
Lai, Andy ("chairman Lai"), 464-7, 480-1
Lampert, Claudio, 347, 378
Landim, Rodolfo, 64, 94-6, 101, 104-8, 111, 115, 120, 122, 129, 134-5, 148, 157-8, 164, 170, 172, 174-5, 177-9, 192-3, 201-2, 204-6, 214, 218, 227, 242-3
Lava Jato *ver* Operação Lava Jato
Lazcano, Otávio, 286, 347, 359, 370, 377, 379, 401-2, 423, 426
Leal, Patrícia, 21-2, 66, 71
Lean, David, 20
Lees, Nigel, 53-4
Lehman Brothers, 175, 454
Leitão, Míriam, 418
Leite, Emerson, 145
Lemann, Jorge Paulo, 176, 453
Lento, Lucia, 398
Lifschultz, David, 35
Lima, Haroldo, 119
Lima, Samantha, 193
LLX, 117, 130, 142, 176, 178, 181, 190, 204, 208, 210-1, 236, 283-6, 346-9, 378, 392, 394, 400, 404-5, 422-3, 427, 436, 438, 448, 453
Lobão, Edison, 321, 371, 478

Lobo & Ibeas Advogados, 78
Lobo, Márcio, 415
Luca, João Carlos de, 337
Lucas, George, 245
Lukoil, 350, 381-2, 403
Lula da Silva, Luiz Inácio, 71-2, 82-3, 92-3, 95, 99, 105, 107, 117-20, 131-2, 160-1, 164, 166-7, 169, 180-5, 187, 189-90, 194, 196-200, 209, 211-2, 224, 226, 238, 239-40, 247, 267, 285, 288, 290, 321-5, 336, 340, 344, 355, 358, 360, 365, 370-1, 381, 394, 396, 404, 422, 470, 475-6, 483
Lula da Silva, Marisa Letícia, 197, 239
Lustosa, Eliane, 130

Macaé Merchant, 83
Machado, Jaderico, 94
MacPherson, Elle, 257
Madoff, Bernard, 173, 454
Madonna, 98, 212
Maersk, 117
Maggi, Blairo, 289
Malan, Pedro, 144, 299, 407-8
Manchester City (time de futebol), 254
Manitoba (mina canadense), 28
Mantega, Guido, 199, 344-5, 358-60, 372-3, 396, 470
Maracanã (estádio), 325
Mare (empresa de investimentos), 243
Marfrig, 235, 389
Marília Gabriela, 241
Marinho, João Roberto, 249, 355
Marinho, Paulo, 93
Marinho, Roberto Irineu, 275
Marinho, Zequinha, 478-9
Marítima, 356
Maroni Filho, Oscar, 67-8
Marques, Edmundo (Kiko), 110, 112, 299
Martino, Joaquim, 79, 81, 86, 94, 134, 177, 179, 208
Martins, Celso (Pantera), 342
Martins, Fernando, 471, 477
Martins, José Carlos, 189

Masella, Miguel, 370
Mayer, José, 196, 199
McGann, Frank, 145-7, 151
Medeiros, Pedro, 270-2
Medina, Roberto, 325
Medvedev, Dmitri, 381
Mello, Marcio, 247
Mendes Júnior (empreiteira), 323, 355, 469
Mendes, Gilmar, 166, 474
Mendonça, Paulo (Dr. Oil), 107-8, 111-2, 116-7, 119, 121-3, 148, 150-2, 178, 202-4, 206-8, 215-6, 220-1, 228-9, 231, 239-40, 242, 250-3, 255-6, 258-9, 263, 268-9, 271, 285, 287, 298, 303-4, 308, 310, 312-3, 326-34, 337-40, 342, 382, 387, 414-5, 418-9, 436, 449
Meneses, Romero, 160-1, 170
Mercedes-Benz, 113, 156, 314, 318-9
Merrill Lynch, 143, 145-8, 271
Minas-Rio, complexo, 465
Minc, Carlos, 131, 180
Mitsui, 186
Mittal, Lakshmi, 175, 314
MMX, 79, 81, 85-90, 94-7, 99-104, 106, 108-9, 114, 117, 126, 128-30, 133-7, 140-3, 152-3, 157-60, 162-7, 169-70, 172-3, 175-80, 182, 186-90, 201-2, 204, 208-12, 218, 220, 222-3, 227, 231-2, 236, 245, 257-8, 264-5, 283, 323, 344, 364, 379, 385, 392, 396, 427, 440, 444, 448, 453, 458-9, 465-7, 480-1
Montana-Dakota Utilities (MDU), 62-3, 84
Monteiro Aranha (grupo), 49
Monteiro, Roberto, 328, 333, 337, 340, 393, 427-8, 434
Montimor, Sebastião, 111
Morales, Evo, 91-2, 131
Moreira Salles, família, 440, 447
Moretzsohn, Leonardo, 189, 256, 258, 282, 309
Morgan Stanley, 88-9, 122, 271, 478
Moro, Sergio, 475-6
Motta, Rodrigo, 347
Moura, Mônica, 470-2
MPX, 117, 126, 138, 140, 163, 169, 190, 215, 238-9, 262, 267, 283, 287, 291, 294-5, 302,
332-3, 344, 351-4, 358, 375, 381, 383, 389-91, 410, 412-4, 421, 423, 439, 444, 448
Mr. Chow (restaurante chinês de Nova York), 29, 97-8
Mr. Lam (restaurante chinês do Rio de Janeiro), 96-9, 113, 138, 141, 170, 179, 222, 249, 265, 341, 389, 467, 480
Mubadala, 254, 307-8, 316, 330, 350, 359, 365, 377, 383, 385, 400-1, 426, 428, 439-40, 448, 453, 457, 460, 463
Mudrovitsch, Rodrigo, 477
Murray, David, 28, 30, 35
Musa, Eduardo, 469
Musk, Elon, 305, 418, 437

Nabucodonosor, imperador babilônico, 316
Nahas, Naji, 166
Nascimento, Alfredo, 289
Nathanial, Peter, 264-6
National Bank of Greece, 20
Neves, Aécio, 82, 132, 134, 180, 240, 478
New Straits Times, The (jornal), 350-1
New York Times, The (jornal), 293
Newrest, 296
Nicole (executiva alemã), 245-6
Noblat, Ricardo, 277
Nobre, Paulo, 294
Noleto, Mariana, 275
Normandy Mining, 35
Norris, Chuck, 21
Northfleet, Ellen Gracie, 299, 407
Nosé, Dalton (Dr. Steel), 75, 79, 81, 86, 94, 126, 134-5, 138, 170, 172, 175-7
Novo Astro (mina), 24, 52-4
Novo Planeta (mina), 45, 49
Nunes, Wanderley, 239

Obama, Barack, 197
Ober, Charles, 148
Ocean Rig, 356-7
Odebrecht (empreiteira), 284, 325, 470
Odebrecht, Marcelo, 274, 317
OGX, 106, 108-10, 112, 114, 116-7, 119-24,

126, 138-40, 143-56, 158, 163, 173, 175, 177-9, 181, 190, 202-8, 215-7, 220-34, 237-40, 242, 244, 247, 249-56, 259, 262-4, 266-74, 277-8, 280, 283, 285, 287, 289, 292, 294, 297-300, 302-3, 305, 307-8, 311-4, 316-8, 322-3, 326-44, 346, 350-1, 361-4, 371, 376-7, 379, 381-2, 386-8, 392-5, 400-11, 415-7, 419-21, 427-35, 437, 439-41, 443-9, 452-3, 457-60, 474, 482
Oi (operadora), 235, 424
Oliveira, Luma de, 21-2, 29, 36, 65-8, 70-2, 75-6, 98, 138, 260, 294-5
Olympias (mina grega), 30-1, 33
Onça Puma ("Carajás do níquel", mina), 187
O'Neill, Jim, 85
Ontario Securities Commission (OSC), 27
Ontario Teachers' Pension Plan, 111, 120, 347
Operação Eficiência, 472
Operação Lava Jato, 286, 468-78
Operação Satiagraha, 166
Operação Toque de Midas, 158, 166, 181, 473
Opportunity, 122, 339, 423-4, 441
Orascom, 296
OSX, 182, 205, 214-8, 223, 253, 274, 278-80, 283-4, 287, 289, 291, 303, 312, 316, 323, 326-8, 330-2, 337, 344-5, 347, 355-7, 360, 362-4, 370-6, 381, 392, 397-8, 407-8, 410, 415, 430, 437, 439, 442-3, 445, 448, 457-9, 467, 469-70
Ouro Preto (petroleira), 243

P-Notes (instrumento financeiro), 478-9
Pactual, 87-8, 122, 143, 145, 149, 154, 190-1, 195, 206, 270, 272, 292, 374, 379, 388, 399, 412, 426, 443-4, 474
Padtec, 235-6
Paes, Eduardo, 180-1, 197-8
Paes, Guilherme, 401, 425
Page, Larry, 305
Pagot, Luiz Antonio, 289
Panero, Patrick (filho), 69
Panero, Robert Patrick (Bob), 69
Pão de Açúcar, grupo, 95-6, 355

Paranapanema (mineradora), 45-6, 52
Parauari (mina), 50-3
Parente, Pedro, 64
Partido Comunista chinês, 464
Partido da Frente Liberal (PFL), 131
Partido da República (PR), 288-9
Partido Democrático Trabalhista (PDT), 82
Partido Liberal (PL), 478
Partido do Movimento Democrático Brasileiro (PMDB), 131
Partido dos Trabalhadores (PT), 17, 71-2, 82-4, 92, 94-5, 110, 119, 180, 185, 198-200, 237, 240, 288-90, 315, 323, 371-2, 381, 455, 458, 469, 476
Partido Socialista Brasileiro (PSB), 373
Paulo Cezar Pinheiro Carneiro Advogados (PCPC), 445
Pedra Branca do Amapari (reserva de minérios), 73
Penthouse (revista), 68
Pereira, Andrea, 150, 222, 243
Pereira, José Olympio, 88, 155
Pereira, Luiz do Amaral de França, 406
Perenco, 117
Petrobras, 62-5, 80, 82-4, 92, 94-5, 104-5, 107-10, 112, 114, 116-24, 139-40, 147, 150-3, 204, 206, 208, 214, 216, 221, 224, 229-30, 232, 238, 247, 274, 284-6, 299-300, 312, 316, 322-3, 325, 331, 339, 341, 344-5, 349, 352, 355-7, 362-4, 370, 372, 374, 376, 388-9, 396, 435, 441-2, 458, 469, 474
Petronas, 350-1, 364, 382, 393-5, 417, 431, 435, 437, 441
PetroRio, 480
piauí (revista), 106, 119
Pimco, 267, 416
Pimentel, Fernando, 289, 359-60, 371-3
Piñera, Sebastián, 248
Pink Fleet (navio), 97, 141
Pinto, Kleber de Farias, 73
Piquet, Joana, 157-8
Pires Neto, Amaury Ferreira, 288-90, 315, 321, 344, 359, 371-3, 396, 404, 458

Pitta, Celso, 166
Pizarro, Francisco, 39
Placer Dome, 58
Plass, Eduardo, 474
Playboy (revista), 65-7, 72
Pontes, Victor, 63
Portaluppi, Renato, 65-6
PortX, 258
Possmeier, Frank, 354
Prates, Cláudia, 359
Pratt & Whitney, 63
Previ, 184, 186, 194
Programa Prioritário de Termeletricidade, 62, 64
Projeto Butterfly, 135
Projeto Lam, 222, 254
Projeto Sagitário, 245
Projeto Señorita, 189, 191
Projeto The Doors, 139
Prumo (LLX), 423, 448, 453, 459
Pryor, Bernard ("Bernie"), 126-7, 129, 163

Qatar Mining, 324
Quintella, Antonio, 87-9
Quiroga, Jorge, 91

Racca, Vinícius Balian, 318
Ragazzi, Cesare, 213
Ramundo, Julio, 315
Ranuci, Dorival, 160
Razak, Datuk Seri Najib Tun, 350-1
Receita Federal, 44, 159, 416, 459
RedeTV!, 248, 292
Reino, João, 40, 43
Reis, Luiz, 112, 119
"relatório Benjamin Button", 271, 342
Renato Gaúcho *ver* Portaluppi, Renato
Rennó Jr., Joel, 347, 401-2, 426
Repsol, 249
REX, 181, 302, 400, 453
Rezende, Sérgio, 118
Riding, Alan, 293
Riechert, Rodolfo, 154

Rio Polímeros, 352
Rio Tinto, 28, 55, 136
Robinho (jogador), 254
Rocco, Yara, 296
Rock in Rio, 325, 444
Roda Viva (programa de TV), 241
Rodriguez, Alex, 294
Rogge, Jacques, 197
Rosa, Luiz Pinguelli, 83
Rota da Seda (programa do governo chinês), 464-5, 481
Rousseff, Dilma, 84, 95, 105, 119, 199, 240, 267, 289-91, 300, 305, 321-3, 325, 336, 344, 350, 354, 358, 366, 370-1, 379, 384, 388, 396-7, 424, 458, 469-71
Royal Bank of Scotland, 264
Rozenbaum, Auro, 263
Rufino, Victor, 477
Russell, Kurt, 21

Sadia, 173, 237
Safra, Joseph, 275
Sampaio, Flávia, 76-7, 98, 197, 246, 260, 294-6, 324, 367, 415, 421, 457, 468
Sampaio, Morisson & Boquimpani Advogados Associados, 247
Santana, João, 470, 472, 474
Santana, Maria Helena, 258
Santander, 186, 192, 271, 423
Santo Domingo, Alejandro, 275
Santos, Maria Cláudia, 58
Santos, Paulo Ricardo dos, 148, 216, 269, 272, 341
Santos, Silvio, 248
Santos, Wanderson Pereira dos, 319-20
Sapura, 312
Sarney, José, 73, 82-3, 130, 164, 238, 248
Sartori, José, 112, 120
Satiagraha *ver* Operação Satiagraha
Sato, Sabrina, 292
Sauer, Ildo, 82-3
Sayão, Gilberto, 87, 444, 446
SBT (Sistema Brasileiro de Televisão), 248-9

Schahin Petróleo e Gás, 214
Schenck, Marcus, 353
Schreiber, Simone, 475
Schumacher, Michael, 69, 155
Securities and Exchange Commission (SEC), 145-6
Seles, Monica, 245
Sembcorp Marine, 371-2
Serra do Sapo (mina), 86, 88
Serra Pelada, 26, 45-6
Serra, José, 240
Serra, Luís Fernando, 371
Sete Brasil, 323, 345, 355-6, 360, 370, 375-6, 381, 397, 469-70
Setubal, Roberto, 355
SGX, 302
Shell, 117, 121, 279-80, 314, 316, 330
Shellbill, 471
Sherry-Lehmann, 228
Shields, Brooke, 29
Silberman, Marcus, 253
Silva, Anderson, 339
Silva, Benedito Vieira da (Ditão), 43-4
Silva, David, 254
Silva, Fausto (Faustão), 67-8, 87, 197, 239
Silva, Marina, 240
Sinochem, 249, 252-3
Sinopec, 222, 232-3, 249
SIX, 291, 302
SK Networks, 209, 222, 245
Skouries (mina grega), 30
Slim, Carlos, 245, 275
Soares, Fernando (Baiano), 357, 469-70
Sobel, Cliff, 423
Soffer, Jeff, 257, 259-60, 294
Soliz Rada, Andrés, 92-3
Sonnen, Chael, 339
Soros, George, 29
Soros, Paul, 29
Sports Illustrated (revista), 259
Statoil, 249-50
Steinbruch, Benjamin, 63
Stephenson, Jim, 20

Sudeste (porto), 236-7, 283, 427, 439
Supremo Tribunal Federal (STF), 166, 299, 464, 474, 476, 482

TAG Bank, 474
Tamura, Fábio, 159-60
Tanure, Nelson, 480
Tas, Marcelo, 265
Tat, Tan Cheng, 372
Techint, 364
Teixeira, Mário, 191
Telfer, Ian, 27, 29, 74
Temer, Michel, 471
"TermoLuma" *ver* Usina Senador Carlos Jereissati
Tesla, 305
Thomaz Bastos, Márcio, 161, 164-5, 170-1, 319
Thumlert, Alex, 165
Tillerson, Rex, 197
Toledo, Roberto, 148
Toque de Midas *ver* Operação Toque de Midas
Torres, Marcelo, 107, 111, 119, 121, 139, 145, 147, 150, 152, 204, 208, 228-9, 234, 239, 250-1, 253, 326, 333, 457
Tourinho, Rodolpho, 144, 299, 406-8
Trabuco, Luiz Carlos, 191-3, 195, 355
Trafigura Beheer, 439
Transocean, 374
Treasure Valley Corporation, 54-5
Tribunal de Contas da União (TCU), 95
Tribunal Superior Eleitoral (TSE), 131
T. Rowe Price, 148-9
Tubarão Areia (campo petrolífero), 361, 364, 409, 457
Tubarão Azul (campo petrolífero), 298, 303, 312-3, 325, 328-9, 332, 334-5, 341, 386-7, 403, 409-10, 447, 459
Tubarão Gato (campo petrolífero), 361, 364, 409, 457
Tubarão Martelo (campo petrolífero), 313, 326, 341, 343, 382, 386, 394, 409, 417, 427, 441, 444, 459, 474

Tubarão Tigre (campo petrolífero), 361, 364, 409, 457
Tullow Oil, 149
Tuma, Fernando, 91
Tupi (campo petrolífero), 118, 151, 300
TVX, 16, 19-20, 22-5, 27-37, 55-8, 60-2, 66, 69-70, 74, 109, 112, 120, 148-9, 253, 332, 380, 397, 403, 414, 416, 418, 454
Twitter, 234-5, 238, 241, 265, 267-8, 301, 305, 314, 403, 406

UBS (banco suíço), 43, 87, 190-1
Unibanco, 186, 192, 440
Unidades de Polícia Pacificadora, 181, 341
Usina Senador Carlos Jereissati ("TermoLuma"), 65, 68, 71-2, 78, 83-4, 95, 126, 131, 188-9

Vale (Companhia Vale do Rio Doce), 23, 43, 45-6, 48-50, 53, 73, 78-80, 86, 127, 129, 184-94, 196-202, 206, 208, 237, 265, 272, 282, 284, 349, 355
Vale Inco, 189
Valepar, 186
Valporto, Aurélio, 415
Varekova, Veronica, 259-60
Vargas, Andre, 478
Varig, 44
Vaz, Adriano, 90, 115, 131, 177, 184, 186, 281-2, 378-9
Vaza Jato, caso da, 475
Veja (revista), 72, 156, 165, 205, 218, 300-1, 357, 378, 460
Ventana Gold, 267
Vesúvio (campo petrolífero brasileiro), 206-7
Victer, Wagner, 79-80, 131

Vilardi, Celso, 161-2
Vinci Partners, 444-7
VIP (revista), 67
Visagie, Rik, 19-20, 23, 27
Vitton, Michael (Mike), 28, 34, 73-4, 90, 170, 247
Vlassopoulos, Tony, 31

Wagner, Jaques, 95
Wagoner, Richard, 190, 198
Wallace, John W., 272-3, 419-20
Wall Street Journal, The (jornal), 436-7
Wang, Choi Jun, 451
Watts Griffis and McOuat Ltd., 53
Weber, Rosa, 482
Welch, Jack, 30
Wheaton River, 74-5, 164, 187
White, Martin, 62-3, 69
Wisco (Wuhan Iron and Steel), 175-6, 178, 182-3, 208, 212, 222, 226, 257
Wongtschowski, Pedro, 366-7, 378-9, 383

X da questão, O (Eike Batista), 292-3, 300
Xiaoping, Deng, 222, 301
XPTV, 223, 226-7, 231, 238-9

YanaCocha (mina), 74
YouTube, 467

Zartha *ver* Correia, Luiz Arthur
Zé Maria (cunhado de Eike Batista), 20
Zeca do PT, 82, 84
Zraick, Samir, 406
Zuckerberg, Mark, 305
Zurli, Roberto, 359